생명생태신학

생명생태신학

만물의 상생을 향한 21세기의 도전

김균진 지음

Holy
WavePlus

존경하는 은사이신 김균진 교수님의 저작전집을 발행할 수 있는 책무를 맡겨주신 하나님께 감사와 영광을 돌립니다.

이 저작전집은 한국이 배출한 걸출한 조직신학자인 김균진 교수님의 50년간에 걸친 신학 연구의 열매들을 하나로 집대성하는 작업입니다.

김균진 교수님께서는 신학 교수 세계에 발을 들여놓은 이래 헤겔과 칼 바르트 연구에서 시작하여 몰트만과 본회퍼와 틸리히의 신학을 비롯한 세계의 다양한 현대신학 사조들을 적극적으로 이 땅에 소개하는 한편, 역사적 예수와 하나님 나라, 죽음의 신학, 생명의 신학, 과학과 신학과의 대화 분야에 있어서 자기만의 고유한 신학의 세계를 개척하셨고, 무엇보다 방대하기 이를 데 없는 조직신학 분야의 전 주제에 대해서 두 번에 걸친 조직신학 시리즈를 집필함으로써 대단한 학문적 성취를 이루셨다고 해도 과언이 아닙니다. 그러나 이러한 연구 결과물들이 아쉽게도 여기저기 흩어져 있었고, 일부 도서는 이미 절판되어 더 이상 구할 길이 없으며, 또 일부는 오래전의 개념과 표현으로 쓰인 까닭에 현대의 독자들에게 생소한 느낌을 주는 면이 없지 않아서, 이 모든 자료를 한데 모아 새로운 시대의 연구성과들을 추가하는 동시에 문장과 단어들을 현대적으로 개선하는 작업을 하기로 하였고 그러한 바탕 위에서 이 저작전집이 탄생하게 되었습니다.

특별히 『기독교 신학』 1-5권은 교수님의 일생의 신학적 작업들을 집대성하고 총정리하는 차원에서 근자에 새로이 집필하신 것이어서 그 의미가 남다르다 하겠습니다.

김균진 교수님의 제자이자 이 저작전집의 발행인으로서 제가 감히 교수님의 신학을 평가한다면 크게 다섯 가지로 요약을 하고 싶습니다.

첫째, 지난 100년간 서구 신학계를 관통했던 신학적 사조와 개념과의 부단한 대화와 함께 그것의 적용에 있어서 철저히 지금-여기서의 정황을 지향함으로써 한국적인 바탕 위에서 국제적인 신학적 토론에 참여하는 것의 가능성을 제시한 점. 둘째, 기존의 추상적이고 철학적인 조직신학적 진술이 아닌 성서내러티브적이고 메시아적 종말론에 입각한 독창적인 조직신학의 세계를 제시한 점. 셋째, 과학과의 대화, 신무신론과의 대화 등에 적극적으로 참여함으로써 조직신학의 과제와 외연을 지속적으로 확장한 점. 넷째, 급진적인 신학 이론의 소개뿐 아니라 칼뱅과 루터 등의 저작에서도 상당히 많은 부분들을 인용함으로써 소위 보수와 진보 신학 어느 한쪽에도 치우치지 않는 균형 감각을 견지하는 점. 다섯째, 특별히 인생의 후반기에 저술하신 책들의 경우 단순히 신학이론에 대한 비판적 소개나 분석에 머물지 않고 교회의 현실을 염두에 둔 목회적이고 경건주의적인 따스한 시선이 두드러지게 제시되는 점을 꼽을 수 있겠습니다.

다시 한번 이 저작전집을 낼 수 있는 사명을 맡겨주신 삼위일체 하나님과 교수님께 감사를 드리며, 모쪼록 이 귀한 책들이 한국의 많은 목회자들과 신학도들의 서재에서 오랫동안 신학 연구와 설교 준비의 벗으로 자리매김할 수 있기를 소망합니다.

김요한 목사

머리말

필자는 과거에 출판한 『생태학의 위기와 신학』(대한기독교서회, 1991)과 『자연환경에 대한 기독교 신학의 이해』(연세대출판부, 2006)를 보완하여 생태신학을 종합적으로 정리하려는 의도로 본서의 집필을 시작했다. 그러나 생태계 위기의 단계를 넘어 재앙의 수준으로까지 전개되어가는 오늘날 상황에서 과거의 책들은 매우 안일하고 학문적 깊이가 약해 보였다. 그래서 필자는 대부분의 내용을 새로 집필하고 보완하지 않을 수 없었다.

물론 이 책 역시 미완성으로 끝날 수밖에 없을 것이다. 생태계의 문제는 우주론, 인간론, 생물학, 물리학, 의학, 경제학, 철학 등 다양한 학문 영역들이 연관되고, 우주의 시작과 마지막, 자연과 인간, 인간의 본성, 생명과 물질, 몸과 영혼, 삶의 가치, 기계론적 세계관과 유기체적 세계관, 자연과학의 본질과 종교의 관계 등 나의 부족한 사고력과 지식으로 만족스러운 결론을 내리기 어려운 많은 문제와 연루되기 때문이다. 한 문장을 쓰는 것이 매우 조심스러울 때가 많았다. 다루고 싶은 내용이 많지만, "벽돌 같은 책"이 되지 않기 위해 이 단계에서 작업을 중단하기로 하였다.

이 책에서 필자는 만물의 상부상조와 상생(Symbiose)이란 중심 주제에 따라 내용을 기술하고자 하였다. 이 주제는 오래전부터 이미 잘 알려

생명생태신학

져 있다. 그러나 자연과 인간, 인간과 인간, 국가와 국가, 인종과 인종, 종교와 종교가 분리되어 갈등과 투쟁과 전쟁으로 얼룩진 오늘의 세계에서 무엇보다 먼저 필요한 것은 상부상조하며 상생하고자 하는 마음이라고 생각된다. 주제 설정과 관련하여 이론적으로 영향을 준 대표적 인물은 제정 러시아 귀족 출신으로 혁명 사상가였던 표트르 크로포트킨(Peter Kropotkin)이었다. 그러나 이론의 차원을 넘어 내 마음 깊이 감명을 준 것은 내 조부(金柄鎬)의 삶이었다. 그는 가난한 사람들에게 차용증 없이 돈을 무이자로 빌려주고 곡식과 면포를 나누어주었다. 1909년 6월부터 일본 통감부는 먼저 소작농을 대상으로 토지조사사업을 시작하였고, 1910년에는 이 사업을 모든 농경지로 확대하였다. 농부들에게 토지신고서를 배포하고, 기한 내 신고되지 않은 토지는 몰수한다고 통고하였다. 그러나 당시 농부들은 배포된 공문을 읽을 수도 없고 신고서를 작성할 수도 없었다. 그들은 문맹이었기 때문이다. 깊은 산골에 살던 농민들에게 공문이 배달되지 않은 경우도 많았다. 관에서 공문을 받는다는 것 자체가 그들에게 생소한 일이었다. 그래서 관련 공문을 불쏘시개로, 혹은 화장실 휴지로 사용했다고 한다. 많은 농민이 동양척식회사에 농지를 몰수당하였고, 회사는 그렇게 몰수한 농지를 일본인들에게 분배하였다.

땅을 몰수당한 농민들은 일본인 지주의 소작인으로 전락하여 수확의 50%, 심지어 70%까지 바쳐야 했다. 거기에 더해 농지세, 물세, 수로 보수비 등 각종 비용까지 내고 나면 죽을 지경이었다고 한다. 어쩔 수 없이 농민들은 농토를 포기하고 산속으로 들어가 화전민이 되거나, 도시 임금노동자로 전락하여 일본 군수산업 시설에 강제 징용을 당하기도 하였다. 수많은 농민이 압록강, 두만강을 건너 만주나 연해주로 이주하여 그곳 지역 토호들과 마적단에게 시달렸다. 1930년대 연해주에 살던 약 18만 명의 "고려인"은 스탈린의 명령으로 우즈베키스탄, 카자흐스탄 등 중앙아시아의 척박한 땅으로 강제이주를 당하였다. 앉을 좌석은 물론 화장실도 조리시설도 없는 가축 운반용 화차에 실려 짐승처럼 운송되는 과정에서 약 5만 명이 추위와 굶주림으로 사망하였다. 달리는 기차 속에서 장례식을 제대로 치를 수 없어 시체를 기차 바깥으로 내던질 수밖에 없는 피눈물 나는 일을 겪었다.

물론 이 같은 일을 할아버지께서는 미리 내다볼 수 없었다. 할아버지는 그 이전에 세상을 떠났기 때문이다. 그러나 농민들이 당장 농지를 몰수당하지 않도록 할아버지는 농민들의 토지신고서를 작성해주고 기한 내에 제출하기 위해 동분서주하였다고 한다. 총독부에 눈엣가시처럼 보였겠지만, 조선조 정3품 문무관(文武官)이었던 분을 일본인들도 함부로 할 수 없었다고 한다. 비참한 형편을 벗어나지 못하는 어민들을 돕기 위해 그는 수산조합을 조직하고, 어민들의 해산물을 외국으로 수출하여 판로를 열었다. 문맹을 퇴치하기 위해 자기 재산으로 한산학교를 세우기도 하였다. 교사 인건비를 포함한 학교의 모든 경비를 본인이 책임진다는 조건으로 명치 44년(1911) 일제로부터 학교설립 인가를 얻었다(통영시 역사지에 기록되어 있음). 이에 감사하여 지역 유지들이 공적비를 세워드렸다(사진 참조, 통영

시 한산면 보건소 오른편에 소재). 할아버지는 여행 중 갑자기 세상을 떠났다. 사인은 불명이라고 한다. 이 같은 할아버지의 삶에서 필자는 상부상조와 상생의 정신이 우리 인간의 본성임을 깨닫고 이를 책의 주제로 설정하게 되었다. 집안 유품 보관실 왼쪽 벽에 정렬된 여러 종류의 검과 창들, 목제 거치대에 걸어둔 갑옷과 투구와

말 안장, 오른쪽 벽에 걸려 있던, 관복을 입은 할아버지 초상화(폭 1m, 길이 1.2m 정도), 몇 개의 문서 보관함 등이 지금도 기억에 남아 있다.

요즘 책이 팔리지 않아 많은 출판사들이 폐사 위기에 처한 마당에, 이 책을 출판해주시는 새물결플러스 김요한 대표님과 출판을 위해 수고해 주신 모든 선생님들께 진심으로 감사드린다. 책이 없는 민족은 망한다고 나는 생각한다. 책을 읽지 않지 않으면 큰 꿈과 이상을 가진 인물이 나오기가 어려울 것이다. 의사나 판검사가 되는 것을 인생 최고의 가치로 생각하게 될 것이다. 그래서 요즘 선진국에서는 학생들에게 책 읽기를 적극적으로 장려한다고 한다. 나라의 장래를 위해 우리는 책 읽는 민족이 되어야 한다. 목사님들도 다양한 책을 읽어야 한다. 성경책만 읽으면 인간의 생명과 삶의 가치, 사회와 역사와 세계의 미래에 대한 폭넓은 인문학적 소양을 갖추지 못하게 된다. 그렇게 되면 교회는 성직자의 생계유지, 자기 출세의 수단으로 전락하고 만다. 새물결플러스 출판사에 하나님의 크신 축복이 함께하기를 기원한다.

경기도 일산 정발산 아래에서
김균진

| 차례 |

발행인의 글 4
머리말 6

서론
생명생태신학의 개념과 이 책의 주요 관심

제1부
생태계의 위기상황과 그 원인들

I. 생태계의 위기에서 현대문명의 총체적 위기상황으로 25
   1. 자연자원의 파괴, 쓰레기 폐기장이 된 자연 26
   2. 대기오염, 지구 온실화, 이상기후 32
   3. 자연재난, 산림파괴, 땅의 오염과 파괴 39
   4. 땅의 사막화, 물 부족, 농경지 감소 46
   5. 해수면 상승과 땅의 침수 52
   6. 생물 서식지 파괴, 해저 사막화, 생물 종들의 사멸 56
   7. 생명과 죽음의 갈림길에 선 현대세계 66

II. 뿌리 깊은 기독교 문화권의 인간중심주의, 그 신학적 근거와 역사적 발전 73
   1. 창조설화에 대한 인간중심주의적 해석 73
   2. 인간중심주의의 역사적 발전 84
   3. 20세기 신학의 인간중심주의 100
   4. 마르크스주의에 있어 자연의 소외 109

III. 생태계 위기의 진짜 원인들 119

    1. 문제의 뿌리는 인간의 무한한 욕심이다 119

    2. 세계화된 자유시장경제와 성장제일주의 128

    3. "계산할 수 있는 것은 모두 계산하여라" 143

      – 현대 자연과학과 과학기술의 가능성과 문제성

IV. 생태계 위기의 숨은 원인 157

    – 기계론적 세계관과 무신론적, 물질론적 세계관

    1. 고전물리학의 기계론적 세계관 157

    2. 무신론적, 물질론적 세계관 170

    3. 기계론적, 무신론적, 물질론적 세계관의 문제점 182

제2부
자연은 상부상조와 상생의 유기체다
– 자연에 대한 신학적 이해

I. 자연은 하나님이 창조한 하나님의 것이다 203

    1. 자연은 삼위일체 하나님의 것이다 203

      – 하나님의 삼위일체에 근거한 만물의 상생의 본성

    2. 자연의 중심은 하나님이다 218

    3. "각 피조물은 자신의 삶의 세계를 가진다" 223

      – 피조물의 "있음" 자체의 가치와 존엄성

    4. 창조의 완성은 만물의 상생이다 238

      – 만물의 상생을 목적하는 안식일, 안식년, 희년 계명

    5. 하나님이 세계를 창조한 목적은 무엇인가? 248

II. 빅뱅인가, 하나님의 창조인가? 257

    – 자연과학과 종교의 적절한 관계 모색

    1. 빅뱅 이론의 내용과 문제성 257

2. 창조설화는 자연과학적 지식을 주고자 하는가? 267
　　- 창조설화의 역사적 동기와 목적
3. 상호보완의 관계에 있는 자연과학과 종교 및 인문과학 273

III. "하나님이 보시기에 좋은" 세계 285
1. 생명에 해가 되는 세계부정의 사상들 285
2. "하나님이 보시기에 좋은" 세계는 어떤 세계인가? 293
3. 기독교는 세계긍정의 종교다 302
4. 새로운 생명의 세계를 향한 종말론적, 메시아적 언어로서의 창조설화 314
5. 하나님 나라의 광채와 약속으로서의 자연 317
6. "살고자 하거든 자연의 질서를 보고 배워라" 323
　　- 자연계시의 가르침

IV. 자연은 하나님과 모든 피조물의 집이다 331
1. 자연은 하나님의 집이다 331
2. 만물 속에 내재하는 하나님의 신성 339
3. 자연은 모든 생명의 집과 본향이다 344
4. 유일신론은 자연에 대한 죄악인가? 351
5. 범신론이 문제의 열쇠인가? 359
　　- 하나님의 세계초월과 세계내재의 변증법

V. 만물이 결합되어 있는 상생의 생명 공동체 367
1. 살아 움직이는 유기체, 생명 공동체로서의 자연 367
　　- 물질에 대한 유기론적 해석
2. 만물이 하나님의 가족이요 형제자매다 385
3. "가이아" 가설의 생명생태신학적 의미 392
4. 자연의 진화를 통한 하나님의 계속적 창조 399

VI. 만물의 상생을 향한 역사로서의 자연 409
1. 자연의 개방성과 역사성에 대한 신학적 고찰 409
2. "자연의 무역사성은 시각적 착각이다" 420
　　- 현대 자연과학에서 자연의 개방성과 역사성
3. 자연도 자신의 주체성을 가진다 431

제3부
자연 없이 살 수 없는 인간, 그 구원과 종말

I. 자연의 친족, 아주 특별한 친족인 인간 441
  1. "우리 자신이 자연이다"(G. Böhme) 441
  2. 자연 없이 살 수 없는 자연의존적 존재 456
  3. 인간은 짐승에 불과한가? 467
    – 자연주의적 인간관의 위험성
  4. 자연의 아주 특별한 존재인 인간 477
  5. 이기적 본성과 공동체적 본성의 양면적 존재 490
  6. 행복하게 사는 길은 무엇인가? 505

II. 너희는 "하나님의 모습"을 보여야 한다 517
  1. 하나님의 형상에 대한 인간중심의 해석 517
  2. 모든 인간 생명의 평등을 말하는 하나님의 형상 523
  3. 상부상조와 상생에 있는 하나님의 형상 530

III. 자연의 정복과 다스림, 그 참된 의미 541
  1. 자연에 대한 정복과 다스림의 참 의미 541
  2. 참 통치자는 섬기는 자다 558
  3. 정복과 지배를 목적으로 삼는 주객도식, 그 극복의 길 568
  4. 사랑하는 만큼 인식한다 577
    – 창조영성에의 길

IV. 인간의 영혼만이 구원의 대상인가? 593
  1. "진리는 전체에 있다"(Hegel) 593
    – 몸과 물질과 자연을 포함하는 하나님의 총체적 구원
  2. 자연의 구원자 "우주적 그리스도" 603
  3. 상관관계 속에 있는 인간구원과 자연구원 609
  4. 자연중심주의가 구원의 길인가? 619

V. 세계는 우주적 파멸로 끝날 것인가? 627

1. 세계의 종말에 대한 자연과학적 시나리오들 627

2. 만물의 상생이 세계의 목적이다 639
    - 성서의 메시아적 종말론

3. 사랑은 폐기 대신 상생을 원한다 645

4. 블로흐의 무신론적 *summum bonum*의 종말론 656

부록
양자이론의 생명생태신학적 의미

1. 양자이론의 기초를 준비한 막스 플랑크와 아인슈타인 666

2. 정신과 물질의 이원론의 상대화 672

3. 상호작용 속에 있는 실재의 세계와 인간 674

4. 결정되지 않은 개연성의 세계 682
    - 하이젠베르크의 "불확정성의 이론"

5. 닐스 보어의 상호보완의 원리 688

6. 유기체적 관계 속에 있는 전일적 세계 693

7. 카오스 이론의 세계관 698

8. 양자이론의 생명생태신학적 의미 703

맺음말 721
참고문헌 727

서론

생명생태신학의 개념과
이 책의 주요 관심

1. 생명생태신학이란 본래 생태학(ecology, oecology)이란 개념에서 발전한 것이다. 먼저 ecology, 곧 생태학의 개념을 밝힌다면, eco는 집, 가정, 가족(house, household, family)을 뜻하는 그리스어 *oikos*에서 유래한다. 이 개념은 1866년 독일의 생물학자요 의사이며 화가였던 에른스트 헤켈(E. Haeckel, 1834-1919)에 의해 최초로 도입된 것으로, "유기체들과 환경의 관계들에 대한 모든 학문"을 가리킨다. 여기서 헤켈이 말한 "환경"(Umwelt)이란 개념은 1909년 독일의 생물학자 윅스퀼(J. von Uexküll)에 의해 처음으로 자연을 가리키는 개념으로 사용되었다.

헤켈 이후에 ecology의 개념은 개별 유기체와 그들의 외적 환경의 상호작용을 연구하는 자가생태학(Autökologie)과, 이질적 생물 종들의 상호작용과 그들의 환경과의 상호작용을 연구하는 공생태학(Synökologie) 혹은 공동체생태학(Gemeinschaftsökologie)으로 구별되었다. 생물학과 의학적 심신상관설이 발전하면서 생태학의 개념은 인간과 환경, 인간의 정신과 몸의 관계를 연구하는 인간생태학, 인간의 환경과 심리, 환경과 인간의 행동 양식을 연구하는 심리학적 생태학 등으로 확대되었다. 또 과학기술이 현대인의 삶의 세계를 결정하게 되면서 과학기술과 인간의 삶의 관계를 연구하는 과학기술생태학(technologische Ökologie)으로 확대되기도 하였다(TRE XXV, Berlin 1995, 36-46). 오늘날 생태학이란 개념은 삶의 각 영역을 가리키는 개념으로 사용되기도 한다. 문화생태학, 산업생태학, 기술생태학, 에너지생태학 등 다양한 개념으로 확장된다.

오늘날 가장 일반적으로 사용되는 생태학 개념은 인간이 그 속에 살고 있는 자연 영역의 모든 문제, 특히 자연과 인간의 관계 문제를 다루는 학문을 가리킨다. 인간으로 말미암아 자연의 위기가 초래되었고 자연의 위기는 그것을 초래한 인간 자신의 생명을 위협하는 상황이 그 배경을 이루고 있다. 과거에 있었던 자연파괴는 자연적 요인들로 말미암아 일어났고 또 자연적으로 극복될 수 있었던 반면, 오늘의 자연파괴는 인간의 행동으로 말미암아 치유 불가능할 정도로 일어나면서 인간 자신의 생명마저 죽음의 위협을 당하기 때문이다. 생태신학이란 이 문제를 신학적 차원에서 다루는 신학 이론을 가리킨다.

생태신학은 생명생태신학(ecological theology of life)이라 불리기도 한다. 이것은 두 가지 동기를 가진다. 첫째, 자연에 대한 새로운 인식 때문이다. 곧 자연은 고전물리학의 기계론적 세계관이 말하는 기계와 같은 물질 덩어리가 아니라 그 전체에 있어서 살아 움직이는 유기체, 곧 하나의 생명체라는 인식 때문이다. 생태신학을 생명생태신학이라 부르는 둘째 동기는 오늘날 인간의 생명은 물론 자연의 모든 생명이 생태계 재앙으로 말미암아 죽음의 위기에 처한 공동의 상황 때문이다. 생태계 곧 자연의 파괴는 그 속에 있는 모든 생명의 죽음을 초래한다. 따라서 생명생태신학이란 파멸과 죽음의 상황에 처한 자연과, 자연 속에 있는 모든 생명을 보호하고자 하는 동기에서 생성된 개념이다.

2. 이 책은 자연에 대한 올바른 신학적 인식과, 자연과 인간의 유기체적 관계를 파악하는 데 주요 관심을 가진다. 인간을 자연의 소유자와 지배자로, 자연을 인간의 소유대상, 지배대상으로 보는 이원론적, 기계론적, 물질론적, 무신론적, 인간중심적, 자연과학적 자연관 대신에 자연과 인간의 관계를 서로 결합되어 있는 친족과 상생의 관계로 드러내고자 한다. 이를 위해 자연을 살아 움직이는 전일적 유기체 내지 "생명의 그물망"으로 파악하며, "하나님의 형상"으로서 우주의 "특별한 존재"인 인간을 자연 유기체의 일부로 파악하게 될 것이다. 따라서 인간을 자연 없이 살 수 없는 "자연적 존재", "자연 자체"로 이해하게 될 것이다. 인간 자신이 자연에 속한 자연의 일부라면, 자연파괴는 인간 자신의 삶의 기초의 파괴요 자연보호는 곧 인간보호라는 사실을 이 책은 드러내고자 한다.

3. 유기체란 그 속의 모든 부분이 서로 결합되어 상호의존 속에서 상생하는 공동체를 가리킨다. 따라서 이 책은 인간과 인간, 인간과 자연이 하나님의 사랑과 정의와 평화 속에서 상생하는 세계를 회복하는 데 주요 관심을 가진다. 다윈의 진화론에 따르면 경쟁과 투쟁이 진화의 법칙이다. 경쟁과 투쟁에 강한 자는 살아남고 약한 자는 제거되는 것이 자연의 삶의 법칙이다. 진화론에 입각한 사회생물학자들에 따르면, 이기심이 모든 생물의 본성이다. 생물들이 보이는 이타적, 사회적 본성은 자기를 확장하려는 이기적 유전자의 "이기적 전략"일 뿐이다. 오늘 우리의 세계를 지배하는 것은 진화론적 삶의 법칙인 것처럼 보인다. 이기심과 경쟁과 투쟁이 인간의 세계를 지배하는 것으로 보인다.

그러나 우리 인간에게는 이웃과 상부상조하며 더불어 살고자 하는 마음, 곧 사회적, 공동체적 상생의 본성이 있다는 것도 부인할 수 없는 사실이다. 아주 어릴 때부터 친구를 기뻐하고 놀이터에서 함께 뛰노는 어린이들의 모습에서 우리는 이 사실을 볼 수 있다. 신학적으로 말하자면, 세계는 하나님의 피조물이다. 하나님의 생명의 힘, 사랑의 영(ruah)이 피조물들 안에 있다. 그래서 인간을 위시한 거의 모든 생물이 군집 생활을 한다. 힘이 강한 사자나 호랑이보다 상부상조와 군집 생활을 잘하는 개미들이 살아남을 확률이 훨씬 더 높다.

오늘 우리에게 절실히 필요한 것은 상부상조하며 함께 살고자 하는 따뜻한 마음이다. 지금도 계속되는 범세계적 자연파괴와 생태계의 재앙들, 자유시장 경제의 세계화(globalization)로 말미암은 세계 경제의 양극화, 정치적 군사적 대립, 전쟁과 테러, 인간의 이기적 탐욕으로 말미암은 경쟁과 투쟁, 인간에 의한 인간의 소외와 불의가 가득한 오늘 우리의 세계에서 무엇보다 필요한 것은 상부상조와 상생의 정신이다. 개인주의적 이기성은 생명의 세계를 파괴한다면, 상부상조와 상생의 공동체적 본성은 생명의 세계를 살린다. 전자는 인간을 이기적 욕망의 노예로 만든다면, 후자는 인간이 참가치를 향해 자유로워지게 한다. 참 행복의 길은 무한한 이기성과 무한한 소유욕에 있는 것이 아니라 상부상조와 상생에 있다. 이를 거부하고 이기적 본성에 사로잡힐 때 인간은 지구를 떠나 달이나 화성으로 이주해야 하는 운명을 맞이할 수 있을 것이다(R. Hawking).

이 책을 준비하는 과정에서 필자는 기독교의 모든 진리가 상생의 개념으로 파악될 수 있다는 사실을 발견하였다. 삼위일체 하나님은 성부, 성자, 성령이 모든 것을 함께하며 상생하는 하나님을 뜻한다. 하나님의 천지창조는 만물이 하나님의 사랑과 공의와 평화 안에서 상생하는 세계의 창조다. 인간의 죄는 이기심이라는 이름의 사탄의 유혹에 빠져 하나님을 부인하고 상생의 공동체를 깨버리고, 결국 이기심의 노예가 된 것을 가리킨다. 하나님의 율법인 토라는 상생의 공동체를 회복하기 위한 하나님의 가르침이다. 하나님의 성육신은 하나님과 육(carnis 〉incarnation)의 상생을 말한다. 그리스도의 구원의 복음은 모든 인간이 그리스도로 말미암아 죄 용서를 받고 "새 피조물"로 태어나 만물과 상생하는 세계가 시작하였음을 천명한다. 예수께서 시작한 하나님 나라는 만물이 삼위일체 하나님 안에서 상생하는 세계다. 회개는 하나님 없이 살던 인간이 삼위일체 하나님 안에서 만물과 상생하는 새 사람으로 다시 태어나는 것을 말한다. 교회는 삼위일체 하나님 안에서 더불어 살아가는, 곧 상생하는 사람들의 공동체다. 성찬식은 인간의 생명에 기초적인 물질을 하나님의 사랑 안에서 함께 나누며 상생하는 공동체의 회복을 가시화한다. 세계의 종말 곧 역사의 목적은 하나님이 지으신 세계의 대파멸과 폐기가 아니라, 만물이 하나님의 사랑과 공의와 평화 속에서 상생하는 세계의 완성이다. 한마디로 기독교는 사랑의 종교다. 사랑의 종교는 상생의 종교다. 어떤 종교는 무(無)에 이르는 것을, 다른 종교는 힘을 얻는 것을 목적으로 가진다면, 기독교는 만물의 사랑, 곧 상부상조와 상생을 목적으로 삼는다.

필자는 어린이 놀이터에서 즐겁게 뛰노는 어린이들을 보며 이런 생각을 한다. 이 아이들이 우리 민족과 세계의 희망이 아닌가? 이 아이들에게 우리는 어떤 사회, 어떤 세계를 물려주어야 할까? 우리의 아이들은 어떤 사람이 되어야 할까? 우리는 그들에게 어떤 인간의 모습을 보여야 할까?

문제는 인간 자신에게 있다. 인간의 뿌리 깊은 이기심과 무한한 소유욕이 모든 문제의 원인이다. 마르크스가 말한 "역사의 해결되지 않은 수수께끼"는 공산주의 사회에 있는 것이 아니라, 인간의 무한한 이기심과 소유욕에 있다. 이 문제가 해결되지 않는 한 위기와 재앙은 반복될 것이다. 이 "뿌리 문제"(Wurzelfrage)를 해결할 수 있는 길은 무엇일까? 이것이 이 책의 마지막 질문이 될 것이다.

제1부

생태계의 위기상황과
그 원인들

I

생태계의 위기에서 현대문명의 총체적 위기상황으로

오늘 우리의 세계는 생태계의 위기 상태에서 생태계 재앙의 국면으로 전환하였다. 이제는 "지구온난화"의 단계를 넘어 "지구가열화" 단계에 진입했다고 학자들은 말한다. 세계 곳곳에 기상이변으로 인한 재난들이 일어나고 있다. 생태계 위기에 대한 경고는 오래전부터 시작되었다. 1968년 서유럽의 과학자, 교육자, 기업 경영자 등 70여 명의 인물이 로마에서 결성한 "로마클럽"(Club of Rome)은 1972년 "성장의 한계"(The Limits of Growth)라는 보고서를 발표하였다. 그 이후 수많은 학자와 연구기관들이 생태계 위기의 심각성을 계속 지적하고 이에 대한 대안을 촉구하기도 하였다. 그러나 지금도 많은 사람은 위기상황을 인정하지 않는다. 지금의 상황은 자연의 역사에 속한 것에 불과하다고 주장한다. 상황이 심각하다 할지라도 인류는 과학기술을 통해 그것을 극복할 수 있으리라고 낙관한다. 그러나 생태계 연구자들에 의하면 지구온난화, 가열화가 계속될 경우 인류 문명이 앞으로 63년 내지 75년을 넘기지 못할 것이라고 경고한다. 이제 자연은 물

론 인간 자신의 생존을 위협하고 있는 생태계의 위기상황을 구체적으로 살펴보기로 하자.[1]

1. 자연자원의 파괴, 쓰레기 폐기장이 된 자연

당신들은 땅을 형제로 보지 않고 원수로 봅니까? 정복한 뒤에는 또 다른 곳으로 이동하더군요.…백인들이 지나가는 기차에서 쏘아 죽인 들소 수천 마리가 들판에서 썩어가는 것을 보았습니다.…모든 들소가 도살당하고 숲의 깊숙한 곳들이 사람 냄새로 오염된다면 독수리들이 어떻게 살아남겠습니까? 모든 짐승이 다 죽는다면 사람들의 혼도 외로워서 죽을 것입니다.…만약 당신들에게 땅을 판다면 우리가 그랬던 것처럼 땅을 잘 보살펴주십시오. 당신들의 어린이들을 위해 보존해주십시오.

1. 위 인용문은 1855년 아메리카 인디언 추장 시애틀이 땅을 팔라는 프랭클린 피어스 대통령에게 보낸 편지 내용으로, 당시 백인들에 의한 아메리카 대륙의 자연파괴를 보여준다. 미국 시애틀시의 이름은 이 추장을 기념하여 붙여진 것이다(김정욱 2022, 56). 아메리카 대륙의 파괴는 15세기 콜럼버스가 그 땅을 발견하면서 시작되었다. 1492년 8월 3일 스페인에서 출발하여 10월 12일 그가 도착한 곳은 지금의 바하마 제도의 산살바도르섬이었다. 그 이후 아메리카 대륙으로 금을 캐러 가는 유럽인들이 줄을 이었다. God과 Gold가 혼동될 정도였다.

---

1 아래 제시된 자료들의 상당 부분은 이전에 출판된 책에서 가져온 것이고, 또 오늘날 생태계 위기상황은 하루가 다르게 악화되기 때문에 최근의 자료도 시효가 지난 것일 수 있다.

금 다음으로는 은이 착취의 대상이 되었다. 그 당시 은이 가장 많이 매장된 곳은 볼리비아의 포토시(Potosi)였다. 도시의 도로가 은으로 포장되었다고 얘기할 정도로 은이 많았다. 수많은 유럽인이 포토시로 몰려왔다. 1573년 포토시의 인구는 12만 명으로, 그 당시 런던, 파리, 로마의 인구수와 맞먹었다. 이 지역에 있는 5,000미터 높이의 산에 광부들이 벌집처럼 파놓은 갱도는 오늘날 폐기물 처리장이 되었다. 아메리카 대륙은 물론 세계 각지의 자연자원이 착취되어 근대 유럽의 산업혁명에 필요한 자본 형성에 기여하였다.

자연자원의 정복과 남획은 인간 생명의 정복과 남획으로 이어졌다. 아메리카 대륙의 광산, 농장, 산업시설은 노동력을 필요로 했기 때문이다. 약 2,000만 명의 아프리카 흑인들이 짐승처럼 포획되어 아메리카 대륙에 노예로 끌려갔다. 노예사냥 과정에서 일어난 살인, 운송 도중의 굶주림과 질병으로 약 15%에 해당하는 250만 명의 흑인이 사망한 것으로 추산된다 (Moltmann 1995, 238). 배에 실려 가는 노예 중에 절반 정도만 살아남아도 이득이었다고 한다. 노예매매도 근대 산업혁명에 필요한 자본 형성에 기여하였다.

2. 이른바 "경제성장"이라는 이름의 호랑이 등에 앉아 있는 현대세계는 새로운 형태의 노예사냥을 한다. 처음에는 지구 안에 있는 자연자원이 노예사냥의 대상이 되었다. 이제 인류는 지구의 자연자원에 만족하지 않고 우주 행성의 자연자원을 찾고 있다. 경제성장이라는 이름의 호랑이는 아무리 많은 자연자원을 삼켜도 만족이 없다.

자연자원은 자연 속에 있는 각종 자원은 물론, 농업, 임업, 수산업, 광업 등의 각종 생산물과 수자원 및 에너지 자원을 포함한다. 이것은 다시 "재생 가능한 자원"(renewable resource)과 "재생 불가능한 자원"(nonrenewable resource)으로 구별된다. 재생 가능한 자원은 곡식, 산림, 초원, 생선, 물처럼 자연의 순환을 통해 일정한 기간이 지난 후 재생되는 자원을 말한다. 재생 불가능한 자원은 석유, 석탄, 천연가스, 철, 구리, 니켈 등의 광물로서, 인간이 한번 사용하면 그 매장량이 점차 줄어들어 결국 고갈되어 없어지는 자원을 말한다.

지금과 같은 무제한의 생산과 소비가 계속될 경우, 지구의 재생 불가능한 자원들은 언젠가 동이 날 것이다. 해저 자원도 언젠가 바닥날 수밖에 없을 것이다. "현재 77억에 달하는 세계 인구는 21세기 말에 100억이 넘을 것으로 예상한다. 지구의 경제 규모는 지난 100년 동안 50배로 커졌다. 특히 제2차 세계대전 이후 반세기 만에 지구 경제 규모는 15배 성장했고, 이 과정에서 화석연료의 사용은 25배, 공업 생산량은 40배나 늘었다. 그러나 지구상에는 이처럼 무한정 커지는 경제를 뒷받침할 에너지와 자원이 없다"(김정욱 2022, 34, 35). 노르웨이, 알래스카의 일부 유정이 이미 오래전에 경제성 부족으로 인해 폐쇄 상태에 돌입했다는 사실은 지구의 부존자원의 제한성을 예시한다. 현재 지구가 보유하고 있는 석유는 약 40년 후에 고갈되고, 천연가스와 우라늄은 65년 후에 고갈될 것으로 예측한다.

태양열, 풍력, 수력, 지열, 원자력, 대체 화석연료, 대체 광물질 등의 개발에 선진국들은 심혈을 기울이지만, 소모되어버린 재생 불가능한 자원은 회복될 수 없다. 이 문제를 해결하기 위해 이미 지구 바깥의 행성 탐사가 준비되고 있다. 지구의 부존자원이 고갈되고 화성에서 새로운 자연자원을 얻게 될 경우, 지구는 경제성을 상실한 쓰레기장이나 죽은 생물들의 묘지로 변할 수도 있을 것이다.

3. 자연자원의 소비는 반드시 폐기물 곧 쓰레기를 남기기 마련이다. 매주 아파트 단지에서 배출되는 각종 쓰레기의 양은 실로 막대한 수준이다. 플

라스틱 쓰레기는 자연적으로 썩어 분해되기까지 짧게는 수십 년, 길게는 수백 년의 시간이 걸린다. 지금 북태평양 하와이섬과 미국 캘리포니아 사이에는 160만km²의 거대한 플라스틱 쓰레기 섬이 형성되어 있다고 한다. 그 면적은 한국 국토 면적의 16배에 달하는데, 79,000톤의 각종 플라스틱 폐기물들이 쌓여 있다. 폐기물에 부착된 로고, 상표, 사용된 언어를 통해 6천여 점의 발원지를 조사한 결과, 일본 34%, 중국 32%, 남북한 10%, 미국 7%, 대만, 캐나다 순이라고 한다. 대부분은 일본, 중국, 한국의 어업 폐기물들인데, 이 폐기물들이 바다에 버려져 해류의 흐름에 따라 떠다니다가, 해류가 크게 소용돌이치는 곳으로 집결하면서 섬처럼 쌓이게 된다. 북태평양 환류 외에 남태평양, 남대서양과 인도양 해류 지역에도 플라스틱 쓰레기 섬들이 있다. 세계의 최고봉 에베레스트산(해발 8849m)이 이제는 "세계에서 가장 높은 쓰레기장이 되었다"고 외신들은 보도한다.

유엔 환경계획 기구의 조사에 따르면, 1950년대 이후 전 세계적으로 83억 톤의 플라스틱이 생산되었고, 지금도 매년 3억 톤의 각종 플라스틱 제품이 생산된다. 그중 천만 톤 정도가 바다에 버려진다. 2016년 한국 통계청 발표에 따르면, 한국의 1인당 플라스틱 사용량은 평균 98.2kg으로 세계 1위에 달한다. 플라스틱 때문에 매년 100만 마리 이상의 바다새와 10만 마리가 넘는 해양 포유류가 죽음을 당한다고 한다. 다행히 플라스틱 재활용 기술이 발전하고 있지만, 재활용률은 미미한 수준이다. 돈이 안 되는 사업이기 때문이다.

지금 우리나라 각처에 쓰레기들이 산더미처럼 쌓여 있는 것을 볼 수 있다. 남의 땅을 빌려 쓰레기를 파묻고 도주해버리는 악덕 폐기물 처리업자들도 있다. 한때 쓰레기를 외국에 수출함으로써 쓰레기 폐기 문제를 해결했지만, 현재 이것은 법적으로 금지된 상태다. 그러나 각종 폐기물을 바다에 유기하는 일은 그치지 않고 있다. 국내 의류 폐기물은 약 10만 톤에 달하는데, 의류공장 등에서 버리는 폐섬유까지 합하면 연간 40만 톤 수준이다. 되팔 만한 것들은 중고 의류가게로 가고, 상품 가치가 떨어지는 의류는 킬로그램당 300원 정도에 캄보디아, 필리핀, 말레이시아 등지로 팔린다. 마지막까지 남는 의류는 소각되거나 땅속에 묻힌다. 의류의 70% 이상은 합성섬유로, 수백 년 동안 땅속에서 썩지 않는다. 일부 유명 브랜드는 이미지 때문에 할인판매를 하지 않고 옷을 그냥 소각해버린다. 매년 수백만 톤의 옷이 소각된다고 한다. 2018년 영국 브랜드인 버버리도 430억 원 상당의 재고품을 소각하여 큰 논란을 일으켰다. 옷을 제조하거나 폐기하는 데 드는 탄소 배출량은 세계 전체 배출량의 10%에 이른다고 한다.

4. 방사성 폐기물(radioactive waste)은 국제원자력기구(IAEA)가 제시하는 규정치 농도 이상의 방사성 핵종을 함유하거나, 방사성 핵종에 오염되어 폐기 처리된 물질을 말한다. 그것은 주로 원자력 발전소를 위시하여 원자력을 이용하는 병원, 산업체, 연구기관 등에서 발생한다. 방사성 폐기물은 열 발생률과 방사성 농도에 따라 고준위 폐기물, 중준위 폐기물, 저준위 폐기물, 극저준위 폐기물로 분류되는데, 고준위 폐기물은 원전에서 사용되고 남은 폐연료봉을 말한다. 지금의 과학기술로는 처리할 수 없어 자연상태로 돌아가기만 기다려야 하는데, 10만 년 이상이 걸린다고 한다.

　　방사능에 노출되면 생체 내의 분자가 변형되어 화학반응을 일으킨다. 이로 인해 암, 피부염, 백혈병, 탈모, 정신장애 등 다양한 질병이 발생한다. 제2차 세계대전 이후 미국, 소련, 프랑스, 중국 등이 경쟁적으로 핵무기 실험을 하였다. 2,000여 회의 실험 과정에서 방출된 방사능은 대기 속에 있다가 비나 눈과 함께 섞여 지상으로 내려와 해양 생태계를 오염시키고, 토양과 식물과 농작물 등에 달라붙거나 인체로 들어오게 된다. 또 지하수를 오염시키기도 한다.

원전 사고로 인해 방사능 누출과 오염이 일어나기도 한다. 1979년 미국 드라마일 원전에서 원자로 고장으로 다량의 방사능이 누출되어, 발전소 부근 지역에 거주하는 많은 주민이 암과 백혈병에 걸려 고통을 당하였다. 최악의 원전 사고로 일컬어지는 1986년 체르노빌 원전 사고는 치명적인 방사능 누출을 기록하였다. 복구 작업에 투입된 원전 직원들과 소방인력들 수백 명이 사망하거나 중병에 걸렸다. 강제 이주를 당한 주민들은 각종 기능장애, 암, 면역 이상, 빈혈증 등 각종 질병으로 고통을 당하였고, 기형아가 태어나기도 하였다. 가축과 우유, 치즈, 야채, 생수 등이 오염되어 사람들에게 간접적 피해를 일으켰다. 체르노빌에서 멀리 떨어진 독일, 스위스, 이탈리아, 스칸디나비아 지역까지 오염이 확산되었다.

2011년 동일본 대지진으로 인한 후쿠시마 원전 폭발 이후 10년 이상이 지났지만, 지금도 인근 지역 출입이 통제되고, 그 지역 농수산물에서 적지 않은 방사능이 측정되고 있다. 지금도 빗물과 지하수가 원전 건물 지하를 지나면서 발생한 방사능 오염수와 원자로 내부를 식히기 위해 투입된 물이 계속 쌓이면서, 현재 후쿠시마 원전 부지에는 125만 톤 이상의 방사능 오염수가 보관되고 있다. 오염수는 매일 약 14톤씩 증가하는데, 후쿠시마 원전을 운영하는 도쿄전력은 이 오염수를 1천여 개의 저장 탱크에 보관하고 있으며 2023년부터 바다로 방출하고 있다.

일반적으로 원전 폐기물은 지하 또는 해저에 매장된다. 중저준위 폐기물은 드럼에 담고, 고준위 폐기물은 철제 탱크에 담아 두꺼운 콘크리트 구조물 속에 넣고 점토로 둘러싸서 보관한다. 이로써 지하수 유입을 차단한다. 그러나 철제 탱크와 콘크리트 구조물은 시간이 흐르면서 부식을 피할 수 없다. 또한 후쿠시마 원전에서 볼 수 있듯이, 지진해일로 인해 지하의 보관시설 전체가 파괴될 수 있다. 지하수, 지표수, 토양, 바닷물, 대기가 오염될 수 있는 위험성을 배제할 수 없다. 증가일로에 있는 원전 폐기물을 어떻게 계속 보관할 수 있는지도 미지수다. 지금 한국에서는 원전 폐기물이 원전 부지 안에 보관되고 있는데, 곧 한계에 이를 것이라고 한다. 어느 지방 자치단체도 원전 폐기물 저장소가 들어서는 것을 환영하지 않는다.

2. 대기오염, 지구 온실화, 이상기후

1. 무분별한 자연자원의 개발과 소모, 끝없는 생산과 소비, 이로 말미암아 발생하는 각종 오염물질과 폐기물은 환경오염을 유발한다. 환경오염이란 대기오염, 수질오염, 토양오염, 해양오염, 방사능오염, 소음, 진동, 악취 등 사람의 건강에 해로울 뿐 아니라 사람의 생명과 자연 생물들의 생명을 위협하는 상태를 말한다. 매연, 분진, 악취, 유독가스 등으로 인한 대기오염, 공장 폐수와 축산 폐수, 생활하수로 인한 하천오염과 바닷물 오염, 화학비료와 농약으로 인한 토양오염, 소음, 진동으로 인한 보건 위생상의 피해 등이 이에 속한다.

그중 가장 심각한 것은 대기오염이다. 대기오염은 국경을 초월하여 땅 위의 모든 생명체계를 위협하고 있다. 스모그(smog)는 연기(smoke)와 안개(fog)의 합성어로, 도시의 오염된 공기를 가리킨다. 1952년 12월 초 런던에서는 약 1주일간 계속된 스모그로 인해 3주 동안 약 4,000명이 사망했고, 그 후 만성 폐 질환으로 8,000명이 추가로 사망하였다(김명자 1995, 184f.). 공장 폐기물, 소각시설, 자동차, 발전시설 등에서 배출되는 이산화황과 질소산화물은 대기 중에서 습기와 화학반응을 일으켜 pH 5.6 이하의 산성비를 유발한다. 산성비는 산림을 파괴하고, 호수와 하천에 서식하는 생물의 종을 멸종시키며, 농작물의 수확량을 감소시킨다. OECD의 발표 자료에 따르면, 한국의 대기오염물질 배출량은 미국과 프랑스보다 국토 면적 대비 10배 이상 높은 최악의 상태에 도달하였다고 한다.

대기오염으로 인한 산성안개는 정상적인 공기보다 무려 30-50배 정도 농도가 더 짙고 비처럼 바로 대지에 떨어지지 않기 때문에, 인간의 신체는 물론 자연의 모든 생물에게 심각한 피해를 일으킨다. 권숙표 교수(연세대학교 환경공해연구소)에 따르면, "산성안개는 대기오염보다 훨씬 무서운 현상으로서 호흡기 질환, 기관지 소염, 천식, 폐기종, 호흡 곤란, 폐암 등을 유발하는 지극히 무서운 오염이다." 박정로 박사(고려대학병원 내과)에 의하면, "경인 지방에서는 독특한 감기 환자들을 많이 본다." 즉 코가 막히고 열이 나는 일반적 증세 외에도, "눈과 코가 가렵고 목이 따가운" 증상을 보이며, "심한 경우 말초 기관지의 염증은 물론, 상기도(上汽道)에 염증을 일으키는 환자도 발생한다"(조선일보 1990.10.24. 12). 대기오염으로 인해 "서울에는 나비가 없다. 나무가 병들고 나비가 살 수 없는 대도시에서…인간도 병들어간다"(장도곤 2000, 122-123).

대기오염은 지상 10-50km의 성층권에 존재하는 오존층을 파괴하기도 한다. 세 개의 원자가 분자를 이루고 있는 오존은 "좋은 오존"과 "나쁜 오존"으로 구별된다. 나쁜 오존은 지표면, 특히 대도시의 유해한 스모그의 주된 성분을 말한다. 좋은 오존은 고도 20-50km 사이의 성층권에 분포되어 있으며, 생물체에 해로운 자외선, 우주선, 감마선 등을 차단하고 흡수하는 천연 필터의 역할을 한다. 오존층의 이 같은 역할이 중단되면, 땅에 있는 생명체들이 살 수 없게 된다. 그런데 오존은 냉장고의 냉매로 쓰이는 염화불화탄소(chloro-fluoro-carbon) 외에, 자동차 배기가스에서 나오는 질소산화물과 메탄가스 등에 의해 파괴될 수 있다. 냉장고의 냉매제, 공업용 세척제(컴퓨터 칩, 특수 금속 등의 제조 과정에서 생긴 찌꺼기를 닦아내는 재료), 에어로졸, 스프레이 분사제, 에어컨(특히 자동차 에어컨)과 식품 포장재 및 스티로폼 용기, 건축 단열재, 소파의 안락한 쿠션에 쓰이는 스티로폼 등에 사용되는 프레온 가스가 핵심 원인으로 알려져 있다. 대체 물질로 개발된 수소불화탄소(hydro-fluoro-carbon)도 오존층 파괴에 일조한다. 낙농업에서 분출되는 메탄가스도 오존층을 파괴한다. "소가 먹이를 섭취하고 트림을 통해 배출하는 메탄가스는 전체 메탄가스 배출량의 25%에 이르며, 낙농업 전체에서 발생하는 메탄가스 배출량은 전체 메탄 발생량의 40%를 차지하고 있다"(박일준 2022, 194).

오존층이 1% 감소하면 피부암 발생률은 3%, 백내장 발생률은 0.6% 증가하며, 인체의 면역력도 감소한다. 한마디로 오존층이 1% 감소할 때마다 미국에서만 10,000명의 피부암 환자가 추가로 발생한다. 또한 식물이 자외선에 완전 노출될 경우, DNA가 손상되어 기형 작물들이 나타나고 작물의 수확량이 감소한다. 1985년에 남아메리카 대륙 크기의 오존층 구멍이 남극 상공에서 발견되었고, 그보다 좀 작은 구멍이 북극 상공에서 발견되었다. 국지적으로 오존층이 회복되었다는 보도도 있지만, 지구 전체의 오존층은 계속 감소하는 실정이다.

2. 대기오염은 지구온난화, 지구 온실화를 초래한다. 가장 큰 원인은 이산화탄소의 과도한 방출에 있다. 산업혁명 이후 이산화탄소의 배출량은 계속 증가하였다. 대기 중의 이산화탄소는 숲과 산림의 광합성 작용을 통해 재흡수됨으로써 조절된다. 그러나 점증하는 화석연료의 사용으로 발생하는 이산화탄소의 배출량이 자연의 자정 능력을 넘어섬으로 인해 다양한 부작용을 일으키게 된다. 공기 중의 이산화탄소는 단파인 태양복사열은 모두 통과시키는 반면, 지구 바깥으로 방출하는 장파인 지구복사열은 지구 표면에 가두는 역할을 한다. 이리하여 지구를 하나의 온실처럼 만들어 버린다.

지구는 약 46억 년 전에 생성되었다. 호모 사피엔스는 약 20만 년 전에 출현하였다고 학자들은 말한다. 그 이후 빙하기와 간빙기가 반복되었다. 빙하기가 간빙기로 바뀌는 데는 수만 년의 오랜 시간이 걸렸다. 대략 18,000년 전 마지막 빙하시대 이후 지구의 평균 온도는 섭씨 약 5도 내지 6도로 추산된다. 이에 비해 지난 200여 년 동안 지구의 평균 온도가 1.5-4.5도가 상승하였고, 2020년의 지구 평균 온도는 산업혁명 이전의 온도에 비해 1.09도 올랐다. 이것은 굉장히 빠른 기온 상승이다. 이 기간 한국의 전체 평균 온도는 1.8도 상승했고, 수도권 온도는 2.8도 상승하였다.

우리는 지구의 온도가 1.5도 혹은 2도 정도 상승하는 것을 대수롭지 않게 여길지 모른다. 그러나 만일 인간의 체온이 정상체온인 섭씨 36.5도보다 1도만 올라가도 몸이 매우 더운 것으로 느끼며 활동에 지장을 받는다. 2도가 높아지면 두통이 발생하고 모든 생리적 대사 반응이 비정상적으로 일어난다. 3도 이상 오르면 죽음에 이를 수 있다(정용 2003, 16). 이 사실은 지구의 온도 상승이 얼마나 심각한 문제인가를 보여준다.

2018년 10월 우리나라에서 열린 "기후변화에 관한 정부 간 협의체"(IPCC, Inter-governmental Panelon Climate Change)의 "지구온난화 1.5도 특별 보고서"(Global Warning of 1.5℃)에 따르면, 앞으로 지구의 평균 온도가 1.5도 상승할 경우, 바다의 산호초가 70-90% 소멸하고, 해수면이 26-77cm 상승할 것이다. 1.5도 초과 시 남극의 빙하 및 그린란드 빙상이 손실될 것이라고 한다. 2도 상승할 경우 북극의 빙하가 회복 불가능할 정도로 손상되고, 산호초의 99%가 소멸하고, 해수면은 30-93cm 상승할 것이다. 어획량은 300만 톤 감소할 것이며, 기후 난민이 수억 명 발생할 것이라고 한다.

2019년 세계경제포럼의 "글로벌 리스크 보고서"에 따르면, 지구 평균 온도가 섭씨 1도 상승하면 북극 빙하가 녹는 속도가 빨라져 북극곰이 멸종하고, 2도 상승하면 그린란드 전체가 녹아 미국 마이애미, 맨해튼이 바다에 잠기고, 수십만 명이 열사병으로 사망하며, 3도 상승하면 아마존 열대림이 사라지고, 4도 상승하면 뉴욕, 홍콩, 상하이 등 세계 주요 도시들이 바닷속에 수장되며, 5도 상승하면 정글이 모두 불타고, 가뭄과 홍수로 거주 가능 지역이 얼마 남지 않게 되며, 6도 상승하면 생물의 95%가 멸종할 것이라고 한다. 2020년 세계적으로 발생한 대형 자연재해는 416건으로, 약 2,580억 달러(약 300조 원)의 경제적 피해를 남겼다고 한다.

이 같은 예보는 점차 현실화하고 있다. 2021년 영국에서는 최고 기온이 40도를 넘었고, 프랑스 남서부 지역은 42도, 스페인의 세비야, 코르도바에서는 44도까지 상승하여 사상 최고치에 이르렀다. 2022년 여름에는 독일, 프랑스, 영국, 스페인 4개국에서만 2만 명 이상이 폭염으로 죽었다. 스위스는 알프스 북쪽 지역 기온이 처음으로 20도를 넘어, 눈 대신 비가 내려 스키장이 문을 닫았고, 스페인과 프랑스에서는 한겨울에도 해수욕이 가능했다. 북극은 한여름에도 기온이 최고 10도 내외인데, 2023년 7월 13일 북극권에 속한 노르웨이 감비크 지역 기온이 28.8도까지 올라 북극권 사상 최고의 기온을 기록하였다. 2023년 2월, 남극에서는 온난화 여파로 얼음 두께가 얇아져 한국의 장보고 과학기지의 비행기 활주로가 사라졌다. 비행기 이착륙이 불가능할 정도로 남극의 얼음이 얇아진 것은 장보고 과학기지가 개설된 2014년 이래 처음 있는 일이라고 한다.

지구온난화, 온실화는 예기할 수 없는 기상이변을 초래한다. 2022년 12월 차가운 대기가 미국을 덮쳐 시카고 등 일부 지역 기온이 영하 50도 이하로 떨어졌다. 2023년 2월 북극 한파가 급습하여 미국 전역이 꽁꽁 얼어붙는 일이 일어났다. 미국 국립기상청에 의하면, 뉴햄프셔주 워싱턴산 정상의 체감 온도는 영하 79도를 기록하였고, 시속 160km에 육박하는 강풍이 불었다고 한다. 2023년 12월 초 러시아 시베리아 일부에서는 예년에 없는 영하 50도의 한파가 여러 날 계속되어 얼음이 온 도시를 뒤덮고 있다고 지상방송은 보도한다.

어떤 지역에서는 온도가 30도 이상으로 상승하였다가 그다음 날 갑자기 10도 이상 떨어지고, 더운 여름에 갑자기 골프공 크기의 우박이 쏟아지기도 한다. 오랜 가뭄이 지속되다가 갑자기 내린 국지성 호우로 온 도시가 물바다가 되고, 산사태로 인해 인명피해, 재산피해가 일어나기도 한다. 지구 한편에서는 오랜 가뭄과 대형산불과 사막화 현상이 일어나는 반면, 다른 한편에서는 때아닌 태풍, 홍수, 해일, 산사태로 인한 댐 붕괴가 일어난다. 이리하여 2023년 9월 20일 제78차 유엔 기후 목표 정상회의에서 안토니우 구테흐스 유엔 사무총장은 "'지구온난화' 시대는 가고 '지구 열대화' 시대로 진입하였다", "인류가 지옥으로 가는 문을 열었다"고 선언하였다. 이것은 엄살이 아니라 점차 현실화되고 있다. 미국 항공우주국에 의하면 2023년 여름은 지구 기온 관측 사상 가장 더운 여름이었다고 한다. 2023년 11월 2일, 경남 김해의 한낮 최고 기온이 30.7도를 기록하는 등, 전국 곳곳에서 역대 가장 뜨거운 11월 기록을 경신했다. 9월에도 전국 최저 평균 기온이 19도를 기록해 "역대 가장 더운 9월"이 되었다. 11월 5-6일에는 전국 곳곳에 "물폭탄" 수준의 비가 내릴 것이라고 기상청은 예보하였다.

2023년 캐나다, 캘리포니아, 하와이, 그리스, 스페인을 위시한 지중해 연안의 산불과 폭우, 중국의 폭염과 홍수, 인도 몬순 폭우 등이 순차적으로 혹은 동시다발적으로 일어났다. 2023년 9월 15일자 보도에 따르면, 북아프리카 리비아 동부에서는 거대한 홍수와 댐 붕괴로 11,300명이 사망했고, 10,100명이 실종되었다. 실제 사망자는 2만 명을 넘어설 것이라고 한다. 2023년 10월 20일, 영국, 독일, 스칸디나비아 등에서는 때아닌 가을 폭풍으로 도시들이 빗물에 잠기고 정전이 발생하며, 항공과 철도가 마비되었다. 무더위와 가뭄이 계속되는 미국 애리조나주 소노란 사막에 갑자기 눈이 내리는 기현상이 일어나기도 하였다. 이 같은 기상이변으로 인해 곡물 생산량이 감소하여 곡물 가격이 상승한다. 2021년 세계 식량 가격지수는 전년 대비 27.3% 상승하였다. 우크라이나에 대한 러시아 푸틴의 침략 전쟁은 곡물 가격 상승을 더욱 부채질하였다. 2023년 가을 한국의 동해안에서는 수온 상승으로 인해 오징어가 북상하여 오징어 성어기인 9월 이후 어획량 급감으로 어민들이 조업을 포기한 상태라고 한다. 인건비 외에 배 한 척당 출항 준비에 7-800만 원이 드는데, 최소한 1,000마리 정도는 잡아야 인건비라도 건질 수 있다고 한다. 그러나 2시간 동안 한 마리도 못 잡고 고액의 연료비만 소모하기 때문에 출항하면 할수록 적자가 난다고 한다.

3. 지구온난화, 열대화가 초래하는 또 한 가지 위험한 현상은 수천 년 동안 얼어 있던 시베리아의 영구 동토가 녹아내리는 것이다. 동토 아래에는 대기 중에 있는 것보다 2배나 많은 이산화탄소와 메탄가스가 묻힌 것으로 추정된다. 2022년 여름 섭씨 40도 가까운 이상 고온이 시베리아 전역을 뒤덮었다. 이리하여 동토가 녹아내리고, 그 속에 묻혀 있던 유해 가스가 대기로 분출되었다. 분출된 유해 가스는 지구온난화를 가속화한다. 영국 옥스퍼드 대학교와 러시아 톰스크 대학교 연구팀에 의하면, 수천 년 동안 휴면상태에 있던 박테리아와 바이러스가 동토 해빙으로 인해 깨어나게 되고, 미생물이 활성화되면서 병원균이 인체를 감염시킬 수도 있다. 신종 전염병이 유행하여, 면역력이 전혀 없는 현대 인류에게 치명적인 해를 끼칠 수 있다. 코로나19를 능가하는 팬데믹이 일어날 수 있다고 경고한다. 2014년 프랑스, 러시아 연구팀은 3만 년 된 시베리아 영구 동토에서 고대 바이러스를 발견하고, 이를 되살려 "피토 바이러스"라고 명명하였다. 되살아난 바이러스는 아메바만 감염시키지만, 동식물은 물론 인간에게도 감염될 수 있다고 보도하였는데, 그 위험성이 서서히 현실화되고 있다. 폭염이 기승을 부린 2016년 여름에 시베리아 야말로네네츠 자치구에서는 12세 목동이 탄

저병에 걸려 사망하였고, 지역 주민 20여 명이 병에 걸렸다. 2,000마리 이상의 순록이 죽었다고 한다.

영구 동토의 해빙은 지반 침하를 초래하기도 한다. 동토가 녹아 지표면이 약해지고 여기에 더운 공기가 유입되면 지반이 무너지게 된다. 2022년 5월 29일 시베리아 노릴스크에서 지반 침하로 그 지역 열병합발전소 연료 탱크가 파손되어, 경유 2만 톤이 인근 강으로 유출되었다.

한 연구기관에 의하면 온실가스 배출량을 줄이지 않을 때 2050년 지구 온도는 2도 이상 상승할 것이다. 그렇게 되면 극한 기온 발생 빈도가 13.9배 증가하며, 가뭄은 3.1배, 강수량도 3.1배, 태풍 강도는 13% 더 강해질 것으로 예상된다. 2070년까지 한국이 안게 될 경제적 누적 손실은 약 935조 원에 달할 예정이라고 한다.

3. 자연재난, 산림파괴, 땅의 오염과 파괴

1. 오늘날 "이상기후"는 "지구가열화", "기후 붕괴", "기후 비상사태", "기후재앙"이라 불릴 정도로 상황은 위급하다. 세계 재난통계센터(CRED)에 따르면, 2022년 일 년 동안 이상기후로 인한 전 세계의 자연재해는 총 387건으로, 그 직전 20년 동안 일어난 370건을 앞질렀다고 한다. 기후변화, 기후재앙은 이제 "사람들의 일상과 쉼터, 심지어는 정서에 이르기까지 본격적으로 영향을 미치기 시작했다"(김신영 2022, 111-112). 심각한 폭염과 물 부족, 전기 예비량 부족으로 기업의 공장가동이 중단되기도 한다.

최근 몇 년 동안 세계 각지에서 일어난 대형산불들은 지구의 종말이 가까워졌다는 의구심이 들 정도로 심각하다. 스페인, 그리스, 이탈리아 등 지중해 연안 국가에서는 매년 연례행사처럼 여름만 되면 대형산불이 일어나, 산불 진화를 위한 국제공조를 호소하기도 한다. 산불 진화를 포기하고 비가 내리기만 기다리는 국가들도 있다. 2019년에 발생하여 2020년 봄까지 6개월간 지속된 호주의 산불은 한반도보다 더 큰 면적을 태워버렸다. 수많은 짐승이 불에 타 죽거나 서식지를 옮기는 참사가 일어났다. 2021년 미국 캘리포니아 산불은 3개월 넘게 계속되어 서울 넓이의 6배 규모의 지역을 태웠다. 캘리포니아주 전역에 걸쳐 비상사태가 선포되었다. 미국 CNN 통신은 "이번 산불은 사상 최악의 기록적 폭염과 강한 바람, 낮은 습도가 만나 확산을 자극하였다"고 보도하였다. 2023년 5월 캐나다 퀘벡주에서 발생한 산불은 6월 초까지 계속되어 남한 면적 약 40%의 산림을 태워버렸다. 거기서 발생한 연기가 뉴욕을 위시한 미국 동북부지역으로 날아가 고층건물들이 잘 보이지 않았으며, 학교를 휴교하고 외출을 삼가야할 정도였다. 캐나다 정부는 산불 진화에 국제적 공조를 요청하여, 한국에서도 구조대를 파송하였다.

한국에서도 산불이 끊이지 않는다. 2022년 3월 경북 동해안에서 일어난 산불은 서울 면적의 40%를 태워버렸다. 동년 11월 전북 완주, 강원도 강릉, 경기도 강화군, 서울 봉원사 부근 야산에서 크고 작은 산불이 일어나 적지 않은 산림을 태웠다. UN 보고서에 의하면, 기후변화를 방치할 경우 2030년에는 산불이 14% 증가하고, 2050년에는 30%, 2100년에는 50%가 증가할 것이라고 한다. 인간의 실수로 인한 방화도 있지만, 이상 고온과 가뭄과 건조 현상이 산불의 주요 원인이다.

불에 타버린 땅은 불모지가 된다. 땅과 대기의 건조, 물 부족과 가뭄, 홍수와 산사태, 임업, 목축업, 농업의 피해, 식량 부족을 초래한다. 삶의 터전과 재산을 잃어버린 사람들이 이재민의 신세가 된다. 2021년 극심한 가뭄으로 인해 동아프리카 지역에서만 5,800만 명이 영양부족을 겪었다. 계속된 가뭄 뒤에 찾아온 것은 단비가 아니라 폭우였다. 집중호우로 남수단에서만 430만 명이 집을 떠나야만 했다. 2021년 사하라 이남의 아프리카에서 발생한 이재민 수는 전 세계 이재민 수의 1/3을 넘는다고 한다. 2023년 5월 이탈리아의 "물의 도시" 베네치아에서는 심각한 가뭄으로 도시의 운하들이 흙바닥을 드러내어 곤돌라와 수상택시 사업이 중단 상태였는데, 북부 에밀리아-로마냐주에는 6개월 분량의 비가 하루 반나절 만에 쏟아져 20개 이상의 제방이 무너지고 41개 도시와 마을이 순식간에 물에 잠겨 주민 13명이 사망, 수만 명의 이재민이 발생하는 기현상이 일어났다. 중앙아시아, 라틴아메리카를 위시한 세계 각지의 거대한 호수들이 물 부족으로 바닥을 드러내고 있다. 물을 확보하기 위한 전쟁이 일어날 수도 있다고 학자들은 경고한다. 중국이 티벳을 침략한 것도 히말라야산맥의 물 확보를 위한 것이었다.

우리나라의 피해도 막심하다. 옛날보다 훨씬 더 자주 일어나는 산불, 때아닌 봄철 더위, 폭염과 한파, 태풍과 홍수와 국지적 가뭄이 끊이지 않는다. 2020년에 54일간 지속된 장마는 1973년 이후 가장 오래 지속된 장마라고 한다. 때늦은 "가을 태풍"이 찾아와 농작물 수확에 피해를 주기도 한다. 이상기후로 말미암은 농작물 피해는 북한에서 더욱 첨예하게 나타난다. 2021년도 북한의 식량 생산량은 1990년대 고난의 행군 이후 최악의 수준이었다고 한다. 굶주림으로 죽은 북한 사람들의 시체가 압록강에 둥둥 떠내려올 정도였다고 한다. 유엔 식량농업기구(FAO)에 따르면, 생산 목표량의 30%가 줄어 100만 톤 이상의 식량이 감소하였다. 2022년에 121만 톤의 식량이 부족할 전망이라고 미국 농무부는 말한다. 비료 부족, 영농 의욕의 부재, 생산성 부진도 그 원인이지만, 이상기후로 말미암은 가뭄과 물 부족, 여름철 홍수로 인한 농지 침수, 산사태가 직접적 원인이라고 한다.

2. 이상기후로 말미암은 자연의 위기는 산림파괴에서도 나타난다. 지구 온

도의 상승으로 말미암아 온대지역의 산림이 쇠약해지고 산림 분포가 달라진다. 농업지대와 산림지역이 이동하면서, 각종 생물의 서식지도 옮겨진다. 경북 대구 지역의 사과 재배지가 휴전선에 인접한 강원도 양구까지 북상하였고, 바나나, 키위 등의 열대성 작물들이 제주도와 남해안 일대에서 재배되고 있는 실정이다. 한라산에서 볼 수 있는 구상나무는 우리나라에서만 자생하는 특산 수종으로, 속리산 이남의 해방 1,000미터 이상의 고산에만 서식하는데, 최근 20년 동안 39% 이상 감소하였다고 한다. 지구온난화로 인해 어린나무 개체 수가 2년 사이에 절반 이하로 감소하였고, 제주도에서는 죽은 구상나무들이 무덤을 이루고 있다. 그 외 다른 식물 종들도 죽음의 위협을 당하고 있다고 식물학자들은 말한다.

산림은 지구의 온도를 조정하는 기능을 가진다. 여름의 더운 공기와 겨울의 추운 공기를 어느 정도 차단하기 때문이다. 이 같은 기능을 가진 산림이 파괴될 때, 지구의 온난화는 더욱 악화된다. 온난화로 말미암아 산림이 파괴되고, 파괴된 산림이 온난화를 초래하는 악순환을 반복한다.

산림은 땅과 함께 모든 생물의 삶의 기초가 된다. 산림은 몸에 해로운 이산화탄소를 흡수하고 몸에 필요한 산소를 내주어 공기를 정화한다. 땅은 생물들에게 서식지와 깨끗한 물을 제공하고 강수량을 조절함으로써 홍수와 가뭄을 방지한다. 그것은 강물의 수위와 수질을 유지하며 하천 용수를 제공한다. 산림을 통해 제공되는 깨끗한 물과 공기는 모든 생명체의 삶에 필수적 요건이다. 그러므로 조선조의 경국대전은 서울을 위시한 지방의 중요한 산림을 금산(禁山)으로 지정하여 보호하였다. 금산에서 벌목하거나 채석하는 자는 곤장 90대를 맞고, 벌목한 자리에 나무를 다시 심어 복구하도록 할 정도로 산림을 보호하였다. 그러나 오늘날 세계 각지에서 경제성장의 이름으로 산림을 벌목하거나 태워 없애고 있다. 지구의 허파 역할을 하는 아마존과 인도네시아의 원시림이 벌목되고, 목축업과 농업을 위한 경작지로 변모하고 있다.

　일제 강점기에 우리나라 산림의 약 70% 정도가 파괴되었다. 일본의 침략 전쟁이 만주와 중국 대륙, 동남아시아를 넘어 미국을 상대한 태평양 전체로 확대되고 전쟁 기간이 길어지자, 군인 숫자는 물론 전쟁 물자가 턱없이 부족하였다. 노동력 부족으로 많은 한국인을 일본으로 끌어가 탄광이나 군수공장에 투입하였다. 고등학생 나이의 소년들을 비행기 조종사로 만들어 주겠다고 미혹하여 가미카제(전투기 자살 특공대)의 희생물로 만들었다. 일제 시대에 생존했던 문학가 박경리 선생(1922년 출생)은 당시의 상황을 다음과 같이 소개한다. "중학생, 그들은 과연 학생인가? 카키색 교복에 전투모를 쓰고 배낭을 짊어지고 각반을 다리에 감고 그들은 등교한다. 운동장에서는 연일 목총(木銃)을 들고 군사 훈련을 받는 것이 그들의 교과다. 완전한 전투태세였고 사실 그들은 전쟁이 쉬 끝나지 않는 이상 고스란히 전선에 내몰릴 판국이다.…공부 안 하기로는 여학교라고 다를 것이 없었다. 전보다 교련 시간이 많아졌고 목검(木劍)이다, 나기나타(薙刀, 치도, 손잡이가 긴 칼, 중이나 여인의 무기, 연습용은 木製)다 하며 무술 시간은 체육이나 무용 시간을 완전히 점령"했다(박경리 1994a, 333).

　일제는 초등학교 어린이들까지 동원하여 산에 있는 소나무 송진을 채취하게 했다. 부족한 비행기 연료를 제조하기 위함이었다고 한다. 이로 인해 우리나라의 많은 산이 민둥산이 되었다. 박경리 선생은 이것을 다음과 같이 증언한다. "신문 보도를 보면 일본이 계속 밀어붙이고 있지만 집안의 밥그릇[탄환 제조에 사용될 놋쇠 그릇, 제기, 촛대, 요강 등]까지 내놔야 하고 시골서는 초등학교 아이들을 동원하고 송진까지 수집한다니까"(박경리 1994a, 220).

　1950-1953년의 6.25 전쟁과 그 이후의 경제적 빈곤은 더 많은 산림을 파괴하였다. 그 당시에는 나무가 유일한 땔감이었기 때문이다. 6.25 전쟁

후에 북한은 나무를 땔감이나 목탄 자동차 에너지 원료로 사용하고 있다. 식량 생산용 다락밭을 만들기 위해 백두산, 금강산, 묘향산 등의 특별한 산 몇 개를 제외한 대부분의 산들을 벌목하였다. 이로 말미암아 일어나는 홍수와 산사태로 땅이 파괴되며, 정화되지 않은 각종 하수로 땅이 오염된다. 남한은 박정희 대통령의 강력한 산림정책으로 세계에서 유례를 찾아보기 힘든 속도로 산림화를 이루었다. 이를 위해 석탄 채굴사업과 19공 무연탄 사용이 장려되었다. 무연탄의 부작용으로 인해 기름과 천연가스가 연탄을 대체하면서 산림 육성에 성공하였다. 그러나 최근에 시작된 태양광 패널 설치, 골프장 건설 등으로 적지 않은 산림이 파괴되었다. 골프장 잔디밭을 유지하기 위해 발생하는 독성 오폐수, 태양광 패널 제조와 노후화 과정에서 발생하는 유독물질은 땅을 오염시키고, 오염된 땅은 산림을 해치는 문제를 일으킨다.

3. 산림이 사라져버린 땅은 기후변화에 취약하다. 땅을 보호하고 지켜주는 보호막이 사라져버리기 때문이다. 만물이 그렇듯이, 산림과 땅도 서로의 생존을 가능하게 해주는 상생 관계에 있다. 땅은 산림에 필요한 영양분을 공급하고, 산림은 여름의 고온과 겨울의 저온에서 땅을 보호한다. 대기를 정화함으로써 땅의 신선도를 지켜준다. 집중호우로 말미암은 산사태에서 땅을 보호하기도 한다. 이같이 땅과 산림은 유기체적 결합상태(organische Verbundenheit), 상부상조와 상생의 관계에 있다.

　　오늘날 땅은 인간의 무한한 소유욕으로 말미암아 점점 더 파괴되고 있다. 주거지역의 끊임없는 확장, 새로운 도로, 산업공단, 골프장, 각종 위락시설, 신도시와 공항 건설, 석재 채취, 광산 개발, 지하자원의 채굴, 지하철과 각종 지하시설의 건설로 인해 땅은 계속 파괴되고 있다. 석탄은 물론 금, 은, 다이아몬드를 위시한 희귀 광물, 철, 구리, 흑연, 우라늄, 각종 희토류 등의 산업용 광물질을 얻기 위해 파괴되고 있는 세계 각지의 땅의 모습은 경악스러울 정도이다. 기존의 경부고속도로 아래에 땅을 파서 제2경부고속도로를 만들자는 얘기가 나돌기도 한다. 선거 때마다 정치인들은 도시 곳곳에 고속 지하철 건설을 약속한다.

전국 각지의 아스팔트로 포장된 도로와 광장, 시멘트로 포장된 농로(農路)도 땅을 파괴하는 원인이 된다. 우리는 그것을 편리하게 사용하지만, 사실상 땅의 생명력을 끊어버린다. 땅이 아스팔트나 시멘트로 포장될 때 물이 땅속으로 스며들지 못하게 되고, 땅속에 살고 있는 생물들이 질식하게 된다. 물을 흡수하지 못해 홍수의 원인이 되며, 열기와 냉기를 흡수하지 못하게 됨으로써 온도조절의 기능을 상실한다. 한마디로 땅은 생명력을 잃어버린다.

2022년 4월 28일 유엔 사막화 방지 협약(UNCCD)의 "지구 표지 현황 보고서"(Global Land Outlook)에 따르면, 지구 육지 면적의 70% 이상이 인간의 행위로 인해 자연상태에서 변형되었고, 약 40%의 땅이 지속 불가능한 방법으로 손상되거나 황폐화하고 있다. 이것은 특히 지구 전체 땅의 45% 이상을 차지하는 건조지역에서 심각하게 진행되고 있다. 지금과 같은 토지 이용방식이 2050년까지 계속될 경우 남아메리카 대륙 크기의 땅이 추가로 황폐화할 것이며, 기후 교란, 물의 고갈, 가뭄의 심화, 식량 생산의 감소, 생물들의 건강 이상과 종들의 멸종, 국가총생산(GDP) 감소, 강제 이주 등의 문제를 일으킬 것으로 예상된다.

갯벌은 해양 생태계를 유지함은 물론 기후위기에서 중요한 "탄소 저장고"로서 높은 가치를 가진다. 갯벌을 통해 바닷물이 정화되고, 정화된 바닷물을 통해 해양 생물들이 생명을 유지한다. 또 갯벌 속에는 수많은 생물이 살면서 생태계 고리를 유지한다. 갯벌은 그들의 산란지요 삶의 기반이다. 그러나 방조제를 세우고 갯벌을 간척할 때, 그 속의 모든 생물은 떼

죽음을 당하고 바다는 자정 능력을 상실한다. 어부들도 삶의 기초를 상실하고 시골이나 도시의 일용 근로자로 전락한다. 간척지의 비싼 땅값은 상당 부분 그것을 간척한 기업들이 차지한다. 국내 갯벌 면적은 국토 전체의 약 2.4%이다. 1987년부터 2018년까지 30년 사이에 간척 사업과 지구온난화로 인한 해수면 상승 등으로 약 23%가 감소하였다. 국립 생태원에 따르면, 지금과 같은 속도라면 우리나라 갯벌 36곳 중 75%가 사라질 수 있다고 한다.

4. 땅의 사막화, 물 부족, 농경지 감소

1. 지금 지구 곳곳에서 일어나고 있는 땅의 황폐화, 사막화의 원인은 인위적 원인과 자연적 원인으로 분류될 수 있다. 인위적 원인은 산림 벌채, 화전, 과도한 목축, 환경오염, 과도한 비료 사용 등이다. 가장 중요한 자연적 원인은 이상기후로 말미암은 가뭄에 있다. 그러나 자연적 원인도 사실은 인위적 원인이다.

오랜 가뭄은 물론 갑작스러운 집중호우, 화산 폭발, 산불이 땅의 황폐화, 사막화의 원인이 되기도 한다. 가뭄과 벌채, 산불 등 다양한 원인으로 숲과 산림이 사라지면 지표 반사율이 증가하여 토양의 수분이 감소한다. 이리하여 땅의 황폐화, 사막화가 빠르게 진행된다. 오랜 가뭄 끝에 내리는 폭우는 땅을 윤택하게 하는 단비가 아니라 땅을 황폐시키는 역기능을 가진다. 세계의 여러 사막들은 본래 산림지역이었던 것으로 추정된다. 사막 곳곳에 있는 오아시스는 이를 증명한다. 그러나 인간이 산림을 파괴한데 이어 기후적 악조건이 작용함으로 인해 빠른 속도로 사막화된 것으로 학자들은 추정한다.

지구의 사막화가 가장 넓게 일어나는 곳은 아프리카, 중앙아시아와 중남미 지역이다. 이들 지역의 황폐화, 사막화는 산림파괴가 주원인이다. 아프리카, 호주의 사막화는 오랜 가뭄과 과다한 목축과 산불이 주원인이다. 유럽 남부지역의 황폐화는 주로 오랜 가뭄으로 말미암아 일어난다. 가장 심각한 사막화가 일어난 곳은 아프리카 사헬 지역이다. 인구 급증, 과다한 방목과 경작으로 초원이 황폐화, 사막화한다. 호주에서는 토끼의 과다한 개체 수 증가로 초원의 황폐화, 사막화가 일어난다. 브라질 아마존 상류 지역에서는 농업, 목축업을 위한 열대우림의 파괴로 말미암아 땅의 황폐화, 사막화가 일어난다. 베트남 전쟁에서 사용된 네이팜 탄은 150-400갤런 들이 한 발로 약 1,000평의 땅을 완전히 잿더미로 만들 수 있다. 경제성을 상실하여 방치되어버린 세계 각지의 폐광들도 땅의 황폐화, 사막화를 촉진한다.

유엔 산하 사막화 방지 협약의 보고에 따르면, "현재 지구의 땅은 전체 지구 역사 기간보다 30-35배 빠른 속도로 사막화되고 있으며, 현재 전 육지의 40%가량이 건조한 땅으로 간주되고, 여기에 20억 명의 인구가 살고 있다. 매년 한반도 크기의 1.5배의 땅이 사막으로 변하고 있으며, 6백만-천2백만제곱킬로미터의 땅, 즉 남한 면적의 60-120배에 달하는 땅이 사막화의 위험에 처해 있다"(김정욱 2022, 29). 지구 면적 약 29%가 경미하거나 중간 정도의 사막화 과정 중에 있으며, 6%의 땅은 심각한 사막화 지역으로 분류되고 있다(WCED 1994, 165ff.).

한국 환경산업기술원의 발표에 따르면, 온실가스 저감 정책이 제대로 실현되지 못해 대기 중 이산화탄소 농도가 940ppm까지 상승할 경우, 2050년 지구 표면의 24%-34%가 사막화될 것이며, 중남미, 유럽 남부, 호주, 중국 등의 피해가 심각할 것으로 예측된다. 파리기후협정(Paris Agreement, 2015)의 목표대로 지구 온도 상승 폭을 1.5도 이하로 묶어둘 경우, 사막화 지역은 1/3 이하로 줄일 수 있다고 한다.

땅의 황폐화, 사막화는 농경지 감소, 농축산물의 감소와 직결된다. 인간은 물론 자연의 생물들이 살 수 있는 삶의 터전이 없어진다. 삶의 터전이 없어진다는 것은 생물들이 땅에서 추방되거나 죽는 것을 말한다. 땅에서 쫓겨난 인간은 환경 난민이 되어버린다.

2. 땅의 황폐화, 사막화는 물 부족으로 이어진다. 물 부족으로 인해 땅의 황폐화, 사막화가 일어나고, 땅의 황폐화, 사막화로 인해 물 부족 사태가 일어나는 악순환이 반복된다. 세계 각국의 과학자들이 경고했던 물 부족 사태가 세계 곳곳에서 지금 일어나고 있다. 유엔 사막화 방지 협약에 따르면, 2030년까지 약 7억 명의 사람이 가뭄과 물 부족으로 거주지에서 추방될 것으로 예상된다. 2040년까지 4명 중 1명이 극심한 물 부족 지역에서 살게 될 것이며, 2050년까지 세계 인구의 75% 이상이 물 부족의 영향을 받을 것이다. 48억에서 57억 명이 매년 적어도 한 달 동안 물 부족 지역에서 살게 될 것이라고 한다.

언론 보도에 따르면, 2022년 11월 현재 중국에서 둘째로 큰 호수인 포양호가 바닥을 드러내고 있는 모습을 볼 수 있다. 오랜 가뭄으로 인해 유입수가 현저히 감소하였기 때문이다. 산샤댐 역시 유입수 감소로 인해 발전을 멈출 지경에 이르렀다. 부족한 전력을 화력 발전으로 보충하기 위해 현재 중국은 석탄 증산에 총력을 기울이고 있다. 석탄 운반용 화물차들이 석탄 채굴 광산 앞에 길게 줄을 지어 서 있는 것을 볼 수 있다. 차례가 오기까지 화물차 기사들이 밤을 새워 기다릴 때도 있다고 한다. 그러나 석탄을 통한 화력 발전은 중국이 국제 사회에 약속한 탄소 감축량을 지키지 못하게 하는 문제를 유발할 것이라고 보도한다.

2022년 여름 독일은 역사상 한 번도 경험해 본 적이 없는 일을 경험하였다. 독일의 젖줄이라 할 수 있는 라인강이 메말라 국부적으로 강바닥을 드러낸 일이다. 강물이 흐르는 곳에서도 수심이 너무 낮아 화물선이 평소 화물의 1/3 정도밖에 운송하지 못해 독일의 경제 위기, 에너지 위기를 가중시켰다고 언론은 보도한다. 그 원인은 가뭄 탓도 있지만, 알프스산맥의 빙하가 녹아 없어져버렸기 때문이라고 한다.

2022년 초여름 미국 캘리포니아주는 "물부족 비상사태"를 선포하였다. 기록적인 가뭄으로 콜로라도강과 저수지들이 바닥을 드러내 농장과 목장의 폐업이 속출하였다. 로스앤젤레스, 벤투라 등 남부지역은 잔디에 물 주기, 세차 등을 주 1회로 제한하였다. 미국 버지니아 대학교 연구진에 의하면, 세계 대형 호수와 저수지 53%의 수량이 줄어들었다. 남미의 아르헨티나와 우루과이, 아프리카 동부의 에티오피아, 케냐, 소말리아에서도 2020년부터 극심한 가뭄이 계속되고 있다. 가뭄 도중에 갑작스러운 국지성 폭우로 홍수가 발생하는 일도 증가하고 있다. 2023년 5월 중순 소말리아 중부에서는 돌발적 폭우로 홍수가 일어나 20만 명의 이재민이 발생하였다고 언론은 전한다.

태평양과 카리브해를 연결하는 글로벌 물류의 동맥인 파나마 운하는 2023년 2-4월의 강우량이 평년의 50% 수준에 그쳐 선박 화물량을 계속 줄일 것이라고 한다. 지금 인류는 "광물 및 에너지 부족이 아니라 식량과 물부족이라는 장벽으로 치닫고 있는 것으로 요약된다.…인류는 마치 자산을 경솔하게 처분해 버리는 집안과 같은 상황에 처해 있다"(Wilson 2005, 400). 2023년 5월, 아마존강에 이어 남미 두 번째로 긴 파라나강은 브라질, 아르헨티나, 파라과이 3개국을 경유하여 흐르는데, 100년 만에 일어난 최악의 가뭄으로 강바닥을 드러내었다. 농민들이 파종하지 못하며, 수만 마리의 가축들이 폐사하였다고 한다. 가뭄의 원인은 인간에 의한 벌목, 폭염과 화재 증가라고 한다.

세계 자원 연구소(World Resource Institute)에 의하면, 전 세계 인구의 1/4이 살고 있는 17개국의 수자원이 모두 고갈될 수 있는 위험에 직면하고 있다. 세계 자연 기금(World Wide Fund of Nature)의 2021년 지구 생명 보고서에 의하면, 지금과 같은 환경오염과 파괴가 지속될 경우 2050년 인류의 51%가 심각한 물 부족으로 고통을 당할 것이다. 수자원이 거의 고갈되고 거기에 가뭄까지 겹치면 대재앙이 될 수 있다고 예고한다. 중국 베이징의 지하수면은 1965년에서 1990년 사이에 37미터가 내려갔고, 아라비아반도의 지하수는 2050년이면 고갈될 것으로 예측된다. 지금 중국은 메콩강 상류에 11개의 댐과 수력발전소를 세워 물을 독점함으로써 인도와 동남아 지역 7,000만 명 주민들의 생명을 위협하고 있다고 한다. 그런데 중국은 앞으로 계속 더 많은 댐을 세울 것이라고 한다.

한국도 물 부족 국가로 분류된다. 164개의 물 부족 국가 중 53위를 차지한다. 연평균 강수량은 1,283밀리미터로 세계 평균 973밀리미터보다 1.3배지만, 인구 1인당 연간 강수량은 약 2,700톤으로 세계 평균의 1/10에 불과하다. 그나마 강수량의 2/3가 여름 장마철 때 집중적으로 내리는데, 국토의 약 70%가 산이기 때문에 대부분의 물이 땅에 스며들지 못하고 강이나 바다로 흘러 들어가 버린다. 댐들이 있긴 하지만, 물 이용률은 26%에 불과하다고 한다.

2022년 11월 전라남도 완도의 주민들은 50년 만의 최악의 가뭄으로 생활용수는 물론 마실 물도 걱정하는 형편이었다. 수원지가 바닥을 드러내면서 최장 6일간 식수를 공급받지 못하는 마을도 있었다. 2023년 3월 언론 보도에 따르면, 광주광역시를 위시한 호남지역에서는 기상관측 이후 가장 긴 가뭄에 시달렸다. 가뭄 발생 일수가 227일을 기록하여 주요 식수원인 동복댐과 주암댐 저수율이 10%대까지 떨어져 곳곳에 바닥을 드러낸 상태라고 한다. 광주에서는 2022년 10월부터 수도 밸브 수압 낮추기, 모아서 빨래하기, 샤워 빈도와 시간 줄이기, 양변기 수조에 물병 넣기 등의 물 절약이 일상이 되었다고 한다. 국내 최대 석유화학 단지인 여수 국가산단과 철강업체들이 입주한 광양 국가산단은 물 부족으로 생산 일정을 조정하고 있는 실정이다. 아프리카 동부 소말리아에서는 2022년 한 해에 가뭄으로 숨진 사람이 4만 3,000명에 달하며, 그 절반이 어린이로 추정된다고 한다.

지하수 소비로 인한 물 부족 현상도 심각한 문제다. 인간이 땅속에서 끌어올려 소비한 지하수는 다시 채워지는 데 800년이 걸린다고 한다. 강이 없는 제주도 주민들은 지하수를 사용할 수밖에 없는데, 지하수가 흐르는 용천수 1,025개 중 500여 개가 메말랐다고 한다. 제주도뿐 아니라 전국 곳곳의 주민들이 지하수를 얻지 못해 고통을 당한다고 하소연한다.

3. 가뭄과 물 부족으로 인한 농지 포기, 주민들의 노령화로 인해 시골 마을들이 폐허가 되고 있다. 더 많은 농작물을 수확하기 위해 사용되는 농약과 비료 등의 화학물질은 농지를 산화시켜 황폐화한다. 산화된 농지의 생산력을 회복하기 위해 더 강한 비료와 더 독한 농약들이 사용된다. 농약은 현재 약 1,000종에 달하는데, 이것이 생태계 안에서 분해되는 시간은 10년에서 90년까지 걸리는 맹독성을 지니고 있어 토양 생태계를 근본적으로 파괴한다.

세계 농경지 면적은 약 40년 전부터 15억 헥타르 선에서 정체되어 있다. 이에 비해 세계 인구는 빠른 속도로 증가한다. 1997년 58억 명이었던 세계 인구는 2022년에 이르러 17억 명이 증가해 총 75억 명이 되었다. 2050년에는 23억 명이 더 증가하여 98억 명이 될 전망이다. 불과 53년 사이에 40억 명이 증가하는 셈이다. 이것은 식량의 절대 부족으로 이어질 수밖에 없다. 농경지가 제한되어 있기 때문이다. 현재 우리나라의 식량 자급

률은 46.7% 정도다. 이는 OECD 국가들 가운데 최하위권이라고 한다. 전쟁이나 경제 위기로 인해 식량 수입이 제한되거나 막혀버릴 경우, 식량 가격이 급격히 인상될 수 있다. 식량 생산국들은 식량을 정치화, 무기화할 수 있다.

"이런 상황에서 중국과 인도의 육식 인구 증가에 비례해 폭증하는 육류 수요를 충족시키기 위해서는 더 많은 물과 토지와 에너지가 요구된다. 예를 들어 돼지고기 1킬로그램을 생산하려면 곡물 3킬로그램이 필요하며, 소고기 1킬로그램을 만들기 위해서는 곡물 7킬로그램과 물 10리터가 요구된다. 그러다 보니 현재 전 세계 토지의 25%가 사료용 경작지로 사용되며, 전 세계 곡물 생산량의 38%가 가축 사료로 공급되고 있다. 이런 현실은 밀림 파괴로 인한 서식지 감소와 야생동물 개체수 감소의 주요 원인이 되며, 식량 가격 폭등과 식량 주권 불안정을 야기함으로써 국가 간 갈등을 촉발하기도 한다"(김신영 2022, 129-130).

5. 해수면 상승과 땅의 침수

이상기후가 초래하는 또 하나의 심각한 문제는 해수면 상승으로 인한 땅의 침수다. 해수면 상승은 두 가지 큰 원인을 가진다. 첫째 원인은 지구 전체의 온도 상승에 따라 바닷물이 따뜻해져 바닷물의 부피가 커지는 데 있고, 둘째 원인은 남극과 북극을 위시한 세계 각지의 빙하와 빙산들, 만년설이 녹아내리는 데 있다. 미국의 한 연구기관은 1994년부터 2017년까지 빙하, 만년설 등의 추세를 분석한 결과 다음의 사실을 발견하였다. 곧 1990년대에는 연간 8,000억 톤의 얼음 지형이 유실되었고, 2017년에는 1조 2,000억 톤이 유실되었다. 빙하와 만년설 등이 녹는 속도가 57% 가속화된 것이다. 1994년부터 2017년 사이에 유실된 얼음은 총 28조 톤에 달한다. 이 기간에 해수면은 35밀리미터 상승한 것으로 추정된다. 히말라야 고산 지대의 만년설도 안전할 리가 없다. 그 녹는 속도가 빨라져 이 지역 주민들이 인공 얼음탑을 세우고 눈이 녹지 않기를 신에게 비는 모습을 인터넷 보도에서 볼 수 있다. 2023년 11월 10일 로이터 통신에 따르면, 그린란드 빙하가 20년 전에 비해 5배 빠른 속도로 녹아내려 빙하의 연간 감소폭이 5미터에서 25미터로 증가하였다고 덴마크 코펜하겐 대학교 연구진이 발표하였다. 그린란드 빙하가 모두 녹으면, 지구 해수면 높이가 6미터 이상 높아질 수 있다고 한다.

한 연구기관의 보고에 의하면, 남극의 모든 얼음이 녹게 되면 해수면이 56.2미터 상승할 것이라고 한다. 2021년 11월 10일 세계기상기구 발표에 따르면, 1989-2018년 사이에 지구 전체 평균 해수면이 매년 1.8밀리미터 높아졌고, 한반도 주변은 2.74밀리미터 높아졌다고 한다. 특히 제주도 해변은 4.75밀리미터 상승했는데, 이는 세계 평균치보다 더 높은 수치이다. 2021년 12월 20일 해양수산부 보도 자료에 따르면, 한국의 해수면 상승치는 위의 수치보다 약간 더 높다. 곧 지난 30년간(1991-2020) 한국 해수면은 매년 3.03밀리미터씩 높아져 총 9.1센티미터 정도 상승하였다는 것이다.

10여 년 전까지 해수면 상승의 주요 요인은 북극권과 그린란드 빙하의 해빙으로 알려져 있었다. 이제 남극에서도 빙하가 빠른 속도로 녹고 있기 때문에, 해수면 상승 예상치도 상향 조정해야 한다고 연구기관들은 보도한다. 2022년 12월 2일 영국 일간지 「가디언」의 보도에 의하면, 지금까지 알려진 남극 대륙의 일부 지점이 아닌 대륙 전반에 걸쳐 빙하가 녹고 있다. 해수면 위의 빙하는 물론 해저 빙하도 녹고 있다. 서남극 대륙의 65개 빙하 가운데 8개 빙하가 해빙기 이후 평균 속도의 5배 이상 빠른 속도로 녹아버렸다고 한다.

이로 인해 일어나는 해수면 상승은 해안 지역의 침수와 직결된다. 높아진 해수면으로 인해 인간의 생활공간은 물론 자연 생물들의 서식지가 감소한다. 부산, 여수, 목포, 인천 등을 위시한 한반도의 많은 도시처럼 해안선을 따라 형성된 세계의 수많은 대도시가 침수 피해를 당할 것으로 예측된다. 세계 각지의 작은 섬나라들은 이미 오래전부터 침수 피해를 당하고 있다.

실례를 든다면, 호주 동편의 남태평양에 자리한 투발루(Tuvalu)는 9개의 섬과 26제곱킬로미터의 면적, 11,300명의 인구를 가진 매우 작은 섬나라다. 주민들의 생계 수단은 어업과 수산업과 관광업이고, 공업은 전무한 형편이다. 공업이 없기 때문에 이 나라의 이산화탄소 배출량은 거의 없다고 볼 수 있는 수준이다. 투발루가 위치한 남태평양의 도서 지역 전체의 이산화탄소 배출량은 세계 전체 배출량의 0.03%에 불과하다. 따라서 투발루는 이산화탄소 배출로 말미암은 이상기후에 책임이 없다.

그럼에도 불구하고 투발루는 이상기후의 피해를 뒤집어쓰고 있다. 9개의 섬 가운데 2개의 섬이 이미 1999년에 바닷물에 잠겼고, 2060년이면 모든 섬이 물에 가라앉을 것으로 예상된다. 먼저 해안가에 밀집해 있는 주택과 상가, 도로와 관광 시설들이 바닷물에 잠긴다. 바닷물의 지반 침식으로 지하의 생수가 염분을 갖게 되어 식수 부족과 농작물 수확의 감소가 일어난다. 폭풍과 홍수와 해일이 섬 전체를 황폐시킨다. 농작물 피해와 관광객 감소로 인한 주민들의 빈곤이 극심하다. 바닷속의 아름다운 산호초는 해양 생물들의 서식처가 되는 동시에 인공 뼈 제작에 사용되며, 다이버들을 위시한 관광객을 유치하는데, 이 산호초가 파괴됨으로 인해 어획량은 물론 관광객 수도 감소한다. 영양실조와 환경오염으로 인해 독감, 뎅기열, 결막염, 각종 바이러스 질환이 유행한다. 이 섬의 주민들에게 남은 것은 정든 고향을 떠나는 길밖에 없다. 지난 10년간 전체 인구의 1/3이 호주, 뉴질랜드, 피지로 이주하였다고 한다. 조상들이 물려준 삶의 터전과 삶의 방식, 자신의 문화와 전통과 사회 질서를 버리고 언어와 삶의 방식 등 모든 것이 다른 낯선 땅으로 강제 추방되었다(Klimawandel 2004).

투발루는 물론 세계 여러 나라가 새로운 거주지를 물색하며 대책을 마련하고 있다. 인도양의 몰디브도 이주할 거주지를 물색하고 있다. 인도네시아는 수도 자카르타를 이전할 준비를 하고 있다. 국토의 상당 부분이 해수면보다 더 낮은 네덜란드는 오래전부터 바닷물 침수를 막기 위한 방벽을 세워 땅을 보호하고 있다. 물과 싸우는 대신 물과 함께 사는 방법으로 수상주택을 보급하고 있다. 이탈리아 베네치아는 70개의 수문을 설치하여 바닷물 유입을 막을 준비를 끝냈다. 많은 나라의 도시들이 해안선과 백사장 유실을 막기 위해 방조제, 방파제 등을 설치하고 있다.

국제 환경단체 그린피스 서울지부에 따르면, 2030년 한국 국토의 5%가 넘는 5,880평방미터의 땅이 바닷물에 잠기고, 332만 명의 인구가 직접적 침수 피해를 당할 것이라고 한다. 지역적으로 서해안 쪽이 다른 지역보다 낮기 때문에 침수 피해는 서해안 일대에서 더 심각하겠지만, 한반도 전역의 해안지대가 피해를 면할 수 없을 것이다. 서해안 쪽에 있는 김포공항과 인천공항을 비롯한 국가 기간 시설, 해안 가까이 세워진 화력 발전소 및 원자력 발전소, 제철소와 항만 등의 산업시설을 포함한 낮은 해안지대 전체가 바닷물에 침수될 것으로 추정된다. 해안을 끼고 형성되어 있는 부산시 대부분 지역이 바닷물에 잠길 것으로 학자들은 내다본다. 유명한 관광지 해운대도 마찬가지다.

땅의 침수는 지하수 개발로 인해 발생하기도 한다. 지하수를 끌어내면 지하에 동공이 생기게 되고, 지표면이 침하하고, 침하한 지표면에 물이 스며들게 된다. 인도네시아는 수도 자카르타를 다른 섬으로 옮길 준비를 하고 있는데, 지금의 자카르타의 지표면이 침하하여 2030년경에는 도시 전체가 완전히 바닷물에 잠식될 것이기 때문이다. 이런 과정이 자카르타에서는 이미 진행되고 있다. 자카르타의 지표면이 침하하는 이유는, 땅 아래 지하수를 특정 기업이 개발하여 그것을 자체적으로 사용하기도 하고 상품화하여 팔아먹기 때문이라고 주민들은 하소연한다.

6. 생물 서식지 파괴, 해저 사막화, 생물 종들의 사멸

1. 이상기후는 생태계의 변동, 생물 서식지의 혼란과 파괴, 생물 종들의 다양성 파괴를 일으키기도 한다. 그것은 생물들이 생존할 수 있는 기온대에 변동을 일으켜 동식물들의 서식지 이동 현상을 초래한다. 예측할 수 없는 기후변화와 홍수, 가뭄 등의 자연재난에 신속히 대응하지 못하는 생물들은 떼죽음을 당한다. 인간도 예외는 아니다. 기온 변화에 대한 적응력이 약한 노약자들과 경제적 빈곤층이 죽음의 위험에 노출된다. 기후변화로 인해 인류의 이동 현상이 일어나기도 한다.

생물 서식지의 혼란과 파괴는 인간의 개발사업으로 인해 일어나기도 한다. 갯벌 매립, 고속도로와 대규모 산업단지, 주택단지 등의 건축사업, 열대우림 파괴 등으로 인해 자연의 생물들이 서식지를 잃어버리고 떼죽음을 당한다. 이것은 땅 위에 있는 모든 생물 종들의 다양성(Biodiversity)의 파괴로 이어진다. 지구가 생성한 이후 약 46억 년의 진화과정을 거쳐, 지금 약 1억 종의 생물들이 존재하는 것으로 알려져 있다. 그러나 인간이 아직 발견하지 못한 생물들의 종이 존재할 것으로 추정되는데, 미국 자연사 박물관의 조사에 따르면, 곤충만도 3,000만 종에 이른다고 한다. 생물 종들의 다양성은 생태계의 기초다. 그것은 모든 생물이 필요로 하는 유기물질을 배출하며, 자연의 먹이사슬을 형성함으로써 모든 생물의 존속을 가능케 한다. 모든 생물 종들은 서로 의존하면서 다른 종들의 생존을 가능케 해준다.

생물 종들의 다양성은 인간의 생명에 없어서는 안 될 중요한 삶의 기초다. 그들은 인간에게 식량을 공급하고 생태계의 균형을 유지하며, 농업, 의학 및 공업의 중요한 토대가 된다. 의약품의 절반 정도가 야생 생물에서 원료를 얻고 있다. 생물 종들의 다양성이 파괴되면 생태계가 파괴된다. 생태계가 파괴되면 인간도 생존할 수 없다.

약 46억 년에 달하는 지구의 역사에서 소행성 충돌, 화산 폭발, 급격한 기후변화로 인해 다섯 번의 대멸종이 일어났는데, 지금 여섯 번째 대멸종이 진행 중이라고 학자들은 말한다. 종래의 멸종은 자연상태에서 자연적으로 일어났던 데 반해, 여섯 번째 멸종은 인간의 행위로 말미암아 일어날 것이다. 따라서 지금의 멸종은 자연상태의 멸종보다 속도가 훨씬 더 빠르고 더 광범위하게 진행된다는 차이점을 가진다. 연구 결과에 따르면, 매년 27,000여 종의 동식물들이 멸종하는데, 매20분마다 하나의 생물이 멸종하는 셈이다. 이것은 자연적 멸종 속도보다 약 1,000배 빠른 것으로 추산된다 (김홍균 2015, 348). 세계자연기금(WWF)이 발표한 "지구생명보고서 2022"에 따르면, 1970년부터 2018년 사이에 야생동물 69%가 감소하였고, 특히 아마존 열대우림이 위치한 남아메리카와 카리브해 연안에서 94%가 감소하였다.

2. 생물 종들의 다양성 파괴는 다양한 원인을 가진다. 인간의 무분별한 남획과 밀렵, 먹이사슬 파괴, 서식지 파괴, 외래종 도입, 개체수 회복이 불가능할 정도의 과도한 이용, 산성비, 환경 호르몬, 물과 공기와 땅의 오염, 도로와 댐 건설 등을 위한 땅과 산림과 습지 파괴, 갯벌 매립, 지구의 사막화

와 물 부족, 가뭄과 태풍과 홍수를 동반하는 이상기후가 주요 원인이다. 초원, 열대우림, 온대림, 사막, 북극과 남극, 고산 툰드라 지대, 대양, 강, 간만의 차가 심한 큰 강의 어귀 등, 그 어디에도 자연 생물들에게 안전한 곳이 없다.

지금 세계 각국이 지상과 해상에 세우고 있는 풍력발전기도 생물종의 감소와 파괴를 초래하고 있다. 언젠가 필자는 풍력발전기에 가까이 가본 적이 있다. 그 소음은 견딜 수 없는 수준을 넘어 무서움을 일으킬 정도였다. 도저히 그 가까이 머무를 수 없었다. 전문가에 의하면, 풍력발전기의 무서운 소음은 그 부근 생물들의 생식과 서식에 심각한 장애물이 되고, 이것은 생물 종의 감소로 이어질 수밖에 없다고 한다.

"침팬지 박사"로 널리 알려진 제인 구달(Jane Goodal) 박사는 생물 다양성을 거미줄에 비유한다. 먹잇감을 얻기 위해 거미가 공중에 만들어 놓은 거미줄 가닥들은 서로 연결되어 있다. 한 가닥이 충격을 받으면, 거미줄 전체가 흔들린다. 거미줄 가닥이 하나 끊어지면, 거미줄 전체의 균형이 훼손된다. 이와 마찬가지로 생물 종이 하나씩 사라지면, 자연 생태계 전체의 균형이 깨어진다. 생물들의 먹이사슬이 깨어지고 생태계 전체가 무너지게 된다. 1998년 미국의 사회생물학자 윌슨에 따르면, "현재 진행되는 생물 다양성의 손실은 6,500만 년 전 중생대 말 이래로 최대 규모다.…현재 우리가 저지르고 있는 발작적인 멸종 행위는 우리의 선택에 따라 완화될 수 있다. 그렇지 않으면 21세기에는 신생대의 종말을 볼 것이며, 새로운 생명 형성이 아니라 생물학적 고갈의 새로운 시대가 시작될 것이다"(Wilson 2005, 501).

윌슨 교수가 경고한 위기가 지금 우리에게 가시적으로 나타나고 있다. 우리 주변에 벌이나 나비가 보이지 않는다. 2023년 4월 15일 국내 모 일간지 보도에 따르면, "과일 농사를 짓는 농가들이 꿀벌을 구하지 못해 진땀을 빼고 있다. 최근 몇 년 사이 양봉 농가에 덮친 '꿀벌 실종', '꿀벌 폐사' 사태 때문이다. 14일 기준으로 한국양봉협회 소속 농가에 있는 벌통 153만 7,270개 중 61.4%인 94만 4,000개에서 꿀벌이 폐사한 것으로 집계됐다. 벌통 하나당 1만 5,000마리에서 2만 마리가 사는데, 이렇게 계산하면 141억 6,000만 마리 이상의 꿀벌이 사라진 셈이다.⋯전국 사과 생산량의 5%(2021년 기준)를 차지하는 장수군 980개 농가에서 1,007만제곱킬로미터(304만 6,000여 평)의 과수원에 사과를 재배하는데, 대부분 농가가 벌통을 못 구해 발을 동동 구르고 있다.⋯벌통 1개를 빌리는 데 보통 5만 원 정도인데, 올해는 10만-11만 원을 호가해 두 배가량으로 뛰었다. 강원도 양구군의 과수원 주인 김모(66)씨는 '요즘 벌통은 부르는 게 값'이라며 '웃돈을 준다고 해도 안 주고 예약해놓고 기다려야 할 정도'라고 한다." 꿀벌 감소는 선진국에서 벌써 일어났다. 영국에서는 2012-2013년 사이에 꿀벌의 35%가 감소하였고, 미국에서는 2014-2015년 사이에 42%가 사라졌다고 한다.

꿀벌 외에 수많은 곤충과 벌레들이 죽음에 내몰리고 있다. "특히 곤충 중에서도 날벌레들이 급속히 사라지고 있다. 독일에서는 28년간(1989-2016) 날벌레의 76%가 사라졌다"고 보고된다(김정욱 2022, 30). 곤충류의 폐사와 감소는 과일을 위시한 농작물 재배에 심각한 문제를 일으킨다. 인류의 주요 식량 자원인 농작물의 75%는 꽃가루를 실어 나르는 곤충의 역할을 필요로 한다. 곤충이 사라지면, 농작물은 수정을 못하게 된다. 인공수정으로 농작물을 재배할 수 있지만, 이것은 매우 힘들고 많은 시간과 인력을 요구한다. 과일나무는 자기 꽃가루를 거부하는 성질이 있어 다른 나무의 꽃가루를 일일이 붓에 찍어 꽃가루를 암술머리에 발라줘야 한다. 요즘 시골에서는 일당 10만 원을 준다 해도 일꾼을 얻기 어렵다고 한다. 아인슈타인이 예고한 대로, 꿀벌이 멸종하면 인류도 생존할 수 없다.

아마존, 인도네시아 등지의 열대림은 지구 육지 면적의 6%에 불과하지만, 그 속에 지구 생물들의 50% 이상이 집중적으로 서식하고 있다. 그러나 인간의 벌채로 말미암아 매년 76,000제곱킬로미터의 열대림이 사라지고 있다. 이것은 전체 열대림의 1%에 불과하지만, 이대로 가면 100년 안에 열대림이 모두 사라질 전망이다. 열대림이 사라지면, 그 속에 서식하는 생물 종들도 사라진다. 그래도 생명체는 살아남아서 새로운 산림을 이룰 수 있겠지만, 인간이 더 이상 개입하지 않고 산불, 장기간의 가뭄 등의 자연 재난들이 일어나지 않을 경우에만 가능하다. 지금도 최소한 40만에 달하는 생물 종들이 죽음의 위협을 당하고 있다.

3. 생물 서식지의 혼란과 파괴, 생물 종들의 다양성 파괴는 바닷속에서도 일어나고 있다. 해저의 사막화가 지금 진행되고 있다. 이를 가리켜 바다 밑 바닥의 백화, 갯녹음이라고 말한다. 바닷물 속에 녹아 있던 탄산칼슘인 석회 가루가 해저 바닥이나 바위 등에 달라붙어 바다 바닥이 허옇게 되는 현상을 말한다. 국내 바다의 암반 바닥층 38,000헥타르 가운데 12,700여 헥타르(33.5%)에서 사막화 현상이 일어나고 있는데, 독도를 비롯한 동해안에서는 왕성하게 번식하는 성게가 해조류를 닥치는 대로 뜯어먹기 때문에 일어난다고 한다. 그런데 성게의 왕성한 번식은 바닷물 온도가 상승하면서 잦아진 "해양 열파"(marine heatwave)에 그 원인이 있다고 한다.

그러나 해저 사막화의 주요 원인은 지구온난화로 인한 바닷물 온도 상승에 있다고 한다. 바닷물 온도가 상승하면, 바닷물 속의 이산화탄소량이 증가하여 염기성이었던 바다가 산성으로 변한다. 산성 성분은 칼슘으로 이루어진 어패류의 껍질이나 산호초 등을 부식시켜 바다 바닥의 백화 현상, 곧 바다의 사막화를 가속화한다. 해저 사막화는 각종 해조류의 죽음으로 이어진다. 해조류의 죽음은 그것을 먹고 사는 다른 바다 생물들의 죽음으로 이어진다. 또한 해조류 감소는 바닷물의 영양이 과다해지는 부영양화를 초래하며, 어류의 번식과 성장에 유용한 수산생물의 보육장을 파괴한다. 이로 인해 바다의 기초 생산력이 저하되며, 바닷속의 먹이사슬이 파괴된다. 결국 바다의 생태계 균형이 무너져 바다 생물들의 멸종이 일어난다. 우리나라의 해저 백화현상은 동해안이 62%, 제주도 34%, 남해안 33%의 면적에서 진행되고 있다고 한다.

해저면의 사막화는 산호초 유실을 초래하며, 산호초 유실은 해양 생물 종들의 감소에 치명적 영향을 준다. 세계 전체의 산호초 면적은 해저 면적의 0.2%에 불과하지만, 해양 생물의 25%가 산호초에 서식한다. 산호초는 해양 생물들에게 안식처를 제공함으로써 바다 생물들의 종을 유지할 뿐 아니라, 막대한 양의 이산화탄소를 흡수하여 바닷물 속의 공기를 정화하여 바다 생물들의 산란과 치어들의 생존을 가능하게 해 주며, 폭풍 해일로부터 해안을 보호해주는 자연 방파제 역할도 한다. 그래서 산호초는 "바닷속의 열대우림"이라 불린다.

어족 보호를 위시한 해양 생태계 보호, 해안 방파제 역할, 관광 등의 경제적 가치는 3,214조 원으로 추산된다. 2021년 세계 산호초 감시 네트워크(WCRSN)의 보고서에 따르면, 지난 10년 동안 서울시 면적의 20배가 사라졌다. 다른 연구기관에 의하면, 2009년에서 2018년 사이에 남아시아의 산호초 면적 21%가 감소하였다. 이대로 가면 10년 후 바닷속 산호초가 전부 사라질 전망이라고 한다. 그 주요 원인은 지구온난화, 온실화로 인한 바닷물 기온 상승, 과도한 해안 개발, 하수 방출, 생활 폐기물과 전쟁 폐기물, 핵폐기물을 위시한 각종 오염물질 방기, 상업적 어업과 수자원 남획에 있다.

2022년 여름 뉴질랜드에서는 500여 마리의 고래가 떼죽음을 당한 채 해변에 허연 배를 내밀고 누워 있는 것이 발견되었다. 고래는 물론 물개,

바다표범 등이 해변으로 올라와 죽음에 이르는 일들이 끊이지 않고 일어난다. 2022년 12월 4일, 러시아 남부 카스피해 연안에서 2,500마리의 바다표범 시체가 발견되었다고 영국 BBC 방송이 보도하였다. 그물에 걸렸거나 포획되었다는 증거는 없다고 카스피해 환경단체는 말한다. 1900년대 초에 약 100만 마리에 달했던 개체 수가 7만 마리로 감소하였다고 한다. 먹이 고갈, 인간이 사용하는 음파 탐지기에 의한 방향감각 상실 등이 집단 폐사의 원인으로 추정되지만, 정확한 원인은 밝혀지지 않고 있다. 필자의 추측에 의하면, 인간이 바다에 버린 각종 폐기물로 인한 바닷물 오염, 지구온난화로 말미암은 바닷물 온도 상승과 산소 부족이 그 원인으로 생각된다.

4. 땅 위의 모든 생명을 위한 요람이요 태양열의 저장고인 바다는, 인간이 버리는 각종 폐기물과 오염물질이 쌓이고 있는 거대한 용기처럼 되었다. 세계대전 때 침몰한 거대한 함선과 항공모함과 비행기들의 잔해, 인간이 내다 버린 각종 전자 제품들과 자동차들, 폐타이어를 위시한 산업 폐기물들과 생활 폐기물들이 바다 밑바닥 곳곳에서 부식되고 있다. 방사성 폐기물, 폐기 처분된 전쟁용 가스, 각종 폐기물로 인해 아일랜드해, 영국 해협, 북해의 수많은 어류가 떼죽음을 당한다. 발트해에는 50년 전에 시멘트 용기에 포장된 7천 톤의 비소 함유물이 버려졌고, 이 용기들은 모두 새기 시작했다. 그 독성은 전 인류를 세 번 이상 살해할 수 있는 양에 해당한다고 한다.

인간의 과실로 인한 해양의 원유 유출 사고도 심각한 문제다. 1980년대의 환경단체 보도에 의하면, 매년 약 495만 톤의 석유가 바다에 유출되며 각종 농약, DDT 등이 바다를 오염시킨다. UN의 발표에 의하면, 매년 약 10억 톤의 DDT가 사용되며, 매년 3억 파운드가 증가한다. DDT는 지상에서 생태계의 상호작용을 교란하고 땅을 오염시킨 후 바람과 비에 의해 바다에 유입된다. 이리하여 DDT를 사용하는 지역에서 멀리 떨어져 있는 남극의 펭귄과 북극의 곰에게서 DDT 성분이 발견된다. 농업지대와 전혀 관계없는 남극의 고래에게서도 DDT가 검출되고, 동아프리카의 농산물에 살포된 DDT가 수개월 후 4천 마일 이상 떨어진 벵골만에서 발견된다고 한다(Heyerdahle 1973, 44-46, 오영석 1987a, 114f.).

원자로에서 방출되는 냉각수도 바다 오염의 중요한 원인이다. 고열의 원자로 냉각에 사용된 뜨거운 물이 바다로 흘러 들어간다. 냉각수 속에 들어 있는 불순물은 중성자의 충격에 의해 방사성을 띠게 되기도 한다. 이로 인해 바닷속 어패류들이 질병에 걸리고, 산란이 감소한다. 변종 어류가 등장하여 바닷속 생태계를 교란하기도 한다. 바닷물의 재생 능력이 감소하며, 바다 생태계의 리듬과 상호작용의 관계가 파괴된다. 산소 농도가 저하되고, 인간이 투기한 오염물질들은 바닷속에 악취를 유발한다. 플랑크톤, 어류, 해초, 산호초, 대합, 소라 등이 죽음을 당한다. 플랑크톤이 오염되면, 그것을 먹은 물고기들이 오염되고, 이 물고기를 먹는 인간의 신체도 오염된다. "지난 50년 동안 70%에 달하는 바다 생물종의 개체수가 90% 이상 줄었다고 한다. 이대로 가면 2050년에는 모든 바다 생물의 수가 90% 이상 줄어들 것이다." 호주 해양과학연구소 대표자 폴 하디스티(Paul Hardisty)에 따르면, "지구가열화(지구온난화)가 지속됨에 따라 이러한 추세가 지속될 것이다." "의심할 바 없이 기후위기는 전 세계 산호초에게 가장 큰 위협이다"(김정욱 2022, 30f.).

이 같은 위기상황을 하이델베르크 대학교의 미하엘 벨커 교수는 이미 1992년에 다음과 같이 경고한 바 있다. "반세기도 채 못 되는 기간에 지구의 경작 면적의 거의 1/5이, 열대우림의 1/5이 소멸되었고, 수만 종의 동식물들이 멸종되었다. 재생 불가능한 자원들과 에너지원이 숨가쁜 속도로 폐기되고 소비되며, 대양의 어족자원이 '황폐화'에 이를 정도로 착취되고 있다"(Welker 1992a, 279 f.).

생물학자 윌슨은 이미 1998년에 지구의 위기를 다음과 같이 경고하였다. "위험은 얼마나 절박한가? 내 생각에는 인류가 자기 보존에 관한 생각을 근본적으로 바꿔야 할 만큼 충분히 절박하다. 현 상태의 환경은 다음과 같이 요약될 수 있다. 세계 인구는 위험할 정도로 많으며 앞으로 더욱 증가하여 2050년 이후 어느 시점에서는 정점에 이를 것이다. 인류 1인당 생산, 건강, 수명이 전반적으로 향상되고 있다. 그러나 이것은 수백만 년 된 천연자원과 생물의 다양성을 포함하는 지구의 자원을 소모해야만 가능할 것이다.…이전에 살았던 다른 종들과 달리 인류는 세계의 대기와 기후를 변화시키고 지하수면을 낮추며 오염시키고 숲을 줄어들게 하여 사막을 증가시키고 있다"(Wilson 2005, 481).

5. 자연의 대재앙 속에서 우리는 생태학적 차원의 불의를 발견한다. 재앙을 일으킨 원인자들이 재앙을 당하지 않고, 원인을 제공하지 않은 죄 없는 자들이 재앙을 당한다. 강대국들이 야기한 피해를 약소국들이 당한다. 경제력이 강한 선진국들이 남긴 이산화탄소의 여파가 약소국들에 미친다. 지구 표면적의 71%가 바다이다. 바닷물은 지구에 와 닿는 햇빛 에너지의 대부분을 빨아들여 막대한 과잉 열을 가두어두는 저장고 역할을 한다. 지구의 기후는 사실상 바다가 결정한다. 지구온난화를 통해 바닷물 온도가 상승하여 대기 온도를 올리고, 수증기를 증가시킨다. 증가한 수증기는 더 많은 비와 더 강력한 바람과 태풍을 일으킨다. 남태평양에서 전보다 더 많은 태풍이 형성되는 것은 바닷물 온도가 상승하여 더 많은 수증기를 발산시키기 때문이다. 태풍의 피해는 대개 가난한 사람들의 몫이 된다. 지금 세대가 남긴 이산화탄소의 폐해를 미래 세대가 당한다. 같은 세대 내에서

도 이산화탄소 배출량이 많은 부유층이 감당해야 할 책임을, 배출량이 적은 빈곤층이 짊어지는 불균형과 불의가 발생한다. 이산화탄소를 많이 배출하는 대도시 주민들은 "깨끗하고 저렴한 전기"를 사용하는 동안, 배출량이 별로 없는 송전탑 인근 시골 주민들은 스트레스와 질병으로 고통을 당한다. 그래서 "전기는 눈물을 타고 흐른다"고 말한다(김신영 2022, 125).

지금 세계에서 이산화탄소를 가장 많이 배출하는 나라는 중국이고(전세계 배출량의 27%), 그다음은 미국이다(11%). 일본, 독일, 프랑스, 영국, 이탈리아, 호주, 한국 등의 나라들이 그 뒤를 따른다. 국민 1인당 배출량을 계산하면, 한국은 1위 카타르의 뒤를 이어 2위 자리를 차지하고, 지난 10년간 이산화탄소 증가율은 세계 2위의 자리에 있다. 이들 국가가 당해야 할 피해를 죄 없는 다른 나라들이 당하고 있다. 유럽의 부자들이 남긴 피해를 아프리카 빈민층이 당한다. 굶주림을 견디지 못한 아프리카인들이 목선이나 플라스틱 보트를 타고 지중해를 건너 유럽으로 가려다가 익사하는 비극이 일어난다. 아프리카에서 굶어 죽으나 지브롤터 해협을 헤엄쳐 건너다가 익사하거나 죽는 것은 마찬가지라는 심정으로 유럽행을 감행한다고 한 모로코 청년은 말하였다.

이에 2022년 11월 20일 이집트에서 열린 제27차 유엔 기후변화협약 당사국 총회에 참석한 200여 국가들은, 기후변화로 피해당하는 개발도상국들이 피해 보상을 받도록 하고, 이에 필요한 기금을 조성하기로 합의하였다. 그러나 국가별 기금 출자 액수, 보상 대상과 방법 및 기간과 범위에 대한 구체적 합의는 뒤로 미룬 상태다. 문제를 만들어내는 데는 재빠르고, 문제를 극복하기 위한 노력에는 굼벵이들이 된다.

7. 생명과 죽음의 갈림길에 선 현대세계

1. 오늘날 생태계의 위기는 위기의 차원을 넘어 재앙의 국면으로 발전하였다. "환경 위기", "생태학적 위기", "이상기후"라는 개념은 오늘의 위기 상황을 충분히 나타내지 못할 만큼 상황은 심각하다. 오히려 "사느냐 아니면 죽느냐의 위기", "모든 피조물의 생존의 위기"(crisis of suvival of whole creatures)라는 말이 사태의 심각성을 나타내기에 더 적절할 것이라고 학자들은 말한다. "지구온난화"가 아니라 "지구가열화", "이상기후"가 아니라 "기후재앙"이라고 말하는 사람도 있다.

14세기에 발생한 흑사병만큼이나 심각한 피해를 남긴 코로나 팬데믹은 인간이 자연을 파괴하고 오염시키며 "자연의 서식지를 인간이 함부로 빼앗은 결과"다(이정배 2022, 156). 2023년 10월 현재 코로나 팬데믹은 백신 개발을 통해 크게 약화된 상태지만, 어떤 나라에서는 여전히 강세를 보인다. 코로나보다 더 강한 종류의 바이러스가 발생할 수도 있다고 학자들은 경고한다. 여하튼 코로나 팬데믹은 현대세계의 가치관과 현대문명 전체의 새로운 전환을 요구하고 있다. 코로나는 "문명의 교정자"로서 "인류가 유지해온 삶의 가치와 규범을 바꿔야 한다고 주문한다"(167). 그것은 자연 발생적인 것이 아니라 "자연을 착취하며 부를 축적하던 인간이 만들어낸 재해, 즉 인재(人災)다"(박일준 2022, 249).

폭풍, 돌풍, 허리케인, 홍수 등의 자연재난은 우리 인간에게 파괴적인 것으로 보인다. 그러나 자연의 입장에서 볼 때, 이들은 단지 파괴적인 것이 아니라 긍정적 기능을 갖기도 한다. 이들은 인간으로 말미암아 파괴되고 오염된 자연이 자기를 정화하고 생명의 순환과정을 회복하려는 몸부림이라고 볼 수 있다. 인내의 임계점을 넘어선 자연은 자신의 생명력을 회복하기 위해 몸부림칠 수밖에 없을 것이다. 이 몸부림이 폭풍, 허리케인, 홍수 등의 자연재난으로 나타난다고 볼 수 있다. 인간에게 그것은 "재난"으로 보이지만, 자연 자신에게 그것은 살아남기 위한 몸부림이라고 말할 수 있다.

2. 더 심각한 문제는 오늘의 위기상황이 현대세계의 내적, 구조적 문제성과 결합해 있다는 사실이다. 그 원인은 단지 자연자원의 고갈, 산림과 땅의 황폐, 지구온난화, 이상기후 등의 외적인 것에 있는 것이 아니라 현대사회의 기본 가치관, 삶의 의미에 대한 인간의 기본 인식에 뿌리를 가진다. 더욱 많은 소유와 힘의 확장을 최고의 가치로 생각하며, 거기서 삶의 의미와 가치를 찾는 현대인의 가치관과 의미에 대한 인식, 그 위에 세워져 있는 현대사회의 전체 구조와 현대문명 자체가 근본 원인이다.

따라서 자연의 재난은 현대세계의 가치관, 삶의 의미에 대한 기본 신념과 현대문명을 포함한 현대세계의 총체적 위기의 한 국면이라 볼 수 있다. 그것은 "현대문명과 패러다임의 위기"의 일면에 불과하다(전현식 2003, 17). 그것은 단지 자연의 문제가 아니라 "우리의 사회적 행위를 결정짓는 인간의 개념, 지식, 신념과 가치의 체계"의 문제와 결합해 있다. 자연의 위기는 자본주의적 자유시장 경제와 과학기술을 축으로 가진 현대세계의 총체적 위기의 한 국면일 뿐이다. 현대인의 올바른 가치관과 삶의 의미의 부재, 대도시의 익명성과 극단의 개인주의, 경제성장과 세력 확장의 노예가 되어버린 과학기술, 세계의 미래에 대한 좌절과 냉소주의, 이웃의 고난에 대한 무관심과 비인간성, 부패와 타락, 마약, 자살, 극심한 빈부격차, 점점 더 폭력화되는 사회 범죄, 테러, 전쟁, 인종 학살, 자살, 핵무기, 방사능 물질, 인간에 의한 인간 생명의 비자연적 변조, 이 모든 것은 성장과 진보를 약속했던 현대문명의 한계를 보여준다.

서민층에게 그림의 떡과 같은 억대의 유명 외제 스포츠카를 타고 도로를 질주하는 젊은이들, 알콜과 마약에 중독되어 삶의 목적과 의욕을 상실한 부유층의 자녀들, 민족과 세계의 미래를 외면한 채 개체주의적 탐욕과 쾌락에 탐닉하며 이웃의 고난에 눈을 돌리고 사치와 허영에 들뜬 철저한 개체주의자들과 냉소주의자들, 한편에서는 수백, 수천억 원의 재산을 가진 자들이 승승장구하는 반면, 다른 한편에서는 경제적 고통을 견디지 못해 온 가족이 자살로 내몰리는 상황은 과학기술의 진보와 경제성장, 문명과 문화의 진보를 자랑하는 현대세계의 총체적 위기상황을 나타낸다.

장도곤 교수에 의하면, "현재 인간이 야기하는 인공적 재난 중에서 인간과 자연에 가장 심각한 재난을 초래할 수 있는 잠재력을 보유하는 것은 핵이다. 핵무기는 지구 전체를 잠깐 사이에 파괴할 수 있다"(장도곤 2002, 143). 핵전쟁 후에도 핵폭발에 따른 핵겨울을 이긴 소수의 생존자가 있을 것이다. 그러나 이들도 갖가지 신체적, 정신적 질병과 고통에 시달릴 것이다. 오늘날 인류가 소유하고 있는 수소폭탄은 1945년 히로시마에 투하된 원자폭탄에 비해 약 1천 배의 파괴력을 지닌다.

3. 어떤 사람은 지금 세계 각지에서 일어나는 자연재해를 자연의 역사에서 일어나는 불가피한 현상으로 간주한다. 과거 역사에서도 자연재해들이 일어나 공룡과 같은 생물들이 멸절하였다. 그러므로 오늘의 자연재해를 심각하게 생각할 필요가 없다고 그들은 말한다. 그러나 오늘의 자연재해는 자연적 요인으로 인해 일어나는 것이 아니라 자연에 대한 인간의 지속적 파괴로 말미암아 일어나며, 과거처럼 국지적인 것이 아니라 범세계적 차원에서 일어난다는 점에 문제의 심각성이 있다. 그 원인이 무엇이든 간에, 오늘의 자연재난은 현대문명의 한계를 보여준다. 후쿠시마 지진해일 때 주택 지역으로 떠밀려 좌초해 있는 대형 선박의 모습은 좌초할 위기에 처한 현대문명을 반영하는 듯하다.

여기서 우리는 인간의 능력과 과학기술 문명이 위대하다 할지라도 자연의 위력 앞에서 무력하다는 사실을 볼 수 있다. 이와 동시에 인간의 문명은 자연이 인내하는 한계 내에서 발전해야 함을 볼 수 있다. 인간의 문명은 자연이 인내할 수 있는 한계를 지켜야 한다. 이 한계를 무시할 때 인간의 문명은 재난을 당하게 된다. 새로운 과학기술을 통해 재난을 막을 수 있다고 생각할 수 있지만, 새로운 과학기술은 새로운 문제를 일으킬 것이다.

2015년 12월 12일, 세계 196개국 대표들이 의결한 파리기후협정은 지구 평균 온도 상승폭을 산업화 이전 대비 섭씨 1.5도까지 억제하고, 2050년까지 지구촌 온실가스 배출량을 "순수 0"으로 하기로 결정하였다. 그러나 이 협약은 법적 구속력을 갖지 않기 때문에 협정의 목표치가 지켜질지 의심스럽다. 미국 민간 기후관측 기구인 버클리어스에 따르면, 2023년 9월 지구 평균 기온은 섭씨 16.83도였다. 이것은 역대 9월 최고치보다 0.5도 높은 것이었다. 산업혁명기(1850-1900) 평균에서 1.75도 더 높았다. 지금의 추세가 계속된다면, 파리기후협정 1차 억제 목표인 1.5도를 초과할 가능성이 상당히 크다. 2023년 11월 30일부터 12월 12일까지 13일간 아랍에미리트에서 제28차 유엔기후변화협약 당사국 총회(COP28)가 열렸지만, 토의의 핵심 문제인 "화석연료의 단계적 퇴출" 조항에 대해 산유국의 반대로 합의하지 못한 채 폐회하고 말았다.

이 같은 상황의 원인은 무엇인가? 직접적 원인은 인류가 한번 맛본 경제성장과 물질적 풍요의 꿀맛을 포기할 수 없는 데 있다. 결국 모든 문제가 돈에 귀착된다. 더 많은 돈을 얻고자 하는 욕망이 근본 문제다. COP28 회의에서 산유국들이 "화석연료의 단계적 퇴출"에 동의하지 않은 이유도 돈 문제에 있다.

4. 양자이론의 대변자 하이젠베르크는 현대세계의 상황을 대양에서 나

침반이 고장난 한 척의 선박에 비유한다. "인간의 물질적 힘과 정신적 힘의 확대가 곧 진보일 것이라 믿는 희망은…한계에 부딪히고 있다.…이른바 무한하게 보이는 물질적 힘과 더불어 인류는 다음과 같은 선장의 상황에 처해 있다. 선장이 운전하는 선박은 강철과 무쇠로 아주 단단히 건조되었기 때문에, 선장이 사용하는 나침반 자석 바늘은 북쪽을 가리키지 않고 선박의 강철 중량이 무거운 쪽을 가리킨다. 선박은 방향을 잃어버리고 빙빙 돌기만 할 것이며, 바람과 해류에 내맡겨질 것이다." 나침반이 고장났다는 사실을 알아차린 선장은 선박의 방향을 바르게 파악할 방법을 찾을 것이다. 그는 하늘의 별을 통해 배의 올바른 방향을 발견할 수 있을 것이다. 그러나 문제는 오늘 우리 시대에 하늘의 별을 보기 어렵다는 데 있다(Heisenberg 1980, 177). 폰 바이체커에 따르면, "우리는 미래를 알지 못한다." 이 세계의 "마지막은 멸망일 뿐이라는 비관주의적 견해"와 "허무주의"가 현대세계의 가장 정직한 자기판단일 것이다(Weizsäcker 1992, 113, 126).

예수의 말씀대로 오늘 우리는 "어디로 가는지" 모른다(요 12:35). 세계의 목적은 무엇인가? 우리는 어떤 세계를 우리의 후손에게 물려주고자 하는가? 생명계(Biosphäre)가 기술계(Technosphäre)의 기초로 유지될 것인가, 아니면 기술계가 생명계를 대체할 것인가? AI를 통해 우리는 어떤 세계를 만들고자 하는가? 우리 인간은 도대체 무엇 때문에, 무엇을 위해 살아야 하는가? 이 모든 문제에 대한 확실한 대답 없이 세계는 경제성장이란 마약에 중독된 상태다. 마약이 자기의 생명을 파괴한다는 것을 알면서도 계속 섭취하는 마약중독자와 같은 모습을 보인다. 땅이 생명의 기초임을 알면서도 땅을 파괴한다. 지구의 젖줄 역할을 하는 습지와 갯벌과 녹지대를 없애고 그 위에 산업시설과 대형 아파트 단지를 세운다.

그래서 많은 학자가 경고한다. 언젠가 인류는 달이나 화성으로 이주할 수밖에 없을 것이다(S. Hawking). 생태계를 구하기 위해 노력하지만 그것은 거북이걸음과 같고, "지구 용량 초과의 날(Earth Overshoot Day)은 점점 다가오고 있다"(김신영 2022, 107). 인간에 의해 파괴된 생태계의 복원이 불가능한 "임계점"이 가까워지고 있다고 말한다. "우리 사피엔스 종이 지금의 위기를 극복하고 다른 존재들과 얽힌 삶을 조화롭게 창출해갈 수 있을 것인가? 아니면 최후의 순간까지 그대로의 삶을 만끽하고 즐기다가 멸종하고 말 것인가?"(박일준 2022, 172)

II
뿌리 깊은 기독교 문화권의 인간중심주의,
그 신학적 근거와 역사적 발전

1. 창조설화에 대한 인간중심주의적 해석

1. 현대세계의 특징은 인간중심주의에 있다. 인간이 세계의 중심이요, 자연은 인간을 위해 존재하는 "자원"으로 생각하는 것이 현대세계의 중요한 특징이다. 이른바 "환경"이라는 말은 이것을 잘 나타낸다. 인간이 세계의 중심이요, 자연은 주변에 있는 "환경"이라는 말은 인간중심주의를 시사한다. 여기서 인간과 자연은 분리된다. "인간은 주체이고 자연은 대상이다"라는 주객도식이 현대인의 의식을 지배한다 해도 과언이 아닐 것이다.

이 같은 인간중심주의로 말미암아 오늘의 생태학적 위기가 초래되었다고 많은 학자들은 주장한다. 이들에 따르면, 인간중심주의의 뿌리는 기독교에 있다. 유대교와 유대교에서 분리된 기독교는 철저히 인간중심의 종교다. 미국의 문화역사학자 린 화이트(L. White, Jr.)는 기독교적 인간중심주의에 대한 비판의 대표자다. 그가 발표한 "생태계 위기의 역사적 뿌리"(The Historical Roots of the Ecology Crisis)라는 제목의 짧은 논문은 기독교의 인간중심주의에 대한 비판의 고전으로 알려져 있다.

화이트에 따르면, 기독교는 세계의 모든 종교 가운데 "가장 인간중심적인 종교"다. 기독교는 본래 유대교에서 파생된 종교로, 유대교의 인간중심주의를 수용하였다. 기원후 4세기 로마 제국의 국가종교가 되었고 나중에 신성 로마 제국의 국가종교가 된 기독교는 유럽 세계 전체에 인간중심주의를 가르쳤다. 오늘 우리가 당면한 생태계 위기에 대해 기독교는 "거대한 죄책의 짐"을 지고 있다. "자연은 인간을 섬기는 것을 제외하고는 어떤 다른 존재 이유도 있을 수 없다는 기독교의 원리를 거부하지 않는 한, 생태계의 위기는 더욱 악화될 것이다"(White, 1967, 1203ff.). 화이트의 이 같은 생각을 그동안 수많은 학자가 계승하였다.

몇몇 학자들의 비판을 살펴보자. 사회학자 카데(G. Kade) 교수에 의하면, 인간이 그 자신의 목적을 위하여 자연을 착취하며 자연에 대한 "무제한의 지배권"을 행사하는 것이 하나님의 뜻이라고 기독교는 확신한다. 기독교의 이 같은 확신은 과학기술과 경제가 결탁하고 창조신앙이 시민사회의 경제적 이데올로기로 발전하면서 난국에 빠지고 말았다(Kade 1971, 5f.).

과정신학자 존 콥(J. B. Cobb)은 다소 신중한 태도로 화이트의 기독교 비판을 수용한다. 그에 따르면 현대문명의 진보의 대가로 자연 생태계의 파괴가 일어나게 되었는데, 그 배면에는 기독교의 인간중심주의가 숨어 있다. 오늘날 생태계의 위기는 구약성서의 창조신앙이 말하는 자연에 대한 "인간의 특별한 위치"로 말미암아 야기되었다(Cobb 1972, 51).

가톨릭 신학자 드레버만(E. Drewermann)에 따르면, 기독교는 인간을 세계의 중심으로 보는 인간중심주의를 가지고 자연의 질서를 거꾸로 뒤집어버렸다. 인간이 자연의 운명을 결정하도록 만들었다. 기독교는 인간이 세계의 중심이라는 서구의 인간상을 형성하는 데 결정적으로 기여하였다. 기독교는 이 인간상으로 말미암아 일어난 자연의 파괴, 자연의 권리 박탈에 대한 책임을 져야 한다고 드레버만은 주장한다(Drewermann 1981, 62ff.).

기독교의 인간중심적 세계관에 대한 비판에서 가장 큰 반응을 불러일으킨 학자는 미국의 카를 아메리(C. Amery)다. 그에 따르면, 오늘날 일어나고 있는 생태계 위기의 근본 원인은 기독교가 가르친 "인간중심적 세계관"에 있다. 기독교의 창조신앙은 무한한 번성과 풍요에 대한 추구, 인구 과잉, 자연에 대한 자유로운 접근과 탐구, 자연의 억압과 지배와 착취와 파괴에 대한 근거를 제공하였다. 기독교는 하나님과 모든 피조물 사이의 "계약"을 인간과 하나님 간의 계약으로 축소시켰고, 이로 인해 인간 이외의 다른 피조물을 경시하는 생각과 태도를 초래하였다. 기독교는 자연의 짐승들, 물고기, 새, 풀과 나무 등을 하나님의 축복과 보호에서 배제하였고, 그들을 단지 인간을 위한 대상으로만 간주하여 자연의 훼손과 파괴는 물론 생태계의 위기를 초래하였다고 아메리는 비판한다(오영석 1987a, 120, Amery 1972, 15ff; 이에 관해 Liedke 1981).

2. 사실 오랫동안 기독교 신학자들은 인간중심주의를 가르쳤다. 이에 대한 근거를 그들은 창세기의 창조설화에서 발견하고, 이 설화를 인간중심적으로 해석하였다. 곧 인간이 하나님의 천지창조의 목적과 완성이요, 인간이 만물의 중심이요 척도이며, 자연은 인간을 위해 창조되었다는 것이다. 이 해석을 좀 더 자세히 고찰하기로 하자.

천지창조에 관한 창세기 1, 2장의 설화는 오랫동안 하나의 통일된 이야기로 간주되었다. 그러나 그 내용을 자세히 관찰할 때, 그것은 하나의 통일된 이야기가 아니라 두 가지 문헌 군이 결합되어 있음을 볼 수 있다. 첫째 설화는 창세기 1:1부터 2:4 상반절까지의 기록이고, 둘째 설화는 창세기 2:4 하반절부터 2:24까지의 기록이다. 두 가지 설화는 여러 가지 차이점을 보인다. 첫째 설화는 하나님을 엘로힘(Elohim)이라 부르는 제사장(Priester) 문헌 곧 P 문서에 속하며, 기원전 6세기 혹은 5세기경 이스라엘 민족의 바빌로니아 포로 시대에 제사장들에 의해 기록된 것으로 보인다. 둘째 설화는 하나님을 야웨(Jahwe)라 부르는 야위스트(Jahwist)의 문헌 곧 J 문서에 속한 것으로, 다윗이나 솔로몬 왕의 통치 시대, 곧 기원전 약 950년경에 기록된 것으로 추정된다. 이 두 가지 설화는 여러 가지 차이를 보여준다.

1) P 문서는 하나님을 엘로힘이라 부르며, 성전에 모인 사람들 앞에서 멋있고 장엄하게 낭송할 수 있는 시적 운율을 가지고 있다. 이에 비해 J 문서는 하나님을 야웨라 부르며, 아름다운 운율을 전혀 갖지 않은, 옛날 시골 사람들의 매우 소박한 이야기 문체를 가지고 있다.

2) P 문서는 하나님의 창조를 매우 체계적으로 기술한다. 하늘과 땅, 땅과 바다 등 큰 것으로부터 시작하여 땅 위에 있는 짐승과 바다의 생물들과 같은 작은 것을 창조하였다고 기록한다. 인간이 생존할 수 있는 모든 것이 구비된 다음에 마지막으로 인간이 창조된다. 이리하여 P 문서의 창조설화는 마치 인간 창조를 지향하여 이루어진 것처럼 나타난다. 이에 비해 J 문서의 창조설화는 전혀 체계성을 보이지 않는다. 인간이 생존할 수 있는 아무런 여건이 갖추어지지 않은 상태에서 갑자기 하나님이 인간을 창조한다.

3) P 문서의 창조설화는 하늘과 땅, 하늘의 태양과 달과 별들의 우주론적 전망을 보여주는 반면, J 문서는 "에덴동산"이라는 매우 소박한 인간의 삶의 세계를 시각적으로 묘사하면서 인간의 타락에 관한 이야기로 이어진다. P 문서에서는 땅도 하나님의 창조로 말미암아 있게 된 것으로 묘사하는 반면, J 문서에서는 땅은 이미 주어져 있는 것으로 전제된다.

4) P 문서에서 물은 세계의 존속을 위협하는 요소로 나타나는 반면, J 문서에서 물은 자연의 생명을 위해 매우 필요한 것으로 나타난다. 그래서 J 문서에서 하나님은 강물을 에덴동산으로 끌어들이는 모습을 보이는 반면, P 문서에서 하나님은 "물을 밀어내고" 궁창 곧 튼튼한 천막과 같은 하늘을 만들어 물이 쏟아져 내리지 못하도록 한다. 하늘 위에 물이 있다는 P 문서의 세계관은 구약성서 곳곳에 나타난다. 노아 홍수 때 하늘의 막이 열려 그 위에 있던 물이 쏟아져 내려온 것으로 묘사된다. "하늘에서는 홍수 문들이 열려서…"(창 7:11). "하늘 위에 있는 물아, 주님을 찬양하여라"라는 시편의 말씀에서도 "하늘 위에 물"이 있는 것으로 묘사된다(시 148:4).

5) P 문서에서 하나님은 아무런 재료 없이 "말씀으로" 세계의 모든 것을 지으신 것으로 나타나는 반면, J 문서에서는 이미 주어져 있는 땅의 "흙으로" 사람과 짐승들을 빚으신 것으로 나타난다. P 문서에서 인간은 "하나님의 형상"으로 창조된 영광스러운 존재로, 하나님의 대리자로 나타나는 반면, J 문서에서 인간은 흙에서 와서 흙으로 돌아갈 유한한 존재로 나타난다.

6) P 문서에서 인간은 자연을 다스려야 할 존재, 자연으로부터 구별되는 존재로 나타나는 반면, J 문서에서 인간은 흙으로 지어진 존재이기 때문에 흙 곧 자연에 의존할 수밖에 없는 존재로 나타난다.

7) P 문서에서 하나님은 남자와 여자를 함께 "하나님의 형상"으로 지으신 반면, J 문서에서는 하나님이 남자를 먼저 지으시고 남자의 갈비뼈를 빼내어 여자를 지으신 것으로 나타난다. P 문서에서 남자와 여자는 동등한 존재로 나타나는 반면, J 문서에서 여자는 남자에게 예속된 존재로 보인다.

8) 이 같은 차이들을 고려할 때, J 문서는 깊은 학식을 갖지 못한 옛 시골 사람들이 입에서 입으로 전해준 이야기, 곧 구전(口傳)에 기초하는 반면, P 문서는 우주론적 학식을 가진 지식인 계층, 곧 고대의 제사장 계층에서

나온 것으로 추정된다. J 문서는 물이 없어 고통을 당하는 지역을 지리적 배경으로 가진다면, P 문서는 물이 범람하는 지역을 지리적 배경으로 가진다.

9) 하나님의 모습도 다르게 나타난다. P 문서에서 하나님은 "~가 있으라"는 말씀 한마디로 무에서 유를 만들어낼 수 있는 무한한 능력을 지닌 영광스러운 분으로 나타나는 반면, J 문서에서 하나님은 흙에 물을 부어 인간과 동물을 손수 빚으며 에덴동산에 물길을 끌어들이는 등의 수고스러운 노동을 통하여 세계를 창조하는 분, 곧 그가 지은 인간과 세계를 위해 땀 흘리며 수고하는 분으로 나타난다. P 문서는 하나님과 세계의 극복될 수 없는 차이와 하나님의 높으심을 나타낸다면, J 문서는 피조물에 대한 하나님의 친밀성과 함께하심(임재)을 나타낸다.

두 창조설화는 이 같은 차이를 보이는 동시에 기본 신앙과 의도에서 공통성과 연속성을 가진다. J 문서의 설화는 물론 P 문서의 설화에서도 세계는 하나님으로 말미암아 존재하게 된 것으로 나타난다. P 문서는 우주론적 시각을 가지고 하나님의 창조를 기술하고, J 문서는 에덴동산이라는 인간의 구체적 삶의 환경 속에서 하나님의 창조를 기술하는 차이를 갖지만, 두 문서 모두 하나님을 세계의 창조자로 고백하는 공통점을 가진다. 두 설화 모두 사람의 창조에 대해 특별한 관심을 보이지만, 인간을 포함한 세계의 모든 것이 하나님의 피조물이라고 보는 점에서 공통점을 가진다. 자연의 짐승들과 식물들이 인간을 위해 창조된 것처럼 보이는 점에서도 두 문서는 공통점을 가진다고 구약학자 폰 라트(G. von Rad)는 해석한다(Rad 1972, 36ff., 55ff.).

3. 이 같은 차이점과 공통점을 가진 두 가지 창조설화에서 많은 학자가 먼저 하나님의 특별한 결정에 따른 인간의 특별한 창조와 하나님의 형상을

인간중심주의적으로 해석하였다. 그들의 해석에 의하면, P 문서에서 자연의 피조물은 하나님의 "말씀"으로 창조되었다. "하나님이 말씀하였다 (amar)"는 말이 1장 3, 6, 9, 14, 20, 24절에서 모두 여섯 번 나타난다. 이것은 하나님께서 그의 말씀을 통해 자기 자신의 본성을 그가 지으신 세계의 근거와 목적으로 세우셨음을 암시한다. 그런데 하나님이 사람을 지으실 때 특별히 회의를 여시고 특별한 결정에 따라 사람을 지으시는 것을 1:26-27에서 볼 수 있다. "하나님이 말씀하시기를 '우리의 형상을 따라 우리의 모양대로 우리가 사람을 만들고 그로 바다의 고기와 공중의 새와 육축과 온 땅과 땅에 기는 모든 것을 다스리게 하자' 하시고, 하나님이 자기 형상 곧 하나님의 형상대로 사람을 창조하시되 남자와 여자를 창조하시고."

이 구절에서 우리는 다른 피조물의 창조와는 달리 사람의 창조는 하나님의 특별한 심사숙고를 거쳐 특별한 결단으로 이루어졌음을 볼 수 있다. 그러므로 위 구절에서 "bara" 동사가 세 번이나 사용된다. 사람의 창조는 다른 피조물의 창조와는 달리 하나님의 특별한 장고와 결단에서 이루어진 특별한 행위이며, 하나님의 천지창조는 사람의 창조와 함께 그 정점에 도달한다. 이로써 인간은 "특별한 존재"로서 자연의 피조물로부터 구별된다.

자연에 대한 인간의 구별성, 존재의 독특성은 "하나님의 형상" 개념에서 보다 더 분명히 나타난다. 모든 피조물 가운데 오직 인간만이 "하나님의 형상"에 따라 창조되었다. 그 어떤 자연의 생물도 하나님의 형상에 따라 창조되었다는 이야기가 성서에 없다. 그는 "땅 위의 수평적 창조의 영역에 있어서 자기 바깥에 있는 생명에 대한 하나님의 대리자(Repräsentant)"요 "만물의 중심"이다. 하나님의 형상으로서의 인간은 "하나님의 목적을 수행하는 대리인의 역할", "하나님이 창조하신 만물의 감독자"다(월튼 2021, 151). 자연의 피조물 속에는 "하나님의 흔적들"(vestigia Dei)만 나타나는 반면, 인간에게서는 "하나님의 형상"(*imago Dei*)이 나타난다(더 자세한 내용에 관해 아래 제3부 II 참조).

이로써 인간은 "자연 위에" 있는 존재"로, 자연은 "인간 아래 있는 존재"로 파악된다. 인간은 마치 자연에 속하지 않은 것처럼 생각할 수 있게 된다. 플라톤은 세계, 곧 우주(*kosmos*)를 "신의 상"(Götterbild)으로, "인지될 수 있는 신"(*theos aisthetos*)으로 생각하는데, 구약성서에서 엘로힘은 "오직 인간만을 그의 상으로" 창조한다. "이것은 인간중심주의적 세계상의 결정적인 종교적 기초다"(Meyer-Abich 1997, 31).

창세기 1:28에 따르면 땅 위의 유일한 "하나님의 형상"으로서 인간은 자연 세계를 정복하고 다스릴 수 있는 권한을 부여받았다. "하나님이 그들에게 복을 주시며 그들에게 말씀하시기를, 생육하고 번성하여 땅에 충만하라. 땅을 정복하라. 바다의 고기와 공중의 새와 땅에 움직이는 모든 생물을 다스리라 하시니라"(창 1:28). 그는 하나님을 대리하여 땅을 정복하고 자연의 피조물을 지배해야 할 "하나님의 위임자(Mandat)"다(더 자세한 내용에 관해 아래 제3부 III 참조).

창조자 하나님은 여성을 지배하는 남성적 존재, 절대적 힘을 가진 지배자로 여겨진다. 선함과 자비와 은혜가 그의 기본 속성이 아니라 힘이 그의 기본 속성으로 돌려진다. 그러므로 땅 위에 있는 하나님의 형상 곧 인간은 힘을 추구해야 한다. "인간은 그 자신이 자연을 무제한 지배할 수 있다고 규정함으로써, 창조자 하나님의 속성을 자기의 것으로" 삼는다(Krötke 1985, 77).

4. 많은 신학자의 해석에 의하면, 창세기 1, 2장의 창조설화는 유일신론을 전제한다. 유일신론을 통해 자연의 탈신성화(Entdivinisierung), 탈신격화(Entgöttlichung), 탈신화화(Entmythologisierung)가 일어난다. 고대의 신화

적 시대에 살던 사람들은 세계의 모든 것 속에 정령이나 귀신이 있다고 믿었다. 필자 자신도 어릴 때 이 같은 미신을 경험하였다. 산에는 산신, 나무에는 목신, 물에는 수신, 문턱에는 문턱 귀신, 장독대에는 장독대 귀신, 변소에는 변소 귀신이 있다고 들었다. 옥성득 교수에 따르면, "1886년 배재학당의 터를 파던 한국인 인부들은 땅속에 깃들어 있는 귀신과 정령을 무척 두려워하였다. 그곳에는 1592년 임진왜란 당시에 심은 커다란 느릅나무가 있었는데 번개를 맞아 부러진 나무를 어느 누구도 감히 치우려고 나서지 않았다. 이는 그들이 그 나무에 강한 정령인 목신이 산다고 믿었기 때문이었다"(옥성득 2020, 42).

"모든 것이 신적인 것으로 가득하다"(*panta plere theion*)라는 플라톤의 말은, 고대 시대의 보편적 현상이었던 범신론적 세계관을 나타낸다. 세계는 "신들의 상", "인지될 수 있는 신"(*theos aistothes*)이라고 그는 말한다. 고대 그리스 신화는 철학자들이 말하였던 신들을 감각적 형태로 나타낸다. 바다에는 포세이돈 신이 있고, 숲속에는 아르테미스 신이 있고, 산과 들에는 판 신이 살고 있다. 동 터오는 새벽 속에는 새벽 신이 있다. 이 신들은 인간과 전혀 다른 존재가 아니라 인간을 이상화한 것에 불과하다. "다신론의 신들은 인간 존재의 다양한 큰 가능성들을 나타낸다"(Weizsäcker 1991, 121). 다신론의 신들은 죽지 않으며 시간과 공간의 한계를 넘어선다는 점에서 인간과 다르지만, 인간처럼 식욕과 성욕이 왕성하며, 인간처럼 사랑하고 증오하고 질투하고 훔치고 벌을 주고 죽이는 등 그들의 삶은 인간과 크게 다르지 않다.

구약성서의 창조설화를 통해 고대 시대에 일대 혁명이 일어난다. 창조설화는 고대의 신화적 세계관, 범신론적 자연관을 파괴하고 천지를 창조하신 하나님 외에 그 무엇도 신이 아니라고 선언한다(Friedrich 1982, 13). 세계 만물은 하나님이 없는 데에서 만드신(*creatio ex nihilo*) 하나님의 피조물일 뿐이다. 여기서 창조자 하나님과 세계 만물은 신적 존재와 비신적 존재로 엄격히 구별된다.

이로써 인간은 자연에 대한 두려움과 자연숭배에서 해방되며, 자연에 대해 자유로운 태도를 취할 수 있게 된다. 이제 자연은 그것을 정복하고 통치할 권리를 가진 인간에게 맡겨졌고, 인간 마음대로 처리할 수 있는 "물건"에 불과하다. 인간이 자연의 중심이다. 고대 세계의 보편적 현상이었던 우주중심성(Kosmozentrik)은 배제되고, 인간중심성(Anthropozentrik)이 등장한다. 인간만이 하나님의 은혜와 구원의 대상이고, 자연은 하나님의 은혜와 구원에서 배제된 것으로 생각된다. 이리하여 자연에 대해 적대적 태도는 아닐지라도 "냉담한 입장"이 초래된다. "인간보다 낮은 종에 대한 도덕적 의무를 철저히 부정하며, 하나님의 은총의 영역에서 인간 이외의 사물을 배제하는 데 있어서 어떤 종교도 이 종교(기독교)처럼 완고하지는 않았다.…최근에 기독교를 변호하는 사람들은 하나의 뛰어난 예외적 인물로서 성 프란치스코에 대해 이야기한다.…그러나 그런 드문 예외는 기독교가 적대감까지는 아니더라도, 자연에 대해 의도적으로 냉담한 입장을 견지해 왔다는 근본 사실을 부인하지는 못할 것이다"(Worster 1979, 27).

5. 그 외에도 인간중심주의를 말하는 듯한 많은 본문이 성서에서 발견된다. 창세기 2장에서 하나님은 자연의 피조물을 지으신 다음 그 이름을 정할 수 있는 권리를 인간에게 부여한다. 어떤 사물의 이름은 그 사물의 본질을 나타낸다. 따라서 이름을 정할 수 있는 권리를 부여했다는 것은 자연의 모든 사물의 본질을 규정할 수 있는 권리를 인간에게 부여한다는 것을 말한다. 이로 인해 모든 사물의 본질은 인간을 통해 규정되고 결정된다. 따라서 인간이 모든 사물의 영광스러운 통치자요 중심이며 "만물의 척도"라고 말할 수 있게 된다. 이에 대한 아주 확실한 근거는 시편 8편에서 발견

된다. "주님께서는 그를 하나님보다 조금 못하게 하시고, 그에게 존귀하고 영화로운 왕관을 씌워 주셨습니다. 주님께서 손수 지으신 만물을 다스리게 하시고, 모든 것을 그의 발아래에 두셨습니다. 크고 작은 온갖 집짐승과 들짐승까지도, 하늘을 나는 새들과 바다에서 놀고 있는 물고기와 물길 따라 움직이는 모든 것을 사람이 다스리게 하셨습니다"(시 8:5-8).

이 말씀에 근거하여 인간을 모든 것의 중심으로 보는 "인류 원리", 곧 인간중심의 원리(anthropic principle)가 성서의 말씀들과 기독교 신학의 역사를 지배한다고 학자들은 주장한다. 성서의 거의 모든 말씀은 인간을 중심 대상으로 전개된다. 하나님의 계약(혹은 언약)은 하나님과 인간 사이의 계약으로, 하나님의 구원은 인간의 구원으로 여겨진다. 하나님의 성육신, 곧 하나님의 아들이 인간이 되어 이 세상에 오셨다는 기독교의 교리는 우주에 있어 인간 존재의 특별함을 한층 더 강화한다. 그리스도의 십자가의 피는 단지 인간의 죄를 용서하기 위한 것이며, 자연과 물질의 영역에 대해 아무 의미도 갖지 않는 것처럼 보인다. 예수를 가리켜 "세상 죄를 지고 가는 하나님의 어린양"(agnus Dei qui tollis peccata mundi)이라고 할 때, "세상 죄"는 인간의 죄를 가리킨다. 자연의 생물들은 자기의식이 없으므로 죄를 알지 못하기 때문이다. 따라서 하나님의 아들 예수는 오직 인간의 죄를 위해 죽었다고 생각한다.

인류 원리에 따르면 하나님의 은혜도 인간만이 받을 수 있으며, 자연의 피조물들은 하나님의 은혜에서 배제된다. 하나님의 칭의, 인간의 회개, 성화 등 신학의 거의 모든 중요한 명제들이 인간에게만 해당하는 것으로 해석된다. 이로 인해 기독교 신학은 자연의 영역을 간과하고 하나님 없는 자들의 손에 그것을 맡겨버렸다. 묵시론적 종말 신앙은 자연을 불에 타 없어져 버릴 것으로(annihilatio) 간주한다. 하나님이 지으신 아름다운 자연은 단지 인간의 죄 때문에 파괴되고 소멸할 것으로 생각된다. "그날에 하늘은 요란한 소리를 내면서 사라지고, 원소들은 불에 녹아버리고…"(벧후 3:10). 하나님 나라 혹은 천국은 자연이 없는, 하얀 옷을 입은 영혼들의 세계로 생각된다. 이 같은 인간중심적 해석으로 인해 기독교는 세계의 모든 종교 가운데 "가장 인간중심적인 종교"라는 비판을 받게 된다.

2. 인간중심주의의 역사적 발전

1. 학자들이 비판하는 기독교의 인간중심주의는 사실 기독교 문화권을 지배하였다고 해도 과언이 아닐 것이다. 초기 교회의 가장 대표적 신학자 아우구스티누스는 이렇게 말한다. "나는 하나님과 영혼을 알고자 한다 – 그 이상은 아닌가? 아니다. 전혀 그 이상의 것을 알고자 하지 않는다"(Deum et animam scire cupio – nihil ne plus? nihil omnino). 아우구스티누스의 이 말에서 "하나님과 영혼"이 주요 관심의 대상이 되고, 자연이나 물질은 관심에서 배제되어버린다. 이 생각은 근대 철학의 아버지라 불리는 데카르트에게서도 나타난다. "하나님과 영혼에 관한 두 가지 문제가…주요 문제였음을 나는 언제나 확신하였다"고 그는 "명상록"에서 말한다. 칼뱅은 그의 교의학 체계를 담은 저작인 『기독교 강요』 첫 문장에서 "하나님 인식과 우리의 자기 인식", 곧 하나님과 인간에 대한 인식이 주요 문제라고 말한다.

여기서 우리는 하나님과 인간, 하나님과 인간의 영혼이 신학의 역사에서 주요 문제로 다루어져 왔음을 볼 수 있다. 인간의 육체와 물질과 자연은 배제된다. 초기 기독교의 거의 모든 유명한 신학자들은 고대 그리스 철학에 정통한 인물들이었다. 따라서 그들은 영혼과 육체, 영혼과 물질, 차안과 피안의 이원론에 입각한 고대 그리스의 관념론적, 형이상학적 세계관을 기독교 신학에 도입하였다. 이리하여 하나님과 인간 영혼을 중심 문제로 삼고, 육체와 자연의 영역을 신학적 사고에서 배제하는 영혼주의 (Spiritualismus) 전통이 기독교 신학에 깊은 뿌리를 내리게 된다.

2. 그 극단적인 예를 우리는 초기 기독교 공동체에 큰 영향을 준 영지주의에서 볼 수 있다. "영지"(靈知, gnosis)는 천계의 구원자 예수 그리스도께서 가르쳐 준 신비한 영적 지식을 뜻한다. 그 핵심 내용은 인간의 영혼이 육체의 감옥과 허무한 물질세계로부터 해방되어 "천상의 본래적 세계로 상승하는"데 있다. 여기서 인간의 몸과 자연세계는 하나님의 구원에서 배제되고, 영적 존재로서의 인간만이 구원의 대상으로 생각된다. 인간의 육체를 악한 것으로 보기 때문에 영지주의는 "남녀의 육체적 성관계를 추악한 것으로 보고 출산을 피하고자 금욕을 주장하는 동시에 영적 구원은 육체 세계의 가치관을 벗어난다고 생각하여 성적 방종에 빠지는 이중성의 태도를 보인다"(정미현 2014, 127f.). 영지주의는 신약성서 문헌들의 형성에도 영향을 준다. 영지주의적이라 볼 수 있는 "표상들, 개념들과 표현 방식들"이 신약성서에 나타난다(Wilson 1984, 540).

바울의 칭의론에서도 인간만이 칭의의 대상, 곧 하나님의 구원의 대상으로 나타난다. 그러나 바울은 유대교를 깊이 공부한 학자였기 때문에 세계의 구원에 대한 구약성서의 전망을 놓치지 않는다. 세계의 모든 피조물이 하나님의 자녀들을 통해 "썩어짐의 종살이"에서 해방되기를 바라는 종말론적 전망을 바울은 견지한다(롬 8:19-22). 바울은 "하나님의 나라"에 관해 가르쳤다고 사도행전은 전한다.

3. 루터의 종교개혁은 단지 교회개혁에 불과한 것이 아니라, 로마 교황청의 억압과 수탈에서 유럽 세계를 해방하는 정치적 의미를 내포하고 있었다. 그것은 교회개혁의 동기에서 시작했지만, 로마 교황청의 독재를 깨

뜨리는 정치적, 경제적, 사회적 해방운동이었다. 그러나 루터는 바울의 칭의론을 "종교개혁의 무기"로 삼는다. 이로써 그는 인간중심주의, 영혼주의 전통을 이어가게 된다. 그의 「소교리문답」에 의하면, "하나님이 모든 다른 피조물들과 함께 나를 지으셨으며, 나에게 몸과 영혼을…주셨고 또 유지한다는 것을 나는 믿는다." 몸과 영혼을 가진 인간이 창조의 중심이고, 자연의 다른 피조물들은 인간을 위해, 인간과 함께 창조되었다. 「대교리문답」 제1절에 의하면, 창조자 하나님을 믿는다는 것은 "나는 하나님의 피조물로서 그가 나에게 몸과 영혼을 주셨고, 쉬지 않고 유지한다는 것"과, "모든 피조물을 나의 생명의 유익과 필요를 위해 봉사하게 한다는 것"을 믿는다는 뜻이다(루터 신학의 인간중심성에 관해 Daecke 1989, 285).

초기 루터교회 신학자들은 모든 그리스도인이 "모든 피조물과 함께 부활의 날을 경축할 수 있는" 우주적 새 창조의 희망을 말한다. 여기서 자연은 우주적 새 창조의 희망에 포함된 것으로 나타난다. 그러나 후기 루터교회 신학자들의 교의학에서 우주적 새 창조의 희망은 나타나지 않는다. 오히려 자연은 파괴되고 없어져야 할 것으로 나타난다. "정신적 존재들, 곧 천사들과 인간들 외에 이 세계에 속한 모든 것은…불을 통해 소각되어 무로 폐기될 것이다." "Destructio, dissolutio, configurio, abolitio, annhilatio, reductio nihilium – 이것이 언제나 반복되는 주요 개념들이다"(Schnurr 1999, 183). 17세기 루터교회 신학자 파울 게르하르트(P. Gerhardt, 1607-1676)가 작사한 한 찬송가는 다음과 같이 말한다.

인간 존재, 그것은 무엇인가?
죽음의 냄새가 그 속에서 나자마자
그것은 삽시간에 없어질 것이다.
모든 것 안에 있는 모든 것들은

깨어져서 없어질 것이다.

....

하늘과 땅은

그들이 창조되기 이전에 있었던 것으로

될 수밖에 없을 것이다. (Stock 1971, 98)

개신교회 정통주의 신학에서 자연 그 자체는 아무런 의미나 가치를 갖지 않는다. 그것은 단지 인간의 필요와 유익을 위해 존재할 뿐이며, 종말이 오면 창조되기 이전의 상태, 곧 무로 돌아갈 것이다. 이러한 생각을 가리켜 볼프강 필립(W. Philipp)은 "우주적 허무주의"라고 부른다. 우주적 허무주의는 개신교 정통주의 신학의 자연관을 요약한다.

4. 기독교의 인간중심성은 르네상스 운동에서 꽃을 피운다. 그 대표자는 이탈리아 미란돌라(Mirandola) 출신의 철학자 조반니 피코(G. Pico, 1463-1494)였다. "인간의 존엄성"이란 제목의 그의 대표작은 이슬람 학자 압달라(Abdallah)의 다음과 같은 말을 인용하면서 시작한다. "인간보다 더 경탄스러운 존재는 세계에 없다." 우주의 다른 피조물들로부터 나온 인간은 동물과 식물은 물론 천사들도 부러워하는 존재였다. 인간 외의 다른 피조물들은 인간이 부여한 법칙들에 의해 결정된다. 그러므로 그들은 제한을 가진다. "그러나 너(인간)는 극복될 수 없는 어떤 제한도 받지 않는다. 오히려 너는 너 자신의 자유로운 의지에 따라 자연을 미리 규정해야 한다. 나는 너를 세계의 중심에 세웠다…." 창조자 하나님의 형상인 인간은 이제 "그 자신의 창조자"가 되었다. 자연의 세계는 인간이 부여한 법칙에 묶여 있는 반면, 인간은 자유로운 존재로서 그 자신의 세계를 창조해야 한다. 이로써 인간 자신의 새로운 세계를 세우고자 하는 "메시아적 인간학"의 시대가 근

대 유럽에서 시작한다. 자연은 하나의 기계로 간주되고, 자연에 대한 인식은 수학으로 축소된다. "인간이 '만물의 척도'가 되며, 자기 자신과 그 자신의 세계의 발견자가 된다"(Moltmann 2023, 36f.).

근대 철학의 아버지라 불리는 데카르트(1596-1650)는 세계를 사유하는 인간 주체(res cogitans)와 연장되는 물질적 대상(res extensa)의 두 가지 부분으로 나눈다. 사유를 본질로 가진 인간이 주체라면, 연장을 본질로 가진 물질적 자연의 영역은 객체의 위치에 있게 된다. 양자는 주객의 도식을 갖는다. 연장을 본질로 가진 자연에 대해 인간은 사유를 본질로 가진 존재로 구별된다. 본래 의사였던 데카르트는 인간이 "육체와 정신이 결합되어 있는" 존재로서 "육체와 하나를 이루기" 때문에 "다양한 방법으로 외부의 육체들로부터 영향을 받을 수 있는" 존재임을 잘 알고 있다(『명상록』 명제 6). 그러나 육체는 나누어질 수 있는 반면 정신은 나누어질 수 없는 것이기 때문에, 데카르트는 정신과 육체를 "전혀 다른 것"으로 간주하고 인간의 본질은 정신에 의한 사유에 있다고 주장한다. 인간 곧 "나는 오직 사유하는 존재(denkendes Wesen)일 뿐이다"(Descartes 1960, 30, 45). "나의 본질은 오직 사유에 있다"(70). "나는 사유하는 한에서 존재할 수 있다"(23). 따라서 나 곧 인간은 "육체 없이 존재할 수 있다"(70). 육체 없이 존재할 수 있다면, 자연 없이 존재할 수 있다. 외부의 사물들 곧 자연에 대한 인간의 지각과 표상들은 인간 자신 안에 주어져 있는 "의식의 규정들"(Bewußtseinsbestimmungen)에 불과하다(30). "물질적 사물들의 표상들"도 인간 자신으로부터 나오는 것에 불과하다(39). 배고픔, 고통 등의 지각들도 의식의 규정들에 불과하다(73). 자연은 "나의 사유로부터 오는 명칭"에 불과하다(76, 『명상록』 명제 6). 여기서 자연은 자신의 실체성을 상실하고 인간의 의식이나 사유로 축소된다.

데카르트의 『명상록』에 따르면 하나님은 무한하고, 비의존적이며, 모든 것을 알고, 모든 것을 행할 수 있다(전능). 이런 점에서 하나님은 "완전한 존재"다. 인간은 완전한 하나님의 형상에 따라 창조되었다(47). 그렇다면 인간도 무한하고, 비의존적이며, 모든 것을 알고, 모든 것을 행할 수 있는 존재, 이른바 완전한 존재이어야 한다. 이것을 이룰 수 있는 것은 자연과학과 과학기술이다. 자연과학과 과학기술을 통해 인간은 잃어버린 하나님의 형상을 회복할 수 있고 완전한 존재가 될 수 있다. 사유를 본질로 가진 주체로서의 인간은 대상의 위치에 있는 "자연의 주인과 소유자"(maitrè et possesseur de la nature)이다. 사유하는 인간이 자연의 중심이다. 그러므로 자연은 인간에게 굴복해야 하고 인간을 위해 봉사해야 한다.

5. 스피노자(1632-1677)는 인간을 "자연의 한 부분"으로 파악함으로써 데카르트의 이원론을 극복하고자 하지만, 인간중심의 사유를 벗어나지 못한다. 그의 주요 저서 『윤리학』에 따르면, 하나님은 두 가지 속성을 가진다. 첫째는 인간이 가진 사유이고, 다른 하나는 자연이 가진 연장이다. 하나님은 "사유하는 존재"인 동시에 "연장되는 존재"이다(denkendes Ding, ausgedehntes Ding, Spinoza 1976, 51). 인간의 속성과 자연의 속성 두 가지 모두 하나님에게 속한다. 세계의 모든 사물은 하나님의 양태들(Modi)이다. 그러므로 "하나님의 무한한 본질과 그의 영원함이 모든 사물에 알려져 있다"(99).

　　이로써 사유와 연장, 정신과 육체, 인간과 자연의 데카르트적 이원론이 거부된다. 이 모든 것이 하나님의 양태들로서 하나로 결합된다. 이 결합 속에서 인간은 외부의 타자 없이 생각될 수 없는 "자연의 한 부분"으로 파악된다(197). 기쁨과 슬픔, 사랑과 증오, 공포와 희망 등 인간의 모든 "정열"(Affekte)과 행동은 인간 바깥에 있는 사물들, 곧 자연과 결합되어 있다. 그는 자연과 마찬가지로 자기의 생명을 유지하고자 하는 본능을 가진다

(121f.). 이 본능에 따라 각자가 자기의 생명에 "유익한 것"을 얻고자 할 때 충돌이 불가피하다. 이 충돌을 조절하여 공동의 유익을 얻도록 하는 데 이성의 기능이 있다. 짐승들은 자기의 충동에 따라 행동하는 반면, 인간은 이성의 음성에 따라 충동을 조정하며 행동한다. 도덕적으로 행동한다는 것은 "이성의 인도에 따라 행동하고, 살고, 자기의 존재를 유지하는 것을 말한다"(213). 짐승들의 자연상태 속에는 모든 자의 일치에 따른 "선한 것과 악한 것"의 구별이 없다. 정의와 불의의 구별도 없다. 각자는 각자에게 유익한 것을 취할 뿐이다. 따라서 "자연상태 속에는 범죄라는 것이 생각될 수 없다." 이에 반해 인간의 시민사회 속에는 모든 사람 공동의 일치에 따른 선과 악, 정의와 불의의 구별이 있다. 이 점에서 인간은 자연으로부터 구별된다. 우리는 "우리의 유익을 위해 그들(자연의 짐승들)을 돌보거나, 우리의 필요에 따라 사용하거나, 우리에게 좋을 대로 그들을" 다룰 수 있다. 우리의 유익을 위해 자연과 합의할 필요가 없다. 짐승들에 대한 인간의 권리는 인간에 대한 짐승들의 권리보다 훨씬 더 크다(226ff.).

6. 인간중심의 전통은 라이프니츠(1646-1716)의 단자론에도 나타난다. 그가 말하는 단자들은 창문 없이 자기 홀로 독립적으로 존재하는 무관계적인 것, 무자연적 것, 무역사적인 것으로 생각된다. 단자들이 완전히 개체적으로 존재함에도 불구하고 세계가 조화를 갖는 것은 "근원적 단자"(Urmonade)이신 하나님이 모든 단자들이 조화를 이루도록 창조하였기 때문이다. 세계는 단자들로 구성되어 있는, 조화가 있는 하나님의 나라다. 그것은 "미리 확정된 조화의 체계"다(System der prästabilierten Harmonie, Leibniz 1969, 65). 여기서 인간과 자연은 함께 하나님 나라를 구성하는 것으로 생각된다.

라이프니츠에 따르면 인간과 자연의 모든 것이 단자로 구성되어 있다. 따라서 모든 것이 결합되어 있다. 모든 것 속에 우주가 나타난다. 그러나 라이프니츠는 인간과 자연을 구별한다. 인간은 이성을 통해 성찰한 다음에 행동하는 반면, 짐승은 성찰 없이 본능적으로 행동한다. 짐승은 단순한 혼에 불과한 반면, 인간은 "이성을 가진 생물"이다(11). 인간은 "피조물들의 우주의 거울일 뿐만 아니라 신성의 형상(Ebenbild der Gottheit)이다." 그는 "하나님 나라, 곧 가장 완전한 국가에 속한 자들"이다. 자연의 피조물들은 "자연의 나라"에 속한 반면, 이성적 존재로서의 인간은 "은혜의 나라"에 속한다(21). 라이프니츠의 생각에 따라 나중에 칸트는 "자유의 나라"와 "필연성의 나라"를 구별한다.

여기서 "은혜의 나라"에 속한 존재로서의 인간과 "자연의 나라"에 속한 자연의 피조물이 구별된다. "도덕적 세계와 자연적 세계", "자연의 물리적 세계와 은혜의 도덕적 세계", "세계 기계의 건축 장인(Baumeister)으로서의 하나님과 정신들의 신적 국가들의 군주(Monarch)로서의 하나님"이 구별된다(67). 자연 속에서 하나님은 "건축장인"으로 계신다면, 인간 안에서는 "군주"로 계신다. 라이프니츠의 인간중심적 사고는 다음 문장에 잘 나타난다. "필연적이며 영원한 진리의 인식을 통해 우리는 단순한 짐승들로부터 구별되며, 이성과 학문을 갖게 된다. 이성은 우리를 자기 인식과 하나님 인식으로 고양하기 때문이다"(39). 라이프니츠는 "인간의 도덕적 세계를 자연 안에 있는 치외법권의 영역으로 묘사한다. 하나님의 지혜와 힘은 어디에나 나타나지만, 하나님의 자비는 인간의 도덕적 세계에 제한되는 것으로 생각하였다"(Meyer-Abich 1997, 160).

존 로크(1632-1704)에 의하면, 인간은 무한하고 전능하며 모든 것을 아는(全知) 하나님의 형상으로 창조되었다. 하나님을 닮을 수 있는 길은 학문적 지식에 있다. 인간의 지식에는 한계가 없다. 하나를 알면 그 이상의 것을 알고자 한다. 모든 것을 알고자 한다. 이런 점에서 인간의 지식은 무한성을 가진다. 그것은 모든 것을 파악하고자 하는 속성을 가진다. 무한을 지향하는 지식과 학문을 통해 인간은 하나님의 전지전능과 영원과 모든 완전성을 닮을 수 있다. "학문을 통해 우리는 스콜라적 하나님상의 전지하심으로 고양된다"(Meyer-Abich 1997, 159). 베이컨은 이 생각을 "지식은 힘이다"(*scientia potentia est*)라는 말로 요약한다. 여기서 힘은 자연을 지배할 수 있는 힘을 말한다. 인간은 지식을 통해 자연을 지배하고, 자연을 지배함으로써 하나님의 힘과 전능을 닮을 수 있다는 것이다.

7. 경건한 어머니의 뒤를 이어 한평생 경건한 그리스도인으로 살았던 칸트(1724-1804) 역시 인간중심의 전통을 벗어나지 못했다. 라이프니츠의 뒤를 이어 그는 세계를 "자유의 나라"와 "필연성의 나라"로 구별한다. "자유의 나라"는 인간의 세계를 가리키며, "필연성의 나라"는 자연의 세계를 가리킨다. 자연은 필연성에 묶여 있는 반면, 인간은 자유롭게 행동할 수 있는 존재다. "사물 자체"(Ding an sich), "자연 자체"는 우리 인간이 접근할 수 없는 비밀이다. 그것은 인간이 파악할 수 없는 것이다. 현상으로서의 자연은 인간으로부터 독립된 의미와 가치를 가진 것이 아니라 인간의 감성을 통해 지각되고, 자율적 오성의 12가지 범주를 통해 인식됨으로써 인간에 대해 의미를 갖게 된다. 여기서 인간과 자연은 인식 주체와 인식 대상으로 대칭한다. 이 대칭 속에서 자연은 인간의 인식을 통해 결정된다. 그것은 인간이 인식하는 바에 따라 인간과 관계한다. 자연은 인간에 의해 인식되고 구성되는 바에 따라 나타난다.

칸트의 인식론에서 자연의 인식 대상은 적극적 의미를 갖지 못한다. 인식 대상은 감성적 자료를 제공하는 것으로 끝나고, 이 대상에 대한 인식은 인간의 오성에 의한 12가지 범주와 이성의 세 가지 초월적 원리, 곧 하나님과 세계와 영혼불멸의 관념을 통해 구성되고 통일성 있게 정돈된다.

칸트의 인식론은 인간의 인식이 자연의 대상에 의존한다는 사실을 전혀 고려하지 않는다. 인간의 감성과 오성과 이성도 자연에 의존한다는 사실을 고려하지 않는다. 인간의 인식기관들은 대상과 전혀 무관하게 독립된 것으로 전제되고, 인식은 오직 인간의 인식기관에 의해 결정되는 것으로 나타난다. 바로 여기에 칸트의 인간중심주의의 핵심이 있다.

이리하여 칸트의 철학에서 인간은 자연에 대칭하며 자연을 적극적으로 구성하는 주체로 생각되고, 자연은 인간에 의해 구성되는 대상으로 생각된다. 이른바 자연법칙은 자연 자신의 것이 아니라 인간이 부여한 것으로 생각된다. 이 생각을 칸트는 『순수이성비판』에서 다음과 같이 말한다. 자연의 현상들 속에서 우리가 발견하는 "질서와 규칙성은…우리 자신이 투입하는 것이다"(Kant 1956, A125). 『순수이성비판』이 출판된 지 2년 후에 쓴 "프롤레고메나"에서 칸트는 이 생각을 더 극단적으로 말한다. "내용적 의미에서 자연이…도대체 어떻게 가능한가? 이에 대한 답은 다음과 같다. 우리의 감성의 상태(Beschaffenheit)를 중재함으로 가능하다.…형식적 의미에서 자연이 어떻게 가능한가? 이에 대해 우리는 다음과 같이 대답할 수 있을 뿐이다. 자연은 오직 우리의 오성(Verstand)의 상태를 중재함으로 가능하다." "자연의 가장 높은 법칙은 우리 자신 안에, 다시 말해 우리의 오성 안에 있을 수밖에 없다.…오성은 자기의 법칙을 (선험적으로) 자연으로부터 얻는 것이 아니라, 오히려 자연에 자기의 법칙을 부여한다.…따라서 오성이 보편적 자연질서의 근원이다"(1957, A110f.). "너의 행동의 규범(Maxime)이 너의 의지를 통해 보편적 자연법칙이 되도록, 그렇게 행동하라"는 칸트 도덕철학의 명언 역시 자연에 대한 칸트의 인간중심주의를 보여준다(Kant 1961, B52). "보편적 자연법칙"이란 자연 자체로부터 오는 것이 아니라 인간의 의지를 통해 "행동의 규범"으로 세워진 것으로 규정된다.

칸트의 이원론을 극복하고자 했던 헤겔(1770-1831) 역시 인간중심주의의 전통을 벗어나지 못한다. "정신적 존재"로서 인간의 본질은 사유에 있다. 사유란 주어진 것에 머물지 않고 주어진 것을 "넘어서는 것"(Überschreiten)을 말한다. 이것은 주어진 것에 대한 자유를 말한다. 여기서 인간의 사유는 자연으로부터 완전히 독립된 것으로 간주된다. 인간의 사유는 외부로부터 어떤 영향도 받지 않는다는 점에서 자유롭다. 세계사는 "자유에 대한 의식의 진보"와 이 의식이 실현되는 변증법적 과정이다 (김균진 2020, 665f.). 그러나 헤겔이 말하는 세계사의 변증법적 과정은 자연 없이, 자연으로부터 독립되어 일어난다. 자유는 오직 인간의 세계에서만 실현되어야 할 것으로 생각된다. 따라서 헤겔의 변증법적 세계사는 자연에 대해 침묵한다. 칸트에게서와 마찬가지로 헤겔의 변증법에서도 역사의 주체인 인간의 자기의식과 사유는 자연에 의존하지 않는다. 자연 없이, 자연에 대한 독립 속에서 인간은 자유의 역사를 실현한다. 역사는 "정신적 존재", "사유하는 존재"로서의 인간에게만 있다. 인간은 이성적 성찰의 과정을 거쳐 행동하는 반면, 자연의 생물들은 본능적으로 행동한다는 언급이 헤겔의 문헌에서 거듭 나타난다. 그러나 인간의 사유와 이성적 성찰도 자연에 의존한다는 측면은 고려되지 않는다.

헤겔의 철학에서 인간에게만 역사가 있고, 자연은 무역사적인 것으로 생각된다. 자연은 주어진 법칙을 넘어서지 못하고 그것을 반복하는 원운동(Kreislauf)이기 때문이다. 자연도 신적 정신의 타재(Andersein)이지만, 자연 안에 있는 신적 정신은 잠자는 상태에 있다. 자연은 인간의 "자유의 역사"에 통합되는 한에서 의미를 얻게 된다.

기독교적 인간중심주의는 근대 계몽주의에서도 계속된다. 그것은 헤르더(1744-1803)의 생물학적 인간관에서 대표적으로 나타난다. 자연의 짐승들은 주어진 법칙에 예속된 "전문화된 존재", 자연에 대해 "등이 구부러진 노예"(ein gebückter Sklave)로 태어난다. 이에 반해 인간은 전문화되지 않은 "결핍의 존재"로 태어난다. 그에게 자연은 "가장 엄격한 계모"(die härteste Stiefmutter)이다(Herder 1959, 21). 그러나 그는 자연에 대해 자유로운 존재, 새로운 문화의 세계를 창조할 수 있는 가능성의 존재로 태어난다. 자연적 결핍에 대한 보충물로서 그는 언어를 가지며, 본능적 행동 대신에 자유를 얻는다. 그는 "창조 가운데서 최초로 해방된 자"다(die ersten Freigelassenen der Schöpfung). 자연의 짐승들처럼 인간은 확정되어 있는 존재가 아니라 개방된 존재다. 니체에 따르면 인간은 "확정되지 않은 짐승"(das nicht festgestellte Tier)이다.

그러나 헤르더는 인간중심주의자였다고 단순화할 수 없다. "창조 가운데서 최초로 해방된 자"로서의 인간을 그는 "창조의 한 부분", 자연의 한 부분으로 보기 때문이다(Meyer-Abich 1997, 262). "나는 사유한다. 그러므로 나는 존재한다"라고 말하는 데카르트에 반해, 헤르더는 "나는 느낀다. 그러므로 나는 존재한다"라고 말한다. 감성을 통한 "느낌"은 자연의 짐승들에게도 있다. 시각, 후각, 청각 등 짐승들의 느낌은 인간의 그것보다 훨씬 더 민감하다. 이런 점에서 인간은 자연과 결합되어 있다는 생태학적 인간관을 헤르더는 대변한다. 이에 관해 우리는 나중에 자세히 고찰하고자 한다.

서구 기독교 문화의 인간중심주의 전통은 20세기 철학적 인간학에서 정점에 도달한다. 그 대표자 막스 셸러(M. Scheler)는 헤르더의 생물학적 인간학의 논리를 따른다. 우주에 있어 인간의 위치를 그는 인간을 짐승과 비교함으로써 규정한다. 자연의 짐승들은 주어진 환경에 묶여 있고 본능에 따라 행동한다. 그들은 결정되어 있는 존재다. 이에 반해 인간은 세계를 향해 열려 있고, 그의 정신을 통해 자유롭게 행동할 수 있는 존재다. 그는 정신을 통해 주어진 현실을 초월하여 새로운 문화의 세계를 창조할 수 있는 "세계 개방성"(Weltoffenheit)을 가진다는 점에서 "우주에서 특별한 위치"(Sonderstellung im Kosmos)를 점한다. "인간이 된다는 것은 정신의 힘으로 세계 개방성으로 고양됨을 말한다"(Scheler 1947, 41). 정신의 힘으로 세계 개방성으로 고양하는 인간을 통해 자연은 그 자신을 의식하게 되고 완성에 도달한다. 인간은 창조의 왕관이요 진화의 정점일 뿐만 아니라, 자연의 완성자요 구원자의 위치를 차지한다.

8. 근대 신학의 대부라고 불리는 슐라이어마허(1768-1834)는 헤른후트 형제 공동체의 경건주의와 그 당시 낭만주의의 영향을 받은 인물로, 낭만주의적 자연관을 보여준다. 헤겔의 관념론은 사유를 인간의 "가장 높은 것"으로 보는 반면, 슐라이어마허는 "상상"(Phantasie)을 "인간의 가장 높고 가장 근원적인 것"으로 본다(Schleiermacher 1970, 72). 사유를 본질로 가진 신적 정신으로부터 출발하는 헤겔에 반해, 그의 신학은 우주에 대한 직관으로부터 시작한다. 그에 따르면, 우주의 "모든 개체적인 것은 전체의 한 부분"이요 "모든 제한된 것은 무한한 것의 표현"이다. "전체"는 우주 안에 현존하는 하나님을 가리킨다. 우주의 전체성이 하나님이라면, 우주 곧 자연은 하나님의 자기계시다. "세계는 (하나님의) 전능의 완전한 계시다"(1960, 309).

모든 개체적인 것이 전체의 "한 부분"이라면, "모든 것은 하나다"(1968, 6). 자연과 인간도 하나다. 여기서 슐라이어마허는 자연과 인간을 구별하는 인간중심주의를 버리고 양자를 하나로 보는 낭만주의적 자연주의를 대변하는 것처럼 보인다. 그러나 우주에 대한 직관에서 그는 우주를 직관하는 주체로서의 인간과 인간에 의해 직관되는 대상으로서의 우주를 구별한다. 주체로서의 인간은 대상으로서의 우주를 직관함으로써 절대자 하나님에 대한 "절대 의존의 감정"(Gefühl der absoluten Abhängigkeit)을 얻게 된다. 우주 곧 자연은 인간에게 절대 의존의 감정을 제공하는 기능을 가질 뿐 그의 신학에서 더 이상 다루어지지 않는다. 따라서 슐라이어마허의 교의학에는 창조론이 없다. 자연 없는 "절대 의존의 감정", "경건한 자기의식", "하나님 의식"이 중심 문제로 다루어진다. 그는 "우리와 세계" 곧 인간과 자연의 "함께 있음"(unser Zusammensein mit der Welt)을 인정하지만(『신앙론』 §4), 그가 말하는 인간의 "하나님 의식"은 몸과 자연과 역사 없이 존재하는 무자연적, 무역사적인 것이다.

근대 신학은 슐라이어마허의 입장을 따른다. 인간을 자연으로 귀속시키는 모든 이론을 반대하고 자연에 대한 인간의 특별한 위치를 지키고자 한다. 근대 신학은 "인간에 대한 세계의 지배"를 극복하고 인간을 "자연의 소유자와 지배자"로 지키고자 하였다(Strom 1987, 210). 인류의 역사는 자연에 대한 인간의 지배를 발전시켰다는 점에서 하나의 "발전사"라고 볼 수 있다는 하르나크(A. Harnack)의 말은 근대 신학의 인간중심성을 나타낸다. 리츨(A. Ritschl)에 따르면 창조, 곧 자연은 세계의 윤리화를 위해 노력하는 인간의 재료에 불과한 것으로 간주된다.

9. 인간중심의 전통은 근대의 "역사적-비판적 주석"(historisch-kritische Exegese) 방법에도 나타난다. 역사적-비판적 방법이란 성서 텍스트를 시대를 초월한 하나님의 직접적 계시로 보지 않고 특정한 역사적, 종교적, 사회적 상황에 대하여 주어진 증언으로 보며, 텍스트의 문헌 양식과 구성, 역사적, 사회적 배경, 종교적 배경, 텍스트의 저자와 기록 연대 등을 비판적으로 연구하는 것을 말한다. 성서는 하나님의 초월적 계시를 통해 하루아침에 기록된 것이 아니라 여러 가지 상이한 전승들(Überlieferungen)을 수집하고 편집함으로써 이루어진 책으로 보고 성서의 모든 역사적 요소들을 분석하여 성서 텍스트의 생성을 재구성하려는 성서 연구 방법을 말한다. 이 방법은 모든 역사적, 사회적, 종교적 상황들을 무시하고 성서의 텍스트를

절대적, 초시간적 진리라고 주장하는 교의학적 전제를 거부하고 성서를 냉철한 과학적 연구 대상으로 삼는다.

이러한 역사적-비판적 방법은 근대 사회의 정치적, 종교적 권위를 거부하고, 정당성을 결여한 모든 지배체제를 붕괴하는 정치적, 사회적 기능을 내포한다. 시대와 상황을 초월한 성서의 절대적 권위가 부인될 때, 기독교와 결합되어 있는 모든 세속의 권위들도 그 절대성을 상실할 수밖에 없기 때문이다. 그러나 역사적-비판적 방법은 심각한 문제점을 드러내기도 한다.

몰트만 교수에 의하면, 역사적-비판적 방법은 텍스트 속에 숨어 있는 역사적 현실을 대상화시키는데, 이 대상화(Vergegenständlichung)는 과거의 현실을 현재화시키는 아주 독특한 방법이다. 그것은 "대상화를 통한 현재화(Vergegenwärtigung)", 곧 과거의 현실을 대상화함으로써 그것을 현재화하는 방법이다. 여기서 대상화되는 역사적 현실은 "언제나 혹은 무시간적으로 접근할 수 있고 처리할 수 있게" 된다. 역사적-비판적 방법이 이상으로 가진 진리의 개념은 통제될 수 있고 또 파악될 수 있는 "대상과 인식의 일치"(adaequatio rei et intellectus)이지 인격적, 실존적 진리의 개념이 아니다. 그것은 대상의 무시간적 진리를 찾고자 하지만 대상의 역사성을 바르게 파악하지 못하며 "역사를 방법적으로 관찰하는 관찰자 자신의 역사성과 지리적 제한성(Standortgebundenheit)"을 중립적인 것으로 간주한다. 과거의 역사를 대상화함으로써 인간 존재의 추상적 주체화가 일어난다. 이리하여 "세계와 역사에 대한 인간의 관계에 있어서 주체-객체의 분열이 초래된다"(Moltmann 1968, 63f.).

곧 역사적-비판적 방법은 성서 텍스트 뒤에 숨어 있는 과거의 역사적 현실을 자기와 분리된 대상으로 설정하며, 그 대상에 대한 인간의 인식과 대상 자체의 일치를 진리라고 생각한다. 그러나 이 진리는 인격적, 실존적 진리가 아니라 대상과 인식의 일치에 불과하다. 그것은 대상에 관한 이른바 무시간적 진리를 찾고자 하지만 대상과 인격적, 실존적 관계를 갖지 않음으로 인해 대상의 역사성을 올바르게 파악하지 못한다. 대상을 연구하는 연구자 자신도 특정한 역사적 상황과 특정한 삶의 자리에 묶여 있다. 그는 자기가 탐구하는 대상을 자신의 특정한 삶의 자리에서, 특정한 역사적 상황 속에서 탐구하고 인식할 뿐이다. 따라서 그의 인식은 제한성을 벗어날 수 없다. 그러나 역사적-비판적 방법은 인간의 특정한 역사성과 삶의 자리의 제한성을 아무 문제도 없는 것으로 간주하고 대상의 무시간적 진리를 발견하고자 한다.

여기서 역사적-비판적 방법은 주체와 객체의 분리, 곧 대상의 무시간적 진리를 찾고자 하는 인간과 대상의 분리, 곧 주객도식을 전제한다. 성서 텍스트 주석에서 주객도식은 다음과 같은 문제점을 가진다. 성서 주석자는 성서 텍스트를 자기 자신에게서 분리되어 있는 대상으로 간주하고 이 대상을 객관적으로 분석함으로써 진리를 발견할 수 있다고 생각한다. 주석자와 텍스트, 곧 주체와 대상이 분리될 때 주석자는 텍스트를 정확하게 객관적으로 분석하고 텍스트가 말하고자 하는 진리를 파악할 수 있다고 믿는다. 주석자의 주관적 선입견과 전제들, 주석자와 텍스트의 인격적 만남과 대화는 배제되어야 한다. 양자의 인격적 만남과 대화는 주석의 과학성(Wissenschaftlichkeit)을 파괴한다고 주장한다.

여기서 성서의 텍스트는 상이한 자료들과 양식들로 구성되어 있는 혼합물로 생각된다. 그것은 주석자에 의해 분석되고 자료군과 양식에 따라 분류되고 재구성되어야 할 "과학적 대상"으로 간주된다. 주석자는 텍스트가 말하고자 하는 것을 "이해"하고자 하지 않고 텍스트를 냉철하게 분석하여 텍스트의 문헌사적, 종교사적 배경, 텍스트의 언어 양식과 문학적 양식 및 문학적 구성을 찾아내고자 한다. 텍스트는 이 작업을 위한 재료에 불과하다. 주석자는 이 재료를 객관적으로 분석하고 그것을 지배해야 한다. 주석자는 지배자의 자리에, 텍스트는 피지배자의 자리에 있다. 텍스트의 저자와 텍스트에 대한 사랑은 사라지고 냉철한 이성이 작용할 뿐이다. 여기서 우리는 사랑이 없는 인간중심성을 볼 수 있다. 역사적-비판적 방법에 전념할 때 믿음도 사라지고 사랑도 사라지게 된다. 신학을 공부하는 신학생들이 하나님에 대한 인격적 믿음을 잃어버리고 냉철한 지식만 갖게 되는 까닭은 여기에 있다.

3. 20세기 신학의 인간중심주의

1. 20세기 전반기 신학에 가장 큰 영향을 준 인물은 카를 바르트(K. Barth)다. 그는 자연계시 혹은 보편계시를 철저히 거부하고 오직 예수 그리스도 안에 나타나는 하나님의 특별계시만이 참 계시라고 주장하였다. 자연 속에 나타나는 하나님의 보편적 계시를 인정할 경우 예수 그리스도 안에 나타나는 하나님의 자기계시는 굳이 필요하지 않게 될 것이다. 반드시 그리스도를 믿을 필요도 없게 될 것이다. 그리스도가 없어도 인간은 자연을 통해 하나님과 그의 뜻을 알 수 있을 것이고 구원에 이를 수 있을 것이다. 하나님과 인간을 연결하는 "접촉점"(Anknüpfungspunkt)이 있다면, 그것은 자연이 아니라 예수 그리스도와 성령과 믿음이다. 예수 그리스도와 성령과 믿음만이 하나님과 인간을 연결할 수 있다. 하나님과 인간 사이에 믿음 없는 관계란 상상할 수 없다. "하나님의 형상"도 접촉점이 될 수 없다. 인간의 타락과 함께 하나님의 형상은 완전히 깨어져 버렸기 때문이다. 자연이 하나님의 계시자나 우리의 구원자가 아니라, 오직 그리스도만이 하나님의 계시자이고 우리의 구원자이다. 우리는 자연을 보지 말고 십자가

에 달린 예수 그리스도를 보아야 한다. "십자가에 달린 그리스도가 참 하나님 인식과 신학의 규범이다"(Luther).

자연계시에 대한 바르트의 반대로 말미암아 20세기 초 개신교회 신학에서 자연은 입에 담아서도 안 될 터부와 같은 것으로 여겨졌었다. 많은 신학자가 그의 영향을 받았다. 20세기 구약성서 신학계의 대표자로 알려진 폰 라트(G. von Rad, 하이델베르크 대학교 교수)도 그중 한 사람이다. 1936년에 출판된 그의 논문 "구약성서 창조신앙의 신학적 문제"에서 폰 라트는 창조, 곧 자연의 문제에 대해 다음과 같이 말한다. "순수한 야웨 신앙에 있어 창조신앙은 아무런 독자성과 생동성에 도달하지 못하였다는 것이 우리의 주요 명제였다. 우리는 창조신앙을 철저히 구원론적 신앙과의 관계 속에서, 이 신앙에 대한 의존 속에서 발견하였다"(Rad 1971, 146. 이와 관련하여 이정배 1989, 23ff.).

폰 라트의 초기 저서 『모세 육경의 양식사적 문제』에 의하면, 천지창조에 관한 이야기, 족장들에 관한 이야기, 출애굽 이야기, 시내산에서 율법을 받은 이야기들은 서로 독립하여 전승되어 오다가 육경의 편집을 통해 하나의 구원사로 결합되었다. 이리하여 창조에 관한 이야기는 출애굽의 구원에 관한 이야기와 결합되었다. 본래 이스라엘 백성의 하나님은 창조의 하나님이 아니라 출애굽 구원의 하나님이었다. 그들에게 본질적으로 중요한 것은 천지창조가 아니라 출애굽의 구원사건이었다. 본질적으로 이스라엘의 신앙은 창조에 대한 신앙이 아니라 하나님의 구원에 대한 신앙, 선택에 대한 신앙이었다. 바빌로니아 포로기에 이스라엘 백성은 바빌로니아의 창조신앙을 경험하게 되었고, 이에 자극을 받아 하나님의 창조를 고백하게 되었다. 이리하여 구원신앙과 창조신앙이 결합되었다. 출애굽의 구원의 하나님은 천지창조의 하나님으로 확대되었다. 그러나 이스라엘 백성에게 하나님은 본질적으로 구원의 하나님이었다(Rad 1938, 78ff.; Thol.

Bücherei Bd. 8, 80ff.).

폰 라트의 이 같은 입장은 히틀러를 지지했던 1930년대 당시의 "자연신학"을 거부하려는 정치적 의도와 연결되어 있다(Rendtorff 1987, 87ff.). 당시 히틀러를 지지하였던 일부 신학자들은 국가를 창조질서로 인정함으로써 히틀러의 정치 권력을 정당화하고자 하였다. 그들은 히틀러의 국가사회주의 이데올로기와 창조신앙을 결합하고자 하였다. 이에 반대하여 폰라트는 창조신앙을 구원신앙에 예속시켰다. 이것은 히틀러의 정치 권력에 대한 간접적 반대를 의미한다. 이 사실을 알버츠(R. Albertz)는 다음과 같이 말한다. "'창조'에 대한 신학과 교회를 국가사회주의적 이데올로기와 결합시키려는 이 시대의 시도들에 반대하여 폰 라트는 구약성서의 창조신앙의 모든 독자성을 부인하였고, 창조신앙을 철저히 '선택의 신앙'에 예속시켰다"(Alberts 1974, 174; 참조. 김도훈 2003, 209f.).

2. 바르트와 폰 라트의 입장은 자연에 대한 신학적 무관심을 조성하는 데 결정적 영향을 주었다. "자연", "자연계시"란 말만 꺼내도 정치 권력에 아부하는 자로 몰릴 수 있는 분위기였다. 그런 상황에서도 바르트에 반해 자연계시를 주장하는 신학자들이 있었다. 그 대표자는 스위스 취리히 대학교의 에밀 브룬너(E. Brunner)였다. 그에 따르면, "하나님을 알 만한 일이 사람에게 환히 드러나 있다.…이 세상 창조 때로부터 하나님의 보이지 않는 속성, 곧 그분의 영원하신 능력과 신성은 사람이 그 지으신 만물을 보고서 깨닫게 되어 있다"(롬 1:19-20). 하나님 형상의 "내용"이 죄로 인해 파괴되었지만 그 "형식"은 남아 있다. 그래서 하나님을 믿지 않는 사람들도 죄의식을 느낀다. 우주, 곧 자연으로부터 출발하여 하나님의 존재를 증명하는 고대 우주론적 하나님 존재증명은 자연계시를 전제한다(자연계시에 대한 바르트와 브룬너의 유명한 논쟁에 관해 김균진 1984, 164-190).

제1부 | 생태계의 위기상황과 그 원인들

자연계시를 인정하는 또 한 사람의 대표적 신학자는 파울 틸리히(P. Tillich)였다. 그는 "존재 자체"(Being itself), 존재자들의 "있음" 자체가 하나님이라고 주장하였다. 세계의 모든 사물이 존재하는 한 그들은 존재 자체, 곧 하나님께 참여한다. 그러므로 사물들의 세계는 "있음 자체"이신 하나님의 계시일 수밖에 없다.

브룬너와 틸리히의 이 같은 입장의 영향하에 제2차 세계대전 후 많은 학자가 폰 라트에 반해 창조신앙의 중요성을 강조하였다. 가톨릭 신학자 케른(W. Kern)은 구약성서에서 창조가 계약의 전제가 된다고 주장하였다 (Kern 1967, 441-454, 464). 폰 라트 자신도 이를 수용하여 "구원사 외에 자연에 있어 야웨의 다스림이 구약성서의 찬양의 한 다른 큰 명제다"라는 그의 초기 생각을 대변하기 시작하였다(Rad 1938, 44). 바르트도 하나님의 창조와 자연에 대한 오랜 침묵을 끝내고 1957년 그의『교회교의학』3권에서 창조론을 기술하였다.

그러나 이 책에서도 바르트는 자연의 충만한 의미와 중요성을 인정하지 않았다. 그에 따르면, 창조의 의미와 목적은 그 자체에 있지 않다. 그것은 "하나님과 인간의 계약 역사를 가능케 함"에 있다. 창조가 "계약의 형식적 전제", "계약의 외적 근거"라면 계약은 창조의 "내적 근거"다(Barth 1957, 261). 본래 창조 곧 자연은 하나님의 계약에 속하지 않는다. 인간만이 계약의 파트너로서 하나님과 계약을 맺는다. 자연은 계약이 일어나는 외적 형식이나 배경일 뿐이다. 자연은 하나님의 구원사의 무대 혹은 외적 형식에 불과하다.

물론 기독교 신앙은 창조자 하나님, 그리고 그가 지으신 창조세계와 관계한다는 것을 바르트도 인정한다. 그러나 기독교 신앙은 피조물의 세계 그 자체와 관계하는 것이 아니라 "우주 안에 있는 인간과" 관계한다고 바르트는 주장한다(7). 우주론이 아니라 인간론이 교의학의 본래적 과제다. 이로써 바르트는 그의 신학이 인간중심의 신학임을 시사한다. 바르트의 "교의학은 결코 우주론을 위한 과제를 갖지 않는다. 그것은 인간론을 위한 과제를 갖는다"(Friedrich 1982, 35). 그러나 생애 말기에 바르트는 우주론적, 자연신학적 사고의 가능성을 인정한다. "풀 줄기 하나, 눈송이 하나 속에서도 하나님은 거룩하지 않은가?"(Barth 1978, 199, Sollte er[Gott] nicht in jedem Grashalm, in jeder Schneeflocke heilig sein?)

3. 20세기 신학에서 인간중심성과 자연의 소외를 대표적으로 보여주는 또 한 명의 대표적 신학자는 루돌프 불트만(R. Bultmann)이다. 바르트가 교의학적 관점에서 인간중심성을 대변한다면, 불트만은 실존신학적 관점에서 그것을 대변한다. 불트만에 따르면, 창조자에 대한 성서의 진술들은 인간에 대한 해명에 불과하다. "창조자 하나님에 관한 지식은 인간 자신의 피조성에 대한 지식이다"(Bultmann 1949, 16). 따라서 창조에 대한 기독교 신앙은 하늘과 땅의 창조자 하나님을 다루지 않고 "인간의 사유가 파악할 수 없고 지배할 수 없는 하나님의 능력을 통한 인간 실존의 현재적 규정(Bestimmtheit)을 다룬다"(14). "하나님은 창조자시다"라는 말은 "하나님은 나에게 나의 삶을 주시며, 그 앞에서 나는 아무것도 아닌 자로서 언제나 그가 나에 대한 주(Kyrios)라는 것"을 표현하는 문장에 불과하다"(1968b, 67).

불트만은 역사와 자연을 구별하고 자연의 역사를 인정하지 않는다. 자연의 사건들은 인간에게 "어쩔 수 없이 일어나는 것"(Widerfahrnisse), 인간이 수동적으로 "당하는 것"(Erleidungen)에 불과하다. 이런 것은 본래적 의미의 역사에 속하지 않는다. 본래적 의미의 역사는 "자연의 사건들과 기계적 과정들로부터 구별되는 (인간의) 의욕적 행위들"을 통해 구성된다(1979, 167). 자연은 인간의 행위들로 구성되는 역사의 무대 또는 장(場)에 불과하다.

한 걸음 더 나아가 불트만의 신학에서 인간은 자연 없이 실존하는 것으로 생각된다. "기독교적 실존의 파라독스는 다음과 같다. 곧 신자는 세계를 벗어나 있다는 것, 마치 탈세계화한 자(Entweltlicher)로서 실존한다는 것이며 이와 동시에 세계 안에, 그의 역사성 안에 머문다는 것이다"(181). 달리 말해 그리스도인들은 세계를 벗어나 실존한다. "역사의 의미"는 각 사람이 신앙의 결단을 내리며 그의 역사성을 의식하는 "현재" 속에, 현재의 "순간" 속에 있다. 이런 뜻에서 "매 순간은 종말론적이다." 불트만이 말하는 개인의 종말론적 현재, 종말론적 순간이란 사회도 없고 역사도 없고 자연도 없는, 철저히 개체화되었고 무시간적인 점과 같은 것이다. 한마디로 그것은 무자연적, 무역사적 현재와 순간이다.

만일 자연이 의미를 가진다면 그 의미는 인간을 위해 사용되는 데 있다고 불트만은 말한다. 하나님의 창조로서의 땅은 "인간의 필요를 위해", 인간의 "사용과 향유를 위해" 인간에게 맡겨져 있다(1968a, 228, 230). 인간의 피조성은 인간이 다른 피조물들처럼 자연과 결합되어 있다는 점에 있지 않다. 오히려 그것은 자연에 대한 인간의 대칭에 있다. 자연의 세계는 "인간의 체험의 장", "그의 노동과 운명의 영역"일 뿐이다(1949, 161f.).

바울에 대한 해석에서 불트만은 바울의 핵심 사상을 자연 없는 인간학으로 파악한다. 그에 따르면, 바울은 묵시사상(Apokalyptik, 세계의 종말을 대파멸로 보는 종말사상)의 역사성을 제거하고 그것을 인간학적으로 해석하였다. "바울은 역사와 종말론을 인간으로부터 해석함으로써 이스라엘 민족의 역사와 세계사는 그의 시야에서 사라졌다. 그 대신…인간 존재의 역사성이 발견되었다"(1979, 49). 여기서 불트만이 말하는 인간의 "역사성"이란 무자연적, 무역사적 개념이다. 그것은 주어진 자연과 세계사와의 관계 속에 있는 인간의 현실적 존재를 말하는 것이 아니라 이 모든 관계를 떠나 하나님에 대한 신앙인가 아니면 불신앙인가를 순간순간마다 결단하는,

이른바 "탈세계화된" 존재를 가리킨다. 이것이 바울신학의 핵심이라는 것이다. 여기서 기독교 신앙의 핵심 문제는 자연과 세계사를 떠난 개체 인간의 신앙적 "자기이해"로 축소된다. 그러나 이것은 불트만의 거대한 착각이다. 어느 한순간에도 인간은 자연 없이 생존할 수 없기 때문이다. 한마디로 불트만의 신학은 무역사적, 무자연적인 것이었다. 그것의 중심 문제는 자연과 역사가 없는, 철저히 인간중심의 신학이었다.

4. 불트만의 신학 사상은 그의 제자들에 의해 대폭 수정되거나 거부된다. 그의 제자 귄터 보른캄(G. Bornkamm)에 따르면, 바울신학의 핵심 문제는 인간의 새로운 "자기이해"로 축소될 수 없다. 그것은 인간의 자기이해를 넘어 그 속에서 내가 그리스도의 역사 속으로 영입되는 "새로운 역사와 실존"이다(Bornkamm 1951, 25). 그리스도의 역사는 무역사적, 무세계적인 것이 아니라 세계와 역사의 미래에 대한 하나님의 약속과 결합되어 있었다. 따라서 그리스도인의 새로운 실존은 세계와 역사의 미래에 대한 하나님의 약속의 전망 속에 있다. 바울은 그리스도의 구원 사건과 이스라엘 역사의 "연속성"을 고수하였고, 구약의 메시아적 "약속과 희망"을 포기하지 않았다. 바울신학의 기초는 자연과 인간이 공존하는 하나님 나라에 대한 "약속과 희망"이라고 보른캄은 말한다.

불트만의 제자 에른스트 케제만(E. Käsemann)은 불트만의 "무역사성"을 날카롭게 비판한다. 케제만에 따르면, "하나님의 길의 목적은 단지 개인의 칭의"로 축소되지 않는다. 신약성서에서 하나님의 구원은 단순히 개인의 칭의가 아니라 이를 넘어 "세계의 칭의"를 목적으로 가진다(Friedrich 1982, 41). 곧 인간은 물론 세계가 하나님의 정의로운 세계로 변화되는 데 하나님의 목적이 있다는 것이다. 바울이 말하는 "하나님의 의"는 개인의 칭의 문제로 축소되지 않는다. "그리스도 안에서 일어난 하나님의 행위는 창조 안에서 일어난 행위와 같이 (자연을 포함한 온) 세계에 해당한다.…하나님의 능력은 세계를 지향하며, 세계가 하나님의 통치로 돌아오는 것이 세계의 구원이다"(Käsemann 1968, 193). 후기 유대교의 묵시론적 전망에 따르면, 그리스도는 우주의 통치자(Pantokrator)다. 바울의 그리스도론은 인간학적, 교회론적 그리스도론일 뿐 아니라 우주적, 보편적 그리스도론이기도 하다. 여기서 케제만은 자연을 신학적 사고에 수용할 수 있는 길을 개방한다.

5. 20세기 후반기에 등장한 역사신학은 또다시 자연을 신학적 사고에서 소외시키는 인간중심성을 보여주었다. 자연과학의 발전과 함께 신학이 자연의 세계로부터 인간의 내면성으로 후퇴하는 근대의 전반적 추세 속에서 신학은 역사의 영역으로 후퇴하였다. 이로써 신학은 자연의 영역을 자연과학자들에게 넘겨주고, 자연과학이 관여할 수 없다고 생각하는 역사를 자신의 고유 영역으로 택하였다. 역사신학은 성서가 말하는 하나님의 약속과 미래에 대한 희망의 전통을 보존하고 해석하기에 적합하다고 생각되었다. 역사신학에 따르면, "자연"은 무시간적이며 반복하는 것이다. 반면에 역사는 인간의 결단과 행위로 이루어진다. 그것은 동일한 질서와 법칙의 끝없는 반복이 아니라 미래의 목적을 향한 과정이다. 세계는 무시간적 자연에 대립하는 "역사"다. 이리하여 "우주로서의 세계" 대신에 "역사로서의 세계" 개념이 등장하였고 역사과학이 "보편적 학문"이 되었다.

20세기 후반기 역사신학의 대표자는 판넨베르크(W. Pannenberg)이다. 그에 따르면 세계사는 하나님의 자기계시의 역사다. 예수 그리스도 안에서 집약적으로 일어난 계시가 역사의 과정을 통해 구체적으로 전개된다. 계시의 역사에서 자연은 적극적 의미를 갖지 않는다. 계시의 역사에는 "새로움"(novum)이 있는 반면, 자연 속에는 새로움이 없다. 계시의 역사로서 세계사는 자연 안에서 자연과 더불어 이루어지는 것이 아니라, 자연 없이 단지 하나님의 행위를 통해 이루어지는 것으로 생각된다. 하나님은 자연의 하나님이 아니라 역사의 하나님으로 강조된다.

자연을 배제하는 판넨베르크의 입장은 그의 인간관에도 잘 나타난다. "인간이란 무엇인가?"라는 작은 책자에서 판넨베르크는 철학적 인간학의 생각을 수용한다. 자연의 피조물들은 주어진 자연질서에 묶여 있는 반면, 인간은 세계를 향해 개방되어 있는 존재로 규정된다. "세계를 향한 개방성"과 "하나님을 향한 개방성"은 자연에서 볼 수 없는 인간의 특징이며, 이 특징에 있어 인간은 자연으로부터 구별된다.

그의 "조직신학" 2권에 따르면, "하나님의 형상"을 통해 인간은 자연의 짐승들로부터 구별된다. "하나님의 형상"은 자연의 피조물에 대한 인간의 통치에 있다. 인간은 하나님과의 교통 속에서 살도록 규정되었고, 하나님의 세계 통치를 위임받은 존재라는 점에서 자연의 "모든 피조물을 앞선다"(Vorrang...vor den übrigen Geschöpfen, Pannenberg 1991, 218f.). 따라서 인간은 자연을 통치하도록 창조되었다. 자연에 대한 통치를 통해 인간은 하나님에게 더 가까워질 수 있다. 그는 "하나님의 형상"으로서 "창조에 대한 하나님의 통치의 대표자(Repräsentant)"요 "대리자"이기 때문이다(233). 그러나 자연에 대한 인간의 통치는 "정원사의 돌봄"으로 이해되어야 함을 판넨베르크는 잊지 않는다. 그러나 역사는 자연에는 없고 오직 인간에게만 있다는 인간중심의 생각은 포기되지 않는다.

4. 마르크스주의에 있어 자연의 소외

1. 서구 정신사의 인간중심적 전통 속에서 마르크스는 중요한 위치를 차지한다. 인간을 이성적 존재, 정신적 존재로 파악하고 인간을 주체로, 자연을 대상으로 보는 관념론적 인간관에 반해, 마르크스는 인간을 자연과 결합되어 있고 자연에 의존하는 "자연적 존재"로 보는 물질론적, 자연주의적 인간관을 천명한다.

『경제-철학적 원고』마지막 장 "헤겔의 변증법과 철학 일반에 대한 비판"에서 그는 헤겔의 인간관을 다음과 같이 비판한다. 헤겔 철학에서 인간의 본질은 정신에 있다. 본질적으로 인간은 "정신적 존재"다. 정신의 본질은 사유에 있다. 헤겔 철학에서 인간은 본질적으로 "사유하는 존재"로 파악된다. 그러나 "사유하는 존재"로서의 인간은 현실의 인간이 아니라 "그 자신의 본질, 다시 말해 자연적 본질과 인간적 본질에서 소외된 사유자(Denker)"에 불과하다. 그는 현실의 모든 관계, 곧 경제적, 물질적, 사회적 관계들로부터 추상화된 추상적 존재다. 그는 현실로부터 유리된 "자기의식"으로 파악된다.

따라서 헤겔은 인간의 모든 것을 비현실적으로 파악한다. 헤겔이 말하는 인간의 노동, 소외, 소외의 극복은 현실적인 것이 아니라 머릿속에서 자연 없이 일어나는 "사상의 유희"(Gedankenspiel), "사유의 공중제비"(Purzelbaum des Denkens)에 불과하다. 인간도 하나의 "사상의 존재"(Gedankending)일 뿐이다. 세계의 모든 것이 "신적 정신"이라고 하는 하나의 "귀신"(Gespenst)의 자기활동으로 파악된다.

헤겔의 관념론적 인간관에 반해 마르크스는 인간을 먼저 "자연적 존재"(Naturwesen)라고 말다. 인간은 "자연적 욕구들"을 가진 존재, 자연적 욕구들이 충족되어야만 생존할 수 있는 존재다. 인간의 가장 기초적인 욕구는 배가 고플 때 굶주린 배를 채우고자 하는 욕구다. 갈증을 느낄 때 가장 기본적인 욕구는 마시고 싶은 욕구다. 이 욕구가 충족되어야만 인간은 생존할 수 있다. 인간은 이 같은 자연적 욕구들을 가지며, 이 욕구들을 충족시키고자 하는 "자연적 존재", "신체적이며…감성적이며 대상적 존재"다(Marx 1971, 64, 71, 76). 그는 "살아 움직이는 자연적 존재"다. 그는 "자연적인 힘들, 삶의 힘들로 갖추어져 있다"(mit Kräften, mit Lebenskräften ausgerichtet). 이 힘들은 인간 안에 "충동"(Triebe)으로 존재한다. 이 충동으로 말미암아 인간은 "활동하는 자연적 존재"(ein tätiges Naturwesen)다. 그는 외부의 모든 상황과 조건들로부터 분리되어 홀로 자기 안에서 자유롭게 사유하는 존재, 사유에 있어 자유로운 존재가 아니라 "동물과 식물과 마찬가지로 고난받는 존재, 제약되었고 제한된 존재"다. 그는 "격정적인 존재"(leidenschaftliches Wesen)다. 그는 "자연적인 존재일 뿐 아니라 인간적인 자연의 존재"다. 인간이 "자연적 존재"라면, 그의 삶은 자연과의 관계 속에, 자연의 제약 속에 있을 수밖에 없다.

2. 마르크스에 따르면, 인간은 다른 생물들처럼 자연적 존재이기 때문에 자연의 생물들처럼 음식물을 먹어야 한다. 생존하기 위해 가장 먼저 필요한 것은 음식물이다. 음식물은 자연에서 온다. 따라서 인간은 자연에 의존할 수밖에 없는 자연의존적 존재다. 음식물, 곧 물질을 얻기 위해 그는 노동해야 한다. 인간이 행하는 가장 최초의 현실적 행위는 사유가 아니라 생명 유지에 필요한 음식물을 획득하는 행위, 곧 노동이다. 따라서 인간은 "사유하는 존재"라기보다 "노동하는 존재"다. 인간의 정신이나 의식이 물질을 결정하는 것이 아니라(헤겔에 반해), 물질적 조건이 인간의 정신과 의식을 규정한다. 이른바 정신적 상부구조(Überbau)가 물질적 하부구조(Unterbau)를 결정하는 것이 아니라 물질적 하부구조가 정신적 상부구조를

결정한다. 인간의 의식과 사유도 물질적 조건에 의해 결정된다. 의식과 사유가 물질적 조건을 결정하는 것이 아니라 물질적 조건이 의식과 사유를 결정한다. 마르크스의 유물론 곧 물질론은 "물질밖에 없다"(唯物)는 뜻이 아니라 물질적 조건이 인간의 의식과 사유와 그의 존재와 문화 일반을 결정한다는 것을 뜻한다. 인간의 삶과 사회의 기초를 이루는 것은 물질적 조건이다. 물질은 자연에 속한 것이다. 그렇다면 인간의 의식과 사유는 자연의 조건에 의존할 수밖에 없다.

여기서 우리는 마르크스에 대한 포이어바흐의 영향을 볼 수 있다. 포이어바흐의 유명한 말에 의하면, "인간은 그가 먹는 바의 것이다"(Der Mensch ist, was er ißt). 이 말은 인간의 삶의 현실을 솔직하게 드러내는 동시에 참으로 비참하게 들린다. 무엇을 생각하고 희망하느냐, 어떤 가치관을 가지고 있는가에 따라 인간의 존재가 결정되는 것이 아니라 무엇을 먹느냐, 곧 물질이 인간의 존재를 결정한다. 이것은 굶주림을 경험해 본 사람만이 할 수 있는 이야기다. 고정된 직업 없이 자유 문필가로 생활했던 포이어바흐는 그의 생애 말기에 처절한 가난과 싸워야 했다. 그는 독지가들의 도움으로 살면서 굶주림을 뼈저리게 경험했던 것으로 보인다. 배가 고프면 눈앞에 아무것도 보이지 않고 먹을 것만 찾게 된다. 먹는 것이 그의 존재를 결정한다. 먹는 것, 곧 물질이 인간을 결정한다면 인간은 물질에 의존하는 존재다. 물질이 자연에 속한 것이라면 인간은 자연에 의존하는 존재다. 자연에 속한 것이 그의 사유와 사상과 문화를 결정한다. 포이어바흐의 이 같은 물질론적 통찰이 마르크스에게 영향을 준다. 물질 곧 자연은 인간 생명의 기초다.

3. 청년 마르크스는 초기 자본주의 사회에서 일어나는 인간에 의한 인간의 소외는 물론 인간에 의한 자연의 소외와 파괴를 보았던 것 같다. 그래서 마

르크스는 자연의 소외를 극복하고자 하는 관심을 보인다. 그는 인간의 본질은 물론 자연의 본질을 실현하고자 한다. 헤겔에 따르면, 자연은 인간이 가진 사상이 다른 형태로 존재하는 것(das Anderssein des Gedankens)에 불과하며, "지양되어야 할 외면성(Äußerlichkeit)의 의미를 가질 뿐이다"(Marx 1971, 80). 따라서 자연은 독자성과 주체성을 갖지 못하고 정신으로 환원된다. 그것은 정신의 자기 대상화에 불과한 것으로 규정된다. 이에 반해 마르크스는 자연을 인간의 자연적 욕구들을 충족시킬 수 있는 객관적 대상으로 여기고 그 실체성을 인정한다.

이리하여 마르크스는 인간에 의한 인간의 소외는 물론 인간에 의한 자연의 소외도 공산주의 사회에서 극복될 것으로 기대한다. 그에 따르면, 역사의 완성은 공산주의의 실현에 있다. 공산주의가 실현됨으로써 역사는 완성에 도달한다. 이런 점에서 공산주의는 "역사의 해결된 수수께끼"다. 역사의 해결된 수수께끼로서의 공산주의를 가리켜 마르크스는 "완성된 휴머니즘"인 동시에 "완성된 자연주의"라고 말한다. 곧 공산주의 사회를 통해 휴머니즘과 자연주의가 실현된다는 것이다. 이것을 마르크스는 다음과 같이 말한다. "이 공산주의는 완성된 자연주의로서 휴머니즘(vollendeter Naturalismus = Humanismus)이고, 완성된 휴머니즘으로서 자연주의(vollendeter Humanismus = Naturalismus)다. 그것은 인간과 자연, 인간과 인간의 참된 해결이다.…그것은 역사의 해결된 수수께끼요, 그 자신을 이 해결로 인지한다."[2]

마르크스의 이 같은 말은 다양하게 해석될 수 있다. 먼저 "휴머니즘"

---

2 "Dieser Kommunismus, als vollendeter Naturalismus=Humanismus, als vollendeter Humanismus=Naturalismus, er ist die wahrhafte Auflösung des Widerstreites der Menschen mit der Natur und mit d(em) Menschen…, Er ist das aufgelöste Rätsel der Geschichte…"(Marx 1953, 309).

이란 무슨 뜻인가? 한국의 기독교 지도자들은 휴머니즘을 "인본주의"라고 번역하는데, 이것은 오역이다. 마르크스가 말하는 휴머니즘은 "인간이 인간에 대해 최고의 가치"라는 것을 뜻한다. 그러므로 어떤 인간도 인간에 의해 억압되거나 착취당할 수 없으며, 모든 인간은 동등한 가치를 가진 평등한 존재임을 뜻한다.

이 같은 전제에서 볼 때, 1. "완성된 휴머니즘 = 자연주의"는 인간을 인간으로서 최고의 가치로 존중하는 완성된 형태의 휴머니즘이 본래의 자연질서임을 뜻한다고 해석될 수 있다. 2. "완성된 자연주의 = 휴머니즘"은 자기를 자연에 속한 자연의 일부로 인정하는 동시에 자연을 그 자신의 가치와 존엄성의 주체로 인정하는 완성된 형태의 자연주의가 참된 휴머니즘이란 뜻으로 해석될 수 있다. 인간의 자연화와 자연의 인간화 속에서 인간과 자연의 가치와 주체성이 함께 인정받는 이상적 세계가 공산주의 사회에서 실현될 것이라고 예언한다. 따라서 인간에 의한 인간의 억압과 착취가 배제되듯이 인간에 의한 자연의 파괴와 착취도 공산주의 사회에서 배제된다는 것을 마르크스는 말하고자 한다. 그러나 20세기의 공산주의 실험은 마르크스의 이런 생각이 하나의 이상에 불과하였음을 증명하였다.

여하튼 마르크스에 따르면, 공산주의 사회가 실현될 때 인간이 자신의 자연적 본질을 회복하는 동시에 "자연의 인간적 본질"(das menschliche Wesen der Natur)도 회복될 것이다. 인간과 인간, 인간과 자연의 대립과 갈등이 해결될 것이며 인간과 자연은 하나로 통합될 것이다. 공산주의 사회는 "인간과 자연의 본질의 완성된 통일성(Wesenseinheit)이요 자연의 참 부활이며, 인간의…자연주의(Naturalismus des Menschen)와 자연의…휴머니즘(Humanismus der Natur)이다"라고 마르크스는 주장한다(Marx 1971, 237).

4. 여기서 청년 마르크스는 자연을 그의 철학적 사고에 적극적으로 수용

한다. 그에 따르면, 인간이 인간에 대해 최고의 가치이듯이 자연도 인간에 대해 최고의 가치로 인정되어야 한다. 인간에 의한 자연의 파괴와 착취가 해결되어야 하며, 인간은 자연화되고 자연은 인간화되어야 한다. 헤겔은 세계사를 "정신의 역사"로 파악함에 반해 마르크스는 세계사를 "자연의 역사의 한부분"으로 파악한다. "역사 자체는 자연의 역사, 자연이 인간으로 되어감의 현실적인 한 부분이다"라고 "파리 원고"(Pariser Manuskripte)에서 말한다. 심지어 인간의 "사유의 과정(Denkprozeß)은…자연의 과정(Naturprozeß)이다"라고 말할 정도로 마르크스는 인간을 자연에 의해 결정되는 존재로 파악한다.

그러나 후기 『자본론』에서 그는 초기 문헌에서 말한 "자연의 인간화", "인간의 자연화"에 대한 자신의 생각에 대해 침묵한다. 인간이 도달해야 할 새로운 사회는 자연을 희생으로, 단지 인간에게 유익을 주는 것으로 여기는 사회로 이해된다. 역사의 목적인 공산주의 사회에서 자연은 과학기술의 수단들을 통해 최소의 노동을 통해 지배되며 상품 생산을 위한 재료로서 모든 인간에게 유익이 되어야 한다고 그는 생각한다(Schmidt 1962, 159). 사회 전체의 유익을 위해 인간은 자연을 예속시키고 지배해야 한다. 이리하여 인간과 자연 사이의 갈등, 인간의 자유와 자연의 필연성 사이의 갈등은 후기 마르크스의 사상에서 해결되지 않은 채 남아 있다.

자연에 대한 후기 마르크스의 표상은 이미 그의 초기 문헌에서 발견된다. 초기 마르크스는 인간의 자연성과 자연의 인간성을 보았지만, 자연을 단순히 "자연의 힘들"(Naturkräfte)로 보았고 외부의 대상들을 인간의 활동을 통해 얻게 되는 "산물"(Produkte)에 불과한 것으로 보았다. 이로써 인간과 자연은 주객도식에 놓이게 되고 인간의 자연화, 자연의 인간화는 불가능하게 된다. 결론적으로 인간의 경제적, 사회적, 정치적 소외의 지양에 주요 관심을 가진 마르크스에게 자연은 이를 위해 희생될 수 있는 것으로 보였다. 이리하여 공산주의 사회에서도 자연은 인간에게 예속된 위치에 있게 된다. 마르크스는 베이컨과 데카르트의 인간과 자연이라는 이원론적 표상의 틀을 벗어나지 못하며, 그의 변증법적 물질론은 "자연 없는" 근대 관념론의 형태를 벗어나지 못한다(Moltmann 1985, 55ff., 59).

마르크스에게서 인간과 자연의 관계가 결국 인간중심적으로 생각되는 원인은 무엇인가? 그 원인은 마르크스가 자연을 단지 노동이라는 실천적 관점에서 이해하는 데 있다. 노동의 관점에서 볼 때, 자연은 인간의 목적을 위해 가공되어야 할 대상과 재료의 위치에 있다. 자연 자체의 주체성은 인정되지 않는다. 따라서 자연의 소외 문제는 해결되지 않게 된다. 또한 가지 원인은 인간이 자연의 힘을 내재한 "자연적 존재", 자연의존적 존재임을 보았지만, 인간 자신의 몸이 자연이라는 사실에 주목하지 않은 데 있다. 이리하여 마르크스는 인간중심적 사고를 극복하지 못하게 된다. 자연과 인간의 대립 문제가 공산주의 사회에서 해결될 것이라는 그의 생각은 이상으로 끝나고 말았다. 그의 후계자들은 역사의 진보신앙에 심취하여 "자연을 완전히 망각하였다"(Meyer-Abich 1997, 275).

에른스트 블로흐(E. Bloch)는 마르크스의 철학에서 해결되지 않은 자연의 소외를 극복하고자 한다. 그에 따르면, 인간과 자연은 주인과 종, 지배와 복종의 관계에 있는 것이 아니라 상응관계(Korrespondenz)에 있다. 인간도 새로운 것을 생산하지만 자연도 그 자신을 생산한다. 인간만 생산성을 갖는 것이 아니라 자연도 "생산성" 내지 "공동 생산성"(Mitproduktivität)을 갖는다. 인간만 그의 주체성 속에서 활동하는 것이 아니라 자연도 자신의 주체성 속에서 활동하고 생산한다. 그러므로 블로흐는 자연을 "자연주체"(Natursubjekt)라고 부른다(Bloch 1970a, 806).

자연을 자신의 주체성을 가진 "자연주체"로 보는 것은 자연을 하나의 신화적 존재로 보는 것이 아닌가? 블로흐는 이를 거부한다. 그는 자연 속에 내재하는 사실적 동력(Daß-Antrieb)을 재발견할 뿐이다. 그에 따르면, 자연 속에는 "생산의 화덕"이 숨어 있다. 그러므로 자연은 인간이 없어도 스스로 활동하며 생산한다. 자연은 "스스로 생산하는 자연"(*natura naturans*)이다. 비록 자연이 인간의 활동을 통해 개발된다고 할지라도 자연은 주체로 존속한다. 자연의 주체성을 인정하지 않고 자연을 대상으로 보는 것은 자연에 대한 인간의 폭력이요, 자연의 존엄성을 훼손하는 일이다.

그러므로 인간과 자연의 주체성이 함께 인정되어야 하며 양자가 중재되는 "동맹기술"(Allianztechnik)이 필요하다고 블로흐는 주장한다(787). 동맹기술을 통해 인간의 참 본질을 회복하는 동시에 자연의 본래성을 회복해야 한다. 인간의 과학기술이 자연 자체의 주체성과 생산성을 무시하고 "적군의 나라를 차지한 점령군처럼 자연 안에서" 군림하는 일은 중지되어야 한다고 블로흐는 주장한다.

블로흐의 이 같은 자연관은 현대 마르크스주의자들의 신랄한 비판의 대상이 되었다. 동독의 철학자 슐츠(R. Schulz)는 노동하는 인간만이 주체이고 자연이란 주체는 존재하지 않는다고 주장한다. "자연주체"라는 블로흐의 생각은 비과학적일 뿐 아니라 과학에 대해 적대적인 신화적 생각이다. 그것은 "반마르크스주의적 세계 구원론"이다. 인간에게만 자유가 있고 자연에는 자유가 없다. "우리의 젊은이들은 과학과 기술을 공부해야 하는 것이며, 인간이 땅 위의 돌들과 사과들이 말하는 것을 들을 것인지, 또 언제 그렇게 될 것인지, 돌들과 사과들이 우리 인간을 이해할 것인지, 또 언제 그렇게 될 것인지에 대해 사색해서는 안 될 것이다"(Schulz 1957, 65). 인류의 역사는 "물질적 생산에 있어서 인간을 통해 자연을 이용하는 과정(Prozeß der Ausnutzung de Natur)"일 뿐이다. 이 과정에서 오직 인간만이 주체이고 자연은 인간 주체의 대상일 뿐이다. 블로흐가 말하는 자연 자체의 창조적 생산성은 오직 인간을 통해, 인간에게서 실현될 수 있다.

현대 정통 마르크스주의자들의 인간중심적 자연관은 현대 산업사회가 직면하고 있는 생태계의 위기 속에서 수정되기도 한다. 마르크스가 말한 "자연의 인간화", "자연의 부활" 등은 현실성 없는 망상이 아니며, 인류가 살아남느냐 아니면 멸망하느냐의 문제가 여기에 있다고 동독의 마르크스주의자 슈미트는 주장한다(Schmidt 1962, 211).

　　자연의 중요성에 대한 이 같은 주장에도 불구하고 마르크스가 말한 자연의 인간화, 인간의 자연화는 어느 공산주의 국가에서도 실현되지 않았다. 오히려 경제체제의 총체적 난국과 경제적 빈곤으로 인해 자연파괴와 착취가 계속되었고 자연의 황폐화가 방치되었다. 북한의 산림 대부분이 민둥산이 된 것은 이를 반영한다. 인간의 가치와 존엄성이 인정되지 않는 사회에서 자연의 가치와 존엄성이 인정받는 일은 불가능하다. 자연도 최고 영도자의 권력 유지를 위한 수단으로 간주될 뿐이다. 마르크스가 말한 "완성된 휴머니즘으로서의 자연주의", "완성된 자연주의로서의 휴머니즘"은 공산주의, 사회주의 사회에서도 "해결되지 않은 역사의 수수께끼"로 남아 있다.

III
생태계 위기의 진짜 원인들

1. 문제의 뿌리는 인간의 무한한 욕심이다

앞서 우리는 이른바 기독교 인간중심주의의 성서적 근거와 역사적 발전에 대해 고찰하였다. 여기서 우리는 질문할 수 있다. 과연 기독교 문화권의 인간중심주의로 말미암아 자연의 파괴와 생태학적 위기가 초래되었는가? 기독교를 국가종교로 삼은 나라에서만 자연의 파괴가 일어났는가? 그렇지 않다. 기독교 국가가 아닌 다른 국가에서도 자연파괴가 일어났고, 지금도 일어나고 있다. 인간중심적 사고는 기독교 문화권에서는 물론 고대의 다른 문화권에서도 발견된다. "인간은 존재하는 모든 것과 존재하지 않는 모든 것, 곧 만물의 척도"라는 고대 그리스 철학자 프로타고라스 (Protagoras)의 말은 기독교를 전혀 알지 못했던 고대 그리스인들의 인간중심적 사고를 보여준다. 기독교 이전부터 서구 문명 속에는 인간중심적이며 "자연에 대한 정복적이고 공격적인 인식방식과 태도"가 숨어 있었다(박재순 2005, 24f.).

　고대 로마 제국의 세계에서도 우리는 인간중심적 사고를 볼 수 있다. 본래 "자연"은 그리스어 *physis*에서 유래하며, 현상계 안에 있는 모든 것을 포괄하는 개념이다. 즉 시간 안에 존재하며 시간의 과정 속에서 활동하는 모든 것들이 다 포함된 우주를 말한다. 시간 자체도 자연에 속한다. 로마 제국에서 그리스어 *physis*는 라틴어 *natura*로 번역되었는데, *natura*는 생성의 과정을 가리키는 *naturans*에서 유래한 것으로, 생성의 결과물 곧 "사물"(*res*)의 개념에 가까우며 인간이 마음대로 처리할 수 있고 지배권을 행사할 수 있는 대상을 가리킨다. "그 결과 자연은 고대 로마인들에 의해 모든 우주가 아닌 인간의 목적을 위한 자원으로 해석되었다"(김은수 2003, 532, 구경국 2000, 73).

　따라서 인간에 의한 자연파괴는 규모가 크든 작든 고대의 모든 문화권 안에서 일어났다. 자연과 문명을 파멸시키기에 충분할 정도의 자연파괴가 고대 이집트, 아시리아, 페르시아, 그리스와 로마 제국, 아메리카 대륙, 인도 등지에서 일어났다. 기독교가 유럽에 등장하기 수 세기 전, 고대 그리스에서도 자연파괴가 심각하였다. 플라톤이 그의 문헌『크리티아스』(*Critias*)에서 아테네의 산림 벌목을 경고할 정도였다. 고대 문화권이 보여주는 대규모 건축물들은 자연파괴 없이 불가능하였다. 고대 근동의 거대한 황궁과 신전, 공공건물 건축에 필요한 대리석을 얻기 위해 산들이 심각하게 파괴된 모습을 지금도 볼 수 있다.

　베를린의 페르가몬(Pergamon) 박물관에는 고대 아시리아의 신전 일부가 전시되어 있다. 신전의 일부임에도 불구하고 그것은 놀랄 정도로 거대하다. 더 놀라운 것은 신전 전체가 아름다운 대리석으로 건축되어 있다는 사실이다. 이 많은 대리석을 얻기 위해 상당한 규모의 자연파괴가 있었다는 것을 능히 추측할 수 있다. 남미 잉카문명의 유적들, 이집트의 피라미드와 스핑크스도 심각한 자연파괴의 흔적을 보여준다. 이것은 성서의 창조설화를 전혀 알지 못하는 문화권에서도 자연파괴가 일어났음을 예시한다. 르네 뒤보(R. Bubos)에 의하면, 기독교 신앙이 퍼지기 이전에도 인간은 끊임없이 자연을 파괴하고 훼손하였다. "고대의 풍요로웠던 메소포타미아, 페르시아, 이집트, 서파키스탄 등 문명의 보금자리들이 불모지로 변하였다. 여기에는 외적인 원인도 있지만, 인구의 증가와 자연자원의 관리 능력의 부족으로 땅의 생산력이 소모되었고 자원이 고갈된 데서 직접적 원인이 찾아진다"(Dubos 1972, 224, 오영석 1987b, 111에서 인용).

미국의 역사학자 카를 아메리는 이렇게 주장한다. "피조물을 다스려라", "땅을 정복하라"라는 하나님의 명령으로 인해, 자연에 대한 무자비한 정복과 자연파괴가 일어나게 되었다. 이 명령으로 인해 라틴아메리카, 아시아, 아프리카, 대양주의 수많은 나라가 근대 열강의 식민지가 되었고, 이 땅의 자연자원들이 착취를 당하였고, 오늘의 생태학적 위기가 초래되었다. 이 모든 것이 "기독교의 무자비한 귀결들"(die gnadenlosen Folgen des Christentums)이라고 아메리는 주장한다.

그러나 그 같은 주장은 타당하지 않은 것으로 보인다. 구약성서 J 문서 창조설화의 기원은 최소한 4, 5,000년 전으로 거슬러 올라가는 반면, 근대 서구의 본격적 자연파괴와 세계정복은 불과 약 200년 전 산업혁명 이후에 시작하였기 때문이다. 15세기에 콜럼버스는 새로운 대륙을 발견하고자 하지 않았다. 그는 당시 유럽인들에게 큰 인기가 있었던 비단과 향신료와 금을 얻기 위해 인도로 가고자 했다. 스페인 국왕은 새로운 땅을 정복하기 위해 콜럼버스의 항해를 지원한 것이 아니라 당시 스페인의 국가 재정이 피폐하여 금이 필요했기 때문에 콜럼버스의 인도 항해를 지원하였을 따름이다.

여기서 우리는 "땅을 정복하라"는 창조설화의 말씀 때문이 아니라 부에 대한 인간의 욕심 때문에 근대 서구 열강의 세계 정복과 자연파괴가 시작하였음을 볼 수 있다. 한마디로 오늘날 범세계적으로 일어나고 있는 자연의 정복과 파괴, 생태계 위기의 근본 원인은 이른바 기독교의 인간중심주의에 있지 않다는 것이다. 물론 창조설화에 대한 인간중심의 해석이 자연의 정복과 파괴에 대한 정신적 힘이 되었겠지만, 그것이 현실적 원인이 아니다. 필자의 생각에 기독교 문화권의 인간중심주의적 이론들은 근대 세계에 이미 일어나고 있는 인간중심의 현실을 반영한 것이요, 이 현실을 지지하고 정당화해 주는 수단이다. 이론이 새로운 현실을 불러일으키는 것이 아니라, 이미 시작된 새로운 현실이 새로운 이론을 불러일으킨다.

몰트만 교수에 따르면, "자연에 대한 현대의 공격적 윤리"는 성서의 창조신앙의 산물이 아니라 르네상스와 근대 유럽인의 정복(conquista)의 산물이다. "르네상스가 처음으로 자연의 권리를 박탈하였으며, 그것을 '주인 없는 물건'으로, 곧 점령(occupatio)을 통해 소유하는 자에게 속하는 물건으로 선언하였다. 처음으로 (유럽인의) 정복이…아메리카, 아프리카, 아시아를 정복하여 소유하였고, 그들을 유럽의 '식민지'로 만들었다. 그 이전에 물과 숲과 공기는 신(神)의 소유로 인정되었고, (모든) 사람들 공동의 유익을 위하여 사람들에게 맡겨져 있었다"(Moltmann 1985, 44). 그렇다면 근대 유럽인의 세계 정복과 자연파괴, 오늘의 생태학적 위기를 유발한 진짜 원인은 무엇인가?

1. 인간의 삶은 그가 가진 가치관에 따라 결정된다. 진실하고 정의롭게 사는 것이 가장 가치 있는 일이라고 생각하는 사람은 진리와 정의를 삶의 최고 가치로 생각한다. 이에 반해 더 많이 소유하는 것이 가장 가치 있는 일이라고 생각하는 사람은 더 많은 소유를 삶의 최고 가치로 생각한다. 개인은 물론 사회도 그 사회 구성원들이 가진 가치관에 따라 구성된다. 경제성

장과 물질적 풍요가 가장 가치 있다고 생각하는 사회는 경제성장과 물질적 풍요를 최고의 가치와 목적으로 갖게 된다.

개인과 사회의 가치관은 삶의 의미에 대한 그 사회의 일반적 통념에서 유래한다. 삶의 의미가 무엇인가에 따라 개인과 사회 전체의 기본적 가치관이 형성된다. 달리 말해 인간이 이상적이라 생각하는 가치는 그가 생각하는 삶의 의미를 바꾸어 표현한 것이라 말할 수 있다. 더 많은 돈과 소유와 사치와 향락에 삶의 마지막 의미가 있다고 보는 사람에게는 이것이 그의 최고 가치가 되고 그의 삶을 구성한다. 정직하고 성실하게 살며 어려운 이웃을 돕는 데 삶의 의미가 있다고 보는 사람에게는 정직과 성실과 사랑이 최고 가치가 된다.

현대세계는 삶의 의미가 어디에 있다고 보는가? 전반적으로 볼 때 현대세계는 더 많은 소유와 더 많은 소비와 삶의 풍요와 즐거움에 삶의 가장 큰 의미가 있다고 간주한다. 그래서 "경제성장"이 각 나라의 최고 가치와 목표가 된다. 한 정권의 성공 여부도 경제성장에 달려 있다. 우리가 아는 세계의 모든 나라가 경제성장을 최고의 목표로 설정한다. "한강의 기적"을 일으켰다는 한국의 경제성장 방법을 배우려는 후진국 지도자들의 한국 방문이 끊이지 않는다. 오늘날 경제성장은 일종의 마약과 같다. 그것에 일단 붙들리면 헤어날 수 없다. 알콜이나 담배가 자기의 몸에 해롭다는 것을 잘 알면서도 그것을 끊어버리지 못하는 알콜중독자, 니코틴중독자처럼 경제성장에 취한 사람들도 그것을 끊어버리지 못한다. 경제성장으로 인해 자연재난이 일어나고 인간 자신의 생명이 죽음의 위험에 처한다는 사실을 눈으로 보면서도 현대인은 경제성장을 포기하지 못한다. 한때 학자들은 "지속 가능한 성장"이라는 구도를 통해 자연파괴의 속도를 완화하고자 하였다. 그러나 이제는 "지속 가능한 성장"에 대한 얘기도 들을 수 없다.

더 많은 경제성장, 더 많은 소유를 삶의 최고 가치로 생각하는 개인과 사회는 이웃에 대해 적대적이거나 무관심한 태도를 취할 수밖에 없다. 이웃은 내가 이겨야 할 경쟁 대상이 되어버린다. 이웃을 생각할 겨를이 없다. 다른 사람이 어떤 피해를 당하든 나는 더 많은 땅과 아파트와 오피스텔과 상가를 소유하고 전세 사기를 통해 더 많은 돈을 얻으려 한다. 부동산 가격이 더 오르기만 기다린다. 그에게는 돈 액수의 성장만 보인다. 사람을 사람으로 보지 않고 돈의 가치로 본다. 예금계좌, 주식계좌에 입력된 동그라미 숫자가 최대의 관심사다. 이 동그라미 수가 그의 하나님이다. 그에게는 세계의 모든 것이 돈 가치로 보인다. 오늘날 생태계 재앙의 진짜 원인은 여기에 있다. 돈과 경제성장이 최고의 가치가 될 때 자연이 파괴될 수밖에 없다. 이에 비례하여 자살자 수도 증가한다.

2. 더 많은 소유를 최고의 가치로 보는 가치관의 뿌리는 무엇인가? 그 뿌리는 죽지 않고 자기의 생명을 유지하고자 하는 인간의 본성적 욕구에 있다. 땅 위에 있는 모든 생명의 욕구 중에 가장 기본적인 욕구는 죽지 않고 자기의 생명을 유지하고자 하는 욕구다. 생명을 유지하기 위해서는 물질이 있어야 한다. 물질 없는 생명이란 있을 수 없다. 그래서 땅 위의 모든 생명은 물질을 얻고자 한다.

그런데 자연의 생물들은 배가 부르면 그것으로 만족한다. 더 이상의 먹잇감을 얻고자 하지 않는다. 먹다 남은 것은 다른 생물들이 먹도록 내버려 둔다. 이에 반해 인간은 아무리 배가 불러도 만족하지 않고 더 많은 소유를 얻어 축적하고자 한다. 아파트를 백 채를 가져도 만족하지 못하고 더 많은 아파트를 소유하고자 한다. 수백억, 수천억 원의 돈을 가져도 만족하지 못하고 더 많은 돈을 얻고자 한다. 성서가 말하듯이, "돈 좋아하는 사람은 돈이 아무리 많아도 만족하지 못하고, 부를 좋아하는 사람은 아무리 많이 벌어도 만족하지" 못한다(전 5:10), "사람이 먹으려고 수고를 마다하지 않지만, 그 식욕을 채울 길은 없다"(전 6:7).

니체가 말한 "힘에의 의지"(Wille zur Macht)는 더 많은 소유를 얻기 위해 더 많은 힘을 얻고자 하는 현대인의 모습을 반영한다. 힘을 얻고자 하는 인간의 욕망은 적게는 시어머니와 며느리 사이의 갈등으로 나타나기도 하고, 모든 공동체 안에서 자기가 중심이 되고자 하는 욕망으로 나타나기도 한다. 직장에서 시기와 질투, 모함의 형태로 나타나기도 한다. 심지어 교회 안에서 장로, 안수 집사 등의 직분을 얻음으로써 힘을 가지려는 욕망으로 나타나기도 한다. 또 그것은 무한한 성욕의 형태로 나타나기도 한다. 곧 수많은 이성과 관계함으로써 자기 힘의 영역을 넓히려는 성적 욕구로 나타나기도 한다.

3. 더 많은 소유와 더 큰 힘에 대한 인간의 욕망은 민족과 국가의 정치적, 경제적, 군사적 팽창욕으로 나타나기도 한다. 이 팽창욕은 인간의 사적 욕망이 집단화된 형태일 뿐이다. 제국주의는 집단화된 욕망을 요약한다. 국가의 경제력이 발전해야 군사력과 정치적 세력권을 확장할 수 있고, 다른 민족들을 제압할 수 있다. 다른 민족들을 제압하고 정복함으로써 자기 민족의 안전을 지킬 수 있고 세계를 지배할 힘을 얻게 된다. 힘이 없으면 지금 가진 것도 빼앗기게 된다. 힘이 없으면 독도를 일본에 빼앗길 수 있다. 독도를 지킬 수 있는 길은 경제력과 군사력을 확장하는 것밖에 없다. 경제력이 있어야 일본과 중국을 견제할 수 있고, 국제 사회에서 정치적 지지세력을 얻을 수 있다. "독도는 우리 땅"이라고 아무리 노래하고 일본을 성토해도 경제력, 군사력이 없으면 헛수고다. 아무리 외국에 호소해도 외면을 당한다. 개인이나 집단이나 결국 돈 많은 자 앞에서 굽실거리고 그의 편을 드는 것이 인간 세계의 현실이다.

더 많은 소유와 힘을 얻고자 하는 욕망 때문에 집단과 집단, 국가와 국가 사이에 눈에 보이지 않는 경쟁과 투쟁이 일어난다. 전쟁이 일어나기도 한다. 지금 우크라이나에서 일어나고 있는 러시아의 침략 전쟁 역시 그 숨은 원인은 더 많은 소유와 힘을 얻고자 하는 푸틴의 욕망에 있다. 그는 유럽 공동체와 나토의 동진을 저지하고 러시아를 지키며 옛 소련 연방을 회복하겠다는 명분으로 우크라이나 전쟁을 일으켰다. 그러나 푸틴의 이 명분 속에는 죽을 때까지 정치 권력을 쥐고자 하는 자신의 사적 욕망이 숨어 있다. 이 욕망 때문에 수십만 명의 러시아, 우크라이나 군인들과 시민들이 죽음을 당하고 있다.

　35년간 한반도를 지배한 일본은 지금 세계 경제 대국이 되어 독도가 자기의 영토라고 주장하고 있다. 동해를 가리켜 거듭 "일본해"라고 주장한다. 일본 해군은 태평양 전쟁 때 사용했던 욱일기를 지금도 사용하고 있다. 그 배면에는 언젠가 세계를 제패하겠다는 일본의 야욕이 숨어 있다. 자기가 모든 것의 중심이 되고자 하는 이기주의적 욕망이 그 속에 숨어 있다.

4. 이와 관련하여 우리는 창세기 11장의 "바벨탑" 이야기를 언급할 수 있다. 하나님 없는 인간들이 집단을 이루어 높은 성을 만들고 그 안에 탑을 쌓고서 탑 꼭대기가 하늘에 닿게 하여 그들의 이름을 온 땅에 날리고자 했을 때 하나님이 그 탑을 무너뜨리고 그들을 흩어버렸다는 이야기다. 이 이야기는 하나의 신화로 보이지만, 그 속에는 인간과 세계사의 깊은 진리가 숨어 있다. 인간은 그 본성에 있어 자기중심의 이기적 존재로서 더 큰 소유와 힘을 얻어 자기를 높이고 모든 것을 지배하고자 하는 존재이며, 이 같은 인간의 욕망은 언젠가 무너진다는 것이 세계사의 진리라는 것이다.

　20세기 태평양 전쟁에서 일본이 기치로 세운 "대동아공영"(大東亞共榮)은 동남아에 일본의 바벨탑을 세우겠다는 프로젝트였다. 일본이 태평양 전쟁에서 사용하던 욱일기를 버리지 않고 계속 붙잡고 있는 것은 언젠가 이 바벨탑을 다시 쌓겠다는 욕망을 증명한다. 중국 역시 바벨탑을 이루겠다는 야망을 나타내고 있다. 이 야망은 "중국"(中國)이라는 국호에 나타난다. 곧 중국이 세계의 "중심 국가"라는 것이다. 중국의 일대일로(一帶一路) 정책과 동북아공정은 이 같은 야망을 나타낸다. 그러나 중국의 야망은 참으로 웃기는 일이다. 중국의 영어 국명 China를 우리는 "차이나"로 발음하지만, 글자 그대로 읽으면 "치나" 혹은 "지나"이다. 그래서 독일에서는 "중국학"을 가리켜 "지놀로기"(Chinologie)라 부른다. "지나"를 한문으로 표기하면 支那다. 곧 "변방"을 뜻한다. 그래서 필자는 중고등학교 다닐 때 중국 동쪽의 바다를 "동지나해", 남쪽의 바다를 "남지나해"라고 배웠다. 따라서 중국 곧 "지나"(영어로 차이나)는 본래 변방 국가였다. 고대 시대에 하나의 변방 국가였던 "지나"가 지금의 중국 대륙을 차지하고 자신을 세계의 중심 곧 "中國"이라고 부르면서 세계적 바벨탑을 이루겠다는 것이다. 러시아의 푸틴 역시 러시아의 바벨탑을 세우겠다는 야욕을 보이고 있다.

그러나 인간의 모든 욕망은 언젠가 꺾어질 수밖에 없다는 것이 세계사의 진리임을 바벨탑 이야기는 시사한다. 하나님은 교만한 자를 꺾으시며(잠 15:25; 사 15:11), 칼을 쓰는 자는 결국 칼로 망한다는 것이 역사의 진리다(마 26:52). 인간의 이기적 욕망이 세계사를 지배하는 것처럼 보이지만, 언젠가 하나님은 그 욕망을 꺾으신다.

어떤 지식인은 말하기를, 인간의 욕망이야말로 세계를 발전시키는 원동력이라고 한다. 인간에게 아무 욕망이 없다면 문화와 문명의 발전이 없을 것이라고 한다. 죽지 않고 살려고 하는 원초적 욕망으로 말미암아 생물계가 유지되지 않느냐고 주장하기도 한다. 이 주장은 일면 타당하다. 보다 더 좋은 삶의 조건, 보다 더 큰 생명의 안전, 보다 더 아름다운 문화와 문명을 이루고자 하는 인간의 욕망으로 말미암아 세계사가 발전하는 것은 사실이다. 문제는 인간이 그 본성에 있어 이기적 존재라는 사실이다. 인간의 욕망이 자기중심의 이기성에 사로잡힐 때, 이 욕망은 땅 위에 있는 모든 피조물의 생명과 세계를 파괴하는 힘으로 작용하게 된다.

오늘의 기후위기, 생태계 재앙의 가장 근본적 원인은 인간의 이기적 본성과 이기적 욕망에 있다. "일시적인 기후재앙도 마찬가지지만 총체적인 기후위기 문제의 근본 원인은 인간이다." "불투명한 현대과학과 기술에 지배받은 인간의 폭주하는 욕망과 이 욕망을 충족하는 데 여념이 없는 소비 사회가 기후위기의 근본 원인이다." 경제성장은 더 많은 소비와 더 많은 생산을 전제한다. 따라서 경제성장을 최고의 가치로 가진 사회는 "무제한적인 소비를 이끌어내기 위한 방편으로 인간의 욕망을 무제약적으로 추동하고 충동한다. 이런 사회 안에서는 인간이 소비적인 존재가 되어 필요가 아닌 욕망에 따라 소비를 하게 된다. 그러나 이렇게 규제되지 않는 생산과 소비가 최종적으로 야기하는 것은 채워지지 않은 욕망과 지구 생태의 오염 및 파괴뿐이다." 결론적으로 오늘의 생태학적 위기의 근본 원인을 우리는 인간 본성 속에 깊이 숨어 있는 "이기심, 탐욕, 자만과 같은 인간의 죄에서" 찾아야 할 것이다(조영호 2022, 208-211, 230. 이 문제에 관해 이 책의 맺음말 참조).

2. 세계화된 자유시장경제와 성장제일주의

1. 본래 "경제"란 개념은 생활에 필요한 재화를 지혜롭게 관리하는 것을 뜻한다. 충분하지 못한 재화를 절약하고 잘 관리하며 생활하는 것을 가리켜 "경제적"이라고 말한다. 가정 주부들은 최대한 "경제적으로" 살려고 노력한다. 그들은 모든 것을 아끼고 절약하면서 가정을 유지한다. 그들이야말

로 참된 의미의 "경제학"을 실천하는 사람들이다.

그러나 오늘날 "경제학"이란 개념은 무한한 경제적 성장에 관한 학문으로 이해된다. 일반적으로 경제학의 궁극 목적은 경제적 발전이나 성장에 있는 것으로 생각된다. 경제학에 대한 이런 생각은 현대세계의 전체적 추세에 기인한다. 세계 어느 나라를 막론하고 경제성장을 국가의 최고 목표로 생각한다. 경제가 얼마나 성장하느냐에 따라 정권의 능력 여부가 판가름 된다. 경제성장과 GDP의 크기에 따라 선진국과 후진국이 결정되며, 지구라고 하는 비행기의 일등석과 삼등석이 결정된다. 선진국과 후진국의 자리가 정해진다. 그래서 세계 각 나라 정부는 연초에 경제성장 목표치를 설정하고, 연말이 되면 목표치가 얼마나 달성되었는지 발표한다. 현대세계의 거의 모든 나라가 경제성장의 신화에 사로잡혀 있다. 한국도 마찬가지다.

경제성장은 긍정적 측면을 지닌다. 경제가 성장해야 고용이 창출되고 개인의 소득이 증대하며 생활이 윤택해진다. 생활이 윤택해야 도둑이 없어지고 공무원들도 뇌물 받을 생각을 하지 않게 된다. 국가와 지방 자치단체의 세수가 증대하며 개인의 창의성이 발전하고 기술이 혁신될 수 있다. 혁신된 기술은 환경개선에 도움이 되기도 한다. 학문의 연구와 문화의 발전도 경제성장에 의존한다. 경제성장은 사회를 안정시키고 사회의 활력을 재생시키는 힘이다.

경제성장은 사회의 민주화를 촉진시키는 기능을 갖기도 한다. 이것은 필자가 몸으로 경험한 것으로 주관적인 것일 수 있다. 1945년 일제에서 해방된 이후 1980년대에 이르기까지 우리나라는 세계 최빈국에 속하였다. 대다수 국민이 굶주림을 벗어나지 못한 상태에 있었다. 가난한 국민들은 공무원들 앞에서 굽신거릴 수밖에 없었다. 동사무소(오늘의 주민센터)에서 주민등록 등본 한 통 떼려 해도 담당 공무원에게 "담뱃값"을 주어야만 했다. 그러나 경제성장을 통해 국민의 월수입이 동사무소 공무원 월수입보다 더 많아지자 국민들이 동사무소 공무원 앞에서 더 이상 굽신거리지 않는 현상이 나타나기 시작하였다. 아반테나 소나타 정도 타고 다니는 동사무소나 구청 공무원이 벤츠나 제네시스 타고 다니는 주민들 앞에서 어깨에 힘을 주는 것은 불가능하기 때문이다. 이리하여 공무원들이 주민들에게 친절해지고 담뱃값을 받는 일이 사라졌다. 공무원은 국민을 섬기는 위치에 있다는 사실을 공무원들 자신이 인식하는 분위기다. 고위직 공무원들도 돈 많은 재력가 앞에서는 굽신거린다. 이런 현상을 보면서 필자는 경제성장의 힘을 느낄 수 있었다. "경제성장이 사회를 민주화시키는구나!"

2. 경제성장을 최대한 촉진할 수 있는 경제 질서는 오늘날 자본주의적 자유시장경제질서로 알려져 있다. 구소련과 동구권의 사회주의 경제 질서가 붕괴한 후, 자본주의적 자유시장경제질서가 세계의 유일한 경제 질서로 인정되고 있다. 사회주의 경제 질서로는 도저히 경제성장을 이룰 수 없기 때문에, 중국도 정치는 공산주의 체제를 유지하면서 경제는 공산당 통제 아래 있는 자본주의적 자유시장경제질서를 도입하였다.

자유시장경제질서는 모든 경제 행위를 국가의 통제 없이 개인의 자유에 맡긴다는 것을 말한다. 생산, 분배, 소비의 모든 경제활동이 국가의 계획에 따라 이루어지는 사회주의 경제 질서에 반해 경제활동 전반을 자유로운 시장기능에 맡길 때 경제가 가장 효율적으로 성장할 수 있다는 생각이 자유시장경제질서의 기본 전제다. 자유로운 생산, 자유로운 시장, 자유로운 매매, 자유로운 이윤 획득, 자유로운 기업 확장을 통해 더 많은 일자리를 창출하고 국가의 부를 최대한 확대할 수 있다는 것이다. 최대한의 이윤을 획득하기 위해 새로운 수요가 끊임없이 창출되어야 하고, 새로운 수요가 창출되기 위해서는 더 많은 소비가 있어야 한다. 더 많은 소비와 수요를 창출하기 위해 기업은 계속 새로운 모델을 기획 생산하고 광고에 많은 비용을 지출한다. 이 비용은 결국 소비자의 몫이 된다. 또한 기업은 새로운 상품과 모델을 계속 개발하여 새로운 수요와 소비를 자극한다. 새로운 자동차, 휴대폰, 의류, 신발, 핸드백 모델을 계속 출시한다. 이리하여 소비자들은 새로운 모델에 끌려가면서 그것을 구입해주는 "모델 노예", "새 명품 노예"가 되어버린다. 멀쩡한 스마트폰을 버리고 새 모델을 구입한다. 이를 통해 기업은 더 많은 이윤을 획득하고 사업을 확대하며 새로운 모델 개발에 재투자하기도 한다. 더 많은 소비가 미덕이 되고 검약 생활은 국가 경제의 활성화를 저지하는 악덕으로 간주된다. 국가는 국민에게 돈을 뿌리면서 더 많이 구입하고 더 많이 소비할 것을 권장한다. 그래야 경제가 활성화되고 실업자 수가 증가하지 않게 된다고 말한다. 이리하여 "탐욕적 수요 창출", "생산확대", "이윤 극대화"가 반복된다(김철영 1992, 220f.).

자유시장경제질서는 아래 세 가지 "무한"을 전제한다. 1. 새로운 생산에 필요한 자연자원이 무한하다, 2. 경제성장도 무한하다, 3. 지구의 쓰레기 수용 능력도 무한하다는 것이다. 이 같은 전제에서 자유시장경제질서는 소비자들의 실질 수요보다 훨씬 많은 상품을 생산하고 최대한의 이윤을 획득하고자 한다. 그러나 이것은 환상이다. 우리가 잘 알듯이 자연자원은 무한하지 않다. 그것은 제한되어 있다. 생산 확대에 대한 기업과 국가의 욕망은 무한한데 자연자원은 제한되어 있다. 그래서 국가 간에 자연자원 쟁탈전이 일어난다. 자연자원을 무기화하기도 한다. 더 많은 생산, 더 많은 소비, 기업의 더 큰 확대와 경제성장의 욕망 앞에서 자연이 희생될 수밖에 없다. "불가피한 쓰레기 산들"과 "쓰레기 섬"이 등장하고, 판매되지 않은 엄청난 양의 의류들이 매년 소각 처리된다. 원자로의 핵폐기물 속에 숨어 있는 방사능은 자연으로 돌아가기까지 3,000년 내지 4,000년까지 지속된다고 한다. 바다는 물론 우주 공간마저 쓰레기장으로 변모하고 있다. 우주 쓰레기를 수거하는 업체가 등장할 정도다.

3. 경제성장이란 호랑이는 그 속에 악령을 지니고 있다. 즉 그것은 모든 것을 자신을 위한 수단으로 생각하며 상품적 가치로 환원시키는 악령을 지니고 있다. 그것은 사람을 돈에 미친 사람으로, 사회를 돈에 미친 사회로 만든다. 자연은 생산에 필요한 자원들을 보유한 창고와 같은 것으로 간주된다. 더 많은 자원을 얻기 위한 자연파괴가 계속되고, 땅 위의 자원들은 물론 해저의 지하자원들을 확보하기 위한 강대국들의 경쟁이 치열하게 일어난다. 중국은 바다에 인공섬을 조성하고 그 인근 해역을 자기 나라의 공해(公海)라고 주장한다. 자연자원을 확보하기 위한 경쟁은 이제 거시적으로는 우주 공간으로, 미시적으로는 인간의 유전자 및 정자와 난자, 미립자 영역으로 확대된다.

성장의 원리 앞에서 인간의 생명도 상품 가치로 전락한다. 소비자는 상품을 가능한 한 더 많이 구매하고 소비하여 기업의 이익을 증대시켜 주는 수단으로 간주된다. "구매를 위해 태어난 인생"이란 속어가 떠돌 정도이다. 노동자는 기업 이익을 증대시키는 "인적 자원" 내지 "노동상품"으로 간주된다. 최소한의 인건비로 최대한의 이윤을 얻고자 하는 경영원리 때문에 회사원들은 매일 해고의 불안 속에서 살아간다. 점점 더 많은 자동기계 시스템이 그들의 자리를 대신한다. 방만한 기업운영에 대한 책임은 대개의 경우 애꿎은 노동자들과 하위직 사무직원들에게 돌아간다. 이를 가리켜 고위직 경영자들은 "기업의 합리화", "노동시장의 유연성"이라고 말한다.

대개 30대 중반부터 인간의 지적, 신체적 기동성이 약해지기 시작하는데, 이때부터 회사원들은 직간접적으로 이직의 압박을 받는다. "희망퇴직"이란 이름의 압력도 작용한다. 현재 한국 기업의 이직 평균 연령은 약 47세라고 한다. 60세까지 일하고 정년퇴직하는 직원은 극소수라고 한다. 어느 대기업은 10년 단위로 회사원 거의 전부를 신세대로 바꾼다고 한다. 어느 대기업의 중역은 직원을 많이 해고한 공로로 큰 액수의 보너스와 연봉을 받았다. 어느 날 그 중역 자신도 불필요하게 되어 해고를 당하였다. 이것은 실제 있었던 현대사회의 현실이다. "어느 세일즈맨의 죽음"이란 소설은 현대사회의 이러한 현실을 예시한다.

자유시장경제질서의 한 가지 맹점은 노동자 및 하위직 사무직원들과 고위직 경영인들의 심각한 임금 차이에 있다. 임금 책정이 기업의 자유에 맡겨지기 때문에 이 같은 차이가 일어난다. 국가는 이에 개입할 수 없다. 국가의 개입은 기업의 자유를 침해한다고 생각하기 때문이다. 고위직 경영인들은 해고당해도 기업에서 상당한 보상을 받기 때문에 생계에 큰 어려움이 없지만, 노동자들이나 하위직 사무직원들이 해고될 때 가족 전체가 경제적 위기에 빠진다. 사회보장책이 든든히 형성되어 있는 독일과 같은 선진국도 오늘날 극심한 빈부격차에 시달리고 있다. 실업자 증가, 사회보장책의 후퇴로 "지붕 없는 사람"(Obdachlose, 노숙자)이 백만 명 이상에 달하며, 추운 겨울에 얼어 죽는 사람도 적지 않다(이삼열 1997, 38). 극심한 빈부격차는 다양한 형태의 사회 범죄 증가로 이어진다. 사회적 약자들의 폭동으로 부유층의 재산이 약탈을 당하는 일도 일어난다. 이에 부유층은 집 사방에 무인 카메라를 설치하고 자기의 소유를 철통같이 지킨다. 스위스와 같은 안전한 국가에 재산을 도피시키기도 한다.

제1세계와 제3세계의 경제적 불균형과 환경파괴가 서로 맞물려 있다는 것은 오늘날 잘 알려진 사실이다. 양자는 서로 맞물려 악순환의 고리를 이루며 상황을 악화시키는 원인이자 결과가 되고 있다. 세계의 경제적 불균형을 유발하는 한 가지 중요한 원인은 국경을 초월하는 시장경제의 세계화(globalization)에 있다. 시장경제의 세계화는 약소국의 경제 발전에 기여하는 측면도 없지 않다. 약소국에 공장을 지은 세계적 기업들은 고용을 창출하여 빈민층을 돕고 경제 발전을 할 수 있는 기반을 조성한다.

그러나 문제점도 심각하다. 그동안 세계화는 강대국들에 의해 일방적으로 추진되었기 때문에 강대국 기업들에 유리하도록 형성되었다. 강대국 기업들이 약소국의 시장을 손쉽게 지배할 수 있게 만들었다. 강대국 기업들은 정치적, 경제적 통제와 책임으로부터 자유로우며 범세계적 힘을 갖게 된다. 강대국의 거대 자본이 인터넷을 통해 국경을 자유롭게 넘나들면서 이익을 추구하고, 경제성이 없다고 판단될 때 임금이 더 낮은 국가로 공장을 옮겨버린다. 제3세계의 어느 국가도 강대국들의 거대 자본을 통제할 만한 힘이 없으며, 통제하고자 할 때는 "외환위기", "경제위기"의 위협을 받게 된다.

이리하여 새로운 형태의 식민주의, 곧 신식민주의가 확대된다. 제1세계에 대한 제3세계의 경제적 의존과 예속이 악화되며, 경제활동의 세계화가 실현될수록 빈부격차의 세계화가 심화된다. 제1세계에 대한 제3세계의 경제적 의존과 더불어 외채 규모가 더 커지며, 제3세계는 더 많은 액수의 이자와 로열티를 지불하게 된다. 한국의 조선회사가 액화 천연가스 운반선 한 척을 건조할 때마다 화물창 원천특허를 가진 프랑스 회사 GTT에게 수송선 가격의 5%, 한화로 약 100억 원의 기술사용료를 지불해야 하는 것도 한 예다. 제1세계에 대한 부채와 이자를 갚기 위해 제3세계는 열대우림을 벌목하고 광물 등의 자연자원을 채굴함으로써 자연을 파괴하게 된다. 브라질의 기아 반대 운동가 조수에 데 카스트로(Josuè de Castro)가 말한 것처럼, "빈곤이 우리의 가장 큰 환경 문제다."

언젠가 필자는 아마존 유역의 열대우림이 파괴되고 있는 현장을 지상방송 다큐멘터리에서 본 적이 있다. 브라질 정부는 원시림들을 벌목한 땅을 방목장으로 만들었다. 벌목된 나무들은 목재소에서 제재되어 외국으로 수출되었다. 일본, 미국 등 선진국 기업들이 벌목을 자행하였다. 지역 정부는 이를 장려하였다. 벌목을 통해 지역 정부의 수입이 증가하기 때문이다. 벌목에 항의하는 환경단체 단원들에게 지역 공무원들은 이렇게 항의했다. "먹고 살기 위해 어쩔 수 없다! 당신들이 우리의 생계를 책임지겠느냐?"

4. 제3세계에 대한 제1세계의 환경파괴는 지금도 계속되고 있다. 환경보호자들의 노력으로 상당히 약화되었지만, 지역 행정관리들과의 결탁 속에서 환경파괴가 여전히 자행되고 있다. 수에즈(Suez), 비벤디(Vivendi), 알더블유이(RWE), 네슬레(Nestle), 코카콜라(Coca Cola) 등 서구의 거대한 음료수 기업들은 오염되지 않은 물을 확보하기 위해 지구 남반부의 물이 풍부한 지역을 사들이고 있다. 이리하여 이 지역 원주민들은 조상이 물려준 땅에서 쫓겨난다. 땅속의 생수가 점차 고갈된다. 선진국 국민들은 청량음료를 즐기는 반면, 매 8초마다 어린이 한 명이 마실 물을 얻지 못해 죽고 있다. 중동 지역과 아프리카의 22개국, 미국 중서부의 일부 지역, 멕시코시에서는 물이 점점 메말라가고 있다. 이에 적극적으로 대처하지 않을 경우 물 부족 현상은 지구의 2/3 지역으로 확대될 것이라고 독일의 한 일간지는 보도한다(Schwäbisches Tagblatt, 2005.2.1. 제3면). 기술과 경제력이 약한 나라들은 선진국에 자연자원을 공급하고 그들의 상품을 소비해주는 원료 공급지와 소비시장으로서의 신세를 벗어나지 못하며, 선진국에 대한 경제적, 정치적 의존을 벗어나지 못한다. "우리가 자연에 대한 인간의 힘이라 부르는 것은 사실상 그들의 도구를 가지고 자연을 이용하는 소수의 남자들과 여자들이 다른 남자들과 여자들에 대해 가진 힘을 뜻한다"(Boff 1994, 32).

기업의 생산과 경영의 전산화, 자동화로 인해 제3세계의 값싼 노동력은 점차 매력을 잃어가고 있다. 이로 인해 노동력의 가치를 상실한 "잉여 인간"(surplus people)의 수가 증가한다. 제3세계의 나라들은 쓸모가 없는 "미개한 배경국가(Hinterwelt)"의 신세를 벗어나지 못한다(Moltmann 1997, 22). 매년 수백만 명의 사람들, 특히 어린이들과 노약자들이 굶주림과 질병으로 죽음을 당하지만, 선진국들은 경제적 풍요를 누린다. "모두 평등해지자는 말은 모두 가난해지자"는 말과 같다고 이들은 항변한다. 세계에서 가장 돈이 많은 스위스 은행들은 이미 죽었거나 암살당한 세계 각국의 기업가들과 독재자들, 그들 가족의 비밀계좌에 예금된 돈을 보유하고 있다. 이들 중에는 자연사했거나 암살당한 사람들이 있는데, 이들 가족에게 돈을 돌려주고 싶어도 돌려줄 수가 없는 경우가 많다고 한다. 암살을 당하여 계좌 비밀번호를 알 수 없거나 가명으로 예금해 두었기 때문이라고 한다. 히틀러 집권 당시에 학살당한 유대인들이 맡긴 예금 및 유가증권과 귀금속 중 일부를 최근 스위스 은행들이 후손들에게 돌려주었다고 한다. 그러나 그것은 극히 일부에 불과하고 예금자보호법을 핑계로 전체 규모는 베일에 싸여 있다고 한다.

제1세계와 제3세계의 극심한 경제적 차이 속에서 "빈곤의 십자가 행군"(Armutskreuzzüge)이 지금도 세계 도처에서 일어나고 있다. 굶주림과 죽음의 위협을 견디지 못해 목숨을 걸고 제1세계로 탈출하려는 제3세계 빈곤층의 대탈출극이 일어난다. 멕시코 국경선을 넘어 미국으로 건너가려 하는 남미의 불법 이민자들, 지중해를 건너 유럽으로 건너가려 하는 아프리카 흑인들의 목숨을 건 탈출극이 지금도 계속되고 있다.

언젠가 모로코를 탈출한 어느 청년의 이야기를 들은 적이 있다. 모로코의 통치권과 경제력은 왕의 손에 있다고 한다. 국가의 중요 기간시설과 기업은 왕족들의 소유라고 한다. 대다수 국민은 절대빈곤의 상태에서 생명을 유지하고 있다고 한다. 견디지 못한 청년들이 모로코 북단에서 맨몸으로 지브롤터 해협을 수영하여 건너편 영국령 지브롤터로 탈출하는 모험을 감행하는데, 해류에 휩쓸려 죽는 경우가 많다고 한다. 그러나 모로코에서 굶어 죽으나 지브롤터 해협에서 물에 빠져 죽으나 마찬가지라 생각하고 탈출을 시도하는데, 자기도 그중에 한 사람이었다고 하였다.

지금 지중해에서는 플라스틱보트나 난파선 상태의 목선을 타고 유럽으로 건너오는 아프리카, 중동지역 난민들을 막으려는 사투가 일어나고 있다. 2023년 현재, 주민이 6,000명에 불과한 이탈리아 최남단 람페두사섬으로 12만 명이 넘는 난민들이 몰려들자 이탈리아 정부는 "국가 비상사태"까지 선포한 상황이다. 극우 노선에 속한 여성 총리 멜라니가 "불법 이민 근절"을 주요 공약으로 내세우고 총선에서 승리할 정도로 이탈리아 난민 문제는 심각하다. 난민 문제로 이탈리아, 프랑스, 영국, 스페인을 위시한 지중해 연안 유럽 국가들이 끊임없이 갈등을 일으킨다. 밀항선이 뒤집혀 난민들이 무더기로 익사하는 일이 반복되고 곤경에 처한 난민들을 붙잡아 아프리카로 되돌려 보내는 비참한 일들이 계속 일어난다. 난민사태의 주요 원인은 아프리카 국가 내부의 분열과 전쟁, 지구온난화로 인한 지속적 가뭄과 농업의 파괴라고 한다.

5. 오늘날 생태계 위기에 대한 책임의 80%는 지구 북반구에 위치한 제1세계의 국가들에 있다. 그 가운데 가장 큰 책임이 있는 국가는 중국과 미국이다. 세계 에너지 소비량의 약 절반을 중국과 미국이 차지한다. 이에 상응하여 이산화탄소 배출량의 약 절반이 이들 두 나라에서 발생한 것이다. 지구라 불리는 비행기 일등석에는 전체 여객의 20%가 재화의 80%를 누리며 편안하게 여행을 즐긴다. 쓰레기의 80%도 그들에게서 나온다. 나머지 여행객 80%는 화물칸이나 삼등석에서 굶주림과 추위와 불편을 견디며 여행한다. 이들에게는 생명 유지에 필요한 음식과 식수와 의약품 등, 모든 것이 부족하다. 제3세계의 빈곤한 나라들과 미국의 저임금 지역, 특히 흑인 미

국인들이나 남미 계통 미국인 거주지역은 생활 폐기물과 오염물질 처리장으로 지정된다. "부자는 부를 누리고 가난한 자는 중독된다"(Nash 1997, 76).

이 같은 상황에도 불구하고 제1세계의 선진국들은 획기적 환경정책을 수립하거나 자연보호를 위한 국제협약을 지키는 데 적극적이지 않다. 미국의 트럼프 대통령처럼 자국의 경제성장을 위해 국제협약을 탈퇴하는 경우도 있다. 자국의 경제성장이 흔들릴 때 국제협약에 역행하는 일을 서슴지 않는다. 선진국들은 공해산업을 후진국으로 옮기기도 하고 쓰레기를 수출하기도 한다. 선진국의 풍요로 말미암아 야기된 환경파괴가 제3세계의 재난으로 이어진다. 소수의 특권 계층이 세계의 한정된 자원을 독점하고 지나치게 많이 사용함으로써 가난한 사람들이 사용해야 할 자원을 박탈하며, 환경 악화와 죽음을 그들에게 강요한다. "땅을 파괴하는 주범은 너무 적게 가진 사람들이 아니라 너무 많이 가진 소수의 사람들이다"(Nash 1997, 76f.).

자연의 오염과 재난은 국경선을 알지 못한다. 본래 자연에는 국경선이 없다. 물과 공기와 공중의 새에게 국경선이 있을 수 없다. 국경선은 자연 피조물의 의사와 무관하게 인간이 그어놓은 선에 불과하다. 그러므로 자연의 오염과 재난은 국경선을 초월한다. 이 재난에서 자국의 영토만 깨끗하고 안전하게 지킨다는 것은 불가능하다는 사실이 점점 더 분명해지고 있다. 한 지역에서 일어나는 오염과 재난은 결국 세계 전체로 확산되거나 영향을 준다. 후진국에서 일어나는 자연의 오염과 파괴는 선진국 자신에게 재난과 생명의 위험을 가져온다. 먼저 후진국 사람들이 죽고, 그다음 선진국 사람들도 죽는다. 먼저 가난한 사람들이 죽고, 그 뒤에 부유한 사람들이 죽는다. 먼저 어린이들이 죽고, 그 뒤에 어른들이 죽는다. 국경을 초월하는 자연재난을 통해 세계 모든 나라가 하나로 결속된다. 유엔이 성취하지 못한 모든 나라의 결속과 일치가 자연의 재난을 통해 이루어진다. 위기 속에서의 일치, 재난 속에서의 일치가 범세계적으로 일어난다.

선진국들도 이 사실을 인식하고 자연의 보존에 상당히 적극적인 태도를 보인다. 다양한 국제협약들이 결성되고 있다. 그러나 이 모든 노력이 보여주는 처방은 땜질 처방처럼 보인다. 재난은 총체적으로 일어나는데, 이를 극복하기 위한 노력은 국부적으로 일어나고 있다. 재난을 초래하는 근본 원인에 대해서는 침묵한다. 코로나바이러스에 대응하는 백신은 개발하지만, 코로나바이러스가 아예 발생하지 않게 만들 수 있는 근본 대책에 대해서는 말하지 않는다. 계속 땜질 처방만 한다. 한때 G7 국가들이 제3세계의 부채를 탕감해 주기로 결정한 것은 진일보 한 정치적 결단이다. 그러나 부채를 발생시키는 세계 경제 질서에 대해서는 함구한다. 오늘날 전 세계적 자연재난의 한 가지 중요한 원인은 바로 여기에 있다. 곧 재난에 대한 국부적 처방들은 있지만, 재난의 근본 원인에 대한 처방이 보이지 않는다는 점이다.

6. 그동안 일단의 학자들은 "지속 가능한 성장"(sustainable development), "환경친화적 성장"을 제의하였다. 이 말을 처음 들었을 때 필자는 마음속으로 실소를 금할 수 없었다. 학자들이 또 쓸데없는 이론을 말하는구나 하고 생각하였다. 지속 가능한 경제성장이란 한마디로 자연파괴를 조금 억제하라는 얘기다. 그래야 자연이 유지될 수 있고 계속적 경제성장이 가능하다는 뜻이다. 자연 유지와 경제성장이라는 두 마리 토끼를 한꺼번에 잡자는 말이다. 그러나 경제성장을 절체절명의 목표로 삼는 자유시장경제 체제 속에서 자연 유지와 경제성장이라는 두 마리 토끼를 한꺼번에 잡는다는 것은 불가능한 일로 보인다. 경제성장을 이루기 위해서는 끊임없이 새로운 상품이 생산되어야 한다. 새로운 상품의 생산은 자연자원의 소비를 전제하고, 자연자원의 소비는 자연파괴를 전제한다. 최소한의 자연이라도 파괴

하지 않고서 경제성장을 이룬다는 것은 불가능하다. 경제성장이라는 호랑이 앞에서 자연은 희생물이 될 수밖에 없다. 그래서 지속 가능한 성장이란 말은 학계에서 사라지고 말았다.

하이델베르크 대학교의 후버(W. Huber) 교수는 오늘의 위기를 극복하기 위해 "제로성장(Nullwachstum)이 모든 산업의 절대적인 생태학적 원리"가 되어야 한다고 주장한다. 고향, 가족, 직업상의 명예 등의 가치는 물론 인간의 내면성과 비물질적 가치들이 회복되어야 하며, 과도한 소비를 포기하고 금욕생활을 해야 한다고 말한다(Huber 1982, 205). 참으로 귀중한 말씀들이다. 그러나 경제인들에게 후버 교수의 말은 현실을 전혀 알지 못하는 학자들의 꿈으로 보일 것이다. 경제의 "제로성장"이란 곧 국가의 경제성장이 멈춘다는 것을 뜻한다. 기업의 생리상 제로성장은 "마이너스 성장"을 뜻한다. 한마디로 경제가 쪼그라든다는 말이다. 경제가 침체에 빠지고 국가의 세수가 감소한다. 고용이 감소하고 국가 전체가 차츰 빈곤의 늪에 빠진다. 국제적 경쟁 시대에 어느 나라도 제로성장을 수용하지 않을 것이다. 그것은 국제적 경쟁에서 패배를 뜻하기 때문이다.

한마디로 현대세계는 경제성장이란 호랑이 등 위에서 뛰어내릴 수없다. 호랑이가 내달리는 대로 함께 내달릴 수밖에 없다. 이에 상응하여 자연은 파괴될 수밖에 없다. 자연 문제를 그렇게도 중요시하는 독일도 2023년에 석탄 채굴을 위해 쾰른에서 서쪽으로 30km 떨어진 어느 마을(Lützerath)을 송두리째 없애버렸다. 자연보호를 주요 정책으로 내세우는 독일의 녹색당도 이에 대해 침묵하였다.

어느 사회를 막론하고 경제성장의 열매 중에 큰 몫은 소수 계층에게 돌아간다. 나머지 사람들도 성장의 열매에 참여하지만, 그들에게 돌아가는 몫은 매우 적다. "노동력의 유연성", "기업 경영의 합리화"라는 이름으로 근로자들을 해고하면서 고위직 경영자들은 천문학적 액수의 연봉을 받는다. 국내 모 기업의 최고 경영자는 수백억 원의 연봉을 받는다. 고위직 경영진과 하위 노동자들의 임금 격차는 독일에서도 매우 크다. 최고위 경영자가 사임할 때 기업이 적자를 내는 상황에서도 천문학적인 액수의 보상을 받는 일도 일어난다. 자유시장경제질서 속에서 국가는 이 같은 불의한 일에 개입할 수 없다. 기업이 행하는 다양한 불법들이 "자유"의 이름으로 허용된다. 이런 형편에 어느 노동자가 기업에 충성할 수 있겠는가!

2008년 미국에서 시작한 글로벌 금융위기 때 독일 정부가 독일은행(Deutsche Bank)에 천문학적 액수의 정부 지원을 제공하는 대신에 그 은행의 고위직 연봉을 제한해야 한다는 조건을 제시하였다. 그러자 독일은행은 정부의 지원금을 받지 않겠다고 거절하였다. 곧 정부 지원을 받지 않아 은행이 어려움에 처하더라도 고위직 연봉에 대해 국가의 제한을 받지 않겠다는 것이다. 만일 그 은행이 개인 소유라면 이런 일이 일어나지 않았을 것이다. 그 은행이 "내 것"이 아니니까 은행이 위기에 처해도 내 연봉은 깎지 않겠다는 것이다.

오늘날 기업들이 경제적 손실로 인해 위기에 빠지면 그 손실은 국민의 세금으로 메꾸어진다. 기업 부도로 인한 실업자 증가를 막기 위해서다. 그러나 기업이 회복되어 이익을 얻으면 그 이익은 기업의 소유가 된다. 한마디로 손실은 사회화되고 이익은 사유화된다(Sozialisierung der Verluste, Privatisierung der Gewinne). 사유화된 이익을 가지고 기업들은 돈 잔치를 한다. 그러다가 위기를 당하면 또다시 그 손실은 국민의 세금으로 메꾸어진다. 한국의 공기업들은 손실이 발생하고 부채가 증가해도 돈 잔치를 한다. 기업이 자기의 것이라면 이렇게 하겠는가!

이와 같은 인간의 이기심과 경제적 불의는 자연파괴, 자연재앙과 더불어 세계 전체를 위기로 끌어가고 있다. 생태학적 위기는 현대문명의 총체적 위기의 한 단면일 뿐이다. 자유시장경제의 이름으로 정당화되는 경제의 세계화는 빈부격차의 세계화, 불의와 부패의 세계화, 자연재난의 세계화로 발전하고 있다. 이 모든 세계화는 현대문명 전체를 위기로 이끌어가고 있다.

오늘날 세계의 거의 모든 나라가 자유시장경제질서를 가장 좋은 경제질서로 간주하고 있다. 그러나 자유시장경제질서와 그것이 추구하는 경제성장의 이데올로기가 인간의 생명은 물론 현대문명 전체를 죽음으로 내몰고 있는 현실이 지금 우리 눈 앞에 펼쳐지고 있다. 인간의 노동은 물론 인간 생명 자체의 상품화가 범세계적으로 일어난다. 인간 장기를 팔아먹기 위해 힘없는 여성들과 어린이들이 소리 없이 납치되는 일들이 세계 곳곳에서 일어난다. 인간은 물론 온 자연이 상품화되고 온 세계가 하나의 시장이 되어버린다. 본래 교환수단에 불과한 종이쪽지(돈)가 최고의 가치가 되어 인간의 생각과 삶을 지배한다. 자유시장경제와 그것이 추구하는 경제성장은 현대세계를 파멸로 이끌어가는 괴물과 같다. 통제가 없는 자유로운 생산, 자유로운 유통, 자유로운 소비, 잉여 상품의 자유로운 폐기, 자유로운 연봉 상승 속에서 현대세계는 헤어날 수 없는 위기에 빠지고 있다. 현대인이 자랑하는 현대문명 자체가 위기에 빠지고 있다.

그러나 이것은 사회주의 경제 질서를 지지하는 것으로 오해되어서는 안 될 것이다. 이기적 본성을 버릴 수 없는 인간 세계 속에서 사회주의 경제 질서가 대안이 될 수 없다는 사실을 우리는 이미 경험하였다. 이기적 본성을 버릴 수 없는 인간 세계에서 "사회주의도 망상이다"라고 문학가 박경리 선생은 단언한다(박경리 1994a, 95).

20세기 동서냉전 시대에 다음과 같은 일이 공산 동독에서 실제로 있었다. 동독 어느 마을에서 사회주의가 시작되었다. 빵집에서 빵을 충분히 만들어 두었으니 가정마다 빵을 받아가라는 통보가 왔다. 그 통보를 받은 지 한 시간도 되지 않아 빵이 동이 나버려 많은 주민이 빵을 얻을 수 없었다. 그 이유를 조사해 보니, 자기 집에서 키우는 돼지에게 주려고 빵을 많이 타가서 빵이 동이 났다는 것이다. 실제 있었던 위의 일화는 이기적 인간의 현실에서 사회주의는 하나의 꿈일 뿐이란 사실을 보여준다. 글자 그대로 그것은 "유토피아"(ou + topos, no-place)이다. 그럼 우리는 어떻게 해야 하는가? 자본주의의 자유시장경제도 해결책이 아니고 사회주의 계획경제도 해결책이 아니라면, 어떻게 해야 하는가? 이 문제에 대한 토의는 다음의 기회로 미루기로 하자.

3. "계산할 수 있는 것은 모두 계산하여라"
– 현대 자연과학과 과학기술의 가능성과 문제성

1. 현대문명의 총체적 위기를 초래한 다른 하나의 중요한 원인을 우리는 현대 자연과학과 과학기술에서 발견할 수 있다. 현대세계의 문명은 한마디로 과학기술 문명이다. 곧 자연과학의 인식을 기술적으로 응용하여 얻게 된 과학기술이 지배하는 문명이다. 개인의 사적 생활에서 시작하여 경제와 국가 운영에 이르기까지 과학기술 없는 현대세계를 우리는 상상할수 없다. 우리가 어디를 가든지 스마트폰이라는 조그만 과학기술 덩어리가 우리를 동반한다. 의료 수술은 물론 거대한 비행기와 군함의 운영도 AI가 대신할 수 있게 되었다. 과학기술을 통해 바이러스와 질병을 극복할 수 있게 되었고 인류의 평균수명이 계속 늘어나고 있다. 과학기술을 통해 세계는 작은 마을처럼 되었다. 땅 위의 조그마한 움직임도 인공위성을 통해 동시간적으로 전 세계에 알려줄 수 있게 되었다. 과학기술을 통해 우주를 정복할 단계에 이르렀다. 인간보다 더 높은 지능과 감성을 가진 AI가 등장하여 자기를 만든 인간을 지배하는 일이 일어날 수 있게 되었다. 실로 자연

과학과 과학기술의 가능성도 무한하지만, 그것의 위험성도 무한하다고 볼수 있다. 인간이 만든 AI가 "킬러 로봇"이 되어 인간을 공격하고 죽이는 일이 벌어질 수 있다고 한다. AI는 "핵폭탄보다 위험할 수 있다"(일론 머스크), "인류 멸망을 초래할 수 있다"(스티븐 호킹)고 말할 정도로 무서운 잠재력을 가진다.

또한 과학기술은 막강한 경제적, 정치적, 군사적 잠재력을 갖기도 한다. 기업들은 새로운 과학기술을 통해 새로운 상품을 만들 수 있고 새로운 상품을 통해 경제성장을 이룰 수 있다. 경제성장을 통해 경제대국, 군사 강국을 이룰 수 있고 국제 사회에서 정치적 힘을 가질 수도 있다. 인공위성과 인터넷의 정보 시스템은 전쟁에 막강한 영향을 미친다는 것을 우리는 러시아와 우크라이나, 이스라엘과 하마스의 전쟁에서 볼 수 있다. 문제는 자연과학과 과학기술의 무한한 가능성 앞에서 인간의 도덕적 의식은 담보 상태에 있다는 점에 있다.

근대 자연과학은 "방법론적 무신론"에 근거하여 제한 없는 연구의 자유를 획득하였다. 모든 종교적, 교리적 간섭을 배격하고 하나님이란 전제 없이 대상을 자유롭게 연구함으로써 자연과학은 그가 개발한 과학기술을 통해 거시적으로는 우주 공간을 정복하고 미시적으로는 유전자와 세포조직을 변조하여 생명의 질을 개량하고 수명을 연장할 수 있는 힘을 얻었다. 이와 동시에 자연과학과 과학기술은 온 지구를 불바다로 만들 수 있는 위력도 갖게 되었다. 그들은 자연을 파괴하여 대재앙을 일으킬 수도 있고 이 재앙을 극복할 수 있는 새로운 기술을 제공할 수도 있다. 그러므로 인류는 자연과학과 과학기술을 포기할 수 없다. 그들은 우리의 삶 속 깊이 들어와 있다.

2. 문제는 무한히 발전하는 자연과학과 과학기술에 비해 그것을 만들고 사

용하는 인간의 도덕성은 답보상태에 있다는 점에 있다. 오히려 인류의 도덕은 퇴보상태에 있는 것처럼 보인다. 자연과학과 과학기술은 인간의 도덕에 대해 침묵한다. 무엇이 도덕적이고 무엇이 비도덕적인지에 대해 그들은 아무것도 말하지 않는다. 이 같은 문제들은 자연과학의 영역에 속하지 않는다. 자연과학은 세계의 물리적 사실들(facta)에 대해서만 관심을 가진다.

이를 가리켜 자연과학자들은 자연과학의 "가치중립성"(Wertneutralität)이라고 말한다. 곧 자연과학은 모든 가치에 대해 중립적이라는 것이다. 가치중립성을 유지하기 위해 자연과학은 물리적 대상들의 사실성(Faktizität), 곧 모든 가치관에서 자유로운 사실성을 파악하는 것을 이상으로 가진다. 그러나 자연과학이 연구하는 물리적 대상들은 엄밀한 의미에서 아무런 의미나 가치를 갖지 않은 "벌거벗은 사실들"(bruta fakta)이 아니다. 인간이 부여한 특정한 의미와 가치를 가진 사실들이 있을 뿐이다. 따라서 자연과학이 얻고자 하는 사실성은 벌거벗은 사실성이 아니다. 그것은 의미가 부여된, 특정한 가치를 가진 사실성일 뿐이다. "사실과 가치"(Fakta u. Wert)는 분리되지 않기 때문이다(Mutschler 2006, 72 f.).

여하튼 자연과학은 대상의 사실성에 이르기 위해 대상에 대한 모든 감정을 차단한다. 대상에 대한 감정이입이 일어날 때 사실성에 도달하지 못하게 된다. 연구자의 감정이라는 주관적 요소가 개입되기 때문에 대상에 대한 객관적, 사실적 인식이 불가능하게 된다. 이리하여 현대 자연과학은 대상에 대한 감정의 차단, 곧 무감정을 전제로 가진다. 이것은 인간을 무감정의 존재로 만들어버리며 대상과의 인격적 소통이 단절된 차디찬 인간중심의 세계, 나 중심의 세계를 형성한다. 그것은 세계를 비인간적인 세계로 만드는 데 기여한다. 온 세계를 인식 주체와 인식 대상이 분리되어 있는 세계, 감정이입이 차단된 주객도식에 묶인 세계로 만든다. 이 모든 것이 가치중립성, 사실성이란 이름으로 정당화된다.

그러나 자연과학의 가치중립성, 사실성은 심각한 문제성을 가진다. 가치중립성, 사실성을 추구한다는 이유로 자연과학은 그것이 발견한 물리적 "사실들"이 무슨 목적을 위해 사용될 것인지에 대해 관심을 갖지 않는다. 악을 위해 사용되어야 할 것인지, 아니면 선을 위해 사용되어야 할 것인지 그 윤리적 문제는 자연과학 자체가 결정할 문제가 아닌 것으로 간주된다. 우리 인간의 삶의 참가치가 무엇인지, 우리의 세계가 어떤 세계가 되어야 하는지 그 목적에 대해 아무것도 말하지 않는다. 윤리적 가치를 지니지 않은 과학기술이 이기적 인간의 손에 들어갈 때 그것은 세계를 파괴할 수 있는 무서운 힘으로 변하게 된다. 오늘 우리 세계의 심각한 문제는 과학기술을 통해 온 세계를 지배할 수 있는 무서운 힘을 갖게 되었으나 이 힘을 어떻게 사용할 것인가에 대한 윤리의식과 책임의식은 매우 미미한 상태에 있다는 점이다.

본래 자연과학은 자연에 대한 호기심과 새로운 인식에 대한 아무 전제 없는 기쁨에서 시작되었다. 오늘도 자연에 대한 순수한 호기심과 연구의 기쁨 때문에 자연과학을 연구하는 사람들이 적지 않다. 자연과학의 모든 연구가 국가기관이나 기업체의 연구비를 받고 이루어지는 위탁연구가 아님은 사실이다. 그러나 자연과학은 기업과 국가의 정치적, 경제적 컨텍스트 속에 있기 때문에 그들의 정치적, 경제적 관심을 벗어날 수 없으며 결국 기업과 국가가 지향하는 정치적, 경제적 목적을 위한 시녀 역할을 하는 것이 오늘의 현실이다. 오늘의 기초과학 연구는 고가의 연구 장비와 인적자원을 필요로 하기 때문에 기업이나 국가의 연구비 지원 없이는 불가능한 경우가 대부분이다. 그러므로 자연과학 연구는 기업이나 국가의 경제적, 정치적 관심에 의존하게 되고 그들의 시녀 역할을 하게 된다.

따라서 자연과학의 "가치중립성"(Wertneutralität)이란 거짓말에 불과하다. 거의 예외 없이 오늘의 자연과학 연구는 기업과 국가의 정치적, 경제적, 군사적 관심에 의해 유도되고 지배된다. 과학자는 자신의 순수한 학문적 주체성을 상실하고 연구비를 지원하는 이들 기관이 추구하는 가치의 지배를 받지 않을 수 없다. 아니, 이런 기관들의 가치에 봉사하는 종노릇을 하게 된다. 종은 자기가 하는 일의 결과에 대해 책임질 필요가 없다. 그는 순종하기만 하면 된다. 그러므로 자연과학자들은 그들이 개발한 과학기술로 말미암아 일어나는 결과에 대해 책임지지 않는다. 자연과학자 자신이 책임을 진다는 것도 불가능하다. 그들이 발견한 과학적 인식의 기술적 응용은 그들에게 연구비를 지원하는 기관들에 의해 결정되기 때문이다.

오토 한

구체적 사례를 들면, 독일의 물리학자 오토 한(O. Hahn, 1879-1968)이 핵분열을 발견했을 때, 그는 이 발견이 원자폭탄 제조에 응용되리라고 전혀 예측하지 못하였다. 그는 핵분열의 "발견자"(Entdecker)였지 원자폭탄의 "발명가"(Erfinder)는 아니었다(Heisenberg 1971, 267f.). 미국의 원자폭탄 개발에 핵심적 역할을 한 인물은 한스 베테(H. Wethe)였다. 베테는 1906년 당시 독일 영토였던 스트라스부르에서 태어났는데, 1933년 나치의 박해를 피해 미국으로 망명하여 2년 뒤 코넬 대학교 교수가 되었다. 제2차 세계대전 중에 그는 원자폭

한스 베테

탄 개발을 위한 "맨해튼 프로젝트"의 이론물리학 책임자로서 핵심적 역할을 하였다. 오토 한이 발견한 핵분열이 한스 베테의 맨해튼 프로젝트를 통해 원자폭탄 제조에 응용된 것이다. 핵분열의 발견자 오토 한은 이에 대해 아무 영향력도 행사할 수 없었고, 그것이 초래한 결과에 대해 책임질 수도 없었다.[3]

3. 오늘날 세계 모든 나라는 경제성장을 최고의 가치로 생각한다. 경제성장이 현대인의 하나님이다. 따라서 오늘의 자연과학은 경제성장의 도구 역할을 하고 있다. 그것은 자유시장경제질서와 결합하여 자연을 파괴하고 자연 생태계의 파괴와 재앙을 초래하는 결정적 힘으로 작용하고 있다. 자유시장경제질서와 과학기술의 결합을 통해 "산업 [사회] 인간들의 자연에 대한 태도는 지극히 공격적이며 수탈적이 된다"(김철영 2022, 220).

　이 문제를 김민웅 교수는 다음과 같이 지적한다. "근대 초기의 서구 열강들의 선박 제작기술과 제국주의의 발전, 영국의 산업혁명과 자본주의, 그리고 각종 과학의 발달, 미국의 세계자본주의 주도와 첨단과학의 전개 과정 등을 간단히 돌아보아도 과학과 신기술 개발은 특정 국가의 체제와 주도권, 그리고 그에 의해 추진되는 세계적 구조 조정의 과정과 연결되어 있는 것이다. 대량생산을 위한 포드 시스템과 이에 기초하여 기계적 반

3　이 내용은 하이젠베르크의 제자로서 필자의 사돈인 튀빙엔 대학교 물리학 교수 카를 빌더무트(Karl Wildermuth)에게서 들은 것이다. 그는 제2차 세계대전 때 독일 해군 정보장교로 히틀러에게 협조했다는 유대인들의 항의로, 노벨상 수상자 최종 선정에서 탈락했다. 그에 따르면, 2차대전 당시 히틀러는 원자폭탄 프로젝트를 추진하였다. 그러나 많은 과학자가 외국으로 피신하였고, 전쟁으로 인한 물질적 궁핍으로 원자폭탄 제조가 쉽지 않았다. 또 히틀러가 원자폭탄을 얻지 못하도록 개발에 동원되었던 과학자들이 프로젝트 추진을 고의로 지연시켰다고 한다. 튀빙엔 대학교 남서쪽 약 30km 지점, 하이거로흐(Haigerloch) 지하 바위 동굴 속에 당시의 연구소가 박물관으로 보존되고 있다.

복행동의 반경을 계산하는 경영학의 발달, 그리고 여기에 집단적으로 거의 동일하게 적용해야 하는 자본주의 체제 내의 인간군의 양산은 권력과 자본과 과학이 개조해 낸 세계의 모습 가운데 하나다"(김민웅 2005, 36). "오늘의 거대기술은 또다시 오늘의 승리한 과학자 및 공학자들과 그들이 봉사하고 있는 일부 특수 권력층의 점유물이 되어서 오늘날의 인간소외, 자원고갈 그리고 환경파괴의 참담한 세계를 구축해 가고" 있다(김용준 1983, 541).

후버 교수에 의하면, 오늘날 인류가 당하고 있는 자연의 포괄적 위기는 두 가지 원인을 가진다. 자연을 지배할 수 있는 자연과학과 과학기술의 수단들의 엄청난 증가가 첫째 원인이요, 사회의 구조 전체와 연결된 모든 국가, 특히 세계 선진국들의 "확장 의지"(Expansionsdrang)가 둘째 원인이다 (Huber 1982, 205). 이 두 가지 원인은 밀접하게 연결되어 있다. 근대에 자연과학과 과학기술이 본격적으로 발달하기 시작하면서 서구 열강들의 제국주의, 식민주의가 일어났다. 유럽 국가들의 세계정복 야욕 및 팽창주의와 더불어 자연에 대한 정복과 파괴가 본격적으로 일어나기 시작하였다. 자연과학과 과학기술은 이들 국가의 팽창주의, 제국주의와 식민주의에 크게 봉사하였다. 영국과 스페인과 포르투갈 군대의 총과 대포 앞에서 인디언과 인디오의 활이나 창은 상대가 될 수 없었다.

베이컨(Fr. Bacon)에 따르면, "인간의 모든 과학은 세계 인식을 통해 인간에게 세계에 대한 지배를 제공해야 할 과제를 가질 뿐이다. 지식은 힘이다…." 인간은 사물들의 본성을 객관적으로 탐구함으로써 그들을 지배할 수 있는 힘을 얻었다. 지식의 힘을 통해 그는 사물들을 복종시키고 지배할 수 있다. "그러므로 베이컨에게 자연의 해석은 자연을 인간의 정신에 예속시키기 위한 수단일 뿐이다"(Windelband 1957, 331). 이 수단은 인류의 복지를 위해 봉사하기도 하지만, 인간의 생명과 자연을 파괴하는 세력에 봉사하기도 한다. 그 무서운 힘을 우리는 원자폭탄에서 실감할 수 있다. "오늘날 강력한 무기체계를 경쟁적으로 확보하려는 움직임도 모두 과학의 발전을 빼놓고 생각할 수 없다. 보다 정확하고 파괴적으로 사람을 죽일 수 있는 무기의 개발, 그것은 과학에 대한 윤리적 제동장치가 풀린 곳에서 벌어지는 야만의 진상이다"(정지강 2005, 19).

과학기술은 오늘날 세계의 빈부격차를 심화시키는 데 기여하기도 한다. 새로운 과학기술의 개발을 통해 경제가 성장하지만, 경제성장의 큰 열매는 그 사회의 특수 계층에게 돌아간다. 일반 서민들은 그 열매에서 떨어지는 떡고물을 얻어먹는 수준이다. 이리하여 과학기술이 발전하고 경제가 성장해도 빈부격차의 문제는 해결되지 않는다. 오히려 빈부격차가 더 커지며 사회 갈등의 요소가 더 심화된다. 또한 자연과학자들이 발견한 새로운 과학기술은 그 사용료를 지불할 수 있는 소수의 사람들의 전유물이 될 가능성이 크다. 가난한 사람들에게 그것은 그림 속의 떡처럼 보일 수 있다.

4. 더 큰 문제는 앞을 내다볼 수 없는 인류의 세계가 장차 어떤 세계로 변모할 것인지 그 미래를 예측할 수 없다는 점에 있다. 생명공학의 연구 과정에서 예기치 않게 생겨난 새로운 박테리아가 노출될 때 이 박테리아를 붙잡아 들이는 것은 불가능하다. 또 생명복제 과정에서 태어난 변종 인간들과 기형 인간들이 당하는 고난과 죽음은 그 누구도 대신해 줄 수 없고 책임을 질 수도 없는 문제다. 한 번의 실수는 생태계에 엄청난 재난을 가져올 수 있으며 이 재난을 통해 지혜로워지는 것은 불가능하다. 한번 쏟아진 물을 다시 거두어들이는 것은 불가능하다. 장래 인간의 세계가 공상과학 영화에 나오는 괴물들이 사는 세계로 발전하지 않으리라는 보장이 없다. 영화 "투모로우"(The Day after Tomorrow)가 우리에게 보여주는 장면들은 상상에

불과한 것이 아니라 부분적으로 이미 현실로 나타나고 있다.

자연파괴는 짐승의 세계에서도 일어난다. 짐승들도 다른 짐승을 죽이며 땅속에 굴을 파기도 한다. 다른 식물을 죽임으로써 자기를 유지하는 식물도 있다. 공룡이 사라진 것처럼 생물 종들이 사라지는 일도 있었다. 고대와 중세기에도 자연의 파괴가 있었다. 그러나 그것은 자연적 요인으로 말미암은 자연현상이었기 때문에 비교적 빠른 시간에 회복이 가능하였고 인간과 자연의 균형 관계가 유지될 수 있었다. 그러나 오늘날 자연파괴는 과학기술이라는 인위적 요인으로 말미암은 것으로 회복이 불가능한 상황으로 나아가고 있다. 그래서 어떤 학자는 "생태 위기의 주범은 현대의 과학기술"이라고 단언한다(Peters 2002, 43).

5. 자연과학과 과학기술의 더 심각한 문제점은 자연의 모든 것을 대상화, 물건화(Verdinglichung)한다는 데 있다. 16, 17세기 이후 자연과학의 주요 원리는 계산할 수 있는 자연의 모든 것을 계산하는 것이었다. "계산할 수 있는 것은 모두 계산하자!" 계산할 수 없는 것은 자연과학의 영역에서 제외된다. 자연도 역사라는 사실이 제외된다. 자연은 아름다움 자체이며 그 전체에 있어 살아 움직이는 유기체란 사실도 제외된다. 자연은 시간 속에 있는 개방성이요 그 자신의 생명과 연속성을 가진다는 사실, 모든 피조물의 생명의 기초가 되며 인간의 본향이란 사실도 제외된다. 자연과학과 과학기술에서 성공하고자 하는 과학자는 이 모든 것을 무시해야 한다. 그는 자연의 모든 것을 자기 자신으로부터 분리된 대상으로 간주해야 한다. 계산되고 분석되어야 할 물건으로 보아야 한다. 모든 것은 인간에 의해 조작되고, 반복되고, 지배될 수 있는 "물건"이 되어버린다. 심지어 인간 자신의 유전자와 정자와 난자까지 인간에 의해 조작되고 지배되어야 할 물건이 되어버린다.

여기서 우리는 물질론적 자연관이 현대 자연과학과 과학기술을 지배하고 있다는 사실을 볼 수 있다. 곧 자연의 모든 것은 인간에 의해 계산되고 정복되고 지배되어야 할 물건이나 물질로 여겨진다는 것이다. 이로써 자연의 "탈정신화"(Entgeistigung), "탈영혼화"(Entseelung), "탈역사화"(Entgeschichtlichung)가 일어난다. 자연의 모든 것은 그 속에 자신의 정신이나 영혼이 없고 역사가 없는 물건 혹은 물질로 간주된다. 여기서 자연의 신비로움과 존엄성에 관해 이야기하는 것은 불가능하게 된다. 자연은 인간의 정복대상으로 보일 뿐이다. 자연을 관찰하는 과학자와 그 과학자에 의해 연구되는 자연은 이른바 "주객도식"(Subjekt-Objekt Schema) 속에 있다. 철저한 주객도식이 현대 자연과학과 과학기술의 기본 원리다.

이 도식에서 대상을 인식하는 주체 곧 과학자 자신은 대상을 필요로 하지 않는 지배자, 정복자처럼 군림한다. 과학자 자신은 문제 될 것이 전혀 없는 인식 주체로 전제된다. 관찰하고 사유하고 인식하며 느끼는 과학자 자신이 어떤 존재인지에 대한 고려는 과학의 영역에서 제외된다. 육체를 지닌 인간으로서 과학자는 그의 생존을 자연에 의존하며 자연 없이 생존할 수 없음에도 불구하고 그가 연구하는 자연으로부터 자기를 완전히 분리하고 자연과의 관계성을 차단한다. 자연과의 감성적 관계 대신에 차디찬 수학적 정확성이 작용할 뿐이다. 감성을 결여한 대상의 객관적 사실들(facta)만 보일 뿐이다. 근대 자연과학의 위대한 선구자들, 곧 갈릴레이, 케플러, 뉴턴은 "인간과 자연의 관계에서의 탈감성화(Entsinnlichung)를 정확한 자연과학의 기본 조건"으로 장려하였다(Altner 2000, 58).

이를 통해 인간은 자연의 지배자가 되었다. 승리자 인간의 개선 행진 앞에서 자연은 패배자가 되었다. 그러나 이제 인간은 자기가 승리를 거둔 그 대상에 의해 패배자가 될 처지가 되었다. 인간에 의해 파괴된 자연이 이제 인간 자신의 생명을 위협하고 있다. 이것은 우리에게 무엇을 시사하는

가? 자연은 인간에 의해 패배자가 될 수 없으며 자연과 인간은 상생해야 한다는 것을 시사한다. 자연은 인간 생명의 기초이기 때문이다. 이 기초가 인간에 의해 파괴될 경우 인간 자신의 생명도 파괴될 수밖에 없다. 이것을 우리는 이미 눈으로 보고 있다. 인간은 자기가 만들어 놓은 죽을 먹을 수밖에 없다.

6. 어떤 과학자는 과학기술의 무한한 잠재력을 확신한다. 과학기술로 말미암아 어떤 문제가 일어났다면 그 문제를 해결할 수 있는 길도 과학기술 자체에 있다고 주장한다. 현대세계의 위기가 과학기술로 말미암아 일어났다면 이 위기를 극복하는 힘도 과학기술에 있다는 것이다. "결자해지"(結者解之)의 원리가 과학기술에도 해당한다는 논리다. 그러므로 우리는 세계의 미래에 대해 비관적으로 생각할 필요가 없다고 과학자는 주장한다. 그러나 과학기술이 초래한 문제를 과학기술 자신이 해결할 수 있는가?

물론 과학기술을 통해 인류는 더 이상 자연재앙이 일어나지 않는 평화로운 세계를 이룰지도 모른다. 그러나 이것은 매우 안일하고 무책임한 생각이다. 과학기술로 말미암아 일어난 자연재앙이나 과학기술이 동원된 전쟁의 결과를 과학기술이 총체적으로 해결한다는 것은 불가능하다. 미사일 공격으로 온 가족을 잃어버린 사람의 정신적 충격과 깊은 슬픔을 과학기술이 해결한다는 것은 불가능하다. 그것은 어떤 돈으로도 해결할 수 없다. 과학기술을 통해서 한 생명의 죽음을 보상할 수 있는가?

과학기술이 초래한 문제를 과학기술을 통해 해결할 수 있는 자는 인간이다. 문제를 해결하겠다는 인간의 윤리적, 도덕적 결단이 필요하다. 이결단은 오직 인간만이 할 수 있는 것이다. 과학기술은 인간의 이 같은 결단을 실천하는 수단일 뿐이다. 따라서 먼저 인간이 변해야 한다. 인간이 선하고 책임적인 존재로 변하지 않으면 과학기술은 그 자신이 초래한 문제를 해결하는 선한 수단으로 사용될 수 없다. 오히려 그것은 더 큰 악을 창출하는 수단이 되어버릴 수 있다. 2023년 현재 러시아의 독재자 푸틴은 핵무기를 가지고 우크라이나와 전 세계를 위협하고 있다.

그러므로 미국의 신학자 랭던 길키(L. Gilkey)는 다음과 같이 경고한다. "과학기술은 단지 기술적 문제만 일으키며 모든 기술적 문제에는 기술적 해결책이 잠재적으로 존재한다고 믿는 것은 우리의 문명이 지닌 또 하나의 염려스러운 신화다." 과학이 우리에게 선물한 힘과 지식은 우리의 눈을 어둡게 만들며 그 자신을 파멸시킬 수 있다. "과학의 미래는 물론 과학이 우리에게 가져올 미래는 빛이 아니라 어둠일 수 있다"(Gilkey 1975, 124f.).

문학가 박경리 선생에 따르면, "과학은 합리적인 것에서 출발했지만 결국 이성 잃은 인간에게 칼을 쥐어준 결과"가 되었다. 현대 자연과학은 신의 존재를 배제하였다(과학적 무신론). "사회주의 진영에서는 숫제 마약이라 낙인찍고 신을 내어쫓았으며 자본주의 진영에서는 물질을 절대시하면서 치레하느라 신을 이용하고, 하여간 거의 사물화(私物化)해버린 자리에 도전적인 과학은 오만하게 들어섰지. 당연히 신의 영역으로 신비하게 보호되었던 곳에 과학이 칼을 대는 것은 수순이라. 자연과 우주는 도전의 대상으로, 승리의 대상으로, 안 그런가?"(박경리 1994a, 95).

7. 우리가 살고 있는 우주는 자연과학이 설명하기 어려운 신비들로 가득하다. 자연과학자들 자신도 이를 인정한다. 우주가 무엇 때문에 있게 되었는지, 어째서 우리가 살고 있는 지구에만 생명이 있는지, 왜 모든 생물은 죽지 않고 살려고 하는 본성을 가지는지, 왜 자기 종을 유지하려고 악착같이 애쓰는지, 인간의 정신이나 마음은 우리 몸 어디에 있는 것인지, 어째서 우리 인간은 옳지 않은 일을 보면 분개하는지, 죄를 지었을 때 죄책감을 가지는 이유가 무엇인지, 중력은 어떻게 해서 있게 되었는지, 인간의 이기적

본성과 이타적 본성은 어디에서 오는 것인지, 자연과학적으로 설명하기
어려운 일들이 너무도 많다. 우주가 지금도 가속적으로 팽창하고 있다는
사실도 자연과학이 설명할 수 없는 신비에 속한다. 사실 자연과학이 세계
에 대해 아는 지식의 분량은 우주의 4%에 불과하다. "나머지 96%에 해당
하는 우주의 영역은 암흑 에너지와 암흑 물질이라는 이름만 가지고 있을
뿐, 그 실체에 대하여 거의 알지 못합니다. 96%의 우주는 지적 영역의 외
부에 있는 것입니다." 4%에 대한 지식도 "불확정성을 반영하고 있는 확률
적 지식일 뿐"이다(현우식 2021, 25f.). 한 스쿠버다이버는 이렇게 말한다. 암
흑에 덮인 깊은 바닷속의 극히 작은 생물체들이 그 큰 대양을 유지한다는
것은 얼마나 큰 신비인가!

　　신비로 가득한 세계 현실에 대해 현대 자연과학은 환원론
(reductionalism)의 방법을 적용한다. 환원론이란 인식 대상을 최소 단위
로 환원시킴으로써 대상의 물리적 "사실"을 인식하는 것을 말한다. 그 결
과 자연과학은 대상을 전체적으로 보지 못하고 극히 작은 부분들을 볼 뿐
이다. 그것은 대상을 모든 관계로부터 분리시키고 고립된 개체로 만들어
버린다. 이 같은 개체에 대한 인식, 가장 작은 부분에 대한 인식은 참 인식
이 아니다. 세계의 어떤 대상도 자기 홀로 존재하지 않으며, 모든 대상은
부분들이 결합해 있는 전체적 "하나"이기 때문이다. 자연과학자들이 "물
리적 실재(reality)"라고 부르는 것은 "창조세계 전체에서 잘라낸" 부분들
일 뿐이다. "그것은 실재에 대한 제한된 이미지(limited image)에 지나지 않
는다"(헨더렌 2018, 461). 도스토옙스키에 따르면, "그들(자연과학자들)은 부
분적인 규명에만 급급했기 때문에 가장 핵심적인 전체의 모습을 놓쳐"버
렸다(도스토옙스키 2001, 241). 자연과학의 도구적 지식은 세계의 부분들, 곧
"파편들(Bruchstücke)"에 근거하여 이것으로 만족한다." 세계의 파편들에
대한 자연과학적 연구도 "연속적 과정"이 아니다. 자연과학의 역사는 인

식 과정의 "드라마틱한 단절들(Brüche)"을 보여준다. 자연현상을 설명하는 개념들이 "더 이상 보편타당하지 않은 것으로, 더 이상 보편적으로 사용될 수 없는 것으로 증명된다." "인식 과정의 기초를 이루는 질서 구조가 갑자기 새로운 기초를 갖게 되며, 새로운 질서 구조로 넘어간다"(Weizsäcker 1992, 7). 그들은 특수한 관찰 방법을 통하여 얻게 된, 대상 현실의 "특수한 모상들"(spezielle Abbilder)에 불과하다. 시대의 변천과 함께 인식의 패러다임이 변천하기 때문이다.

오늘날 자연과학과 과학기술의 진보는 무한한 것으로 보인다. 무한한 진보 앞에서 과학자들 자신이 질문한다. "우리는 우리가 할 수 있는 모든 것을 해도 좋은가?"(darf man alles, was man kann) "도대체 우리는 무엇을 할 수 있어야 하는가?"(was soll man überhaupt können) "도달할 수 있는 것은 무엇인가?"(was läßt sich erreichen) 곧 무한한 진보가 도달하게 될 목적은 무엇인가?(Mieth 2002, 17) 이 질문들은 자연과학적 질문들이 아니라 윤리적, 철학적 질문들이다. 이 질문들에 대해 자연과학 자신은 대답할 수 없다. 바로 여기에 자연과학의 한계가 있다. 현대 자연과학의 이 같은 문제성을 우리는 아래 "기계론적, 무신론적, 물질론적 세계관"에서 한 걸음 더 깊이 볼 수 있을 것이다.

IV
생태계 위기의 숨은 원인
- 기계론적 세계관과 무신론적, 물질론적 세계관

1. 고전물리학의 기계론적 세계관

1. 루터의 종교개혁을 통해 중세기가 끝나기까지 기독교는 세계를 위계질서(hierarchy)를 가진 통일된 유기체(Organismus)로 이해하였던 고대 시대의 세계관을 견지하였다. 기원후 2세기경 알렉산드리아의 천문학자, 수학자, 지질학자였던 프톨레마이오스(Ptolemaios)의 세계관, 곧 지구 중심의 세계관이 중세기가 끝날 때까지 기독교의 세계관을 결정하였다. 지구는 우주의 중심점으로 고정되어 있고 하늘의 태양과 달과 별들은 지구를 중심으로 가진 투명한 구면(球面) 위를 회전한다. 땅속 깊은 곳에는 저주받은 자들이 가는 지옥이 있다. 별들의 원운동은 모든 운동의 이상적 기본 형식으로 간주된다.

　　원운동을 하고 있는 모든 사물은 가장 높은 것에서부터 시작하여 가장 낮은 것에 이르기까지 상호 조화와 합목적성 속에서 하나의 전체, 곧 우주(kosmos)를 형성한다. 하나님, 천사들, 행성들, 남자들, 여자들, 동물들, 식물들, 이 모든 것은 우주적 위계질서 속에서 각자의 자리를 차지하고 의미를 지닌다. 세계는 각자의 목적과 의미를 지닌 하나의 위계질서 내지 계단(Stufenfolge)과 같은 것으로 생각된다. 이 계단의 가장 높은 자리, 곧 제1원인자(prima causa)의 자리에 하나님이 있다. 하나님이 세계의 제1원인이다. 제1원인에서 시작하여 제2원인, 제3원인이 나오며 이를 통해 상하 위계질서를 가진 합목적적 세계가 형성된다. 모든 것이 원인과 결과의 법칙, 곧 인과율을 통해 서로 연결된 하나의 유기체를 이룬다. 고대의 이러한 세계관을 가리켜 우리는 하나님 중심의 유기체적 세계관(세계를 하나의 유기체로 보는 견해)이라 말한다.

유기체적 세계관은 동양 문화권에도 널리 퍼져 있었다. 한국의 풍수지리설도 유기체적 세계관에 기초한다. 고대 중국의 음양론과 오행설에 기초한 풍수지리설은 자연과 인간이 하나를 이루는 유기체로서의 세계를 전제한다(최창조 1984 21f.). 자연은 그 속에 기(氣)를 가진 살아 있는 유기체요 끊임없이 스스로 생성하는 생명력이다. 산이 험하게 솟아 있는 것은 생명력 곧 기가 응결되어 있기 때문이다. 사람에게 혈맥이 있어 피가 흐르듯이 산의 맥을 따라서도 기가 흐른다고 주장한다. 이처럼 자연도 살아 있는 존재이므로 자연을 파괴하거나 그 맥을 막아버려서는 안 된다는 것이다. 자연의 맥을 막아버리는 곳에 묘를 세우면 후손들의 가문에 액운이 찾아오고 맥이 흐르도록 하는 곳에 묘를 세우면 가문이 흥하게 된다고 믿어왔다.

풍수지리설의 대표자인 신라 말기의 도선(道詵)에 따르면, 땅도 하나의 살아 있는 몸이다. 그래서 침이나 뜸으로 사람의 몸을 고칠 수 있듯이 땅도 비보법(裨補法)을 통해 고칠 수 있다는 것이다. 즉 기가 너무 센 곳에는 절이나 탑을 세워 기를 줄여주고 기가 부족한 곳은 가산(假山)을 만들어

보강해 주어야 한다. 아무리 좋은 땅이라도 그 속에 묻히는 자가 생전에 악행을 많이 행하면 그 땅은 "허혈"(虛穴)일 뿐이다.

2. 고대 시대의 보편적 세계관이었던 유기체적 세계관에 반해 근대 유럽에서는 세계를 하나의 기계로 보는 기계론적 세계관이 등장하였다. 기계론적 세계관은 자연과학의 연구에 대한 교회의 간섭과 지배를 거부하고 수학에 기초한 실험과 관찰과 측정을 통해 자연을 설명하고자 하는 근대 초기의 과학적 관심에서 시작하였다. 이것을 시작한 사람은 니콜라우스 코페르니쿠스(N. Kopernikus, 1473-1543)였다.

코페르니쿠스는 그 당시 독일에 속한 바르미아(Warmia) 지방의 가톨릭교회 주교 루카스 바첸로데(L. Watzenrode)의 교구에서 교회 행정가로 일하였다. 바첸로데는 그의 삼촌인 동시에 후견인이었다. 그의 도움으로 코페르니쿠스는 이탈리아에서 의학과 교회법을 공부하였다. 이탈리아에서 돌아온 후 그는 교회 행정가로 일하면서 교회가 오랫동안 고심해 왔던 문제들, 예를 들어 부활절과 성탄절 같은 성일(聖日)이 언제인가를 정확히 계산하는 문제 등을 연구하였다.

이를 위해 수학과 천문학을 연구한 결과 코페르니쿠스는 지구가 태양의 주위를 맴도는 하나의 행성이란 사실을 발견하였다. 이 사실을 그는 수리 천문학적으로 증명하였다. 그는 "지구가 행성 상태에 있다는 것을 입증하기 위해 하등 학문인 기하학에서 도출한 증거들을 비중 있게 다루었고, 따라서 전통적인 학문의 위계질서를 위반하였다. 코페르니쿠스의 작업에서 혁명적이라고 부를 만한 것이 있다면 그것은 바로 이상과 같은 논증 방식이었다"(Lindberg 1998, 117f.). 그는 천체에 대한 인식에 있어 교회의 교리보다 수리 천문학적 관측이 더 큰 확실성을 가진다고 주장하였다. 따라서 수리 천문학은 교회의 권위에 대해 자율성과 우월성을 가져야 한다고 그는 주장하였다.

요한네스 케플러(J. Kepler, 1571-1630)는 코페르니쿠스의 새로운 방법에 경탄하였다. "하나님은 언제나 기하학을 한다"라고 말할 만큼 그는 수학적 방법을 신뢰하였다. 그에 따르면, 모든 학문의 방법들 가운데서 수학적 방법이 최고의 방법이다. 행성들의 운동은 수학적으로 설명될 수 있는 형태로 일어나는 "기하학적 완전성"을 가진다. 여기서 수학적으로 설명되는 관계들에 대한 정확한 관찰과 기술(記述)이 결정적 중요성을 가진다. 교회의 교리가 아니라 수학적 방법에 따른 관측이 확실성을 가진다. 이리하여 종래의 세계관에 큰 변혁이 일어난다. 즉 우주는 수학적 구조를 가진 것으로 이해된다.

근대의 많은 학자들처럼 케플러는 우주의 아름다움과 질서에 대해 경탄하는 데 머물지 않았으며, 더 나아가 "세계 질서의 수학적 의미"를 "**사실들로부터** 이해하고 증명하고자 하는" 근대 자연 연구의 "경험적 피타고라스주의"의 과제를 해결하였다. 그의 연구 동기는 "우주의 수학적 질서를 철학적으로 확신시키는" 데 있었다. 이를 위해 그는 귀납법을 통해 행성의 운동 법칙을 발견함으로써 우주의 질서를 증명하였다. "자연과학적 연역법의 과제는 결정되어 있는 모든 현상 속에 동일하게 존속하는 **수학적 관계**를 관측을 통해 찾아내는" 것이라고 그는 확신하였다. "케플러가 우주 안에서 찾고자 했던 신적 산술과 기하학은 **사건의 법칙들** 속에 있었다"(Windelband 1957, 332f.).

3. 근대 자연과학의 아버지라 불리는 갈릴레이(G. Galilei, 1564-1642)는 근대 자연과학의 수학적 방법을 처음으로 공식화하고 이를 성공적으로 응용하였다. 그는 관찰과 실험의 중요성을 강조한다. 자연에 대한 인식은 대상에 대한 관찰과 실험과 측정에 근거해야 한다. 모든 종교적 전제와 간섭은 배

제되어야 한다. "측정할 수 있는 모든 것은 측정하고, 측정할 수 없는 것은 측정할 수 있는 것으로 만들어라!" 갈릴레이의 이 말은 자연과학적, 수학적 방법과 실험에 기초한 과학적 방법에 대한 그의 깊은 신뢰를 보여준다 (Dürr 1997, 65).

1610년에 갈릴레이는 당시에 발견된 망원경을 가지고 달에 있는 산을 관찰하고 지구가 완전한 "하늘의 공"(天球)이 아니라는 사실을 발견하였다. 목성을 발견함으로써 그는 모든 별이 지구의 주변을 돌지 않는다는 사실을 객관적으로 증명하였다. 갈릴레이 이전에도 이론과 객관적 검증을 결합하려는 시도가 있었지만 갈릴레이를 통해 이 결합은 자연과학의 방법으로 완성되었다.

아리스토텔레스에 따르면 어떤 사물의 물리적 변화는 그 사물의 본질과 연결되어 있다. 예를 들어, 우리의 일상적 경험에 의하면 돌멩이는 깃털보다 빨리 떨어지는데, 이는 돌멩이라는 사물의 본질이 그렇기 때문이라는 것이다. 이에 반해 갈릴레이는 진공관 속에서는 모든 물체가 같은 속도로 낙하한다는 사실을 진공관 실험과 관찰을 통해 증명하였다. 그는 측정할 수 있고 수학적으로, 기하학적으로 상징화할 수 있는 사물들에 관심을 가졌으며 이 사물들을 설명하기 위해 길이, 시간 그리고 속도의 개념을 사용하였다. "실재는 형태상 수학적이며 따라서 수학적 이론이 실험적 탐구의 진정한 구조를 결정해야" 한다는 것이 그의 신념이었다(Shea 1998, 176f.).

갈릴레이 자신은 기계론적 세계관을 개진하지 않았으나, 수학적 방법과 객관적 관찰을 통해 세계를 설명할 수 있다는 그의 신념은 기계론적 세계관의 기초가 되었다. 질량과 운동을 그는 관찰자에게서 독립되어 있는 객관적 세계의 "일차적 특성"이라 불렀으며, 우리의 감각기관을 통해 주관적으로 느낄 수 있는 것, 곧 색깔, 온도 등을 "이차적 특성"이라 불렀다.

예를 들어 바늘 자체는 아픔을 갖지 않는다. 그러나 바늘에 찔릴 때 우리는 아픔을 느낀다. 이러한 이차적 특성을 갈릴레이는 일차적 특성에서 구별한다. 세계는 수학적 제1특성들과 제2특성들과 그들 사이의 관계 법칙들로 구성되어 있으며, 이 법칙들은 수학적 방법을 통해 절대적으로 확실하고 구체적으로 발견될 수 있다고 갈릴레이는 확신하였다(177). 그는 "과학에서 질(質)을 파묻시켜 쫓아내고 그것을 측정되거나 양(量)으로 정할 수 있는 현상들에 관한 연구로 국한했다." 정신병리학자 레잉(R. D. Laing)에 따르면, "갈릴레이의 프로그램은 우리에게 죽은 세계를 가져다주었다. 그와 함께 시각, 소리, 맛, 촉감 그리고 냄새도 사라져 버렸다"(Capra 2004, 36).

중세기 스콜라 신학과 종교개혁 신학에서 하나님은 자연 속에 언제나 다시금 직접 개입하는 존재로 이해되었다. 이에 반해 갈릴레이에 따르면 하나님은 세계의 모든 원인들의 제1원인이다. 그는 어떤 다른 것에 의해 움직여지지 않으면서(不被動) 모든 것을 최초로 움직이게 하는(原動) 제1원인자다. 그는 원인과 결과로 구성된 자연의 과정을 처음으로 시작하게 했다. 자연의 과정은 상호작용 가운데 있고, 원인과 결과의 연관성을 자신 속에 가진 원자들과 더불어 시작한다. 세계는 원인과 결과의 법칙에 따라 움직이기 때문에 자율적이며 자족적이다. 따라서 하나님이 자연 속에 개입할 필요성은 점차 감소한다. 자연과학이 점점 더 자연의 원인들에 대해 관심을 가질수록 하나님은 더욱더 제1원인으로 축소된다. 세계는 하나님의 개입 없이 그 스스로 수학적 법칙에 따라 움직이는 기계와 같은 것으로 생각되기 시작한다.

4. 갈릴레이의 동시대인이었던 데카르트는 정신과 물질의 이원론을 주장하였다. 그에 따르면, 외적 세계를 구성하는 물질은 공간적으로 "확대되는 실체"(*res extensa*)인 반면, 정신은 확대되지 않는 "사유하는 실체"(*res*

cogitans)다. 수학은 "분명하고 확실한 생각들"과 마지막 확실성을 줄 수 있는 궁극적 방법으로 자연을 파악할 수 있는 열쇠다. 짐승은 지성과 감정을 갖지 않은 복잡한 자동기계와 같다. 인간의 육체도 하나의 기계다. "데카르트의 입장에서 생물을 포함한 물질적 우주 전체는 하나의 기계였고, 이론상 그 기계는 가장 작은 부분으로 완전히 분해함으로써 이해될 수 있었다"(Capra 2004, 37).

데카르트 역시 수학이 합리적 과학이라 생각한다. 수학은 가장 완전하고 정확한 학문이다. 이러한 신념에서 그는 "철학의 수학적 개혁"을 꾀한다. 진리에 대한 욕구를 충족시킬 수 있는 길은 형이상학적 이론들이나 경험적 분야들의 다양한 지식에 있는 것이 아니라 수학에 있다. 수학적 모범에 따라 인간의 모든 지식은 구성되어야 한다. 이리하여 데카르트의 철학은 "보편적 수학"(Universalmathematik)이고자 한다(Windelband 1957, 334). 18세기에 이르기까지 수학이 "가장 정확한 학문" 곧 모든 학문의 이상으로 간주된다. 수학에 대한 절대적 신뢰는 홉스(Th. Hobbes, 1588-1679)에게서도 나타난다. 기하학이 유일하게 확실한 분야이며 자연에 대한 모든 인식은 기하학에 뿌리를 가진다. 우리는 기하학적으로 구성될 수 있는 대상들만 인식할 수 있다고 홉스는 주장한다.

라이프니츠의 단자론에 따르면, 세계의 모든 사물은 더 이상 나누어질 수 없으며 "혼"이라 부를 수 있는 단자들(Monaden)로 구성된다. 따라서 세계는 단자들로 구성된 거대한 체계다. 이 체계는 혼과 영에서 시작하여 가장 "단순한 단자들"로 구성된다. 가장 낮은 단자들, 곧 명확하지 못하고 혼란 상태에 있는 단자들이 물질을 형성한다. 가장 높은 단자 혹은 가장 근원적 단자(Urmonade)는 하나님이다. 모든 단자는 하나님에게서 나온다. 그러므로 세계는 신적 조화와 질서를 가진다.

그런데 세계는 물질의 영역과 영혼의 영역으로 구별된다. 영은 목적인(Zweckursachen)의 법칙에 따라 활동하며 물질은 운동의 법칙, 곧 인과(Wirkursachen)의 법칙에 따라 활동한다(Leibniz 1969, §79). 혼은 "피조물들로 이루어진 우주의 거울 혹은 모상(Abbilder)"이요, 영은 "신성 혹은 자연 자체의 원인자의 모상이다." 모든 영은 그의 영역에서 "하나의 작은 신성"이며, "모든 영들의 교통은 하나님의 국가를 형성한다." 자연의 물리적 세계를 창조한 하나님이 "세계기계의 장인"(Baumeister der Weltmaschine)이라면, 영들의 "하나님의 국가"를 창조한 하나님은 "영들의 신적 국가의 왕"이다(Monarch des göttlichen Staates der Geister, §87). "자연의 물리적 세계"와 "영들의 신적인 국가", "세계 기계의 장인이신 하나님"과 "신적 국가의 왕이신 하나님" 사이에는 "완전한 조화"가 있다.

두 세계를 포함한 전체로서의 세계는 "미리 고정되어 있는 조화의 체계"다(§80). 이 세계 속에 있는 모든 생물의 유기체적 신체는 "일종의 신적 기계 혹은 자연적 자동기계"다. "자연의 기계들, 곧 살아 움직이는 육체들은 그들의 가장 작은 부분들에 이르기까지…기계들이다(§64). 그러므로 자연의 세계에서 우발적 사건은 일어날 수 없다. 자연의 법칙들은 모든 사건을 결정하는 영원한 법칙이다. 이 법칙을 알 때 우리는 과거를 재구성할 수 있고, 미래를 예측할 수 있다. 모든 단자는 애초부터 철저하게 서로 일치하도록 장치되어 있으며, "그들의 이 같은 필연적 삶의 전개 속에서…모든 기계론적 결정(Determination)과 더불어" 하나님의 섭리와 목적을 스스로 실현한다(Windelband 1957, 364). 라이프니츠의 이러한 생각에서 기계론적 세계관은 목적론적 세계관과 결합된다.

5. 스피노자는 범신론적 세계관을 주장한다. 하나님은 "모든 사물의 작용하는 원인"이며, "절대적으로 제1원인"이다. 그의 행동을 결정하는 그 무엇도 그의 존재 바깥에 있지 않기 때문이다. 따라서 그는 그 무엇에 의해

강요받지 않고 "그의 본성의 법칙들에 따라" 혹은 "그의 본성의 단순한 필연성에 따라 행동한다." "개별의 사물들은 하나님의 속성들의 상태들 (Affektionen) 혹은 하나님의 속성들이 그들을 통해…제한된 방법으로 표현되는 현존 형식들이다." "사물들의 본성 속에 우연적인 것은 아무것도 없다. 오히려 모든 것은 특정한 방법으로 존재하고 작용하도록 신적 본성의 필연성으로부터 규정되어 있다"(Spinoza 1976, 28, 31). 하나님은 "스스로 작용하는 자연"(natura naturans)이고, 자연의 사물들은 신적 본성의 필연성으로부터 "작용된 자연"(natura naturata)이다. 우주는 어떤 목적을 갖지 않는다. 모든 것이 원인과 결과의 영원히 변하지 않는 신적 필연성의 법칙에 따라 일어나기 때문이다. 세계의 질서는 인격적이거나 도덕적인 것이 아니라, 기계적이며 수학적인 것이다. 하나님은 우주의 비인격적 질서의 변화되지 않는 구조에 불과하다. 그는 인격적 실체가 아니라 "무한한 존재자", 곧 무한한 속성들로 구성된 실체다. 공간적 "확장은 하나님의 속성이며, 혹은 하나님은 (공간적으로) 확대된 존재다"(51, "Die Ausdehnung ist ein Attribut Gottes, oder: Gott ist ein (räumlich) ausgedehntes Ding"). 그러나 윤리적 속성들은 하나님의 속성이 아니다. 선과 악의 속성은 인간에게만 해당한다. 세계의 완전한 조화가 인간 행동의 최고 목적이다.

스피노자에 따르면, 참 지혜는 우리의 삶을 지배하는 영원한 법칙들의 필연성과 우주의 힘을 이해하고 파악하는 데 있다. 인간의 "정신이 인식할 수 있는 최고의 것은 하나님, 곧…그것 없이는 아무것도 존재할 수 없고 파악될 수 없는 절대적으로 무한한 존재"다. "하나님을 파악하는 것 혹은 인식하는 것"이 정신이 인식할 수 있는 최고의 것이다. 하나님의 존재와 필연적인 것은 하나이므로 세계의 모든 필연적인 것은 하나님의 의지다. 따라서 필연적인 것을 인식하고 긍정하는 것이 하나님에 대한 사랑이며 그의 의지에 대한 순종이다. 인간이 도달할 수 있는 이 최고의 상태를 스피노자는 "하나님에 대한 지적 사랑"(*amor Dei intellectualis*)이라 부른다. 이 사랑은 변화될 수 없는 "운명에 대한 사랑"(*amor fati*)을 말한다. 필연적인 것에 자기를 바치는 것은 하나님의 의지에 자기를 바치는 것을 뜻한다.

여기서 스피노자는 수학적 필연성을 가진 법칙에 따라 움직이는 기계로서의 세계를 하나님과의 관계 속에서 파악한다. 그러나 그는 세계를 인간을 위한 세계, 인간중심의 세계로 파악한다. "어떤 사물이 우리 인간의 본성(Natur)과 일치할 때, 그것은 필연적으로 선하다." "어떤 사물이 우리의 본성과 일치하면 할수록, 그것은 우리에게 더 유익하고 더 좋다. 거꾸로 어떤 사물이 우리에게 유익하면 유익할수록 우리의 본성과 더욱더 일치한다"(217f.). 자연계의 어떤 사물이 선한가 선하지 못한가의 기준은 그것이 인간에게 유익을 주는가, 아니면 유익을 주지 못하는가에 달린 것으로 생각된다.

6. 근대 고전물리학의 기계론적 세계관의 대부라 불리는 뉴턴(1643-1727)은 갈릴레이가 사망한 해에 태어났다. 그는 수학의 이론들을 실험적으로 검증하는 갈릴레이의 방법을 한 걸음 더 발전시켰다. 그의 물리학은 다음과 같은 전제에 기초한다(Spülbeck 1959, 25f.).

> 1) **질량 보존의 법칙**: 자연계에는 제한된 질량이 있는데, 이 질량은 공간과 시간에 대해 독립적으로 존재한다. 그러므로 아무리 오랜 시간이 흘러도 세계의 질량은 없어지지 않고 보존된다.
> 2) **에너지 보존의 법칙**: 물체 내에는 대체될 수 있고 변화될 수 있는 에너지가 있으며, 이 에너지는 절대로 없어지지 않는다.
> 3) **미분과 적분의 수학적 방법**: 에너지에서 질량으로의 발전은 무한히 작은 단계로 끊임없이 일어난다. 여기에는 어떠한 비약도 없다.

세계는 엄격한 법칙들에 따라 움직이는 복잡한 기계와 같다. 이 법칙들은 변하지 않는다. 따라서 세계의 모든 사건은 미리 관측될 수 있고 예보될 수 있다. 갈릴레이가 시사한 바와 같이, 자연은 인간에 의해 수학적으로 완전히 설명될 수 있다.

뉴턴은 그의 물리학에서 절대 시간과 절대 공간을 전제한다. 절대 시간, 절대 공간이란 세계 내에서 어떤 사물 없이 자기 홀로 독자적으로 존재하는 시간과 공간을 말한다. "절대적이며 참되고 수학적인 시간은 그 자체에 있어 균일하게 흐르며, 그의 본성상 외적인 것과 관계를 갖지 않는다. 달리 표현하여 그것은 '지속'(Dauer)이라 불린다." 이 수학적 절대 시간은 절대 공간에 상응한다. 절대 시간과 마찬가지로 "절대 공간은 그의 본성에 상응하여 외적인 것과 관계를 갖지 않고 '자기 자신'에게 똑같이 그리고 고정되게 머무른다"(Newton 1969, 2:541). 시간과 공간 안에 있는 모든 사물도 언제나 동일하게 존속한다. 그러므로 자연과학은 서술적(deskriptiv)이어야 하며, 검증되지 않은 공상들을 피해야 한다. 검증을 거친 과학적 통찰들은 객관적 실재 그 자체에 관한 서술이다. 그러므로 뉴턴은 인식과 대상이 일치한다는 실재론을 표방한다.

그에 따르면, "세계기계"는 지성을 가진 창조자 하나님에 의해 기획되었고 창조자 하나님의 의도를 나타낸다. 지구의 회전, 지구 축의 기울기, 물과 땅의 관계, 노동을 위한 낮의 시간과 안식을 위한 밤의 시간, 사계절의 순환, 이 모든 것은 그들을 있게 한 최고의 이성적 존재를 나타낸다. 특히 생물들의 눈(目)은 창조자의 천재성과 뛰어난 솜씨를 보여 준다. 하나님은 세계기계의 기계적 법칙을 통해 세계를 섭리하며 통치한다. 세계기계의 법칙들은 하나님이 세계를 다스리며 그의 뜻을 성취하는 도구다. 하나님이 완벽하게 기획한 세계기계는 자신의 내적 법칙에 따라 정확하게 움직이면서 하나님의 의도를 이루어나간다. 기적이 아니라 세계의 기계적 법칙들을 통해 하나님은 세계를 다스린다(Deism).

그러므로 세계의 모든 사물은 충돌하지 않고 완벽하게 조화된 우주를 이룬다. 자연 속에서는 그 무엇도 헛되이 일어나지 않는다. "우리가 눈으로 보는 세계의 이 질서와 아름다움은 어디에서 유래하는가? 어찌하여 짐승들의 몸은 이렇게도 정교하게 기획되었으며 그들의 다양한 부분들은 어떤 목적을 위해 봉사하는가? 광학의 지식 없이 눈이 기획되었는가?" 이같은 현상들은 세계가 최고의 이성적 존재인 하나님이 기획한 것이고 완전한 기계적 법칙에 따라 움직인다는 것을 보여준다. 그들은 "몸이 없고 살아 있는 이성적 존재가 있다는 것에 대한 징표들"이다(Newton 1952, 344, Barbour 2003, 41에서 인용).

7. 기계론적 세계관(자연관)의 중요한 특징은 아래와 같이 요약될 수 있다.

1) **기계론적-합리적 자연관**: 자연은 그 안의 모든 것이 수학적 법칙에 따라 움직이는 기계와 같다. 수학적 법칙이 세계의 모든 사물에 내재한다. 따라서 자연의 모든 사물은 수학적으로, 합리적으로 파악될 수 있고 설명될 수 있다.

2) **인과론적 자연관**: 자연의 모든 현상은 인과율, 곧 원인과 결과의 법칙에 따라 일어난다. 인과론적 법칙은 곧 수학적 법칙으로 파악된다.

3) **이신론적, 목적론적 자연관**: 자연은 기계 제작자 하나님에 의해 제작되었으며, 그가 부여한 법칙에 따라 움직인다. 이를 통해 자연은 하나님의 의지를 성취하며 하나님이 부여한 목적을 향해 움직인다. 따라서 자연은 합목적성과 합법칙성을 그의 본성으로 가

진다. 빈델반트에 따르면 근대의 기계론적 자연관은 "자연의 기계적 탈정신화"(mechanische Entgeistigung der Natur)를 그의 특징으로 가진다(Windelband 1957, 346). 자연의 세계를 하나의 기계로 이해할 때 "생명의 현상들도 기계론적으로 설명"하게 된다. 데카르트에 따르면 동물들의 신체는 자동기계와 같으며 그들의 생명 활동은 기계적 과정으로 관찰될 수 있다.

4) **인간중심적 자연관**: 기계론적 세계관에서 세계는 인간을 위해 존재하는 것으로 이해된다. 그것은 인간에게 유익을 주는 한에서 가치와 의미를 지닌다. 존재의 피라미드 꼭대기에 위치하는 인간은 자연 세계의 지배자로 이해되고 자연은 "단순히 원자재로" 이해된다(조영호 2022, 231). 데카르트에 따르면 인간은 "자연의 소유자요 주인"이다. 그는 자연과학을 통해 자연의 모든 비밀을 합리적으로 해명할 수 있는 열쇠를 그의 손안에 가지고 있다.

5) **실재론적 자연관**: 자연은 인간이 인식하는 바대로 실재한다. 따라서 과학적 이론들은 관찰자에게 의존하지 않고 세계 그 자체(Welt an sich)를 묘사할 수 있다. 시간과 공간은 관찰자의 입장에 의존하거나 외적인 것과 관계를 갖지 않고 그 자체로서 존재하며 그 속에서 사건들이 일어나는 절대 형식이다. 수학적으로 측정할 수 있는 질량과 속도 등의 기본 특성들은 실재하는 세계의 객관적 표식들이다.

6) **결정론적 자연관**: 자연 속에는 영원히 변하지 않는 법칙들, 곧 자연 법칙이 있다. 세계는 가장 작은 요소들에서 시작하여 가장 멀리 떨어져 있는 행성에 이르기까지 원인과 결과의 기계적 법칙에 묶여 있다. 세계의 모든 사건은 기계적 법칙에 따라 일어난다. 따라서 우연과 기적은 배제되며 운동 속에 있는 물체들의 미래를 정확히 예

측할 수 있다.

  7) **환원론적, 개체주의적 자연관**: 자연의 가장 작은 부분들, 기초적 요
     소들이 자연이라는 전체를 구성하며 부분들의 상태가 전체의 상태
     를 결정한다. 그러므로 자연은 가장 작은 부분들 혹은 개체들로 환
     원된다. 전체에 대한 인식은 사라지고, 그 대신 전문화되고 특정인
     의 독점물이 된 부분적 인식들이 지배하게 된다.

2. 무신론적, 물질론적 세계관

1. 뉴턴의 기계론적 세계관은 많은 학자의 도전을 받는다. 그 가운데 중요
한 인물은 칸트다. 그의 『판단력비판』에 따르면, 세계 속에는 기계론적으
로 설명될 수 없는 영역들이 있다. 그중에 중요한 것은 생명의 영역이다.
기계는 고정된 것이다. 기계의 각 부분은 독자적으로 존재하며 자신에게
주어진 기능을 행함으로써 전체를 유지한다. 이에 반해 생명의 각 부분은
"서로를 만들어 간다는 의미에서 서로에 '의해서' 존재한다." "우리는 각
부분을 다른 부분을 생산하는(그래서 각 부분이 서로를 만드는) 기관(器官)으로
생각해야 한다.…그 때문에 (그 기관은) 조직화된 무엇이면서 아울러 자기
를 조직하는(self-organizing) 무엇이다"(Capra 2004, 39). 생명에 관한 이 같은
이해를 통해 칸트는 세계를 기계와 같은 것으로 보지 않고 자기를 조직화
하는 전일적 생명체로 이해할 수 있는 길을 개척한다. 칸트의 뒤를 따라 낭
만주의의 대표자 괴테는 그의 『색채론』에서 뉴턴의 기계론적 사고를 비판
한다. 그에 따르면 세계는 하나의 기계처럼 객관화될 수 있는 고정된 물건
이 아니라 "객관적 실재"를 확정할 수 없는 동적 체계다. 그것을 적절히 파
악할 수 있는 길은 수학이 아니라 감성이라고 괴테는 말한다.

우리는 기계론적 세계관에 대한 강한 도전을 세계가 "맹목적으로 실존하는 것"이라고 여겼던 낭만주의자 셸러, 그리고 쇼펜하우어에게서 볼 수 있다. 염세주의자 쇼펜하우어에 따르면, 세계는 하나의 기계처럼 고정된 것이 아니다. 그것은 우리의 "표상"이다. 곧 우리 자신이 표상하는 것이 세계다. 이 세계를 이끌어가는 것은 세계 자체의 기계적 법칙이 아니라 살고자 하는 의지 곧 목적을 알지 못하는 "삶에의 의지"(Wille zum Leben)다.

이 같은 도전에도 불구하고 뉴턴의 기계론적 세계관은 이후의 역사에 결정적 영향을 끼친다. 뉴턴 이후의 많은 과학자가 뉴턴을 크게 존경하였다. 뉴턴의 역학(Mechanik, 기계학)은 이후 자연과학적 연구와 인식의 패러다임이 되었다. 뉴턴의 역학은 과학의 모든 다른 영역에 영향을 주었다. 이 시대의 인물 알렉산더 포프(A. Pope)는 뉴턴에 대한 존경심을 다음과 같이 표현한다. "자연과 자연의 법칙은 어둠 속에 있었다. '뉴턴이 있게 하라!'라고 하나님이 말씀하였다. 그러자 모든 것이 밝게 드러났다"(Barbour 2003, 58).

그러나 뉴턴의 기계론적 세계관은 하나님의 존재를 배제하는 근대 자연과학적 방법의 개선 행진 속에서 무신론적, 물질론적 세계관으로 발전한다. 세계가 자신의 기계적 법칙에 따라 움직인다면 세계는 하나님을 필요로 하지 않는다. 뉴턴은 하나님이 별들이 서로 충돌하지 않도록 지키며 태양계의 질서를 유지한다고 믿었다. 그러나 이 같은 "간극(gaps)의 하나님"은 자연과학의 무신론적 방법에 의해 배제되고 세계는 자신의 내재적 법칙에 따라 움직이며 유지되는 물질 덩어리로 여겨지게 된다. 1842년 독일의 물리학자 폰 마이어(J. R. von Mayer, 1814-1878)가 발표한 열역학 제1법칙에 따르면, 폐쇄된 체계 속에서 에너지의 양은 증가하지도 않고 감소하지도 않는다. 그렇다면 세계는 시작도 없고 끝도 없다. 그것은 영원하다. 따라서 태초의 창조라는 세계의 출발점과 창조자 하나님은 불필요하게 된다.

이리하여 자연현상에 대한 인식에서 모든 종교적, 신학적 전제는 배제되고 세계는 하나님 없는 물질적 기계로 이해된다. 그 원인은 기계론적, 이신론적 세계관 자체에 있다. 세계기계를 기획하였고, 그것을 자신의 기계적 법칙에 맡겨둔 우주의 건축가 하나님은 이 기계 곧 세계에 더는 개입하지 않는다. 또 개입할 필요도 없다. 세계기계는 시계처럼 자신의 내적 법칙에 따라 조화롭게 움직이기 때문이다.

이로써 하나님은 자연에서 배제되어버린다. 그는 자연을 염려하여 새롭게 개입하거나 이를 통해 자신과 세계의 관계를 유지하지 않는다. 그는 더 이상 우리의 기도를 듣고 그 기도에 응답하는 인격적 존재가 아니다. 그는 세계기계를 기획, 제작하고 그것을 자신의 법칙에 따라 움직이도록 한 기계 제작자일 뿐이다. 그는 세계의 시작을 설명하기 위한 열쇠에 불과하며 인간과 세계의 일상생활에 대해 아무 의미도 갖지 못한다. 하나님이 없어도 세계기계는 자신의 법칙에 따라 움직이며 자신의 목적을 수행하기 때문이다. 따라서 자연과학은 자연의 현상들을 단지 자연 자체의 물리적 법칙에 따라 실험과 관찰을 통해 설명할 수 있게 된다. 이른바 하나님 없이 세계의 모든 것을 물리-화학적 법칙에 따라 설명하는 근대 자연과학의 "방법론적 무신론"이 등장한다.

2. 자연에 대한 무신론적, 물질론적 설명은 이미 고대 그리스 철학의 물활론(Holozoismus)에서 나타나기 시작하였다(아래 내용에 관해 Windelband 1957, 28ff.). 그 당시 자연주의자들에 따르면, 자연의 전 과정 속에는 세계를 구성하는 하나의 근원적 질료가 그 기초를 형성한다. 자연주의자들은 이 질료를 물질적인 것으로 생각하였다. 즉 물질적인 것이 세계를 형성하는 기본 요소라는 말이다. 탈레스(Thales)에 따르면, 세계의 기본 요소는 물이다. 물

이 있어야 모든 생명체가 죽지 않고 생존할 수 있기 때문이다. 아낙시메네스(Anaximenes)에 따르면, 세계의 기본 요소는 공기다. 땅 위의 모든 생명체는 공기를 마셔야 생존할 수 있기 때문이다. 헤라클레이토스(Heraklit)는 불이, 엠페도클레스(Empedokles)는 흙, 물, 공기, 불이 세계의 기본 요소라고 말한다.

이러한 기본 요소 곧 만물의 근원자(*arche*)를 아낙시만드로스(Anaximandros)는 무한한 존재(*to apeiron*) 혹은 신적 존재(*to theion*)로 보았던 반면, 레우키포스(Leukipos)는 물질적 원자(*atomoi*)라고 생각한다. 파르메니데스(Parmenides)의 절대적 존재처럼 원자는 영원하고 변하지 않으며 더 작은 부분으로 나누어질 수 없다. 모든 원자는 동일하며 무수히 많고, 우리가 인지할 수 없을 정도로 작다. 우리가 경험하는 세계의 사물은 원자들의 결합이다. 그들은 원자들의 결합으로 인해 생성하고, 원자들의 분리로 인해 해체된다. 우리가 인지하는 사물들의 속성은 가상일 뿐이다. 원자들의 형태와 크기와 배열과 위치에 따라 사물들의 속성은 우리에게 다르게 경험된다. 자연 속에서 일어나는 모든 사건은 공간 속에서 일어나는 원자들의 활동으로 환원된다. 따라서 "모든 개별의 사건들은 완전히 기계적(mechanisch)이다." 따라서 레우키포스는 "기계론의 원리"에 따라 자연을 설명한다. 원자들은 언제나 스스로 활동하는 가운데 있다. 그들의 활동은 시작도 없고, 끝도 없다. 사물들의 모든 질적 차이들은 원자들의 양적 차이로 말미암아 일어난다. 원자들은 위, 아래, 안과 바깥이 없는 무한한 공간 속에서 자기 자신을 위해 무질서하게 활동하다가 서로 결합하여 자연의 사물들과 세계를 형성한다.

고대 그리스 철학의 대표적 원자론자인 데모크리토스(Demokrit)는 레우키포스의 이론을 크게 벗어나지 못하지만, 그러면서도 개별 사물에 대한 철저한 연구를 통해 레우키포스의 이론을 한 걸음 더 심화한다. 레우키포스처럼 데모크리토스도 자연의 모든 현상을 원자들의 기계적 활동으로 환원한다. 우리가 경험하는 모든 질적인 것과 질적 변화들은 원자들의 양적 상황, 곧 그들의 배열과 활동의 상황일 뿐이다. 따라서 우리는 모든 질적 상황의 원인을 양적 상황에서 찾아야 한다. 원자들은 빈 공간을 채우고 그 속에서 활동하는 추상적 물체성의 특징만을 가지는데, 형태와 크기, 기계적 활동성과 관성(Trägheit), 밀도와 경도(硬度)를 특성으로 가진다. 그 외의 특성들, 곧 색채, 냄새, 맛 등의 이차적 특성들은 사물 자체 안에 있는 것이 아니라 인간의 인지 능력으로 말미암은 주관적 인상에 불과하다. 자연은 "빈 공간 속에 이리저리 흩어져 있는" 원자들로 구성되어 있다. 원자들 서로 간의 작용은 오직 부딪힘과 직접적 접촉을 통해 가능하며, 이 작용은 원자들의 운동 상태의 변화에 있을 뿐이다. 원자들의 형태는 모든 사건 속에서 변하지 않고 존속한다.

3. 프랑스의 수학자요 천문학자인 라플라스(P. Laplace, 1749-1827)는 근대 무신론적, 물질론적 세계관의 대표자였다. 그는 천체의 운동을 수학적으로 분석하고 행성들의 인력으로 인해 일어나는 비규칙적인 운동들은 하나님의 개입으로 말미암은 것이 아니라 오랜 시간의 과정에서 저절로 생성하고 폐기된다는 사실을 증명하였다. 그에 따르면 태양계는 하나님의 창조를 통해 생성된 것이 아니라 가스 형태의 구름이 식어서 응결함으로써 생성되었다. 모든 실체의 운동은 그것들을 구성하는 가장 작은 요소들의 운동에 의해 결정된다. 우주에 있는 모든 입자의 속도와 위치를 파악할 때 미래의 모든 사건을 미리 예측할 수 있다. 자연현상을 설명하기 위해 하나님이라는 가설은 이제 필요하지 않게 되었다.

다섯 권에 이르는 방대한 저서 『천체 역학』(1799-1825)이 출판되었을 때, 라플라스는 나폴레옹과 대화를 나누게 된다. 나폴레옹은 그에게 다음과 같이 말한다. "라플라스 씨, 사람들이 말하기를, 당신은 우주 세계에 관해 방대한 책을 쓰면서도 그 책에서 우주의 창조자에 대해 한마디도 언급하지 않았다고 지적하더군요." 이 말에 라플라스는 다음과 같이 대답한다. "각하, 저에게는 하나님이라는 가설이 필요하지 않습니다"(Schwarz 2002, 6f.). 케플러는 자연의 수학적인 법칙 속에서 하나님을 체험할 수 있었던 반면, 파스칼(Pascal)은 그렇게 할 수 없었다. 그러므로 파스칼은 수학 연구를 포기하고 신앙의 영역에서 하나님을 찾았다. 파스칼의 뒤를 이어 라플라스도 "수학 속에서 하나님을 발견할 수 없었고, 또 발견하고자 하지도 않았다. 그는 수학적으로 증명될 수 있는 것에 대해서만 이야기하였고 하나님을 배제하였다"(Weizsäcker 1992, 87).

나폴레옹에 대한 라플라스의 대답은 근대의 무신론적, 물질론적 세계관을 대변한다. 자연에 대한 설명에서 창조자 하나님이라는 가설은 더 이상 필요하지 않다. 자연은 수학적 방법으로 설명될 수 있으며 그 자체로 충분한 "영혼 없는 기계" 곧 물질 덩어리로 이해된다. 설명되지 않는 간극이 있을 때 이 간극은 더 이상 자동기계와 같은 하나님(deus ex machina)을 통해 해결될 수 있는 것이 아니라 물리-화학적 법칙들을 과학적으로 해명함으로써 해결될 수 있다.

영국의 데이비드 흄(D. Hume, 1711-1776)은 무신론적 세계관을 한 걸음 더 강화한다. 그에 따르면, 인간의 모든 지식은 감각을 통해 얻게 되는 인상들, 곧 경험에 근거한다. 따라서 세계에 대한 어떤 인식도 증명될 수 없다. 오성의 기능은 감각적 자료들을 수용하고 분류하며 비교하는 데 있다. 그 이상의 능력을 오성은 갖지 않는다. 과학적 이론들이나 법칙들은 개별의 관찰들을 보편화시킨 것, 혹은 요약한 것에 불과하다. 예를 들어 원인과 결과의 법칙, 곧 인과율도 우리가 반복하여 경험한 것을 보편화한 것에 불과하다. 원인과 결과의 필연적 연결성을 우리는 증명할 수 없다. 인과율이 전제하는 원인과 결과의 연결성은 필연적인 것이 아니라 단지 개별의 경험들이 축적된 결과에 불과하다. 따라서 인과율은 보편타당성을 갖지 못한다. 하나의 원인에서 반드시 그것의 결과가 도출되지 않는다. 사물의 법칙들은 과거의 경험에 근거하는 인간의 기대를 나타낼 뿐이다. 우리의 모든 지식은 경험을 통해 우리가 축적한 인상들에 기초한다(Hume 1989, I. §3).

흄에 따르면 우리는 한 창조자가 우주를 창조하였다는 것을 경험한 적이 없다. 창조자 하나님 자체를 우리는 경험한 적이 없다. 따라서 제1원인으로서 하나님의 존재를 증명한다는 것은 불가능하다. 우리는 언제나 특정한 결과에서 그 원인으로 소급하는데, 우주로부터 우리는 그것을 존재하게 한 창조자로 소급할 수 없다. 우리는 우주의 창조자를 한 번도 본적이 없기 때문이다. 자연과학은 우주의 부분들을 다룰 뿐이며 우주의 과정 전체, 우주 질서의 근원이나 사건들의 구조를 다루지 않는다. 자연과학이 증명할 수 없는 모든 진술은 주관적 사변이나 상상에 불과하다. 만일 자연 세계가 질서를 가진다면, 그 질서의 힘은 자연 바깥에 있는 것이 아니라 자연 안에 있다. 자연은 시계나 기계라기보다 자신의 내재적 삶의 원리를 가진 식물이나 동물과 비슷하다.

흄은 다음과 같이 질문한다. 왜 우리는 자연 속에 질서와 원리가 내재하며 만물을 생성하는 힘이 그 속에 있다는 진술로 만족하지 않고, 신적 창조자를 전제하는가? 흄에 따르면, 이 세계 속에 가득한 죄악과 고난과 고통을 볼 때 우리는 도덕적, 신적 창조자를 인정할 수 없다. 유한한 세계로부터 우리는 단지 유한한 것을 추론할 수 있을 뿐이다. 이리하여 흄은 자연에 대한 설명에서 하나님의 존재를 배제한다. 그러나 그는 하나님의 존재에 대해 유보적 입장을 취한다. 하나님의 존재는 증명될 수도 없고 부인될 수도 없다. 하나님의 존재에 대한 확실한 자료가 없기 때문에 이 마지막 문제에 대한 판단을 우리는 유보해야 한다고 그는 생각한다(이에 관해 Flew 1961, 272f.).

4. 칸트도 자연에 대한 설명에서 하나님의 존재를 배제한다. 그는 『하늘의 자연사』(Naturgeschichte des Himmels)라는 저서에서 다음과 같이 말한다. "물질을 나에게 달라. 그러면 나는 당신들에게 세계를 건설해주겠다!"(Windelband 1957, 410) 칸트의 이 말은 세계가 물질을 통해 설명될 수 있으며 세계에 대한 설명에 있어 하나님은 필요하지 않다는 것을 시사한다. 별들로 가득한 우주는 인간의 이성으로 설명될 수 있다. 자연의 물리적 작용에서 하나님의 존재를 전제하는 것은 불필요하다는 말이다.

이리하여 칸트는 인간의 이성으로 인식할 수 있는 자연의 영역을 신앙의 영역으로부터 구별한다. 이성은 현상의 세계를 인식할 수 있을 뿐이며 하나님을 증명할 수도 없고 부인할 수도 없다. 하나님, 세계, 영혼은 이성이 인식할 수 있는 한계 너머에 있는 "경험 이전의(선험적) 관념들"이다. 하나님은 오직 신앙에 의해 인식될 수 있다. 이로써 이성과 신앙, 이성이 인식할 수 있는 자연의 영역과 신앙의 영역이 분리되고, 하나님은 자연의 영역에서 배제되고 신앙의 영역으로 제한된다. 이제 인간의 이성은 하나님이라는 전제 없이, 하나님의 간섭 없이 자유롭게 자연의 영역을 탐구할 수 있게 되었다. 세계는 하나님 없는 세계가 되고 하나님은 세계 없는 하나님이 된다.

독일의 남작 폰 홀바하(H. D. von Hollbach, 1723-1789)는 그의 저서 "자연의 체계"(Système de la naturae, 1770)에서 하나님의 존재를 배제한 자연의 설명을 시도한다. 그에 따르면 자연은 모든 물질과 그들의 활동들의 총화다. 물질은 언제나 활동 속에 있는데, 이 활동은 하나님의 개입으로 일어나는 것이 아니라 물질 속에 내재하는 에너지 혹은 힘으로 말미암아 일어난다. 물질적 우주를 설명하기 위해 우리는 물질의 창조에 관한 신앙을 필요로 하지 않는다.

자연은 그 안의 모든 현상이 서로 결합되어 있는 "위대한 전체"이며 인과율을 통해 결정된 체계다. 그러므로 자연 속에는 우연한 것도 없고 무질서도 없다. 자연의 모든 것은 인과율의 필연성으로 말미암아 일어나며 원인과 결과의 되돌릴 수 없는 연결고리의 질서 속에서 일어나기 때문이다. 자연은 무엇이 의롭고 무엇이 불의한지, 무엇이 선하고 무엇이 악한지에 대한 가치를 모른다. 자연의 모든 것은 동등한 가치를 가진다. 모든 것이 자연 자체의 내적 필연성으로 말미암아 생성되었으며 이 필연성에 따라 행동한다. 그러므로 자연 속에는 악이 없으며 죄책감도 없다. 인간도 자연의 일부로서 원자들의 배열을 통해 생겨났다. 그렇다면 인간도 자연의 인과율에 따라 행동하는 기계와 같다. 그러므로 본래 인간에게는 선과 악, 의와 불의에 관한 가치라는 것이 없었다. 인간도 자연의 짐승들처럼 자연의 일부이기 때문이다. 인간이 자신의 상상에 따라 선과 악, 의와 불의에 대한 가치 체계를 만들었다는 사실에 인간의 비극이 있다. 나중에 니체는 이 같은 생각을 반복한다.

5. 근대의 무신론적, 물질론적 세계관은 포이어바흐, 마르크스, 엥겔스의 무신론에서 정점에 도달한다. 이들을 통해 세계와 세계사는 완전히 하나님 없이 설명된다. 포이어바흐의 주요 저서인 『기독교의 본질』에 따르면, 신학과 종교의 하나님은 인간의 병든 심리 상태가 만들어낸 산물이다. 그러므로 신에 관한 학문 곧 신학은 일종의 "병리학"(Pathologie)이요 "심리학"이다(Feuerbach 1976, 105). 인간은 자기의 힘으로 실현할 수 없는 긍정적 본성들을 하나님이라는 신적 초월자로 투사시키고 그것을 숭배한다(투사설). 그는 자기가 참으로 찬양하고 숭배하는 것을 신적 존재로 세운다.

따라서 "신적 존재는 인간적 본질에 불과하다. 조금 더 분명히 말한다면, 정화되었고 개별 인간의 제한들로부터 해방된 인간의 본질에 불과하며 인간 자신과 구별되는 그 자신의 다른 본질로서 대상화된, 다시 말해 그렇게 직관되고 숭배되는 인간의 본질에 불과하다. 따라서 신적 본질의 모든 규정들(Bestimmungen)은 인간의 규정들이다." "신적 본질은 모든 것, 모든 대상적인 것에서 해방된, 단지 자기 자신과 관계하며 단지 자기 자신을 향유하며 자기 자신을 경외하는 인간의 주체성, 그의 가장 주관적인 자아, 그의 가장 내면적인 것이다"(32, 117). 그러므로 기독교가 숭배하고 찬양하는 하나님의 초자연성, 불멸성, 비의존성, 무제한성은 인간 자신의 것일 따름이다. 그러므로 신학은 인간학이다.

포이어바흐는 이성이 자연과 물질의 근거라고 보는 관념론의 통찰을 거부한다. 그에 따르면, "자연, 물질은 이성으로부터 설명될 수 없으며 이성에서 파생될 수 없다. 오히려 자연은 이성과 인격성의 근거이며 자연 자신은 근거를 갖지 않는다. 자연 없는 영(靈)은 공허한 추상물이다. 의식은 오직 자연으로부터 발전된다." 이로써 자연이 세계에 대한 설명의 기초가 되며 세계 설명에 있어 모든 종교적, 형이상학적 전제는 거부된다. 자연 속에서 계시되는 것은 기독교 종교가 자신의 대상으로 삼는 "신적 섭리가 아니라 자연의 섭리에 불과하다"(103f., 123).

하나님의 존재를 인간의 본질로 환원시킨 전기 포이어바흐의 인간학적 환원주의는 후기에 이르러 자연주의적 환원주의로 발전한다. 전기 포이어바흐가 하나님을 인간의 본질로 환원시켰다면, 후기 포이어바흐는 하나님을 자연으로 환원한다. 한마디로 하나님은 "자연 자체에 불과하다"(Weischedel 1971, 402). 하나님은 자연 자신이 지닌 본성들을 하나님이라는 초월적 대상으로 투사한 것이다. 따라서 하나님의 영원, 불멸 등 신성의 술어들은 "자연의 근원적 술어들"에 불과하다. 인간은 하나님으로부터 자연을 추론하는데, 사실상 하나님은 "자연으로부터 생성된, 자연에서 파생된, 단지 자연의 작용들과 속성들과 현상들을 나타내는 존재"일 뿐이다.

그러므로 포이어바흐는 하나님의 본성에 속한 영원성을 자연에 부여한다. 자연은 "생성되지 않았고 발생하지 않았다." 곧 자연은 영원 전부터 영원까지 존재한다. "그것은 자기로부터, 그리고 자기로 말미암아 존재하며 시작과 끝을 갖지 않는다. 세계의 시작과 끝은 인간이 자기 자신으로부터…자연에 전이하는 표상들이다."

이와 연관하여 포이어바흐는 헤겔의 관념론적 자연관은 물론 자연을 신적인 것으로 보는 자연종교와 범신론의 자연관을 비판하고 자연의 독립성을 주장한다. 포이어바흐에 따르면, 자연은 절대정신의 자기 외화(Entäußerung)를 통해 정립된 것, 절대정신의 타재(Anderssein)가 아니다. 또 그것은 신적인 것, 신화적인 것도 아니다. 자연은 자연일 뿐 그 이상의 것도 아니고 그 이하의 것도 아니다. 자연은 감성적 사물들, 곧 빛, 공기, 물, 불, 식물과 동물 등의 총화로서 땅 위에 있는 모든 피조물의 기초가 된다. 자연은 어떤 다른 존재로부터 도출될 수 없는 것, 어떤 다른 것에 의해 생성되지 않은 것, 자기 자신을 통해 존재하는 *natura naturans*", 곧 스스로 활동하며 생산하는 자연일 뿐이다. 이로써 자연은 모든 종교적 표상들로부터 해방된다. 자연에 대한 모든 종교적 표상들과 전제들은 배제된다. 자연에 대한 설명에서 하나님은 배제된다. 자연은 그 자신으로부터 설명될 수 있다. 그러나 자연이 모든 종교적 표상과 전제에서 해방되어 단순한 자연으로 드러날 때 사자보다 더 잔인한 인간이 자연 앞에 나타난다. 이것이 오늘 우리의 현실이다.

6. 마르크스의 물질론(유물론)은 "정신으로서의 하나님"(Gott als Geist)으로부터 모든 사물을 설명했던 헤겔의 정신철학에 대한 반명제(Antithese)로서

시작한다. 헤겔에게서는 정신적인 것이 물질적인 것을 결정하는 반면, 마르크스에게서는 물질적인 것, 경제적인 것이 정신적인 것을 결정한다. 곧 물질적 하부구조가 정신적 상부구조를 결정한다. 역사를 변혁시키는 것은 정신이 아니라 물질적 하부구조, 곧 물질적 생산방식의 변천과 이에 따른 사회적 구조의 변화에 있다.

마르크스의 이 같은 물질론적 사고에서 하나님의 존재는 배제된다. 헤겔이 말하는 역사의 주체로서의 정신을 가리켜 마르크스는 뜬금없이 "귀신"(Gespenst)이라 부르면서 물질적 조건으로부터 세계와 세계사를 파악한다. 그에 따르면, 사회 현상은 물론 자연현상을 설명하는 데 하나님이라는 가설은 전혀 필요하지 않다. 따라서 마르크스는 그의 초기 작품 "헤겔의 변증법과 철학 전반에 대한 비판"에서 자연을 정신으로부터 설명하는 헤겔의 관념론을 철저히 비판한다. 정신의 자기외화로서의 자연은 현실적 자연이 아니라 "추상적 자연"이요 "생각의 물건"(Gedankending), "순수한 생각이라는 노동의 산물"에 불과하다(Marx 1971, 80).

마르크스의 물질론은 그 시대사조의 반영이라 말할 수 있다. 자연의 과정에 대한 신적 개입과 영혼의 독자성을 거부한 카를 포그트(C. Vogt, 1817-1895), 서로 결합되어 있는 에너지와 물질 외에 아무것도 인정하지 않았던 루트비히 뷔히너(L. Büchner, 1824-1899), 네덜란드의 병리학자이자 철학자인 야콥 몰레쇼트(J. Moleschott, 1822-1893) 등의 학자들은 물질론적, 자연주의적 입장을 대변하였다. 몰레쇼트에 따르면, "인(燐, phosphorus)이 없다면 생각도 존재할 수 없다"(Schwarz 2002, 17). 인간의 사유는 인과 같은 물질적 요소들의 산물에 불과하다. 에너지와 물질은 분리될 수 없다. 따라서 에너지 없는 물질이나 물질 없는 에너지는 생각될 수 없다. 물질은 언제나 에너지와 결합되어 있기 때문에 물질은 결코 고정되어 있지 않다. 오히려 그것은 우리 인간이 감지하지 못할지라도 언제나 활동하는 가운데 있다. 물질은 외부의 어떤 개입이나 간섭 없이 스스로 활동하는 역동적 실재다. 세계에 대한 이 같은 설명에서 하나님의 존재는 배제된다.

독일의 물리학자 폰 마이어의 열역학 제1법칙도 당시의 물질론적, 무신론적 세계관을 반영한다. 폐쇄된 체계 속에서 에너지양은 증가하지도 않고 감소하지도 않는다는 것은 에너지가 영원하다는 의미다. 따라서 태초의 창조라는 세계의 출발점과 창조자 하나님이라는 가설은 불필요하다는 것이다.

3. 기계론적, 무신론적, 물질론적 세계관의 문제점

고전물리학의 기계론적 세계관과 무신론적, 물질론적 세계관의 공통점은 자연을 자연 자체로부터 설명하고자 하며 모든 종교적, 신학적 전제와 개입을 배제하는 점에 있다. 자연현상에 대한 설명에서 하나님의 존재라는 전제 혹은 가설은 배제되어야 한다. 그래야 자연현상을 바르게 설명할 수 있다는 것이 이들 세계관의 공통된 신념이다. 이를 가리켜 우리는 근대 자연과학의 "방법론적 무신론" 혹은 "무신론적 방법"이라 부른다. 이 방법은 기독교의 교리적 간섭을 벗어나 인간의 자율적 이성으로 세계의 모든 것을 설명하며 종교적 간섭과 억압에서 인간의 자유를 쟁취하고자 했던 근대정신의 표현으로, 오늘날 자연과학은 물론 사회과학과 인문과학의 보편적 원리가 되었다. 이를 가리켜 우리는 "종교로부터 자유로워진 학문"이라고 요약할 수 있다.

이에 대해 기독교는 어떻게 대응해야 하는가? 먼저 우리는 자연과학이 연구하는 자연의 영역이 기독교 신앙의 대상임을 밝혀 두어야 한다. 자연은 자연과학자들의 전유물이 아니다. 그것은 기독교 신앙과 관계된 영역이기도 하다. 하나님은 자연의 창조주이며 자연은 그의 피조물이기 때문이다. 또 인간의 영혼은 물론 자연도 하나님의 구원의 대상이기 때문이다. 자연의 모든 피조물이 하나님의 구원을 기다리고 있다(롬 8:19). 예수가 선포한 하나님 나라는 인간의 영역은 물론 자연의 영역까지도 포괄한다. 이런 점에서 자연은 자연과학과 기독교 신앙의 공동 영역이다.

그러나 기독교 신앙은 자연에 대한 자연과학적 설명에 개입하거나 간섭해서는 안 된다. 자연에 대한 과학의 설명은 종교적 간섭에서 자유로워야 한다. 기독교는 과학적 인식에 대한 모든 형태의 간섭을 포기해야 한다. 그 이유는 자연에 대한 관점과 관심이 다르기 때문이다. 자연과학은 자연을 물리적 사실(factum)로 보고 이 사실을 설명하는 일에 관심을 두는 반면, 기독교는 자연을 하나님의 창조로 보고 자연의 신앙적 내용을 설명하는 일에 관심을 둔다. 각자의 관점과 관심에 나름의 진리가 있다는 점을 과학과 기독교는 서로 인정해야 할 것이다. 이 차이를 무시하고 기독교가 과학적 설명에 개입할 때 양자 사이에 충돌이 일어나게 된다. 지동설을 끝까지 주장한 조르다노 브루노(G. Bruno, 1548-1600)를 기독교가 화형에 처한 것은 과학에 대한 기독교의 종교적 개입과 간섭이 얼마나 어리석은 것인가를 보여준다. 그러나 하나님과 하나님 신앙을 거부하는 기계론적, 물질론적 세계관과 자연관은 많은 문제점을 지닌다. 이 같은 문제들을 우리는 근대의 기계론적 세계관과 이 세계관에서 발전한 물질론적, 무신론적 세계관에서 볼 수 있다.

1. 가장 중요한 문제점은 자연의 모든 사물의 영적, 정신적 측면을 부인함으로써 일어나는 자연의 탈정신화(Entgeistigung), 탈영혼화(Entseelung)에 있다. 자연은 영혼과 생명이 없는 물질 덩어리 혹은 분자 덩어리일 뿐이라는 것이다. 기계론적 세계관에 따르면, 기계는 움직이지만 정신이나 영혼

을 갖지 않는다. 자연과 그 속에 있는 모든 사물은 영혼과 생명이 없는 시계와 같은 것으로 간주된다.

자연을 생명과 영혼이 없는 기계 내지 물질 덩어리로 볼 때 자연의 **존엄성**에 대해 이야기하는 것은 불가능하게 된다. 자연과 인간의 인격적 교통이 불가능하게 된다. 자연은 하나의 기계처럼 인간에 의해 지배되고 사용되어야 할 물질적 "대상"에 불과하다. 그것은 자연의 물리적 법칙을 찾아낸 인간에 의해 마음대로 조정될 수 있고 통제될 수 있고 처리될 수 있는 **"물건"**일 뿐이다.

이로써 인간과 자연은 주객도식에 놓이게 된다. "사유하는 존재"로서의 인간은 "연장되는 존재", 곧 물질적, 기계적 세계에 속하지 않는다. 그는 자연의 일부가 아니다. 그는 자연을 지배해야 할 특별한 존재다. 인간은 자연을 다스리고 사용해야 할 주체요 자연은 인간의 다스림을 받고 사용되어야 할 대상이다. 양자는 주인과 종의 관계에 있다. 종으로서의 자연이 존재하는 목적은 인간에게 "유익을 주는"데 있다(Windelband 1957, 419). 자연은 인간에게 유익을 주고 인간은 그 유익을 취하는 일방적 관계가 설정된다.

자연에 대한 이 같은 인식은 인간에게도 적용된다. 내 주변의 사람들도 나를 위한 물건으로 보이게 된다. 내 주변의 모든 것이 나를 위해 존재한다. 내가 모든 것의 중심이 되어야 한다는 자기중심적 삶의 방식이 현대문명을 지배한다. 그래서 니체는 인간을 가리켜 "이기적 짐승"이라 부른다.

2. 기계론적, 무신론적, 물질론적 세계관은 자연의 역사를 부인한다. 생명과 주체성이 없는 물질 덩어리가 새로운 역사를 가진다는 것은 불가능하다. 시계가 끊임없이 움직이지만 새로운 역사를 갖지 못하는 것과 마찬

가지다. 시계는 목적이 없는 동일한 운동을 반복할 뿐이다. 이로써 기계론적, 물질론적 세계관은 자연을 무역사적인 것으로 간주한다. 역사의 주체는 인간이요 자연은 인간의 역사를 위한 재료나 수단으로, 인간의 역사가 그 위에서 연기되는 무대로 간주된다. 역사는 인간에게만 있다고 생각하게 된다. 이로써 인간과 자연은 또다시 상하 관계에 놓이게 된다. 새 역사를 이루어나가는 인간은 위에 있는 존재라면, 자연은 인간 아래 있는 존재로 설정된다. 그러나 이것은 자연에 대한 인간의 교만이요 모욕이라 말할 수 있다. 왜냐하면 인간이 있기 이전에 자연은 그 자신의 오랜 생성과 성장과 사멸의 역사, 변화와 발전의 역사를 갖기 때문이다.

인간과 자연에 대한 이 같은 주객도식적 인식은 자연에 대해서는 물론 인간 자신에게 치명적 결과를 초래한다. 이러한 인식하에서 인간은 자연이 인간 자신의 존재를 구성한다는 사실을 보지 못하고 자신을 자연 위에 있는 존재, 자연에서 분리된 존재로 생각하게 된다. 이리하여 인간은 비자연적 존재, 무자연적 존재로 간주된다. 인간도 자연이라는 점을 보지 못하게 된다는 것이다. 이것은 인간이 자신의 본향을 잃어버렸다는 의미다. 그가 만드는 문명은 자연 없는 문명, 자연 적대적 문명이 되어버린다. 인간의 문명이 자연 적대적인 성향을 띨 때 자연도 인간에 대해 적대적인 위치에 서게 된다.

한 생태학자에 따르면, "기계론적 사고는 인간이 다른 존재들을 파악하고 통제할 수 있다는 확신을 전제로 한다. 문제는 이와 같은 사고방식이 우리의 과학기술, 정책, 법, 윤리에 깊이 뿌리 내리고 있어서 비인간 존재들이 법적 권리나 정치적 권리를 부여받지 못한다는 점이다. 이들의 권리는 오로지 인간의 유용성의 관점에서 평가된다. 그러다 보니 환경을 보호하려고 만든 정책과 규제가 있어도 여러 예외적인 상황이 쉽게 인정받게 되고 그 결과 자연의 권리는 쉽게 무시된다.···인간은 항상 예외적인 존재로 인정되고 자연의 권리는 간과되었다."—"인간과 자연, 인간과 사물을 구별하는 한편 인간이 모든 것을 이용하고 통제할 수 있다고 여기는 기계론적 사고는 우리가 오늘날 마주하는 생태 위기의 근본 원인이 되었다. 이를 극복하기 위해서는 이웃과 주변 사물을 대하는 태도와 가치관을 바꾸어야 한다…"(김신영 2022, 133f.).

3. 자연을 생명 없는 물질 덩어리로 생각하고 우리에게 유익을 주어야 할 물건으로만 생각할 때 인간은 자연에 대해 무감각한 존재, 냉담한 존재(homo apatheticus)로 변한다. 감성은 퇴색하고 이성만 있는 존재가 된다. 수 많은 생물이 떼죽음을 당해도 사람들은 마음에 아픔을 느끼지 않는다. 하나의 사물에 냉담한 사람은 다른 사물들에 대해서도 냉담하다. 미성년 청소년들이 어둠침침하고 습한 지하 갱도의 사다리를 타고 올라가다가 떨어져서 죽거나 폐병에 걸려 죽어도 무감각하다(이것은 근대 자본주의 초기에 있었던 사실들이다). 영화에서 볼 수 있는, 아무런 감정도 느끼지 못하는 차디찬 심성의 과학자, 인간의 생체를 실험하면서 실험당하는 사람의 고통에 대해 무감각한 의사는 감각이 없는 기계와 같은 모습을 보여준다.

무감각한 인간은 결국 무감각한 사회를 형성한다. 수많은 사람과 자연의 생물들이 고통과 떼죽음을 당해도 별다른 느낌을 갖지 않는다. 갑작스러운 부상이나 질병으로 병원 응급실로 운반되어도 치료비 지불에 대한 보호자 서약이 없으면 받아주지 않고 내쫓아버린다. 돈이 모든 것을 결정하는 냉정한 사회가 되어버린다. 이에 반해 예수는 "슬퍼하는 사람은 복이 있다"라고 말한다(마 5:4). 이웃의 고난과 죽음을 슬퍼할 수 있는 사람, 곧 사랑의 마음을 가진 사람, 공감(Sympathy)의 능력을 지닌 사람, 삶을 함께 나누는 사람이 되어야 한다는 것이다. 현대인은 인간의 탐욕으로 인해 종(種)이 폐기될 위험 속에 있는 수많은 생명의 소리 없는 울부짖음을 들을 수 있어야 한다. 이것을 듣지 못하는 데 현대문명의 근원적 위기가 있다.

영국의 생화학자 셸드레이크(R. Sheldrake)는 이에 관한 자신의 경험을 다음과 같이 소개한다. "아주 어릴 때부터 나는 내가 생물학 공부하기를 원한다는 것을 알았습니다. 그래서 학교에서도 과학에 관심을 두었습니다. 그 후 나는 케임브리지로 가서 생물학과 생화학을 공부했습니다. 하지만 연구해 나가면서 나의 원래 영감, 즉 실제로 살아 있는 유기체인 생명에 대한 관심과 내가 배웠던 생물학 사이에는 넘을 수 없는 격차(gulf)—전통적인 기계론적 생물학은 본질적으로 유기체의 생명을 부정하는 대신에 생명을 기계처럼 다룬다—가 있다는 사실을 발견하게 되었습니다. 그래서 나는 사람들이 동물과 식물에게 정서적으로 반응하지 않는 법을 배워야만 했습니다.…생화학부에서 우리가 했던 첫 번째 작업은 연구하려는 유기체를 죽이는 일이었으며, 그다음에는 거기에서 DNA와 효소 등과 같은 것을 추출해내는 것이었습니다"(Fox, Sheldrake 1999, 24f.)

4. 기계론적 세계관에 따르면 세계기계는 영원히 변할 수 없는 자신의 내재적 법칙 곧 원인과 결과의 법칙(인과율)에 따라 움직인다. 시계의 각 부분이 엄격한 법칙에 묶여 있듯이 세계의 모든 것은 "엄격한 원인과 결과의 고리들"에 묶여 있으며(Weizsäcker 1992, 13) 이 고리들을 벗어날 수 없다. 모든 것이 원인과 결과의 법칙에 따라 결정되어 있다. 따라서 자연의 세계 속에는 우연적인 일, 예기치 못한 일이 일어날 수 없다. 그 속에는 새로운 미래가 없다. 자연은 새로운 미래가 없는 폐쇄된 체계다. 그 속에는 반복되는 것만이 검증될 수 있다. 반복되는 것, 인간에 의해 검증될 수 있는 것만 존재하는 세계, 이 세계는 새로움이 없는 세계다. 이에 반해 오늘의 자연과학에 의하면 세계는 인과율에 묶여 동일한 운동을 반복하는 시계와 같이 폐쇄된 체계가 아니라 인간이 예측할 수 없는 새로운 잠재성으로 가득한 "구

름"과 같은 것으로 표상된다(K. Popper). 인간의 존재도 마찬가지다.

중세기의 영향을 벗어나지 못한 근대 초기의 고전물리학은 유신론에 근거한 세계의 합목적성(Zweckmäßigkeit)을 주장하였다. 세계의 모든 것은 기계 제작자 하나님이 그것을 제작할 때 부여한 법칙에 따라 움직임으로써 하나님의 의도와 목적을 실현한다. 그러나 세계에 대한 설명에서 하나님의 존재가 배제될 때 세계의 합목적성을 주장할 수 있는 근거가 사라져버리고 세계는 목적 없는 물질 덩어리가 되어버린다. 물질 덩어리는 목적을 갖지 않는다. 시계는 자기에게 주어진 내적 법칙에 따라 원운동(Kreislauf)을 계속할 뿐이다. 현대세계의 무목적성(Ziellosigkeit)이 이미 고전물리학의 기계론적 자연관을 통해 준비되었다. 무목적성은 무방향성을 뜻한다. 오늘 우리의 세계는 어떤 방향으로 어떤 목적을 향해야 하는지 그 목적과 방향을 알지 못한다. 자연과학의 임무는 생명과 영혼이 없는 물질 덩어리의 기계를 찾아내는 데 있다(Fox, Sheldrake 1999, 38f.). 이를 통해 인간은 많은 유익함을 얻을 수 있지만, 그의 삶은 그 무목적성과 무방향성으로 인해 혼돈을 벗어날 수 없게 된다. 기계론적 세계관은 발전기의 전기모터에서 유령을 쫓아내듯이 자연으로부터 신성을 배제하였다. 그 결과 세계는 미래의 목적과 방향을 알지 못하는 폐쇄된 물질 덩어리로 간주된다.

5. 기계론적, 물질론적 세계관에 따르면, 수학이 최고의 학문으로 간주된다. 시계의 운동은 동일한 기계적 법칙에 따라 수학의 언어로 파악될 수 있다. 세계가 시계와 같은 기계라면, 세계의 모든 운동도 수학적 언어로 파악될 수 있다. 인간의 사유도 수학적으로 파악될 수 있다. 수학은 종교적 신화나 인간의 주관적 감성이나 인상에서 자유로운 가장 "정확한 학문"(exakte Wissenschaft)이다. 대상 사물을 가장 정확하게 파악할 수 있는 것은 수학적 방법이다. 이리하여 수학적 방법이 가장 확실한 방법, 최고의

학문적 방법으로 간주된다. 신학 대신에 수학이 "모든 학문의 여왕"의 자리에 서게 된다. 수학적 방법으로 해명할 수 없는 현상들, 곧 인간의 종교적 신앙, 신념, 심리적 현상과 사회적 현상, 철학적 관념 등은 객관성과 정확성이 결여된 "주관적인 것", "확실하지 않은 것", 그러므로 학문적 연구 대상이 될 수 없는 것으로 간주된다. 그러나 현대과학의 세계에서 수학도 "정확한 학문"이 아니라는 사실이 증명되었다. 수학도 사실은 가설(Hypothese)에 근거하기 때문이다. "가설"에 근거한다는 바로 그 사실에 수학의 위대함과 더 큰 가능성이 있다고 수학자들 자신이 얘기한다.

수학이 가설에 근거한다면, 세계의 사물들에 대한 수학적 설명은 이른바 객관적이거나 완전하지 않다고 말할 수밖에 없다. 수학적 설명도 가설의 성격을 갖기 때문이다. 사실 인간의 세계 속에는 수학의 방법과 수학의 언어를 가지고 파악할 수 없고 설명할 수 없는 일들이 너무도 많다. 인간을 포함한 자연의 모든 피조물이 느끼는 기쁨과 슬픔, 환희와 고통, 꿈과 희망, 인간의 이기적 본성과 이타적 본성, 윤리적, 도덕적 규범 등은 수학 공식을 통해 설명될 수 없다.

하나의 생명 현상을 수학 공식으로 완전하게 파악한다는 것은 불가능하다. 인간의 마음, 감성적 느낌(감정), 이성과 사유의 능력을 수학적으로 공식화하는 것은 불가능하다. 자신의 생명을 다해 자기 새끼를 지키려 하는 생물들의 사랑을 수학 공식으로 설명한다는 것은 불가능하다. 이 사랑을 제대로 알기 위해서는 체험하고 느끼는 길밖에 없다. 이 느낌 곧 인간의 감성은 수학적 공식의 대상일 수 없다.

미시의 세계에서도 이것은 불가능하다. 양자 이론이 말하는 것처럼, 미시세계를 구성하는 최소의 요소들은 수학적으로 파악될 수 있는 물체나 물질 덩어리가 아니다. 그것은 영적, 정신적인 것에 더 가깝다고 물리학자들은 말한다. 그것은 잡힐 듯하면서도 잡히지 않는 안개와 비슷하다. 때로 그것은 입자로 존재하기도 하고 파장으로 존재하기도 한다. 그것이 언제 입자로 존재할지, 언제 파장으로 존재할지 확정될 수 없다. 한마디로 세계는 수학 공식으로 환원될 수 없는 새로운 가능성과 잠재성 자체다.

수학적 방법에 기초한 오늘의 자연과학은 환원주의적 방법을 사용한다. 환원주의적 방법은 어떤 대상을 더 이상 나누어질 수 없는 최소의 부분들로 환원시키고 이 부분들을 특정한 관심과 전제에 따라 재구성함으로써 대상에 대한 지식을 얻는 것을 말한다. 이 과정에서 대상은 그의 모든 관계로부터 추상화되어(abstract: 라틴어 ab + sterno의 과거분사 stratus의 합성어, "~로부터 분리하다, 흩어버리다") 개체로 고립된다. 이리하여 과학이 발전하면 할수록 대상은 점점 더 작은 부분으로 환원되어, 전체적인 파악과 이해가 불가능하게 된다. 진화신학자 테야르 드 샤르댕(T. de Chardin)에 의하면, 과학자는 대상 사물의 전체적 통일성과 충만한 통합성을 간과하고 동질적인 것만을 찾는다. 이리하여 모든 이질적인 것, 예외적인 것이 배제됨으로써 대상 사물의 빈곤화(Verarmung)가 일어난다(Chardin 1970, 52f.).

그러나 세계의 모든 사물은 다른 사물들과의 관계 속에 있다. 관계 없이 자기 홀로 존재하는 것은 아무것도 없다. 인간은 어머니 몸 안에서 수태될 때부터 이웃과의 관계 속에 있는 "관계성의 존재", "사이의 존재"다. "인간에게 생명이란 사람들 사이에 머무는 것(intere homines esse)을" 의미한다(조영호 2022, 227). 모든 사물은 관계적 사물들, 사이에 있는 존재들이다. 관계들로부터 대상을 추상화할 때 대상의 개체화, 고립화, 빈곤화가 일어난다. 기계론적 사고와 이에 근거한 자연과학의 환원주의적 방법은 모든 사물의 개체화, 고립화, 빈곤화를 초래한다. 사물들을 그들의 풍요로운 관계 속에서 전체적으로 보지 않고 극히 작은 한 부분만 관찰한다. 사물 전체와 관계를 맺지 못하고 부분과만 관계를 맺는다. 극히 작은 부분과의 이 같은 관계도 인간에게 어떤 유익을 줄 것인가에 대한 이기적 관심에 지배된다.

미국 철학자 버트(E. A. Burtt)에 의하면, 뉴턴의 기계론적 세계관과 이에 기초한 실재론은 인간을 "연장되는 수학적 체계의 무의미하고 작은 관찰자에 불과한" 존재로 만들었고, 세계의 다채로운 역학적 운동은 딱딱한 수학적 체계의 합법칙성으로 환원된다. 색깔과 소리, 맛과 냄새, 행복과 사랑과 아름다움으로 가득한 세계는 "딱딱하고, 차고, 색깔이 없고, 말이 없고, 생명이 없는 숫자의 세계"로 전락한다(Burtt 2000, 239).

6. 기계론적 세계관은 "**인간학적, 사회적 자연주의**"를 문제점으로 지닌다 (Windelband 1957, 331). 인간과 그의 활동들은 물론 사회적 현상들마저 자연을 구성하는 것과 동일한 기본 요소들의 산물에 불과하며 기계적 법칙에 따라 일어나는 것으로 생각된다. 라이프니츠에 따르면 인간도 자연을 형성하는 것과 동일한 단자들로 구성되어 있다. 육체는 "일종의 자동기계 (Automat) 혹은 자연적 기계를 구성하는데…이 기계는 전체에서는 물론 가장 작은 부분들에 이르기까지 기계다"(Leibniz 1969, §3). 자연이 인간에 의해 지배되고 통제되어야 하듯이 인간의 **육체**도 인간의 정신에 의해 지배되고 통제되어야 한다. 인간은 육체가 아니라 "육체를 가지고 있다"라고 생각된다. 인간의 정신적 활동과 반사 활동도 물질적, 기계적 요소들의 활동으로 환원된다. 인간 자신도 하나의 기계로 간주된다. 따라서 인간의 신체적 활동은 물론 영적, 정신적 활동도 물질의 기계적 법칙에 따라 일어난다. 러시아 심리학자 파블로프(Pavlov)는 다음과 같이 말했다고 전한다. "이제 우리는 진리를 가지고 있다. '영적인 것'은 다루기 쉬운 것으로 증명되었다. 우리는 우리가 원하는 대로 인간을 다룰 수 있다"(Moltmann 2002, 26). 이로써 인간은 기계처럼 인간에 의해 조정될 수 있게 된다(이에 관해 Thomae 1963, 92).

오늘날 자연과학이 이미 현실화한 동물복제와 인간복제는 기계론적, 물질론적 사고의 필연적 귀결이라 볼 수 있다. 인간의 생명은 자신의 고유한 가치와 존엄성을 가진 "주체"가 아니라 인간이 마음대로 복제, 조작할 수 있고 교체할 수 있는 하나의 "기계"와 같은 것으로 간주된다(임홍빈 2003, 371f.). 생명체를 물질 기계로 보는 분자생물학적 생명관은 인간에 대한 기계론적 이해를 반영한다. 그것은 생명체를 세포로 환원하고 세포 안에서 일어나는 "생화학적 메커니즘"으로 설명한다. 세포보다 더 미시적인 생명의 단위를 유전자로 보기도 한다. 영국의 생물학자 도킨스(R. Dawkins)에 따르면 개체 생물은 유전자가 살아남기 위한 생존 기계에 불과하다(현요한 2003, 121). 컴퓨터 과학 특히 인공지능에 관한 연구는 인간의 뇌를 일종의 생체 컴퓨터 내지 정보 처리 시스템과 같은 것으로 이해한다. 신경과학은 인간의 정신도 결국 뉴런과 뇌의 상호작용을 밝혀냄으로써 설명하고자 하는데, 이 입장을 따르면 "종교나 신이라는 것도 결국은 뇌와 신경계의 작용에 불과한 것으로 설명될 것이다"(현요한 2002, 308).

기계적 법칙에 따라 움직이며 수학적 방법으로 설명되고 통제될 수 있는 세계와 인간 존재는 더 이상 경외의 대상이 될 수 없다. 근대 기계론적 세계관을 통해 일어난 "자연의 탈정신화", "탈영혼화"는 인간의 존재와 자연의 모든 신비로움과 신적 비밀을 빼앗아버리고 "어머니 되신 땅"과 위대한 생명에 대한 경외심을 마비시키며 "자연의 어머니"라는 지위를 인간에게 바친다. 이 인간은 남자이어야 한다. 남자가 "자연의 주인과 소유자"(데카르트)로 군림한다. 자연과학적 "발견"은 자연에 대한 인간의 무지를 극복하는 동시에 자연을 인간의 힘에 예속시킨다. 여기서 사용되는 인간의 이성은 "도구적 이성"이다(P. Tillich). 도구적 이성은 사물에 대한 인식에서 지배와 효용 가치의 획득이라는 관심에 의해 유도된다. 칸트의 『순수이성비판』 제2판 서문에 따르면, 도구적 이성은 자연을 "그의 질문에 대답하도록 강요"함으로써 "그 자신의 기획에 따라 그 자신이 생성하는 것"만을 인식한다. 그가 얻게 되는 지식은 대상의 지배를 목적으로 삼는다.

7. 기계적 질서를 가진 세계가 하나님의 창조라면, 기계적 질서는 **신적 질서**로 정당화된다. 이신론자들이 주장하는 것처럼, 세계기계의 질서는 기계 제작자인 하나님이 부여하신 것이다. 세계의 질서는 "물질이나 자연에서 오는 것이 아니라 하나님에게서 직접 오는 것"이다(Jacob 1998, 338). 그러므로 지배자는 지배자의 위치를, 피지배자는 피지배자의 위치를 지켜야한다. 양반은 양반으로, 상인은 상인으로 있어야 한다. 현존하는 세계 질서에 불복종하는 것은 신의 질서에 대한 불복종으로 간주된다. 바로 여기에 기계론적 세계관의 이데올로기적 문제점이 있다.

이 문제점을 우리는 뉴턴의 세계관에서 볼 수 있다. 뉴턴은 그의 저서 『자연철학의 수학적 원리』에서 "인력의 크기는 거리의 제곱에 반비례하고 물체의 질량에 비례한다"는 만유인력의 법칙을 수학적으로 증명한다. 세계를 유지하는 만유인력의 법칙은 창조주 하나님의 설계가 반영된 결과물이다. 이 세계는 우연적인 것을 허용할 수 없는 수학적 질서를 가진다. 이 질서는 하나님의 설계로 말미암아 있게 된 신적 질서다. 뉴턴의 생각은 그리스도인들에게 매우 그럴듯하게 보일 것이다. 그러나 그것은 기존의 사회 질서를 수학적 원리에 따른 신적 질서로 정당화한다.

미국의 역사학자 마거릿 제이콥(M. C. Jacob)에 따르면, 뉴턴의 고전물리학은 18세기 초 정밀한 이데올로기로서 작용하였다. 그것은 "상업적 자본주의와 제국주의와 과학적 진보를 정당화하는 이데올로기가" 되었다(이하 Jacob 1998, 336ff.). 1688-89년 이후 뉴턴의 물리학은 새로이 구축된 군주제와 기존 교회를 질서와 안정과 번영의 보루로 떠받드는 데 이용되었다.

뉴턴의 초기 추종자들은 뉴턴의 저서 『자연철학의 수학적 원리』에 나타나는 우주의 질서와 설계를 하나님의 섭리에 기초한 기독교적 사회에 대한 모델로 삼았고, 이 모델은 다양한 종교적 신앙과 정치 질서를 위협하지 않는다는 조건하에 인정받을 수 있었다. 뉴턴주의자들은 당시 사회 개혁자들의 요청에 반하여 1689년 명예혁명에서 구현된 것을 넘어선 어떠한 정치개혁도 불필요하다고 주장하였다.

벤틀리, 클라크, 휴스턴 등 뉴턴의 친구들은 런던의 중산층을 대상으로 강연과 저술 활동을 전개하였다. 그들에 따르면, "우주 속에 작용하는 기계적인 법칙들을 만들어 낸 하나님의 섭리는 사회와 정부의 활동을 동일하게 살피고 있으며, 그러기에 사람들은 자신들의 정치 경제적 행위들이 초자연적 권위에 의해 부여된 안정과 조화에 부합하도록 유념해야 한다. 분별 있는 사람이라면 기독교인들 간의 교리적 차이들에 관용하면서 하나님이 부여한 거대한 우주적 질서를 인식해야 하며, 따라서 사회와 정치 속에서 그 [질서]를 모방하도록 노력해야만 한다." "사회의 지배자들이 자연스럽게 움켜쥐고 있는 부와 여가와 권력은 하나님의 섭리적 설계를 완수하는 것이지만…기독교에 이바지할 수 있도록 온건하게 사용되어야만 한다. 사회적 조화와 정치적 안정은 뉴턴이 설파한 질서 잡힌 우주를 보완"한다(337-338). 그러므로 18세기 후반 영국의 시인이자 화가인 윌리엄 블레이크(William Blake)는 기계론적 세계관의 대표자 뉴턴을 "압제의 상징으로, 또한 상업 사회와 산업 사회의 공범자로, 그리고 자유주의적 국교회주의의 사회적 이데올로기에 내재된 경제 침탈을 보증한 공범자로 보았다"(349).

기계론적 자연관의 이데올로기적 문제점은 "우연"을 배제하는 점에 있다. 시계가 그 자신의 내적 법칙에 따라 움직이듯이 세계도 그 자신의 내적, 수학적 법칙에 따라 움직인다면 우연적인 것은 허용될 수 없다. 기존의 것을 상대화하는 새로운 개혁은 있을 수 없다. 세계를 지배하는 수학적 법칙을 파악할 때 우리는 과거를 재구성할 수 있고 미래를 정확하게 예측할 수 있다. 수학적 법칙을 벗어난 우연은 존재하지 않는다.

근대 무신론자들은 이른바 세계의 신적 질서를 부인한다. 세계의 물리적 질서는 물리적인 것에 불과하며 하나님과 무관한 것으로 간주된다. 세계에 대한 설명에서 신적 존재가 개입될 필요가 없다. 세계는 그 자신의 물리적 질서에 따라 설명될 수 있다. 이리하여 세계 질서의 탈신화화, 탈종교화가 일어난다. 그러나 신적 질서가 사라진 그 자리에 공산주의, 사회주의라고 하는 인간이 만든 질서가 등장하여 절대적 보편성을 주장하게 된다. 하나님 대신에 "위대하신 영도자들"이 등장하여 절대권력을 주장한다. 자본주의 사회는 돈을 하나님의 자리에 세운다. 돈 곧 물질을 하나님처럼 섬기는 자본주의도 그 밑바닥에 있어 물질론(유물론, materialism)이요 무신론이다. 그러나 자본주의는 사유와 종교의 자유를 허용함으로써 사회의 숨통을 열어준다.

8. 기계론적 사고의 환원주의는 인간의 **자유**와 **자유의지**를 부인하는 문제점을 내포하고 있다(Murphy 2002, 186f.). 환원주의에 따르면, 물체의 화학적 결합은 전자(electron)의 움직임으로 설명될 수 있고 인간 행동은 생화학적 영향에 대한 반응으로 설명될 수 있다. 여기서 인간의 자유의 문제가 일어난다. 만약 인간의 행동이 화학반응으로 환원되고 화학은 다시 물리학으로 환원된다면, 물리적 법칙이 인간의 행동을 결정한다고 보아야 할 것이다. 인간은 물리적 법칙에 따라 행동하는 하나의 기계로 간주될 뿐이고 인간의 자유의지는 불가능하게 될 것이다. 기계는 자유가 없기 때문이다.

인간이 물리적 법칙에 따라 행동하는 기계에 불과하다면, 인간의 **윤리적 책임성**에 대해 말하는 것은 불가능하다. 기계는 자신의 행동에 대해 책임을 질 수 없다. 기계는 전체의 운명을 위한 책임의식을 느끼지 않는다. 여기서 환원주의에 숨어 있는 물질론의 문제점이 드러난다. 만약 인간이라는 하나의 "복합적 전체가 그 부분들의 총합 이상의 것이 아니라면" 인간은 물리적, 기계적 법칙에 따라 움직이는 기계 내지 물질 덩어리에 불과하다. 물질 덩어리는 윤리적 책임성을 알지 못한다.

기계론적, 물질론적 자연관의 결정론은 세계에 대한 인간의 책임성을 한층 더 약화시킨다. 세계의 모든 것이 인과율, 곧 원인과 결과의 엄격한 법칙에 예속되어 있고 이 법칙에 따라 결정되어 있다면, 인간은 세계의 그 무엇에 대해서도 책임을 질 필요가 없게 된다. 그는 세계가 그 자신의 법칙에 따라 진행되도록 내버려두어야 한다. 세계의 운명은 결정되어 있기 때문이다. 이 같은 생각은 하나님이 모든 것을 이루실 것이며 인간이 자신의 삶과 세계에 대해 책임지겠다고 하는 것은 하나님에 대한 교만이라고 주장하는 기독교 신앙만큼 해로운 것이다. 만일 하나님이 모든 것을 이루신다면 인간은 밥도 먹지 말아야 할 것이다. 세계의 구원을 위해 아무것도 하지 말아야 할 것이다. 그것은 하나님에 대한 교만이기 때문이다.

이 문제에 관해 생태여성신학자 샐리 맥페이그(S. McFague)는 다음과 같이 말한다. "우리의 '구원'은 부분적으로 우리 자신에게, 우리의 모든 지성과 힘을 모아 협력할 수 있는 의지와 능력에 달려 있다고 보는 것이 점점 더 타당해 보인다." "대기를 오염시키고 모독한 것은 하느님이 아니라 우리다. 핵전쟁이 발생한다면 그것은 하느님의 행위가 아니라 우리가 저지른 일이다. 기껏해야 우리가 이러한 악과 악의 근원지인 사악한 마음으로 인해 고통받고 그것을 제거하고자 애쓸 때, 하느님이 **우리와 함께한다**는, 즉 우리 편이라는 것이 믿을만한 구원에 대한 시각이 된다"(McFague 2001, 318f.).

9. 기계론적 세계관은 오늘날 에드워드 윌슨(E. O. Wilson)과 리처드 도킨스가 대변하는 사회생물학의 유전자 결정론에 다시 나타난다. 이들의 입장에 따르면, 인간의 의식과 정신과 사유와 행동 양식, 인체의 특성, 이 모든 것은 유전자에 의해 결정된다. 인간은 물론 자연의 모든 생물의 형질과 특성도 유전자에 의해 결정된다. 이 모든 것에 관한 정보들이 유전자 안에 저장되어 있다. 인간을 비롯한 모든 생물은 그들의 유전자 속에 저장된 정보에 따라 행동한다. 따라서 유전자를 해석하기만 하면 인간을 비롯한 모든 생물에 관한 자료를 밝혀낼 수 있다. 유전자를 조작함으로써 질병을 치료할 수 있고 인간의 육체적, 정신적 특성까지 변조할 수 있다.

여기서 인간을 비롯한 모든 생물은 유전자 정보에 따라 움직이는 기계와 같은 존재로 여겨진다. 도킨스에 따르면, 유전자가 "자기의 생존을 위해 목적의식을 가지고 일하는 능동적 존재"라면(Dawkins 1993, 321) 인간은 유전자 보존을 위해 맹목적으로 프로그램된 로봇 기계다. 그는 유전자의 명령에 따라 움직이는 유전자의 생존 기계, "유전자를 전하기 위해 만들어진 유전자 기계"다(319). 그는 동물들처럼 "유전자에 의해 창조된 기계"다(22). 사람을 비롯한 모든 생물은 "유전자에 의해 창조된 기계에 불과하다"(23). 여기서 우리는 기계론적 세계관의 생물학적, 인간학적 형태를 볼 수 있다. "'사람 = 유전자'라는 생각은 '사람 = 기계'라는 생각과 다르지 않으며, 서구의 오랜 전통인 기계론적 인체관이 자기 발전을 거듭한 결과다"(Lewontin 2001, 236).

인간을 유전자 기계로 보는 기계론적 인간관의 심각한 문제점은 인간의 주관적 관심에 따라 인간의 생명을 변조할 수 있다는 점에 있다. 이것은 무서운 위험성을 가진다. 이것이 허락될 경우 각 사람이 원하는 인간기계를 만들 수 있게 된다. 자기판단 능력이 없는, 노예처럼 복종하기만 하는 인간기계, 잠을 자지 않고 계속 일할 수 있는 인간기계, 총알을 맞아도 죽지 않는 인간기계, 늙지 않고 끝없이 살 수 있는 인간기계를 만들 수도 있을 것이다. 공상 과학영화에 벌써 이 같은 인간의 모습이 나타나고 있다.

제2부

자연은 상부상조와 상생의 유기체다
- 자연에 대한 신학적 이해

앞서 우리는 세계에 대한 몇 가지 관점들을 고찰하였다. 인간중심적 세계관, 기계론적 세계관, 물질론적 세계관, 무신론적 세계관을 고찰하고 그 문제점이 무엇인지 살펴보았다. 이제 우리는 이 같은 세계관에 비해 성서는 세계 곧 자연을 어떻게 이해하는가를 파악하고자 한다.

I

자연은 하나님이 창조한 하나님의 것이다

1. 자연은 삼위일체 하나님의 것이다
– 하나님의 삼위일체에 근거한 만물의 상생의 본성

1. 성서의 자연관 중에 가장 기본적인 내용은 자연이 우연히 있게 된 것이 아니라 하나님의 창조로 말미암아 있게 된 하나님의 피조물이라는 것이다. "하나님이 하늘과 땅을 지으셨다"는 창세기 1:1의 말씀은 자연이 하나님에 의해 창조된 하나님의 것이라고 선언한다. 하나님이 그의 손으로 "만들었다", 흙으로 "빚었다"(창 1:16; 2:7; 시 8:4, 7; 19:2)라는 고대인들의 신인동형론적 표현을 통해 성서는 이것을 감각적으로 나타낸다.

하나님의 창조는 세 가지 동사로 표현된다. 1. "바라"(*barah*)는 미리 존재하는 어떤 재료에서 만든 것이 아니라 아무 재료 없이 무에서 있게 하는 것, 곧 "무로부터의 창조"(*creatio ex nihilo*)를 가리키며(창 1:1 등), 2. "아사"(*asah*)는 이미 존재하는 재료를 사용하여 만들거나 형성하는 것을 뜻하며(1:16 등), 3. "야차르"(*yazar*)는 도공이 진흙으로 그릇을 빚듯이 하나님이 사물을 자신의 뜻에 따라 완벽하게 짓는 것을 뜻한다(2:7).

이 세 가지 동사 중에 가장 많이 사용되는 동사는 "바라"다. 이 동사는 세계의 창조에 있어 하나님의 주권적 행위를 나타낸다. 세계의 창조는 미리 주어진 어떤 재료 없이 진행되는 하나님의 단독적 행위라는 것이다. 그러므로 세계는 전적으로 하나님에게 속한 하나님의 것이다. 하나님의 세계 창조는 세계에 대한 하나님의 소유권을 나타낸다.

이 사실은 말씀하심(*dabar*)으로 창조하였다는 말을 통해 더 확실해진다. 하나님은 "~가 있으라"라는 말씀을 통해 세계를 지으셨다. 하나님이 무엇을 창조하실 때마다 동사 "다바르"(*dabar*)가 사용된다(창 1:3, 6, 9, 11, 14, 20, 24, 26). 신약성서도 이것을 수용한다. 로마서 4:17은 하나님이 "있지 않은 것을" 말씀으로 "불러내었다"고 말한다. 히브리서 11:3에 따르면, "세상이 하나님의 말씀으로 지어졌다." 베드로후서 3:5에 따르면, "하나님의 말씀으로" 하늘과 땅이 "오랜 옛날부터" 형성되었다. 온 세계가 하나님의 말씀에 의해 창조된 것이라면, 온 세계가 하나님의 것이다.

이 생각은 구약성서의 하나님 신앙의 기본 내용이었다. "하늘과 하늘 위의 하늘, 땅과 땅 위의 모든 것이 다 주 당신들의 하나님의 것입니다"(신 10:14). "누가 이 땅을 설계하였는지 너는 아느냐?…바닷물이 땅속 모태에서 터져 나올 때 누가 문을 닫아 바다를 가두었느냐? 구름으로 바다를 덮고 흑암으로 감싼 것은 바로 나다"(욥 38:4-9). "땅과 그 안에 가득 찬 것이 모두 다 주님의 것, 온 누리와 그 안에 살고 있는 모든 것도 주님의 것이다. 분명히 주님께서 바다를 정복하여 그 기초를 세우셨고 강을 정복하여 단단히 세우셨구나"(시 24:1). "하늘은 주님의 것, 세계와 그 안에 가득한 모든 것이 주님께서 기초를 놓으신 것입니다"(시 89:11; 참조. 시 95:4-5; 102:25). "숲속의 뭇 짐승이 다 나의 것이요, 수많은 산짐승이 모두 나의 것이 아니더냐? 산에 있는 저 모든 새도 내가 다 알고 있고, 들에서 움직이는 저 모든 생물도 다 내 품 안에 있다"(시 50:10-11).

신약성서는 구약성서의 전통을 계승한다. "하늘과 땅과 바다와 그 안에 있는 모든 것을 지으신 주님"(행 4:24; 14:15), 하늘은 하나님의 보좌요, 땅은 그의 발등상이다(행 7:49; 참조. 사 66:1), "우주와 그 안에 있는 모든 것을 창조하신 하나님께서는 하늘과 땅의 주님"이시다(행 17:24), "만물이 하나님에게서 나고, 그로 말미암아 있고, 그를 위하여 있다"(롬 11:36), "만물은 그분(하나님)에게서 났고…만물이 그분으로 말미암아 있고"(고전 8:6), "땅과 거기에 가득 찬 것들이 다 주님의 것"이다(고전 10:26), 하나님은 "모든 것의 아버지시요, 모든 것 위에 계시고…모든 것 안에 계시는 분이다"(엡 4:6), "하늘은 주님의 손으로 지으신 것"이다(히 1:10). 하나님이 "만유의 주님"이라는 바울의 말씀도 만유, 곧 세계의 모든 것이 하나님의 것임을 나타낸다(고전 15:28).

세계 곧 자연이 "하나님의 것"이라는 말은 세계가 인간의 것이 아님을 말한다. 인간은 자연을 사용할 수 있고 자연을 변형하여 새로운 것을 제작할 수 있지만, 자연을 창조할 수는 없다. 그는 자연의 소유자가 아니다. 그러므로 인간은 하나님의 뜻에 따라 자연과 관계해야 한다. 그는 자기 마음대로 자연과 관계해서는 안 된다는 의미가 하나님의 천지창조에 숨겨져 있다.

2. 여기서 중요한 점은 창조자 하나님이 단수가 아니라 복수로 나타난다는 점이다. 창세기 1장의 하나님 곧 "엘로힘"(elohim)은 단수가 아니라 "엘"(el)의 복수 형태다. 글자 그대로 번역한다면, "하나님"이 아니라 "하나님들"이다. "우리가 우리의 형상을 따라서, 우리의 모양대로 사람을 만들자"라는 말씀에서도 하나님은 복수형으로 나타난다(창 1:28). 예언자 이사야를

부르실 때 하나님은 "누가 우리를 위하여 갈 것인가"라고 복수형으로 말씀하신다(사 6:5).

여기에 나타나는 "우리"라는 표현이 무엇을 의미하는지에 대해 많은 토의가 있었다. 구약성서의 신앙에 따르면 하나님은 유일신이기 때문에 "우리"라는 표현은 하나님을 보좌하는 그룹들이나 스랍들 같은 천사를 가리킨다고 많은 학자가 말하였다. 그러나 기독교 신앙의 관점에서 볼 때 구약성서가 말하는 "우리"는 삼위일체 하나님을 가리킨다고 말할 수밖에 없다. 신약성서는 하나님의 아들 예수 그리스도를 하나님의 공동 창조자 혹은 창조의 중재자로 고백하기 때문이다.

따라서 신약성서는 하나님의 창조를 삼위일체 하나님의 창조로 파악한다. 곧 아버지 하나님이 아들 예수 그리스도를 통하여 세계를 창조하였다는 것이다. "모든 것이 그로 말미암아 창조되었으니, 그가 없이 창조된 것은 하나도 없다"(요 1:3). "모든 것이 그분(그리스도)으로 말미암아 창조되었고, 그분을 위하여(혹은 "그분을 향하여", eis auton) 창조되었습니다"(골 1:16), "하나님께서는…그를 통하여 온 세상을" 지으셨다(히 1:2), "만물이 그분으로 말미암아 있고…"(고전 1:8).

또 하나님이 사람을 지으실 때 "그의 코에 생명의 기운" 곧 그의 영을 불어넣으셨다(창 2:7). 하나님의 영은 죽은 생명을 살리고 땅을 새롭게 하는 새 창조의 영이다(시 104:30). 하나님의 영, 곧 생명의 기운이 불어와 죽은 뼈들을 살리고 새로운 생명의 세계를 창조한다(겔 37장). 하나님의 영은 하나님이 지으신 모든 생명 속에 있다(시 104:29-30). "하나님은 영이시다"(요 4:24). 이 말씀들은 하나님의 창조가 하나님의 영, 곧 성령을 통한 성령 안에서의 창조였음을 말한다. 창조는 천상천하에 유아독존하는 아버지 하나님의 단독 행위가 아니라 성부, 성자, 성령 삼위일체 하나님의 삼위일체적 창조였다.

삼위일체 하나님은 자기 홀로 존재하는 유일자가 아니라 성부, 성자, 성령 하나님이 상호 구별 속에서 한 몸이 되어 모든 것을 함께 가지는 상부상조와 상생의 하나님이다. 그는 단독자가 아니라 관계적, 공동체적 존재다. 이 하나님을 가리켜 신약성서는 "사랑"이라고 말한다(요일 4:8, 16). 사랑은 너와 내가 사랑의 영 안에서 구별되지만 한 몸이 되어 모든 것을 함께하는 관계성, 곧 삼위일체를 말한다.

세계 만물이 삼위일체 하나님이 창조한 삼위일체 하나님의 것이라면 세계 만물은 하나님의 삼위일체(trinitas Dei)를 그들의 본성으로 가진다. 만물은 삼위일체 하나님처럼 상부상조와 상생의 사회적, 공동체적 본성을 가진 존재로 창조되었다. 만물이 "주님의 뜻을 따라 생겨났고 또 창조"되었다(계 4:11). 경쟁과 투쟁이 아니라 삼위일체 하나님의 사랑 안에서 상부상조하며 상생하는 것이 창조질서요 생명의 법칙이다. "생명의 본질은 관계인 동시에 사랑이다.…생명이란 단지 목숨을 유지하는 것을 넘어서 누군가와 관계를 맺고 대화하며 삶을 함께하는 관계의 행위이자 사랑의 행위다"(조영호 2022, 230). 이를 가리켜 시편 저자는 모든 피조물이 "지켜야 할 법칙을 (하나님이) 주셨다"고 말한다(시 148:6). 땅 위에 있는 모든 생명은 삼위일체 하나님의 법에 따라 살도록 창조되었다. 그래서 하나님이 지으신 만물을 볼 때 "하나님의 보이지 않는 속성"을 깨달을 수 있다(롬 1:20).

하나님의 영 곧 성령은 사랑의 영이다. 달리 말해 성령은 삼위일체적 상부상조와 상생의 영이다. 이 영이 모든 피조물 안에 생명의 힘으로 현존한다(시 104:29-30). "그의 영을 통해 하나님은 그의 모든 피조물과 그의 창조 공동체 안에 현존한다. 살아 있는 모든 것은 '신적 영'이신 '생명의 근원'의 힘으로 산다. 피조물의 생명을 지키며 생명을 창조하는 영은 창조 전체에 부어지며 창조 공동체를 형성한다"(Moltmann 2010, 156). 칼뱅에 따르면 하나님의 사랑의 영, 곧 상부상조와 상생의 영은 "어디나 계시며, 하늘과 땅에 있는 모든 것을 유지하고 먹이시며 생동케 한다. 그가 자기의 힘을 모든 것 안에 부으시며 이를 통해 모든 것에게 존재와 생명과 활동을 약속한다는 이것은 분명히 신적인 것이다"(*Inst.* I.13). "성령은 온 세상에 충만하시며 모든 것을 포괄하는 분"이다(지혜서 1:7).

3. 기독교는 하나님의 아들 곧 성자가 인간 예수 안에서 사람의 몸을 입고 이 세상에 오셨다고 고백한다. 아들은 아버지의 분신이다. 헤겔의 표현을 따른다면, 하나님의 아들은 아버지 하나님이 무한한 사랑의 영 안에서 자기를 "타자"(das Andere)로 외화하고 대상화한 존재라는 것이다. 곧 아들은 아버지의 외화(Entäußerung)다. 하나님의 삼위일체적 본성, 곧 상부상조와 상생의 본성이 아들 예수에게서 계시된다. 예수는 "보이지 않는 하나님의 형상"이다(골 1:15). 그는 삼위일체의 비밀 곧 하나님의 사회적, 공동체적 본성이 인격화된 존재다. 그러므로 지상의 예수는 이 세상의 작은 형제자매와 상생하는 자로 나타난다. 그는 "세리와 죄인들의 친구"가 된다. 그는 높은 사람을 낮추고 낮은 사람을 높임으로써 모든 사람이 상생하는 세상을 이루고자 한다. 이 예수가 "존재하는 모든 것의 의미와 의의를 밝힐 수 있도록 하는…열쇠"다(워즈바 2019, 307). 세계 만물은 그리스도 예수 안에 계시되는 삼위일체 하나님의 모습(형상)을 따라 상부상조하며 상생하며 살도록 창조되었다. 그렇다면 예수 그리스도가 "우주와 역사의 중심"이다(요한 바오로 2세). "그리스도 사건은 인간의 역사 전체가 그것으로부터, 그것으로, 그것을 위해 펼쳐지는 최초의 사건이다"(리치스 2019, 240).

세계 만물의 본래적 본성은 자기의 유전자를 확대하고자 하는 이기성이 아니라 예수 안에 계시되는 삼위일체 하나님처럼 상부상조하며 상생하고자 하는 사회적, 공동체적 본성이다. "사람이 그 지으신 만물을 보고서 깨닫게 되어" 있는 "하나님의 보이지 않는 속성, 곧 그분의 영원하신 능력과 신성"(롬 1:20), "썩지 않고 더러워지지 않고 낡아 없어지지 않는 유산"(벧전 1:4)은 모든 피조물 속에 주어진 상부상조와 상생의 사회적, 공동체적 본성을 시사한다(1:24). "모든 육체는 풀과 같고, 그 모든 영광은 풀의 꽃과 같으며, 풀은 마르고 꽃은 떨어지되", "주님의 말씀"은 영원토록 존속한다.

이에 대한 구체적 예를 든다면, 몸길이 6미터에 몸무게가 1.4톤까지 나가는 흑범고래는 다른 고래들처럼 사회성이 아주 강하다. 몇 마리씩 작은 무리를 짓고 이 작은 무리들이 연합해서 큰 무리를 형성한다. 사냥은 무리가 함께 힘을 합쳐서 하고, 사냥한 먹이는 사이좋게 나누어 먹는다. 수명은 60년 정도인데, 40대 중반이 되면 임신이 중지된다. 이후 암컷은 다른 어린 암컷들의 새끼를 돌보아준다. 초보 엄마들에게 경험을 전해주는 할머니 역할을 한다.

크로포트킨은 이에 관한 수없이 많은 증거를 보여준다. 코끼리들은 "복합가족, 상호애착, 계획적으로 보초를 세우는 습성, 그리고 밀접한 상호지원의 삶을 통해 발전된 동정심"을 보인다. 들소들은 경쟁을 피하기 위해 이동을 한다. 앳되고 귀여운 얼굴을 가진 "티티원숭이들은 비가 오면 떨고 있는 동료의 목을 자신들의 꼬리로 감싸주면서 서로 보호한다. 몇몇 종들은 다친 동료들을 끔찍하게 배려하고, 퇴각하는 동안에도 죽었다거나 살려낼 희망이 없다고 확인될 때까지 상처 입은 동료를 내버려두지 않는다"(Kropotkin 2005, 74 ff.).

4. 어떤 학자들은 주장하기를, 태초의 창조는 없던 것이 물질적으로 있게 된 것이 아니라 혼돈상태에 있는 세계에 질서를 부여한 것으로 생각되어야 한다고 말한다. 성공회대학교 김기석 교수는 "구약성서의 첫 구절은 하나님의 창조가 '완전한 무로부터의 창조'인지 아니면 '혼돈으로부터의 질

서 부여를 통한 창조'인지 명백히 진술하지 않고 있다. 굳이 따지자면 오히려 후자 쪽이 더 가까울 것이다"라고 말한다(김기석 2018, 156).

미국 휘튼 칼리지의 존 월튼(J. H. Walton) 교수에 따르면, 이스라엘 백성은 고대 근동 지역의 여러 민족과 함께 "동일한 문화의 강에 속해 있었다." 이들에게 중요한 것은 혼돈과 무질서의 세계 속에 질서를 세우는 일이었다. 따라서 구약성서가 말하는 하나님의 창조는 혼돈상태에 있는 "우주에 질서를 부여하는 것"으로 이해되어야 한다. 혼돈으로 가득한 세계 속에 "질서를 부여하는 것이 가장 중요한 창조행위였다"(월튼 2021, 133, 135).

필자의 생각에 창조설화가 말하는 "혼돈과 공허" 곧 "토후 바보후"(tohu wabohu)는 하나님의 창조행위 이전에 "혼돈과 공허 상태의 세계가 있었다"는 것을 뜻하지 않는다. 그것은 하나님이 창조한 세계의 처음 상태를 나타낸다. 하나님이 창조한 처음의 세계는 혼돈과 공허 상태에 있었다. 그래서 창조설화는 "하나님이 천지를 창조하셨다. 땅이 혼돈하고 공허하며"라고 말한다. 여기서 말하는 "혼돈과 공허"는 "잠재적 형태에 있어서 풍요로우나 현실적 형태에서는 빈곤하였고 창조적 가능성에서는 풍요롭지만 창조된 형식에서는 빈곤하다"는 것을 나타낸다(Weizsäcker 1992, 65).

앞서 기술한 "다바르"(dabar) 개념은 하나님의 창조가 물질적 창조였음을 보여준다. "하나님이 ~이 있으라 말씀하시니, ~이 있었더라"라는 말씀은 피조물을 무(없음)로부터 물질적으로 있게 하였음을 말한다. 아우구스티누스가 고백한 "무로부터의 창조"(creatio ex nihilo)는 본래 없었던 세계를 하나님이 물질적으로 있게 하였음을 나타낸다.

성서는 곳곳에서 하나님을 가리켜 "천지를 지으신 하나님"(대하 2:12; 시 134:3), "만물을 지으신" 하나님(시 146:6; 행 14:15; 17:24; 계 4:11), "모든 세계를" 지으신 하나님(히 1:2; 11:3)이라고 묘사한다. 이 모든 구절은 하나님의 창조가 이미 존재하는 세계에 질서를 부여한 것이 아니라 없던 세계를 물질적으로 있게 하였다는 것을 말한다. 만일 하나님이 기존 세계에 단지 질서만을 부여했다면, 세계와 그 안에 있는 모든 것이 하나님이 지으신 "하나님의 것"이라 고백할 수 없을 것이다.

그러나 하나님의 물질적 창조는 질서를 배제하지 않는다. 오히려 질서를 포함한다. 하나님은 무에서 유의 세계를 만들어내면서 그 속에 질서를 세운다. 곧 "땅의 기초"를 세운다(욥 38:4; 잠 8:29; 렘 31:37 등). "땅의 기초를 세웠다"라는 말은 무엇을 뜻하는가? 이 말은 땅에 기둥을 세웠다는 뜻이 아니라 만물이 삼위일체 하나님의 본성에 따라 상부상조하며 상생하는 삶의 법칙을 하나님이 세우셨다는 것을 뜻한다. 그는 모든 피조물이 "지켜야 할 법칙을 주셨다"(시 145:6). 삼위일체적 상부상조와 상생이 피조물의 삶의 법칙이요 "땅의 기초"다(이박행 2022, 414).

이를 가리켜 성서는 하나님이 "지혜로 땅의 기초를 놓으셨다"라고 말한다(잠 3:19). 하나님은 지혜로 "모든 것을" 지으셨다(시 104:24). 요한복음 서론은 하나님이 "로고스"(logos)를 통해 세계를 창조하였다고 말한다(요 1:3). 그리스어 로고스는 우주를 다스리는 우주적 지혜, 세계 이성을 뜻한다. 요한복음 서론에서 그리스도 예수는 하나님의 로고스 곧 우주적 지혜가 인격화된 존재로 이해된다. 사도 바울은 그리스도를 "하나님의 지혜"로 이해한다(고전 1:24). 우주적 지혜의 인격화는 이미 구약성서에서 일어난다. 잠언 8장에서 지혜는 인격적 존재로 나타난다. 신약성서는 그리스도를 바로 이 지혜가 인격화된 존재로 파악한다.

그리스도 안에서 인격화된 우주적 지혜란 무엇인가? 세계 만물이 하나님 안에서 상부상조하며 상생하는 우주적 질서 곧 로고스를 말한다. 그리스도는 이 지혜 곧 우주적 질서를 계시한다. 그는 이 지혜, 이 질서의 육화(肉化)다. 만물은 이 질서를 따라 상부상조하며 상생하도록 창조되었다.

시인 서성환 목사는 피조물들의 상생을 다음과 같이 이야기한다.

> 벌과 나비는 꽃을 두고 다투지 않는다.
> 서로의 방식으로 모두를 이롭게 한다.
> 만물은 정해진 때와 그들만의 법도에 따라
> 사랑도 하고 번식도 하며 종족을 이어간다.

> 누구도 누구를 생각 껏 지배하려 하지 않고
> 서로의 존재에 기쁨과 즐거움으로 참여한다.
> 사람만이 정욕에 눈멀어 그 법도를 저버리고
> 쾌락의 수단으로 서로를 비참하게 능욕한다(서성환 2023, 74).

5. 여기서 우리는 땅 위의 모든 생물은 죽지 않고 자기의 생명을 유지하고자 하는 본능을 가진다는 사실을 유의할 필요가 있다. 상부상조와 상생 외에 자기의 생명을 유지하고자 하는 본능도 생명의 본성에 속한다. 모든 생물에게 가장 귀중한 것은 자신의 생명이다. 곧 죽지 않고 사는 것이다. 따라서 모든 생물은 다른 생물들의 생명보다 먼저 자기의 생명을 유지하고자 하는 이기성을 갖게 된다. 생물들의 이기성을 우리는 음식물에 대한 생물들의 다툼에서 볼 수 있다. 어미 새가 어린 새끼 새들에게 주둥이로 먹이를 주려고 할 때 새끼 새들은 서로 자기가 먼저 먹으려고 주둥이를 어미에게 내밀며 애쓰는 모습을 볼 수 있다. 같은 형제들임에도 불구하고 새끼 새들은 먼저 자기의 생명을 유지하려는 이기성을 보인다. 상부상조하며 상생하고자 하는 공동체적 본성과 먼저 자기의 생명을 유지하고자 하는 이기적 본성이 모든 생물에게 동시에 주어져 있음을 볼 수 있다.

이 두 가지 본성 중에 어느 것이 더 강한가? 진화론은 이기적 본성이 더 강한 것처럼 이야기한다. 이기성이 강한 자는 살아남고 약한 자는 도태되는 것이 자연계의 삶의 법칙이라는 것이다. 또 자연을 다루는 많은 다큐멘터리를 보더라도 이기적 본성이 더 강한 것처럼 느껴진다. 주로 힘이 강한 짐승이 약한 짐승을 잡아먹는 것을 보여주기 때문이다. 그러나 이것은 생물계의 한 면에 불과하다. 자연 생물들의 이기적 본성은 굶주린 배를 채우고 자기들의 삶의 영역을 지키는 데 제한되어 있다. 그 외에 자연 생물들은 평화롭게 공존하는 모습을 보인다. 그들은 다른 생물들의 종을 멸절시키는 잔인성을 보이지 않는다.

필자가 거주하는 동네에는 참새떼들이 살고 있다. 참새들이 길가에 나와 먹잇감을 열심히 쪼아먹는 것을 자주 볼 수 있다. 그런데 자기가 더 많이 먹겠다고 참새들이 싸우는 것을 필자는 한 번도 본 적이 없다. 충분히 먹고 나면 참새들은 근처에 있는 나뭇가지에 앉아 자기들끼리 조잘거리며 삶을 나눈다. 이동할 일이 있으면 참새들은 언제나 무리를 지어 함께 이동한다. 참새들은 늘 함께 움직인다. 위험이 감지되면 모두 함께 달아나버린다. 그들의 의사전달 속도는 정말 빠르다. 개미와 마찬가지로 참새들이 상생하는 모습은 참으로 놀라울 정도다. 참새들의 이 같은 모습에서 우리는 이기적 본성보다 공동체적 본성이 우세하다는 것을 볼 수 있다.

크로포트킨의 연구에 따르면, 이기적 경쟁과 투쟁은 "동물에게서도 인간에게서도 철칙이 될 수 없다." 자연의 생물들은 이기적 경쟁을 피하는 방법을 무의식적으로 알고 있다. 그들 사이에서 "경쟁은 예외적인 시기로 제한"된다(Kropotkin 2005, 105). 이것은 자연 생물들의 세계에서 이기적 본성보다 상부상조와 상생의 공동체적 본성이 더 강하다는 것을 보여준다. 만일 혼자 살아남으려는 이기적 본성이 더 강하다면 거의 모든 생물 종들은 사멸하고 가장 강한 극소수의 종들만 살아남았을 것이다. 인간의 경우는 어떠한지 아래 제3부 인간에 관한 이야기에서 살펴보고자 한다.

6. 생물 개체들의 이기적 본성은 어디로부터 오는가? 어떻게 해서 생물들은 이기적 본성을 갖게 되었는가? 이기적 본성은 자기의 생명을 유지하고자 하는 모든 생물의 기초적 본능의 필연적 현상이 아닌가? 그것은 자연적인 것이 아닌가?

그것은 결코 자연적인 것이 아니다. 그것은 자연에 대한 모순이다. 곧 그것은 반자연적인 것이다. 만일 이기적 본성이 자연적인 것이라면 모든 생물 종들은 사라져버렸을 것이기 때문이다. 참으로 자연적인 것은 자연 생물 종들의 생명을 장려하고 번성케 하는 것이다. 이것이 창조질서 혹은 자연질서에 속한다.

창조설화에 따르면, 자연에 모순되는 인간의 이기적 본성은 하나님을 거부하는 죄로 말미암아 나타나게 된 것이다. 인간이 선하신 하나님을 부인하고 자기를 하나님의 자리에 세움으로 말미암아 생겨났다는 말이다. 인간의 죄로 말미암아 이 세상에 들어온 이기성이 피조물의 세계 전체로 확대된다. 인간을 통해 이 세상에 들어온 이기적 본성은 모든 피조물에게 확대된다. 인간이 피조물 가운데 가장 영악하고 이기적인 짐승이 됨으로 말미암아 피조물 세계 전체에 이기성이 퍼지게 된다. 물통 속에 빠진 작은 오물이 물통 전체를 오염시키는 것과 같다.

그렇다면 생물 개체들의 사회적, 공동체적 본성은 어디로부터 오는가? 그것은 생물들의 진화과정을 통해 우연히 있게 된 것인가? 아니면 이기적 유전자가 자기 확장을 위해 개발한 "이기주의적 전략"인가? 기독교 신앙에 따르면 그것은 삼위일체 하나님의 삼위일체적 창조로 말미암아 주어진 것이다. 모든 피조물이 상부상조하며 상생하도록 창조되었다. 하나님의 사랑의 영이 하늘을 나는 새들 안에도 있고, 산 위의 나무들 안에도 있다.

7. 앞서 언급했듯이 많은 학자들이 "무로부터의 창조"를 비판한다. "무로부터의 창조"로 말미암아 하나님과 세계의 존재론적 구별이 일어난다. 하나님이 영원 전부터 계신 신적 존재라면 세계는 무("없음")로부터 있게 된 비(非)신적인 것으로 엄격히 구별된다. 세계가 비신적인 것으로 드러남으로써 세계는 인간의 정복과 지배와 파괴의 대상이 되어버렸다고 비판가들은 주장한다.

이 주장은 일면 타당하다. 무로부터의 창조로 말미암아 하나님과 세계가 신적인 것과 비신적인 것으로 구별됨은 사실이다. 신적인 하나님과 비신적인 피조물 사이에 존재의 유비(analogia entis)는 있을 수 없다. 세계는 세계에 불과하며 결코 신적인 것이 아니다. 창조세계에 대해 하나님은 "전적 타자"(totaliter aliter)다(Barth). 그래서 하나님은 자기의 이름을 묻는 모세에게 이름을 가르쳐 주지 않고, "나는 곧 나다"(야웨)라고 대답한다(출 3:14).

여기서 우리는 창조설화의 혁명적 세계관을 볼 수 있다. 고대 시대에는 우주 전체가 신적 힘을 가진 신적인 것으로 숭배되었다. 그러나 창조설화의 "무로부터의 창조"로 말미암아 신격화된 세계의 탈신격화, 탈신화화가 일어난다. 세계의 세계화(Verweltlichung)가 일어난다. 세계의 그 무엇도 신적인 것이 아니다. 신적인 것은 창조자 하나님 뿐이다. 이로써 신화화, 신격화된 자연으로부터 인간의 해방이 일어나게 된다. 자연에 대한 숭배, 곧 자연숭배가 불필요하게 된다. 고대 시대에 이것은 혁명적인 것이었다.

"무로부터의 창조"로 말미암아 세계 최초의 유일신론이 출현한다. 곧 창조자 하나님만이 신이요 이 세계의 그 무엇도 신이 아니라는 신앙이 등장한다. "창조"라는 말 자체가 하나님과 자연의 구별을 나타낸다. 자연은 하나님이 "창조한 것", "하나님 자신과는 근본적으로 다른 것"이다. 이리하여 고대 시대의 보편적 "문화의 강"이었던 범신론이 깨어져버린다(Meyer-Abich 1997, 29f.). 고대 시대의 각종 우상숭배가 불가능하게 되고 범신론에 기초한 각종 미신이 깨어진다(보다 자세한 내용은 III. 4 참조).

그러나 하나님과 세계의 존재론적 구별은 양자의 분리를 뜻하지 않는다. 성서는 하나님과 세계를 구별하는 동시에 양자가 서로 연결되어 있는 것으로 파악한다. 세계는 하나님에 의해 존재하게 된 하나님의 피조물이요 "하나님의 것"이라는 성서의 말씀은 하나님과 세계의 관계성을 말한다. 소유자와 소유물은 관계되어 있을 수밖에 없다. "우리는 하나님 안에서 살고 기동하며 존재한다"라는 바울의 말씀은 하나님과 세계의 분리될 수 없는 관계성을 나타낸다(행 17:28). 성서에서 하나님과 세계는 관계 속에서의 구별, 구별 속에서의 관계 내에 있다.

세계가 "하나님의 것"으로 하나님과 관계되어 있다면, 세계는 하나님의 뜻과 목적을 지향해야 할 방향성 혹은 지향성을 가진다. 세계는 무의미, 무가치, 무목적, 곧 "혼돈과 공허" 속에 있지 않다. 그것은 삼위일체 하나님이 가리키는 의미와 가치와 목적을 지향한다. 그렇다면 하나님이 지으신 세계의 의미와 가치와 목적은 무엇인가? 한마디로 그것은 세계를 창조한 하나님의 삼위일체, 곧 사랑의 영 안에서 이루어지는 상호부조와 상생에 있다. 그리스도 예수 안에 계시되는 하나님의 삼위일체적 삶, 곧 사랑 안에서 상부상조하며 상생하는 것이 창조세계의 의미와 가치와 목적이다. 세계는 이 의미와 가치와 목적을 향하도록 창조되었다.

8. 자연은 우리 인간이 만든 것이 아니다. 이 세상에 하늘과 땅, 물과 공기, 육지와 바다를 만든 사람은 아무도 없다. 자연 만물은 창조를 통하여 하나님이 우리에게 주신 하나님의 은혜, 곧 공짜 선물(gratia)이요 하나님의 축복이다. 공짜 선물의 축복을 받은 사람은 감사하며 기뻐할 수밖에 없다. "창조는 이미 '축복'이며…축복은 창조의 가장 작은 '양자' 단위에서부터 가장 거대한 우주적 단위에 이르기까지 생태계 전반에 울려 퍼지는 축복

과 기쁨의 진동"이다(최대광 2003, 219).

　　현대인의 심각한 문제는 세계의 모든 것을 우연한 것, 당연한 것으로 보는 데 있다. 자연도 우연한 것, 당연한 것으로 여겨진다. 들판에 피어 있는 코스모스도 우연한 것, 당연한 것으로 보인다. 우연한 것, 당연한 것에 대해 감사할 필요도 없고 특별히 기뻐할 필요도 없다. 아무리 많이 누리고 소유해도 감사하지 않는다. 감사와 기쁨이 없을 때 우울증이 찾아온다. 우울증에 빠지면 만사가 귀찮고 무의미하게 보인다. 모든 것에 대해 무감각해진다. 죽은 자는 무감각하다. 이에 반해 자연을 하나님이 우리에게 거저 주신 하나님의 은혜로 인식할 때 우리는 감사하고 기뻐하게 된다. 삶의 시간 자체가 하나님의 은혜다. 자연의 "있음" 자체가 감사하고 기쁜 일이다. 우리 인간이 만들지 않은, 또 만들 수도 없는 자연이 있다는 것, 하늘에 수많은 별이 있고 들판에 코스모스가 피어 있다는 것 자체가 신적인 신비로 드러난다. 세계는 신적 신비로 가득하다. 우리는 신적 신비 속에서 살지만 그것을 보지 못한다. 그것에 감사를 느끼지 못한다.

　　자연이 하나님의 은혜라면, 자연에 대한 인간의 사적 소유권은 원칙상 거부된다. 자연으로부터 수확한 것, 그것을 가공하여 얻은 생산품은 인간의 사적 소유가 될 수 있을 것이다. 그러나 자연 자체, 곧 땅이나 바다, 바닷가의 해변, 땅속의 물과 공기가 특정 개인의 사적 소유물이 될 수 없다. 땅 위에 건축된 건물은 개인의 소유가 될 수 있지만, 땅 자체는 하나님의 것이요 모든 피조물을 위해 하나님이 마련해 주신 생명의 터전이다.

　　봉이 김선달이 대동강 물을 팔아먹었다는 우화가 오늘날 현실적으로 일어나고 있다. 특정 개인이 땅속의 생수를 개발하여 판매하는 일이 실제로 일어나고 있다. 이것은 현대판 봉이 김선달이라고 말할 수 있다. 이것은 죄악이다. 땅속의 생수는 결단코 어느 개인의 장사품목이 될 수 없다. 땅속의 물은 모든 피조물을 위해 하나님이 주신 생명의 기초다. "하나님은 피조물 일체를 염려하는 '생태학적 경영자'로서 공적인 것을 사유화하는 인간을 '악당'이라 칭하시며 그분의 정원에서 추방하셨다(시 104편)"(이정배 2022, 157). 정치인들은 공적인 것을 사유화하는 일을 법적으로 금지해야 한다. 국민의 공적 세금에서 과도한 세비를 받는 것도 "공적인 것을 사유화하는" 것에 속한다.

2. 자연의 중심은 하나님이다

1. 오랫동안 기독교는 창세기 1, 2장의 창조설화를 인간중심적으로 해석하였다. 인간이 세계의 중심이라 가르치면서 자연 없고 몸 없는 인간의 영혼을 중심 문제로 다루었다. 하나님의 구원은 자연 없고 몸 없는 "영혼 구원"으로 축소되었다. "영혼 구원"이 기독교의 노래처럼 되었다. 자연계시를 철저히 부인한 바르트의 신학에서 "자연"은 신학자들이 입에 담아서도 안 될 터부와 같은 것으로 간주되었다. 이 같은 인간중심의 전통을 우리는 루터에게서도 볼 수 있다. "하나님이 모든 피조물과 함께 나를 창조하셨으며, 나에게 몸과 영혼을…주셨고 유지하신다는 것을 나는 믿습니다"라고 루터는 「소교리문답」에서 말한다. (다행히 루터는 여기서 인간의 "몸"에 대해 말한다.) 인간인 "나"가 하나님의 창조의 중심에 서 있다. 루터의 「대교리문답」에 따르면, 창조자 하나님을 믿는다는 것은 "내가 하나님의 피조물이라는 것, 다시 말해 그가 나에게…몸과 영혼을 주셨으며 쉬지 않고 유지하신다"는 것을 믿는다는 뜻이다. 그는 나에게 집과 정원을 주셨고, 해와 달과 짐승과 곡식에 이르기까지 "모든 피조물이 생활의 유익과 필요를 위해 봉사하도록 하신다." 모든 피조물은 나를 위해 있고 나를 위해 봉사해야 한다. 루터의 이 말은 기독교의 오랜 인간중심주의를 반영한다(Daecke 1989, 285).

기독교가 가르친 인간중심주의가 이제 실현되었다. 현대세계는 글자 그대로 인간중심의 세계가 되었다. 하나님 대신에 인간이 세계의 중심이 되었다. 온 세계를 파괴할 수도 있고 그것을 살릴 수도 있는 힘이 인간에게 있다. 온 세계가 인간의 의지에 맡겨져 있다. 세계를 설명할 때 하나님이라는 존재 가설은 불필요하다(Laplace). 인간중심주의가 현대세계의 "문화의 강"이다.

바로 여기에 현대세계의 근본 문제가 있다. 곧 하나님이 있어야 할 자리에 인간이 그 자신을 세운 것이다. 하나님 대신에 인간이 세계의 중심이 되었다. 하나님이 배제되고 인간이 하나님처럼 되었다. "너희가 하나님처럼 될 것이다"라는 아담에 대한 뱀의 유혹이 실현되었다. 하나님이 배제되고 인간이 하나님처럼 된 인간의 세계는 목적이 없는 세계가 되어버렸다. 개인의 존엄성을 구성하는 조건으로서의 자유는 무한한 탐욕에의 자유, 무한한 타락과 방종에의 자유, 무한한 소유에의 자유로 변질하였다. 죽음이 그 앞에 서 있다.

인간중심주의는 "자연에 대한 폭력"일 뿐 아니라 세계 모든 것에 대해 폭력성을 가진다(양명수 2005, 62). 하나님 없는 인간은 정말 "하나님과 같은 인간"(homo sicut deus)이 되는 것이 아니라 "늑대와 같은 인간"(homo sicut lupus)이 된다. 자연의 모든 피조물이 인간 늑대를 두려워하고 있다. "인간중심주의는 인간의 삶에 대해 결코 적절한 구도가 아닐 뿐 아니라 오히려 삶의 생동성을 파괴하는 억압성을 지닌다는 데 그 문제의 심각성이 있다"(정재현 1999, 428).

니체는 하나님이 사라지고 인간이 모든 것의 중심이 된 세계를 미리 내다본 것으로 보인다. 그래서 그는 다음과 같이 외친다. "저 위대한 사람은 그들 사이를 뛰어다니고 그들을 응시하면서 '하나님은 어디로 갔는가?'라고 외쳤다. 나는 너희에게 말하고자 한다. 우리가 그를 죽였다. 너희와 내가! 우리 모두가 그의 살인자다!" 교회는 "하나님의 무덤이요 묘비"다(김균진 2023, 835, 837에서 인용).

2. 성서는 그 어디에서도 세계의 중심에 대해 말하지 않는다. 기독교는 오랫동안 인간이 세계의 중심이라고 가르쳤지만 성서는 그 어디에서도 인간이 세계의 중심이라고 말하지 않는다. 그렇다고 자연주의가 가르치는 것처럼 자연이 세계의 중심이라 말하지도 않는다. 성서는 인간중심의 책도 아니고 자연중심의 책도 아니다. 성서는 단지 생명의 하나님과 생명의 세계에 대해 말할 뿐이다. 세계의 모든 것이 유기체적으로 연결되어 있기 때문에 무엇이 세계의 중심이라고 말할 수 없다.

　만일 세계의 중심을 찾는다면, 세계의 중심은 하나님이다. 세계가 하나님으로 말미암아 있게 되었고 하나님의 삼위일체적 삶이 모든 피조물의 본성이요 하나님이 만물의 알파와 오메가이기 때문이다(계 1:8; 21:6; 22:13). 하나님이 세계의 중심이라는 것은 세계의 모든 것이 선하신 하나님의 뜻에 따라, 하나님의 질서에 따라 이루어진다는 것을 말한다. 하나님이 "모든 것 안에서 모든 것"이란 바울의 말씀도 마찬가지다(고전 15:27). 이 세계에 구원의 길이 있다면, 그것은 하나님이 세계 만물의 중심이 되는 길밖에 없을 것이다. 모든 사람이 참 하나님을 하나님으로 섬기며 그가 부여하신 창조질서 곧 삼위일체적 본성을 따르는 길밖에 없을 것이다. 그 밖에 무슨 다른 길이 보이지 않는다. 인간의 윤리와 도덕, 돈과 과학기술, 학교 교육, 자본주의나 사회주의가 이 세계를 구원할 수 있을 것 같지 않다. 학교는 오래전부터 직업양성기관이나 취업알선소로 전락하였다. 교사가 학생을 구타했던 과거와는 반대로 이제 학생이 교사를 구타하는 일이 교육 현장에서 일어나고 있다. 자본주의 사회에서는 돈이 하나님처럼 되고 사회주의 사회에서는 독재자가 하나님처럼 된다.

살고자 한다면 하나님과 법과 질서를 인간의 삶과 세계의 중심으로 세워야 한다. 상부상조하며 상생하는 하나님의 삼위일체적 본성에 따라 살아야 한다. 물론 위기에 처한 세계를 구하기 위한 갖가지 대책들이 필요하다. 그러나 구원에 이를 수 있는 근본적인 길은 하나님과 하나님의 법이 세계의 중심이 되는 데 있다. 하나님을 중심에 모시고 하나님의 법에 복종하면 살 것이요, 이를 버리고 인간 자신의 이기적 본성을 따르면 죽을 것이다. 하나님과 그의 법을 숭배하지 않고 돈을 하나님처럼 숭배하면 죽을 것이다. 위기와 재앙이 끊이지 않을 것이다. 한 가지 재난을 극복하면 새로운 재난이 일어나는 "재난의 악순환"이 계속될 것이다. 성서는 곳곳에서 하나님이 중심이 된 세계를 보여준다. "모든 생명이 하나님의 손안에" 있다. "속는 자와 속이는 자도 다 그분의 통치 아래 있다." "하나님은 민족들을 강하게도 하시고, 망하게도 하시고, 뻗어나게도 하시고, 흩어버리기도 하신다"(욥 11:10, 16, 23). 욥기의 생태학적 본문(37장-39장) 역시 하나님이 자연 만물의 중심이 되어 모든 것을 주관하는 하나님 중심의 세계를 묘사한다.

이사야서의 메시아 약속은 하나님과 그의 창조질서가 중심이 된 세계를 보여준다. 그것은 생태학적 상생의 세계다. "그때에는 이리가 어린 양과 함께 살며, 표범이 새끼 염소와 함께 누우며… '나의 거룩한 산 어디에서도 서로 해치거나 파괴하는 일이 없다.' 물이 바다를 채우듯, 주님을 아는 지식이 땅에 가득하기 때문이다"(사 11:6-9; 참조. 사 65:25).

신약성서는 하나님 중심성을 삼위일체적 중심성으로 이해한다. 곧 세계의 중심은 성부, 성자, 성령 삼위일체 하나님이다. 세계는 삼위일체 하나님을 통하여 창조되었다. 아버지 하나님의 아들 그리스도는 공동 창조자 혹은 창조의 중재자시다. "그리고 한 분 주님이신 예수 그리스도가 계십니다. 만물이 그분으로 말미암아 있고, 우리도 그분으로 말미암아 있습니다"(고전 8:6). "모든 것이 그로 말미암아 창조되었으니, 그가 없이 창조된 것은 하나도 없다"(요 1:3). 또한 세계는 아버지 하나님과 그의 아들 예수를 하나로 결합하는 성령을 통하여 창조되었다. 따라서 성부, 성자, 성령 삼위 일체가 세계의 중심이다. 세계의 모든 것이 삼위일체 하나님의 창조질서, 자연질서에 따라 이루어져야 한다. 삼위일체 하나님의 뜻이 세계의 모든 것을 결정해야 한다. 하나님 중심성은 인간중심주의와 자연중심주의 간의 양자택일을 넘어선다. 하나님 중심성은 양자를 함께 거부한다. 세계의 중심은 인간도 아니고 자연도 아니다. 그들을 창조한 삼위일체 하나님과 하나님의 법이 세계의 중심이어야 한다. 살길은 이 길밖에 없다!

예수는 주기도문에서 하나님의 "뜻이…땅 위에서도 이루어지이다"라고 기도해야 한다고 가르친다. "하나님의 뜻"은 무엇인가? "하나님의 뜻", 하나님이 바라고 원하는 것은 모든 피조물이 하나님의 삼위일체적 본성에 따라 사는 데 있다. 곧 하나님의 사랑과 공의와 평화 안에서 서로 도우며(상부상조) 더불어 사는(상생) 데 있다. 그것이 "하나님의 뜻"이다. 하나님을 기쁘게 할 수 있는 길도 여기에 있다. 하나님을 영광스럽게 할 수 있는 길도 여기에 있다. 그래서 예수는 자기를 낮추시고 그 땅의 낮은 자들과 함께 먹고 마시며 상생한다. 하나님의 아들이 사람과 상생한다. 그는 사람들에게 상생의 길을 가르친다. "네가 완전한 사람이 되려고 하면, 가서 네 소유를 팔아서 가난한 사람에게 주어라"(마 19:21). 성서 전체가 이렇게 가르친다. 가난한 사람들에게서 "이자를 받아서도 안 되고, 어떤 이익을 남기려고 해서도 안 된다"(레 25:36). "너는 너의 이웃을 네 몸처럼 사랑하여라"(레 19:18; 마 19:19). 모든 피조물이 상부상조하며 상생하기를 바라는 하나님의 뜻이 이루어지는 데 구원의 길이 있다.

3. "각 피조물은 자신의 삶의 세계를 가진다"
- 피조물의 "있음" 자체의 가치와 존엄성

1. 일반적으로 우리는 인간의 생명이 세상에서 가장 귀중하다고 생각한다. "천하에서 가장 귀중한 것은 인간의 생명이다"라는 세간의 말은 이를 나타낸다. 또 많은 학자가 말하기를, 자연은 인간을 통해 그 자신의 의식과 의미에 도달한다고 한다. 그렇다면 인간만이 그 자신의 가치(Eigenwert)를 가지며 자연은 인간과의 관계에서만 의미와 가치를 가질 수 있다고 생각하게 된다. 곧 인간에 의해 인식되고, 인간을 위해 봉사하며, 인간에게 도움이 되는 한에서 자연은 가치를 가진다는 것이다.

이에 대한 근거를 많은 신학자는 성서의 창조설화에서 발견한다. 인간만이 "하나님의 형상"으로 창조되었고 자연을 정복하고 다스릴 수 있는 권한을 부여받았다. 또 하나님은 인간이 땅에서 나오는 식물을 음식물로 취하게 한다. 이것은 하나님이 인간을 위해 자연을 창조하였다는 것을 보여준다. 그러므로 인간의 생명이 가장 귀중하며 자연을 떠나 그 자신의 가치를 가진다는 것이다.

사실 창조세계에서 인간만큼 찬란한 문화를 창출해낸 피조물은 없다. 자연의 피조물들 가운데 종교를 가진 것도 인간뿐이다. 침팬지와 원숭이와 인간이 아무리 많은 유전자적 유사성을 가진다고 할지라도 침팬지와 원숭이는 천년만년이 지나도 인간의 문화를 이룰 수 없을 것이다. 그러므로 인간은 자연의 피조물과 비교할 수 없는 높은 가치와 존엄성을 가진다고 생각할 수 있다.

그러나 뛰어난 문명과 문화를 이루었다고 해서 인간이 자연 피조물보다 더 큰 가치를 가진다는 생각은 인간중심적인 생각이라 볼 수 있다. 자연이 인간을 통해 충만한 의식과 의미에 도달한다는 것도 인간중심적인 생각이다. 만일 자연의 피조물들이 이 같은 얘기를 듣는다면 그들은 이렇게 호소할 것이다. "제발 우리를 내버려 두십시오. 우리는 당신들을 통해 의식과 의미가 부여되는 것을 원치 않습니다. 당신들이 말하는 의미와 가치라는 것이 우리에게는 필요하지 않습니다! 우리는 당신들이 그렇게 자랑하는 문명과 문화를 필요로 하지 않습니다."

2. 생명의 가치와 존엄성에 대한 인간중심의 생각에 반해 성서는 전혀 반대되는 통찰들을 보여준다. 우선 자연 만물이 하나님이 지으신 하나님의 것이라면, 자연 만물도 그 자신의 가치를 가진다. 하나님은 사랑이다. 사랑에는 차별이 없다. 따라서 하나님에게는 땅 위에 있는 모든 생명이 가치 있고 고귀하다. 하나님은 참새 한 마리도 기억하신다(눅 12:6). 나는 하나님의 형상이니까 나에게만 고유한 가치가 있고, 너는 참새 한 마리에 불과하니까 너에게는 고유한 가치가 없다는 생각은 이미 사랑이 아니다. 참새에게 그것은 너무도 이기적이고 인간중심적인 말로 들릴 것이다. 성서 어디에도 "참새는 인간을 위해 창조되었다"라는 얘기가 없다. 아무리 작은 생물일지라도 각 생물은 그 자신의 삶과 역사를 가진다.

   역사가 폰 랑케(L. von Ranke)에 따르면, "모든 시대는 하나님에게 직접 속하며, 그 가치는 거기로부터 나오는 것에 있는 것이 아니라 그의 실존에, 그 자신의 존재에 있다"(Hinrichs 1954, 165). 한 시대의 가치가 그 자신에게 있듯이 그 시대에 속한 모든 사물은 그들의 존재 자체에 있어 가치를 가진다. 모든 생명은 하나님이 주신 것이다(딤전 6:13, "만물에게 생명을 주시는 하나님"). 따라서 모든 생명은 인간에게 의존하지 않는, 그 자신의 가치와 존엄성을 가진다. 창세기 1장이 말하는 "하나님의 형상"은 자연에 대해 인간만이 자신의 가치를 가진다는 것을 뜻하지 않는다. 그것은 인간이 자연에 대해 하나님의 모습을 보여주어야 한다는 인간의 존재 규정(Seinsbestimmung)을 말한다. 곧 사랑이신 하나님의 형상을 보여주어야 한다는 것이다. 타자에게 하나님의 형상을 보여주는 거기에 인간의 참가치와 존엄성이 있다는 것을 암시한다.

음식물에 관한 하나님의 명령에서 인간은 자연에 의존하는 존재로 나타난다. 그는 자연에서 나오는 음식물을 얻어야만 생존할 수 있다. 음식물 곧 자연의 물질을 얻지 못하면 그는 죽는다. 자연은 인간의 생존을 가능케 한다. 자연 없는 인간 생명은 생각될 수 없다. 그렇다면 자연은 최소한 인간과 동등한 가치를 가진다. 음식물에 관한 하나님의 말씀은 자연에 대한 인간의 의존과 자연 자체의 가치를 나타낸다.

이것을 우리는 "하나님이 보시기에 좋았다"는 말씀에서도 볼 수 있다. 자연 만물이 "'하나님 보시기에 좋았다'는 말은, 자연의 순수한 상태 속에서 모든 생물이 자기의 종류대로 개체의 차별성을 인정받으며, 서로 간에 크고 작음, 길고 짧음에도 완전한 평등 관계를" 가진다는 것을 시사한다(김은규 2003, 75). 생명의 가치에 차별이 있을 수 없다. 인간만이 자신의 가치와 존엄성을 가지며 자연 생물들의 가치와 존엄성은 기껏해야 그 하위에 있다는 생각은 인간의 생각일 뿐이다. 만일 참새가 말을 할 수 있다면, 분명히 이렇게 말할 것이다. "나도 당신과 똑같은 가치를 가집니다. 왜냐구요? 나도 생명이니까요!" 장애인도 이렇게 말할 것이다. 스위스 바젤(Basel) 대학교의 동물학자요 자연철학자인 포르트만(A. Portmann, 1897-1982)에 따르면, 새들이 지저귀는 것은 새들의 "자기존재"(Selbstsein)를 나타내는 것이다. 한 마리의 여치가 우는 것은 "여치의 자아의 음성적 나타냄"이다. 생물 종들의 노래는 "개체의 자기표현"이다(Selbstäußerung des Individuums, Friedrich 2000, 44).

또한 하나님은 자연의 생물들에게도 "생육하고 번성하라"고 축복을 내리신다. 하나님의 이 축복은 자연의 피조물도 그 자체를 위해 창조되었음을 시사한다. 12세기의 유대인 성경학자 마이모니데스(Maimonides)에 따르면, "어떤 피조물도 다른 피조물을 위하여 창조되지 않았으며 그 자신을 위하여 창조되었다"(김정욱 2022, 55). 따라서 모든 피조물은 그 자체로서 존재가치와 존엄성을 가진다. 그들은 그들 자신을 위해 존재함으로써 다른 피조물의 생존을 가능케 한다. 화이트헤드는 모든 피조물의 존엄성을 다음과 같이 말한다. "우주에는 가치를 향유하는, 그리고 가치를 공유하는 통일성이 있다. 한 예로서, 원시림의 외딴 빈터에 피어 있는 한 송이 꽃의 신비스러운 아름다움을 생각해 보라. 어떠한 동물도 일찍이 그 꽃의 모든 아름다움을 즐기는 경험의 신비로움을 갖지 못했을 것이다. 그렇지만 이러한 아름다움은 우주 안에 있는 장엄한 사실이다"(Whitehead 1938, 119f., Cobb 2002, 262에서 인용).

3. 또 우리는 이렇게 질문할 수 있다. 모든 자연의 피조물들 사이에는 차이가 있다. 재빠르고 영리한 피조물도 있고 느리고 둔하게 보이는 피조물도 있다. 생명력이 강한 피조물도 있고 약한 피조물도 있다. 후자의 피조물보다 전자의 피조물이 더 큰 가치와 존엄성을 갖지 않는가?

이 문제에 대해 우리는 아주 쉽게 대답할 수 있다. 능력이 있든 없든, 우수하든 열등하든, 모든 자녀들은 부모에게 똑같이 귀중하다. 자녀가 장애인일지라도 생명의 가치에는 경중이 있을 수 없다. 살아 "있다"는 그 자체가 가장 귀중한 것이다. 그것이 부모의 사랑이다.

참사랑은 상대방의 조건을 따지지 않는다. 그것은 모든 조건을 뛰어넘어 있는 그대로 상대방이 지닌 생명의 가치를 인정한다. 무한한 사랑이신 하나님에게는 땅 위의 모든 생명이 똑같이 귀중하게 보일 것이다. 인간이 이룬 위대한 문명과 문화에 근거하여 인간이 자연의 피조물보다 더 큰 가치를 가진다고 생각할지 모른다. 그러나 이 생각은 잘못된 것이다. 인간이 만든 문명과 문화로 인해 온 세계가 죽음의 위험 속에 있는 오늘의 현실을 볼 때, 인간의 문명과 문화 때문에 인간이 더 큰 가치와 존엄성을 가진다고 말할 수 없을 것이다.

4. 생태학에 관한 토의에서 중심적 문제는 "자연은 그 자신의 가치를 가지는가?"의 문제에 있다. 이 질문은 인간의 가치만을 인정하고 자연의 가치를 부인하거나, 인간과의 관계 속에서만 자연은 가치를 가진다고 보는 인간중심주의에 대한 반격이라 말할 수 있다. 이 문제에 대해 많은 학자가 인간에게 의존하지 않는 자연 자신의 "내적 가치"를 주장하였다(이에 관해 Mutschler 2006, 69ff.). 한스 요나스에 따르면, 인간중심주의는 인간을 자연의 중심에 세우고 자연 자신의 가치(Eigenwert)를 부인한다. 이에 반해 요나스는 "있음"(존재) 자체에 기초한 자연 자신의 가치를 인정하고 자연에 대한 인간의 책임성을 주장한다. 그는 칸트의 도덕적 정언명령을 자연에 대한 "생태학적 책임성의 정언명령"으로 풀이한다. "너의 행동의 작용이 땅 위에 있는 참된 인간적 삶의 영속성(Permanenz)과 조화되도록 행동하여라"(Jonas 1984, 36).

마이어-아비히 교수는 인간과 자연 피조물의 "자연사적 친족성"(Verwandtschaft)과 유사성에 근거하여 자연 자신의 내적 가치를 주장한다. 지구의 역사에서 인간이 있기 전에 자연이 먼저 있었고 인간은 자연에서 나온 존재이기 때문이다(Meyer-Abich, 1997, 268f., 273ff.). 친족들은 동등한 가치를 가진다. 따라서 자연도 인간과 동등한 가치를 가진다. 땅 위의 모든 생명은 동등한 가치와 존엄성을 가진다. 단지 우리 인간이 그것을 인정하지 않을 뿐이다. "우리는 자연의 공동세계(Mitwelt)를 단지 우리의 유익을 위해서가 아니라 그 자신의 가치 안에서 혹은 그 자신 때문에 존중해야 한다"(1984, 24).

오스트리아의 동물행동학자 콘라드 로렌츠(K. Lorenz)는 자연의 짐승들과 인간의 행동을 비교함으로써 양자의 친족성과 유사성을 발견한다. 그에 따르면, 짐승들의 많은 행동은 놀라울 정도로 인간의 행동과 비슷하다(Lorenz 1983, 179). 배가 고프면 무엇을 먹고자 하며, 짝짓기를 통해 종을 유지하고자 하며, 혼자 살지 않고 군집 생활을 하려는 것은 인간과 자연 피조물의 가장 기초적인 유사성 내지 친족성을 보여준다. 생물학적으로 말한다면, 인간은 짐승들로부터 진화된 동물이기 때문이다. 신학적으로 말한다면, 사람이나 짐승이나 모두 흙에서 지어진 친족이기 때문이다. 구약성서에 따르면 "사람이 짐승과 마찬가지다"(전 3:18). 따라서 자연의 피조물과 인간은 동등한 가치와 존엄성을 가진다. 문제는 인간이 이것을 보지 않는 데 있다.

과정신학은 일찍부터 자연 자신의 내적 가치(intrinsic value)를 주장하였다. 미국의 과정신학자 콥(J. B. Cobb)과 그리핀(D. R. Griffin)에 의하면, 자연 피조물도 자신의 내적 가치를 갖기 때문에 자신의 삶의 "권리를 가진다." 과정신학은 기독교의 창조신앙에 대한 인간중심적 해석을 비판하고 자연 속에 있는 하나님의 내재에 근거하여 자연을 "거룩한 것"으로 보았다. "인간과 그의 자연적 공동 세계 간의 친족성"에 근거하여 자연 자체의 가치와 존엄성과 권리를 주장한다(Williams 1971, 23).

5. 자연의 역사를 생각할 때 자연의 가치가 인간의 가치보다 더 크다고 말할 수밖에 없다. 자연 진화의 역사에서 자연은 인간이 등장하기 이전부터 존재하였다. 자연은 인간 없이 약 146억년 동안 존속하였고 또 발전하였다. 이에 비해 인간의 역사는 20만 년에 불과하다. 생물학적으로 볼 때, 인간은 자연으로부터 나온 존재다. 자연이 인간의 몸을 구성한다. 만일 인간의 몸 안에 있는 자연이 사라지면 인간의 몸은 죽을 수밖에 없다. 인간의

문명과 문화도 자연 없이 존속할 수 없다. 그렇다면 자연의 가치가 인간의 그것보다 더 크다고 말할 수밖에 없다.

인간의 가치와 존엄성은 자연의 가치와 존엄성에 의존한다. 자연의 가치와 존엄성이 유지되는 한에서 인간의 가치와 존엄성이 유지될 수 있다. 자연이 파괴되면 인간의 가치와 존엄성도 파괴된다. 곰팡이와 꿀벌과 플랑크톤이 사라지면 인간의 종도 사라지고 그의 문명과 문화도 무너질 수밖에 없다. 국지성 호우와 대형산불로 인간이 난민 신세가 되어 구호품에 의존할 때 그들의 가치와 존엄성이 여지없이 사라진다. 인간의 가치와 존엄성은 삶의 기본적인 조건이 채워질 때 유지될 수 있다. 굶주린 배를 채워야만 존재의 가치와 존엄성을 지킬 수 있다. 굶주린 배를 채우려면 먹을 것을 공급하는 자연이 유지되어야 한다. 이런 점에서 인간의 가치와 존엄성은 자연에 의존한다.

많은 학자가 말하듯이 자연은 인간이 없어도 살 수 있지만 인간은 자연 없이 살 수 없다. 자연은 인간이 없어도 자신의 가치와 존엄성을 유지할 수 있지만 인간은 자연 없이 그의 가치와 존엄성을 유지할 수 없다. 공기와 물이 없어지면 인간의 가치와 존엄성은 말할 것 없고 인간 자신의 생명이 끊어진다. 그렇다면 자연의 가치와 존엄성이 인간의 그것보다 더 크며 인간의 가치와 존엄성은 자연에 의존한다고 말할 수밖에 없다. 산더미처럼 밀어닥치는 지진해일 앞에서 인간의 가치와 존엄성, 인간 문명의 위대함이 여지없이 무너지는 것을 우리는 볼 수 있었다.

P 문서의 창조설화에서 인간이 창조되기 전에 자연이 먼저 창조되었다. 자연이 미리 준비되어 있지 않았다면, 인간은 생존할 수 없었을 것이다. 자연은 인간이 없어도 하나님을 찬양하고 그의 영광을 나타내며 삶의 진리를 계시할 수 있다. "하늘은 하나님의 영광을 드러내고, 창공은 그의 솜씨를 알려 준다.…"(시 19:1). "해와 달아, 주님을 찬양하여라. 빛나는

별들아, 모두 다 주님을 찬양하여라.…"(148:3-5). 그러나 인간은 자연 없이 하나님을 찬양할 수 없다. 자연이 없으면 그는 생존할 수 없기 때문이다.

6. 우리는 너무도 인간중심적인 사고에 익숙해져 있다. 인간이 자연보다 더 큰 가치와 존엄성과 생존의 권리를 갖기 때문에 인간의 생명이 목적이요 자연 만물은 인간을 위한 수단이라고 생각한다. 하나님도 그렇게 생각하실까? 하나님도 인간의 생명은 목적이요 자연은 인간의 생명을 위한 수단이라고 보실까? 먼 하늘을 향해 몸짓하는 들판의 코스모스도 인간을 위해 존재하는 것일까? 개미나 벌도 모두 인간을 위해 존재하는가? 하나님은 그렇게 보지 않을 것이다. 사랑 안에서는 무엇이 목적이 되고 무엇이 수단이 될 수 없다. 사랑 안에서는 목적과 수단이란 구도가 존재하지 않는다. 상대방의 생명 그 자체가 목적이다. 한 마리 지렁이의 생명도 그 자체로서 목적이지 인간을 위한 수단이 아니다.

살고자 하는 생명에의 의지에 있어 모든 생명은 거룩하다. 지렁이의 생명 속에는 우주의 신비로움과 거룩함이 담겨 있다. 모든 동물과 식물은 인간을 위해 존재하지 않는다. 그들은 그들 자신을 위해 존재하며 그들 자신을 위해 존재함으로써 다른 존재의 생존을 가능케 한다. 각 생물은 그 자신의 자리를 가지며 그 자신의 내적 목적성과 지향성을 가진다. 이것을 인정할 때 인간은 인간다운 인간이 될 수 있다. 인간이 인간다운 인간이 되고자 한다면 다른 피조물의 "있음"(존재)을 긍정해야 한다. "존재에 모순이 되는 비존재"를 거부해야 한다(Jonas 1984, 157). "어떤 생명이건 그것을 함부로 제거하는 것은…이미 일종의 범죄"다(Jonas 2005, 46). 유대계 독일 철학자 한스 요나스(H. Jonas, 1903-1993)의 이 말은 그의 부모가 아우슈비츠의 독가스실에서 제거당한 삶의 비극에서 나온 피눈물 나는 말이었다.

물론 인간은 자연의 피조물들을 이용할 수 있다. 거기에서 음식물을 얻어 생명을 유지하며 자연에 기초하여 문명과 문화를 이룰 수 있다. 그렇다 하여 인간이 자연의 피조물을 단순한 수단으로 간주해서는 안 된다. 돈의 가치에 따라 그들의 존재가치를 결정해서는 안 된다. 자연의 생물들도 자연을 이용하지만 그들은 그들 바깥에 있는 다른 피조물들을 돈을 벌기 위한 수단으로 생각하지 않는다. 그들도 자연의 물을 마시지만 물을 상품으로 팔아먹지 않는다. "목적과 수단"이라는 도식이 그들에게는 없다. "목적과 수단"이라는 도식은 너와 나의 분리, 정복과 예속, 지배와 복종의 도식을 전제한다. 이 도식은 사물의 가치와 존엄성을 파괴한다. 목적과 수단이라는 도식은 생태학적 도식이 아니다. 그것은 이기적 인간이 만든 이기적 도식, 인간중심적 도식이다. 목적과 수단의 이기적 도식 속에서 수단에 대한 무자비한 파괴와 살해가 일어난다.

하나님에게는 모든 생명이 목적 자체다. 산 위에 있는 나무 한 그루, 다람쥐 한 마리의 생명도 그 자체가 목적이다. "오직 창조주 하나님만이 생명의 창조주요 주관자시다.⋯생명이 하나님의 것이요 하나님께서 주관하시는 것이므로 생명은 세상의 다른 어느 것보다 귀중한 가치가 있다"(현요한 2003, 130). 인간의 생명은 물론 생명의 "다른 종류들도 역시 내재적인 가치를 지니고 있으며, 그리고 어떤 경우에는 큰 값어치를 지닌다"(Cobb 2002, 258).

그럼 우리는 파리나 모기 한 마리도 죽일 수 없는가? 바퀴벌레를 죽여서도 안 되고 바다의 물고기를 잡아먹어서도 안 되는가? 그렇지 않다. 자연의 생물들도 서로 잡아먹고 잡아먹힌다. 어떤 종류의 생명을 구하기 위해 우리 인간은 다른 종류의 생명을 희생시킬 수도 있다. 여기서 더 큰 가치를 지닌다고 판단되는 것을 선택할 수밖에 없다. 타락한 세계 속에서 하나님도 인간에게 짐승의 살생을 허락한다(창 9:3).

그러나 생명의 가치와 존엄성을 무시하고 배려 없이 무자비하게 살생하는 일을 피해야 한다. 쓰다 남은 그물을 바다에 내버려 고래나 상어가 그물에 감겨 죽음을 당하게 하는 범죄를 행하지 않아야 한다. 짐승을 살상하는 포수의 집에는 죽는 사람이 많다고 한다. 무고한 짐승들을 죽인 죄에 대한 벌이 그의 가정에 돌아온다는 것이다. 모든 생명이 하나님이 지으신 하나님의 것이라면 모든 생명은 동등한 생명의 권리를 가진다. 자연이 인간의 생존을 가능케 해주는 생존의 기초라면 자연은 인간과 동등한 권리를 가진다. 자연의 권리를 무시하고 인간의 권리만 일방적으로 주장할 때 인간 자신의 권리도 위협을 받게 된다.

오늘날 자연의 권리는 조금 더 구체적으로 파악되어야 할 것이다. 곧 ① 자연의 모든 피조물은 생명이 있든 없든 생존하고 자기를 유지하고 발전할 권리, ② 생물 종들의 다양성이 보호되어야 할 권리, ③ 생물 종들의 유전자가 보호되어야 할 권리, ④ 생물들의 서식지와 번식이 보호되어야 할 권리, ⑤ 자연 자신의 주체성과 존엄성이 인정되어야 할 권리, ⑥ 장차 올 세대들이 생존할 권리를 말한다. 인간이 자연의 권리를 존중할 때 자연도 인간의 권리를 존중하고 이를 보장해 줄 것이다. 인간이 자연의 권리를 무시하면 자연도 인간의 권리를 무시할 것이다. 인간과 자연은 결합되어 있기 때문이다.

7. 우리 인간은 사물의 가치를 경제적 가치에 따라 판단하는 데 너무도 익숙해져 있다. 경제적 가치가 모든 사물의 가치를 결정한다. 심지어 인간의 가치도 경제적 가치에 따라 결정된다. 부유한 민족은 일등석 민족으로, 가난한 민족은 삼등석 민족으로 분류된다. 금이나 다이아몬드 역시 돌에 불과하지만, 그것이 지닌 경제적 가치 때문에 다른 돌보다 엄청나게 큰 가치를 가진다. 그러나 하나님도 그렇게 생각하실까? 참새 한 마리보다 다이아몬드를 더 귀하게 여기실까?

이 세상에서 가장 가치 있고 귀중한 것은 무엇일까? 다이아몬드나 명품 시계나 가방일까? 이 세상에서 가장 가치 있고 귀중한 일은 자연 만물이 "있다"는 사실이다. 절대적 사랑이신 하나님께서는 자연 만물의 "있음 자체"(being tiself)가 가장 가치 있고 존엄하게 보일 것이다. 하늘과 땅과 강과 호수와 바다가 있고, 철 따라 꽃들이 있고, 땅과 나무와 땅속 지렁이가 "있다"는 것, 곧 있음 자체가 소중하고 그 자체로서 가치와 존엄성을 가진 것으로 보일 것이다. 그렇다면 어째서 자연 만물의 "있음" 자체가 가장 가치 있고 귀중한 것일까?

1) 자연 만물은 모두 결합해 있다. 하늘과 땅과 바다, 그 속에 있는 모든 생물이 결합해 있다. 모래와 돌과 바위도 결합해 있다. 한 피조물의 "있음"은 다른 피조물의 있음을 가능케 한다. 모든 피조물은 거미집의 씨줄 날줄처럼 서로 연결되어 전체를 유지한다. 어느 한 피조물이 없어지면 전체에 결함을 일으킨다. 거미집의 씨줄 날줄 가운데 한 줄이 사라지면 거미집 전체가 영향을 받는 것과 같다. 바다와 산이 없어진다고 생각해보자. 생태계 전체가 멸망하게 될 것이다. 인간을 위시한 땅 위의 모든 생명이 죽을 것이다. 다이아몬드나 명품 시계도 가질 수 없게 될 것이다.

2) 땅 위의 모든 생명에게 가장 높은 가치는 자신의 생명 곧 "있음"이다. 그들의 "있음 자체"보다 더 가치 있는 것은 없다. "있음 자체"가 그들에게 "가장 좋은 것"(summum bonum)이요 가장 높은 목적이다. 우리 인간에게도 각자의 "있음"이 최고의 가치인 것과 마찬가지다. 땅 위의 그 어떤 피조물도 없어지는 것을 원하지 않는다. 한 마리의 개미도 죽지 않고 살아 "있고자" 기를 쓴다. 아무리 많은 소유가 있을지라도 자기가 있지 않게 되면 모든 소유는 무의미하게 된다.

3) 땅 위의 모든 생물에게 그들의 "있음"은 단 한 번밖에 없는 것, 유일한 것이다. 우리는 뱀이나 지렁이를 징그럽게 생각하지만, 뱀이나 지렁

이의 "있음"도 그들 자신에게는 단 한 번밖에 없다. 한 마리의 지렁이를 어떤 다른 지렁이로 대체할 수 없다. 각 "생명에는 반쪽도 두 개도 없다. 오직 하나, 하나뿐"이다(박경리 1994b, 432). 헤르더에 따르면, "각 피조물은 자기 자신의 단 하나의 새로운 세계를 가진다"(Meyer-Abich 1997, 269). 그것은 다시 있을 수 있는 것, 반복될 수 있는 것이 아니라 단 한 번밖에 없는 유일한 것이다. "돌멩이 하나에도 (그 자신만의) 과거가 있고 미래가 있다"(지승원 2022, 127).

4) "있음"은 언제나 "함께 있음"이다. "존재한다"는 것은 "상생한다", "함께 살아간다"는 것을 말한다. 너와 내가 함께 "있다"는 것, "함께 살아간다"는 것은 좋은 일이다. 불의하고 아니꼬운 일, 괴롭고 힘든 일이 있을지라도 너와 내가 어울려 "함께 산다"는 것은 아름다운 일이다. 그래서 친구들은 모이기를 좋아한다. 너와 내가 어울려 "함께 산다"는 것이 "하나님이 보시기에 좋은" 것이다. "함께 있음"(Zusammensein)이 좋은 것이라면, "함께 있음" 속에 있는 각 생명의 있음 자체가 가장 좋은 것이다.

5) "있다"는 것은 생명이 있음을 말하며 "없다"는 것은 생명이 없음을 말한다. 살아 "있다"는 자체가 서로에게 좋은 것이다. "나"의 있음이 "너"에게 기쁨이요, "너"의 있음이 "나"에게 기쁨이다. 그 반면 "없음"은 슬픔이다. 나에게 네가 없음은 슬픔이요, 너에게 내가 없음도 슬픔이다. 서로가 서로에게 있음은 "좋은 것"(bonum)이요, 서로가 서로에게 없음은 "나쁜 것"(malum)이다. 그래서 누가 죽으면 우리는 안타까워하고 슬퍼한다. 너의 없음이 나 자신의 없음으로 느껴지기도 한다. 위험해도 "너"가 있다는 것이 좋다. 위험하다 하여 모두 없어지고 나 혼자 있는 것은 죽음과 같다. 모두 없어지면 나 자신이 존재할 수 없게 된다. 자연 만물은 얽혀 있기 때문이다. 그것이 창조질서다.

8. 어떤 종교는 없음, 곧 무를 최고의 덕목으로 가르친다. 그러나 그렇게 가르치는 도사들도 없어지지 않고 "있고자" 한다. 죽지 않고 살고자 한다. 그래서 무를 가르치는 도사들도 규칙적으로 식사하며 몸에 좋다는 것을 찾아 먹는다. "없음"보다도 "있음"이 좋다는 정보가 우리의 유전자에 입력되어 있는 것 같다. 그래서 사람을 위시한 모든 생물은 먼저 배불리 먹고 생명을 유지하려고 한다. 먹은 다음에는 친구를 찾고 짝짓기 대상을 찾는다. 하나님은 만물의 "없음" 곧 "무"를 좋아하지 않고 "있음"을 좋아한다. 그는 사랑이기 때문이다. 무를 좋아하는 것은 반자연적이다. 무가 그렇게 좋다면 극단적 선택을 해야 할 것이다. 무를 찾는 것은 "있음" 곧 존재에 대한 체념인 동시에 무에 도달함으로써 존재하고자 하는 존재에의 몸부림이기도 하다.

그러나 어떤 사람에게는 자기의 "있음" 자체, "산다"는 것 자체가 무거운 짐으로 느껴질 수 있을 것이다. 갚을 길이 보이지 않는 사채를 짊어지고 신음하는 사람에게 자기의 "있음"은 괴롭고 저주스럽게 느껴질 것이다. 그렇다 하여 극단적 선택을 하는 것은 생명의 질서에 어긋나는 일이다. 그것은 없어지지 않고 "있고자" 하는 생명의 본성에 대한 모순이요, "있음" 자체를 기뻐하는 하나님에 대한 모순이다. 문학가 박경리 선생은 자신의 괴로웠던 삶을 되돌아보며 이렇게 말한다. "어떤 역경 속에서도 삶 자체가 존재하며 그것이 흐르고 있다는 것은 아름다웠다. 그런 하나하나가 무리지어 흐르고 있다는 것은 더욱 엄숙하고 또 경이로운 일이었다. 개미들의 행군처럼, 물고기들의 군무처럼…"(박경리 1994b, 433).

"개똥밭에 굴러도 이승이 낫다"라는 말이 있다. 아무리 살기가 어려워도 죽는 것보다 이 세상에서 사는 것이 낫다는 말이다. 하나님은 그가 지은 생명이 죽지 않고 살기를 원한다. "없음"을 원하지 않고 "있음"을 원한다. 그래서 하나님은 무엇이 "있으라"고 말한다. 모든 사물이 하나님의 "샬롬"

안에서 더불어 사는 것, 곧 상생하는 것이 하나님이 기뻐하는 일이다. 하나님 자신도 "있음 자체" 곧 "에흐예 아셰르 에흐예"(ehyeh asher ehyeh, "나는 있는 나다", 출 3:14)이다.

　　우리는 기적을 찾는다. 기적 중에 가장 큰 기적은 자연 만물이 "있다"는 것, "함께 있다"는 것이 아닐까! 우리에게 친척과 친구가 있고, 우주가 있고, 공기와 물, 하늘과 땅, 그 속의 만물이 "함께 있다"는 것이 가장 놀라운 기적이다. 이 모든 것은 우리 자신이 만들 수 없는 것, 우리에게 값없이 주어진 것이기 때문이다. 그래서 웨슬리는 이렇게 말한다. "만물에게는… 그들만의 자리가 있으며 인간은 이들의 자리를 이해하고 보호해야 할 책무가 있다.…우리가 하나님이 그의 창조물을 얼마나 귀히 여기시는지를 안다면, 보잘것없는 피조물이라도 존엄하게 대해야 한다"(김영선 2004, 69).

9. 죽지 않고 살고자 하는 것, 곧 자기 생명의 유지(Selbsterhaltung)가 모든 생명의 본능이다. "삶에의 의지"가 기본 본능이다(Wille zum Leben, Schopenhauer). 살기 위해 그들은 치열하게 투쟁한다. 한 그루의 나무는 폭풍에 쓰러지지 않기 위해 수많은 뿌리를 땅속 깊이 내린다. 나무뿌리의 깊이는 우리의 상상을 초월한다. 추운 겨울을 살아남기 위해 나무는 잎에 대한 영양공급을 중단한다. 그래서 단풍이 들어 나뭇잎이 떨어진다. 겨울의 추위를 이긴 나무는 봄이 오면 다시 잎을 피워 영양분을 섭취하고 다른 생물들을 살게 한다. 여기서 우리는 "자연 질서의 원리"를 볼 수 있다(Ruh 1987, 129f.). 죽지 않고 살기 위해 투쟁하면서 타자의 생존을 가능케 하는 모든 생명은 그 자체로서 가치 있고 존엄한 것이다.

　　우리는 자연의 피조물들보다 우리 인간이 더 지혜롭다고 생각한다. 자연의 피조물들은 지나간 역사를 기억하지 못하며 내일을 예비하지 못한다고 생각하기 때문이다. 그들은 성찰의 과정을 거쳐 의식적으로 행동하지 못하고 본능적으로 행동하는 것처럼 보인다. 그러나 생태학적 측면에서 자연의 피조물들이 인간보다 더 지혜롭다고 말할 수 있다. 짐승들도 서로 싸우지만 다른 생물 종들을 멸종시키지 않는다. 자신의 삶에 기초가 되는 자연을 파괴하지 않고 그것을 유지한다. 산 위에 있는 풀과 나무들, 흙과 바위들은 묵묵히 자기의 자리를 지키며 생태계를 유지하는 자기의 소임을 다한다. "한 줄기의 풀잎, 한 마리의 곤충, 한 마리의 개미, 한 마리의 꿀벌, 이 모든 것이 지성을 갖지 못했으면서도 신기하리만큼 자기들이 가야 할 길을 알고 있고 하느님의 신비를 대변해 주고 있으며, 그들 자신이 끊임없이 그것을 수행하고" 있다(도스토옙스키 2001, 423).

사실상 자연의 피조물들은 우리 인간의 생명을 지켜주는 우리의 보호자다. 그들 속에는 인간의 건강을 유지하고 상처를 치료하는 갖가지 영양소들이 들어 있다. 쌀과 보리 등의 곡식, 각종 채소와 과일들, 물과 공기가 없으면 우리는 생존할 수 없다. 자연이 파괴되면 우리 자신도 살 수 없게 된다. 그러므로 우리는 자연의 가치와 존엄성을 존중해야 한다. "나는 살고자 하는 생명들 한가운데 있는, 살고자 하는 생명이다"라는 사실을 인지해야 한다(Ich bin Leben, das leben will, inmitten von Leben, das leben will, Schweitzer 1974b, 181), 자연 피조물의 "생명에의 의지"를 존중해야 한다. 그들과 상생해야 한다. 그래야 우리 자신의 생명이 유지될 수 있다. 하잘것없어 보이는 풀잎 하나도 우리의 몸에 필요한 광합성을 일으키며 산소를 생산하지 않는가! 자연의 파괴는 인간 자신의 삶의 기초를 파괴하는 것이다. 그것은 자신의 무덤을 파는 것과 다를 바 없다. 우리가 자연의 존엄성을 존중할 때 자연도 우리를 존귀하게 대할 것이다. 우리가 자연을 보호하면 자연도 우리를 보호할 것이다. "자연보호는 인간보호가 된다"(Naturschutz wird Menschenschutz, Portmann 1971). "말을 보아라. 저 덩치 큰 짐승이 사람 곁에 가만히 서 있지 않느냐? 그리고 소를 보아라. 언제나 순하게 생각에 잠긴 채 사람에게 젖을 주기도 하고 사람을 위해 일을 하지 않느냐? 말이나 소의 얼굴을 보아라. 얼마나 겸손한가? 걸핏하면 무자비하게 채찍질을 가하는 인간에게 얼마나 헌신적이냐! 그 얼마나 관대하고 그 얼마나 사람을 신뢰하며 그 얼마나 아름다운가! 그들은 아무 죄도 없다.…왜냐하면 인간을 제외한 모든 것들은 죄를 짓지 않도록 만들어져 있기 때문이지. 그리스도께서는 우리 인간보다 먼저 그들과 더불어 계셨던 거야"(424).

자연 만물이 그 자신의 가치와 존엄성을 가진다면, 자연 속에 있는 그무엇도 "중심"이 될 수 없다. 모든 것이 중심이다. 모든 것이 단 한 번밖에 없는 존엄한 것이기 때문이다. 모든 것이 중심이라면, 중심은 없다. 중심을 찾는다면 그것은 하나님의 창조질서, 곧 하나님의 자비와 공의 안에서 상부상조하며 상생하는 삶의 질서다. 하이젠베르크가 말하는 자연의 "중심질서"(zentrale Ordnung)는 하나님이 만물에 부여한 상부상조와 상생의 질서라고 말할 수 있다.

4. 창조의 완성은 만물의 상생이다
  − 만물의 상생을 목적하는 안식일, 안식년, 희년 계명

1. 일반적으로 기독교 신학은 하나님의 창조가 6일에 걸쳐 일어났다고 말한다. 6일간의 창조는 인간의 창조로 완성된 것으로 보고 인간이 "창조의 완성"이요 "창조의 면류관"이라고 인간을 찬양하였다. 일곱째 날은 안식일, 곧 하나님이 천지창조의 사역을 끝내시고 쉬신 날이다. "하나님은 하시던 일을 여섯째 날까지 다 마치시고 일곱째 날에는 하시던 모든 일에서 손을 떼고 쉬셨다"(창 2:2).

이에 근거하여 기독교는 창조의 일곱째 날 안식일에 우리 인간도 쉬

어야 한다고 가르친다. 그 대신 평일에는 열심히 일해야 한다고 가르친다. 안식일 이전까지 하나님은 열심히 일하셨으니 우리 인간도 열심히 일해야 한다는 것이다. 조물주 하나님이 쉬지 않고 일하시듯이 그의 형상에 따라 창조된 우리 인간도 쉬지 않고 일하여 새로운 재화를 창출해야 한다! 여기서 인간의 삶의 의미는 노동과 재화의 창출에 있는 것으로 생각된다. 이리하여 노동이 찬양된다. 인간의 존재 의미는 노동에 있다, 인간의 존재를 완성하는 길도 노동에 있다. 노동은 신성하다! 고등학교에서 필자는 이렇게 배웠다. 시간은 돈이다. 가능한 한 짧은 시간에 가능한 한 더 많이 일하고 가능한 한 더 많은 능률을 내야 한다. 쉬는 것은 게으른 일이다. 열심히 일하는 것이 나라와 민족을 위한 길이다. 일하는 민족만이 산다! 여러분은 무엇을 하든지 나라와 민족을 위해 일해야 한다는 김주연 주산 선생님의 말씀이 지금도 필자의 머리에 남아 있다. 필자의 세대에 속한 거의 모든 한국인은 이 같은 교육을 받았을 것이다. 이 같은 학교 교육 때문인지 한국인은 매우 근면하다. 일을 시작하면 열심히 하는 기질이 있다. 캄캄한 밤에 불을 켜 놓고 아스팔트 도로포장을 하는 민족은 한국인밖에 없을 것이다. 그래서 "한국인은 밤에 잠을 자지 않는다"라고 외국인들은 말한다. 그러나 잠을 충분히 자지 못하기 때문에 교통사고도 많이 일어난다.

몸과 마음을 혹사하면 언젠가 부작용이 일어나기 마련이다. 일의 능률도 떨어진다. 주말도 없이 매일 8시간 집중적으로 일한다는 것은 사실상 불가능하다. 우리의 육체는 물론 정신이 그것을 허락하지 않는다. 그래서 눈치를 봐가며 중간중간 쉬어가며 일하게 된다. 그래서 하나님은 말씀하신다. 안식일에는 쉬어라. 피곤한 몸과 마음을 쉬게 하여라. 네 밑에서 일하는 사람들도 쉬게 하여라. 그들의 생명의 존엄성을 존중하여라! 그날에는 네 창조주를 생각하여라!

2. P 문서의 창조설화를 다시 한번 살펴볼 때 "창조의 완성", "창조의 면류관"은 인간 창조에 있는 것이 아니라 하나님과 모든 피조물이 안식하는 안식일에 있다는 사실을 볼 수 있다(Moltmann 1985, 20, 45, 279ff.). 구약학자 폰 라트에 따르면, "하나님은 그의 창조를 일곱째 날 안식을 통해 완성하였다"(Rad 1957, 161). 6일간의 창조는 안식일을 향하여 진행한다. 6일간의 창조 다음에 오는 안식일은 "창조의 잔치"와 같다(Rosenzweig 1954, 65). 창조의 면류관은 인간이 아니라 안식일이다. 왜 안식일이 창조의 완성, 창조의 면류관인가?

1) 안식일에 인간은 "하나님과의 평화"를 누린다. 이날에 그는 하나님을 기억하고 그를 창조자로 인식한다. 그는 자신을 하나님의 피조물로 인식하며 그의 말씀에 따라 살기로 새롭게 결심한다. 하나님과 평화를 가짐으로써 "이웃과의 평화"를 회복하게 된다. 이웃과의 상생이 회복된다.

2) 안식일에 인간은 자연에 개입하지 않고 자연을 쉬게 하며 자연과 상생한다. 인간 자신의 몸 안에 있는 자연도 수고와 투쟁을 중단하고 하나님의 평화 속에서 쉬면서 생명력을 회복하게 된다. 자연을 지배대상, 이용대상으로 보지 않고 자연을 있는 그대로 기뻐하며 자연 자신의 가치를 인지한다. 자연의 "있음" 자체가 좋은 것임을 느낀다. 이리하여 "자연과의 평화", "자연과의 상생"이 있게 된다.

3) 안식일에는 하나님도 평화를 누린다. 피조물의 상생이 회복되기 때문에 하나님은 쉴 수 있게 된다. 이기적인 경쟁과 투쟁이 그치고 "삶의 나눔"이 있기 때문에 하나님도 숨을 돌린다(출 31:17). 하나님의 완전한 안식은 역사의 종말에 있을 것이다. 인간의 죄와 죽음의 역사가 끝날 때 하나님도 마음고생을 끝내고 안식할 수 있을 것이다. 이것이 앞당겨 오는 날이 안식일이다. 이런 점에서 안식일은 종말론적 의미를 지닌다.

4) 안식일은 "주님의 날"이다. 왜 안식일은 주님의 날인가? 그 까닭은

만물이 하나님의 평화 안에서 상생하기 때문이다. 만물 속에서 하나님의 영광이 나타나며 하나님이 만물의 주님으로 찬양받는다. 안식일의 궁극 목적은 하나님과 인간과 자연의 상생에 있다. 따라서 안식일 계명은 만물의 상생을 향한 계명이라 말할 수 있다. 매주 찾아오는 안식일은 만물이 상생하며 하나님의 영광을 나타낼, 장차 올 "주님의 날"의 앞당겨 옴이다. 이 날은 하나님이 "축복하신" 날이요 "거룩하게" 하신 날이다(창 2:3). 이런 뜻에서 안식일이 "창조의 면류관"이요 "창조의 완성"이다(Rad 1968, 112). 인간이 창조의 면류관이요 창조의 완성이라는 말은 성서 어디에도 없다.

3. 신명기 5:12-15은 안식일 계명에 대해 다음과 같이 말한다. "너희는 안식일을 거룩하게 지켜라.…이렛날은 주 너희 하나님의 안식일이니, 너희는 어떤 일도 해서는 안 된다. 너나 너의 아들이나 딸이나, 너희의 남종이나 여종뿐만 아니라, 너희의 소나 나귀나 그 밖에 모든 집짐승이나, 너희의 집안에 머무르는 식객이라도 일을 해서는 안 된다. 너희의 남종이나 여종도 너와 똑같이 쉬게 하여야 한다. 너희는 기억하여라. 너희가 이집트 땅에서 종살이하고 있을 때 주 너희 하나님이 강한 손과 편 팔로 너희를 거기에서 이끌어 내었으므로 주 너희의 하나님이 너에게 안식일을 지키라고 명한다."

　　이 본문에서 구약학자 발터 침멀리(W. Zimmerli, 괴팅엔 대학교)는 안식일 계명의 두 가지 동기를 발견한다. 첫째 동기는 "노동의 휴식"의 동기요, 둘째 동기는 사회적 통합과 상생을 이루고자 하는 "사회적 동기"다. 이 두 가지 동기가 안식일 계명에 결합해 있다. 곧 각 사람이 노동을 중단하고 안식함으로써 자기의 생명력을 회복하는 동시에 사회적 약자들을 쉬게 함으로써 사회적 통합과 상생을 이루고자 하는 두 가지 동기가 결합해 있다. 이에 대한 근거를 신명기 저자는 출애굽에서 발견한다. "주 너희 하나님이…

너희를 거기에서 이끌어 내었으므로…."

안식일 계명의 두 가지 동기는 출애굽기 20:8-11에도 나타난다. 여기서 두 가지 동기는 출애굽에 근거하지 않고 하나님의 천지창조에 근거한다. "내가…모든 것을 만들고, 이렛날에는 쉬었기 때문이다." 하나님께서 6일 동안 일하시고 7일째에 쉬셨으므로, ① 너희는 어떤 일도 해서는 안 되며(노동의 휴식의 동기), ② 너희의 남종이나 여종만이 아니라 너희 집에 머무르는 나그네라도 일을 시키지 말고 쉬게 해야 한다(사회적 동기).

김이곤 교수는 안식일 계명의 두 가지 동기를 다음과 같이 말한다. 한 주간의 "마지막 날은 야웨를 위한 날로 성별하여 그날은 쉬어야 한다는 것은, 일주일 주기의 하루는 노동을 중단하고 쉬는 것이 하나님의 창조질서에 부합하고(E), 동시에 하나님의 인간 해방 섭리(D)에 부합한다.…안식일 선언은…인간 생명과 인간의 기본 권리를 보장하고, 인간을 그 모든 얽어맨 '매임'으로부터 해방시키려는 인간 해방과 인간 수호의 선포"이기도 하다(김이곤 1988, 201).

4. 안식일은 노동의 휴식의 동기, 사회적 동기 외에 생태학적 동기를 가진다. 고대사회에서 노동은 직접적이며 육체적인 자연에 대한 개입과 자연의 가공을 뜻하였다. 밭을 갈고 씨를 뿌리며 나무를 채취함으로써 양식과 땔감과 집과 옷을 마련하였다. 인간이 안식일에 노동하지 않음으로, 자연도 쉼을 얻으며 생명력을 회복할 수 있도록 내버려두게(Let it be) 된다. 따라서 안식일은 노동으로 지친 인간의 생명 회복의 동기와 사회적 상생의 동기를 가진 동시에 자연의 생명력을 회복하고 자연과 인간의 상생을 회복하는 생태학적 동기를 가진다.

현대사회의 심각한 문제는 모든 사물을 이용가치에 따라 보는 데 있다. 나를 위한 이용가치에 따라 그 사물의 존재가치가 결정된다. 그러나 안식일에 자연은 존재하는 그대로 드러난다. 자연의 "있음" 자체의 가치와 존엄성을 보게 된다. 인간과 인간, 인간과 자연의 상생이 회복된다. 인간에 의한 인간의 착취는 물론 인간에 의한 짐승의 착취, 자연의 파괴가 중지된다. 이런 점에서 안식일은 "거룩한" 날이요 "축복받은" 날이다. 그래서 유대교 랍비들은 안식일 계명을 가장 중요한 계명인 동시에 가장 아름다운 계명으로 생각한다. "히브리적 안식일 신학의 결정적 특성은…안식일이 어디까지나 하나님의 거룩한 즐거움을 인간이 함께 나누어 가지는 날이라는 점에서 발견할 수 있을 것이다." 안식일 계명은 "휴식, 자유, 해방, 생의 즐거움을 갈구하는 모든 인류에게 주시는 하나님의 은총의 선물이다"(김이곤 1988, 201f.).

하나님은 안식일을 "거룩하게" 지키라고 명령한다. 어떻게 하는 것이 안식일을 거룩하게 지키는 것인가? 주일학교에서 필자는 교회에 나와 예배드리는 것, 공부하지 않고 쉬는 것, 일요일에 돈을 쓰지 않는 것이 안식일을 거룩하게 지키는 것이라고 배웠다. 그런데 일요일에 교회 가려면 버스를 타야 했는데 버스를 타려면 돈을 써야 했다. 이에 대한 해결책이 있었다. 그것은 토요일에 버스 토큰을 미리 사두었다가 일요일에 사용하는 것이다. 이것이 안식일을 거룩하게 지키는 것이라고 필자는 배웠다.

물론 안식일에 노동을 중단하고 교회에 나가 하나님께 예배드리는 것은 필요한 일이다. 일요일에 물건을 사지 않음으로 상점 종업원들이 주일 하루를 쉬게 하는 것도 좋은 일이다. 정통 유대인들은 안식일을 거룩하게 지키기 위해 평일에 사용하는 엘리베이터를 사용하지 않고 안식일 전용 엘리베이터를 따로 사용한다. 엘리베이터 단추를 누르는 것도 노동이기 때문에 이 엘리베이터는 층마다 문을 자동으로 열었다가 닫도록 조작되어 있다. 그러나 안식일을 거룩하게 지키는 근본적인 길은 만물의 생명력과 상생을 회복하는 데 있다. 그래서 예수는 안식일에 제자들이 밀 이삭을 따먹는 것을 허락하였고 안식일에 병자를 고쳐준다. 안식일에 엘리베이터 단추도 눌러서는 안 된다고 믿는 유대인들에게 이것은 있어서는 안 되는 일이었다.

우리는 노동하지 않으면 편하게 살 수 있다고 생각할지 모른다. 그러나 노동을 하지 않으면 자기의 존재가치를 알지 못하게 된다. 사회적으로 기여하는 바가 없기 때문에 자신의 존재를 쓸모없는 무익한 것으로 생각하게 된다. 재벌 자녀들 가운데 상당수가 마약과 성적 타락의 구렁텅이에서 허덕이는 이유가 여기에 있다. 그들은 어릴 때부터 노동할 필요가 없었기 때문에 자신의 존재가치를 즐거움과 쾌락에서 찾게 된다. 그러나 쾌락은 더 깊은 쾌락을 요구한다. 마지막에 찾아오는 것은 자살 충동이라고 한다.

인간의 삶을 보람 있게 하는 것은 놀고먹는 것이 아니라 노동을 통해 자기를 실현하고 공동체에 기여하는 일이다. 이런 점에서 노동은 귀중하다. 그러나 노동이 생계수단으로 상품화된 세계에서 노동은 축복이 아니라 삶의 저주로 느껴지기도 한다. 이들에게는 "노동의 권리"도 중요하지만 "안식의 권리"도 중요하다. 이들에게 안식의 권리는 생명의 권리에 속한다.

5. 안식일 계명은 안식년 계명으로 확대된다. 출애굽기 23:10-11에 의하면, 칠 년째 안식년이 오면 땅을 묵혀두어야 한다. 안식년 계명에서도 땅의 생명력을 회복하고 땅과 상생해야 할 생태학적 관심과 가난한 자, 힘없는 자들의 생명을 보호하고 사회적 통합과 상생을 이루어야 할 사회적 관심이 결합한다. "칠 년째 되는 해에는 땅을 놀리고 소출을 그대로 두어 너희 백성 중에서 가난한 자들이 먹게 하고 남은 것은 들짐승이나 먹게 하여라." 레위기 25:1-7의 안식년 계명에서는 생태학적 관심이 강조된다. "제칠 년

에는 땅으로 쉬어 안식하게 할지니…."

　구약성서에서 땅의 안식은 주어진 땅을 지키고 그 땅에서 안전하게 살 수 있는 보증이 된다. "너희는 내가 정해 주는 규정을 실천하고, 내가 세워 주는 법을 지켜 그대로 행해야 한다. 그러면 그 땅에서 안식하고 살 수 있으리라"(레 25:18). 곧 땅의 생명력을 회복하고 땅과 상생해야 주어진 땅을 지킬 수 있고 그 땅에서 안전하게 살 수 있다는 것이다. 안식년 계명을 지키지 않을 때 땅을 잃을 것이며 안식년을 지키지 않은 해수만큼 땅이 안식을 얻을 것이라고 하나님은 경고한다. "너희가 원수의 땅에 끌려가면, 너희의 땅은 쑥밭이 되리라. 그동안에 땅은 안식을 누릴 것이다. 너희가 여기에 사는 동안 안식년에도 쉬지 못하던 땅이 쑥밭이 되어 있는 동안에 쉬게 되리라"(레 26:33-35). 이스라엘 백성의 역사는 이를 증명한다. "느부갓네살은 칼에 맞아 죽지 않고 살아남은 자들을 바빌로니아로 붙잡아다가 페르시아 시대가 되기까지 대대로 종으로 부렸다. 이리하여 이 땅은 긴 세월 동안 황폐되어 밀렸던 안식을 다 찾아 누리며 칠십 년을 채우리라고 야웨께서 예레미야의 입으로 하신 말씀이 그대로 이루어졌다"(대하 36:20-21).

　고대 바빌로니아 문명, 이집트와 로마 문명, 유카탄반도의 마야 문명 등 고대 시대의 문명들이 몰락한 내적 원인은 땅의 생명력을 파괴하고 땅과 상생하지 않은 데 있다고 고고학자들은 말한다. 인간이 계속 땅을 착취하면 땅은 언젠가 인간을 토해내게 된다. 행하는 대로 받는 법이다. 우리 인간이 주어진 땅에서 평화롭게 살고자 한다면 안식일, 안식년 계명을 지켜야 한다. 땅을 쉬게 함으로써 땅의 생명력을 회복해야 한다. 안식일, 안식년 계명은 인간과 인간의 상생을 위한 하나님의 인간학적, 사회적 전략인 동시에 자연과 인간의 상생을 위한 "하나님의 생태학적 전략"이요 "하나님의 생태학적 지혜"다(Moltmann 1989, 87).

6. 안식년 계명은 "희년" 계명으로 확대된다. 희년은 칠 년마다 오는 안식년이 일곱 번 지난 49년 다음 해, 곧 50년이 되는 해를 말한다(레 25:8). 안식일, 안식년 계명의 사회적 관심과 생태학적 관심이 희년의 계명에서 한 걸음 더 나아간다. 한마디로 희년 계명은 생태학적 상생과 사회적 상생의 법이라고 말할 수 있다. 희년이 오면 가난한 사람들의 빚을 면제해 주어야 하며, 가난하여 자기의 몸을 종으로 맡긴 사람들을 해방해주어야 하고, 가난한 사람들의 빚을 탕감해주어야 하며, 땅을 쉬게 해야만 한다. 땅을 본래의 주인에게 돌려주어야 한다. 농업과 목축업이 주업이었던 고대인들에게 땅은 생명과 같은 것이었다. 땅을 본래의 주인에게 돌려준다는 것은 가난한 사람의 생존권을 회복함으로써 사회적 상생을 가능케 함을 뜻한다.

땅과 인간의 상생관계를 우리는 미국 작가 펄 벅(P. S. Buck)의 노벨상 수상 작품 『대지』(The Good Earth)에서 읽을 수 있다. 이 작품의 주인공 왕룽(Wang Lung)은 빈천한 농부였다. 그는 지역의 대부호 황(Hwang)씨의 노비 올란(O-lan)과 결혼한다. 두 사람은 소처럼 일만 하며 살아간다. 대 가뭄으로 인해 피신했던 남쪽 도시에도 흉년이 들어 도시의 빈민들이 굶주림을 견디다 못해 대부호의 집을 습격한다. 왕룽과 아내 올란은 빈민들의 무리에 휩쓸려 부호의 집안으로 쇄도한다. 부호의 저택에서 종으로 있었던 올란은 부호들이 어디에 보석을 숨겨 두는지 잘 알기 때문에 이 부호의 집에서 쉽게 보석을 찾아내어 이를 취한다. 고향으로 돌아온 왕룽과 그의 아내는 탈취한 보석으로 토지를 구입한다. 두 사람은 계속 소처럼 일하여 토지를 넓힌다. 마침내 왕룽 일가는 대부호가 된다. 그는 일찍이 아내 올란이 노비로 있었던 부호 황씨의 저택을 사들이고 시골집을 떠나 성읍 저택으로 이사한다. 한때 이 저택의 노비였던 올란은 이제 그 저택의 마님이 되어 많은 노비를 거느리게 된다. 실로 하나님은 높은 자를 낮추시고 낮은 자를 높이시며, 부한 사람들을 빈손으로 떠나보시고 주린 자들을 좋은 것으로 배부르게 먹이신다(눅 1:52-53). 남편 왕룽은 농부의 생활을 중단하고 대부호로 살게 된다. 그는 비단옷을 걸치고 젊고 아름다운 첩에게 빠져 힘든 농사일에 찌든 아내 올란을 천시한다. 올란은 아무 말 없이 예나 다름없이 부엌에서 일만 한다. 노비로 태어나 얼굴에 남은 것이라곤 굵은 주름살밖에 없는 늙은 올란은 온종일 잘 먹고 잘 쉬며 얼굴을 예쁘게 가꾸다가 날이 어두워지면 남자를 받는, 아름답고 생기 왕성한 젊은 첩의 경쟁 상대가 될 수 없었다.

마침내 올란이 병들어 세상을 떠난다. 왕룽은 죽은 아내에 대한 죄책감과 그리움, 자기를 부호로 만들어 준 땅을 잊지 못해 성읍의 대저택을 버리고 시골의 옛집과 땅으로 돌아간다. 그는 흙냄새만 맡아도 몸에 생기가 솟아남을 느낀다. 어느 날 왕룽의 두 아들이 죽음을 앞둔 아버지를 방문한다. 우연히 왕룽은 두 아들이 방 뒤편에서 속삭이는 이야기를 듣게 된다. 아버지가 죽으면 아버지의 땅을 팔아 그 돈을 나누어 가지자고. 이에 왕룽은 두 아들에게 부르짖는다. "땅을 팔기 시작하는 가문은 망한다.…우리는 모두 땅에서 나왔고, 마지막에 땅으로 돌아간다. 땅을 가진 자는 살 수 있다. 아무도 다른 사람의 땅을 빼앗지 못한다.…너희들이 이 땅을 팔아버린다면, 그것으로 끝이다"(Buck 1993, 361).

인간은 땅이 있어야 생존할 수 있다. 땅은 생명의 기본조건이다. 그러므로 하나님은 땅을 영구히 파는 것을 금지한다(레 25:23). 땅은 인간의 소유물이 아니라 "하나님의 것"이요(레 25:23), 피조물의 생명을 가능케 하기 위해 하나님이 모든 피조물에게 맡기신 것이다. 그러므로 땅을 독점하는 것은 피조물의 생명의 권리를 빼앗는 일이다. 이런 자는 하나님의 벌을 면할 수 없다. "너희가 더 차지할 곳이 없을 때까지, 집에 집을 더하고, 밭에 밭을 늘려나가, 땅 한가운데서 홀로 살려고 하였으니, 너희에게 재앙이 닥친다!"(사 5:8). 빚을 면제하고 땅을 본래의 주인에게 돌려줌으로써 사회 양극화를 극복하고, 가난한 사람들의 인간적 가치와 존엄성과 생명의 권리를 회복해야 한다. 땅은 물론 그 땅의 가난한 사람들과 짐승들도 안식을 얻어야 한다(민영진 1982, 185f.).

결론적으로 안식일, 안식년, 희년 계명은 생명 회복의 계명이요 만물의 상부상조와 상생의 계명이라 말할 수 있다. 그것은 인간과 인간, 인간과 자연의 평화로운 상생을 위한 하나님의 질서다. 예수께서 가르친 "하나님 나라", 사도 바울이 말한 "만물이 그리스도 안에서 '하나로 통일된' 세계"(엡 1:10), 만물이 그리스도로 말미암아 하나님과 화해된 세계는(골 1:20) 만물이 하나님 안에서 상생하는 세계를 말한다. 사도 바울은 하나님의 나라를 가르쳤다(행 19:8; 20:25; 28:23; 롬 14:17 등).

5. 하나님이 세계를 창조한 목적은 무엇인가?

1. 하나님은 무엇 때문에, 무슨 목적으로 세계를 창조했는가? 그는 심심풀이로 세계를 창조했는가? 이 질문은 단지 하나님의 천지창조에 대한 호기심 때문에 제기되는 것이 아니라, 세계의 피조물들이 당하는 고난 때문에 제기된다. 수천수만 명의 인간이 전쟁으로 죽임을 당하고 수십만 종의 생물 종들이 죽임을 당하였고 또 죽임을 당할 위험에 처한 현실을 보면서 우리는 질문하지 않을 수 없다. 왜, 무엇 때문에, 무슨 목적으로 하나님은 세계를 창조하였는가? 세계를 창조하지 않았다면 더 낫지 않았을까? 이 질문에 대해 성서는 침묵한다.

이 문제에 대해 빅뱅 이론과 진화론은 다음과 같이 말한다. 우주의 생성과 진화는 아무 목적도 갖지 않는다. 세계는 어떤 의도와 목적이 없는 우연적인 결과물이다. 사멸하지 않고 자기의 생명을 유지하고자 하는 생물들의 본능이 있을 뿐이다. 자기 생명의 유지가 진화의 유일한 동인이요 목적이다. 그 이상의 동인과 목적은 없다. 세계는 맹목적인 생존투쟁과 적자생존의 과정에 불과하다.

노벨상 수상자인 무신론적 생물학자 자크 모노(J. Monod)에 따르면, "생물계에서 모든 혁신과 모든 창조의 원천에 있는 것은 오직 우연뿐"이다. "하나님의 형상"으로 창조되었다는 인간의 창조도 우연일 뿐이다. 따라서 인간의 생명도 자연의 다른 생물들과 마찬가지로 맹목적인 것, 곧 목적이 없는 것이다. "인간은 마침내 자신이 우주의 무심한 광대함으로부터 단지 우연히 출현해서 그 속에 홀로 존재한다는 사실을 알게 되었다. 그의 운명은 어디에도 새겨져 있지 않다. 그의 의무도 마찬가지다. 위에 있는 천국이냐 아래에 있는 어두움이냐? 이것은 인간이 선택할 일이다"(Monod 1972, 112, 김정형 2020, 218에서 인용).

2. 자크 모노, 리처드 도킨스, 다니엘 데닛(D. Dennett) 등, 현대의 많은 진화론자는 자연의 무목적성을 주장한다. 그들의 주장에 따르면, 세계는 "지적 설계자"라고 하는 하나님의 설계에 따라 창조되지 않았다. 진화를 일으킨 주체는 지적 설계자가 아니라 자연선택이라고 하는 "눈먼 시계공"(Blind Watchmaker)이다(Dawkins 2017, 28). 이 시계공은 목적을 알지 못한다. 진화는 지적 설계자를 알지 못한다. 아무리 복잡한 구조와 형태를 가진 생물체일지라도 그것은 오랜 시간을 통해 축적된 자연선택의 힘으로 설명될 수 있다.

그렇다면 자연선택의 힘은 어떻게 축적되었는가? 도킨스에 의하면 자연선택의 힘은 어떤 지적 설계자의 의도로 말미암아 축적된 것이 아니라 단지 생존하고자 하는 맹목적 의지로 말미암아 축적된다. 이것을 도킨스는 다음과 같이 말한다. "생물은 어떻게 존재하게 되었을까? 이 물음에 대한 다윈의 답변은 다음과 같다. 곧 우연히 생겨날 수 있을 만큼 충분히 단순한 원시 형태에서 생물이 시작해서 점진적으로 한 걸음씩 변화하였다는 것이다.…변화의 축적 과정은 선택적이고 차별적인 생존을 통해 유도되었다"(85).

자연의 무목적성을 도킨스는 "이기적 유전자"를 통해 설명한다. 모든 생물의 유전자는 자기를 유지하고 확장하고자 하는 이기적 본성을 가진다. 어떤 다른 의도나 목적을 갖지 않는다. "생명에는 의미가 있는가? 우리는 무엇 때문에 존재하는가?" 이 질문에 대해 도킨스는 저명한 동물학자 심프슨(G. G. Simpson)의 말을 빌려 이렇게 대답한다. 인간을 포함한 생물의 세계에는 "의미"가 없으며, "무엇 때문에 존재하는가"에 대한 답이 없다. 그 속에는 "왜", "무엇 때문에"라는 것이 없다. 그저 자기의 생명을 유지하면서 자기를 확장하고자 할 뿐이다. 그들의 유전자가 그렇게 결정되어 있기 때문이다. 유전자의 "진정한 '목적'은 생존하는 것 그 이상도 그 이하도 아니다"(Dawkins 1993, 84). "유전자는 선견지명이 없다. 그것들은 미리 계획을 세우지 않는다. 유전자는 그저 있을 뿐이다"(53). "우리가 관찰하고 있는 우주는 그 기저에 설계도 없고 목적도 없고 선도 악도 없고 다만 목적도 없고 무감정한 무관심만 있다." 우주에 대해 "우리가 기대할 수 있는 속성들"은 이것뿐이다(Dawkins 1995, 133).

3. 도킨스의 이 같은 주장은 니체의 허무주의 사상을 반복한 것에 불과하다. 니체가 말한 허무주의는 단지 "모든 것이 헛되다"는 것을 뜻하지 않는다. 오히려 그것은 세계가 지향해야 할 의미와 가치와 목적이 "없다"(nihil)는 것을 말한다. 도킨스는 니체의 이 생각을 반복한다.

니체는 그의 저서 『힘에의 의지』에서 허무주의의 "세 가지 범주"를 말한다. 첫째 범주는 "목적" 개념이다. 목적이라는 개념은 의미 개념을 내포한다. 어떤 사물이 목적을 가질 때 그 목적이 그 사물의 의미가 된다. 거꾸로 그 사물이 가진 의미가 그 사물의 목적이 된다. 우리 인간은 모든 사건에서 목적을 찾는다. 사건의 과정들을 통해 목적이 이루어지기를 기대한다. 그러나 화산 폭발, 지진, 전쟁 등의 사건들은 아무런 목적도 보여주지 않는다. 의미나 목적은 우리 인간이 세계에 대해 부여한 인위적인 것에 불과하다. 생물들의 진화과정이 어떤 의미나 목적을 갖지 않은 것처럼 세계의 과정도 의미나 목적을 갖지 않는다. 단순한 "되어감"이 있을 뿐이다. 되어감의 목적이 무엇인지에 대해 세계는 침묵한다. "이른바 되어감의 목적에 대한 실망이 허무주의의 원인이다"(Nietzsche 1964, 13).

허무주의의 둘째 범주는 "통일성" 개념이다. 우리 인간은 모든 사건 속에서 "전체성, 체계화, 조직화(Ganzheit, Systematisierung, Organisierung)"를 찾는다. 곧 "보편적인 것", "통일성"(Einheit)을 찾는다. 모든 사건 속에서 통일성을 발견함으로써 "가장 높은 지배의 형식과 통치의 형식에 대한 전체적 표상 속에서 경탄과 경외에 목마른 영혼"의 충만한 만족함을 얻고자 한다. 그러나 "그와 같은 보편적인 것은 없다!"고 니체는 말한다. 모든 사건을 획일화하는 통일성이란 존재하지 않는다. 모든 사물을 포괄하는 통일성, 전체성, 가치는 인간이 머릿속에서 구상한 것에 불과하다(14).

허무주의의 셋째 범주를 니체는 "존재" 혹은 "진리" 개념에서 발견한다. "되어감"을 통해 아무런 목적에 이를 수 없고 모든 되어감 속에 통일성이 없다는 사실을 깨닫게 될 때 인간은 도피처를 찾는다. 그는 "되어감의 세계 전체를 기만(Täuschung)으로 간주하고 기만의 세계 저 너머에 참된 세계"가 "존재한다"고 생각한다. 진리는 저 너머에 있는 피안의 참된 세계, 곧 "형이상학적 세계"에 있다. 그러나 니체에 따르면 피안의 형이상학적 세계는 인간이 만든 거짓말이다. 그것은 인간이 설정한 것에 불과하다. 아무 의미도 목적도 없는 "되어감의 현실(Realität)이 유일한 현실이다"(14).

이 내용을 니체는 다음과 같이 요약한다. "우리는 '목적' 개념을 가지고도, '통일성' 개념을 가지고도, '진리' 개념을 가지고도 현존의 총체적 성격을 해석할 수 없다는 것을 파악하였다. 이를 통해 우리는 무가치(Wertlosigkeit)의 감정에 도달하였다. 아무것도 목적할 수 없고 아무것도 도달할 수 없게 되었다. 사건의 다양성 속에 있는 포괄적 통일성이란 존재하지 않는다. 곧 현존의 성격은 '참되지'(wahr) 않다. 그것은 거짓된(falsch) 것이다.…참된 세계를 권유할 수 있는 근거가 없다.…간단히 말해 우리가 그것을 가지고 세계에 대해 가치를 부여한 '목적', '통일성', '존재'의 범주들은" 우리 인간이 만든 것이다. "이제 세계는 가치 없는 것으로 보인다"(15).

진리라는 것도 인간이 만들어낸 개념이지 객관적으로 존재하는 것이 아니다. 따라서 "진리는 없다. 사물들의 절대적 상태(Beschaffenheit)는 없다. (칸트가 말한) '사물 자체'는 없다." 가치란 실재하지 않는 것, 곧 현실(Realität)이 없는 것이다. "허무주의의 가장 극단적 형식은 모든 신앙, 무엇인가가 참되다고 간주하는 것(Für-wahr-halten)이 거짓이라는 것이다. 참된 세계란 전혀 존재하지 않기 때문이다"(17). 진리가 없다면, 도덕도 있을 수 없다. "모든 완전한 도덕적 가치 설정(rein moralische Wertsetzung)은…허무주의와 함께 끝난다"(19).

니체는 허무주의를 "아폴론적 세계"에 대립하는 "디오니소스적 세계"로 나타내기도 한다. 아폴론적 세계가 의미와 가치와 목적과 도덕에 따라 질서를 가진 세계, 모든 것이 조화 속에 있는 세계를 가리킨다면, 디오니소스적 세계는 힘을 얻고자 하는 의지로 충만한 혼돈의 세계, 삶에 대한 부정과 도덕과 금욕 대신에 삶에 대한 긍정과 즐거움과 기쁨과 고난이 가득한 세계, 강한 자는 살아남고 약한 자는 도태되는 세계, 목적 없이 모든 것이 영원히 반복하는 세계를 가리킨다. "영원히 자기 자신을 생산하며, 영원히 자기 자신을 파괴하는 나의 이 디오니소스적 세계, 두 가지 측면을 가진 쾌락들(Wollüste)의 비밀스러운 세계, 목적이 없는 나의 이 '선과 악의 저편'(Jenseits von Gut und Böse)…이 세계에 대해 너희는 이름을 부여하고자 하는가?…이 세계는 힘에의 의지다. 그 밖에 아무것도 아니다! 너희 자신도 힘에의 의지다. 그 밖에 아무것도 아니다!"(697)

4. 니체의 생각에 대해 우리는 질문하지 않을 수 없다. 과연 세계는 아무런 의미와 목적을 갖지 않는가? 세계는 의미와 목적이 없는, 영원히 지속되는 단순한 "되어감"에 불과한가? 과연 하나님은 아무 의미도 목적도 없고 단지 살아남고자 하는 "생명의 의지"와 "힘에의 의지"만이 있는 세계를 창조했는가? 하나님이 세계를 창조했다면 그는 어떤 목적으로 세계를 창조했는가? 세계의 목적과 가치와 의미는 무엇인가?

이에 대한 대답을 우리는 "하나님은 사랑이시다"라는 성서의 대명제에서 발견할 수 있다. 사랑이란 무엇인가? 사랑이란 너와 나의 구별 속에서 너와 내가 함께 있음이다. 한 몸을 이룬 상태에서 삶을 함께 나누는 것, 곧 상생하는 것이 사랑이다. 하나님이 세계를 창조한 목적은 바로 여기에 있다. 곧 자기로부터 구별되는 동시에 자기와 한 몸 상태에 있는 피조물과 상생하기 위함이다.

하나님은 사랑이기 때문에 천상천하 유아독존 하기를 원하지 않는다. 그는 자기와 구별되는 존재와 상생하면서 친교를 갖기 원한다. 우리 인간은 자기와 같은 부류의 인간을 원한다. 사회적 신분과 경제상태가 비슷한 사람을 만나기 원한다. 비슷한 사람들끼리 친구가 되고 부부가 된다. 손해를 보지 않기 위해서다. 이에 반해 성서의 하나님은 자기와 다른 유의 존재들과 함께 있기를 원한다. 그래서 하나님은 다른 신들이나 반신적 존재를 창조하지 않고, 신이 아닌 자를 창조한다. 하나님이 세계를 창조한 목적은 자기와 다른 자와 함께 지내기 위함이다. 하나님의 창조는 어떤 다른 목적을 갖지 않는다. 사랑에게는 사랑 자체가 최고의 목적이다. 왜 사랑 자체가 최고의 목적인가? 사랑은 그 자체로서 "가장 좋은 것"(summum bonum)이기 때문이다. 서로 구별되면서 한 몸을 이루고 삶을 함께 나누는 것, 곧 상생하는 사랑이 "가장 좋은 것"이다.

오래전에 필자는 지하철을 타고 당산철교를 건너고 있었다. 그런데 젊은 엄마 두 명이 각자 한 살 정도의 어린 아기를 등에 업고 각각 반대쪽 한강을 바라보며 지하철 객실에 서 있었다. 그런데 등에 업힌 두 아기가 고개를 돌려 서로 바라보며 방긋거리고 기뻐하는 것이었다.

여기서 필자는 인간의 본성을 볼 수 있었다. 곧 혼자 있지 않고 이웃과 삶을 나누며 살고자 하는 것이 인간의 본성이라는 것이다. 두 아기는 상대방의 그 "무엇"을 기뻐하는 것이 아니라 상대방이 있다는 것, 나와 함께 친교를 나누며 함께 있다는 것을 기뻐하였다. 거기에는 어떤 다른 목적이 없었다. 두 아기는 아무 조건 없이 그저 서로를 바라보며 좋아하고 기뻐하는 것이었다. 아무 다른 목적이 없는 사랑, 아무 조건이 없는 사랑을 나는 거기서 볼 수 있었다.

앞서 기술한 것처럼 성서의 하나님은 단독자 곧 일자(一者)가 아니다. 그는 삼위일체적 존재다. 곧 공동체적 존재, 상생하는 존재다. 그러므로 하나님은 천상천하 유아독존을 원하지 않고 자기와 다른 피조물과 상생하기를 원한다. 그는 아무 조건이 없는 사랑을 피조물과 나누기를 원한다. 이를 위해 하나님은 피조물의 세계를 창조하였다. 하나님도 서로 교통할 수 있는 친구를 원한다. 그는 사랑이기 때문이다. 그래서 하나님은 "자기의 친구"처럼 모세와 이야기한다(출 33:11).

하나님이 세계를 창조하신 목적은 하나님의 성육신에 극단적 형태로 나타난다. 인간이 아닌 하나님의 아들이 인간이 되어 인간과 함께 계신다. 그는 인간의 구원자, 인간의 친구가 되신다. 하나님의 아들 예수는 그의 제자들을 친구라고 부른다(요 15:14-15). 그는 죽은 나사로를 친구라 부른다(11:11). 그는 "세리와 죄인들의 친구"가 되시며(마 11:19; 눅 7:34), 세상의 연약한 사람들을 "내 형제자매"라고 부른다(마 25:40). 그는 이들과 상생하며 이들을 위해 자기의 생명을 내어준다. 예언도 사라지고 방언도 그치며 지식도 사라진다. 그러나 이웃과 상생하는 사랑은 사라지지 않는다(고전 13:8). 세상에서 "가장 좋은 것", "가장 아름다운 것"은 예언도 아니고 방언도 지식도 아니다. 그것은 더불어 사는 사랑이다. 하나님이 세상을 창조하신 목적은 여기에 있다. 그는 자기와 다른 자들, 구별되는 자들과 더불어 살기를 원한다. 만물이 더불어 살기를 원한다. 더불어 사는 것, 곧 상생 혹은 공생이 하나님의 창조질서요 만물의 자연질서다. 이 질서를 따르면 표정이 밝아지고 평화롭게 보이는 반면, 이 질서를 따르지 않으면 얼굴이 어두워지고 이지러진 것처럼 보인다. 이 사람은 하나님이 세우신 "땅의 기초"를 따르지 않기 때문이다.

II

빅뱅인가, 하나님의 창조인가?

- 자연과학과 종교의 적절한 관계 모색

앞서 우리는 하나님의 창조로서의 자연에 대해 고찰하였다. 그러나 오늘날 많은 과학자는 빅뱅 이론을 신봉한다. 곧 세계는 하나님의 창조가 아니라 약 150억 년 전에 발생한 대폭발로 말미암아 생겨났다는 것이다. 이 문제는 그리스도인들에게 혼란을 일으킨다. 학교에서는 빅뱅설을 배우고 교회에서는 하나님의 창조를 고백한다. 어느 것이 진짜인가? 이 문제에 대해 우리는 어떤 결론을 내려야 하는가? 이 문제에 답하기 전에 먼저 빅뱅에 대해 알아보기로 하자.

1. 빅뱅 이론의 내용과 문제성

1. 우리가 밤하늘에서 볼 수 있는 우주는 우리의 상상을 넘어서는 크기를 가진다. 허블 우주 망원경으로 촬영한 우주 사진 속에 보이는 별은, 별이

아니라 은하다. 하나의 은하에는 수천억 개 정도의 별들이 모여 있다. 수천억 개의 별들을 지닌 수천억 개의 은하들이 우주 안에 있다. 우리의 태양계는 한 은하수 팔의 가장자리에 자리 잡고 있는데, "지구는 2,000억 개의 은하들의 바다에서 평균적인 은하수의 가장자리에 있는 평균적인 별…을 공전하고 있다"(비숍 2023, 216, 224). 더 놀라운 일은 우주가 지금도 가속적으로 계속 팽창한다는 사실이다. 별들과 은하계가 폭발함으로써 생을 마감하는 동시에 새로운 별들과 은하계가 생성한다. 현대 우주론의 끈 이론에 따르면, 우리의 지구가 속한 우주만 존재하는 것이 아니라, 10^{500}개의 우주가 존재할 수 있다. 그렇다면 우주는 무한하다고 보아야 할 것이다.

자연과학은 우주의 크기를 광속으로 측정한다. 빛은 1초당 3×10^8 미터, 곧 30만 킬로미터를 달린다. 빛이 일 년 동안 움직인 거리 곧 1광년은 9.46×15^{15} 미터로, 지구에서 태양까지 거리의 63,000배에 해당하는 거리다. 이것을 자연과학은 파섹(parsec)으로 계산하는데, 1파섹은 3.26광년이요, 1킬로파섹은 1,000파섹이다. 1메가파섹은 100만 파섹이요, 1기가 파섹은 10억 파섹이며, 1테라 파섹은 1조 파섹이다. 지구가 속한 은하의 중심은 지구에서 10킬로파섹 떨어져 있고, 우리 은하에서 가장 가까운 안드로메다 은하는 1메가파섹 떨어져 있다. 우주의 다른 쪽은 1-10테라 파섹 정도 떨어져 있다고 한다(Tipler 2001, 23). 그런데 우주는 지금도 계속 팽창한다고 한다. 인간이 측정하는 별이나 은하 등의 가시적 물질의 총 질량은 우주 전체 질량의 4% 정도에 불과하고 나머지는 암흑물질과 암흑에너지로 구성되어 있다. 한마디로 우주는 우리 인간이 설명할 수 없는 신비다. 이에 비추어 볼 때 우리가 살고 있는 지구는 하나의 먼지와 같다. 아니, 먼지보다 더 작다. 그 속에 있는 인간이 무한한 우주의 중심이라는 생각은 인간의 교만일 뿐이다.

지금도 계속 확장하고 있는 우주는 어떻게 시작되었는가? 계속 확장하고 있다면 그것은 출발점을 가질 수밖에 없지 않은가? 이 질문에 대해 오늘날 많은 자연과학자는 빅뱅 이론을 통해 대답한다. 이에 대한 단서를 제시한 최초의 인물은 네덜란드의 천문학자 빌럼 드 지터(W. de Sitter, 1872-1934)였다. 1917년에 그는 아인슈타인의 일반상대성 이론에 근거하여 우주팽창설을 발표하였다. 그 뒤를 이어 러시아의 수학자요 물리학자인 알렉산더 프리드만(A. Friedmann, 1888-1925)은 1922년에 우주는 고도의 밀도를 지닌 한 점에 모여 있다가 급속히 팽창하였다는 우주팽창설을 발표한다. 우크라이나 오데사 출신의 미국 천문학자 가모프(G. Gamow, 1904-1968)는 1946년에 아인슈타인의 정적 우주론을 반대하고, 프리드만의 뒤를 이어 초기 우주는 초고온, 초밀도의 특이점 상태에 있다가 급격하게 팽창했다고 발표한다. 그러나 영국 케임브리지 대학교 천문학과 교수들인 프레드 호일(F. Hoyle, 1915-2001)과 토마스 골드(Th. Gold, 1920-2004)는 이를 거부한다. 우주의 모든 물질이 한 점에 집약되어 있는 초고온, 초밀도의 특이점은 물리학적으로 설명할 수 없다는 것이다. 이리하여 그들은 우주가 팽창하지만 과거나 미래가 항상 현재와 같은 상태로 유지된다는 정상상태이론(steady state theory)을 1948년에 발표한다. 어느 날 호일은 라디오 교양 프로그램에 나와서, "우주가 과거 어느 순간에 펑(Big Bang) 하고 대폭발을 일으켰다는데 말이 됩니까?"라고 가모프의 이론을 비아냥거렸는데, 이 말이 빅뱅이라는 명칭의 기원이 된다.

빅뱅 이론의 발전에 큰 걸림돌이 되었던 정상상태 이론은 1965년에 우주배경복사(Cosmic background radiation)의 발견으로 폐기된다. 우주배경복사는 빅뱅이 일어날 때 절대 0도에 가까운 복사선으로 식어 온 우주 공간에 흩어진 전파를 말한다. 1929년 허블(E. Hubble)은 수천 개의 은하로부터 온 우주배경복사의 스펙트럼을 관찰한 결과 스펙트럼의 적색편이(Rotverschiebung)를 확인한다. 곧 은하들로부터 오는 광원이 관측자로부터 멀어질 때 스펙트럼이 붉은색 쪽으로 치우치는 현상을 발견한다. 빛을 내는 은하의 광원이 관측자로부터 멀어져 갈 때 그 진동수가 감소하고 관측되는 빛은 원래의 빛의 파장보다 적색 쪽으로 치우치는 적색편이 현상이 나타난다. 은하의 광원이 이 같은 현상을 나타낸다는 것은 은하가 관측자로부터 멀어져 가고 있다는 것인데, 이것은 우주가 팽창하고 있음을 말한다. 우주가 팽창하고 있다면 우주는 출발점을 가질 수밖에 없다. 곧 과거의 어느 한 시점에 아무 팽창이 없는 제로 포인트, 곧 무한히 작아서 부피가 없는 "특이점"(singularity)이 있을 수밖에 없다고 가정하게 된다.

우주배경복사를 기초로 계산할 때 특이점은 약 150억 년 전에 있었던 것으로 추정된다. 다시 말해 우주는 150억 년 전, 그 속에 개체 원자도 존재할 수 없는 고도의 응축된 덩어리, 고도의 복사열을 가진 "우주적 달걀"(cosmic egg) 혹은 "우주적 원자"(cosmic atom)의 상태에 있었다. 우주적 달걀 혹은 우주적 원자가 돌발적으로 폭발하여 점점 확장함으로써 오늘 우리가 보는 우주의 형태가 이루어졌다는 것이다.

1948년에 발표된 가모프의 새로운 가설에 따르면, 우주적 달걀은 고도로 응축되어 있어서 개별의 원자들을 그 속에 갖지 않았고 단지 극도로 얇고 뜨거운 가스, 곧 아일렘(ylem, 모든 원소의 기원이 되는 물질)을 내포하고 있었다. 빅뱅이 일어난 바로 그 시점의 우주는 크기가 0이었고 그 온도가 무한대로 뜨거웠다. 빅뱅과 함께 우주의 급팽창이 일어나는데, "우주가 생겨난 지 10^{-35}초에 시작해서 10^{-33}초 되었을 때 그친다(또는 급격히 속도가 떨어진다). 상상할 수 없을 정도로 짧은 그 시간에 우주는 10^{-35}초마다 두 배로 커져서 급팽창이 시작하기 전 크기의 약 10^{50}배로 불어난다(비숍 2023, 201). 우주의 팽창이 진행되면서 복사열은 내려갔다. 빅뱅 1초 후에 그 온도는 100억 도 정도로 떨어졌다(Hawking 1988, 121). 이 온도는 수소폭탄을 폭발시킴으로써 얻을 수 있는 온도다.

최초의 1초가 대단히 중요한데, 1초 동안에 양성자, 중성자, 중간자가 생성되고 양성자와 중성자가 결합하여 원자핵이 만들어진다. 이때 우주의 온도는 약 10억 도로 내려가는데, 이 온도에서 양성자와 중성자는 강한 핵력(strong nuclear force)의 인력을 견디지 못하여 결합하기 때문이다. 그러나 이 시기에도 물질과 복사파가 분리되지 못하고 서로 뒤엉켜 있었다. 그 후 30만 년이 지나서야 전자가 원자핵과 결합하고 물질과 복사가 분리됨으로써 우주가 투명해지며, 우주 배경복사가 방출된다. 그다음 10억 년이 지난 후 비로소 물질이 덩어리를 형성하면서 별들이 생기기 시작한다. 은하계는 지금부터 약 80억 년에서 100억 년 전 사이에 형성되었다. 제1세대의 별들은 우리의 태양보다 더 컸다. 그들은 폭발로 생을 마감했는데, 이 폭발들로 말미암아 더 무거운 원소들이 생성되었다. 이렇게 진행된 우주의 발전 과정을 과학자들은 다음과 같이 정리한다(Weizsäcker 1994, 30).

시간대	온도	발전
10^{-45}초	10^{32}	중력이 생성됨
10^{-35}초	10^{28}	강한 상호작용이 일어남
10^{-10}초	10^{15}	약한 전자기적 상호작용이 일어남
10^{-4}초	10^{12}	쿼크에서 양성자와 중성자가 생성됨
3분	10^{9}	최초의 원자핵(수소, 헬륨)이 생성됨
500,000년	2000	최초의 원자들(가벼운 원소들)이 생성됨
10억 년		최초의 은하들(무거운 원소들)이 생성됨
100억 년		최초의 별들이 생성됨
120억 년		미시적 생명체가 생성됨
150억 년		오늘의 우주

2. 빅뱅 이론에 반해 성서는 세계가 하나님의 창조를 통해 있게 되었다고 말한다. "태초에 하나님이 천지를 창조하셨다"(창 1:1). 그럼 과학자들이 말하는 빅뱅 이론과 성서의 창조신앙 사이에는 어떤 관계가 있는가?

몇몇 학자들은 빅뱅의 표준이론으로 설명되지 않는 최초의 시작점이 있었다는 천체물리학의 가설은 성서의 창조신앙과 통합될 수 있다고 주장한다. 무한한 밀도를 가진 특이점과 "빛이 있으라"는 창세기의 기록 사이에는 공통점이 있다는 것이다. 그래서 교황 비오 12세(Pius XII)는 빅뱅 이론이 창조에 대한 성서의 표상을 지지한다고 말한다. 천체물리학자 로버트 야스트로프(R. Jastrow)는 천체물리학의 새로운 발견들이 세계의 근원에 대한 성서의 말씀에 모순되지 않는다고 말한다(Barbour 2003, 278).

물리학자 스티븐 호킹, 프리먼 다이슨(F. Dyson), 존 폴킹혼(J. Polkinghorne) 등 일단의 과학자들은 우주의 생성과 인간 생명의 등장에 있어 과학의 힘으로 도저히 설명되지 않는 미묘함과 합목적성 속에서 "하나님의 설계"를 발견하고, 이에 근거하여 빅뱅 이론과 창조신앙을 접목한다. 호킹에 따르면, "만약 빅뱅이 있은 지 1초 후, 우주의 팽창속도가 1,000억 분의 1 정도만 늦었다면, 우주는 현재의 크기에 이르기 전에 다시 찌그러들었을 것이다"(Barbour 2003, 107). 또 빅뱅 1초 후에 우주의 팽창속도가 100만 분의 1 정도만 빨랐더라면, 우주는 너무 빨리 팽창하여 별이나 행성이 만들어지지 않았을 것이다. 핵력이 조금만 더 약했더라면 우주는 수소 원자로만 이루어졌을 것이며, 조금만 더 강했더라면 모든 수소 이온은 헬륨 이온으로 변하였을 것이다. 위의 어떤 경우든지 안정성을 지닌 별이나 물과 같은 화합물은 생성될 수 없었을 것이다. 우주에서 물리학적 상수들이 아주 조금만 달랐더라면 생명체가 살 수 없는 우주가 되었을 것이다. 우주의 모든 물리적, 화학적 조건들이 인간의 생명이 등장할 수밖에 없도록 작용하였다는(인류 원리) 사실을 결코 우연에 돌릴 수 없다. 인간과 같은 지적 생명체가 출현할 수 있도록 우주가 정밀하게 조율된 것처럼 보이는 것은 우발적인 것이 아니라 신적 초월자의 지적 설계에 기인한다는 것이다.

이런 과학자들에 따르면 하늘의 수많은 별이 충돌하지 않고 질서를 유지하는 것은 우연일 수 없다. 그것은 배후에서 작용하는 신적 설계에 기인한다. 만유인력의 법칙에 따르면 인력은 물질의 질량에 비례하고 거리의 제곱에 반비례한다. 만일 지구와 달이 조금이라도 가까워진다면 인력은 기하급수적으로 증가하고 지구와 달이 서로 급격하게 당기게 되어 엄청난 충돌을 일으킬 것이다. 우주 내의 조그만 인력의 불균형도 순식간에 우주 전체의 붕괴로 이어질 수 있는데, 신기하게도 우주는 붕괴하지 않고 질서 있게 유지되고 있다. 이것은 빅뱅으로부터 시작하여 지금까지 눈에 보이지 않게 작용하는 하나님의 존재와 설계 때문이다. "창조는 진화의 숨겨진 배경이며, 진화는 창조의 나타난 배경이다"라는 신학자 브룬너(E. Brunner)의 말은 이를 가리킨다(정재현 1999, 133).

3. 많은 학자가 말하듯이 우리는 성서의 창조와 빅뱅 이론을 모순된 것으로 보지 않고 통합될 수 있는 것으로 볼 수 있다. 그 이유는 성서가 말하는 하나님의 창조는 과거의 어느 시점에 완결된 사건이 아니라 계속되어야 할 사건으로 나타나기 때문이다. 일반적으로 기독교는 태초의 창조를 완결된 것, 더 이상의 변화와 발전을 필요로 하지 않는 것으로 생각한다. 이른바 "파라다이스"는 이상적인 세계, 완성된 세계를 말한다. 그러나 성서의 창세기 1, 2장이 말하는 세계는 미래에 도래할 세계를 가리킨다. 그것은 과거의 형태로 묘사된 미래의 세계다. 따라서 창세기 1, 2장의 태초의 세계는 미래의 세계를 향해 개방된 세계다. 그것은 완결된 결정체가 아니라 미래를 향해 계속 창조되어야 한다. 창세기 1장이 말하는 혼돈, 공허, 어둠은 모든 것이 열려 있는 태초의 상태를 나타낸다. "땅이 혼돈하다"는 말은 만물이 확정된 상태에 있는 것이 아니라 유동적이고 잠재적 상태에 있음을 뜻하며, "'어둠이 깊음 위에 있다'는 말도 긍정적 실체로서 광대무변한 태초의 존재를" 가리킨다(김은규 2003, 58). 그것은 빅뱅 이론이 말하는 우주의

시작과 유사하다.

하나님의 창조를 완료된 것이 아니라 계속적 창조를 향해 개방된 것으로 생각할 때, 우리는 창세기 1장이 말하는 창조의 "하루"를 우리가 지금 경험하는 24시간이라고 생각할 필요가 없다. 오히려 그것은 빅뱅 이후의 오랜 우주적 시간을 가리키며 창조의 7일은 우주 생성의 과정 전체를 가리키는 것이라 볼 수 있다.

서울대학교 물리학과 제원호 교수의 수리적 계산에 따르면, 우주 창조 첫째 날의 하루, 곧 24시간은 약 80억 년이 된다. 둘째 날의 24시간은 이보다 훨씬 줄어든다. 그 까닭은 우주가 급속히 팽창하면서 우주의 온도가 현격히 낮아지게 되는데, 결과적으로 우주의 팽창속도가 그만큼 줄어들게 되며 따라서 창조 둘째 날의 우주 배경복사파의 주파수는 창조 첫날보다 훨씬 작아지기 때문이다. 이것을 기체의 팽창에 의한 냉각을 설명하는 공식을 사용하여 계산해 보면, 창조 둘째 날의 24시간은 약 40억 년의 기간에 해당한다. 이런 방식으로 계산할 때 창조 셋째 날의 하루 24시간은 오늘날 시간으로 약 20억 년에 해당하며, 넷째 날의 24시간은 약 10억 년, 다섯째 날의 24시간은 약 5억 년, 여섯 째날의 24시간은 약 2.5억 년에 해당한다. 이러한 계산에 의하면 우주 창조 첫날은 지금으로부터 약 157억 년 전에 시작하였는데, 이것은 오늘날 자연과학자들이 주장하는 우주의 나이 150억 년과 놀라울 정도로 비슷하다고 제원호 교수는 설명한다(제원호 2003, 189ff.).

이러한 계산 방법이 얼마나 타당한지 우리는 단정할 수 없지만, 여하튼 태초의 창조 하루는 오늘 우리가 경험하는 24시간이 아니라 우주 생성의 오랜 기간이라고 볼 수 있다. 하나님에게는 천 년이 한순간과 같을 수 있다. 따라서 우리는 성서가 이야기하는 태초의 창조를 오랜 시간의 흐름 가운데 일어난 하나님의 창조 과정, 곧 우주의 "생성의 역사"(toledoth)로 이해할 수 있다. 이 역사의 출발점에 빅뱅이 서 있다고 볼 수 있다는 것이다.

4. 그러나 우리는 성서가 고백하는 하나님의 창조를 성급하게 빅뱅과 동일시해서는 안 될 것이다. "무로부터의 창조"는 우주의 모든 것이 하나님의 특별한 결단으로 말미암아 "없음"에서 있게 되었다고 고백하는 반면, 빅뱅 이론은 우주를 특이점으로부터 있게 된 것으로 설명하기 때문이다. 성공회대학교 김기석 교수는 이 특이점을 "한 점"이라고 표현한다. 그는 "한 처음에 우주의 크기는 영(0)이었습니다. 온도는 무한대로 뜨거운 상태였고, 모든 것이 융합되어 끓고 있는 한 점이 폭발하면서 모든 에너지, 물질이 생겨났습니다"라고 빅뱅을 설명한다(김기석 2018, 153). 이 설명에서 "모든 것이 융합되어 끓고 있는 한 점", 곧 너무도 작아서 부피가 없음에도 불구하고 "모든 것이 융합되어 끓고 있는 한 점" 곧 특이점이 전제된다. 그러나 이 "한 점", 곧 "특이점"이 어떻게 있게 되었는지 설명되지 않고 있다.

이와 연관하여 여러 과학자는 빅뱅 이론에 대해 의문을 표시한다. 폰바이체커에 따르면, 빅뱅 이론이 엄격히 증명될 수 있는 것인지, 아니면 원자폭탄 시대의 창조신화인지는 아직도 분명하지 않다. 빅뱅 이론은 우리가 볼 수 있는 우주가 팽창하고 있다는 허블의 주장에 기초하여 팽창속도를 역으로 계산한다. 그리하여 지금으로부터 약 150억 년 전에 일어난 빅뱅으로 인해 우주가 시작하였다고 추론한다. 그러나 빅뱅 이론가들이 말하는 이른바 최초의 3분에 대해 우리는 동의하기 어렵다.

그 까닭은 빅뱅 이론이 지금 우리의 세계에서 타당성을 가진 자연의 법칙을 최초의 시간대에 적용하여 t=0이라고 추론하기 때문이다. 지금 우리가 살고 있는 세계 속에서 일어나는 일들을 설명하기 위해 발견된 법칙들을 우리가 경험하지 못했고 경험할 수 없는 최초의 일들에 적용하는 것은 매우 의심스러운 일이다. 빛의 속도에 가까워질수록 시간의 개념이 무의미해지는 것처럼, 빛의 속도에 가까운 빅뱅이 일어난 최초의 시간적 시작에 대해 오늘 우리의 시간개념은 무의미하기 때문이다. 우리가 우리의 출생을 회상할 수 없듯이 우주도 그것이 어떻게 시작되었는가를 회상할 수 없다고 폰 바이체커 교수는 말한다.

미국의 과학역사가 토머스 쿤(Th. Kuhn)의 "패러다임의 교체"에 따르면, 빅뱅 이론도 그 시대를 지배하는 특정한 패러다임에 의존한다. 기존의 패러다임이 새로운 패러다임으로 교체될 때 기존의 패러다임에 의존하는 인식들은 타당성을 상실한다. 빅뱅 이론도 마찬가지다. 따라서 빅뱅 이론은 영원히 변할 수 없는 절대적 진리가 아니다. 빅뱅 이론가들은 우주의 시작과 마지막에 관한 여러 가지 이론들을 제시하지만, 이들은 모두 가설의 성격을 벗어나지 못한다. 우리가 경험하지 못했고 또 경험할 수 없는 "특이점"은 가설일 뿐이다. 따라서 빅뱅 이론 역시 새로운 패러다임을 통해 새로운 가설로 교체될 수 있다. 많은 학자가 빅뱅 이론은 "폐기될 가능성이 높다"고 본다(헨더렌 2018, 452).

빅뱅 이론의 보다 더 심각한 문제성은 의미와 가치의 부재, 곧 허무주의에 있다. 빅뱅 이론에 따르면 세계의 모든 것은 우연이다. 우주의 생성과 발전 과정, 인간과 자연 생물들의 등장 등 모든 것이 우연이다. 우연에는 동기와 목적이 없다. 그 뒤에는 어떤 초월자에 의한 의도나 설계도 없다. 지향해야 할 가치와 의미가 없다. 가치와 의미가 없기 때문에 목적도 없고 도덕도 없다. 세계가 어떤 목적을 향해 나아가야 할 것인지, 어떤 가치와 의미를 지향해야 할 것인지, 인간은 무엇을 위해, 어떻게 살아야 하는지에 대해 아무것도 말하지 않는다. 무엇이 좋고 무엇이 나쁜 것인지에 대한 가치판단이 없다. 니체의 저서 제목이 말하듯이 세계는 "좋은 것과 악한 것의 저편에"(Jenseits von Gut und Böse) 있다. 빅뱅 이론은 우주의 생성에 관한 과학적 사실들(fakta)을 말하고자 할 뿐이다. 빅뱅 이론을 위시한 자연과학적 이론들은 의미와 가치를 결여한 허무주의를 그 본질로 가진다.

빅뱅 이론의 이 같은 문제성에도 불구하고 일군의 학자들, 특히 지적 설계론자들은 창세기 창조설화, 특히 창세기 1장의 P 문서 창조설화와 빅뱅 이론을 종합하고 짜깁기하려는 태도를 보인다. 필자가 직접 들었던 어느 물리학 교수의 강의에 따르면, 창세기 창조설화의 내용은 우주의 생성에 관한 자연과학적 지식으로 간주된다. 창조설화는 우주의 생성에 관한 교과서로 생각된다. 많은 신자가 그의 강의에 감탄하였다. 그의 강의는 영상자료를 통해 아주 정교하게 체계화되어 있었다.

과연 창세기 1, 2장은 자연과학 교과서인가? 창세기 저자는 우리에게 우주 생성에 관한 자연과학적 지식을 주기 위해 창조설화를 기록했는가? 그렇지 않다. 성서는 결코 자연과학 교과서가 아니다. 성서 저자가 창조설화를 기록한 동기는 전혀 다른 데 있다. 그럼 창조설화를 기록하게 된 동기와 목적은 무엇인가?

2. 창조설화는 자연과학적 지식을 주고자 하는가?
– 창조설화의 역사적 동기와 목적

1. 구약학자 폰 라트에 따르면, 본래 이스라엘 백성의 하나님 신앙은 출애굽의 구원신앙이었다. 하나님의 창조에 대한 신앙, 곧 창조신앙은 이스라엘 백성의 바빌로니아 포로 기간에 바빌로니아 창조신화의 영향으로 말미암아 생성된 것이었다. 구약성서의 신명기 역사가는 출애굽의 하나님은 온 세계를 창조한 하나님이요 온 세계가 하나님의 통치영역임을 증언하기 위해 창조신앙을 출애굽의 구원신앙과 결합하였다는 것이 폰 라트의 생각이다. 이리하여 출애굽 구원의 하나님은 온 세계의 창조자 하나님과 동일

시된다. 출애굽과 함께 일어난 "하나님의 역사의 시작은 이제 창조에 이르기까지" 확대되었다고 폰 라트는 말한다(von Rad 1957, 143).

그렇다면 이스라엘 백성은 본래 창조신앙을 갖지 않았던가? 창조신앙은 바빌로니아 포로기에 비로소 갖게 된 것인가? 나는 그렇게 생각하지 않는다. 이스라엘 백성은 출애굽 사건 이전부터 민속신앙 형태의 창조신앙을 가지고 있었다. 입에서 입으로 전해진(口傳) 민속신앙적 형태의 창조신앙은 창세기 2장의 J 문서의 창조설화에 나타난다. 곧 시골 농부처럼 손으로 흙을 빚어 사람과 짐승들을 빚으시고 그의 생명의 기운을 사람에게 불어넣으시며 땀을 흘리며 강물을 끌어들이는 하나님의 신인동형론적 모습에서 우리는 고대 이스라엘 백성의 민속신앙적 형태의 창조신앙을 볼 수 있다.

이것을 우리는 아브라함과 살렘 왕 멜기세덱의 이야기에서도 볼 수 있다. 멜기세덱은 자기가 믿는 "천지의 주재, 가장 높으신 하나님(El Elyon)", 곧 온 세계의 통치자의 이름으로 아브라함을 축복하고, 이 "하나님을 찬양하시오"라고 아브라함에게 권한다. 그러자 아브라함은 자기가 믿는 하나님을 "하늘과 땅을 지으신 가장 높으신 하나님", 곧 창조의 하나님이라 고백하면서 자기가 싸워 얻은 것 중에 아무것도 취하지 않겠다고 멜기세덱에게 약속한다(창 14:17-24). 이 이야기에서 아브라함은 "하늘과 땅을 지으신" 하나님의 우주적 창조를 알고 있었다는 사실을 볼 수 있다. 곧 창조신앙은 바빌로니아 포로 시대에 비로소 생성된 것이 아니라 이스라엘 족장 시대부터 있었다.

고대 시대의 많은 종교에서 볼 수 있는 것처럼 이스라엘 백성의 하나님은 애초부터 창조의 하나님인 동시에 구원의 하나님이었다. 이스라엘 백성의 신앙에서 "창조신앙과 구원신앙은 분리되지 않는다"(지승원 2022, 96). 그러므로 성서는 하나님의 구원을 하나님의 새 창조로, 하나님의 새 창조를 하나님의 구원으로 고백한다. 이것을 우리는 제2이사야에서 볼 수 있다. 이 문서에서 이스라엘의 "창조자" 하나님은 바빌로니아의 포로가 된 이스라엘 백성에게 "새 일"을 행하실 "구원자"로 고백된다(43:11, 15, 19). 제3이사야에서 하나님의 구원은 하나님의 새 창조로 이해된다. "보아라, 내가 새 하늘과 새 땅을 창조할 것이니…"(65:17-18). 에스겔 37장의 마른 뼈 환상에서도 이스라엘 백성의 구원은 마른 뼈들을 다시 살려서 새로운 생명의 세계를 이루는 창조자 하나님의 새 창조로 파악된다. "내 백성아, 내가 너희 무덤을 열고, 무덤 속에서 너희를 이끌어 내고, 너희를 이스라엘 땅으로 돌아가게 하겠다"(겔 37:12). 시편에서도 "하늘과 땅"을 창조하신 창조자 하나님이 그의 자녀를 "모든 재난에서 지켜주시며 네 생명을 지켜" 주시는 구원자 하나님으로 고백된다(시 121편). 여기서 우리는 창조신앙과 구원신앙이 결합해 있다는 사실을 볼 수 있다. 족장 시대부터 민속신앙의 형태로 전해져오던 하나님의 창조를 바빌로니아 포로 시대의 이스라엘 제사장은 창세기 1장의 매우 체계적인 우주적 형태로 기술한다.

2. 그렇다면 P 문서의 제사장은 어떤 동기에서 우주적 형태의 창조설화를 기술하였는가? 첫째 동기는 나라를 잃고 바빌로니아의 포로가 되어 실의에 빠진 이스라엘 백성에게 새로운 희망과 용기를 주는 데 있었다. 당시의 절망적 상황을 우리는 이스라엘의 멸망과 바빌로니아 포로기에 생존했던 예언자들의 문헌에서 볼 수 있다. 하나님의 성전을 포함한 예루살렘 도시 전체가 불에 타버렸다. 바빌로니아 군대는 예루살렘을 버리고 도주한 시드기야 왕과 그의 일족을 여리고 평원에서 체포해 바빌로니아 왕에게 끌고 갔다. 바빌로니아 왕은 "시드기야의 아들들을 그가 보는 앞에서 처형하고…시드기야의 두 눈을 뺀 다음에, 쇠사슬로 묶어서 바빌로니아로 끌고 가서, 그가 죽는 날까지 감옥에 가두어 두었다." 바빌로니아 군대는 이스라

엘 백성의 귀와 코를 잘랐고(겔 23:25), 수천 명의 포로와 함께 금과 은과 놋쇠로 만든 성전 기물들을 바빌로니아로 가져갔다(렘 52:7-30). 땅은 "황무지와 폐허"가 되었고 "언덕과 골짜기와 모든 시냇물에는 칼에 찔려 죽은 자들이 널려" 있었다(겔 35:7-8). 예루살렘은 "과부의 신세", "종의 신세"가 되어 이방 민족들의 "조롱거리"가 되었다(애 1:1, 8). 유다가 "사로잡혀 뭇 나라에" 흩어졌고 "처녀와 총각이 사로잡혀서 (바빌로니아로) 끌려갔다"(1:3, 18). 온 백성이 "약탈과 노략을" 당하였다. 굶주린 전쟁고아들이 살려 달라고 손을 들어 빌었다(사 41:22; 49:20, 25; 애 2:19). "물을 찾지 못하여 갈증으로 그들의 혀가" 말랐다(사 41:17). "남은 것이라고는 두려움과 함정과 파멸과 폐허뿐"이었다(3:47). 온 백성이 굶주림으로 서서히 죽어갔다(51:14; 애 4:9). 자기가 기른 아이를 잡아먹기도 하였다(2:20). 바빌로니아 군사들이 지나갈 수 있도록 "땅바닥에 엎드려서 길을 만들고, 허리를 펴고 엎드려서 그들이…등을 밟고 다니게" 하는 모욕을 당하였다. "엎드려라. 우리가 딛고 건너 가겠다"(사 51:23). 여자들이 바빌로니아 군인들에게 "치욕"을 당하였다(54:4; 애 5:11). "하나님의 백성"이 노예로 팔려갔다. 그러나 하나님은 침묵하였다. 이스라엘 백성의 포로 생활은 한마디로 절망이었다. 하나님은 없는 것처럼 보였다. 당시의 상황을 예언자 에스겔은 "마른 뼈들"이 가득한 골짜기에 비유한다(겔 37:1).

이 같은 역사적 상황에서 가장 먼저 필요했던 것은 희망을 잃어버린 이스라엘 백성에게 하나님의 새로운 구원에 대한 믿음과 희망을 주는 일이었다. 이에 이스라엘의 예언자들은 이스라엘의 국가적 재난이 이스라엘의 죄 때문임을 상기시킨다. "너희가 팔려 간 것은 너희의 죄 때문이다." "이것은 우리가 죄를 지었기 때문입니다"(사 50:1; 애 5:16). 이에 예언자들은 회개를 요구하고 하나님의 구원을 약속한다. 제2이사야는 메시아의 오심을 약속한다. 하나님의 새로운 구원에 대한 근거를 예언자들은 하나님의 천지창조에서 발견한다. "너희는 고개를 들어서 저 위를 바라보아라. 누가 이 모든 별을 창조하였느냐?"(사 40:26) 천지를 창조한 하나님은 죽은 자도 살릴 수 있다. 그는 죽은 뼈들을 다시 살려(죽은 자들의 부활, 겔 37장) 이스라엘을 회복하실 것이다. 그러므로 이스라엘은 희망을 잃지 않고 힘을 내야 한다. "내가 너와 함께 있으니, 두려워하지 말아라.…떨지 말아라. 내가 너를 강하게 하겠다"(사 41:10; 43:8). "너희는…옛일을 생각하지 말아라. 내가 이제 새 일을 하려고 한다"(42:18-19). 예언자들은 하나님의 새로운 구원을 새 창조로 묘사한다. "광야와 메마른 땅이 기뻐하며, 사막이 백합화처럼 피어 즐거워할 것이다"(사 35:1-10). "내가 광야에 길을 내겠으며, 사막에 강을 내겠다"(42:19).

바빌로니아 포로기의 예언자들과 뜻을 같이하여 이스라엘의 제사장들은 구전(oral tradition) 형태로 전해오던 토속적 형태의 창조신앙을 새로운 형태로 기술한다. 고대의 신화적 세계에서 다시 발견할 수 없는 혁명적 내용을 기술하기도 한다. 노예가 된 이스라엘 백성도 "하나님의 형상"이다. 바빌로니아 왕만 신의 형상이 아니라 모든 인간이 하나님의 형상이다. 바빌로니아 군인들에게 치욕을 당한 이스라엘의 여성들도 하나님의 형상이다. 우주는 "반역의 신"의 몸뚱이에서 만든 것이 아니라 하나님의 말씀에 의해 존재하게 된 "하나님의 것"이다. 이 하나님을 섬기지 않고 신이 아닌 것을 신으로 섬기며 죄악 속에서 살아가는 바빌로니아 제국은 언젠가 하나님의 심판을 받고 멸망할 것이다(사 47장). 하나님은 예루살렘을 회복할 것이고 메시아 왕국을 세울 것이다(49:8 이하; 사 11장). 이 같은 내용을 말하고자 하는 동기에서 이스라엘의 제사장들은 조상 대대로 이어오던 토속적 형태의 창조신앙을 정교한 체계성을 가진 우주적 형태의 창조신앙으로 기술한다. 여기에 P 문서 창조설화의 첫째 동기가 있다.

3. P 문서 창조설화의 둘째 동기는 위험에 빠진 하나님 신앙을 지키고 "하나님의 백성"으로서 이스라엘 백성의 정체성을 지키는 데 있었다. 예루살렘 성전의 파괴와 국가 멸망은 이스라엘 하나님 신앙의 위기였다. 그들의 야웨 하나님은 아무 힘도 없는 것처럼 보였다. 바빌로니아의 신들이 야웨 하나님보다 더 큰 힘을 가진 것처럼 보였다. 이리하여 많은 이스라엘 백성이 하나님을 버리고 바빌로니아에 동화되었다. 하나님의 백성 이스라엘이 와해될 수 있는 위기에 처하였다.

이같은 위기 속에서 이스라엘의 제사장들은 예언자들과 뜻을 같이하여 이스라엘의 하나님 신앙을 지키고자 하였다. 참 구원자는 바빌로니아 창조신화의 남신들과 여신들이 아니라 "아브라함의 하나님, 이삭의 하나님, 야곱의 하나님"이다. 그는 "바빌로니아의 신들도 제압하는 만물의 창조자요 주재자"시다(지승원 2022, 94). 바빌로니아의 신들은 "엉터리 신들"이다. 그들은 "사람들이 주머니에서 금을 쏟아내며, 은을 저울에 달고 도금장이를 사서 신상"으로 만들어 놓은 것에 불과하다(사 46:6). 우상이 너희를 구원할 수 없다(47:13-14). 이스라엘의 하나님 외에 "다른 신은 없다"(45:5-6, 21-22; 46:9). 어떤 다른 "구원자도 없다"(43:11). "내가 승리할 것을 믿지 않는 너희 고집 센 백성아, 내가 하는 말을 들어라. 내가 싸워서 이길 날이 가까웠다"(46:12-13). 이 하나님에 대한 믿음 속에서 이스라엘 백성은 자기 정체성을 지켜야 한다. 바빌로니아 민족에 동화되지 않고 구원의 희망을 포기해서는 안 된다. 이 같은 내용을 말하고자 하는 동기에서 제사장들은 바빌로니아의 창조신화에 대립하는 이스라엘 자신의 창조신앙을 기술하게 된다. 여기서 우리는 구약성서의 유일신론이 하나님의 존재에 대한 사색에서 나온 것이 아니라 오직 야웨 하나님만이 우리의 구원자임을 말하고자 하는 예언자들의 관심에서 나온 것임을 볼 수 있다.

고대 근동에서 다시 발견할 수 없는 혁명적 이야기들, 시적 운율을 가진 이 아름답고 체계적이며 삶의 지혜에 관한 깊은 통찰들로 가득한 P 문서의 창조설화는 인간의 작품이 아니라 성령의 영감 속에서 일어난 하나님의 계시라고 볼 수밖에 없다. 그것은 세계의 생성에 관한 자연과학적 지식을 전하려는 자연과학 교과서가 아니라 절망적 상황에 처한 이스라엘 백성을 향한 창조자 하나님, 구원자 하나님에 관한 신앙고백이었다.

이 고백 속에는 하나님의 구원받은 미래에 대한 동경과 기다림이 숨어 있다. 창조설화의 저자는 하나님이 계시하는 미래의 구원받은 세계를 태초에 있었던 과거의 세계로 나타낸다. 예언자들이 미래에 올 것으로 얘기하는 것을 제사장들은 태초에 있었던 과거의 것으로 묘사한다. 따라서 "하나님이 태초에 창조한 모든 것은 '종말'을 가리키며 미래를 존재의 질(Seinsqualität)로 가진다"(Moltmann 2023, 29). 창조설화의 동경과 기다림을 제2이사야는 미래에 있을 메시아의 오심에 대한 약속, "새 하늘과 새 땅"에 대한 약속이라는 미래의 형태로 나타낸다. 이스라엘 백성이 자기 정체성을 상실하고 이방 민족으로 동화될 역사적 위기 속에서 이스라엘의 예언자들과 제사장들은 하나님의 새로운 미래의 세계를 보이면서 이스라엘 백성의 하나님 신앙과 하나님의 백성으로서 자기 정체성을 지키고자 한다. 이런 점에서 창조설화의 언어는 종말론적 언어다.

3. 상호보완의 관계에 있는 자연과학과 종교 및 인문과학

1. 이 같은 동기와 목적을 가진 창세기 창조설화를 자연과학 교과서처럼 생각하고 우주 생성에 관한 빅뱅 이론과 종합하려는 것은 창조설화의 의도와는 무관한 것이라 말할 수 있다. P 문서 저자가 창조설화를 기록한 것은 우주 생성에 관한 자연과학적 지식을 전하려는 것이 아니라 위기에 처

한 이스라엘 백성의 정체성과 하나님 신앙을 지키기 위함이었다. P 문서 기자가 기록한 고대의 자연과학적 지식은 이 목적을 위한 도구에 불과하였다.

창조설화와 빅뱅 이론은 각기 다른 영역에 속한다. 창조설화가 신앙의 영역에 속한다면 빅뱅 이론은 과학적 지식의 영역에 속한다. 전자의 관심이 하나님의 창조에 대한 신앙을 고백함에 있다면 후자의 관심은 우주 생성에 관한 과학적 사실(fact)을 찾는 데 있다. 따라서 기독교는 빅뱅 이론을 반기독교적인 것으로 적대시할 필요도 없고 창조설화와 빅뱅 이론의 종합을 꾀할 필요도 없다. 양자의 영역과 관심이 다르기 때문이다.

그동안 많은 학자가 "지적 설계자" 모델을 통해 빅뱅 이론과 창조설화를 조화시키고자 하였다. 이 모델의 극단적 형태를 우리는 미국의 수리물리학자 티플러에게서 볼 수 있다. 그에 따르면 우주의 특이점은 "공간과 시간 바깥에 있다. 하나님이 우주를 초월하듯이 특이점은 물리적 우주를 초월한다." 달리 말해 특이점은 "무한하다." 신학에 있어 무한한 것, 우주를 초월하는 것은 하나님뿐이다. 그렇다면 특이점이 곧 하나님이다. "물리적 우주와 그것을 지배하는 법칙들은 우주적 특이점에 의해 결정되고 특이점으로부터 나온 것으로 파악될 수 있다. 이런 점에서 물리적 우주는 설계자의 우주다." 우주의 설계자 하나님, 곧 특이점은 물리학적으로 증명될 수 있다. 그러므로 기독교는 물리학이 될 수 있다고 티플러는 말한다(Tipler 2004, 77, 87).

많은 사람이 티플러의 지적 설계론에 감탄할지 모른다. 그러나 티플러의 이론에서 하나님은 물리학적으로 인식될 수 있고 증명될 수 있는 물리적 존재, 곧 물리적 특이점과 동일시된다. 이를 통해 그는 성서의 창조신앙과 자연과학의 빅뱅 이론을 결합한다. 그러나 물리적 특이점이 하나님이라면 하나님에 대한 신앙도 불필요하고 회개도 불필요할 것이다. 물리적 특이점에 관한 물리학적 지식으로 구원에 이를 수 있을 것이다.

　성서의 창조신앙과 빅뱅 이론을 끼워 맞추거나 종합하려는 시도가 적절하지 않은 또 하나의 이유는 모든 자연과학적 이론들처럼 빅뱅 이론도 가설의 요소를 지니고 있기 때문이다. 가설은 그 시대의 인식적 패러다임에 의존한다. 패러다임이 변할 때 가설도 변할 수밖에 없다. 이리하여 새로운 가설에 입각한 새로운 이론이 등장하게 된다. 따라서 "비록 어떤 과학적인 이론이나 모델들이 아무리 그럴듯하게 여겨지더라도 신학은 자기 자신을 그것들에 얽매이게 해서는 안 된다. 왜냐하면 그것들은 본질적으로 잠정적인 것들이기 때문이다"(헨더렌 2018, 465). "종교적 교리를 과학에 적용하려는 시도나 반대로 과학적 설명을 가지고 종교적 진리를 판단하려는 시도 모두 성공할 수 없을 것이다"(김기석 2018, 220). 이미 존 로크는 "불확실한 과학과 성경을 지나치게 가깝게 일치시키려는 시도에 대해 경고했다"(해리슨 2019, 395). 사실 "지적 설계론"도 하나님의 존재를 전제하는 종교적, 신앙적 성격을 띤다. 그러므로 대부분의 자연과학자는 지적 설계론에 대해 무관심하다. 자연현상에 대한 과학적 설명에 있어 신적 설계자를 이야기하는 것은 비과학적인 일로 보이기 때문이다.

2. 여기서 우리는 자연과학과 종교 및 인문과학의 네 가지 차이점을 지적할 수 있다. 첫째 차이점은 양자의 연구 대상의 차이점이다. 자연과학의 연구 대상은 물리적 현실(physical reality)에 있다. 이 대상은 모든 사람이 인정할 수 있는 보편성과 객관성을 가진다. 이 현실에 대한 믿음 혹은 신앙이란 불필요하다. 이에 반해 종교와 신학의 궁극적 대상인 하나님은 물리적으로 인식될 수 있는 물리적 존재가 아니라 신앙의 대상이다. 만일 하나님이 물리적으로 파악될 수 있는 물리적 존재라면 하나님에 대한 신앙은 불필요할 것이다. 하나님의 행동에 관한 "어떤 (자연과학적) 연구도 하나님의 행

동을 증명할 수 없다"는 폴킹혼의 말은 하나님이 물리적 연구 대상이 아님을 시사한다(Polkinghorne 2001, 123).

둘째 차이점은 관찰자와 관찰 대상 간의 관계에서의 차이다. 자연과학은 관찰자와 관찰 대상을 분리하여 분리된 대상에 대한 객관적 관찰을 이상으로 가진다. 자연과학은 관찰 대상에 대한 관찰자의 감정이입과 실존적 참여를 엄격히 금지한다. 그것은 관찰 대상을 전체적으로 파악하지 않고 관찰자의 주관적 전제와 특정한 관심에 따라 대상의 한 부분을 파악할 뿐이다. 대상의 삶의 풍요로움에 대해 눈을 감아버리고 그 대상이 인간에게 어떤 유익을 줄 수 있는가를 볼 뿐이다. 한 생물학자는 이렇게 말한다. "생물학의 전방에서 일하는 사람은 생명의 풍요로움의 매우 중요한 영역을 막아버린다"(Portmann 1974, 35).

이에 반해 종교 및 신학은 하나님이라는 대상을 부분적으로 인식하기보다 전체적으로 파악하고자 하며 이 대상에 대한 인격적 신앙의 관계를 이상으로 가진다. 신앙이란 하나님이라는 대상에게 자기를 맡기는 것을 뜻한다. 관찰자가 관찰 대상을 지배하는 자연과학과 달리 하나님이라는 대상이 나의 존재를 지배하게 됨을 말한다. 대상에 대한 분리와 감정이입의 차단을 원칙으로 삼는 자연과학에 반해 종교와 신학은 하나님이라는 대상에 대한 인격적 참여 및 대상과의 일치를 이상으로 삼는다. 종교와 신학은 관찰자 인간이 관찰 대상을 결정하는 것이 아니라 거꾸로 관찰 대상이 관찰자 인간의 생각과 행동과 삶을 바꾸는 것을 목적으로 한다. 달리 말해 자연과학에서는 관찰자와 관찰 대상이 분리 상태에 있는 반면, 종교와 신학에서는 관찰자가 관찰 대상에 의해 변화되는 것을 이상으로 삼는다.

하이젠베르크가 소개하는 닐스 보어(Niels Bohr, 1885-1962)의 말에 따르면, 현대 자연과학은 수학을 기본 언어로 사용한다. 그런데 수학에서 우리는 주장하는 내용에 대해 내적으로 거리를 둘 수 있다. "마지막에는 우리가 참여할 수도 있고 우리를 배제할 수도 있는 사유의 놀이(Spiel des Gedankens)에 머물게 된다." 이 사유의 놀이에서 우리 자신의 문제는 전혀 고려되지 않는다. 이에 반해 "종교에서는 우리 자신이 문제시되고 있다. 우리의 삶과 죽음이 문제시된다." 종교가 말하는 신앙의 내용은 "우리 행동의 기초를 이루며, 적어도 간접적으로 우리 실존의 기초를 이룬다." 그것은 인간의 사

닐스 보어

회적 행동과 관계의 기초가 되기도 한다(Heisenberg 1971, 126).

종교 및 신학과 자연과학의 셋째 차이점은 가치와 의미와 목적의 문제에 있다. 신학과 종교는 가치와 의미와 목적의 문제를 다룬다. 곧 세계와 인간이 지향해야 할 참된 가치와 의미와 목적이 무엇인가를 다룬다. 이에 반해 자연과학은 물리적 사실들만 다룬다. 자연과학은 가치와 의미와 목적의 문제, 도덕성의 문제에 대해 전혀 관심을 두지 않는다. 그것은 세계와 인간이 지향해야 할 참가치와 의미와 목적에 대해 침묵한다. "과학에는 인간의 오감(五感)에 의해 확인된 것 외에는 아무것도 없다." 물질적, 물리적 세계보다 "고차원적인 부분을 차지하고 있는 영혼의 세계"는 자연과학에서 사라진다(도스토옙스키 2001, 451).

넷째 차이점은 목적의 문제에 있다. 자연과학은 물리적 세계의 물리적 사실들을 발견하고자 한다. 자연과학이 물리적 사실들을 찾고자 하는 목적은 무엇인가? 그 목적은 물리적 세계에 대한 지배 및 이러한 지배를 통해 얻게 되는 힘과 경제적 가치에 있다. 이 지배와 힘은 인간의 삶에 유익을 줄 수도 있고, 해를 줄 수도 있는 양면성을 가진다. AI 기술이 인간에

게 유익할 수도 있고 해로울 수도 있는 것과 마찬가지다. 이에 반해 종교 및 신학의 목적은 인간과 세계의 구원 문제에 대한 답을 제시하는 것이다. 그것은 우리 인간이 어떤 인간이 되어야 하는지, 우리의 세계가 어떤 세계가 되어야 하는지, 인간과 인간, 인간과 자연의 이상적 관계는 무엇이며 우리 인간이 무엇을 바라고 희망해야 하는지에 대한 답을 제시하고자 한다. 자연과학은 이 문제들에 대해 침묵한다.

3. 종교 및 인문과학과 자연과학이 이 같은 차이점을 보인다면 우리는 두 영역을 깨끗이 분리해야 하는가? 그렇지 않다고 우리는 생각할 수 있다. 대다수 경우 분리는 좋지 않다. 오히려 두 영역이 자신의 특징을 유지하면서 상호보완의 관계를 유지하는 것을 이상으로 생각할 수 있다. 여자와 남자가 서로의 다름을 통해 서로를 보완하듯이 종교 및 인문과학과 자연과학도 서로의 다름을 통해 서로에게 도움이 될 수 있다. 서로 다르다 하여 분리되는 것은 지혜롭지 못하다.

세계의 현실은 하나뿐이다. 하나의 현실에 대한 관점과 인식은 다를 수 있다. 신학 및 종교와 자연과학, 인문과학과 자연과학은 단 하나의 현실을 관찰하고 인식하는 "두 가지 상이한 길들"이다(Wabbel 2004, 227). 혹은 동일한 "원(圓)의 반쪽들(Halbkreise)"이다. 자연과학이 자연의 물리적 사실들(facta)을 다룬다면 신학 및 인문과학은 정신적인 문제들을 다룬다. 자연과학은 "도구적 사유를 수단으로 우리 주변의 물질세계를 연구한다. 인문과학은 인간을 연구하며…인간을 영혼, 의식, 정신으로 생각한다.…나에게 자연과학과 인문과학은 한 원의 두 반쪽이다. 두 영역이 하나의 둥근 원을 이루기 위해, 그들은 서로 연결되어야 할 것이다"(Weizsäcker 1992, 8). 신학 및 종교와 자연과학은 각자 특유한 방법으로 단 하나인 세계 현실에 대해 기여한다.

지금까지 기독교 종교 및 신학과 자연과학의 관계는 3단계로 구별될 수 있다. 곧 (1) 대립과 투쟁의 단계, (2) 무관심 속에서의 병행과 평화의 단계, (3) 두 영역을 종합하려는 단계를 말한다. 이른바 "지적 설계론"은 3단계를 대변한다. 필자의 생각에 1, 2단계도 적절하지 않지만, 지적 설계론이 대변하는 3단계도 적절하지 않은 것으로 보인다. 지적 설계론에 따르면 과학은 "유사 기독교적 과학"이 되고 신학은 "유사 과학적 신학"이 되기 때문이다. 우주가 지적 설계자 하나님에 의해 설계되었다는 주장은 결국 종교적 신앙이지 객관적으로, 수학적으로 증명될 수 있는 과학이 아니다. 과학이 종교적 과학이 되거나 종교가 과학적 종교가 되는 것은 바람직하지 않다. 그것은 "억지 춘향"일 뿐이다.

자연과학과 종교 및 신학/인문과학의 바람직한 관계는 무엇인가? 그것은 상호보완(Komplementalität)의 관계라고 말할 수 있다. 상호보완의 관계는 (1) 각 영역이 자기의 특성과 독립성을 유지하되, (2) 상대방의 특성과 독립성을 인정하고, (3) 두 영역의 상호보완성을 인정하면서 좀 더 나은 세계를 위한 공동의 목적을 지향하는 것을 말한다. 서로를 적대시하거나 서로에게 무관심하지 않고 오히려 서로를 "보완재"로 인정하면서 좀 더 나은 세계를 위해 각자의 방법으로 협동하는 것을 말한다.

양자 이론은 일찍부터 자연과학과 종교 및 인문과학의 상호보완을 제의하였다. 하이젠베르크는 그의 자서전에서 막스 플랑크의 말을 빌려 자연과학과 종교의 상호보완적 기능을 다음과 같이 묘사한다. 플랑크는 종교와 자연과학이 서로 결합할 수 있다고 생각하였다. "왜냐하면 종교와 자연과학은…현실의 전혀 다른 영역들과 관계하기 때문이다. 자연과학은 객관적인 물질의 세계를 다룬다. 그것은 이 객관적 현실에 대해 올바르게 진술하며 이 현실의 연관성들을 이해해야 할 과제를 우리에게 부여한다. 그러나 종교는 가치의 세계(Welt der Werte)를 다룬다. 있는 것에 대해(von dem was ist) 말하지 않고 무엇이 있어야 하는지(was sein soll), 우리가 무엇을 행해야 하는지에 대해 말한다. 자연과학은 무엇이 사실이고 사실이 아닌지 (richtig oder falsch)의 문제를 다룬다. 종교는 무엇이 좋고 무엇이 악한 것인지(gut oder böse), 무엇이 가치 있고 무엇이 무가치한 것인지의 문제를 다룬다. 자연과학이 기술적으로 합목적적인 행동의 기초라면 종교는 윤리의 기초다." 18세기 이후부터 일어난 두 영역 사이의 갈등은 오해로 말미암아 비롯한 것으로 보이는데, 이 오해는 "종교의 상들과 비유들을 자연과학적 주장으로 해석"함으로써 일어난다. 이 해석은 "어리석은 것(unsinnig)이다." 자연과학이 세계의 "객관적 측면"과 관계한다면 종교 및 인문과학은 "주관적 측면"과 관계한다. 자연과학은 "우리가 어떻게 현실의 객관적 측면을 대해야 하며 어떻게 그것을 설명해야 하는가를" 보여준다. 이에 비해 종교적 신앙은 삶 속에서 우리의 행동이 지향해야 할 가치를 세우는 주관적 결단의 표현이다"(Heisenberg 1971, 116f.).

4. 독일의 물리학자 뒤르(H. P. Dürr, 1929-2014)는 하이젠베르크의 생각을 수정한다. 그에 따르면 자연과학과 종교 및 신학/인문과학은 객관적인 것과 주관적인 것으로 나누어질 수 없다. 자연과학적 인식 역시 이른바 "객관적인 것"이 아니기 때문이다. 대상 세계를 관찰할 때 우리는 "객관화될 수 있는 세계"(objektivierbare Welt), "대상적 실재"(gegenständliche Realität)가 있다고 전제한다. 그러나 객관화될 수 있는 세계, 이른바 "객관적 실재", 객관적으로 대상화할 수 있는 현실이란 존재하지 않는다. 종교인이든 과학자든 우리 인간이 보는 세계는 객관적 실재가 아니라 "놀라운 다양성과 유기체적이고 협동적 얽힘(Verflechtung) 속에 있는 내재적, 정신적 충만함의 생동적 모상(Abbild)을 나타내는 발자국 내지 현상형식들(Erscheinungsformen)일" 뿐이다(Dürr 2004, 103). 이른바 "자연의 법칙들"

이란 변할 수 없는 절대적인 것이 아니라 "통계학적 법칙들"에 불과하다 (Dürr 2003, 135).

기계론적 세계관이 표상하듯이 세계는 수학적 법칙에 따라 고정되어 있는 것이 아니다. 그것은 "공간과 시간 안에 있는, 고정되어 있고 변할 수 없는 법칙들에 따라 움직이는, '객관적으로' 실재하는 아주 복잡한 기계(Mehanismus)가 아니다." 그것은 외부의 영향을 받을 수 없고 모든 부분이 고정되어 있는 시계와 같은 것이 아니라, "그의 시간적 발전 과정에 있는 강물(Fluß), 의식의 흐름(Strom)과 같다. 그것은 인간의 "생각"(Gedanke) 과 같은 것으로 나타난다. 슈뢰딩거에 의하면 "본래적 현실"은 "정신"이다 (2003, 108-112).

수학 공식을 통해 파악될 수 없는 복합적 얽힘 속에 있는 생각이나 정신, 혹은 의식의 흐름을 객관적으로 인식한다는 것은 불가능하다. 우리는 그것의 현상형식 혹은 "발자국"을 인식할 뿐이다. 자연과학은 그것에 대해 단지 "비유로써" 설명할 수 있을 뿐이다. 종교나 신학도 하나님에 대해, 인간과 세계에 대해 비유로써 이야기한다. "과학도 단지 비유(Gleichnisse)로써 말한다." 단 하나의 세계에 대해 과학은 수학적 언어로, 종교와 신학은 시적, 비유적 언어로 이야기한다.

일반적으로 자연과학적 인식과 인문과학적, 종교적 인식은 전혀 다른 유의 인식이라고 생각된다. 전자는 객관적이고 사실적인 것이며 후자는 객관성이 없는 종교적인 것으로 생각된다. 그러나 닐스 보어에 따르면 양자는 전혀 다른 것, 대립하는 것이 아니다. "(다양한 관찰조건들 속에서 일어나는) 경험들이 아무리 대립하는 것처럼 보일지라도…그들은 상호보완적인 것"이다(2003, 112). "하나가 옳으면 다른 하나는 옳을 수 없다. 그것은 틀린 것일 수밖에 없다"라는 "우리의 사유의 배타성"은 인정되지 않는다 (2004, 99). 각기 다른 관심과 관점에서 세계에 관해 이야기할 뿐이다.

5. 자연과학은 자연의 구조와 작용을 해명하고 자연의 연관성과 운동 과정과 미래의 발전에 대한 통찰을 제공한다. 이리하여 자연과학은 자연을 정복하고 그것을 인간의 의도에 따라 조작할 수 있고 인간의 목적을 위해 자연을 이용할 수 있는 힘을 제공한다. 이와 동시에 자연과학은 자연을 파괴할 수 있는 힘도 제공한다. 이제 자연과학은 모든 인간의 생명을 폐기할 수 있는 힘도 인간에게 제공한다. 그러나 이 힘이 어떤 목적을 위해 사용되어야 할 것인지, 우리의 세계가 어떤 목적을 향해 나아가야 할 것인지에 대해 아무것도 말하지 않는다.

현대세계는 차고도 넘치는 물질적 풍요를 이루었다. 과거에 비해 인간의 평균수명도 크게 연장되었다. 그러나 현대인은 정신적 공백 상태에서 허우적거리고 있다. 더 많은 소유, 즐거움, 사치, 허영, 더 깊은 향락과 타락, 더 큰 물욕과 사회 양극화, 삶의 무의미와 공허감, 삶과 세계의 미래에 대한 좌절과 절망감, 기후재앙과 전쟁에 대한 불안 속에서 목적 없이 살아가고 있다. 이 같은 세계 속에서 "자연과학은 존재하는 것(was ist)에 대해 우리에게 말하지만, 무엇이 있어야 하는지(was sein soll), 우리가 어떻게 행동해야 하는지에 대한 어떤 정보도 주지 않는다"(Dürr 2003, 103). 자연과학은 참된 삶의 가치와 목적에 대해, 도덕성에 대해 아무것도 말하지 않는다.

이런 문제를 자연과학은 다룰 수 없다. 자연과학은 세계의 물리적 현상들만 다루기 때문이다. 이런 문제들은 종교 및 신학과 인문과학의 영역에 속한다. 좀 더 나은 삶과 세계를 위해 물리적 현상들에 대한 자연과학적 인식도 필요하다. 이와 동시에 참된 삶의 가치와 목적에 대한 종교적, 인문과학적 인식도 필요하다. 참가치와 목적을 알지 못하는 물리적 세계는 방향을 보지 못하는 시각 장애인과 같다. 그래서 아인슈타인은 이렇게 말한다. "종교 없는 자연과학은 몸이 마비된 것과 같고, 자연과학 없는 종교는 시각 장애인 같다"(Naturwissenschaft ohne Religion ist lahm, Religion ohne

Naturwissenschaft blind, 107). 오늘의 생태학적 재앙 속에서 종교와 신학은 물론 자연과학도 겸손해져야 한다. 자연과학도 현실 자체 혹은 실재 자체를 묘사하는 것이 아니라 단지 비유적으로 묘사할 뿐이라는 사실을 겸허하게 인정해야 한다. 단 하나의 현실에 대한 과학적 인식과 종교적, 인문과학적 인식이 상호보완의 관계에 있을 때 보다 나은 내일의 세계를 기대할 수 있을 것이다.

III

"하나님이 보시기에 좋은" 세계

1. 생명에 해가 되는 세계부정의 사상들

종교의 일반적 특징은 영원한 저세상과 허무한 이 세상, 곧 피안과 차안의 이원론에 있다. 차안의 세계가 죄악과 고통과 죽음의 세계라면 피안의 세계는 이 모든 부정적인 것이 없는 영생복락의 세계라고 생각된다. 피안의 세계가 영원한 축복의 세계라면 차안의 세계는 신의 저주를 받은 세계라고 생각되기도 한다. 한마디로 종교의 일반적 특징은 피안의 세계에 대한 긍정과 차안의 세계에 대한 부정에 있다. 이에 관한 몇 가지 사상을 고찰해 보자.

1. 기원전 2,000년대 초에 만들어진 것으로 추측되는 고대 바빌로니아의 창조신화 『에누마 엘리시』(Enuma Elish)에 따르면, 여신 티아마트(Tiamat)는 남신 아프수(Apsu)와 연인관계에 있었다. 어느 날 아프수는 젊은 신들

의 소란스러움으로 인해 평화롭게 쉴 수 없게 되자 그들을 죽이려고 계획한다. 그러자 젊은 신들의 아들 에아(Ea)는 아프수를 죽이고 젊은 신들을 보호한다. 에아는 우주의 신들의 지배권을 장악하고 자기를 숭배케 하며, 자기 아내 담키나(Damkina)와 동침하여 아들 마르두크(Marduk)를 낳는다. 그러자 티아마트는 그녀의 새로운 연인 킹구(Kingu)를 설득하여 죽은 연인 아프수의 죽음을 보복할 준비를 하게 한다. 이에 놀란 신들은 처음에 아누(Anu), 그다음에는 에아, 마지막으로 젊은 전사인 마르두크에게 도움을 요청한다. 마르두크는 티아마트의 군사들과 싸워 티아마트를 그물로 잡아 화살로 심장을 관통하여 죽인다. 그는 티아마트의 죽은 몸으로 우주를 만든다.

이 신화에서 차안의 세계는 반역의 여신 티아마트의 몸에서 만들어진 반역의 존재로 파악된다. 자연의 모든 것은 반역의 여신 티아마트에게서 나온 것으로, 그 속에는 반역의 피가 흐르고 있다. 따라서 인간은 세계와 그 안에 있는 모든 것을 저주하고 그것에 등을 돌려야 한다.

2. 플라톤 철학에 의하면, 세계의 형성자 데미우르고스(Demiurgos)는 근원적 요소인 물, 공기, 불 그리고 흙으로 공간을 만들고 이 공간으로 구(球) 모양의 우주의 몸을 만든다. 따라서 우주는 물질적인 것으로 구성되어 있다. 물질적인 것은 허무하고 무가치한 것이다. 따라서 우주, 곧 자연의 세계는 허무하고 무가치하다. 그 속에 있는 것은 변화하며 지나가 버린다. 영원히 존속하는 것은 아무것도 없다. 이에 반해 피안의 세계는 영원하다. 차안의 자연은 가상의 세계인 반면, 영원한 피안의 세계는 실재의 세계다. 참가치는 차안의 세계, 곧 자연의 세계에 있지 않고 영원한 피안의 세계에 있다. 여기서 자연은 허무하고 무가치한 것, 우리 인간이 등을 돌려야 할 것으로 규정된다. 인간은 차안의 "퓌시스"(physis)의 세계에서 눈을 돌려, 피안의

"메타퓌시스"(*meta-physis*)의 세계를 동경해야 한다.

플라톤의 이원론은 초기 기독교 신학자들에게 깊은 영향을 준다. 그 영향 속에서 생성된 영지주의는 초기 기독교회를 크게 위협한다. 많은 교회 지도자들이 영지주의 집단에 참여하였다. 영지주의에 따르면 순수한 빛의 세계인 신의 영역에서 한 부분이 아래로 떨어져 나와 물질과 결합함으로써 세계가 형성되었다. 세계는 일종의 타락을 통해 생성되었으므로 신성의 본래적 작품이 아니라 낯선 작품이요 적대적인 세력들의 지배 아래에 있다. 그것은 어둠의 세력에 묶여 있다. 그것은 인간의 영혼이 그 속에 갇혀 있는 감옥이다. 인간의 육체가 작은 감옥이라면 자연은 큰 감옥으로 생각된다(이에 관해 Lohse 1974, 190).

영지주의의 세계 부정적 세계관은 스토아 철학의 세계관과 대조를 이룬다. 스토아 철학에 따르면, 우주 곧 자연 속에는 신적 질서가 있으며, 이 질서를 통해 신이 모든 것을 다스린다. 신의 섭리가 모든 것을 배열하고 인도한다. 이리하여 신의 의지가 모든 것 안에서 이루어진다. 이에 반해 영지주의에 따르면, 자연은 천상의 세계에서 떨어져 나온 죄악된 것이다. 그것은 빛의 파편들이 그 속에 갇혀 있는 감옥이다. 세계의 법칙은 신적 질서가 아니라 모든 것을 악한 상태로 유지하고자 하는 악한 세력이다. 세계를 지배하는 악의 세력은 인간을 지배하며 그를 술에 취한 것처럼 만들었다. 이리하여 인간은 하늘에 있는 그의 본향을 잊어버린다. 자기가 어디에서 왔는지, 어디를 향해 가고 있는지 알지 못한다. 신의 계시를 통해 이에 대한 인식 곧 영지(*gnosis*)를 얻을 때 인간은 이 허망한 세계의 감옥을 벗어나 구원의 길을 걷게 된다.

3. 영지주의의 세계관과 구원관은 특히 신약성서의 요한 문서와 후기 바울 서신에 영향을 준 것으로 보인다. 두 문서에서 "세상"은 하나님의 선한 창

조가 아니라 하나님에게 낯선 것, 적대적인 것으로 생각된다. 이리하여 세
상의 영과 하나님의 영, 세상의 지혜와 하나님의 지혜, 세상의 속된 것과
하나님의 거룩한 것, 세상의 어두움과 하나님의 빛, 세상에 속한 사람과 하
나님에게 속한 사람, 영적인 사람과 육적인 사람이 대립하는 것으로 나타
난다. 그리스도와 그리스도인들, 또 그리스도의 나라는 세상에 속하지 않
고 하나님의 영역에 속한 것으로 파악된다. "내가 세상에 속하지 않은 것
과 같이, 그들도 세상에 속해 있지 않습니다"(요 17:16), "내 나라는 이 세상
에 속한 것이 아니다"(18:36). "세상적인 것"은 "정욕적이요 마귀적인 것"
과 동일시된다(약 3:15). 하나님은 선하시고 영원하신 반면 자연은 악하고
사라질 것으로 보는 구도가 신약성서 후기 문헌 곳곳에 나타난다. "우리는
세상의 영을 받은 것이 아니라, 하나님께로부터 온 영을 받았습니다.…자
연에 속한 사람은 하나님의 영에 속한 일들을 받아들이지 아니합니다"(고
전 2:12-14). "누가 세상을 사랑하면, 그 사람 속에는 하늘 아버지에 대한 사
랑이 없습니다.…이 세상도 사라지고, 이 세상의 욕망도 사라지지만, 하나
님의 뜻을 행하는 사람은 영원히 남습니다"(요일 2:15-17). "이러한 지혜는
위에서 내려온 것이 아니라, 땅에 속한 것이요, 육신에 속한 것이고, 악마
에게 속한 것입니다"(약 3:5).

4. 세계에 대한 부정적 사고는 불교의 가르침에서도 발견된다.
  – 세계의 모든 것은 원인과 결과의 법칙, 연기(緣起) 혹은 인연(因緣)의
    법칙에 매여 있다. 모든 현상은 무수한 원인과 조건이 서로 관련되
    어 성립한다. 원인이나 조건이 없는 결과는 있을 수 없다. 하나의 결
    과는 새로운 원인이나 조건이 되어 또 다른 결과를 낳는다. 괴로움
    도 어떤 원인으로 말미암아 생겨난 것이다. 그 원인을 알고 그것을
    없애면 괴로움에서 벗어날 수 있다.

- 모든 것이 인과의 법칙에 매여 있기 때문에 독립해서 실체를 가지고 있는 존재는 아무것도 없다. 세계의 모든 사물은 그물처럼 얽혀 있으며 서로 의존한다.

- 서로 얽혀 있는 모든 사물은 항상 변하는 가운데 있다. 변하지 않고 영원히 존속하는 것은 아무것도 없다. 제행(諸行) 곧 모든 현상은 변해간다. "인간은 생로병사의 굴레 속에서 변하여 가고, 나무나 돌 등은 생성되고 모습이 달라지는 과정을 되풀이한다. 이처럼 모든 현상은 모였다가 흩어지고, 흩어졌다가 모이면서 시시각각 변해간다." 이것이 "제행무상의 법칙"이다. 그러므로 세계는 무상(無常)의 세계다. 신체, 감각, 표상, 의지, 의식도 무상하다.

- 모든 것이 무상하므로 세계는 실체도 없고 본질도 없는 가상(假象)의 세계다. "신체는 물결, 감각은 물거품, 표상은 아지랑이, 의지는 파초, 의식은 허깨비, 이것이 세존의 가르침이다." 신체, 감각, 표상, 의지, 의식에도 실체와 본질이 없다.

- 무상, 무아는 고(苦) 혹은 고통을 뜻한다. 행(行) 곧 "모든 것은 흘러간다." "일체는 옮아간다." 이로 말미암아 고, 곧 행고(行苦)가 일어난다. 한마디로 "무상한 것은 고다." "늙음, 죽음은 고다." 세계는 고로 가득하다. 그것은 한마디로 고통의 세계다. "출생은 괴로움이다. 늙음은 괴로움이다. 병듦은 괴로움이다. 죽음은 괴로움이다." 그러므로 인간은 세계의 모든 것에 집착해서는 안 된다. 집착하지 않음으로써 해탈에 이른다. 집착과 갈애(渴愛), 곧 사랑을 갈구하는 것이 고를 가져온다.

- 이것을 꿰뚫어 보는 것이 명(明)이고 그 반대는 무명(無明)이다. 무명이 모든 괴로움의 원인이다. 무명으로 말미암아 괴로움이 일어나는 과정은 12단계로 구별되는데, 이것이 곧 십이연기(十二緣起)이다.

"무명(無明)으로 말미암아 행(行)이 있고, 행으로 말미암아 식(識)이 있고, 식으로 말미암아 명색(名色)이 있고, 명색으로 말미암아 육처(六處)가 있고, 육처로 말미암아 촉(觸)이 있고, 촉으로 말미암아 수(受)가 있고, 수로 말미암아 애(愛)가 있고, 애로 말미암아 취(取)가 있고, 취로 말미암아 유(有)가 있고, 유로 말미암아 생(生)이 있고, 생으로 말미암아 노(老), 사(死), 우(憂), 비(悲), 고(苦), 뇌(惱, 혹은 번뇌)가 생긴다. 이리하여 모든 괴로움이 생긴다."

- 괴로움을 벗어날 수 있는 길은 십이연기를 벗어나는 데 있으며 십이연기를 벗어날 수 있는 길은 세계의 모든 것에 집착하지 않고 그것을 떠나는 데 있다. 세계를 떠나는 길은 "갈애를 남김없이 멸하고, 버리고, 벗어나, 아무 집착도 없는 것"에 있다. 이를 통해 "괴로움의 소멸"에 이를 수 있다. "라타(羅陀)야…일체를 떠나라. 일체를 떠나면 탐욕은 없어지고, 탐욕이 없어지면 해탈할 수 있다. 해탈할 그때, 미혹된 삶은 끝난다." 또한 "괴로움을 소멸시키는 수행 방법"은 팔정도(八正道)에 있다. 곧 "정견(正見), 정사유(正思惟), 정어(正語), 정업(正業), 정명(正命), 정정진(正精進), 정념(正念), 정정(正定)에 있다." 마지막 목표는 세 가지 독소(三毒)가 소멸된 상태, 곧 "탐욕의 소멸, 노여움의 소멸, 어리석음의 소멸"이 있는 열반(涅槃), 곧 "불이 꺼진 상태"에 있다(곽철환 1995, 38-40).[1]

이 같은 불교의 가르침에서 세계는 인과율, 곧 원인과 결과의 법칙에 묶여 있으며 그 속의 모든 것이 실체와 본질을 갖지 않은 무상한 세계, 가상의

---

1 여기서 필자는 불교의 가르침을 격하하려는 의도가 전혀 없으며, 단지 학문적 관심에서 불교의 세계관을 기술하였다. 필자는 기독교의 오류에 대해서도 위에서 지적하였다.

세계, 괴로움으로 가득한 세계, 그러므로 인간이 집착하지 않고 내적으로 떠나야 할 세계로 규정된다. 비록 팔정도를 행한다고 할지라도 세계는 허무하고 가상적이며 괴로움으로 가득하다. 그것은 희망이 없는 세계다. 열반에 이르는 목적은 괴로움이 가득한 현실의 세계를 있는 그대로 두어두고 내적으로 모든 것을 해탈하는 데 있다. 극락정토(極樂淨土)는 세계의 모든 거짓과 괴로움이 현실적으로 극복된 새로운 세계에 있는 것이 아니라 이 모든 것을 내적으로 해탈한 사람의 마음속에 있다.

그러므로 "깨달은 사람은 가는 곳마다 안락하다." 세계가 어떤 상태에 있든 전쟁으로 수많은 사람과 자연의 생물들이 죽고 자연이 파괴되어도 깨달은 사람은 극락정토 안에 있다. 그의 마음은 세계의 모든 것을 해탈하였기 때문이다.

세계에 대한 부정적 생각은 기독교의 묵시론적 종말 신앙에도 나타난다. 묵시론적 종말 신앙에 따르면, 세계는 선의 세력과 악의 세력이 싸우는 투쟁의 장소다. 그러나 악의 세력이 선의 세력을 꺾고 세계를 멸망으로 이끌어 갈 것이다. 묵시론적 종말 신앙은 신약성서에도 나타난다. "그날에 하늘은 불타서 없어지고, 원소들은 타서 녹아버릴 것입니다"(벧후 3:12).

5. 세계에 대한 포기를 가르치는 세계 부정적 종교사상들은 본의 아니게 그 속에 정치적 이데올로기를 지니고 있다. 그들은 세계와 그 안에 있는 모든 것을 무가치하고 허무한 것, 저주스러운 것으로 간주하고 주어진 세계를 떠나도록 가르친다. 떠남으로써 세계를 포기하도록 가르친다. 세계에 대한 인간의 관심을 꺼버린다. 이로써 세계는 주어진 상태에 머물게 된다. 변화와 개혁과 발전의 길이 단절되고 세계는 지금 그것을 지배하는 사람들의 손에 맡겨진다.

이리하여 세계 부정적 종교사상들은 불의하고 모순된 현실을 주어진 상태에 머물게 하며 권력자들의 권력을 유지해주는 정치 이데올로기 역할을 하게 된다. 그들은 인간의 자기실현을 현실 속에서 찾지 않고, 피안의 저세상에서 찾거나 현실을 해탈한 인간의 내면에서 찾게 한다. 그것은 일종의 환상적 실현이요 현실도피다.

카를 마르크스는 세계 부정적 사상들의 이데올로기적 기능을 적절히 지적한다. 그에 따르면 종교(곧 기독교)는 민중을 기만하는 "민중의 아편"(das Opium des Volkes)이다. 종교가 가르치는 하나님은 "참 현실을 갖지 못한" 소외된 인간이 참된 자기를 초월적 대상으로 투사시킨 "반사물"(Widerschein)에 불과하다. 이 반사물 곧 하나님은 "하늘의 환상적 현실 속에" 있다고 기독교는 가르친다. 이리하여 기독교는 인간의 자기실현을 하늘의 환상적 세계, 곧 피안의 세계에서 찾게 한다. 거짓된 현실의 모든 고통에 대해 하늘의 거짓된 "환상적" 위로를 받게 하며 현실의 세계에 대한 관심과 창조적 의지를 마비시킨다. 기독교는 거짓된 현실을 도덕적으로 인정케 하며 그것을 유지해주는 현실의 아주 좋은 "보충물"이다. "종교는 이 세계의 보편적 이론이요…그것의 도덕적 인정이며, 그것의 축제적인 보충이요, 그것의 보편적 위로와 정당화의 근거다. 그것은 인간 본질의 환상적 실현이다. 인간의 본질이 참된 현실을 갖지 못하기 때문이다"(Marx 2004, 274f.). 이로써 기존의 불의한 현실이 방치되고, 지배자들은 가슴을 쓸어내리게 된다. 이 땅 위에 있는 생명체들의 고난과 신음은 더 깊어간다. 한마디로 세계 부정적 종교사상들은 기독교나 타 종교를 막론하고 인간은 물론 땅 위의 모든 생명체에게 해가 되는 정치 이데올로기의 역할을 가진다.

2. "하나님이 보시기에 좋은" 세계는 어떤 세계인가?

1. 세계를 부정하고 버려야 할 것으로 가르치는 종교사상들에 반해 P 문서의 창조설화는 세계가 "하나님이 보시기에 좋은" 세계였다고 말한다. "하나님이 보시기에 좋은" 세계라는 말은 세계에 대한 하나님의 긍정을 뜻한다. 히브리어에서 "좋다"(tob)는 "반기다", "기뻐하다"라는 의미를 포함한다. 따라서 하나님이 지으신 세계는 하나님이 반기며 기뻐하는 세계다. J 문서에서 하나님의 세계긍정은 하나님이 에덴동산 곧 세계를 위해 수고하며 땀 흘리는 소박한 신인동형론적 형태로 나타난다. 하나님이 세계를 창조하였다는 것 자체가 세계에 대한 하나님의 긍정을 뜻한다. 이것은 고대 종교의 세계에서 혁명적인 일이라고 말할 수 있다.

구약학자 클라우스 베스터만(C. Westermann)에 의하면 하나님이 보시기에 "좋다"는 것은 제작자가 그의 설계대로 작품을 완성하고 그 결과가 성공적임을 나타낼 때 쓰는 말이다. 성취된 것은 아름답고 기능적으로도 훌륭하다. 그것은 제작자가 설계한 대로 작동하여 제작자가 목적한 바를 성취할 수 있기 때문이다. 베스터만의 이 같은 해석은 세계를 하나님의 의도와 목적에 따라 움직이는 하나의 기계로 보는 듯한 문제성을 가진다. 세계가 하나의 자동기계처럼 하나님의 의도와 목적에 따라 잘 움직여주기 때문에 하나님이 세계를 기뻐하신다는 것은 지나친 기능주의적 사고다.

폰 라트에 따르면 세계가 하나님이 보시기에 좋은 이유는 세계가 합목적성, 인간을 위한 유용성과 사용 가능성을 갖기 때문이다(Rad 1972, 48). 폰 라트의 이런 해석은 매우 인간중심적이다. 세계는 인간을 위해 유용한 것이기 때문에 하나님 보시기에 "좋은" 세계라는 것이다.

2. 여기서 우리는 질문할 수 있다. "하나님이 보시기에 좋은" 세계는 어떤

세계인가? 이 질문에 대해 P 문서 저자는 명확하게 대답하지 않는다. 단지 하나님이 "있으라"고 말씀하신 것이 있게 되어 "하나님이 보시기에 좋았다"고 말할 뿐이다. 하나님이 보시기에 "좋은" 세계는 "좋지 않은" 세계를 전제한다. "좋다"는 것은 어디까지나 "좋지 않음"과의 대비 속에서 말해질 수 있기 때문이다. 만일 "좋지 않은" 것이 없다면 "좋은" 것도 없을 것이다. 그렇다면 하나님 보시기에 "좋지 않은" 세계는 어떤 세계이며, 이와 대비되는 "좋은" 세계는 어떤 세계인가?

- 오늘 우리의 세계는 하나님 대신에 인간이 중심이 된 세계다. 이것은 하나님이 보시기에 좋은 세계가 아닐 것이다. 하나님이 보시기에 좋은 세계는 하나님이 중심이 된 세계다. 하나님이 중심이 된 세계는 주기도문이 말하는 것처럼 "하나님의 뜻이 하늘에서는 물론 땅 위에서도 이루어지는" 세계를 말한다. 사도 바울의 말씀을 빌린다면 하나님이 "모든 것 안에서 모든 것"(*panta en pasin*, 고전 15:27)이 되는 세계를 가리킨다. 인간의 영광 대신에 하나님의 영광이 모든 것 안에서 나타나는 세계가 이루어지는 것을 말한다.

- "하나님의 뜻"이 이루어진 세계는 어떤 세계를 말하는가? 그것은 죄가 없는 세계를 말한다. 곧 이웃의 생명에 해가 되는 일을 행하지 않는 세계, 도둑질과 임금착취와 살인이 없고 인간에 의한 짐승의 "로드킬"이 없는 세계를 말한다. 긍정적으로 말한다면 하나님의 사랑과 정의가 충만한 세계, 주객도식이 사라지고 상부상조하며 상생하는 세계, 인간과 인간, 인간과 자연, 민족과 민족, 종족과 종족의 대립과 싸움이 끝나고 만물이 하나님의 사랑 안에서 화해를 이룬 세계, 하나가 된 세계를 말한다(엡 1:10; 골 1:20). 예수의 말씀에 따르면 하나님이 보시기에 좋은 세계는 이웃을 자신의 몸처럼 사랑하는 세

계, "네게 달라는 사람에게는 주고, 네게 꾸려고 하는 사람을 물리치지" 않는 세계다. 사회학적으로 말한다면 인간에 의한 인간의 소외가 없고 소유를 함께 나누는 세계, 생태학적으로 말한다면 인간의 자연화, 자연의 인간화가 이루어진 세계를 말한다.

- 현대인은 대상의 가치를 효용성에 따라 판단하는 데 너무도 익숙해져 있다. 나에게 얼마나 많은 효용을 제공할 수 있는가에 따라 대상의 가치를 판단한다. 많은 효용을 줄 수 있는 대상은 "가치 있는" 것으로 존중되고 효용을 더해줄 수 없는 대상은 "무가치한" 것으로 버려진다. 오늘 우리의 세계에서 가장 큰 가치를 가진 것은 돈이다. 돈이 곧 하나님이다. 한마디로 현대세계는 돈에 환장한 세계다. 그러나 그렇다고 해서 돈을 먹고 마시면서 살 수는 없지 않은가! 종잇조각에 불과한 화폐가 최고의 가치를 지니게 된 세계는 하나님이 보시기에 아주 나쁜 세계다. 자연의 짐승들이 볼 때 이 세계는 정말 웃기는 세계다. 사람들은 마르크스의 물질주의(유물론)를 비난하지만, 무덤 속에서 마르크스는 웃으며 말할 것이다. "너희들의 세계야말로 진짜 물질주의적 세계가 아니냐?"

"하나님이 보시기에 좋은 세계"는 돈이 아니라 이웃의 "있음" 곧 존재 자체가 최고의 가치로 인정되는 세계다. 모든 생명이 그 자체로서 존중되는 세계다. 하나님 앞에서 "더 작은 가치를 가진 생명도 없고 무가치한 생명도 없다"(Moltmann 2010, 160). 벌거벗고 목욕탕에 들어가면 모든 사람이 똑같다. 이것을 우리는 자연의 세계에서 볼 수 있다. 자연의 짐승들은 옷을 입고 다니지 않는다. 그들은 "명품"이라는 것을 모른다. 바닷가의 몽돌이나 다이아몬드가 똑같은 돌로 보인다. 그들에게는 가치 있는 것과 가치 없는 것의 구별이 없다. 단 한 가지 가치 있는 것이 있다면, 그것은 지금 이 시각의 굶주림을 해결하는 데 필요한 양식뿐이다. 그 외에 모든 것은 있는 그 자체로서 인정된다. 하나님이 보시기에 좋은 세계는, 만물 그 자체가 인정되고 존중받는 세계다. 모든 것이 하나님께서 지으신 "하나님의 것"이요 타자의 생명을 가능케 하는 "생명의 기초"를 이룬다.

- 지금 우리가 살고 있는 세계는 균형(Gleichgewicht)이 깨어진 세계다. 자연과 인간, 인간과 인간, 지금의 세대와 장차 올 세대 사이의 균형이 깨어진 상태에 있다. 인간에 의해 자연이 파괴되고 부와 가난의 차이가 점점 더 심해지며 다음 세대의 생명권이 지금 세대에 의해 무시된다. 하나님이 보시기에 좋은 세계는 균형이 있는 세계다. 인간과 자연의 상생을 가능하게 해주는 생태학적 균형, 인간과 인간의 상생을 가능하게 해주는 사회적 균형, 지금 세대와 미래 세대의 공존을 가능하게 해주는 세대 간의 균형이 있는 세계가 "하나님이 보시기에 좋은" 세계다. 그것은 어느 한편의 생존과 행복을 위해 다른 한편이 희생을 당하는 세계가 아니라 모든 피조물 사이에 정의로운 형평성이 있는 세계다.

- P 문서의 창조설화를 기록한 이스라엘의 제사장은 지식인 계층으로 그가 처한 고대 바빌로니아 사회를 잘 알고 있었다. 포로기의 예언자들도 그랬다는 것을 우리는 예언서에서 볼 수 있다. 제2이사야에 따르면 그 당시 바빌로니아는 "방탕한 여인"과 같은 나라였다(사 47:8). 우상숭배와 간음과 부도덕에 빠진 세계, 한마디로 "검불같이 되어서 불에" 탈 수밖에 없는 나라였다(47:14). 왕자가 부왕을 죽이고 왕위를 차지하는 일도 일어났다. 이와 같은 세계 속에서 P 문서 저자가 이야기하는 "하나님 보시기에 좋은" 세계는 모든 사람이 "엉터리 신들"(렘 10:9)을 버리고 참 하나님을 하나님으로 섬기는 세계, 하나님의 법을 따라 사는 세계, 모든 사람 안에서 "하나님의 모

습(형상)"을 볼 수 있는 세계다. 예언자 이사야는 이 세계를 "하나
님을 아는 지식이 땅에" 가득한 메시아 통치의 세계, "새 하늘과 새
땅"으로 묘사한다(사 11:1-9; 65:17). 이 세계를 가리켜 요한계시록은
"이제는 죽음과 슬픔과 울부짖음과 고통이 없는" "새 하늘과 새 땅"
이라고 말한다(계 21:4). 하나님이 보시기에 좋은 세계는 이 모든 부
정적인 것들이 사라진 세계다.

3. 여기서 우리는 질문할 수 있다. 인간의 육체와 물질도 하나님이 보시기
에 좋은 것인가? 정신과 물질, 영혼과 육체의 이원론이 가르치듯이 육체와
물질은 허무하고 무가치한 것이 아닌가? 육과 물질은 그리스도인들이 멀
리해야 할 죄악된 것이 아닌가? 그것은 세계의 종말에 뜨거운 불에 타 없
어져버릴 것이 아닌가?(벧후 3:10, 12)

그러나 육체와 물질이 없으면 생태계는 유지될 수 없다. 자연의 생물
들도 생존할 수 없다. 육체와 물질 없는 생명체를 우리는 상상할 수 없다.
공기, 물, 흙 등의 물질과 이 물질로 구성된 육체는 모든 생명의 유지와 존
속을 가능케 하는 생존의 조건이다. 물질과 육체 그 자체는 땅 위의 모든
생명의 존속을 위해 하나님이 주신 하나님의 은혜다. 고대 시대의 많은 신
화가 이야기하는 것처럼 물질과 육체는 악한 신에게서 온 것이 아니라 하
나님이 지으신 하나님의 피조물이다. 이런 점에서 물질과 육체도 하나님
이 보시기에 좋은 것이다. 단지 인간이 물질과 육체의 쾌락을 하나님처럼
섬길 때 물질과 육체는 악한 것이 되어버린다. 인간이 물질과 육체를 다스
리는 것이 아니라 물질과 육체가 인간을 지배하게 된다.

물질은 하나님이 모든 피조물의 생존을 위해 주신 것이다. 그러나 타
락한 인간의 세계에서 물질의 독점이 일어난다. 20%의 인구가 80%의 재
화를 소유하며, 80%의 인구가 20%의 재화를 소유한다. 하나님이 보시기

에 좋은 세계는 단지 흰옷 입은 영혼들의 세계가 아니라 물질의 독점이 없는 세계다. 그것은 모든 사람이 물질을 공평하게 사용하는 세계다. 서로 베풀며 함께 사는 세계다.

이 세계를 마르크스는 사유재산이 없는 공산주의 사회, 곧 모든 소유를 공유하는 사회에서 발견한다. 이제껏 해결되지 않은 역사의 수수께끼가 공산주의 사회에서 해결될 것이라고 예언한다. 많은 사람이 마르크스의 사상에 심취한다. 사유재산이 없는 사회, 모든 소유를 나누어 가지는 사회, 이 얼마나 감격스러운 이야기인가!

그러나 모든 소유를 나누어 가진다는 것, 곧 "사유재산이 없는 사회"는 정의롭지 않다. 어떤 사람은 열심히 일하고 근검절약하여 재산을 형성하는 반면, 어떤 사람은 게으르고 주색과 노름에 재산을 탕진한다. 그런데도 모든 재산을 나누어 가진다는 것은 불공평한 일이다. 또 자기가 힘써 일하여 얻은 것을 게으른 사람들과 함께 나누기를 원하는 사람은 아무도 없을 것이다. 자기가 힘써 일하여 얻은 것을 자기가 소유하고자 하는 것이 인간의 보편적 본성이다. 그럼에도 불구하고 모든 소유를 공유하는 사회를 이루고자 할 경우, 개인의 소유를 강제적으로 거두어가는 권력기관이 요구될 것이다. 이 권력기관은 독재체제로 발전할 수밖에 없는 것이 인간의 본성이다.

인간은 천사가 아니다. 타락한 인간의 세계에서 소유의 차이가 있을 수밖에 없다. 하룻밤 노름으로 자기의 전 재산을 탕진하고 딸과 부인을 팔아먹는 일도 일어난다. 하나님도 소유의 차이를 인정한다. "손이 게으른 사람은 가난하게 되고, 손이 부지런한 사람은 부유하게 된다"(잠 10:4). 세계가 존속하는 한 "가난한 사람들은 언제나 너희와 함께" 있을 것이다(요 12:8; 참조. 신 15:11). 그러나 부자는 가난한 사람들을 돌보아야 한다고 하나님은 말한다. 재산을 땅에 쌓아두지 말고 하늘 곳간에 쌓아두라고 말한다.

예수는 어려운 형제자매들에게 행하는 것이 곧 자기에게 행하는 것이라고 말한다. "하나님이 보시기에 좋은" 세계는 부자들이 재산을 베푸는 세계다. 세계의 중심으로 자처하는 인간이 연약한 생명을 돌보는 세계다. "일곱째 해에는 땅을 놀리고 묵혀서, 거기서 자라는 것은 무엇이나 가난한 사람들이 먹게 하고, 그렇게 하고도 남는 것은 들짐승이 먹게 해야 한다"(출 23:11). "곡식을 밟으면서 타작하는 소의 입에 망을 씌우지 마십시오"(신 25:4). 안식년, 희년이 오면 종을 풀어주고 땅을 본래의 주인에게 돌려주어야 한다. "하나님이 보시기에 좋은" 세계는 땅 위의 모든 생명이 땅을 함께 사용하는 세계. 그것은 인간이 자연 생물들의 삶의 기초를 파괴하거나 빼앗지 않는 세계, 서로 자기의 영역을 지키며 상생하는 세계다. 그래서 하나님은 "옛 경계석을 옮기지 말라"고 명령한다(잠 22:28; 23:10).

4. 다윈주의에 따르면 자연은 모든 생명체가 자기 생명을 유지하기 위한 경쟁과 투쟁의 장이다. 서로 잡아먹고 잡아먹힌다. 그래서 자연은 짐승들의 피로 가득하다고 진화론자들은 말한다. 그러나 진화론의 자연관은 자연의 한 측면일 뿐이다. 자연을 우리 인간의 세계와 비교할 때 자연은 인간의 세계보다 훨씬 더 큰 "하나님이 보시기에 좋은" 면모를 유지하고 있다. 그 속에는 인간의 세계에서 경험하기 어려운 순수함과 단순함과 평화로움과 그 나름의 질서가 있다. 자연의 짐승들 가운데 교활한 짐승도 있지만 인간만큼 교활하지는 않다. 이기적인 짐승들도 있지만 인간만큼 이기적이지는 않다. 짐승들의 모성애와 협동 정신은 인간의 그것에 비해 절대로 뒤떨어지지 않는다. 주인에 대한 개의 충성심은 하나님에 대한 인간의 충성심을 능가한다. 그래서 도스토옙스키는 자연에 대해 이렇게 말한다.

모든 것이 다 즐겁고 아름다운 거지. 즉 모든 것은 진리이니까. 말을 보아라.

저 덩치 큰 짐승이 사람 곁에 가만히 서 있지 않느냐? 그리고 소를 보아라. 언제나 순하게 생각에 잠긴 채 사람에게 젖을 주기도 하고 사람을 위해 일을 하지 않느냐? 말이나 소의 얼굴을 보아라. 얼마나 겸손한가? 걸핏하면 무자비하게 채찍질을 가하는 인간에게 얼마나 헌신적이냐! 그 얼마나 관대하고 그 얼마나 사람을 신뢰하며 그 얼마나 아름다운가? 그들은 아무 죄도 없다. 이렇게 생각만 해도 그저 감격할 뿐이다. 왜냐하면 인간을 제외한 모든 것들은 죄를 짓지 않도록 만들어져 있기 때문이지. 그리스도께서는 우리 인간보다도 먼저 그들과 더불어 계셨던 거야(도스토옙스키 2001, 423f.).

그러나 오늘의 자연은 혼란과 파멸의 위기 속에 있다. 근본 원인은 인간의 무한한 이기적 탐욕에 있다. "하나님이 보시기에 좋은" 자연이 "하나님이 보시기에 좋지 않은" 세계로 변하였다. 남극의 빙판 면적이 줄어들어 펭귄이 생식을 제대로 하지 못한다는 안타까운 소식이 공영방송 뉴스로 전달된다. 오늘의 이 같은 세계를 "하나님이 보시기에 좋은" 세계로 회복할 수 있는 길은 무엇일까?

그 길은 먼저 슈바이처가 요구하는 "생명에의 경외"(Ehrfurcht vor dem Leben)를 실천하는 데 있다. 그에 따르면 모든 생명은 그 나름의 의식과 감성과 지각을 지니고 있다. 그러므로 모든 생명은,

우리에게 거룩한 것일 수밖에 없다. 살고자 하는 생명의 의지는 거룩한 것이다. 그러므로 너희는 어떤 생명도 함부로 폐기해서는 안 된다. 어떤 꽃도, 어떤 잎도 함부로 뜯어버리지 말아라! 길 위에 있는 식물이 아무리 미미하게 보일지라도, 그것을 피할 수만 있으면 짓밟지 말아라! 네가 아이들과 함께 자연 속으로 들어가거든, 아이들이 아무 생각 없이 꽃들을 꺾지 않도록 주의시켜라. 한 시간도 지나지 않아 이 꽃들은 아이들의 따뜻한 손에서 시들어버릴

것이다. 아이들은 그것을 아무 생각 없이 내버릴 것이다. 아주 어릴 때부터 아이들에게 생명에 대한 경외를 가르쳐라. 실로 우리는 "생명체가 생명체를 죽게 하는 무서운 자연법칙" 속에서 살고 있다. 그러나 피할 수만 있다면, 아무 생각 없이 생명체를 죽이지 않아야 한다. "생명체를 죽이는 모든 행위를 우리는 경악스러운 것으로 느껴야 하며", 생명체를 죽일 수밖에 없는 경우가 있을 때, "그에 대한 책임을 질 수 있는지 우리는 자신에게 물어야 한다"(Schweitzer 2000, 109ff.).

슈바이처의 이 말씀은 참으로 타당하다. 우리는 자연을 효용가치로 보지 않고 자연을 경외해야 한다. 생명의 파괴자가 아니라 생명의 보존자이어야 한다. "자연에 대한 심미적 관계를 통해 인간과 자연은 유기체적 전체 혹은 통일로 나타나는" 동시에 인간은 "자연에 대한 행동에 대해 적극적 책임을" 져야 한다(Friedrich 2000, 37).

그러나 이것만으로 "하나님이 보시기에 좋은 세계"를 이루는 것은 부족하다고 생각된다. 인간에게는 깊은 이기적 본성이 숨어 있기 때문이다. 이 본성으로 말미암아 자연에 대한 파괴가 지금도 계속되고 있다. 속이고 속고, 빼앗고 빼앗기고, 죽이고 죽임을 당하는 일들이 계속된다. 지능이 높은 사람일수록 "돈 될 일"에 재빠르다. 이 같은 세계가 "하나님이 보시기에 좋은 세계"로 변할 수 있는 길은 무엇일까? 그것은 실현될 수 없는 유토피아에 불과한가? 이에 대해 우리는 이 책 마지막 부분 맺음말에서 고찰하고자 한다.

3. 기독교는 세계긍정의 종교다

성서는 세계긍정의 책이라고 말할 수 있다. 물론 고대 시대의 타 종교사상과 고대 헬레니즘의 형이상학적 이원론의 영향으로 세계 부정적 생각들이 성서에 나타나는 것은 사실이다. 그러나 전체적으로 성서는 지금 우리가 살고 있는 자연을 부정하거나 포기하라고 가르치지 않는다. 형이상학적 피안의 세계를 동경하면서 차안의 세계를 떠나라고 말하지 않는다. 이 세계 안에 살면서도 마치 이 세계를 떠난 것처럼 살라고 가르치지 않는다. 곧 인간의 탈세계화(Entweltlichung)를 성서는 가르치지 않는다.

구약성서의 전도서는 세계를 부정하는 것처럼 보인다. 세계의 모든 것은 "헛되고 헛되다. 모든 것이 헛되다", "이 세상에 새것이란 없다"라고 말한다(전 1:1, 9). 그렇다면 전도서는 현실 부정의 책인가? 모든 것이 헛되고 무의미하다면 우리는 세계를 포기하고 떠나야만 하는가? 전도서는 세계를 떠나라고, 포기하라고 가르치지 않는다. 그것은 자연과 자연 안에서 이루어지는 물질적 삶을 저주하지 않는다. 도리어 자연을 하나님의 창조로 인정하고 물질적 삶을 즐거워하라고 가르친다. "빛을 보고 산다는 것은 즐거운 일이다. 해를 보고 산다는 것은 기쁜 일이다. 오래 사는 사람은 그 모든 날을 즐겁게 살 수 있어야 한다"(11:7-8). 일할 때는 "네 힘을 다해서" 일하고, 삶에 대한 긍정과 내일에 대한 희망 속에서 삶을 향유하며 살아야 한다고 권유한다(9:4-10). 전도서는 창조주를 경외하면서 그의 계명에 따라 살아야 한다는 얘기로 끝난다. "하나님을 두려워하여라. 그분이 주신 계명을 지켜라. 이것이 바로 사람이 해야 할 의무다"(12:1, 13). 이런 점에서 전도서는 물질과 생명을 부정하는 책이 아니라 긍정하는 책이라 말할 수 있다. 전도서의 이 같은 특징은 성서 전체의 특징이라 말할 수 있다. 그 구체적 내용을 고찰해보자.

1. 자연을 포함한 차안의 세계에 대한 긍정을 우리는 먼저 하나님의 창조에서 볼 수 있다. 하나님의 창조는 세계긍정에 대한 하나님의 선언이다. 세계는 신적인 것도 아니고 반신적(反神的)인 것도 아니다. 그것은 하나님에게 속한 "하나님의 것"으로 긍정된다(출 19:5; 시 24:1; 50:12). 하나님은 세계를 "지혜로" 세우셨다(렘 10:12; 51:15). 세계에 대한 하나님의 긍정은 "하나님이 보시기에 좋다"는 말씀에서 극단적으로 나타난다. 이 말씀은 자연에 대한 하나님의 긍정을 요약한다. 자연은 인간이 포기하거나 저주해야 할 대상이 아니라 하나님의 기쁨과 사랑의 대상이다. 그래서 하나님은 그가 지으신 피조물을 저주하지 않고 축복한다(창 1:22, 28).

하나님의 세계긍정을 우리는 노아 계약에서 볼 수 있다. 인간의 죄악으로 말미암은 노아 홍수가 끝난 뒤에 하나님은 "너희는 생육하고 번성하며 땅에 편만하여, 거기에서 번성하여라"라고 축복한다(창 9:7). 그리고 "다시는 홍수를 일으켜서 살과 피가 있는 모든 것을 물로 멸하지 않겠다"라고 약속한다(9:15). 하나님의 이 약속은 세계에 대한 하나님의 긍정을 보여준다.

이것을 우리는 구약성서의 율법에서도 볼 수 있다. 하나님이 이스라엘 백성에게 율법을 주신 목적은 무엇인가? 지난 이천 년 동안 기독교는 율법을 매우 협소하고 부정적인 것으로 가르쳤다. 그 근거는 바울 서신에 있다. ① 로마서 3:19에 의하면, 율법의 목적은 "모든 입을 막고, 온 세상을 하나님 앞에서 유죄로 드러내려는" 데 있다. 곧 우리 인간으로 하여금 죄를 깨닫게 하는 데 있다. 율법은 우리의 죄를 깨닫게 하는 "초등교사"다(갈 3:24-25). ② 우리가 하나님으로부터 의롭다 하심을 얻는 길, 곧 구원의 길은 율법이 명령하는 것을 행함에 있지 않고, 예수 그리스도의 죄 용서를 믿는 "믿음"에 있다. 율법이 아니라 "오직 믿음으로" 우리는 구원을 받을 수 있다. "사람이 율법의 행위와는 상관없이 믿음으로 의롭다고 인정을 받는다고 우리는 생각합니다"(롬 3:28; 참조. 갈 3:24).

바울 서신의 이 같은 진술에서 율법은 우리의 구원에 아무 도움이 되지 못하고, 단지 죄를 깨닫게 하여 그리스도에 대한 믿음으로 인도하기 위한 것으로 평가된다. 과연 하나님은 단지 인간이 죄를 깨닫고 그리스도의 죄 용서를 받아들이게 하려고 율법을 주셨을까? 율법의 본래 목적은 무엇인가?

한마디로 율법의 목적은 하나님의 자비와 공의 속에서 모든 피조물이 상생하는 세계, 곧 하나님 나라를 이루는 데 있다. 이를 위해 하나님은 율법을 우리에게 주셨다. "살인하지 말라", "간음하지 말라", "도둑질하지 말라", "이웃의 아내나 소유를 탐내지 말라", "안식일에 연약한 생명을 쉬게 하여라", "타작하는 소의 입에 망을 씌우지 말라" 등의 율법 계명들은 죄를 깨닫게 하기 위해서가 아니라 만물이 하나님의 평화 안에서 상생하는 세계를 이루기 위해 주신 것이다.

하나님의 세계긍정은 연약한 생명에 대한 하나님의 긍정으로 구체화된다. 이것을 대표적으로 보여주는 것은 이스라엘 백성의 출애굽 사건이다. 야곱의 아들 요셉이 이집트의 총리가 되고 야곱이 그의 부족을 거느리고 이집트로 이주한 이래 이스라엘 백성은 이집트에서 400년 동안 노예생활을 하게 된다. 시간이 흐를수록 이스라엘 백성에 대한 이집트의 억압과 착취가 심해진다. 그런데도 이스라엘 백성의 수가 불어나자 이집트의 파라오는 이스라엘 백성을 말살하고자 하는 정책을 시행한다. 그래서 갓 태어난 남자아이를 모두 죽이라고 산파들에게 명령한다(출 1:15). 하나님은 바로 이 백성을 자기의 백성으로 삼으시고 이들을 이집트에서 탈출시킨다. 이에 근거하여 하나님은 사회적으로 힘이 약한 사람들의 생명을 보호해야 한다고 명령한다. "너희는 너희에게 몸을 의지하고 사는 나그네를 학대하거나 억압해서는 안 된다. 너희도 이집트 땅에 몸을 의지하고 살던 나그네였다. 너희는 과부나 고아를 괴롭히면 안 된다. 너희가 그들을 괴롭혀서 그들이 나에게 부르짖으면, 나는 반드시 그들의 부르짖음을 들어주겠다"(출 22:21-22). 하나님의 세계긍정은 자연의 영역으로 확대된다. 안식일, 안식년에는 집짐승은 물론 땅도 쉬게 해야 한다. 나귀가 짐에 눌려 쓰러지면 나귀를 일으켜 주어야 하고, 길을 잃고 헤매는 짐승을 보면 주인에게 데려다주어야 한다(출 22:3-4). 타작하는 소의 입에 망을 씌우지 말아야 한다(신 25:4).

구약성서에서 하나님의 세계긍정은 메시아의 오심과 그의 통치에 대한 약속으로 발전한다. 비록 세계는 하나님을 떠난, 하나님 없는 세계가 되었지만 그래도 하나님이 사랑하고 긍정하는 세계다. 그러므로 하나님은 메시아의 오심을 약속한다. "하나님을 아는 지식"이 가득하고 모든 피조물이 하나님의 정의와 자비와 평화 안에서 상생하는 새로운 삶의 세계를 약속한다(사 11:1-9).

2. 하나님의 성육신과 예수의 오심은 세계에 대한 하나님의 긍정을 극단적 형태로 나타낸다. 성육신(incarnation)은 하나님이 "육체 안으로"(in+carne) 들어오셨다, 혹은 육신을 자기 것으로 삼으셨다는 것을 뜻한다. 육신은 자연의 세계에 속한다. 따라서 하나님이 육신을 자기 것으로 삼으셨다는 것은 자연을 포기하지 않고 그것을 자기 것으로 삼으셨다는 뜻이다. 악하고 허무하다는 "육"(basar, carnis)이 "하나님 자신의 것"으로 긍정된다. 이로써 영적인 것과 육적인 것, 정신적인 것과 물질적인 것의 이원론적 구도는 깨어져 버린다. 자연의 모든 것이 하나님에 의해 긍정되고 수용된다. 그래서 요한복음은 "하나님이 세상을 이처럼 사랑하셔서"라고 말한다(요 3:16). 하나님은 세계를 심판하려 하는 것이 아니라 구원하고자 한다(3:17). 성육신을 통해 하나님은 "피조물의 위대함과 그 비참을, 무한한 가치와 위험을,

희망과 절망을, 환희와 비탄을 드러내고 그것을 자신의 것으로 만들며 궁극적으로 피조물을 긍정한다"(Barth 1957, 436).

지상의 예수는 세계를 저주하거나 부정하지 않는다. 세계에 대해 등을 돌리고 세계가 없는 것처럼 살아야 한다고 가르치지 않는다. 그는 자연(physis)의 세계를 회피하거나 거부하지 않고 오히려 그 속으로 들어오신다. 그는 이 세계 속에 "하나님의 나라"를 세우고자 한다. 예수의 십자가의 죽음과 부활은 세계에 대한 하나님의 사랑과 긍정을 나타내는 가장 극단적 형태다.

하나님의 세계긍정은 바울 서신에도 나타난다. 세계의 마지막은 대파멸과 폐기가 아니라 만물이 "그리스도를 머리로" 삼아 하나가 되는 데 있다(엡 1:10). 만물이 하나님과 화해하는 데 있다(골 1:20). 그리스도인들은 이 세계를 포기하지 않고 이 세계의 모든 것과 하나님의 화해를 위해 일해야 할 "하나님의 동역자들"이다(고전 3:9). 그들은 "썩어짐의 종살이에서" 모든 피조물을 해방하고 하나님의 새로운 생명의 세계를 이루어야 할 "하나님의 자녀들"이다(롬 8:19).

바울에 따르면 예수의 부활은 단지 예수의 영에만 일어난 것이 아니라 그의 육에도 일어난 것이다. 영과 육이 하나를 이루고 있는 예수의 존재 전체가 죄와 죽음의 세력을 깨뜨리고 "영원한 생명", 곧 "영적인 몸"(soma pneumatikos, 고전 15:44)으로 다시 살아났다. 육은 물질에 속하며 물질은 자연에 속한다. 따라서 육을 포함한 예수의 존재 전체가 부활하였고 그리스도인들의 썩어질 몸이 "썩지 않을 것으로" 부활한다는 말은 물질의 영역에 대한 하나님의 긍정을 나타낸다. 육, 곧 물질과 자연의 영역도 하나님의 영원한 생명으로 변화되어야 한다. 하나님은 이 영역들도 긍정하시고 "이제는 죽음과 슬픔과 울부짖음과 고통이 없는" "새 하늘과 새 땅"을 계시하면서 "내가 모든 것을 새롭게 변화시킬 것이다"라고 약속한다(계 21:5). 하나님이 "모든 것 안에서 모든 것"이 되는 세계를 약속한다(고전 15:28). 여기에 세계를 긍정하는 성서의 전통이 다시 나타난다.

3. 한마디로 기독교는 본래 세계부정의 종교가 아니라 세계긍정의 종교다. 이것은 기독교의 출발점이 되는 하나님의 본성에 기인한다. 하나님은 그의 본성에 있어 관계적 존재다. 그는 "천상천하 유아독존" 하지 않고 다른 존재와 함께하고자 한다. 이 하나님을 가리켜 신약성서는 "사랑"이라고 말한다(요일 4:8, 16). 사랑이란 자기 아닌 자와 삶을 함께하는 것을 뜻한다. 상대방과 삶을 함께한다는 것은 상대방의 생명을 긍정한다는 것을 전제한다. "하나님께서 세상을 이처럼 사랑하셔서"라는 요한복음 3:16 말씀은 하나님이 "세상을 긍정한다"는 사실을 보여준다.

우리가 아는 거의 모든 종교는 죽은 다음에 갈 피안의 세계, 곧 "저세상"에 대해 크나큰 관심을 보인다. 이에 반해 성서의 하나님은 차안의 세계에 관심을 가진다. 피안의 "메타퓌시스"(metaphysis)가 아니라 차안의 "퓌시스"(physis)가 그의 일차적 관심이다. 이것을 보여주는 가장 대표적 사건은 하나님의 성육신이다. 만일 하나님의 주요 관심이 저세상에 있다면 그는 자기의 아들을 "이 세상", 곧 퓌시스의 세계로 보내지 않았을 것이다. 이하나님에 상응하여 기독교는 단지 영원한 저세상을 추구하지 않고 "땅에서도 하나님의 뜻"이 이루어지며 "하나님의 나라"가 오기를 기다린다. "하나님을 아는 지식"과 하나님의 공의와 자비 속에서 만물이 상생하는 세계, 곧 "하나님의 나라"를 기다린다.

사도신경에서 초기 교회는 고대 그리스의 이원론과 영지주의의 유혹을 거부하고 육과 물질과 생명을 긍정한다. "몸이 다시 사는 것(육의 부활, *resurrectionem carnis*)과 영원히 사는 것(영원한 생명, *vitam aeternam*)을 믿사옵니다." 이 구절에서 사도신경은 고대 시대의 영과 육, 정신과 물질, 저세상과 이 세상의 이원론을 거부하고 인간의 몸과 물질과 세계에 대한 긍정을 선언한다. 이 선언은 육과 물질과 차안의 세계를 저주하는 영지주의적 전통에 대한 히브리적 전통의 승리다.

육과 물질과 차안의 세계를 부정하는 고대 종교의 세계에서 왜 성서와 사도신경은 이들을 긍정하는가? 그것은 어디서 오는 것일까? 먼저 그것은 생명에 목마른 사람들의 생명에 대한 갈망에서 온다. 부유한 사람들, 이 세계를 충분히 향유하는 사람들에게는 갈망할 것이 별로 없다. 그들은 생명을 이미 충분하게 누리기 때문에 생명에 대한 갈망과 목마름을 알지 못한다. 그래서 가난한 사람들보다 부유한 계층의 사람들이 더 많이 삶의 권태와 우울증에 시달린다. 경제적으로 부유한 국가일수록 우울증과 자살률이 더 높다.

에른스트 블로흐가『희망의 원리』에서 말한 것처럼 인간에게 가장 시급한 일은 굶주린 배를 채우는 일이다. 성욕도 배가 부른 다음에야 느끼게 된다. 그래서 가난한 사람들은 강한 생명력을 보인다. 그들의 눈동자에는 살고자 하는 "생명에의 목마름"이 보인다. "세상만사 무상하고 허무하다"는 종교의 가르침은 이들에게는 "헛소리"로 들릴 것이다. 그들에게 시급한 문제는 이 세상을 제대로 한번 살아보는 것이다. 우선 배부르게 먹고 생존하는 것이다. 가난과 굶주림 속에서 생명을 갈망하는 이들의 삶 속에서 민족의 역사가 이어져 간다. 이들이 민족의 풀뿌리다.

문학가 조정래 선생은 이것을 다음과 같이 묘사한다. "나날은 쉼 없이 흘러 세월의 강이 된다. 그 무심한 물결을 타고 사람들은 유심한 나날을 사느라고 얼마나 각축하고 고달픈가. 그런 인간사들은 초월적 종교관으로 볼 때는 더없이 부질없고 허망한 것이다. 그러나 삶의 여건과 환경이 나쁠수록 하루하루를 살아가는 사람들의 생활은 고통스럽고 급박해진다. 아무리 애를 써도 굶주림을 면할 수 없는 사람들 앞에서 초월적 종교관은 얼마나 공허하고 설득력 없는 객소리일 뿐인가. 또한 인간 세상의 모순 많고 갈등 많은 삶이 결코 무가치할 수만은 없는 것은, 인간은 그 괴로움과 고달픔 속에서 역사를 잉태시키고 사회 진실을 발현시켜 왔던 것이었다"(조정래 2001, "작가의 말" 중에서).

4. 구약성서의 "히브리"들은 본래 가난한 사람들이었다. 그들은 땅이 없는 사람들, 삶에 목마른 사람들이었다. 하란을 떠나 팔레스타인 땅으로 이주한 아브라함에게 가장 시급한 것은 땅을 얻는 일이었다. 땅은 생명을 가능케 하는 생명의 기초였기 때문이다. 가나안 땅(오늘날의 팔레스타인)에 이주한 아브라함은 기근이 들어 이집트에 몸 붙여 살다가 가나안 땅으로 쫓겨난다(창 12:10-20). 아브라함의 아들 이삭의 종들은 가나안 땅 원주민들에게 쫓겨 다니면서 우물을 파야만 했다(26:17-22). 우물은 그들에게 "구원"이었다. "너희가 구원의 우물에서 기쁨으로 물을 길을 것이다"(사 12:3). 이스라엘 백성이 약 400년간 이집트에서 노예 생활을 하다가 가나안 땅으로 돌아왔을 때 그들은 그곳의 원주민들과 치열하게 싸우면서 땅을 확보해야만 했다. 그들에게 땅은 생명 자체였다. 그래서 하나님은 모세에게 "젖과 꿀이 흐르는 땅", 생명에 필요한 물질이 풍부한 땅을 약속한다.

땅을 확보하고자 하는 히브리 후손들의 투쟁은 지금도 팔레스타인에서 계속되고 있다. 그들에게 세상은 허무한 것이 아니라 생명을 가능케 하는 생명의 터전이다. 그들은 육(basar, sarx)을 긍정한다. 육은 "영혼의 감옥"이 아니라 생명을 가능케 하는 생명의 구성요소다. 육 없이는 살 수 없다.

그렇다면 세계긍정에 관한 성서의 말씀들은 히브리들의 삶의 목마름에서 나온 것인가? 그것은 좀 더 나은 세계를 갈망하는 인간의 욕구를 종교적 형태로 투사한 것에 불과한가? 그렇지 않다고 생각된다. 삶에 대한 목마름, 좀 더 나은 세계를 갈망하는 마음은 어느 민족에게나 있다. 그것은 모든 인간의 마음속에 숨어 있다. 그러나 우리가 아는 종교사상들은 이 갈망과 희망을 버리라고 가르친다. 갈망과 희망은 헛된 것이라고 가르친다.

이에 반해 성서의 하나님은 세계를 긍정한다. 그 까닭은 무엇인가? 다름 아니라 하나님은 사랑이기 때문이다. 하나님은 세계를 사랑하기 때문에 세계를 긍정한다. 그는 생명을 사랑하기 때문에 생명에 대한 피조물의 갈망을 긍정한다. 그는 연약한 생명들이 죽지 않고 살기를 바란다. 이 하나님의 영이 히브리인들 안에서 살아 움직인다. 이리하여 구약성서의 히브리인들은 생명을 갈구한다. 생명의 기초가 되는 땅을 갈구한다. 그들은 세계부정을 가르치는 고대의 종교사상들에 반해 다음과 같이 하나님의 세계긍정을 고백한다. "하나님이 보시기에 좋았다!"

하나님이 창조한 세계는 본래 나쁜 것이 아니라 "하나님이 보시기에 좋은" 것이다. 그것은 피조물에게도 좋은 것, 꼭 필요한 것이다. 그것은 피조물들의 삶의 기초이고 역사의 기초다. 세계를 "하나님이 보시기에 좋지 않은" 세계, 더러운 세계로 만든 것은 인간이다. 인간의 탐욕이 세계를 "더러운 세상"으로 만들었을 뿐 세계 자체는 좋은 것이다. 그것은 하나님이 지으신 "하나님의 것"이요 하나님의 축복이다. 그것은 하나님이 "사랑하는 것"이다(요 3:16).

5. 그러나 생활고 때문에 죽지 못해 살아가는 사람들, 빈민가 쪽방에서 쫓겨나 노숙자가 된 사람들, 사업체 부도로 도피 행각을 하는 사람들에게 이 세계는 하나님의 저주를 받은 세계로 느껴질 수 있을 것이다. 우리 주변의 많은 사람이 이 세상은 "저주받은 세상"이라고 말한다.

그러나 세계에 대한 저주는 세계에 대한 갈망의 부정적 표현이다. 세계를 갈망하는데 그 갈망이 이루어지지 않기 때문에 세계를 저주하게 된다. 세계를 저주하는 마음속 깊은 곳에는 세계에 대한 긍정과 갈망이 숨어 있다. 힘들어서 "죽겠다"라는 말은 "살고 싶다"라는 말의 부정적 표현이다. 세계가 있고 내가 살아 있다는 것 자체가 "좋은 것"이기 때문이다. 악하고 미운 것, 고통스러운 것이 있을지라도 세계는 그 자체로서 귀하고 가치 있다는 사실을 우리는 죽음 앞에서 의식한다. 죽음이 가까울수록 만물의 "있음" 자체의 귀중함과 아름다움을 보게 된다. 세상이 "있다"는 것, 내가 지금 살고 "있다"는 것 자체가 귀중하게 여겨진다. 길가에 서 있는 꽃 한 송이, 놀이터에서 뛰노는 어린이들의 아름다움에 눈을 뜨게 된다. 그래서 죽음이 멀지 않은 노인들도 가능한 한 더 길게 살려고 애쓴다. 가능한 한 더 오래 살려고 운동도 하고 영양제를 먹기도 한다. 아기 태반까지 삶아 먹는다. 죽음을 거부하는 이 같은 몸부림 속에서 우리는 생명 곧 "있음"에 대한 강렬한 긍정과 열정을 볼 수 있다. 죽지 않고 살려고 하는 것이 만물의 본능이다. 그래서 땅 위의 모든 생명은 살려고 몸부림친다. 땅바닥을 기어가는 지렁이를 건드리면 지렁이는 온 힘을 다해 꿈틀거린다. 이 꿈틀거림은 생명을 향한 몸부림이요 생명에 대한 갈망의 표현이다.

"있음" 자체는 허무하고 무의미한 것이 아니라 좋은 것이다. 나의 "있음"이 나에게 가장 귀중하고 아름다운 일이듯이 자연의 모든 피조물이 "있다"는 것 자체가 귀하고 아름다운 일이다. 산이 있고, 물이 있고, 공기가 있고, 하늘과 구름이 있다는 것 자체가 귀중하고 아름다운 일이다. 그래서 어느 중학교 교사는 제자들에게 이렇게 말한다.

친구여! 세상은 참으로 아름답습니다.
좋은 사람은 또 얼마나 큰 기쁨을 주는지요.
그런 걸 깨닫고 나면 정말 세상을 살고 싶은 욕망이 가슴에서 파도처럼 일렁입니다.
세상은 참 아름다운 곳이며, 산다는 건 참 즐거운 일이건만, 생활 앞에는 언제나 해야 할 일이 가로막고 있어서, 그 아름답고 즐거운 것들을 발견하거나 깨닫기가 쉽지 않지요.

그러나 우리의 마음에 여유가 있다면, 우리의 눈이 밝게 닦아져만 있다면, 그런 것들을 찾을 수가 있지요. 우리가 무엇엔가 쫓기듯 살면 비 온 뒤의 무지개도 볼 수 없고, 해 질 무렵의 노을조차 제대로 보지 못합니다. 아름다운 음악도 바람 소리처럼 스쳐 지나가고, 꽃이 피는 것도, 낙엽이 지는 것도 느끼지 못하고, 하얀 눈이 내려도 길이 불편함만 걱정할 뿐이지요. 그러니 인생살이가 고달프고 하루하루가 무의미한 반복처럼 여겨지는 거지요(채찬석 1991. 1).

6. 하나님은 사랑이다. 땅 위의 모든 피조물은 하나님의 사랑의 영을 통하여, 사랑의 영 안에서 창조되었다. 따라서 세계와 자연에 대한 모든 형태의 부정적 태도는 하나님의 사랑에 모순된다. 땅 위의 모든 생명, 모든 피조물은 "하나님이 보시기에 좋은" 것이다. 하나님이 세계를 긍정한다면 그리스도인들은 세계로부터 도피할 수 없다. 세상 속에 살면서 마치 세계를 떠난 사람처럼 살아서는 안 된다. 세계도피는 하나님의 성육신에 모순된다. 하나님의 성육신은 세계에 대한 하나님의 긍정의 가장 높은 형식이다. "세계를 부정하고 역사의 현실에서 도피하여 정신적 황홀감이나 광란 속에서 하나님을 찾는 태도는 거부되어야 한다. '내가 당신만을 진정으로 소유하기 때문에, 하늘과 땅에 대해 나는 묻지 않는다'라고 신비주의자, 실존적 탈세계주의자, 비관주의자는 말한다." 이러한 삶의 태도는 세계를 긍정하는 하나님의 성육신에 모순된다(오영석 1987b). 하나님과 함께하고자 한다면 하나님이 긍정하신 세계를 함께 긍정하고 "하나님이 보시기에 좋은" 창조세계를 이루고자 해야 한다. "내가 참으로 당신만을 갖기 위해, 나는 당신에 의해 실현되었고 긍정된 창조를, 하늘과 땅의 문제를 진지하게 묻습니다"(Lochman 1982, 58).

하나님은 우리 인간만을 사랑한다고 생각하기 쉽다. 그러나 이것은 착각이다. 인간만이 하나님의 피조물이 아니라 자연의 모든 피조물이 하나님의 것이다. 그러므로 하나님은 자연의 모든 피조물도 사랑한다. 요한복음 1:16에 의하면 하나님은 "세계를 사랑하셔서" 그의 외아들을 세상에 보내셨다. 그런데 기독교는 "세계"를 인간의 "영혼"으로 축소한다. 그래서 하나님은 인간의 영혼만 사랑하며 인간의 영혼을 구원하기 위해 외아들을 세상으로 보낸 것처럼 설교한다.

하나님은 "별들의 수효를 헤아리시고, 그 하나하나에 이름을 붙여"주시며 "들짐승과 우는 까마귀 새끼에게 먹이를 주신다"(시 147:4, 9)라는 말씀은 자연 만물에 대한 하나님의 사랑을 나타낸다. 하나님께서는 "공중의 새들"도 먹이시며 "들의 백합화"와 "아궁이에 들어갈 들풀도" 입히신다(마 6:26-30). 하나님은 인간은 물론 땅속의 지렁이도 사랑한다. 그는 모든 피조물과 함께하기를 원한다. 하나님은 사랑이기 때문이다.

사랑하는 사람은 사랑받는 사람을 위해 자기를 제한한다. 나의 삶의 영역을 제한함으로써 상대방에게 삶의 영역을 허용한다. 하나님의 천지창조는 하나님이 그의 무한한 능력을 한번 휘둘러본 사건이 아니라 자연의 피조물과 상생하기 위해 하나님께서 자기의 영역을 제한하신 행위다. 사랑이신 하나님은 자기의 영역을 제한함으로써 피조물과 상생하고자 한다. "하나님 보시기에 좋은" 세계는 그 속의 모든 것이 자기 영역을 제한하면서 이웃과 상생하는 세계다. 그것은 세계의 창조자이신 삼위일체 하나님을 닮은 세계다.

4. 새로운 생명의 세계를 향한 종말론적, 메시아적 언어로서의 창조설화

1. 앞서 언급했듯이 자연이 하나님의 소유라면 자연은 하나님의 통치영역에 속한다. 그것은 하나님의 뜻이 다스리는 세계여야 한다. 하나님의 천지창조는 온 세계에 대한 인간의 주권과 통치권을 선포하는 것이 아니라 하나님의 주권과 통치권을 선포한다. 하나님의 통치영역은 이스라엘 민족에 제한될 수 없다. 그것은 교회에 제한될 수 없다. 그것은 온 세계를 포괄한다. 온 세계가 하나님이 다스리는 세계가 되어야 한다. 주기도문이 말하는 것처럼 하나님의 뜻은 하늘에서는 물론 땅 위에서도 이루어져야 한다. 여기서 하늘과 땅은 하나님이 지으신 우주 전체를 가리킨다. 하나님이 "모든 것 안에서 모든 것"이 되실 것이라는 바울의 말씀도 온 우주에 대한 하나님의 통치를 나타낸다(고전 15:28). 인간의 영광이 아니라 하나님의 영광이 온 세계에 나타나야 한다. "한 소리가 외친다. '광야에 주님께서 오실 길을 닦아라. 사막에 우리의 하나님께서 오실 큰길을 곧게 내어라.…주님의 영광이 나타날 것이니, 모든 사람이 그것을 함께 볼 것이다…"(사 40:3-5).

겉으로 볼 때 창조설화는 태초의 창조에 관한 옛날이야기를 하는 것처럼 보인다. 어떤 사람에게 그것은 우주 생성에 관한, 영원히 변할 수 없는 자연과학적 지식을 이야기하는 것처럼 보인다. 그러나 창조설화 속에는 "하나님이 보시기에 좋은" 세계, 곧 만물이 상부상조하며 상생하는 세계를 향한 동경과 기다림이 숨어 있다. 이스라엘의 제사장들이 P 문서의 창조설화를 기술하던 당시의 바빌로니아 제국은 천국이 아니었다. 그것은 구원받지 못한 인간의 세계였다. 이 세계 속에서 이스라엘의 제사장들은 예언자들과 함께 구원받은 세계에 대한 하나님의 약속을 믿고 이를 희망한다. 이 믿음과 희망 속에서 그들은 그들이 희망하는 하나님의 구원받은 세계를 태초의 창조된 세계로 묘사한다. 예언자 이사야는 이 세계를 장차 올 메시아 통치의 세계로 묘사한다. P 문서의 창조설화는 하나님의 구원받은 세계, 만물이 상부상조하며 상생하는 메시아적 통치의 세계에 관한 기다림과 희망의 표현이다. 그것은 종말(eschaton)을 태초(proton)의 형식으로 이야기한다.

이런 점에서 창조설화의 언어는 종말론적, 메시아적 언어다. 그것은 세계의 태초에 관해 이야기함으로써 세계의 미래에 관해 이야기한다. 태초의 천지창조에 관해 이야기함으로써 "하나님이 보시기에 좋은" 미래의 세계를 향한 동경과 기다림을 나타낸다. 본질적으로 창조설화란 "더는 죽음과 슬픔과 울부짖음과 고통이 없는" 새로운 생명의 세계에 대한 메시아적 동경과 기다림을 담고 있는 종말론적, 메시아적 이야기다.

창세기 1, 2장의 창조설화는 물론 성서 전체가 기다림과 희망 책이다. 예언자 이사야에게서 이 기다림과 희망은 메시아의 오심과 통치(사 9장, 11장, 53장), "새 하늘과 새 땅"에 대한 기다림과 희망으로 나타난다(65:17). 에스겔서에서 그것은 마른 뼈들이 되살아나서 새로운 생명의 세계를 이루는 형태로 나타난다(겔 37장). 다니엘서에서 그것은 세계의 제국들이 멸망하고 이 세상에 오실 "인자"의 오심, 죽은 자들의 부활과 마지막 심판, "영원한 나라"에 대한 약속으로 나타난다(단 7:13, 27; 12:2), 미가서에서 그것은 세계의 열강이 "칼을 쳐서 보습을 만들고, 창을 쳐서 낫을 만들 것이며", 모든 사람이 평화롭게 사는 새로운 세계의 형태로 나타난다(미 3:3-4). 말라기서에서 그것은 악한 자들이 "지푸라기 같이 타" 버리고 하나님을 경외하는 자들에게 "의로운 해가 떠올라서 치료하는 광선을" 발하는 새로운 미래의 형태로 나타난다(말 4:1-2).

예언자 이사야는 장차 올 메시아의 세계를 인간과 자연이 함께 사는 생태학적 상생의 세계로 묘사한다. "그는…가난한 사람들을 공의로 재판하고…정의로 허리를 동여매고 성실로 몸의 띠를 삼는다. 그때는 이리가

어린 양과 함께 살며, 표범이 새끼 염소와 함께 누우며…젖먹는 아이가 독
사의 구멍 곁에서 장난하고, 젖 뗀 아이가 살무사의 굴에 손을 넣는다. '나
의 거룩한 산 모든 곳에서 서로 해치거나 파괴하는 일이 없다.' 물이 바다
를 채우듯, 주님을 아는 지식이 땅에 가득하기 때문이다"(사 11:5-9).

신약성서는 고대 그리스의 영과 육, 차안과 피안이라는 이원론의 영
향을 강하게 받지만 하나님의 새로운 생명의 세계에 대한 기다림과 희망
의 정신을 포기하지 않는다. 복음서의 예수는 "하나님 나라"의 오심에 대
한 기다림 속에서 그것을 앞당겨 온다(눅 10:9; 17:21). 사도 바울은 세계의
모든 피조물이 죽음의 "종살이"에서 해방되어 하나님의 자녀들과 함께 자
유를 누릴 하나님 나라를 가르친다(롬 8:21; 행 28:31). 요한계시록은 "다시는
죽음이 없고, 슬픔도 울부짖음도 고통도 없을" "새 하늘과 새 땅"을 기다
린다(계 21:1-4). 사도신경은 온 세계의 "권세와 영광"이 하나님에게 있을
새로운 생명의 세계에 대한 고백과 함께 끝난다.

이 고백 속에서 세계는 그가 지향해야 할 방향과 목적을 얻게 된다. 창
조설화도 마찬가지다. 그것은 단지 태초에 있었던 것에 관한 옛날이야기
가 아니라 지금의 세계가 지향해야 할 방향과 목적을 가리킨다. 그것은 어
둠 속에 있는 이 세계가 "하나님이 보시기에 좋은" 세계로 변화해야 함을
암시한다.

고대 바빌로니아 제국처럼 지금 우리 세계도 "하나님이 보시기에 좋
지 않은" 세계다. 그 속에는 탐욕과 죄악이 무성하다. "하나님이 보시기에
좋은" 세계는 "하나님이 보시기에 좋지 않은" 세계에 대립한다. 그것은 아
직 주어지지 않은 미래의 세계를 가리킨다. "아직 주어지지 않은 것"(das
noch nicht Gegebene)은 "이미 주어진 것"(das schon Gegebene)에 대한 모순
이요 대립이다. 그것은 "부정적인 것의 부정"(Negation des Negativen, Hegel)
이다. "하나님이 보시기에 좋은" 세계는 "하나님이 보시기에 좋지 않은"

제2부 | 자연은 상부상조와 상생의 유기체다

세계에 대한 부정이요, 만물이 상생하는 새로운 생명의 세계를 향한 기다림과 희망의 표현이다. 부활하신 예수는 장차 올 "하나님이 보시기에 좋은" 세계로 우리를 초대한다. 그리스도인들은 이 세계를 상속받은 사람들, 곧 "하나님의 상속자들"이다(롬 8:17; 엡 3:6; 딛 3:7; 히 1:14). 십자가에 달려 죽고 부활하신 그분을 주님으로 모시고 그의 계명을 따르는 그들과 그들의 공동체 안에 "하나님이 보시기에 좋은" 세계가 앞당겨 온다. 그들은 만물이 하나님의 자비와 공의와 평화 안에서 상생하는 새로운 생명의 세계를 앞당겨 오는 종말론적 존재들이다.

5. 하나님 나라의 광채와 약속으로서의 자연

1. 성서는 세계를 가리켜 "어둠"이라고 말한다(요 1:5). 그것은 하나님을 떠나 하나님 없이 존재하는 세계, 죄악이 가득한 세계다(창 6:5). 그 원인은 인간의 타락에 있다고 성서는 말한다. 인간의 죄와 타락으로 말미암아 세계는 하나님 없는 무법의 세계가 되어버렸다는 것이다.

그렇다면 인간의 타락으로 말미암아 자연은 하나님으로부터 완전히 분리된 상태에 있는가? 완전한 "어둠"으로서 자연은 하나님에 대해 적대적 상태에 있는가? 그렇지 않다는 것을 우리는 볼 수 있다. 인간의 이기성과 죄악으로 말미암아 온 세계가 타락 상태에 있지만, 그래도 하나님께서 주신 거룩한 신적 본성이 그 속에 남아 있다는 것을 우리는 볼 수 있다. 하나님을 모르는 사람들도 어려운 이웃들에게 동정심을 느끼며 사랑과 자비를 베푸는 것을 우리는 볼 수 있다. 짐승들도 군집 생활을 하면서 소통하며 삶을 함께 나눈다. 물론 그들 속에는 이기적 본성도 있지만, 상부상조하며 상생하고자 하는 사회적, 공동체적 본성이 공존한다는 사실을 우리는 생물들의 세계에서 볼 수 있다.

따라서 지금 우리가 그 속에서 살고 있는 자연은 타락 이전에 존재했던 파라다이스의 나머지라고 말할 수 있다. 파라다이스가 완전히 파괴된 것이 아니라 다소간 남아 있다. 이것은 "하나님의 형상"에도 해당한다. 인간의 타락과 함께 하나님의 형상이 파괴되었지만, 완전히 사라진 것이 아니라 얼마간 남아 있다. 그래서 하나님을 모르는 사람들도 죄를 지으면 죄의식을 느낀다. 어떻게 사는 것이 바르게 사는 것인지 알고 있다. 하나님께서 부여한 인간의 본래성이 완전히 사라지지 않았기 때문이다.

그렇다면 자연은 장차 올 하나님 나라의 희미한 광채요 그것의 앞당겨 옴 내지 선취(先取, Antizipation)라고 말할 수 있다. 달리 말해 자연은 장차 올 하나님의 영광의 나라를 가리키며 그것을 지향한다. 역사의 종말에 완전하게 나타날 하나님 나라의 광채와 영광이 자연 속에 불완전한 형태로 나타난다.

하이젠베르크에 따르면 대상 세계의 현실이 인간의 의식구조에 의존함은 사실이지만 그 속에는 "중심질서"(zentrale Ordnung)가 작용한다. 종교적 언어로 말한다면 "일자"(das Eine)가 자기를 관철한다. 그러므로 우리는 "질서 있는 것을 좋은 것으로 느끼며 혼란스러운 것과 카오스적인 것을 나쁜 것으로" 느낀다(Heisenberg 1971, 291f.). 이 "중심질서"를 하이젠베르크는 "영혼"으로 이해한다(293). 신학적으로 말한다면 하나님의 영은 자연 피조물의 "중심질서"로서 그들 안에 현존한다. 그러므로 자연의 피조물들 속에도 삶의 질서가 있다. 이 질서를 따르는 삶을 통해 피조물들은 하나님의 영광과 그의 나라를 나타낸다.

2. 따라서 자연은 종말론적 성격을 가진다. 자연은 인간의 타락으로 말미암아 상실된 파라다이스의 나머지 혹은 흔적인 동시에 장차 올 하나님 나

라의 광채와 비유(Gleichnis)로서 장차 올 완전한 하나님 나라를 가리키는 종말론적 기능을 가진다. 지금의 자연 속에서 우리는 장차 올 하나님 나라의 희미한 모습을 볼 수 있다. 각자의 위치와 기능을 지키면서 전체를 이루고 사랑 안에서 상부상조하며 살아가는 자연 생물들의 군집 생활 속에서 하나님 나라의 희미한 모습이 나타난다. 어린 생명을 구하기 위해 사자를 공격하는 어미 코끼리의 사랑에서도 우리는 하나님 나라의 빛을 볼 수 있다.

그러므로 지상의 예수는 자연의 피조물을 하나님 나라의 비유로 삼는다. 가라지와 알곡, 누룩, 씨앗과 나무 등, 자연에 속한 사물들을 통해 예수는 하나님 나라를 설명한다. 이 사물들은 하나님 나라의 비유가 된다. 이 비유들 속에서 일상의 세계 경험들이 하나님 나라의 표징이 된다. 이 표징들 속에서 하나님 나라가 현재화한다. 종교적, 문화적, 정치적 경험은 물론 자연에 대한 경험도 하나님 나라의 비유가 될 수 있고 장차 올 하나님 나라를 앞당겨 나타낼 수 있다. 하나님 나라에 대한 예수의 비유에서 자연은 종말에 이루어질 하나님 나라의 비유로 나타난다.

비유는 그것이 비유하는 바를 암시한다. 비유를 통해 비유되는 것이 현재화한다. 따라서 하나님 나라에 대한 예수의 비유 말씀 속에서 하나님 나라가 선취되며 현재화한다. 따라서 하나님 나라를 비유하는 자연은 하나님 나라의 은폐 상태에 있는 현재라고 말할 수 있다. 미래에 완성될 하나님 나라가 지금의 자연 속에서 은폐된 상태로 현존하며 그 안에 희미하게 나타난다. 비록 인간에 의해 파괴되고 오염되었지만 자연은 장차 올 하나님 나라의 약속이요 장차 올 하나님 나라는 이 약속의 성취라고 말할 수 있다.

아우구스티누스가 말한 삼위일체의 흔적들(vestigia trinitatis)에 관한 생각에서도 우리는 이 내용을 발견할 수 있다. 하나님이 창조한 자연은 단지 하나님이 하신 일에 불과한 것이 아니라 삼위일체 하나님의 흔적이다. 비록 자연은 인간의 죄로 인해 파괴되었고 훼손되었지만, 그럼에도 하나님의 삼위일체의 흔적들과 하나님의 영광이 그 속에 희미하게 나타난다.

그러나 삼위일체의 흔적들은 하나님 신앙의 기초 위에서 인식될 수 있다. 성서에서 자기를 계시하는 하나님을 아는 사람만이 자연 속에 나타나는 삼위일체의 흔적들을 볼 수 있을 것이다. "태양, 빛, 열" 그리고 "샘물, 시냇물, 강물" 등에 삼위일체의 흔적들이 보인다. 칼뱅은 이것을 다음과 같이 시사한다. "하늘과 땅에는 그의 놀라운 지혜를 증명하는 무수한 증언들이 있다.…교육받지 못한 자와 무지한 자, 볼 수 있는 눈을 가진 자라면 누구든지, 너무도 조화롭게 자리 잡고 있는 하늘의 무수한 별들의 무한한 다양함 속에서 스스로 드러나는 신적 예술과 지혜의 위대함을 볼 수밖에 없을 것이다"(Calvin, *Inst.* I.5).

그러나 삼위일체의 흔적들을 태양, 빛, 열 등 자연 사물의 외적 구조 안에서만 보는 것은 제한성을 가진다. 한 걸음 더 나아가 우리는 삼위일체의 흔적들을 상부상조하며 상생하는 생물들의 본성에서 보아야 할 것이다. 상부상조하며 군집 생활을 하는 생물들의 사회적, 공동체적 본성에서 우리는 삼위일체의 흔적을 볼 수 있다. 그러나 참 삼위일체의 흔적은 십자가에 달린 그리스도 안에 있다. 만물의 본래적 삶의 원리, 곧 하나님의 창조질서가 그리스도의 십자가에서 가시적 형태로 계시된다.

3. 삼위일체의 흔적들은 하나님 나라의 흔적들(*vestigia regni Dei*)이라고 말할 수 있다. 그들은 장차 올 하나님 나라를 예비하는 창조적 삼위일체 하나님의 흔적들이요 그의 나라에 대한 약속들이다. 하나님 나라가 완전히 이루어질 때 자연 전체가 하나님의 자기 계시가 될 것이며 그의 영광으로 가득할 것이다. 모든 피조물이 하나님의 영원한 생명에 참여하며 그를 찬양

할 것이다. 하나님과 피조물의 차이는 여전히 유지되겠지만, 하나님은 모든 피조물 안에 거할 것이며 자연 전체가 하나님의 집이 될 것이다. "새 하늘과 새 땅"에서 "하나님의 집이 사람들 가운데" 있을 것이며 "다시는 죽음이 없고 슬픔도 울부짖음도 고통도 없을" 것이다(계 21:3-4).

자연이 하나님 나라의 비유와 약속으로 인식될 수 있는 또 하나의 근거는 자연 속에 계신 성령의 현존(임재)에 있다. 중세기 신비주의자들은 이 사실을 파악하였다. 그들에 따르면, "성령은 피조물 안에 거하며 땅의 표면을 새롭게 변화시킨다." 동방 정교회 신비주의자들에 따르면, "성령은 바위 속에서 잠자며, 꽃들 속에서 꿈을 꾸며, 짐승들 속에서 깨어 있다. 그는 남자 안에서 깨어 있다는 것을 알며, 여자 안에서 깨어 있다는 것을 느낀다."

하나님은 그의 사랑의 영, 곧 성령을 통해 자연의 피조물들 안에 거하신다. 따라서 자연의 피조물은 하나님 나라의 희미한 광채요 약속이다. 그들은 신성의 신비를 그 속에 지니고 있다. 인간의 탐욕으로 인해 그 신비로움이 파괴되고 어둡게 되었지만, 하나님의 신실하심을 통해 그것은 아직도 남아 있다. 인간이 자연을 해명한다고 하지만 그가 해명한 것은 자연 전체의 4%에 불과하며, 그가 해명한 것도 100% "사실"이 아니라 확률적인 것, 가설적인 것에 불과하다. 인식의 패러다임이 변함에 따라 그것은 다른 해명으로 바뀔 수 있다. 자연 "자체" 곧 "사물 자체"(Ding an sich)는 여전히 신비로 남아 있다.

오늘날 인간의 탐욕으로 인해 자연이 여지없이 파괴되는 현실에서 필요한 것은 자연을 하나님과 그의 나라를 비추어 주는 계시와 약속으로 인식하며 자연 속에 숨겨져 있는 신적 신비를 경험하는 일이다. 과학자들도 그들이 연구하는 사물들의 내면을 깊이 탐구할 때 신적 신비를 느낀다고 고백한다.

그러나 우리는 질문할 수 있다. 과연 자연이 하나님의 영광과 그의 나라를 나타내는가? 자연이 정말 하나님 나라의 광채와 약속인가? 자연 속에 "중심질서"라는 것이 있는가? 인간의 탐욕과 방만으로 인해 온 자연이 파멸의 위험 속에 있지 않은가? "죽음과 슬픔과 울부짖음과 고통"은 인간의 세계 속에는 물론 자연 속에도 있지 않은가? 그런데도 어떻게 자연이 하나님 나라의 광채를 보여준다고 말할 수 있는가?

이 질문은 정당하다. 오늘의 자연 속에는 아무런 "중심질서"가 없는 것처럼 보인다. 잡아먹고 잡아먹히는 생존경쟁만 존재하는 것처럼 보인다. 하나님 나라의 광채가 아니라 악령의 광채가 가득한 것처럼 보인다. 인간의 탐욕과 횡포로 인해 파괴된 세계가 이제 인간을 심판하는 무서운 세력으로 나타나고 있다. "오늘 우리에게 들리는 소리는 온통 고통과 탄식 그리고 아픔의 소리뿐이다. 더 이상 '보시기에 좋았다'는 창조세계의 아름다움이 우리 현실이 아닌 것이다"(이정배 2005, 373).

그렇다 하여 자연 속에는 아무 질서도 없고 하나님 나라의 광채가 완전히 사라졌다고 말할 수는 없다. 이것을 우리는 자연 생물들의 삶에서 볼 수 있다. 자연 생물들 속에는 그 나름의 질서가 있다. 그들도 자연을 사용하지만, 자연이 유지되는 한에서 자연을 사용하며 자연과 더불어 살아간다. 내일에 대한 염려를 내려놓고 그날 주어진 것에 만족하며 살아야 한다는 예수의 말씀을 그들은 지킨다. 다른 생물 종들에게 사랑과 자비를 베풀기도 한다. 그들도 자기의 생명을 유지하기 위해 투쟁할 수밖에 없지만, 자기의 생명을 유지함으로써 다른 생물들의 생명을 가능케 한다. 다른 생물들을 잡아먹되 멸종시키지 않는다. 이런 점에서 자연 속에는 중심질서와 하나님 나라의 광채가 남아 있다. 하나님의 삼위일체의 흔적, 곧 상부상조와 상생이 자연 속에 남아 있다. 삼위일체 하나님의 삼위일체적 본성이 그들 안에 계시된다.

6. "살고자 하거든 자연의 질서를 보고 배워라"
- 자연계시의 가르침

1. 기독교 신학은 하나님의 존재와 그의 뜻(의지)을 인식할 수 있는 두 가지 길을 이야기한다. 하나는 자연을 통한 길이요, 다른 하나는 성서의 말씀과 성서의 중심이 되는 예수 그리스도를 통한 길이다. 전자를 가리켜 자연계시 혹은 일반계시라 부르고, 후자를 가리켜 특별계시 혹은 초자연적 계시라고 부른다. 20세기 개신교회 신학의 거장 카를 바르트는 자연계시를 거부한 대표적 인물이다. 그에 따르면, 자연계시를 통해 하나님을 알 수 있다면 예수 그리스도의 특별계시가 불필요하게 된다. 예수 그리스도 없이 자연을 통해 구원에 이를 수 있다고 말할 수 있게 된다(자연계시를 거부하는 바르트의 정치적 동기에 관해, 정미현 2005, 277f.). 또한 자연계시는 그리스도인의 삶과 구원에 관한 구체적인 내용을 말하지 않는다. 복음서에서 예수는 그 자신이 하나님의 계시라고 분명히 말한다. "나를 보는 사람은 나를 보내신 분을 보는 것이다"(요 12:45), "나를 본 사람은 아버지를 보았다…"(14:9-11). 그러므로 바르트는 자연계시가 불필요하다고 주장한다.

그러나 기독교 역사에서 수많은 학자가 자연계시를 인정하였다. 앞서 보았듯이 아우구스티누스는 자연 속에 있는 하나님의 "삼위일체의 흔적들", 곧 자연계시를 인정하였다. "태양, 빛, 열", "샘물, 시냇물, 강물", "사랑하는 자, 사랑받는 자, 그들 사이 사랑의 영"은 삼위일체 하나님을 계시하는 삼위일체의 흔적들이라는 것이다.

중세기 신비주의 대표자 에크하르트(Meister Eckhart)도 자연계시를 인정한다. 그에 따르면 모든 피조물의 형상 속에는 하나님의 모습이 담겨 있다. 따라서 모든 피조물은 하나님의 말씀이요, 하나님에 관한 책이다. 온 자연이 하나님의 본성과 영광을 나타낸다. "하나님은 모든 피조물을 만드셨으며 또한 그 안에 머무십니다. 그분은 자신이 놀랍게 창조하신 것 안으로 흘러들어 오셨습니다. 그러므로 모든 피조물에서 그를 조망할 수 있습니다"(이은재 2003, 393).

칼뱅에 따르면 하나님은 "세계의 모든 것 안에서 자기를 계시하였고 오늘도 계시한다. 그리하여 인간은 눈을 뜨기만 하면 그를 볼 수 있다. 그의 본질은 파악될 수 없는 것이다. 그의 신성은 인간의 모든 오성을 가지고 도달할 수 없는 것이다. 그러나 그는 개별적 피조물에게 그의 영광의 믿음직한 표식을 새겨놓았다.…사람이 눈을 뜨고 보기만 하면 어디에나 그의 영광의 섬광이 세계의 모든 부분 속에 있음을 볼 수 있다.…그러나 그것을 볼 수 있는 눈이 우리에게 없다. 우리의 눈은 어두워졌다"(Calvin, *Inst.* I.5).

니카라과의 혁명가 에르네스토 카르데날(E. Cardenal)은 자연 속에 있는 하나님의 책을 다음과 같이 묘사한다. "아침의 여명 속에서 소리를 내기 시작하는 모든 짐승은 하나님을 노래한다. 화산과 구름과 나무는 우리에게 하나님에 관해 이야기한다. 모든 창조는 큰소리로 하나님의 존재와 아름다움과 사랑에 대해 우리에게 계속하여 이야기한다.…자연은 하나님의 그림자, 그의 아름다움의 반사요 광채와 같다. 고요하고 푸른 바다는 하나님을 반사한다. 모든 원자 속에는 삼위일체의 모습, 삼위일체 하나님의 모양이 머물고 있다. 나 자신의 육체도 하나님을 향한 사랑을 위해 창조되었다. 나의 모든 세포는 창조자를 향한 찬양이요 지속적인 사랑의 고백이다"(Cardenal 1976, 58).

도스토옙스키는 자연계시를 다음과 같이 말한다. "우리 주변에 있는 하나님의 선물을 보십시오. 맑은 하늘, 깨끗한 공기, 부드러운 풀, 작은 새들, 자연은 아름답고 순결합니다. 그런데 우리는, 우리 인간만은 어리석게도 하나님을 모르고 인생이 낙원이라는 사실을 모르고 있습니다. 우리가 참으로 그것을 이해하려 노력한다면 낙원은 곧 예쁘게 단장을 하고 나타날 것이며, 우리는 서로 껴안고 울게 될 텐데…"(도스토옙스키 2001, 431).

　　성서에서 우리는 자연계시에 대한 많은 근거를 발견한다. "이제 짐승들에게 물어보아라. 그것들이 가르쳐줄 것이다. 공중의 새들에게 물어보아라. 그것들이 일러줄 것이다"(욥 12:7-10), "하늘은 하나님의 영광을 드러내고, 창공은 그의 솜씨를 알려 준다"(시 19:1-4), "하늘은 주님이 행하신 기적을 찬양"한다(89:5). 예수의 "하나님 나라 비유"는 "자연을 소재로 한 것이 많다. 씨 뿌리는 자의 비유(마 4:3-9), 곡식과 가라지의 비유(마 3:24-30), 포도나무와 가지의 비유(요 5:1ff.) 등이 그런 것이다. 너무도 자연스러운 이야기여서 듣는 사람은 바로 자신의 일상의 삶 가운데 하나님이 함께하심을 경험할 수 있다"(지승원 2022, 63f.).

　　그러나 "자연의 책"은 불완전하다. 자연은 하나님의 말씀을 구체적으로 말하지 않기 때문이다. 또 자연계시를 통한 하나님 인식은 사람의 경험에 따라 다를 수 있기 때문에 객관성을 갖지 못하는 문제성을 가진다. 폴킹혼에 따르면 자연계시는 가장 설득력 있는 형태일지라도 "하나님에 관한 제한된 표상으로 인도할 수 있을 뿐이다. 그 계획과 의도가 우주의 유익한 질서 뒤에 서 있는 우주의 위대한 건축가의 상을 자연신학은 넘어서지 못한다"(Polkinghorne 2001, 115). 그러므로 자연계시를 통한 하나님 인식은 하나님과의 완전한 교통과 구원을 줄 수 없다. 참 구원을 줄 수 있는 길은 예수 그리스도의 특별계시, 이 계시가 기록되어 있는 성서 곧 "약속의 책"이다. 이런 점에서 자연계시와 특별계시, 자연신학과 계시신학이 구별된다.

2. 그렇다면 자연은 무엇을 계시하는가? 이 질문에 대한 학자들의 대답은 하나님에게 집중한다. 곧 자연은 하나님의 존재와 능력과 영광, 하나님의 속성과 오묘한 솜씨, 그의 지혜와 섭리, 그의 무한한 사랑과 자비를 계시

한다는 것이다. 바르트는 계시 일반을 가리켜 하나님의 "자기계시"라고 말한다. 이동영에 따르면 자연계시는 "하나님이 존재하심을 계시"하고, 특별계시는 "하나님의 구원 역사를 계시"한다(이동영 2020, 231). "일반계시에서는 하나님의 신성(deitas)이 전면에 부각되어 드러나는 반면, 특별계시에서는 삼위일체이신 하나님이 전면에 부각되어 드러납니다"(235). 미국의 문화역사학자 토마스 베리에 따르면 "참으로 자연은 하나님의 일차적 계시다"(Berry 2003, 13). 이 모든 진술에서 계시는 하나님의 계시로 규정된다.

그러나 계시에 대한 이 같은 규정은 타당하지 않다. 하나님이 홀로 계시지 않고 세계와 인간과 관계 속에 있는 분이라면, 계시는 하나님에 관해서는 물론 하나님과 관계되어 있는 세계와 인간과 역사에 관해 말하는 계시일 수밖에 없다. 자연계시도 마찬가지다. 자연계시도 하나님에 관해서는 물론 하나님과 관계되어 있는 자연과 인간에 관해 이야기하는 계시일 수밖에 없다. 사실 우리는 자연 속에서 하나님에 관해서는 물론 자연과 인간과 역사에 관한 많은 진리와 지혜를 볼 수 있다. 그 내용을 다음과 같이 요약할 수 있다.

1) 진화론자들이 말하듯이 자연은 상호 경쟁과 투쟁을 삶의 법칙으로 가진 것처럼 보인다. 생존을 위한 경쟁과 투쟁이 자연법칙으로 보인다. 짐승들은 서로 잡아먹고 잡아먹힌다. 짝짓기를 위해 수컷들끼리 경쟁한다. 그러나 다른 생물의 종을 멸종시키는 일은 거의 일어나지 않는다. 경쟁과 투쟁이 있지만 자연은 균형을 유지한다. "피조세계 속에서 치러지는 정당한 힘겨루기는 승패가 갈려도 보복으로 이어지지 않는다. 심판이 없어도 승복이 불문율로서 통용되고 음모와 모략 등의 보복은 생각하지도 않는다. 사람이 피조세계를 심히 괴롭히고 파괴해도 피조세계는 사람에게 급하게 보복하지 않는다"(서성환 2023, 78). 경쟁과 투쟁이 아니라 상호의존과 상생이 "우주의 기본 법칙"이란 사실을 자연은 계시한다(Fox 1983, 279 f.).

"'경쟁하지 말라! 경쟁은 항상 그 종에 치명적이고 경쟁을 피할 수 있는 방법은 매우 많다!' 이 말이야말로 항상 완전하게 실현되지는 않지만 자연에 항상 존재하는 경향이다.…'그러므로 결합해서 상호부조를 실천하라! 이것이야말로 각자 그리고 도덕적으로 살아가고 진보하는 데 제일 든든하게 받쳐주는 가장 확실한 수단이다.' 이것이 자연이 우리에게 가르쳐 주는 바이다"(Kropotkin 2005, 106).

2) 자연에는 문명이나 문화가 없다. 정의나 민주주의나 사회주의가 없다. 탐욕이나 부정직도 없다. 그러므로 인간은 자연에서 배울 것이 아무 것도 없다고 생각할지 모른다. 그러나 자연은 우리 인간이 반드시 배워야 할 한 가지 일을 계시한다. 곧 자연은 과도한 욕심을 부리지 않음으로써 자기 자신을 유지하며, 그 속의 모든 생명이 지속적으로 생존할 수 있는 생명의 기초를 제공하는 지혜를 가진다는 것이다. "생태계에서 우리가 배울 수 있고 또한 반드시 배워야 하는 것은 어떻게 지속 가능한 삶을 유지할 수 있는가 하는 문제다. 지난 30억 년 이상 지속해온 진화의 역사를 통해 이 행성의 생태계는 지속가능성을 극대화하기 위해 교묘하고 복잡한 방식으로 스스로를 조직해 왔다"(Capra 2004, 390). 이 지혜를 배워야 함을 자연은 우리에게 계시한다.

문학가 박경리 선생에 따르면 "지구와 우주는 생명의 집합체…그것은 상생(相生), 동화(同化)하고 탄생하며 순환하는데, 상응(相應)은커녕 오로지 도전과 승리가 오늘의 명제 아닌가. 자연의 질서를 능가하는 인간의 질서를 꿈꾸는 것은 망상이기보다 파멸을 자초"한다(박경리 1994b 95f.). 파멸을 원하지 않는다면 인간은 과도한 욕심을 부리지 않고 모든 피조물의 지속가능성을 확대하는 자연의 지혜를 배워야 한다고 자연은 계시한다.

3) 인간은 아무리 많이 소유해도 만족할 줄 모르는 본성을 가진다. 소유가 많을수록 더 많이 소유를 축적하고자 한다. 쾌락을 느끼면 더 깊은 쾌

락을 찾는다. 이에 반해 자연의 생물들은 축적을 알지 못한다. 그날 그 시간에 주어지는 것으로 만족한다. 배만 부르면 그것으로 만족한다. 그들도 폐기물을 생산한다. 그러나 그들의 폐기물은 빠른 시간 내에 자연으로 돌아간다. 수백 년, 수천 년 해체되지 않는 폐기물을 그들은 남기지 않는다. 생물의 한 종(種)이 남긴 폐기물은 다른 종의 먹이가 되기도 한다. 이리하여 자연은 거의 폐기물을 남기지 않는다. 인간은 자연의 이 지혜를 배워야 함을 자연은 계시한다. "인간이여, 수백 년, 수천 년 해체되지 않는 폐기물을 남기지 말아라! 그것을 바닷속에 던지지 말아라! 그것은 너희 자신의 삶의 기초를 파괴하는 일이다. 폐기물을 남길 경우 그것을 속히 자연으로 되돌려보내야 한다! 그렇지 않으면 너희 자신의 생명이 위험하게 될 것이다."

4) 인간은 자연을 사용할 수 있지만 자연을 만들 수는 없다. 자연은 인간의 생명을 가능케 해주기 위해 하나님이 마련해 주신 하나님의 은혜다. 그러므로 인간은 자연에 대해 기뻐하고 감사해야 한다는 사실을 자연은 계시한다. 그러나 인간은 받은 은혜를 깨닫지 못하고 감사할 줄 모른다. 자연은 그저 우연히 있게 된 것이라고 생각한다. 주어진 자연의 은혜에 대해 만족할 줄도 모른다. 이에 반해 자연의 짐승들은 배만 부르면 만족하고 동료와 삶을 향유한다. 이에 자연계시는 말한다. "인간이여, 너희 앞에 있는 자연이 하나님의 은혜임을 깨달아라! 지금 주어진 것에 감사하고 만족할 줄 알아라! 끝없는 소유욕을 버려라. 세상을 떠날 때 모두 빈손으로 떠나지 않느냐?"

한 우주 비행사는 이것을 다음과 같이 고백한다. "지구가 암흑 속에서 보였다. 아름답고 온기를 가진 듯 살아 있는 물체로 보였다.…우주의 암흑에서 빛나는 푸른 보석, 그것이 지구였다.…다른 곳에는 생명이 없다. 자신의 생명과 지구의 생명이 가느다란 한 가닥 실로 연결되어 있고, 그것은 언제 끊어져 버릴지 모른다. 둘 다 약하디약한 존재다. 이처럼 무력하고 약한 존재가 우주 속에서 살아가고 있다는 것, 이것이야말로 신의 은총이라는 사실을 아무런 설명 없이도 느낄 수 있었다"(김기석 2018, 217에서).

5) 짐승들의 세계에도 우두머리가 있다. 그러나 어떤 특정한 짐승의 종(種)이 자기를 자연 전체의 중심에 세우는 일은 없다. 수많은 동물과 식물의 종들이 무리를 이루어 함께 살아갈 뿐이다. 이에 반해 인간은 자기가 세계의 중심인 것처럼 행세한다. 이에 자연계시는 인간에게 말한다. "너희를 자연의 중심이라고 생각하지 말아라! 자연 없이 너희가 살 수 없음에도 불구하고 어찌 너희를 자연의 중심이라고 생각하느냐? 자연 자체 속에는 "중심"이란 것이 없다. "위"도 없고 "아래"도 없다. 상생이 있을 뿐이다. 인간이여, 자연과 함께 자연처럼 사는 법을 배워라! 지금도 팽창하고 있는 광대한 우주 앞에서 너희는 한 알의 작은 먼지보다 더 작은 존재라는 사실을 인지하여라! 자연이 너희 인간을 위해 존재한다고? 그것은 착각이다. 우리는 너희를 위해 존재하지 않는다. 우리는 우리 자신을 위해 존재함으로써 너희의 생존을 가능케 할 뿐이다. 인간이여, 너희가 살고자 하거든 자연 앞에서 겸손하여라! 자연을 경외하여라! 자연의 존엄성을 존중하여라! 자연의 질서를 지켜라! 이를 지키지 않으면 너희 자신의 생명이 위험해진다! 너희가 그렇게도 사랑하는, 그래서 모두 의사나 법조인이 되기를 바라는 너희 자녀들의 생명도 위험해진다!"

6) 자연은 인간의 몸이 거기서 나온 인간의 본향이요 삶의 기초란 사실을 자연은 계시한다. 자연은 인간의 생명에 필요한 물질을 제공할 뿐만 아니라 인간 자신의 몸을 구성한다. 그러므로 자연을 파괴하는 것은 인간 자신의 생명의 기초를 파괴하는 것이다. 자연을 역행하는 것은 자기의 생명을 역행하는 것이다. 인간이 건강하고 평화롭게 살기 원한다면 자연에 존재하는 생명의 기초를 지켜야 한다. 그는 자연과 더불어, 자연에 순응하

며 사는 지혜를 배워야 한다고 자연은 침묵 속에서 말한다.

이 지혜를 니체는 다음과 같이 이야기한다. 차라투스트라는 숲속에서 노인 성인(聖人)을 만난다. 어디를 가느냐는 노인의 질문에, 그는 사람들에게로 간다고 대답한다. 이에 노인은 이렇게 말한다. "인간에게로 가지 말고 이 숲에 머물러 있거라! 차라리 짐승들에게로 가거라!" 그럼 당신은 숲속에서 무엇을 하느냐고 차라투스트라가 묻자 노인은 이렇게 대답한다. "나는 노래를 작곡하고 그 노래를 부른다. 내가 노래를 작곡하고, 웃고, 울고 투덜거릴 때 나는 하나님을 찬양한다"(Nietzsche 1975, 7). 하나님을 찬양하는 길, 그것은 자연처럼 자연과 함께 울고 웃고 때로 투덜거리며 자연과 함께 사는 데 있다. 현대인의 많은 질병의 원인은 자연 없이, 자연에 역행하여 사는 데 있다는 것을 자연은 암시한다.

7) 침묵 속에서 자연은 말한다. "너희 인간은 우리를 너희 뜻대로 처리할 수 있는 물건처럼 대한다. 생명이 없는 물질 덩어리인 것처럼 취급한다. 그러나 우리도 너희처럼 하나의 생명체다. 너희 인간과 마찬가지로 우리도 우리 자신의 생산성과 주체성을 가진다. 너희 인간이 있기 전에 우리가 먼저 있지 않았느냐? 너희 인간들처럼 우리에게도 의식과 지각과 감성과 정보처리 능력이 있다. 그래서 기쁨과 슬픔과 아픔을 느낀다. 좋은 것은 좋아하고 싫은 것은 싫어한다. 너희 인간은 정보를 문자로 혹은 암호로 저장하는 반면, 우리는 그것을 기억 속에 저장한다. 우리의 감성은 너희 인간의 감성보다 수십 배 뛰어나다. 너희 인간에 의해 도살장으로 끌려가는 소가 눈물을 흘리는 것을 너희는 보지 못했느냐? 인간이여, 너희도 느낌을 지닌 존재가 되어라! 너희에 의해 파괴되고 로드킬로 죽임을 당하는 우리의 죽음과 슬픔을 함께 느끼는 인간다운 인간이 되어라! 하늘을 향한 우리의 울부짖음을 들어라!"

IV

자연은 하나님과 모든 피조물의 집이다

1. 자연은 하나님의 집이다

1. 일반적으로 기독교 신학은 자연을 하나님으로부터 분리되어 있는 것으로 생각한다. 하나님은 신(神)이요 자연은 비신적인 것, 하나님의 피조물에 불과한 것으로 구별하기 때문이다. 물론 이 구별은 타당하다. 하나님만이 신이요 자연은 하나님의 피조물이다. 그러나 이 구별은 하나님과 자연의 분리를 뜻하지 않는다. 오히려 하나님은 그의 영을 통해 자연 안에 계신다는 생각을 우리는 성서에서 발견할 수 있다. 하나님이 자연 안에 계신다면 자연은 하나님이 그 안에 계신 하나님의 집, 하나님의 처소라는 생각이 성서에 나타난다. 예를 들어 야곱은 형 에서를 피하여 외삼촌 라반에게로 도피하던 중 벧엘에서 잠들었을 때, 다시 그의 땅으로 데려오겠다는 하나님의 약속을 받는다. 꿈에서 깨어난 야곱은 그가 머물던 곳을 "하나님의 집"이라고 고백한다(창 28:17). 출애굽하여 가나안 땅을 점령하던 여호수아

도 자기가 머물던 곳을 "하나님의 집"이라고 말한다(수 9:23). 그리고 사사기 저자는 단 지파가 살던 실로를 가리켜 "하나님의 집"이라고 부른다(삿 18:31). 다윗 왕이 하나님을 위해 성전을 건축하려고 할 때 하나님은 그의 백성이 가는 곳에는 어디에나 계신다고 하면서 성전 건축을 반대한다(대상 17:1-8). 솔로몬 왕이 성전을 건축하고 봉헌기도를 드릴 때 그는 온 우주가 하나님이 거하시는 하나님의 처소라고 고백한다. "저 하늘, 저 하늘 위의 하늘이라도 주님을 모시기에 부족할 터인데, 내가 지은 이 성전이야 더 말해 무엇 하겠습니까?"(대하 6:18) 바울은 그리스도인들을 가리켜 "하나님의 집"이라고 부른다(고전 3:9). 곧 그리스도인들이 있는 모든 곳에 하나님의 집이 있다는 것이다. 이에 상응하여 요한계시록 21:3은 "하나님의 집이 사람들 가운데 있다"라고 말한다. 결론적으로 하나님과 세계 곧 자연은 구별되지만, 하나님은 자연 안에 계시며 자연은 하나님이 그 안에 계시는 하나님의 집이라는 것이다.

이에 대한 신학적 근거를 우리는 하나님의 삼위일체적 창조에서 볼 수 있다. 하나님은 성령의 힘을 통해 피조물의 세계를 창조하며, 피조물의 생명의 힘으로서 피조물의 세계 안에 계신다. 성령, 곧 하나님의 영은 "역사와 사회에서뿐 아니라 자연 속에 거하시고 역사하신다"(권진관 2002, 270). 하나님의 영은 모든 피조물의 생명을 생동케 하는 힘, 곧 생명의 힘의 원천으로서 피조물 안에 계신다(참조. 창 2:17). 그렇다면 피조물의 세계는 하나님이 그의 영을 통해 그 안에 계시는 곳, 곧 하나님의 집이라 말할 수 있다.

이것을 우리는 하나님의 사랑에서 추론할 수 있다. 사랑이란 내가 네 안에 거하고 네가 내 안에 거함을 뜻한다. 곧 내가 너의 집이 되고, 네가 나의 집이 되는 것을 말한다. 하나님이 세계를 사랑한다면(요 3:16), 하나님은 세계가 그 안에 거하는 세계의 집이 되고 세계는 하나님이 그 안에 거하는 하나님의 집이 된다. "우리는 하나님 안에서 살고, 움직이고, 존재하고 있습니다"라는(행 17:28) 바울의 말씀은 하나님이 피조물 세계의 집이라는 것을 말한다.

그러나 이 같은 생각은 자연의 현실을 간과한 추상적 이론이 아닌가? 오늘 우리가 그 속에 살고 있는 자연은 "죽음과 슬픔과 울부짖음과 고통"으로 가득하지 않은가? 자연 전체가 쓰레기장으로 변모하고 수많은 생물이 인간의 무절제와 탐욕으로 죽음의 위협을 당하고 있지 않은가? 물론 그렇다. 그럼에도 우리는 피조물의 세계 속에 하나님의 사랑의 영이 머물고 있음을 볼 수 있다. 자연의 생물들은 위험을 감지하면 다른 생물에게 신호를 보내어 자기를 보호하도록 도와준다. 땅 위의 버섯들은 실핏줄 뿌리를 통해 나무에 정보를 전달한다. 동물과 식물 등 거의 모든 생물이 외부 정보를 교환한다. 살아남기 위해 투쟁할 때도 있지만 서로 도와가며 공생하는 모습에서 우리는 피조물의 세계 안에 계신 하나님의 영을 볼 수 있다.

칼뱅에 따르면 하나님의 사랑의 영, 곧 성령은 생명을 살리며 생동케 하는 "생명의 샘"(fons vitae)이다. 성령은 "어디에나 부어져서, 하늘과 땅에 있는 모든 것을 유지하고 성장케 하며 살리는 자다"(Inst. I.13). 성령의 내재에 대한 칼뱅의 생각은 우주 안에 있는 세계영혼의 내재에 대한 스토아 철학 사상과 매우 가깝다. 그러나 성령에 대한 칼뱅의 생각은 기독교의 삼위일체론을 통해 스토아 철학의 범신론에서 구별된다. 성령은 모든 피조물의 "생명의 샘", 생명력의 근원으로 내재하지만 피조물의 세계로 폐기되지 않고 삼위일체의 제3품격으로 존속하기 때문이다.

2. 성서는 첫 책에서부터 하나님을 세계 속에 계신 분으로 이야기한다. 이를 보여주는 대표적인 예가 하갈과 이스마엘 이야기다. 하갈과 아들 이스마엘이 사라의 미움으로 쫓겨나 광야를 헤매다가 물이 떨어져 이스마엘이

죽을 지경이 된다. "아이가 죽어가는 꼴을 차마 볼 수가 없구나" 하고 하갈이 통곡할 때, "하나님이 그 아이가 우는 소리를 들으셨다.…하나님이 그 아이와 함께 계시면서 돌보셨다"(창 21:8-20). 이 감격스러운 이야기에 따르면, 하나님은 하갈이 어린 이스마엘을 데리고 광야를 헤맬 때 하갈과 이스마엘이 있는 바로 거기에 계셨다. 그는 하늘에 머물지 않고 신음하는 피조물들 가운데 현존한다.

피조물의 세계 속에 있는 하나님의 현존은 출애굽 이야기에도 나타난다. 하나님은 하늘에 머물러 계시지 않고 그의 백성 가운데 계신다. 그는 자기 백성이 당하는 고통을 보며 그들의 부르짖음을 듣는다. 이집트를 탈출한 이스라엘 백성이 광야로 행군할 때 하나님이 "낮에는 구름기둥으로 함께 가시며 길을 인도하시고 밤에는 불기둥으로 앞길을 비추어 주셨다"(출 13:21)라는 이야기는 피조물 가운데 계신 하나님의 현존을 나타낸다. 하나님은 "이스라엘 자손 가운데 머물면서 그들의 하나님"이 되신다 (29:45).

고대 시대에 범신론적 세계관은 보편적 현상이었다. 신(神) 혹은 신적 영이 모든 것 안에 현존한다고 사람들은 믿었다. 온 세계가 신의 처소로 생각되었다. 구약성서 역시 당시의 세계관에 따라 온 세계를 하나님이 그 안에 계신 하나님의 처소, 하나님의 집으로 생각하였다. 물론 구약성서는 범신론적 세계관에 함몰되지 않고 하나님과 세계를 구별하였다. 그러나 온 세계 속에 신이 현존한다는 고대의 종교적 세계관을 공유하였다.

고대 시대의 또 한 가지 공통된 요소는 신이 그 안에 거한다고 믿는 신전 혹은 성전이었다. 우리가 아는 모든 세계 제국들은 신전을 가지고 있었다. 그런데 구약성서의 하나님은 신전 건축을 반대한다. 이것은 세계사에서 매우 특이한 일이다. 그 이유는 무엇인가? 온 세계가 하나님이 그 안에 거하는 하나님의 집이기 때문이다. 하나님의 집은 인간의 손으로 만든 성전에 제한되지 않는다. 하늘이 그의 보좌요 온 땅이 그의 발 받침대다(사 66:1). 신약성서는 구약성서의 이 생각을 계승한다. "주님께서 말씀하신다. 하늘은 나의 보좌요 땅은 나의 발판이다. 너희가 나를 위해서 어떤 집을 지어 주겠으며 내가 쉴만한 곳이 어디냐? 이 모든 것이 다 내 손으로 만든 것이 아니냐?"(행 7:49).

하나님이 성전 건축을 반대하는 또 하나의 이유는 성서의 하나님에게 중요한 것은 성전이 아니라 그 땅에 하나님의 정의와 자비를 실천하는 데 있기 때문이다. 거대한 성전은 필연적으로 종교의 타락을 초래하기 때문이다.[2] 여하튼 신이 신전 건축을 반대하는 것은 세계사에서 다시 볼 수 없는 일이다.

3. 성문서와 예언서에서도 우리는 자연을 하나님의 집으로 보는 세계관을 볼 수 있다. 잠언에 따르면 창조자 하나님은 "지혜로 세계를" 지으셨다(잠 3:19). "주께서 일을 시작하시던 그 태초에, 주께서 모든 것을 지으시기 전에, 이미 주께서는 나(지혜)를 데리고 계셨다. 영원 전, 아득한 그 옛날, 땅도 생기기 전에, 나는 이미 세움을 받았다.…주님께서 하늘을 제자리에 두시며, 깊은 바다 둘레에 경계선을 그으실 때도 내가 거기에 있었다. 나는 그분 곁에서 창조의 명공이 되어, 날마다 그분을 즐겁게 하여 드리고…"(8:22-31). 시편 저자도 하나님은 모든 것을 "지혜로 만드셨다", "지혜로 하늘을" 지으셨다고 말한다(시 104:24; 136:5). 예언서도 그가 "지혜로 땅을" 세우

---

2 거대한 성전 혹은 신전은 사실상 왕의 권력과 영광을 과시하고 국가 권력을 집중화하고자 하는 인간적, 이기적 의도를 가지며 정치권력과 결탁하여 세속적 힘과 권위와 영광을 얻고자 하는 성직자 계급의 온상이 되기 때문이다. 솔로몬 왕이 성전을 세웠지만, 솔로몬 왕 자신은 물론 제사장들도 타락에 빠졌고 나라는 멸망하였다. 이 역사적 사실은 거대한 성전이 민족의 운명을 지켜주지 못하며 오히려 국가멸망의 원인이 된다는 것을 보여준다. 한국의 초대형교회도 마찬가지다. 그것은 하나님의 영광이 아니라 하나님 모독이다.

셨다고 말한다(렘 10:12; 51:15).

고대 알렉산드리아에 살던 유대인 철학자 필론(Philo)은 하나님의 딸 지혜(hokma)를 로고스(Logos)로 번역하였다. 따라서 요한복음이 말하는 "로고스" 곧 "말씀"은 "지혜"를 말하며, 예수 그리스도를 가리킨다. 사실 신약성서에서 예수에게 붙여진 최초의 이름은 "지혜"(sophia)였다. 하나님이 "지혜로 세계를" 지으셨다는 것은 참 지혜이신 예수 그리스도와 함께 세계를 지으셨다는 것을 말한다. 하나님은 그리스도, 곧 지혜로 세계를 지으셨기 때문에 세계의 모든 것 안에 하나님의 지혜가 주어져 있다. 그리스도께서 계신 곳에 하나님이 함께 계시듯이 지혜가 있는 곳에 하나님이 계신다. 지혜를 통해 하나님은 세계의 모든 것 안에 현존한다. 지혜가 그 속에 있는 온 세계가 하나님이 그 안에 계신 하나님의 처소다. 이것을 우리는 도마복음 어록 77에서 볼 수 있다. "나는 모든 것 위에 있는 빛이다. 나는 만유다. 만유가 내게서 나왔고, 만유는 내게로 돌아온다. 나무를 쪼개보아라. 내가 거기에 있다. 돌을 들어보아라. 그러면 너희는 나를 발견할 것이다."

동학사상에서도 우리는 이 같은 생각을 볼 수 있다. 천지 만물이 한울님 곧 하나님을 모시고 있다. 먹을 음식물도 하나님을 모시고 있다. 모든 사람이 그 마음속에 하나님을 모시고 있다(侍天主). 하나님을 모시고 있는 모든 사물의 세계가 곧 하나님의 집이다. 그러나 동학사상은 인시천(人是天), "사람이 곧 하나님이다"라고 말한다. 이것은 지나친 비약이다. 사람이 하나님이라면 하나님은 사라지고 사람만 있을 것이다.

4. 유대교 신비주의 카발라(kabbalah) 신학의 쉐키나(Schekinah) 사상도 자연을 하나님의 집으로 이해한다. 쉐키나는 "거주", "임재"를 뜻하는 단어로, 하나님께서 그의 백성과 함께 계시며 고난의 길을 함께 가신다는 것을 뜻한다. 유대교 신학자 로젠츠바이크에 의하면 "쉐키나, 곧 인간을 향한 하

나님의 내려오심과 그들 가운데 거하심은 하나님 자신 안에서 일어나는 구별로 표상된다. 하나님은 자기를 자기 자신에게서 구별하며, 그의 백성에게 자기를 내어주며, 그들의 고난을 함께 당하며, 그들과 함께 낯선 곳의 고통 가운데서 유리한다"(Rosenzweig 1954, 192).

하나님의 쉐키나는 구약성서에서 유래한다. 하나님은 계약을 통해 이스라엘 백성과 함께 계시며 그들을 지키기로 약속한다. "내가 이스라엘 자손 가운데 머물면서…"(출 29:45). 이스라엘 백성은 하나님과 함께하며 그의 율법을 지키기로 약속한다. 하나님의 쉐키나는 법궤(혹은 증거궤)에서 이루어진다. 법궤가 있는 곳에 하나님이 함께 계시며, 거기서 인간을 만난다(출 25:22). 법궤가 이동할 때 하나님의 쉐키나도 함께 이동한다. 이 법궤를 다윗이 예루살렘으로 가져오고, 솔로몬은 법궤가 있는 예루살렘에 성전을 건축한다. 이제 하나님은 성전의 가장 거룩한 곳, 곧 법궤가 있는 지성소 안에 거하신다.

기원전 587년 남 유다가 멸망하고 성전이 파괴되었으며, 바빌로니아 포로 생활이 뒤따른다. 하나님은 본향을 잃어버리고 포로가 되어 바빌로니아로 끌려가는 그의 백성과 함께 계신다. 그는 억압과 멸시를 당하며 포로 생활을 하는 그의 백성들 가운데 거하신다. 이 백성에게 일어나는 일은 하나님 자신에게 일어난다. "그들이 고난을 받을 때 주님께서도 친히 고난 받으셨다"(사 63:9). 그는 하늘에 계신 동시에 이 땅의 비참한 자들, 굴욕을 당하는 자들 가운데 거하신다. "내가 비록 높고 거룩한 곳에 있으나, 겸손한 사람과도 함께 있고, 잘못을 뉘우치고 회개하는 사람과도 함께 있다"(57:15). 하나님이 거하시는 하나님의 집이 그의 백성들 가운데 있을 것이라고 하나님은 약속한다. "내가 살 집이 그들 가운데 있을 것이며, 나는 그들의 하나님이 되고, 그들은 내 백성이 될 것이다"(겔 37:28). 요한계시록 21:3은 이 말씀을 계승한다. "보아라, 하나님의 집이 사람들 가운데 있다. 하나님이 그들과 함께 계실 것이요, 그들은 하나님의 백성이 될 것이다."

5. 하나님의 성육신은 하나님이 피조물들 가운데 현존하게 되는 결정적 사건이다. 요한복음 서론에 따르면, "말씀이 육신이 되어 우리 가운데 거하였다"(요 1:14). 하나님이 인간의 육을 자기 자신의 것으로 취하시고 예수의 육체 안에서 피조물들 가운데 계신다. 하나님의 집이 피조물들 가운데 있다. 왜 거룩한 하나님이 하늘에 계시지 않고 피조물들 가운데 계시는가? 그는 사랑이기 때문이다. 그는 피조물의 세계를 사랑한다(요 3:16). 사랑이란 내가 너 안에, 내가 너 안에 있음을 말한다. 따라서 "하나님이 세계를 사랑한다"는 말씀은 하나님이 온 세계 안에 거하신다는 것을 말한다. 곧 세계는 하나님이 그의 영을 통해 그 안에 거하는 하나님의 집이다. 이 하나님의 집은 예수를 하나님의 아들 메시아로 고백하는 그리스도인들과 그들의 공동체 안에 있다. 그리스도인들과 그들의 공동체는 하나님이 그 안에 계시는 "하나님의 집"이요 "성령의 전"이다(고전 6:19).

그러나 하나님의 집은 그리스도인들과 그들의 공동체 안에 제한되지 않는다. 하나님은 예수 그리스도의 부활을 통해 온 세계가 그의 집이 될 것이라고 약속한다. 그리스도께서 그의 사역을 완성하시고 그의 나라를 아버지 하나님께 넘겨주실 때 하나님이 만유 안에 거하실 것이다. 하나님이 "모든 것 안에서 모든 것"이 되실 것이다(고전 15:28). 모든 것이 아버지 하나님의 아들 그리스도를 머리로 하여 "하나"로 통일될 것이다(엡 1:10). 하나님의 집이 사람들 가운데 있을 것이다(계 21:1-4). 온 땅에 하나님의 영광이 가득할 것이다(사 6:3).

2. 만물 속에 내재하는 하나님의 신성

1. 온 세계가 하나님의 집이라면 하나님의 신성은 온 세계 안에 있다고 말할 수 있다. 그러므로 온 세계가 하나님과 하나님의 뜻을 계시한다. 종말에 완성될 하나님의 영광의 광채가 자연 안에 나타난다. 그러나 이것은 세계의 신격화가 아닌가? 그것은 범신론이 아닌가? 그것은 창조신앙이 말하는 세계의 탈신성화에 모순되지 않는가?

이 질문에 대해 성서는 다음과 같이 모순되는 것처럼 보이는 통찰을 보여준다. 한편으로 성서는 하나님이 그의 숨결, 그의 영(*ruah*)을 통해 피조물들 안에 있다고 말한다(시 104:30). 다른 한편 성서는 하나님을 세계의 모든 피조물과 동일시될 수 없는 "전적 타자"로 표상한다. 하나님의 이름이 무엇이냐고 묻는 모세의 질문에 대해 하나님은 "나는 곧 나다"(미래형; "나는 나일 것이다")라고 대답한다(출 3:13-14). 하나님의 이 같은 대답은 하나님이 자기 이름을 모세에게 가르쳐주지 않는다는 것을 뜻한다. "나는 곧 나다"라는 말이 이름이 될 수 없기 때문이다. 왜 하나님은 자기의 이름을 가르쳐주지 않는가?

세계의 모든 사물은 이름을 가진다. 이 이름들은 인간이 자기와의 관계에서 정한 것이다. 이름을 통해 인간은 그 자신과 관계되는 사물의 본질을 규정한다. "규정"한다는 것은 자신의 관심과 관점에 따라 "제약"한다는 것을 뜻한다. 제약함으로써 그는 그 사물을 지배한다. 어떤 대상의 본질을 규정하고 규정함으로써 파악한다는 것은 그 대상에 대한 지배 행위다. 그것은 파악하는 인간과 파악되는 대상의 존재적 유사성 내지 유비성(*analogia entis*)을 전제한다. 대상과 나 사이에 상통하는 유사성이 있기 때문에 대상을 파악할 수 있고 인식할 수 있다. 어떤 대상이 나와 아무런 존재적 유사성을 갖지 않을 경우 그 대상은 나에게 파악될 수 없는 신비로 남게 된다. 하나님이 모세에게 자기의 이름을 가르쳐주지 않는다는 것은 하나님과 피조물 사이에 "*analogia entis*"가 없다는 것을 말한다. 피조물에 대해 하나님은 "전혀 다른 존재", "전적 타자"(*totaliter aliter*)임을 말한다. 하나님은 피조물에게 "전적 타자"이기 때문에 그는 피조물과 혼동될 수 없다는 것이다.

전적 타자가 전적 타자 안에 거할 수 있는 길은 무엇인가? 그 길은 하나님의 사랑의 영(*ruah*)에 있다. 하나님은 사랑의 영을 통해 피조물 안에 있다. 이 영을 통해 하나님의 신성이 피조물 안에 있게 된다. 이것을 가리켜 우리는 세계의 신격화라고 말할 수 없다. 비록 하나님의 신성이 피조물 안에 있을지라도 하나님은 "전적 타자"로서 피조물과 구별된다. 하나님과 하나님의 신성이 세계 안에 있을지라도 하나님은 하나님으로, 세계는 세계로 구별된다. 세계는 신격화되지 않는다.

2. 여기서 우리는 하나님의 창조를 통한 "자연의 탈신성화(Entdivinisierung)"를 해명할 필요가 있다. 자연의 탈신성화는 자연 전체를 신적 존재로 보는 고대의 신화적 세계에서 자연의 그 무엇도 신적 존재가 아님을 뜻한다. 그것은 하나님의 신성이 자연 안에 "없다"는 것을 말하는 것이 아니라 자연은 하나님이 아님을 뜻할 뿐이다. 인간의 운명을 결정하는 신화적 힘이 없다는 것을 뜻할 뿐이다. 이로써 자연의 마력에서 인간의 해방이 일어난다. 자연은 자연으로서, 하나님의 피조물로서 자기의 위치를 갖게 된다. 그러나 자연은 하나님의 영을 통해 그 안에 하나님의 신성이 거하는 하나님의 집이 된다. 그 속에 하나님의 영광과 하나님 나라의 광채가 있다.

그러나 지금 우리가 삶의 터전으로 삼고 있는 자연은 하나님의 신성과 영광 대신에 이기적인 악령으로 신음 속에 있지 않은가? 그런데도 자연을 하나님의 신성과 영광이 거하는 하나님의 집이라고 말하는 것은 악령에 붙들려 신음하는 자연의 현 상태를 정당화하는 것이 아닌가?

이 질문에 대해 우리는 다음과 같이 대답할 수 있다. 인간의 탐욕의 영으로 인해 자연은 신음 가운데 있다. 하나님의 영광이 아니라 악령의 영광이 자연을 지배하는 것처럼 보인다. 그런데도 하나님의 신성과 영광이 자연 안에 남아 있다는 것을 우리는 자연 속에서 볼 수 있다. 앞서 언급한 바와 같이 동식물들도 서로 친교하며 외부 정보를 주고받는다. 건물 지붕이나 나뭇가지 위에 앉아 지저귀는 새들의 소리를 들어보면 그들 나름의 언어를 가지고 서로 교통한다는 것을 느낄 수 있다. 철새들이 이동할 때 맨앞에서 나는 새가 공기저항을 당함으로써 뒤에 있는 새들이 편하게 날도록 배려한다. 맨 앞에서 공기저항을 계속 당하는 일이 힘들기 때문에 철새들은 서로 바꾸어가며 맨 앞자리에 선다고 한다. 인간의 실수로 온 산이 불에 타 폐허처럼 되지만, 곧 새로운 식물의 싹이 솟아나고 오래지 않아 새로운 생명의 세계를 이루어 하나님의 신성과 영광을 계시한다. 사람을 좋아하여 사람의 뒤를 따르는 돌고래의 모습, 이것을 좋아하고 기뻐하는 사람들의 마음에서 우리는 자연과학적으로 도저히 설명할 수 없는 신비로움을 볼 수 있다. 그 속에서 하나님의 신성의 빛을 볼 수 있다.

고대로부터 유대교 하시디즘은 하나님의 신성이 피조물 안에 있다고 믿었다. 하시디즘(Hasidism)이라는 개념은 히브리어로 "경건한 자"를 뜻하는 "하시드"라는 단어에서 유래하는 것으로, 율법을 철저히 지키고자 하는 유대교 경건주의적 정통파를 말한다. 이들은 하나님의 신성한 빛이 만물 속으로 스며들어 만물에 신성이 깃들어 있다고 믿었다.

자연이 하나님의 집이라면 하나님은 자연 바깥에 있다가 가끔 자연 속으로 개입하는 분이 아니라 자연의 삶 속에서 계속하여 작용하는 분이라 말할 수 있다. 그는 생명의 힘, 사랑의 힘으로서 자연 만물 안에 내재하며 그들 안에서 작용한다. 사랑의 힘으로서 하나님은 피조물 안에 계시면서 안으로부터 영향을 주고, 감화시키고, 상부상조와 상생의 힘을 준다. 인간의 탐욕으로 말미암아 자연이 훼손되고 신음할지라도 하나님의 신성과 영광이 자연 안에 남아 있다. 하나님의 영이 그들 안에 임재하기 때문이다.

3. 사랑은 강요하지 않는다. 사랑은 상대방의 자유를 허용한다. 따라서 피조물의 세계 안에 계신 하나님은 피조물들을 강요하거나 강압하지 않는다. 사랑으로 그들을 설득하고 영향을 준다. 사랑의 영을 통해 자연 안에 임재하는 하나님은 피조물이 생명을 생동케 하며 그들을 새롭게 변화시키고자 한다. 모든 생명은 하나님의 사랑의 영 안에서 살며 활동한다. 모든 피조물 안에 사랑의 영이 있고 사랑의 영 안에 하나님이 현존(임재)한다. 그러나 피조물의 세계 속에는 이기적 본성이 함께 작용한다. 미움과 증오와 분리와 투쟁이 일어난다. 이기적 본성은 피조물의 상생을 파괴하고 생명을 죽이는 반면, 하나님의 사랑의 영은 생명을 결합시키고 상생하게 하는 힘으로 작용한다.

우리가 이웃을 미워하고 증오할 때 미움과 증오를 받는 사람은 물론 미워하고 증오하는 우리 자신의 얼굴이 이지러지고 어둡게 된다. 우리의 얼굴이 이지러지고 어둡게 된다는 것은 우리의 생명이 파괴된다는 것을 뜻한다. 생명이 파괴되면 괴로워서 얼굴이 어둡고 이지러지게 된다. 반면 우리가 사랑할 때 사랑을 받는 사람은 물론 사랑을 베푸는 우리 자신의 얼굴도 밝아진다. 왜 얼굴이 밝아지는가? 마음이 기쁘기 때문이다. 곧 생명이 생동하기 때문이다. 사랑이 있는 곳에 삶은 생동케 되고 새로운 가능성을 실현한다.

자연계시가 가능한 이유가 여기에 있다. 인간의 이기심과 탐욕으로 말미암아 자연 속에 있는 하나님의 신성이 훼손되나 완전히 사라지지는 않는다. 그러므로 자연은 하나님을 계시할 수 있다. "하늘은 하나님의 영광

을 드러내고, 창공은 그의 솜씨를 알려준다…"(시 19:1-4). "이 세상 창조 때
로부터 하나님의 보이지 않는 속성, 곧 그분의 영원하신 능력과 신성을 그
가 지으신 만물을 보고서 깨닫게 되어 있다"(롬 1:20). 하나님의 숨, 곧 "생
명의 힘(ruah)"이 그들 안에 있기 때문이다(창 2:7; 참조. 시 104:29).

　　도스토옙스키의 작품『카라마조프의 형제들』에서 수도원장 조시마
장로는 수도원을 떠나 세속으로 돌아가게 된 알료사에게, 어느 젊은이와
나눈 이야기를 들려준다. "우리는 하느님께서 내리신 이 지상의 아름다움
과 위대한 신비에 관해 이야기를 나누었다. 한 줄기의 풀잎, 한 마리의 곤
충, 한 마리의 개미, 한 마리의 꿀벌, 이 모든 것이 지성을 갖지 못했으면서
도 신기하리만큼 자기들이 가야 할 길을 알고 있고 하느님의 신비를 대변
해 주고 있으며, 그들 자신이 끊임없이 그것을 수행하고 있다.…모든 것이
다 즐겁고 아름다운 거지. 즉 모든 것은 진리니까." "모든 창조와 창조물은
나뭇잎 하나하나까지 하느님의 말씀을 지향하여 나아가는 것이고, 하느님
의 영광을 노래하며 그리스도를 위해 기쁨의 눈물을 흘리고 있는 거야. 그
러나 그 자신은 그것을 전혀 의식하지 못하고 있지"(423f.).

　　도스토옙스키의 이 같은 말에 따르면, 인간의 이기심과 탐욕으로 인
해 온 세계가 죄악과 고난 속에 있지만 하나님의 신성이 모든 피조물 안에
남아 있다. 그러므로 모든 피조물이 "자기들이 가야 할 길을 알고 있고 하
느님의 신비를" 나타낸다. 거짓된 것도 많지만 모든 것이 아름답고 진리다.
나뭇잎 하나까지 하나님의 말씀을 지향한다.

　　도스토옙스키의 이 말은 세계사의 목적을 가리킨다. 역사의 마지막
에 자연은 하나님의 신성과 영광으로 가득할 것이다. 만물이 상부상조하
며 상생하는 세계가 완전하게 이루어질 것이다. 만물이 하나님의 신비를
계시하고 그의 영광을 나타낼 것이다. 온 우주가 하나님이 그 안에 거하는
"하나님의 집"이 될 것이다.

3. 자연은 모든 생명의 집과 본향이다

1. 자연 속으로 들어가면 심신의 편안함을 느낀다. 그래서 사람들은 자연을 찾는다. 자연은 우리의 본향이요 우리가 그 속에서 살아야 할 집이기 때문이다. 집과 본향은 우리에게 안식을 주며 존재의 뿌리와 정체성을 확인시켜 준다.

전통적으로 한국인은 자연을 본향으로 생각하였다. 땅 위에서 살다가 땅으로 돌아간다고 생각하였다. 자연과 조화 속에서 사는 것을 이상으로 생각하였다. 이 생각은 한국의 전통 건축 양식과 정원의 모습에 나타난다. 한국의 기와집은 그 뒤에 서 있는 산의 높이를 넘어서지 않는다. 창경궁도 그 뒤에 서 있는 인왕산이나 북한산 높이를 넘어서지 않는다. 기와지붕의 곡선은 자연과 조화되는 모습을 보인다. 많은 서양 관광객들이 한국의 전통 건물이 아름답다고 하는 이유가 여기에 있다. 서양의 네모난 높은 건축 양식과 매우 다르다.

또 한국의 전통 가옥은 흙으로 벽을 만들고 그 위에 도배를 한다. 흙으로 만든 벽은 벽돌로 만든 벽과 비교할 수 없이 안락하다는 것을 필자는 몸으로 체험한 적이 있다. 언젠가 어느 무더운 주말에 필자는 동해안으로 갔다. 해변에 있는 좋은 민박들은 만원이어서 해변에서 멀리 떨어진 한적한 마을의 민박을 얻었다. 그 방의 모든 기둥은 나무였고 벽은 흙벽이었다. 더워서 방바닥에 누웠더니 그 서늘함과 쾌적함은 말로 표현할 수 없을 정도였다. 시멘트 벽돌 집에서 느낄 수 없는 전혀 다른 느낌이었다. 이에 필자는 자연의 귀중함과 조상들의 지혜를 느낄 수 있었다. 온돌도 자연친화적이다. 서양식 라디에이터로 난방을 하면 물 온도를 최소 60도로 올려야 하는데, 온돌 난방을 할 경우 물 온도를 40도로만 올려도 충분하다는 얘기를 독일의 어느 건축업자에게서 직접 들었다.

그러나 1970년대 이후 한국 사회의 산업화 과정에서 자연 친화적 삶의 양태는 사라지고 자연을 거스르는 삶의 양태가 나타나기 시작하였다. 초가집, 기와집은 전근대적 유물로 취급되어 사라지고 벽돌과 시멘트로 지어진 아파트 혹은 다세대 주택(우습게도 우리는 것을 "빌라"라고 부른다)들이 들어서기 시작하였다. 자연과 어우러진 건축 양식은 사라지고 성냥갑처럼 네모진 아파트들이 전국 각지에 즐비하다. 대도시에서는 점점 더 자연이 사라지고 있다.

더 많은 돈을 소유하는 것을 최고의 가치와 목적으로 생각하는 자본주의 체제 속에서 우리는 자연을 우리의 본향으로 생각하기보다는 최대한의 효용 가치를 얻어야 할 대상으로 생각하는 데 익숙하여졌다. 아파트는 우리가 살아야 할 집이 아니라 투자품목으로 생각된다. 그래서 땅 위에 세워진 단독주택보다 공중에 떠 있는 아파트 가격이 더 비싼 기현상이 나타난다. 자연은 생산에 필요한 재료를 제공해야 할 재료 공급원이요, 우리가 쓰다가 버린 폐기물을 처리해야 할 쓰레기장이나 정화시설로 취급된다.

자연에 대한 이 같은 인식은 오늘날 산업사회의 보편적 인식으로, 인간을 비자연화시키는 동시에 자연을 비인간화시킨다. 인간이 자연에게 낯설게 되는(Entfremdung) 동시에 자연이 인간에게 낯선 것이 된다. 도심에서 성장한 아이들은 자연을 모른다. 마르크스는 근대 초기 자본주의 사회에서 이미 이것을 체험하였던 것으로 보인다. 그래서 그는 "인간의 자연화", "자연의 인간화"를 주장하게 된다. 생태여성신학자 셀리 맥페이그에 의하면, 우리는 너무 오랫동안 지구를 호텔로 간주해 왔다. 곧 우리의 목적과 편리를 위해 일시적으로 사용하고 버려야 할 물건과 같은 것으로 생각해 왔다. 이제 우리는 지구를 호텔이 아니라 우리의 집과 본향으로 여겨야 한다(McFague 1993, 56f.).

2. 전체적으로 성서는 인간중심의 책인 것처럼 보인다. 인간의 구원이 성서의 중심문제라는 것이다. 그런데 우리는 성서에서 자연을 모든 피조물의 본향과 집으로 생각하는 고대인들의 보편적 인식도 발견할 수 있다. 몇 가지 단서를 찾아보자.

1) 창세기 1장의 창조설화는 하나님이 지으신 모든 피조물이 서로 연결되어 있는 생명의 집을 보여준다. 이 집을 떠나 자기 홀로 생존할 수 있는 피조물은 전혀 없다. 인간도 마찬가지다. "너희는 흙이니 흙으로 돌아갈 것이다"라는 창세기 3:19 말씀에서 흙, 곧 자연은 인간의 본향으로 생각된다. 이 생각은 성서의 기본 신앙으로 나타난다(창 3:19; 욥 34:15; 전 3:20). 우리는 "흙 속에서" 쉬게 될 것이다(욥 17:16; 21:26). 히브리어로 인간 곧 "아담"(adam)은 땅을 뜻하는 "아다마"(adamah)에서 유래한다. 이것은 인간과 땅 곧 자연의 분리될 수 없는 관계성을 가리키는 동시에 자연이 인간의 본향이라는 사실을 잘 보여준다.

2) "생태학적 시편"으로 알려진 시편 104편은 자연이 그 속에 존재하는 모든 피조물의 집과 본향이 되는 세계관을 보여준다. 모든 피조물이 주어진 자연에 의존하며 자연에서 나오는 것으로 살아가는 집과 본향으로서의 세계를 보여준다. 골짜기마다 샘물이 솟아나 산과 산 사이로 흘러 숲을 이루게 하며 들짐승이 그 물을 마시고, 목마른 나귀들이 갈증을 푼다. 먹이를 달라고 울부짖던 어린 사자들은 해가 뜨면 물러가서 굴에 눕는다. "주님께서 호흡을 거두어들이시면, 그들은 죽어서 본래의 흙으로 돌아갑니다"(시 104:29).

3) 신약성서의 후기 문서들, 특히 요한 문서에서 우리는 고대 그리스 철학의 이원론과 묵시사상의 영향으로 인해 자연을 부정적인 것으로 보는 듯한 본문들을 자주 볼 수 있다. 세계는 빛으로 오신 그리스도를 "알아보지 못하였다"(요 1:10; 3:19). "나(그리스도)는 이 세상에 속하여 있지

않다"(8:23). "이 세상은 그 지혜로 하나님을 알지 못하였다"(고전 1:21). "여러분은 세상이나 세상에 있는 것들을 사랑하지 마십시오"(요일 2:15). 신약성서의 묵시적 본문들은 자연을 "불사르기 위하여 그 동일한 말씀으로 보존되고 있으며, 경건하지 못한 자들이 심판을 받아 멸망을 당할" 것으로 생각한다. 하늘은 "주님의 날"에 "불타서 없어지고", 땅의 모든 것이 불에 녹아버릴 것이다(벧후 3:7-12).

고대 그리스의 이원론과 묵시 문학의 이 같은 부정적 세계관에도 불구하고 신약성서는 자연을 모든 피조물의 집이나 본향으로 보는 고대인들의 보편적 세계관을 공유한다. 하나님께서 공중의 새를 먹이시며 들의 백합화와 들풀도 하나님께서 입히신다는 예수의 말씀은 이를 암시한다(마 6:26-32). "여우도 굴이 있고, 공중의 새도 거처(집)가 있다는" 예수의 말씀도 마찬가지다(마 8:20; 눅 9:58). 이 말씀은 "참새도 제집을 얻고, 제비도 새끼 둘 보금자리를 얻는다"는 시편 84:3으로 소급된다.

4) 사도 바울은 본래 유대교 사상을 깊이 연구한 유대교 학자였다. 그가 쓴 로마서는 학자로서 그의 뛰어난 면모를 보여준다. 그의 서신에는 고대 헬레니즘의 영향도 나타나지만 구약성서의 히브리적 사고가 곳곳에 나타난다. 히브리적 사고에 따라 그는 차안의 세계를 부정하지 않고 그것을 긍정한다. 에베소서 1장에서 그는 만물이 "그리스도 안에서" 하나로 통일되어 있고 만물이 "그 발아래" 복종하는 우주적 집을 시사한다(엡 1:10, 22). "땅에 있는 것들이나 하늘에 있는 것들이 다" 그리스도 안에서 하나로 화해될 것이다(골 1:20). "만물이 그분 안에서", "모든 것이 그분으로 말미암아" 창조되었다(1:16). 만물이 하나님 안에서 화해되어 상생하는 공동의 집을 이룰 것이다. 하나님이 "모든 것 안에서 모든 것"(*panta en pasin*, 새번역은 "만유의 주"로 번역)이 되실 것이란 바울의 말씀은(고전 15:28) 모든 것이 하나님 안에서 하나가 되어 공동의 집을 이루게 될 종말론적 미래를 암시한다.

5) 이 문제에 대한 궁극적 근거를 우리는 "하나님은 사랑이다"라는 성서의 대전제에서 찾을 수 있다. 사랑이란 내가 네 안에 있고, 네가 내 안에 있음을 말한다. 내가 너의 집이 되고, 네가 나의 집이 된다. 모든 피조물은 하나님의 사랑 안에서 창조되었다. 하나님의 사랑의 영이 생명의 힘으로서 그들 안에 있다. 따라서 피조물의 세계는 모든 피조물이 서로 연결되어 서로의 생명을 유지하는 공동의 집이다. 물론 그들은 서로 먹고 먹힘으로써 공동의 집을 유지한다.

3. 하나님의 집은 피조물의 집이기도 하다. 하나님은 자기의 집을 피조물에게 삶의 자리로 내어준다. 하나님의 집이 피조물의 집이 되고 피조물의 집이 하나님의 집이 된다. 사랑 안에 거하는 자는 하나님 안에 거하며 하나님이 그 안에 거한다(요일 4:12). 하나님의 사랑의 영 안에서 우리는 하나님 안에 거한다. 하나님은 우리가 그 안에서 먹고 마시고 활동하는 우리의 삶의 공간이 된다. 이것을 바울은 아테네 아고라 광장 연설에서 다음과 같이 말한다. "우리는 하나님 안에서 살고, 움직이고, 존재하고 있습니다"(행 17:28). 하나님이 어디에나 계신다면(無所不在), 우리는 하나님 안에 있고 하나님은 우리의 삶의 공간, 곧 우리의 집이 되신다. "주의 집에 거하는 자가 복이 있다"라는 시편 84:4 말씀도 이를 시사한다.

김흡영 교수도 자연, 곧 우주를 하나님의 집으로 파악하는 동시에 모든 피조물의 집으로 파악한다. 그에 따르면 "우주는 전 생명체의 근원이 되는 큰 몸이요, 생명이 숨 쉬고 사는 집이요, 하느님(한울님)이 생명의 살림살이 하는 한울(타리)인 것이다. 그리고 한울님(신), 우주, 생명(인간)은 모두 한(같은) 우리(한울)요, 같은 태극이니(一物一太極說), 곧 이 신우주인간의 삼재는 삼위일체적 하나"다(김흡영 2003, 38).

여기서 김흡영 교수는 다음과 같은 통찰을 보여준다. ① 하나님과 우주(자연)와 인간은 분리될 수 없는 "삼위일체적 하나"를 이룬다. ② 우주 곧 자연은 모든 생명체가 "숨 쉬고 사는 집"이요, 하나님이 "생명의 살림살이 하는 한울(타리)이다. ③ 모든 피조물이 하나님을 그 안에 모시고 있으며(侍天主), 하나님 안에서 숨 쉬며 살아간다(행 17:28). ④ 따라서 자연을 파괴하는 것은 하나님과 피조물의 공동의 집을 파괴하는 일이다.

그러나 김흡영 교수는 하나님이 사라질 수 있는 위험성을 보인다. 하나님과 우주와 인간이 서로 구별됨이 없는 "하나"라면, 그래서 하나님이 우주와 인간이고 우주와 인간이 하나님이라면, 사실상 하나님은 없는 모양새가 된다. 만일 하나님, 우주, 인간이 상호 구별됨이 없는 "하나"라면 우주와 인간을 구원할 수 있는 존재가 사라진다. 이러한 위험성을 면하기 위해 김흡영은 이 "하나"를 "삼위일체적 하나"라고 말한다. 그러나 "삼위일체적 하나"가 피조물의 "하나"와 동일시될 수 있는 위험성이 보인다. 성서가 말하는 "하나님의 집"은 하나님과 자연이 구별되지 않고 "하나"라는 것을 뜻하지 않는다. 그것은 하나님과 자연의 구별을 뜻하는 동시에 양자의 분리될 수 없는 관계성을 뜻한다. 곧 하나님과 자연의 구별 속에 있는 관계, 관계 속에 있는 구별을 뜻한다.

4. 하나님의 집, 피조물의 집은 결코 인간만을 위한 집이 아니다. 그것은 땅 위에 있는 모든 생명의 상생의 집이다. 그것은 모든 피조물의 어머니요 본향이다. 자연이 모든 피조물의 본향이요 집이라는 생각을 우리는 "자연"과 "물질"이란 개념의 라틴어 어원에서 볼 수 있다. "자연"(natura)은 "태어남"(natus)이란 단어에서 유래하며 "물질"(materia)은 존재하는 모든 것의 모체 혹은 자궁(matrix)인 어머니(mater)에서 유래한다. 둘 다 여성적 어원을 가진 여성형 명사다. 인간과 동물의 모든 생명이 거기서 태어나는 여성의 자궁은 모든 생명의 본향이다. 피조물에게 자연은 여성의 자궁과 같다.

그것은 어머니의 품과 같다. 우리가 자연 속에서 아늑함과 평화를 느끼는 것은 그것이 우리의 본향이요 우리가 그 안에 거해야 할 우리의 집이기 때문이다.

이 집은 하나님이 마련하신 것이다. 그것은 단지 인간만을 위한 것이 아니라 하나님이 지으신 모든 피조물을 위한 것이다. 하나님은 이 집 안에서 모든 피조물이 평화롭게 상생하기를 원한다. 그의 주권과 섭리는 인간은 물론 자연 전체를 포괄한다. "성서의 첫 페이지가 하늘과 땅, 해, 달, 별, 그리고 새, 고기, 동물에 관해 이야기하고 있다는 단순한 사실은 우리가 사도신경에서 예수 그리스도의 아버지로 고백하는 하나님은 단지 인간에게만 관심을 가지시는 것이 아니라 모든 피조물에 관심을 가지신다는 확실한 표가 된다. 인류의 신으로만 이해되는 하나님은 더 이상 성서의 하나님이 아니다"(Westermann 1984, 176).

자연은 모든 피조물의 집이기 때문에 모든 피조물은 자기의 주거영역과 삶의 공간을 소유할 권리를 가진다. 군집 생활을 하는 자연의 생물들도 각 집단의 생활영역을 가진다. 이것이 자연질서다. 일반적으로 자연의 생물들은 다른 집단의 생활영역을 침범하지 않고 자기의 영역 내에서 생활한다. 아니면 한 영역을 다른 생물 종들과 공유한다. 생물들의 이 같은 질서를 깨뜨리는 가장 위험한 생물, "가장 잔인한 짐승"(das grausamste Tier, Nietzsche 1975, 244)이 있는데, 그것은 인간이다. 인간은 자연 생물들의 생활영역을 마음대로 제약하고, 침범하고, 파괴한다. 자연 생물들에게 이것은 죽으라는 얘기나 마찬가지다. 인간의 무한한 소유욕과 팽창욕으로 인해 오늘날 자연의 얼마나 많은 피조물이 자기의 본향과 집을 박탈당하고 죽음으로 내몰리고 있는가! 북극곰과 남극의 펭귄과 바다코끼리들이 삶의 공간을 잃고 죽음에 내몰리고 있다. 인간의 생활공간이 확대됨으로 말미암아 자기의 생활영역을 잃어버린 야생의 짐승들이 인간의 생활공간으로 넘어 들어오는 일이 점점 늘어난다.

그렇다고 해서 인간이 자연 속에 집이나 도로도 만들지 말아야 한다는 뜻은 아니다. 인간도 자연의 구성원으로서 자연의 다른 피조물들처럼 자기 주거영역과 삶의 공간을 마련할 권리를 가진다. 그러나 이 권리는 원칙상 다른 피조물의 삶의 공간을 지키는 범위 내에서 행사되어야 한다. 자기 영역을 지키며 살아가는 자연 생물들의 질서를 인간도 지켜야 할 것이다. 인간이 자기 권리를 행사하기 위해 다른 피조물의 삶의 영역을 무분별하게 파괴하고 빼앗는 것은 죄악이요 불의다. 인간이 이 같은 죄악과 불의를 계속하여 행한다면 인간 자신이 땅의 저주를 받아 땅에서 쫓겨나게 될 것이다. 예언자들이 경고한 것처럼 집에 집을 더하고 땅에 땅을 더하면서 자기 삶의 공간을 확대해가는 자는 언젠가 모든 것을 잃게 된다. 불의한 자는 땅에서 쫓겨나는 것이 역사의 진리요 삶의 진리다. 힘이 약한 토끼는 살아남지만 힘이 강한 공룡은 멸절한다는 것이 역사의 법칙이다.

4. 유일신론은 자연에 대한 죄악인가?

1. 하나님을 "절대 타자"로 보는 바르트에게 "신우주인간의 삼재는 삼위일체적 하나"라는 김흡영 교수의 말은 불경으로 보일 것이다. 자연을 하나님의 집으로 보는 것도 불경스럽게 보일 것이다. "절대 타자"인 하나님, 자연과 아무런 "접촉점"을 갖지 않는 하나님이 자연 속에 거한다는 것은 불가능할 것이다. 이것은 성서의 유일신론을 위협하는 범신론적 주장으로 여겨질 것이다.

오늘날 바르트의 유일신론적 사고는 많은 학자의 비판을 받고 있다. 그들은 유일신론을 마치 하나의 죄악인 것처럼 비판한다. 이들에 의하면 유일신론으로 말미암아 하나님과 자연이 신적인 것과 비신적인 것으로 나누어지고 하나님은 자연에 대해 초월적 존재, 전적 타자로 규정되었다. 이리하여 하나님은 자연 없는 하나님, 자기 혼자 "스스로" 존재하는 하나님이 되었고 자연은 하나님 없는 세속의 영역으로 전락하였다. 그것은 신성과 거룩함을 박탈당하고 인간이 마음대로 처리할 수 있는 물건이 되어버렸다는 것이다. 또 유일신론은 다른 종교들의 신을 참 신이 아닌 것으로 규정함으로써 다른 종교들을 모욕하고 종교 간의 대립을 조장하며, 기독교를 배타적 종교로 고립시킨다고 비판한다.

나아가 유일신론은 형이상학적 이원론의 원인이라고 많은 학자가 비판한다. 이들의 비판에 의하면 유일신론으로 말미암아 일어난 하나님과 인간, 하나님과 세계의 이원론은 피안과 차안, 인간과 자연, 남자와 여자, 영과 육의 이원론을 초래하였다. 남성으로 표상되는 유일신 하나님은 땅위에 있는 모든 위계질서(hierarchy)의 원인이다. 유일신론이 초래한 인간과 자연의 이원론으로 말미암아 자연이 인간에 의해 파괴되고 오늘의 생태학적 위기가 초래되었다고 많은 학자가 비판한다. 그래서 어떤 학자는 유일신론을 거부하고 고대 종교의 범신론이나 다신론, 혹은 다신론적 여성종교에서 해결의 길을 찾는다. 범신론으로 돌아갈 때 자연의 신성과 존엄성을 회복할 수 있고 오늘의 위기를 극복할 수 있다는 것이다.

이 같은 비판의 원형을 우리는 헤겔 좌파인 포이어바흐에게서 볼 수 있다. 그에 따르면 기독교의 유일신 하나님은 "모든 다른 것, 모든 객관적인 것에서 분리된, 단지 자기 자신과 관계하며, 단지 자기 자신을 향유하며, 자기 자신을 축하하는 인간의 순수한 주체성, 인간의 가장 주체적인 자아, 그의 가장 내적인 것"이라고 규정된다(Feuerbach 1976, 117). 이 하나님은 본래 자연 없이 자기 홀로 존재하는 자, 곧 즉자(Ansichsein)로 생각된다. 즉자의 하나님은 자연이 없는 존재다. 신적 존재에 자연이 있을 수 없다.

이리하여 하나님과 자연이 분리된다. 하나님이 신적 존재라면 자연은 비신적인 것으로 간주된다. 하나님은 인격적 존재요 자연은 비인격적인 것, 헛된 것, 무가치한 것으로 간주된다. "인격이 아닌 것은 죽은 것, 헛된 것이다. 인격적 존재만이 현실적이요 절대적 존재이며 생명과 진리다. 자연은 비인격적이다. 그러므로 자연은 헛된 것(nichtiges Ding)"이 되어버린다(118). 인격적 존재인 하나님과 인간에 대한 "비인격적 자연"의 비하, 자연의 소외가 일어난다. "인격성이 진리 혹은 절대적 진리라고 생각될 때 자연은 아무런 긍정적 의미도 갖지 못하게 되며, 따라서 아무런 긍정적 근거도 갖지 못하게 된다"(119).

포이어바흐에 의하면 유일신론은 하나님으로부터 자연을 분리시킨 다음 자연을 인간의 이기적 목적을 위한 수단으로 만든다. 이로써 유일신론은 인간의 이기주의에 봉사한다. "이기주의는 본질적으로 유일신론적이다"(136). "유일신론적 이기주의"가 창조신앙의 본질이다. 성서의 유일신론적 창조론의 기초는 자연에 대한 인간의 이기주의다. 오늘날 유일신론에 대한 많은 학자의 비판은 포이어바흐의 모형을 따른다.

이 비판에서 우리는 한 가지 문제점을 발견한다. 곧 구약종교의 유일신론과 기독교의 유일신론을 구별하지 않고 양자를 동일시한다는 점이다. 물론 기독교는 구약종교의 유일신 전통을 따른다. 그러나 기독교는 유일신 하나님을 일자(一者)로 이해하지 않고 삼위일체 되신 분으로 이해한다. 삼위일체적 하나님을 기독교는 유일한 하나님, 곧 유일신으로 파악한다. 이런 점에서 기독교는 "기독교적 유일신론" 혹은 삼위일체적 유일신론을 믿으며 이 점에서 구약종교의 유일신론에서 구별된다. 만일 기독교가 단한 분 하나님을 삼위일체 되신 분으로 이해하지 않고 일자로 이해한다면, 예수는 아버지 하나님의 아들이 아니라 한 예언자나 순교자에 불과할 것이고 기독교는 구약종교에 흡수되어야 할 것이다. 기독교는 삼위일체 하나님을 고백함으로써 구약종교와 구별되는 동시에 삼위일체 하나님 외에 그 무엇도 하나님이 아니라는 믿음을 통해 구약종교의 유일신론 전통을 따른다.

2. 필자의 생각에 의하면, 유일신론을 비판하는 많은 학자는 유일신론의 역사적 의미를 간과하는 것으로 보인다. 인류의 역사에서 유일신론이 공헌하는 바에 대해 그들은 침묵한다. 그 공헌하는 바를 우리는 아래와 같이 기술할 수 있다.

    1) 앞서 언급한 것처럼 유일신론은 자연을 탈신격화, 탈신화화함으로써 고대 시대의 보편적 현상이었던 자연숭배로부터 인간을 해방한다. 유일신론에 의하면 자연은 신적인 것이 아니다. 자연은 하나님이 지으신 피조물에 불과하다. 그 속에 어떤 마성도 없다. "물리적 세계가 스스로 신성이나 마성을 지닌 두려워할 대상이 아니라는 것이다. 이는 인류의 고대 종교 문화에서 보편적으로 발견되는…자연숭배나 동물숭배로 인한 인신 제사 등과 같이 인간을 억압해 온 악습과의 단절 내지는 투쟁을 의미"한다. 자연에 대한 두려움 때문에 어린아이나 여성을 불태워 자연에게 바치는 일도 불필요하게 된다. 하나님은 이것을 엄격하게 금한다. 한마디로 유일신론은 "자연 세계로부터 인간의 해방"을 선언한다(김기석 2018, 219). 유일신론으로 인해 인간은 자연에 자유롭게 접근할 수 있게 되고 자연을 자유롭게 사용할 수 있게 된다.

    2) 고대 시대에 있었던 또 하나의 보편적 종교현상은 하늘에 있는 태양과 달과 별들을 신으로 믿고 이들이 인간의 운명을 결정한다고 믿는 점성술이었다. 고대 바빌로니아인들은 물론 한국인들도 그렇게 믿었다. 그래서 고요한 밤, 장독 위에 정화수 한 그릇 올려놓고 달과 별을 향해 두 손 모아 비는 것을 필자는 어릴 때 보았다. 이에 반해 P 문서의 창조설화는 하나

님이 낮과 밤의 시간을 구별하기 위해 태양과 달을 만들어 하늘에 "걸어두었다"고 말한다. 유일신론에 따르면 태양과 달과 그 밖의 별들은 신이 아니라 하나님의 피조물에 불과하다. 세계를 창조한 하나님만이 신이다. 이리하여 인간을 지배하던 신화적 운명론과 결정론에서 인간과 세계의 해방이 일어난다(Hollenweger 1988, 297). 고대 시대에 이것은 혁명적인 일이었다.

유일신론은 점성술을 위시한 미신 일체에서 인간을 해방한다. 미신의 전형적 유형은 귀신이나 혼령에 대한 신앙이다. 일제시대에 한국에서 의사로 봉사했던 선교사 홀(S. Hall)은 그의 자서전에서 다음과 같이 보도한다. "조선인들은 자기 주위의 많은 혼령이 여행길을 방해한다고 믿는다. 푸른 나무, 물방울을 튀기면서 흐르는 개울물, 초록색 언덕, 초가지붕, 벽이나 마루 등 모든 것에는 보이지 않는 혼령들이 있어서 사람의 여행길을 괴롭힌다고 생각한다. 우리는 신을 모신 작은 나무를 지나가게 되었다. 나무 밑에는 행인들이 하나씩 던지고 간 돌들이 쌓여 있고 돌무덤 위에는 종이와 헝겊들이 매여 있었다. 짐꾼들은 이런 장소를 지날 때마다 머리를 숙여 절했다"(Hall 2009, 120).

3) 지금도 우리 사회 곳곳에 퍼져 있는 운명 철학은 또 하나의 유치한 미신이다. 운명 철학은 우주를 지배하는 법칙이 있고 이 법칙에 따라 인간의 삶은 결정되어 있다는 운명론 혹은 결정론에 기초한다. 여기서는 사람 이름의 한자 획수를 계산하거나 생일 숫자를 계산하여 운명을 해명한다. 혹은 작은 나무상자에 갇혀 있는 참새가 그 앞에 놓여 있는 종이쪽지를 뽑게 하여 운명을 예고하는 매우 유치한 형태를 보이기도 한다. 이것은 필자가 어느 여자대학교 후문 담벼락에서 직접 본 것이다.

필자가 다니는 교회에 예쁜 용모를 가진 20대 후반의 여성 의류 디자이너가 있었다. 하루는 이 여성이 말하기를, 결혼하고 싶은데 결혼은 이루어지지 않고 고된 직장 일로 건강은 나빠지고 답답한 마음을 이기지 못해 어느 여자대학교 정문 아래 있는 운명철학자를 찾았다고 한다. 그 운명철학자가 말하기를, 당신이 결혼하지 못하는 이유는 당신 부모가 가톨릭교회에 다님으로 운세가 풀리지 않기 때문이니 운세를 풀려면 내 밑에서 3년간 섬겨라. 곧 자기에게 3년 동안 몸을 바치라는 것이다. 이것이 이른바 운명철학자들의 세계다. 유일신론은 이 같은 운명 철학에서 인간을 해방한다.

4) 고대 시대는 우상으로 가득하였다. 인간, 짐승 등 세계의 그 무엇을 신의 형상(우상)으로 만들어 섬기는 우상숭배는 고대 시대의 보편적 문화 현상이었다. 그 흔적을 우리는 한국의 천하대장군과 지하여장군에서 볼 수 있다. 유일신론은 우상들을 깨어버린다. 인간이 신으로 섬기는 우상들은 참 신이 아니라 인간이 상상한 무언가를 새겨 만든 것에 불과하다. 구약 예언자들에 의하면, 우상을 섬기는 자들은 "신이 아닌 것을 자기의 신으로" 섬긴다(렘 16:20). 그들의 신은 인간이 이리저리 옮길 수도 있고 불에 태워버릴 수도 있는, "장인이 만든 것"에 불과하다(호 8:6). 신약성서도 이렇게 말한다. 이방 민족들이 섬기는 우상들은 사람이 "손으로 만든 것들"이요 "신이 아니다"(행 19:26). 한마디로 인간에 의해 만들어진 우상은 "인간의 욕망의 투사물이다"(지승원 2022, 92). 인간의 "탐욕"이 곧 우상이다(골 3:5).

우상은 물론 세계의 종교들이 신이라고 믿는 것은 신이 아니라고 유일신론은 선언한다. 포이어바흐에 의하면 신의 존재는 인간 자신의 본질, 인간 자신이 바라는 것을 투사한 것에 불과하다. 이것을 우리는 구약시대의 가나안 땅 원주민들이 섬기던 바알(Baal)과 아세라(Aserah)에게서 볼 수 있다. 이스라엘 백성이 이집트를 탈출하여 가나안 땅에 들어왔을 때 가나안 원주민들은 여신 아세라와 남신 바알을 신으로 섬겼다(삿 3:7). 두 신의 성관계를 통해 자연의 풍성한 수확을 얻는다고 믿고 두 신을 섬기는 행위로 남녀가 신전에 모여 집단 혼음을 하였다. 그들이 신으로 섬기던 바알과 아세라는 사실상 그들이 원하는 성적 욕구를 신으로 투사한 것이었다. 바알과 아세라, 곧 성적 욕구는 참으로 강하였다. "바알에게 무릎 꿇지 않은" 칠천 명을 제외한 이스라엘 백성 거의 모두가 바알과 아세라에 빠졌다고 구약성서는 보도한다(왕상 19:18). 이것은 단지 고대 이스라엘의 이야기가 아니라 오늘의 세계 현실을 가리킨다. "자유"의 이름으로 수많은 사람이 바알과 아세라의 노예가 된다.

유일신론은 바알과 아세라를 깨어버린다. 이름이 없는 야웨 하나님 외에 "다른 신"이 없다(대상 17:20; 사 44:6). 야웨 하나님 외의 다른 신들은 신이 아니다(스 1:3; 사 37:19; 호 8:6). "오직 나만이 하나님이다. 나밖에는 다른 신이 없다"(신 32:39). 예언자들은 거짓된 신들을 버리고 오직 야웨 하나님만을 신으로 섬기며 그의 가르침(Tora) 곧 율법을 지켜야 나라가 망하지 않을 것이라고, 죽음을 각오하고 경고한다.

5) 고대 시대에 왕이나 황제의 신격화는 보편적 현상이었다. 그 대표적인 예를 우리는 고대 이집트와 로마 제국에서 볼 수 있다. 고대 로마 제국의 황제숭배는 황제를 신으로 예배하는 국가종교였다. 일본에서는 지금도 황제를 "천황"이라고 부르며 신격화한다. 황제가 신으로 신격화될 때 그의 권력은 신적 권위와 절대성을 갖게 된다. "짐이 곧 법이다"라고 말할 수 있게 된다. 유일신론은 이 거짓을 깨뜨려버린다. 유일신론에 따르면 왕이나 황제도 신적 존재가 아니다. 그들은 사람일 뿐이다. 이로써 정치 권력의 탈신격화가 일어난다. 유일신론을 비판하는 학자들은 유일신론의 이 같은 혁명적 내용들을 간과해서는 안 될 것이다.

이은선에 따르면 유일신론은 인간의 기능을 성차(性差)에서 해방하는 기능을 가진다. 유일신론은 성차를 없애버린다. 하나님은 인간이 아니다.

따라서 유일신에게서는 남성과 여성의 성차가 폐기된다. "인격적인 유일신의 종교는 다신교적인 전통들과는 달리 성적인 것을 신적인 것과 연결하지 않는다. 거기에는 어떤 '여성다움'을 대변할 여신이 없고 우주 속의 여성적인 원리 같은 것도 없다. 그리하여 이렇게 신에게서 성차를 없이하며 더 이상 남성적이거나 여성적인 기능을 없이한 것은 유일신교가 가져온 큰 혁신의 산물이며 새로운 세계관의 변화로 인식된다"(이은선 2002, 281).

이은선의 말을 우리는 분석할 필요가 있다. 유일신 하나님은 인간이 아니기 때문에 성차가 없다. 그는 여신도 아니고 남신도 아니다. 그는 "우주 속의 여성적인 원리 같은 것"도 아니다. 이은선의 이런 생각은 타당하다. 그러나 인간은 남자와 여자의 성적 차이(성차)를 가진 존재로 창조되었다. 곧 남성이든지 아니면 여성으로 살도록 창조되었다. 인간은 성별의 차이가 없는 하나님이 아니라, 성별의 차이를 가진 피조물이다.

유일신교가 "남성적이거나 여성적인 기능을 없이"하였다는 이은선의 말은 남성과 여성의 생물학적인 성별의 차이를 폐기하였다는 뜻이 아니라, 양자의 사회적 역할의 차이를 폐기하였다는 뜻으로 이해될 수 있다. 남성과 여성의 생물학적 성적 차이는 우리 인간이 폐기할 수 없는 자연적, 생물학적 사실이다. 남성이 임신하고 아기를 생산하는 것은 불가능하다. 그러나 인간의 사회적 역할은 영원히 확정된 것이 아니라 시대와 상황에 따라 변경될 수 있는 유동적인 것이다. 유일신론은 사회적 역할 면에서 남녀의 성차를 폐기하지만 생물학적 성차를 폐기하는 것은 아니다. 그것은 생물학적 성차에 기초한 남성우월주의와 여성차별을 폐기한다.

5. 범신론이 문제의 열쇠인가?

- 하나님의 세계초월과 세계내재의 변증법

1. 일단의 생태신학자들은 유일신론을 거부하고 오늘의 생태학적 위기를 극복할 수 있는 길을 고대의 범신론에서 찾는다. 범신론이 마치 세계를 구원할 수 있는 것처럼 범신론의 나팔을 분다. 범신론이 지배하던 고대 세계가 마치 이상적인 세계였던 것처럼 그것을 이상화하기도 한다.

이들의 입장은 포이어바흐로 소급된다. 자연을 인간의 "이기적 관심, 그의 자아 중심의 실천적 이기주의의 가장 낮은 하녀로" 만든 유일신론에 반해, 포이어바흐는 범신론을 주장한다. 범신론은 자연을 비신적인 것으로 보지 않고, 신적인 것, 그 자체에 있어 "아름다운 대상"으로 간주한다. 그 자체에 있어 신적이고 아름다운 것이기 때문에 자연은 그 자체에 있어 목적이다. "하나님은 자연 자신에 불과하다"(Feuerbach 1959, 104). 영원하심, 무한성과 같은 하나님의 술어들은 "자연의 근원적 술어들"에 불과하다. "유일신론적 이기주의"로 말미암아 파괴된 자연을 회복할 수 있는 길은 범신론에 있다고 포이어바흐는 말한다.

그럼 범신론을 회복하면 이상적인 세계를 이룰 수 있는가? 범신론이 지배하던 고대 세계는 이상적인 세계였던가? 결코 그렇지 않다는 것을 우리는 고대 세계에 대한 다큐멘터리에서 볼 수 있다. 고대 범신론의 세계는 인간이 자연의 노예가 되어 자연을 숭배하던 세계였다. 각종 짐승을 신으로 섬기기도 했다. 고대 이집트 벽화가 보여주는 것처럼, 뱀을 신으로 섬겼고, 사람을 뱀에게 제물로 바쳤다. 독사에게 물려 죽으면 영원한 생명을 얻게 된다고 믿어, 파라오를 뱀에 물려 죽게 했다. 알렉산드로스 대왕이 세운 고대 이집트 프톨레마이오스 왕조의 마지막 왕녀요 마지막 파라오였던 클레오파트라 7세가, 마지막에 독사에게 물려 죽은 것도 이 같은 미신에 근거한다. 그녀는 자살한 것이 아니라 암살된 것으로 추측된다. 이렇게 고대 이집트는 파라오를 뱀에 물려 죽게 함으로써 장기 집권을 막았다고 한다. 이것은 고대 범신론적 세계의 잔인한 모습의 일면에 불과하다. 필자가 어릴 때 경험했던 범신론의 세계는 이상적인 세계가 아니라 한마디로 타락과 부패와 잔인성의 세계였다. 여자는 인간 취급을 받지 못했다. 귀신에 대한 두려움 때문에 바깥출입이 자유롭지 못했다. 벽이나 기둥에 못질을 마음대로 할 수 없었고 집수리도 점술가에게 날을 받아서 해야만 했다.

그런데도 범신론을 회복하면 세계의 신성과 거룩함을 회복할 수 있고 구원받은 세계를 이룰 수 있다고 생각하는 것은 한마디로 착각이다. 어릴 때 희망이 없는 범신론의 세계를 경험한 필자는 도저히 이들 학자의 입장에 동의할 수 없다. 샤머니즘, 곧 무당종교가 우리 민족을 지키는 힘이 되었다는 유동식 교수의 샤머니즘 찬양을 필자는 도저히 수용할 수 없다. 무당의 교시에 따라 병든 사람을 매질하여 죽게 하는 것을 그가 본 적이 있는지 묻고 싶다. 샤머니즘이 아무리 "한국적인 것"일지라도 필자는 그것을 인정할 수 없다. 사실 샤머니즘은 한국 고유의 것도 아니다. 그것은 고대사회의 보편적 종교현상으로 지금도 시베리아, 아프리카 등 세계 각지에 퍼져 있다.

범신론이 지배하던 민족에게서는 자연이 파괴되지 않고 보존되었다고 하는 주장에도 필자는 동의할 수 없다. 과연 범신론 때문에 고대 시대에 자연이 보존되었던가? 물론 오늘 우리가 경험하는 범세계적 차원의 자연파괴가 고대 시대에는 일어나지 않았다. 전체적으로 자연이 잘 보존되었다고 말할 수 있다. 그러나 그것이 범신론을 믿었기 때문인지 아니면 자연을 파괴할 수 있는 기술이 아직 발전하지 않았고 자연을 파괴해야 할 사회경제적 체제가 갖추어지지 않았기 때문인지는 토론의 문제로 남겨두고자 한다.

여하튼 많은 학자는 고대 범신론의 시대에서도 자연파괴가 있었다고 말한다. 고대 아시리아, 바빌로니아, 이집트, 페르시아, 그리스와 로마, 남아메리카 잉카문명의 유적들은 신전이나 궁궐, 로마 제국 곳곳에 세워진 원형경기장과 같은 공공건물과 황제의 무덤, 수로(aquaeductus) 및 도로 건설을 위해 심각한 자연파괴가 있었다는 것을 보여준다. 오래전 튀르키예 성지순례 여행 때 신전 건축에 필요한 엄청난 양의 대리석을 채취하기 위해 도처의 산들을 송두리째 없애버리기도 하였다고 여행 안내자가 말해주었다.

튀빙엔 대학교 가톨릭 신학자 아우어(A. Auer)는 범신론의 자연파괴적 잠재성을 지적한다. 그에 따르면 신화적, 범신론적 자연 이해는 자연의 파괴와 착취를 촉진할 수 있다. "왜냐하면 인간은 자연을 지배하는 (신화적) 요구들에 근거하여 자연파괴를 정당화하거나, 아니면 적어도 면책을 받을 수 있기 때문이다"(Auer 1985, 200). 인류 역사에서 특정 종교사상으로 인해 자연이 보존되거나 파괴되었다는 것은 학자들의 해석에 불과하다. 오히려 각 시대의 물질적, 경제적 상황이 그것을 결정하고 종교는 그것을 정당화하고 뒷받침해 주는 이데올로기적 기능을 한다고 말할 수 있다.

2. 범신론의 심각한 문제는 기존의 사회 질서를 절대화하는 이데올로기적 기능에 있다. 범신론은 하나의 종교사상인 것처럼 보이지만, 그 속에는 정치 이데올로기적 기능이 숨어 있다. 범신론에 따르면 세계의 모든 것이 신적인 것이다. 세계 자체가 신적이다. 기존하는 세계의 법과 제도와 정치질서도 신적인 것이다. 왕이나 황제의 권력도 신적인 것이다. 이리하여 범신론은 정치권력을 신적인 것으로 정당화한다. 주어진 현실에 저항하는 것은 신에 대한 저항으로 간주된다. 사회 현실에 대한 비판과 현실의 변화에 대한 요구가 불가능하게 된다. 사회적, 정치적 불의에 대한 비판도 불가능

하게 된다. 주어진 모든 것에 순종해야 한다. 비판하는 자는 국가의 반역자로 처형된다. 범신론은 인간을 신적 존재로 승화시키는 것처럼 보이지만, "하나님과 인간의 간극을 부정함으로써…인간의 자유가 말살되는 억압적 구도로" 발전할 수 있다(정재현 1999, 140f.).

고대 시대의 황제 숭배는 범신론의 필연적 귀결이라 볼 수 있다. 황제 숭배란 황제를 신으로, 혹은 신의 후손으로 숭배하는 것을 말한다. 황제가 곧 신이라면, 황제가 말하는 것은 신의 말씀이요, 황제의 의지는 신의 의지다. 황제의 법은 신의 법이다. 이로써 황제의 정치 권력은 절대적 권위를 갖게 된다. 황제 숭배의 뿌리는 범신론적 세계관에 있다.

이른바 운명철학의 뿌리도 범신론적 세계관에 있다. 우주의 모든 것은 신적이고 우주 자체가 신적이기 때문에 그 속에는 신의 법칙이 있고, 이 법칙에 따라 모든 일이 일어나기 때문에 세계와 개인의 운명은 이 법칙에 따라 이미 결정되어 있다는 것이다. 이미 결정되어 있는 운명을 숫자풀이나 글자풀이를 통해 찾아내고, 이에 대한 대가로 돈을 받는 것이 이른바 운명철학이다. 대기업 총수나 유명 정치가가 운명철학자에게 주는 돈은 엄청난 액수라고 한다. 한마디로 범신론적 세계관이 전제하는 우주의 신적 법칙은 사회적, 정치적 질서를 정당화하고 불의에 대한 비판을 불가능케하는 이데올로기적 기능을 가진다. 하나님이 운명철학자나 점술가들, 무당에게 가지 말라고 명령하는 근본 이유는 여기에 있다(신 18:10). 점을 치는 것은 하나님을 진노하게 하는 "악한 일"로 간주된다(왕하 21:6). 이런 일을 하는 민족은 멸망할 것이라고 예언자 예레미야는 말한다(렘 27:10). 율법을 통해 올바른 삶의 길을 보여주는 하나님을 찾지 않고, 신내림을 받았다는 무당이나 점술가의 말과 그들의 윤리를 따르는 민족은 망할 수밖에 없기 때문이다.

3. 성서의 창조설화가 말하는 "무로부터의 창조"(*creatio ex nihilo*)는 범신론의 거짓을 드러낸다. 무로부터의 창조는 세계의 모든 것을 비신적인 것으로 규정하기 때문이다. 세계를 창조한 하나님만이 신이시고 세계의 모든 것은 이 하나님에 의해 있게 된 비신적인 것으로 드러난다. 세계의 모든 것을 신적인 것으로 보는 범신론은 완전히 깨어져버린다. 주어진 세계 질서를 신적인 것으로 보는 범신론의 이데올로기적 기능이 폐기된다. 모든 사회적, 정치적 질서는 인간이 만든 세상적인 것에 불과한 것으로 드러난다. 무로부터의 창조는 인간의 창조적 활동을 마비시키는 운명론적 결정론에서 인간을 해방하며 자연에 대한 공포와 숭배에서 그를 해방한다.

그러나 무로부터의 창조는 그동안 과정신학자, 여성신학자 그리고 생태신학자들로부터 신랄한 비판의 대상이 되었다. 그들에 따르면 무로부터의 창조를 통해 하나님은 세계에 대한 전적 타자, 절대 초월자로 생각됨으로써 하나님과 세계의 관계성이 사라지고 하나님과 세계는 서로에게 전혀 낯선 존재, 타자가 되어버린다. 세계에 대한 하나님의 친밀성이 거부되고 하나님은 세계에 대해 전능자, 절대자, 저 위에 있는 자로서 세계 현실로부터 분리된다. 세계는 "하나님 없는 세계"가 되어 인간의 정복과 지배의 대상으로 전락한다는 것이다. 호주 캔버라(Kanbera)에서 열린 제8차 세계교회협의회는 하나님의 초월성과 타자성을 다음과 같이 비판한다. "신학이 물질의 세계에 대한 하나님의 초월성과 높으심을 강조하면 할수록, 땅은 더욱더 인간 착취의 단순한 대상으로, '비영적' 현실로 이해되었다"(Boff, 1994, 81).

이리하여 최근의 많은 신학자는 과정신학, 뉴에이지 운동, 파울 틸리히의 신학적 영향 속에서 하나님의 세계내재, 하나님과 세계의 결합성과 친밀성을 주장한다. 하나님을 자연 속에 내재하는 존재로 생각할 때 자연의 신성과 거룩함을 회복할 수 있고 이를 통해 자연의 무자비한 파괴를 막을 수 있다는 것이다. 이리하여 하나님의 세계내재는 오늘날 많은 신학자, 특히 생태신학자들과 생태여성신학자들 사이에서 유행가처럼 되었다. 하나님의 "타자성"을 주장하는 신학자는 시대에 뒤떨어지고 고집스러운 수구주의자로 취급될 정도다. 미국의 생태여성신학자 맥페이그는 자연을 "하나님의 몸"이라고 정의함으로써 하나님의 타자성 대신에 하나님의 세계내재, 하나님과 자연의 결합성을 회복하고자 한다. 하나님은 "전적 타자"가 아니라 피조물 안에서 "함께 고난받는 동료(companion)"로 정의되기도 한다.

이 같은 추세에 따라 일단의 한국 신학자들은 주장하기를, 기독교는 동학사상에서 하나님의 세계내재를 배워야 한다고 말한다. 동학사상에 의하면 한울님은 만물 속에 내재한다. 그러므로 우리는 만물을 한울님 모시듯이 해야 한다. 우리가 먹는 밥 안에도 한울님이 계신다. 그러므로 밥을 남기지 말고 모조리 먹어야 한다. 밥알을 시궁창에 버리는 것은 한울님을 시궁창에 버리는 것이다. 밥 안에 있는 하나님의 세계내재에 구원의 길이 있는 것처럼 보인다.

4. 우리는 하나님의 세계내재에 충분히 동의할 수 있다. 하나님은 생명의 영(ruah)으로서 그가 지으신 피조물 안에 계신다. 그는 고난받는 그의 백성들과 역사의 길을 함께 걸어간다. 그러나 "하늘에 계신" 하나님의 세계초월을 망각하고 그의 세계내재 및 하나님과 세계의 결합성만 주장할 때 범신론에 빠질 수 있다. 이 위험을 우리는 맥페이그와 동학사상에서 대표적으로 볼 수 있다. 세계가 "하나님의 몸"이라면 세계는 신적인 것이 되고, 하나님은 세계와 동일시될 수 있다. "지금 베를 짜고 있는 것은 그대의 며느리가 아니라 한울님이다. 이 세상에는 한울님 아닌 것이 하나도 없다"(이돈화 1933, 2편 35). 며느리가 한울님이라면, 며느리가 며느리 자신을 구원해야

할 것이다. 밥이 한울님이라면, 밥이 밥을 구원해야 할 것이다. 그러나 인간이 인간을, 물질이 물질을 구원할 수 없다는 사실을 우리는 눈으로 보고 있다.

성서는 하나님의 세계초월과 세계내재를 함께 이야기한다. 곧 영원 전부터 계신 하나님은 그의 신적 존재에 있어 세계의 피조물과는 전적으로 다른 존재다. 그는 세계에 속하지 않는 존재, 세계에 대해 타자다. 이런 점에서 하나님은 초월자다. 성서의 표현을 빌린다면, 그는 하늘에 계신다(시 115:3; 전 5:2; 애 3:41). 그의 영광과 보좌는 하늘에 있다(시 2:4; 8:1; 115:3; 123:1; 전 5:2 등).

이와 동시에 성서는 하나님의 세계내재를 다양한 형태로 말한다. 아브라함의 첩 하갈이 어린 아들을 데리고 광야를 헤매다가 아들이 죽게 되었을 때 하늘에 계신 하나님은 하갈과 함께하시며 하갈의 부르짖음을 들으신다. 하늘에 계신 하나님은 이스라엘 백성이 400년 동안 이집트에서 고통을 당할 때, 그들의 고통을 보시며 그들의 고통에 함께하신다. "나는 이집트에 있는 나의 백성이 고통받는 것을 똑똑히 보았고…"(출 3:7). 이스라엘 백성이 광야로 나아갈 때 하늘에 계신 하나님은 낮에는 구름기둥으로, 밤에는 불기둥으로 이스라엘 백성을 인도하신다. 마침내 하나님은 그의 아들 예수를 통해 이 세상에 오셔서 이 세상 안에 계신다. 성령을 통해 하나님은 예수를 하나님의 아들 메시아라고 믿는 사람들과 그들의 공동체 안에 계신다. 그는 세계에 내재하는 동시에 세계를 초월하며, 초월하는 동시에 내재한다.

하나님의 초월성과 내재성을 함께 생각할 수 있는 근거를 한남대학교 조용훈 교수는 하나님의 삼위일체에서 발견한다. 이 문제에 대한 해답을 "우리는 기독교의 삼위일체 신 이해에서 확실히 얻을 수 있다"(조용훈 2005, 397). 성부, 성자, 성령의 세 위격이 서로 구별되면서 다른 위격 안에 현존하듯이 하나님도 피조물들로부터 구별되면서 피조물들 안에 현존한다.

최근에 여러 신학자들은 만유재신론(pan-en-theism)에서 하나님의 세계초월과 세계내재를 함께 생각할 수 있는 길을 발견한다(신옥수 2003, 99ff.). 곧 하나님은 세계를 초월하는 동시에 만유 안에 계신다는 것이다. 그러나 "만유재신"이라는 개념은 하나님의 내재성을 잘 나타내지만 하나님의 초월성을 나타내지 못하는 취약성을 보인다. 맥페이그가 말하는 "하나님의 몸"이라는 개념도 마찬가지다. 필자의 생각에 따르면 "만유재신", "하나님의 몸"이라는 개념보다 "하나님의 집"이라는 개념이 하나님의 초월과 내재, 구별(Unterschiedenheit)과 결합(Verbundenheit)을 보다 더 적절히 나타낸다. 집과 집 안에 거하는 자는 구별되는 동시에 결합하고, 결합하는 동시에 구별되기 때문이다. 바울은 이것을 다음과 같이 말한다. "하나님은…모든 것 위에 계시고…모든 것 안에 계시는 분이십니다"(엡 4:6).

여기서 중요한 질문이 제기된다. 세계가 하나님이 그 속에 내재하는 하나님의 집이라면, 어떻게 이 세계 속에 이렇게 많은 죄악과 죽음과 비참한 일들이 일어날 수 있는가? 하나님의 집, 하나님의 몸, 세계에 대한 하나님의 친밀성, 하나님과 세계의 결합성, 만유재신론 등은 신학자들의 헛소리가 아닌가? 가난과 부채를 견디지 못해 일가족이 자살하고, 전쟁으로 수천만 명이 죽임을 당하고, 우크라이나 전쟁에서 수많은 여성이 러시아 군인에게 성폭행을 당하고, 어린이들이 러시아로 끌려가 강제로 러시아 국민이 되어버리는 이 비참한 세계가 어떻게 하나님의 집이란 말인가? 이 세계는 하나님의 집이 아니라 마귀의 집이 아닌가? 이 질문에 대한 토의는 신정론의 문제로 남겨두기로 하자.

V
만물이 결합되어 있는 상생의 생명 공동체

1. 살아 움직이는 유기체, 생명 공동체로서의 자연
– 물질에 대한 유기론적 해석

1. 앞서 고찰한 고전물리학의 기계론적, 물질론적 세계관에서 세계는 생명이 없는 기계 혹은 물질 덩어리와 같은 것으로 생각된다. 그것은 인간이 지배하고 조작하고 이용할 수 있는 물건에 불과하다. 장회익 교수에 따르면 산은 "그저 단순한 물질에 불과"하다. 하나의 물질에 불과한 산은 고전물리학이 말하듯이 "합법칙적인 질서"를 가진다(장회익 2000, 19). 인간의 정신적, 영적 활동은 뇌세포의 활동으로 환원되고 뇌세포는 분자로 환원된다. 생명이란 그 속에 영혼이 없는 분자들의 물리-화학적 활동에 불과한 것으로 여겨진다.

이에 반해 오늘의 생태신학은 자연을 살아 움직이는 유기체라고 말한다. 소우주인 인간의 몸이 유기체이듯이 대우주인 자연도 유기체다. 그 속에는 생명을 가진 생물도 있고 생명을 갖지 않은 무생물도 있다. 그러나 생물과 무생물이 결합하여 자연을 이룬다. 장회익 교수가 말하듯이 산은 "그저 단순한 물질에 불과"하지 않는다. 산도 그 속의 모든 부분이 하나로 얽혀 있는 유기체다. 자연 전체는 생물과 무생물들이 하나로 얽혀 공조 공생하는 생명 공동체 혹은 "생명의 그물망"이다(web of life, F. Capra). 인간의 몸과 마찬가지로 그 속의 모든 부분은 다른 부분들에 의존하는 동시에 다른 부분들의 생존을 가능케 해준다. 어느 한 부분에 일어나는 일은 유기체 전체에 파급된다. 한마디로 자연은 모든 부분이 하나로 얽혀 있는 상부상조와 상생의 생명 공동체, 거미집과 같은 연결망이다.

물리학자 카프라에 의하면 자연은 "상당한 폭의 자율성을 가지지만 그보다 작은 무수한 유기체들이 전체라는 기능 속에서 조화롭게 통일되어" 있다. "전체로서의 시스템은 마치 다중으로 창조된(multicreatured) 거대한 생물과도 같다.…(그 속에 있는) 살아 있는 시스템들은 단일 유기체로서의 특성을 갖는다." "개별적인 살아 있는 시스템들은 상호 간의 구조적 연결을 통해 서로의 세계의 일부가 된다. 그들은 서로 의사소통하고 서로의 행동을 조정한다." "생명의 그물은 연결망 속에 들어 있는 수많은 연결망으로 이루어진다." 그 속에는 " '위'도 '아래'도 없다. 거기에는 어떤 계층도 존재하지 않는다. 자연에는 오직 다른 연결망 속에 들어 있는 연결망들이 존재할 따름이다"(Capra 2004, 55ff. 353). 생명의 그물망 속에서 모든 부분은 서로의 존재를 가능케 하면서 함께 존재하는 유기체적 상부상조와 상생의 관계에 있다.

예를 들어 우리는 이것을 곰팡이와 식물의 관계에서 볼 수 있다. 식물의 뿌리는 뻗어 나가는 데 한계가 있기 때문에 필요한 영양분을 충분히 흡수할 수 없다. 이에 곰팡이가 식물의 뿌리에 제2의 뿌리털 곧 균근(菌根)을 이룬다. 곰팡이 균근은 토양 속의 물과 질소, 인, 황 등의 영양분을 식물에게 공급하여 식물의 생존을 돕고 식물은 광합성 작용을 통해 곰팡이 균근의 생존에 필요한 당분과 지방을 제공한다. 이같이 곰팡이와 식물은 상부상조하며 상생하면서 자연을 지킨다. 또한 땅속의 곰팡이 균근은 전 세계 배출 탄소 3분의 1에 해당하는 131억 2,000만 톤을 저장하여 지구온난화와 기후변화를 저지한다. 곰팡이 균근이 매년 저장하는 탄소량은 세계 1위 중국의 연간 탄소 배출량 98억 톤보다 더 많다. 세계적 환경단체 "어스워치"(Earth Watch)는 "지구상에서 절대 사라져서는 안 될 5종"으로 꿀벌, 플랑크톤, 박쥐, 영장류 그리고 곰팡이(균류)를 지정한다. 그러나 인간에 의한 자연파괴로 말미암아 곰팡이의 거대한 탄소 저장 시스템이 빠르게 감소하고 있다. 이를 막기 위해 땅과 숲을 보호하고 지구 삼림화 정책을 강화해야 한다.

2. 인류는 고대 시대부터 우주를 생명체(Lebewesen)로 간주하였다. 플라톤에게 "우주는 그 전체에 있어 우주적 영혼의 이성적 운동을 통해 통치되는 생명체"였다(Böhm 2000, 15). 그것은 고대인들의 공통된 세계관이었다. 한국의 동학사상도 유기체적·세계관을 보여준다(이경숙 외 2001, 87; 김경재 1974, 47 참조). 세계의 모든 것이 유일한 지기(至氣)에서 나왔다. 그러므로 동물에서 식물에 이르기까지 만물이 천주를 모시고 있다. 그들은 "하나의 동포"이며 "한울의 표현"이다. "기연과 세계 안에 있는 모든 생명의 형태는 지기(우주적 에너지)의 상호의존적 흐름 안에서" 연결되어 있다(전현식 2002a, 432). 그들은 서로의 생존에 절대적으로 중요하다. 한울님이 만물 안에 내재하므로 우리 인간은 만물을 한울처럼 모셔야 하며 소중히 여겨야 한다. "대개 천지(天地), 귀신(鬼神), 조화(造化)라는 것은 유일(唯一)한 지기(至氣)로 생긴 것이며, 만물이 또한 자기의 소사(所使)이니, 이렇게 보면 하필 사람만이 천주(天主)를 시(侍)하였으랴. 천지만물이 시천주(侍天主) 아님

이 없나니…그러니 제군은 일생물(一生物)을 무고히 해하지 말라. 이는 천주를 상함이니 대자대비(大慈大悲) 하여 조화(造花)의 길에 순응하라"(이돈화 1983, 2편 36).

이정배 교수에 의하면, "풀 한 포기, 돌멩이 하나, 우마육축이라 하더라도 그것을 한울님처럼 모셔야 한다는 시천주(侍天主)의 자각은 우주적 큰 생명인 지기(至氣)와 나 자신의 자각적 연대감, 곧 모든 사물 간의 전일성과 상호연관성을 깨달아 개별아(我)라는 관념의 초극을 목적하고 있다.…이는 곧 가깝게는 박테리아로부터 광범위한 동식물, 그리고 살아 있는 인간에 이르기까지 모든 유기체를 통합된 전체이자 동시에 살아 있는 생태체계라고 보는 신물리학의 유기체화의 원리(principle of organisation)와 다르지 않은 것이다."

유기체적 세계관을 우리는 라이프니츠에게서도 볼 수 있다. 그는 데카르트의 기계론적 세계관의 영향을 벗어나지 못하여 육체는 물론 자연 전체를 원인과 결과의 법칙, 곧 인과율에 따라 진행되는 "기계", "자연기계"라고 정의한다. 그러나 그는 "자연기계"를 유기체로 파악한다. 짐승을 단지 기계로만 간주하고 짐승도 혼을 가진다는 사실을 보지 못한 점에 데카르트의 오류가 있다고 라이프니츠는 비판한다(Leibniz 1969, §4). 세계의 모든 사물들은 단자(Monade)로 구성되어 있다. 단자는 물질적인 것이 아니라 생명력(Entelechie) 혹은 "혼"이다. 인간과 동식물은 물론 물질도 혼을 갖기 때문에 무엇을 지각할 수 있고 욕구할 수도 있다. 단자와 육체가 결합함으로써 생물이 생성된다.

물론 짐승의 지각과 인간의 인식은 구별된다고 라이프니츠는 말한다. 짐승의 지각은 이미 경험된 사실들이나 결과에 대한 무의식적 회상에 근거하며, 원인에 대한 분석과 인식에 근거하지 않는다. 이에 반해 인간의 영혼은 반성의 능력을 가지며 비물질적 사물들과 진리들을 인식한다. 그의 영혼은 논리학, 수학, 기하학의 진리들처럼 영원한 필연적인 진리를 인식하며 이를 통해 학문을 발전시킬 수 있는 능력을 가진다. 그러나 라이프니츠에 따르면 인간의 영혼과 동식물의 영혼 사이에는 연속성이 있다. 그들의 영혼은 단자로 구성되어 있기 때문이다. 따라서 "자연기계"는 "살아 있는 육체", 곧 유기체이다. 자연의 모든 사물들 속에 있는 영혼들은 "피조물들의 우주의 살아 있는 거울 혹은 추상들(Abbilder)"이다. "자연의 물리적 왕국과 은혜의 도덕적 왕국, 다시 말해 세계기계의 건축가로서의 하나님과 영들의 신적 나라의 왕으로서의 하나님" 사이에는 조화가 있다 (Monadologie §64, Theodizee §62, 74, 112 등). 따라서 자연은 은혜로 이끌어가고 은혜는 자연을 완성시킨다고 라이프니츠는 말한다.

3. 성서에서도 우리는 유기체적 세계관이 전제되어 있음을 볼 수 있다. 창조설화에서 자연의 모든 피조물은 한 하나님의 피조물이란 점에서 친족성 내지 동질성을 가진다. 친족은 서로 결합되어 있다. 그것은 물질 덩어리가 아니라 생명 공동체 곧 하나의 유기체다. 하나님이 생물들 속에 그의 혼을 부어주었다는 성서의 말씀은 피조물들의 유기체적 결합성을 감각적으로 나타낸다. 창세기 2:19에서 인간은 물론 동물도 "네페쉬 하야"라 불리며, 동물도 인간과 마찬가지로 생명의 기운을 가진 것으로 나타난다. 창세기 1:30에 의하면, "생명의 숨"은 모든 동물들, 땅 위의 짐승들과 공중의 새들 안에도 있다. 하나님이 흙으로 지으신 모든 생물의 형체에 생명의 숨을 불어넣음으로써 그것들이 살게 되었기 때문이다. 인간과 동물을 포함한 모든 생물이 혼을 가진다. 모든 생물들의 혼과 사람의 영이 모두 하나님 손 안에 있다는 욥기 12:10의 말씀도 이것을 시사한다.

모든 생물들 속에 하나님의 생명의 숨이 있다면, 이 숨을 통해 그들은 친족관계 내지 유기체를 이룬다. 혼과 혼을 통해 그들은 결합되어 있고 교통한다. 그들은 서로에게 생존의 가능성을 제공하는 상부상조와 상생의 관계에 있다. 구약성서의 문학서는 모든 피조물이 서로 의존하며 다른 피조물의 삶을 가능케 하도록 유기적으로 얽혀 있음을 나타낸다. "하나님께서 골짜기에서 샘이 솟아나게 하여 산 사이에 흐르게 하시니, 들의 짐승들이 마시며, 공중의 새들이 그 가에 깃들이며…"(시 104:10ff.; 참조. 욥 37-41장).

모든 생명이 흙에서 와서 흙으로 돌아간다는 구약성서의 말씀은 모든 생명과 자연의 유기체적 관계성을 보여준다. 인간을 위시한 모든 생물은 하나님에 의해 흙으로 지어졌다(창 2:19; 욥 10:9). 그들은 흙에서 나오는 것을 먹고 살다가 "다 함께 죽으며 흙으로 돌아간다"(34:15). 사람도 호흡이 끊어지면 흙으로 돌아간다(시 146:4). 인간은 "흙에 속한" 존재다(고전 15:47, 48, 49). 인간이 "흙에 속한", 그러므로 흙으로 돌아갈 수밖에 없는 자라는 것은 인간이 흙 곧 자연과 한 생명 공동체에 속한다는 것을 말한다. "사람에게 닥치는 운명이나 짐승에게 닥치는 운명이 같다.…둘 다 같은 곳으로 간다. 모두 흙에서 나와서 흙으로 돌아간다"(전 3:19-20).

육 혹은 육체를 가리키는 히브리어 "바사르"(basar)는 단지 인간의 몸의 한 부분으로서의 육을 말하기보다 인간 자체를 가리킨다. "내 육체가 안전히 거한다"(시 16:9), "내 육체가 주를 두려워 한다"는 말씀에서 (119:120) 육체는 인간 자신을 가리킨다. 그것은 제한되었고 죽을 수밖에 없는 허무한 인간 존재, 모든 생명들의 허무함을 가리킨다(욥 34:35; 시 78:39).

히브리어 바사르는 생명에의 갈구, 생명에의 목마름을 뜻하기도 한다. 히브리적 사고에서 "육" 혹은 육체는 천한 것이 아니다. 그것은 모든 생명체의 몸을 구성하는 기본 요소다. 육은 생명 자체다. 그것은 생명에의 갈구다. 하루살이도 자기의 육을 가진다. 육을 가진 모든 생물들은 죽는 순간까지 먹고 마시며 짝짓기를 갈구한다. 이 갈구는 생명에 대한 갈구다.

지구 유기체 혹은 생명의 그물망은 생명에 대한 갈구 자체다. 그것을 구성하는 모든 지체들이 생명을 갈구하기 때문이다. 한 지체의 갈구는 다른 지체들을 통해 충족된다. 지구 유기체는 다른 지체들을 통해 자기의 생명을 향한 갈구가 해결되고 그 자신이 다른 지체들의 갈구를 해결해 주는 생명 공동체다. 땅과 물은 짐승들의 생명에 대한 갈구를 충족시켜준다. 짐승들은 서로 잡아먹고 잡아먹힘으로써 서로의 생명에 대한 갈구를 충족한다. 꽃들은 꿀을 만들어 벌들의 생명에 대한 갈구를 충족시키며, 벌은 종을 확장하고자 하는 꽃들의 생명에 대한 욕구를 충족시킨다. 암컷은 수컷의 갈구를, 수컷은 암컷의 갈구를 충족시켜준다.

하나님은 생명에 대한 갈구를 죄악시하지 않는다. 오히려 그는 생명에 대한 갈구를 충족시키는 분이다. 그는 땅이 없는 아브라함에게 "젖과 꿀이 흐르는 땅"을 약속한다. 출애굽한 이스라엘 백성이 이집트 군대의 추격을 받아 홍해 바다에서 죽게 되었을 때 하나님은 그들의 생명을 구해주신다. 광야에서 그들에게 메추라기와 만나를 주심으로 굶주림을 벗어나게 하신다. 율법을 통해 하나님은 가난한 사람들의 생명에 대한 갈구를 충족시키라고 명령한다. 하나님은 회개한 이스라엘 백성에게 먹을 것을 흡족히 주겠다고 약속한다. "내가 너희에게 곡식과 포도주와 올리브 기름을 주어서 아쉬움이 없도록 하겠다.…이제 너희가 마음껏 먹고, 배부를 것이다"(욜 2:19, 26). 역사의 예수도 생명에 대한 갈구를 충족시키는 분으로 나타난다. 그는 "세리들과 죄인들의 친구"가 되어 생명에 대한 그들의 갈구를 만족케 한다. 그는 굶주린 사람들에게 먹을 것을 마련해 주며 병든 사람들을 고쳐준다. 그는 모든 사람의 생명에 대한 갈구를 만족케 하는 "생명의 빛"이요 "생명의 떡"이었다(요 8:12; 6:35, 48).

4. 신약성서는 구약성서의 유기체적 세계관을 그리스도론적으로 수정한다. 그리스도는 "창세 전에" 아버지 하나님과 함께 계셨다(요 17:5). 창

조자 아버지 하나님은 "그리스도를 세상이 창조되기 전에" 미리 아셨다(히 1:20). 그리스도는 "태초부터" 아버지와 함께 계셨다(요일 1:1-2). "모든 것이 그로 말미암아 창조되었으니, 그가 없이 창조된 것은 아무것도 없다"(요 1:3). 바울 서신에 의하면 만물은 그리스도 안에서 그리스도로 말미암아 창조되었고 그리스도를 위하여 창조되었다(골 1:16). 아버지 하나님의 공동 창조자 내지 창조의 중재자이신 그리스도를 통하여 그들은 하나의 유기체를 이룬다. 모든 피조물이 그리스도를 통해 하나로 연결되어 있다.

그러나 인간의 죄로 말미암아 만물의 유기체는 깨어진 상태에 있다. 모든 생물이 각자도생하기 위해 경쟁하고 투쟁한다. 서로 죽이고 죽임을 당하는 세상이 되어버렸다. 깨어져버린 세상을 하나로 회복하기 위해 하나님의 아들 그리스도는 인간의 육, 곧 자연을 자기의 것으로 취한다. 그는 육을 통해 세계와 자기를 결합한다. 그의 부활을 통해 세계가 죄와 죽음의 세력에서 해방되고 만물이 하나의 유기체로 통일되는 새로운 역사가 일어난다(엡 1:10).

만물의 유기체적 통일성은 종말론적 지평 속에 있다. 하나님의 구원의 역사가 완성될 마지막 때 이 통일성은 완전히 회복될 것이다. "그리스도 안에서 그분을 머리로 하여 통일"될 것이다(엡 1:10). 만물의 유기체가 회복될 것이다. "온 몸은 머리이신 그리스도로부터 각 마디와 힘줄을 통하여 영양을 공급받고, 서로 연결되어서 하나님께서 자라게 하시는 대로" 자라날 것이다(골 1:18).

종말에 완성될 모든 피조물의 유기체는 그리스도인들의 공동체 속에서 선취된다. 그리스도인들의 공동체 곧 교회는 그리스도의 우주적 유기체의 앞당겨 옴, 곧 선취(先取, Antizipation)다. "몸은 하나이지만 많은 지체가 있고, 몸의 지체는 많지만 그들이 모두 한 몸이듯이…"(고전 12:12). 종말에 완성될 우주적 유기체가 그리스도인들의 공동체 안에서 앞당겨 나타난다.

5. 여기서 우리는 질문할 수 있다. 생명이란 자기의식과 지각과 감정과 인식의 능력을 전제한다. 이 같은 능력을 갖지 못한 존재를 가리켜 우리는 완전한 의미의 생명이라 말할 수 없다. 그러나 자연의 생물들, 예를 들어 지렁이나 참새는 지각과 감정 곧 느낌의 능력을 갖지만, 인간과 같은 명료한 자기의식과 인식의 능력을 갖지 못한 것으로 보인다. 그들이 가진 지각과 감정조차도 인간의 그것에 비하면 매유 유치한 원초적 상태의 것으로 보인다. 그래서 자연의 생물들은 의식적으로 행동하는 것이 아니라 본능적으로 행동하는 것으로 보인다. 사실 많은 학자들이 그렇게 말하였다. 하나님은 인간에게는 정신과 이성을 주셨고 자연의 생물에게는 본능을 주셨다는 것이다. 특히 우리가 물질이라고 부르는 것은 자기의식과 지각과 감정과 인식의 능력을 전혀 갖지 않는 것으로 보인다. 그렇다면 우리는 자연의 유기체 안에서 등급을 나눌 수밖에 없지 않은가? 곧 명료한 자기의식과 지각과 감정과 인식의 능력을 가진 인간은 1등급에 속한다면, 그렇지 못한 자연의 생명들은 2등급에, 물질은 3등급에 속한다고 보아야 하지 않겠는가? 사실 고대로부터 많은 학자들은 세계를 세 등급 혹은 네 등급의 위계질서로 생각하였다. 곧 인간-동물-식물-물질의 위계질서로 표상하였다.

그러나 이 같은 위계질서는 인간중심의 생각이라 볼 수 있다. 자연 피조물의 입장에서 볼 때 이것은 억울한 일로 생각될 것이다. 참새 한 마리도 자기의식과 지각과 감정과 인식의 능력을 가진다. 모든 생물들이 살아남고자 하는 의지를 가지며, 자기의 생명을 유지하기 위해 사투하는 것은 자기에 대한 의식이 그들에게 있음을 말한다. 길바닥의 지렁이를 막대기로 건드리면 지렁이는 살려고 꿈틀댄다. 이것은 아픔을 느끼는 지각과 감정과 그 나름의 인식 능력이 지렁이에게도 있음을 보여준다. 바이러스도 살아남고자 하는 의지를 가지며 환경에 적응하고 자기를 새롭게 조직화하는 능력을 가진다.

인격성이란 자기를 타자로부터 구별되는 고유한 존재로 의식함을 말한다. 바꾸어 말하면 인격성이란 자기의식을 뜻한다. 그런데 우리는 일반적으로 인격성은 오직 인간에게만 있다고 생각한다. 그러나 이 생각도 자연의 생물들에게는 억울하게 들릴 것이다. 왜냐하면 각 생물의 생명은 단한 번밖에 없는 고유한 것이고, 생명의 그물망을 구성하는 한 구성원이기때문이다. 모든 구성원은 다른 구성원들에게 의존한다.

이 같은 관점에서 볼 때 땅 위의 모든 생명은 그 나름의 주체성과 인격성을 가진다고 말할 수 있다. 거기에 어떤 등급이 있을 수 없다. 구약성서는 이것을 다음과 같은 감각적 형태로 이야기한다. 출애굽한 이스라엘 백성이 모압 평지에 도달했을 때 모압 왕 발락은 이스라엘 백성을 저주해 달라고 예언자 발람을 부른다. 발람이 나귀를 타고 발락에게로 가던 중 나귀와 발람이 이야기를 나눈다(민 22:28-30). 이 이야기는 매우 유치한 형태의것이긴 하지만 자연과 생명에 대한 고대인들의 깊은 지혜를 보여준다.

여기서 우리는 인간만이 인격성을 가진다는 인간중심의 생각을 수정할 수밖에 없다. 자연의 피조물들도 그들 나름의 기쁨과 슬픔을 느낀다. 그들도 고통을 당할 때 탄식하며, 살아남기 위해 정보를 주고받는다. 비록 인간의 그것과 비교될 수 없을지라도 자연의 피조물들도 그들 나름의 언어와 의사소통 방식을 가진다는 사실은 이미 과학적으로 증명되었다. 단지우리 인간이 그들의 언어를 알아듣지 못할 뿐이다. 이 같은 사실은 자연도그 속의 모든 것이 그 나름의 자기의식 내지 인격성, 지각과 감정과 인식의능력을 가진 유기체임을 말한다. 이 유기체 속에는 위와 아래가 없다. 곧위계질서가 없다. 모든 지체는 동등하다. 거미집의 모든 줄, 사람의 눈과발가락이 동등한 지체인 것과 마찬가지다.

일제시대 항일운동가였던 홍명희 선생은 그의 장편소설 『임격정』에서 소에게도 감정이 있다고 이야기한다. 조선조 인조 왕 시대에 어느 백정의 가정이 키우던 암소를 푸줏간으로 보내 도살하고자 하였다. 그 가정의 심부름꾼이 암소를 끌고 푸줏간으로 가는데, 그 암소가 외양간으로 끌려 가는 줄로 알고 순순히 따라오다가 "푸줏간 가까이 와서 푸줏간에 배어 있는 피비린내를 맡고야 죽는 줄을 짐작하였는지 들어오지 아니하려고 머리를 흔들고 뒷걸음을 치려고 하였다. '메, 메' 하는 소리가 사람 같으면 '살려 주시오, 살려 주시오' 하고 말하는 것 같았다.… 짐승이라 죽는 것을 잘 모르리라 하나 그렇지도 아니하였다. '메, 메' 하는 소리와 웅숭그리는 모양은 고사하고, 그 큰 눈에 한없이 겁을 내는 것이 보이었다. 보기에 따라서는 그 눈이 사람을 원망하는 것같이도 보이고 신세를 슬퍼하는 것같이도 보였다"(홍명희 1997, 219-220).

슐라이어마허는 절대자에 대한 "절대의존의 감정"이 종교의 근원이라고 한다. 그러나 주인에 대한 개의 절대의존의 감정과 충성심은 하나님에 대한 인간의 그것보다 더 강하고 진실하다. 홍명희 선생에 따르면, "대체 말이나 개의 주인 위하는 충성은 일호 거짓이 없지마는, 사람으로서 말 노릇 개 노릇 하는 것은 충성이 곧 거짓이라, 말이나 개만 못한 거짓 충성이 주인의 눈의 밖에 나서 좋지 못하게 신세를 마치는 것은 첩경 있기 쉬운 일이다"(홍명희 1999, 139).

6. 그러나 바위나 돌멩이, 흙과 공기 등은 자기의식과 지각과 감정과 인식의 능력이 전혀 없는 물질에 불과하지 않은가? 데카르트의 이원론은 이렇게 생각한다. 그에 따르면 물질은 정신 내지 영혼의 반대개념으로 간주된다. 물질은 정신이나 영혼이 없고 사유의 능력이 없는 것, 생명이 없는 것으로 간주된다. 그것은 생명이 없는 것, 곧 죽은 것으로 생각된다. 라이프니츠는 데카르트의 이 같은 생각을 반대한다. 그에 따르면 물질을 구성하는 단자는 생명력 혹은 혼이기 때문에 물질도 혼을 가지며 지각과 욕구

의 능력을 가진다.

이른바 물질을 자연 유기체에서 분리시킬 때 물질은 생명체가 아니다. 그에게는 생명체가 가진 지각, 감정 등의 능력들이 없다. 그러나 자연 유기체 안에서 다른 부분들과 결합되어 하나의 생명체를 이룰 때 물질적 부분들 역시 혼을 가지며 자기의식과 지각과 감정과 인식 능력을 공유하게 된다.

이것을 우리는 인간의 몸에서 볼 수 있다. 몸의 각 부분들을 몸에서 떼어 놓으면 그들은 물질이다. 그들에게는 생명이 없다. 그러나 이 물질들이 결합하여 유기체적 몸을 이룰 때 이 물질들은 유기체의 모든 생명의 능력들을 공유한다. 이와 마찬가지로 세계의 물질적 부분들을 떼어 놓으면 그들은 물질이지만, 이들이 결합하여 세계 유기체를 이룰 때 물질은 유기체의 모든 능력을 공유한다고 말할 수밖에 없다.

양자이론에 따르면 미시세계에서 정신 혹은 영혼에 대립하는 "물질"이란 존재하지 않는다. 그 속에는 에너지 장(field)이 있을 뿐이다. 에너지 장을 가리켜 학자들은 영혼 혹은 정신, 흐르는 의식, 잠재성이라 부른다. 우리가 물질이라 부르는 것은 인간의 언어로 정확히 표현할 수 없는 에너지 장이 현상하는 한 국면일 뿐이다. 물질이란 실재하는 것이 아니라 우리의 인식 저너머에 있는 실재 자체의 상들(Bilder)에 불과하다. 미시세계에서 "생명이 있는 것"(Belebtes)과 "생명이 없는 것"(Unbelebtes) 곧 물질은 전혀 다른 것으로 생각되지 않는다. "두 가지는 비물질적인 것에 근거한다." 정신과 물질 사이에는 본질적 차이가 있는 것이 아니라 "정도의 차이"(gruadueller Unterschied)가 있을 뿐이다(Dürr 2024, 60). 정신과 물질, 곧 "사유하는 존재"(res cogitans)와 "연장되는 존재"(res extensa)를 별개의 실체로 나누는 데카르트의 이원론은 오늘날 과학의 세계에서 인정되지 않는다. 정신 혹은 영혼에 대한 대립개념으로서의 물질, 지각과 의식이 없는 죽은 물질이란 우리 인간의 주관적 판단일 뿐이다.

성서는 물질적인 것도 그 나름의 생명을 가지고 있음을 시사한다. 인격체가 할 수 있는 일을 물질적인 것도 행할 수 있는 것으로 나타낸다. 인간이 땅을 괴롭히면 땅이 부르짖어 인간을 책망하며, "그 이랑이 일시에 운다"(욥 31:38). "담에서 돌들이 부르짖으면, 집에서 들보가 대답할 것이다"(합 2:11). "사람들이 침묵하면, 돌들이 소리지를 것이다"(눅 19:40). 하늘과 땅들이 노래한다(시 38:7). 하늘이 기뻐하고, 온 땅이 즐거워하며, 섬들이 기뻐한다(대상 16:31; 시 97:1; 참조. 시 98:7; 사 44:23).

욥기의 생태학적 본문들(37-41장)은 물질을 포함한 세계 전체가 살아 움직이는 유기체 내지 생명의 그물망임을 보여준다. "그날 새벽에 별들이 함께 노래하였고"(38:6), "대낮의 광명은 너무도 밝아서, 악한 자들의 폭행을 훤히 밝힌다"(38:15). 생명이 있는 생물과 생명이 없는 물질의 구별은 인간이 행한 일이지 자연이 행한 일이 아니다. 세계 유기체 "전체"가 생명을 가진 생명체라면 그 전체를 구성하는 "부분들" 역시 생명일 수밖에 없다. 과학적 사고를 자랑하는 인간이 그것을 부인하고 물질을 탈정신화, 탈영혼화하여 그것을 생명 없는 "물건"으로 규정할 뿐이다. 우리 몸의 모든 부분들과 마찬가지로 자연 유기체에 속한 모든 부분들도 그들 나름의 지각과 의식과 감정과 생명을 가지며 유기체 전체의 존속과 발전에 기여한다.

7. 유기체는 수많은 관계들의 그물망이다. 그 속의 모든 부분들은 서로 연결되어 있는 거미줄처럼 상호작용과 교통 속에 있다. 거미줄 한 가닥을 건드리면 거미집 전체가 흔들리는 것처럼, 한 부분에 일어나는 것은 모든 다른 부분들에 파급된다. 양자이론의 영향 속에서 오늘날 많은 자연과학자들은 유기체적 자연관을 인정한다. "데이비드 보옴(David Bohm)은 관계들로 이루어진 우주의 '손상 받지 않은 전체성'을 말하고, 제프리 츄(Geoffrey

Chew)는 '모든 입자는 모든 다른 입자들로 이루어져 있다'고 말함으로써 모든 실재의 연관성과 전체성을 극적으로 강조한다"(박재순 2005, 30).

기계론적 자연관에 의하면 먼저 개별의 사물들이 있고 그다음에 그들의 관계가 있다. 이에 반해 유기체적 자연관에 따르면 개별의 사물들과 그들의 관계는 어느 것이 먼저 있고 어느 다른 것이 뒤에 오는 것이 아니라, 양자가 언제나 함께 있다. 모든 사물은 그 자체에 있어 관계적 존재다. "존재"는 관계성을 그의 본질로 가진다. 땅 위의 모든 존재는 "다른 존재와 얽히고 관계하는 역량으로 존재"한다(박일준 2022, 197).

따라서 개별의 사물들은 고립된 개체가 아니라 관계적 사물들 혹은 "얽힘"(entanglement)이다. 모든 피조물은 하나님의 영의 우주적 관계성 속에서 서로 얽혀 서로의 생존을 가능케 한다. 지렁이는 땅의 더러운 것을 먹고 자기의 생명을 유지하는 대신 땅을 정화함으로써 다른 피조물들이 건강하게 살 수 있도록 기여한다. "생태학적 전망에서 존재하는 모든 것은 공존한다. 공존하는 모든 것은 모든 것을 포괄하는 무한한 관계망을 통해 생존한다. 어떤 것도 이 관계 바깥에 존재하지 않는다. 모든 것은 모든 점에서 모든 것과 관련되어 있다"(Boff 1996, 15). 땅 위의 모든 생명들은 거미집과 같은 생명의 그물망 안에서 함께 존재하며, 서로에게 의존하며, 서로를 필요로 한다. "그러므로 한 생명에서 일어나는 변화는 다른 생명을 포함하는 변화이기도 하다.…따라서 땅 위의 모든 생명은 함께 사는 것(Mitleben)이다." 자기가 사는 동시에 다른 생명을 함께 살도록 하지 않는 생명은 "살아남을 수 없다"(Mieth 2002, 49).

우리는 정신과 물질, 영혼과 육체, 생물과 무생물을 구별하는 데 익숙해져 있지만, 미시세계에서 이 구별은 인정되지 않는다. 이른바 정신적인 것과 물질적인 것이 하나로 결합되어 있기 때문이다. "살아 움직이는 것은 언제나 살아 움직이는 것이 아니며, 살아 움직이지 않는 것은 영원히 살아 움직이지 않는 것이 아니다. 그들은 항상 그들의 자리를 바꾼다. 살아 움직이는 것은 기본적으로 물, 공기, 다양한 물질 등 그들의 몸 바깥에서 공급받는, 살아 움직이지 못하는 것 없이는 그들의 생명을 유지할 수 없다. 그리고 살아 움직이지 못하는 이 물질들은 살아 움직이는 몸속으로 들어가자마자 살아 움직이는 것이 되며, 살아 움직이는 것은 생명을 잃어버리거나 살아 움직이는 몸에서 분리되자마자 살아 움직이지 못하는 것이 된다"(Lee 2003, 74f.).

유기체 안에서는 어떤 지체도 자기 홀로 존재하지 않는다. "존재"는 자기 홀로 존재하는 "실체"가 아니라 "'얽힘'의 형태로 있으며 이 얽힘 속에서 다양한 관계들이 출현하는 것이지, 다양한 존재들이 선재하기 때문에 얽힘이 발생하는 것이 아니라는 사실이다. 이는 곧 '존재'란 처음부터 그리고 이미 언제나 홀로 존재하지 않고 여러 존재들이 함께 구성해나가는 특성을 지니고 있으며, 그렇기 때문에 개체가 아니라 언제나 '집단체'(the collective)로 이해되어야 한다"(박일준 2022, 173). 물질적인 것이든 비물질적이든 간에 유기체의 모든 부분들은 유기체적 얽힘 내지 관계망 속에서 하나로 결합되어 있다. "대지와 물과 불, 필연코 모래 한 알까지, 그리고 지구, 태양, 우리 은하, 전 우주가 하나로 존재하며 맞물려 있음을 봅니다. 이 중에 어느 하나만 없어도 나는 존재할 수 없습니다"(서해명 2020, 158).

베이컨과 데카르트 이후 서구의 근대 세계는 인간과 세계의 관계를 주체와 객체의 관계, 지배와 예속의 관계로 파악하였다. 이에 힘입어 근대 자연과학과 과학기술의 개선행진이 계속되었다. 그러나 주체-객체, 지배-예속의 모델은 자연의 유기체적 얽힘과 상호작용을 파악하지 못한다.

오늘 인류에게 필요한 것은 주체와 객체, 지배와 예속의 모델이 아니라 유기체적 상호교통과 협동(Kommunikation und Kooperation)의 모델, 상생의 모델이다. 이 모델에서 자연의 사물들은 인간에게 예속된 대상이 아니라 자신의 행위 주체성 속에서 인간과 교통하고 협동하며 인간의 생존을 가능케 하는, 한 유기체의 지체들이다. 그들은 인간이 마음대로 처리할 수 있는 "물건"이 아니다. 그들은 그 나름의 느낌과 지각 능력, 자신의 가치와 존엄성을 지닌 "자연주체"다.

유기체적 자연관, 세계관에서 생명이란 다른 존재자들과 상호교통 속에서 상생한다는 것을 말한다. 풀벌레 한 마리도 풀과 이슬과 땅과의 교통 속에서 상생한다. 그러므로 우리가 어떤 대상을 적절하게 이해하고자 한다면, 우리는 그것을 개체로 분리시키거나 가장 작은 부분들로 환원시켜서는 안 된다. 오히려 우리는 그들을 생명 공동체의 전체적 그물망 속에서 인식해야 한다. 세계의 모든 것은 그들의 관계와 상황과 환경이 농축된 것으로, 이들 관계와 상황과 환경을 반영한다. 한 사람의 얼굴 표정이 그가 살아온 제반 관계와 상황과 환경을 통해 형성된 그의 삶의 역사를 나타내는 것과 마찬가지다. 현대세계의 비극은 세계 모든 것을 생명의 그물망 속에서 파악하지 않고 모든 관계와 삶의 역사로부터 추상화된 고립된 개체로 보는 데 있다. 이로 말미암아 대상에 대한 공감(Sympathie) 능력이 사라진다.

8. "생존할 수 있는 개체보다 더 많은 개체가 생산되기 때문에 모든 경우에 같은 종에 속한 서로 다른 개체나 서로 다른 종, 또는 물리적 생활 조건에 속한 개체들 사이에 생존을 위한 경쟁이 있을 수밖에 없다"(워즈바 2019, 294에서 인용). 다윈의 이 말은 생물 개체들과 종들의 세계에서 생존을 위한 경쟁이 자연의 삶의 법칙이라는 것을 시사한다. 경쟁과 투쟁 속에서 살아남는 자만이 살아남을 수 있다는 것이다. 진화론의 이 같은 가르침에서 온 자연이 경쟁과 투쟁의 장, 약육강식의 장으로 보인다. 그래서 자연은 피 흘

림으로 가득하다고 말한다.

그러나 이것은 자연의 한 측면일 뿐이다. 자연 속에는 서로 협동하며 상생하는 일들이 수없이 많이 일어난다. 펭귄이나 개미는 상호 협동과 상생의 명수들이라 말할 수 있다. 새들과 나무도 마찬가지다. 1964년 도쿄 올림픽 스타디움 건축을 위해 그 지역 토지를 수용하고 기존 건물들을 철거할 때 도마뱀 한 마리가 3년간 꼬리에 못이 박혀 묶여 있는 것이 발견되었다. 이 도마뱀이 어떻게 3년 동안 생명을 유지했을까? 다른 도마뱀이 3년 동안 먹이를 물어다 주어서 그 생명이 유지되었다는 것이다. 이 사실은 경쟁과 투쟁이 아니라 협동과 상생이 자연의 삶의 원리라는 것을 보여준다.

많은 학자에 의하면 자연 생태계의 기본 질서는 경쟁과 투쟁이 아니라 유기체적 상부상조와 상생이다. 진화의 역사 속에서 다른 생물체에 공격적인 종은 일찍 소멸하는 반면, 상부상조하고 상생하는 종들이 더 오래 살아남는다고 한다. 개체적 생존을 위한 경쟁과 갈등과 투쟁보다 유기체적 상부상조와 상생이 더 큰 생존의 기회를 제공한다고 학자들은 말한다.

9. 신학의 관점에서 볼 때 유기체적 세계관, 자연관의 뿌리는 하나님의 삼위일체에 있다. 하나님의 삼위일체는 유기체적 생명 공동체의 원형이라 말할 수 있다. 성부, 성자, 성령은 서로 구별되는 동시에 결합하여 하나의 유기체를 이룬다. 그들은 각자의 정체성을 유지하면서 한 몸, 곧 모든 것을 함께 나누는 생명 공동체를 이룬다. 자연이 삼위일체 하나님을 통해 창조되었고 삼위일체 하나님의 영이 자연 속에 생명의 힘으로 내재한다면, 자연 역시 유기체적 생명 공동체일 수밖에 없다.

하나님의 말씀이 있는 곳에 하나님의 영이 있다. 하나님은 먼저 구별하고 판단하는 말씀을 통해 모든 피조물을 지으신다. 그러므로 모든 피조물은 서로 구별되며 개체성을 가진다. 그들은 "그 종류대로" 창조되었다. 각 종류가 다르다. 그러나 하나님은 그의 영을 내쉬는 가운데서 말씀하신다. 이리하여 말씀과 영은 서로 보충하는 기능을 가진다. 말씀은 구별하고 판단하는 기능을 가진다면, 영은 구별된 것들의 연합과 일치와 조화의 기능을 가진다. 피조물은 하나님의 말씀을 통해 "그 종류대로" 구별되지만, 하나님의 사랑의 영을 통해 결합하며 그리스도의 우주적, 유기체적 몸을 형성한다. 성부, 성자, 성령이 구별되면서 유기체적 관계 속에서 "한 몸"을 이루듯이 모든 피조물도 유기체적 관계 속에서 "한 몸", 곧 하나의 생명 공동체를 이룬다.

결론적으로 유기체적 세계관은 자연과 자연의 생명에 대한 인식론적 혁명이라 말할 수 있다. 그것은 세계를 물질적 기계로 보는 근대 기계론적, 물질론적 패러다임으로부터 유기체적 패러다임으로의 전환이다. 기계론적, 물질론적 패러다임은 자연을 생명과 상호교통이 없는 물질적 기계로 보는 반면, 유기체적 패러다임은 자연을 살아 움직이는 유기체, 상호교통 속에 있는 생명의 연결망으로 파악한다. 인식 방법에 있어 전자는 합리적, 분석적, 개체주의적이라면, 후자는 감성적, 통합적, 전일주의적이다. 전자는 확장과 경쟁과 양과 정복과 지배와 무감정과 소유와 폐쇄성을 가치로 가진다면, 후자는 보존과 상부상조와 질과 상생과 공감과 존재와 개방성을 가치로 가진다(Capra 2004, 26 참조). 전자는 자연을 "닫힌 체계"로 본다면, 후자는 자연을 "열린 체계"로 본다. 유기체적 자연관에 따르면 자연은 미결정 상태에 있는 잠재성 내지 개방성 자체다. "자연은 이제 더 이상 결정적이고 기계적이며 수동적인 객체/물질로 이해되지 않는다. 자연은 오히려 극도의 복잡함이 밀접하게 얽혀 있는 거대한 소용돌이 혹은 그 소용돌이가 일어나는 동적 과정 자체다"(김진희 2002, 154).

2. 만물이 하나님의 가족이요 형제자매다

1. 자연의 모든 피조물이 한 유기체를 이룬다면, 모든 피조물은 친족성을 지닌 한 가족이라고 말할 수 있다. 자연의 피조물과 함께 인간도 이 유기체의 한 부분이다. 그러나 우리는 질문할 수 있다. 호랑이나 사자, 개구리나 지렁이, 풀이나 나무가 정말 인간과 한 가족 내지 친족인가? 다음과 같은 슈바이처의 말은 자연의 피조물들이 인간의 친족이나 형제자매가 될 수 없다는 것을 시사한다. 자연의 피조물은 "삶에 대한 의지를 갖지만, 다른 피조물에게 일어나는 것을 함께 체험할 수 있는 능력을 갖지 않는다. 그들도 고난을 당하지만, 함께 고난받을 수 없다"(Birnbacher 2006, 162에서 인용).

나는 슈바이처의 이 말에 동의할 수 없다. 자연의 생물들도 동료 생물이 죽으면 슬퍼한다. 예를 들어 한 마리 코끼리가 죽으면 동료들이 죽은 코끼리 주위에 둘러서서 애도한다. 동료에게서 일어난 것을 함께 느낀다. 그들은 단지 그것을 말하지 못할 뿐이다. 이런 점에서 자연의 피조물과 인간은 친족성을 가진다. 고래도 자신의 생명이 위험할 때 인간의 도움을 얻으려고 인간에게 접근한다. 도움을 받은 후 고래가 기뻐하며 감사하는 것을 자연 다큐멘터리에서 볼 수 있다. 자연의 피조물은 다른 피조물에게 일어나는 것을 "함께 체험할 수 있는 능력을 갖지 않는다"라는 슈바이처의 생각은 인간의 주관적 판단일 뿐이다. 인간과 마찬가지로 자연의 피조물도 다른 피조물이 체험하는 것을 함께 체험할 수 있는 능력을 가진다. 그들은 친족이기 때문이다. 이에 대한 성서적 근거를 제시해보자.

1) 인간을 포함한 자연의 모든 피조물이 한 하나님에 의해 창조되었다. 모두가 하나의 근원을 가진다. 모든 피조물이 하나님의 창조 공동체 곧 하나님의 집에 속한 한 가족이다. 비록 인간이 영특한 존재라 할지라도, 하나님의 집에 속한 한 부분으로서 다른 피조물과 한 가족을 이룬다.

2) 모든 생물 속에 하나님의 영이 생명의 힘으로 현존한다. "만일 하나님이 결심하시고 생명을 주는 영을 거두어 가시면, 육체를 가진 모든 것은 일시에 죽어 모두 흙으로 돌아가고 만다"(욥 34:14-15). 모든 피조물은 그들 안에 생명의 힘으로 현존하는 하나님의 사랑의 영 안에서 하나다. 그들 안에 있는 하나님의 영이 그들을 한 가족으로 결속한다.

3) 생명의 유한성과 죽음의 필연성 앞에서 모든 피조물은 친족으로, 형제자매로 결속된다. 그들은 언젠가 죽을 수밖에 없는 존재, 흙으로 돌아갈 수밖에 없는 유한하고 제약된 형제자매들이다. 존재의 유한성과 죽음의 필연성을 통해 모든 피조물은 친족으로 결속된다.

4) 바울은 그리스도론과 종말론의 관점에서 자연 만물의 하나 됨, 곧 친족 관계를 암시한다. 모든 피조물이 그리스도 안에서, 그리스도로 말미암아, 그리스도를 향해 창조되었다. 만물은 그리스도 안에서 존속한다. 인간을 포함한 모든 피조물이 그리스도 안에서 하나로 연합되고 통일될 것이다(엡 1:10).

5) 이 같은 종말론적 전통 속에서 장차 올 메시아 왕국과 "새 하늘과 새 땅"은 자연의 모든 생명이 친족이나 형제자매처럼 지내는 세계로 묘사된다. "그때는 이리가 어린 양과 함께 살며, 표범이 새끼 염소와 함께 누우며, 송아지와 새끼 사자와 살진 짐승이 함께 풀을 뜯고, 어린아이가 그것들을 이끌고 다닌다. 암소와 곰이 서로 벗이 되며, 그것들의 새끼가 함께 눕고, 사자가 소처럼 풀을 먹는다. 젖 먹는 아이가 독사의 구멍 곁에서 장난하고, 젖뗀 아이가 살무사의 굴에 손을 넣는다"(사 11:6-8; 참조. 65:25).

2. 인간과 자연을 구별했던 바르트는 삶의 후기에 인간과 자연 피조물의 친구 관계를 인정한다. 그에 따르면 성서의 창조설화는 인간을 특별한 존재로 파악하지만, 인간을 고립된 존재나 자기 홀로 살 수 있는 존재가 아니

라 다른 피조물들과 친구 관계에 있는 것으로 파악한다. 곧 인간은 "환경과 사회 속에서", "온순한 짐승들, 땅을 기어 다니는 짐승들, 사나운 짐승들과 친구 관계"에 있다는 것이다(Barth 1957, 196).

진화론은 생물학적 관점에서 만물의 친족 관계 또는 형제자매의 관계를 말한다. 생물들의 많은 종은 공통의 조상에서 진화한 것으로 생물학적 친족 관계에 있다는 것이다. 생물들의 친족 관계 내지 형제자매의 관계는 생물들의 자연적 본능에도 나타난다. 크로프트킨에 의하면[3] 군집 생활을 하면서 상부상조하고 "삶의 즐거움"을 함께 누리고자 하는 본능, 곧 "사회성"은 고등동물에서 시작하여 하등동물에 이르기까지 거의 모든 생물

3　무정부주의자로 알려진 크로프트킨은 러시아 황족 다음으로 높은 공작 가문 출신 장군의 아들로 태어나(1842), 상트페테르부르크의 러시아 최정예 사관학교에 입교할 것을 명령받았다. 사관학교에서 그는 농민들의 상황과 프랑스 혁명 등, 근대 혁명사상에 관심을 보인다. 군인으로서 탁월한 능력을 보인 그는 러시아 황제의 신변 경호를 맡는 호위기사로 임명되어 출세 가도를 걷게 된다. 그러나 그는 이 길을 버리고 근무 여건이 극악한 시베리아 연대에 자원하여 시베리아 극동지역에 배치된다. 여기서 그는 아시아 대륙의 지리와 역사를 깊이 연구한다. 1867년 군대를 사임한 후 그는 상트페테르부르크 대학에서 수학과 지리학을 연구하면서 무정부주의 단체에 가입한다. 군대에 대한 충성을 명예로 생각하는 가문의 전통을 버림으로 인해 그는 재산상속권을 상실하고, 아버지의 물질적 지원이 중단된다. 스위스 여행 중에 만난 바쿠닌(M. Bakunin)에게 매료되어 그는 혁명운동에 참여한다. 1874년 체포되어 감옥 생활을 하다가, 1876년 친구들의 도움으로 감옥을 탈출하여 영국으로 도주한다. 스위스, 프랑스를 전전하다가 영국에 정착한 그는 프리랜서로 연명하면서 철학적 사색과 저작에 몰두한다. 1888년 다윈주의자 헉슬리의 논문에 자극받아, 그는 생존을 위한 경쟁과 투쟁만이 아니라 상호 협동이 삶의 특징이요, 중앙통제와 강제가 아니라 자유로운 연합과 개체 간의 협동이 진화를 촉진하는 주요 요인임을 밝히는 『상호부조: 진화의 한 요소』(Mutual Aid: A Factor in Evolution)라는 제목의 예언자적 저작을 발표한다. 1917년 2월 혁명 후 러시아로 귀국한 그는, 임시정부가 제의한 교육부 장관직을 거부한다. 레닌의 주도하에 일어난 볼셰비키 10월 혁명이 독재체제로 변하는 것에 항의하고, 레닌의 공산주의 독재를 비판한다. 1921년 심장질환과 폐렴으로 사망한 그의 장례식에는 10월 혁명 이후 가장 많은 사람이 몰려왔다고 한다. 그의 사망 3년 후인 1924년에 레닌도 사망한다. 뉴욕타임스지에 의하면, 레닌은 매독 감염으로 죽었다고 한다.

의 공통된 현상이다. 고양이류(사자, 호랑이, 표범 등)는 군집 생활보다는 고립된 생활을 좋아하는 경향을 갖지만, 군집과 상호부조는 포유류들에게는 철칙이다. 사자들도 군집 생활을 하며 먹이 사냥할 때 상호 부조한다. 외톨이 사자는 오래 살지 못하고 죽는다. "사자들 사이에서조차 '떼를 지어 사냥하는 것은 매우 일반적인 습속이다.'" 군집 생활을 통해 동정심이 발달한다. 거의 모든 생물은 "개미에서 시작해서 서로의 관심을 끌거나 집적거리면서 놀고 뒹굴고 서로 쫓아다니기를 좋아한다"(Kropotkin 2005, 68, 84).

생물들의 친족성 내지 형제자매 관계는 종(種)의 한계를 넘어서기도 한다. 자기 종에 머물지 않고 다른 종의 생물을 보호하고 양육하는 동물들의 태도에서 우리는 종을 초월하는 생물의 친족성 내지 형제자매 관계를 볼 수 있다. 자기와 다른 생물 종의 새끼를 돌보아 주거나 자기의 음식을 다른 종의 생물과 함께 먹고 함께 잠자는 것을 우리는 자주 볼 수 있다. 짐승들이 자기의 생명을 구해준 사람과 친구처럼 지내는 것도 자주 볼 수 있다. 돌고래의 인간 친화성은 널리 알려진 사실이다. 주인의 생명을 구하기 위해 자기의 생명을 희생하는 개와 고양이도 있다.

3. 이와 연관하여 우리는 원불교의 지혜를 배울 필요가 있다. 원불교 삼동윤리(三同倫理)의 세 가지 강령, 곧 동원도리(同源道理), 동기연계(同氣連契), 동척사업(同拓事業) 가운데, 동기연계는 성서가 암시하는 만물의 친족성과 형제자매의 관계를 가리킨다. 세계 만물은 보이지 아니하는 하나의 기운의 작용에 의해 살아가는 생명 공동체라는 것이다. "동기연계란 모든 인종과 생령이 근본은 다 같은 한 기운으로 연계된 동포인 것을 알아서 대동 화합하자는 것이니라. 천지를 부모 삼고 우주를 한 집안 삼는 자리에서는 모든 사람이 다 같은 동포 형제인 것이며, 인류뿐 아니라 금수 곤충까지도 본래 한 큰 기운으로 연결되어 있나니라"(〈도운편 36장〉, 김성곤 2022, 118).

오늘의 생태여성학도 모든 피조물의 친족성 내지 형제자매 관계를 주장한다. 오늘날 생태여성학은 "만물의 상호 연결 및 상호의존의 영성"을 강조하면서, "우주 발생의 과정 안에서 나오는 모든 생명의 형태들이 한 형제이며 자매라는 사실을 깊이 깨닫게 해준다. 만물의 상호 연관성을 표현하는 만물의 혈족 관계의 인식은 인간의 몸뿐만 아니라 모든 존재의 몸을 구성하는 기본요소가 은하수로부터 유래한 우주진(stardust)이라는 사실을 확인한다"(전현식 2002b, 330).

그런데 사람뿐만 아니라 자연의 짐승들도 다른 짐승을 잡아먹는다. 자기의 생존을 위해 기만전술을 사용하는 짐승도 있다. 심지어 수컷 사자는 자기 자식을 잡아먹는다. 모든 피조물이 친족이요 형제자매라면 어떻게 이런 일이 일어날 수 있는가? 자연의 모든 피조물이 형제자매라고 말하는 인디언 추장 시애틀도 짐승을 잡아먹지 않았던가? 진화론자들이 말하듯이 자연의 세계는 한 가족이 아니라 서로 자기의 생명을 유지하기 위한 경쟁과 투쟁의 장이 아닌가? 약육강식, 적자생존의 피비린내 나는 무대가 아닌가?

물론 그렇다. 그러나 이것은 본래의 자연질서가 아니었다고 말할 수 있다. 신학적으로 말한다면 그것은 인간의 탐욕과 죄로 말미암아 있게 된 비본래적 현상으로 보인다. 창조설화에 따르면 본래 하나님은 땅에서 나오는 식물을 인간에게 먹거리로 주셨다. 동물들에게는 푸른 풀을 주셨다. "'또 땅의 모든 짐승과 공중의 모든 새와 땅 위에 사는 모든 것, 곧 생명을 지닌 모든 것에게도 모든 푸른 풀을 먹거리로 준다' 하시니 그대로 되었다"(창 1:30). 노아 홍수가 끝난 후 하나님이 짐승을 인간에게 먹거리로 주면서 인간을 위시한 모든 짐승에게 "풀과 곡식을 양식으로" 주었다고 한다(창 9:3).

본래 땅에서 나오는 식물이 모든 짐승의 양식이었다는 것을 우리는 자연 다큐멘터리에서 볼 수 있다. 사자나 호랑이가 풀을 먹을 때도 있다. 소와 곰, 말, 코끼리, 기린 등의 많은 짐승이 식물을 먹고 산다. 식물만 먹어도 힘이 엄청나게 강하다. 예언자 이사야가 보여주는 메시아 왕국은 "송아지와 새끼 사자와 살진 짐승이 함께 풀을" 뜯어먹으며 "사자가 소처럼 풀을 먹는" 세계로 묘사된다(사 11:6). 그것은 "서로 해치거나 파괴하는 일이 없는" 세계다(사 11:9). 하나님이 창조한 본래의 세계는 피 흘림이 없는 세계, 모든 피조물이 하나님의 자비와 공의 속에서 평화롭게 상생하는 세계였다. 이 세계가 회복되어야 함을 성서는 말한다. 모든 피조물 사이에는 하나님의 평화와 일치가 있어야 한다. 모든 것이 그리스도 안에서 통일되어야 한다(엡 1:10).

하나님이 지으신 세계 속에 피 흘림이 없다면, 원칙적으로 짐승을 죽일 수 있는 권리가 인정될 수 없다. 죄로 타락한 인간의 세계에서 일용할 양식을 위해 짐승을 죽이는 것은 최소의 악으로 허용될 수 있겠지만, 소유에 소유를 얻기 위해 짐승들을 대량으로 남획하고 도살하는 것은 하나님 앞에서 죄악이다. 그것은 본래의 창조질서에 어긋난다. 하나님이 창조한 세계에서 자연에 대한 인간의 "다스림은 동물의 학살도 포함하지 않지만, '정당방위' 때문에 동물을 죽여야 할 필연성도 포함하지 않는다." 인간과 동물은 식물을 먹고 살게 되어 있기 때문이다(Ebach 1989, 114). 필자는 차에 실려 도살장으로 끌려가는 소가 주인을 바라보며 눈물을 흘리는 장면을 본 적이 있다. 이 슬픈 장면을 보면서 필자는 생각하였다. 과연 우리 인간에게 짐승을 도살할 권리가 있는가?

4. 생물학적 관점에서 볼 때 동물들 사이에서 일어나는 살생은 긍정적 기능을 갖기도 한다. 살생으로 인해 강한 유전자가 배양된다. 생명력이 약한 동물은 다른 동물들의 먹잇감이 되어 도태되고 강한 동물들이 살아남아

강한 유전자를 남긴다. 또 동물들 사이의 살생은 동물 종의 개체수를 조정하는 기능을 갖기도 한다. 만일 동물의 세계에 살생이 없다면, 특정한 동물 개체수의 급증으로 인해 대혼란이 일어날 것이다. 땅의 넓이와 먹잇감은 제한되어 있기 때문이다.

그런데 자연의 동물들은 배가 부르면 그것으로 만족하고 다른 동물을 더는 죽이지 않는다. 배가 부르면 그들은 자기에게 주어진 영역 속에서 평화롭게 공생한다. 돈을 벌기 위한 살생은 동물의 세계에서 전혀 일어나지 않는다. 그러므로 동물들이 아무리 서로 잡아먹고 잡아먹혀도 종이 멸절되는 일은 거의 일어나지 않는다. 그들은 인간처럼 다른 생물들을 대량 학살하거나 다이너마이트로 삶의 터전을 완전히 파괴해버리는 일을 행하지 않는다. 그날 그 시간에 필요한 것만 취할 뿐이다. 아무리 배가 불러도 만족하지 않고 더 많은 돈을 얻기 위해 다른 생물들을 집단 도살하는 인간에 비하면, 동물들 서로 간의 살생은 아무것도 아니라고 볼 수 있다.

그럼 언제부터 인간이 짐승을, 짐승이 짐승을 잡아먹게 되었는가? 성서의 보도에 따르면 그것은 인간의 타락 다음에 시작되었다. 가인의 아우 아벨이 "양 떼 가운데서 맏배의 기름기를" 하나님께 바쳤다는 이야기는 이를 가리킨다(창 4:4). 그 후 노아 홍수 다음에 하나님은 짐승을 인간에게 양식으로 주신다. 이제 인간과 짐승, 짐승과 짐승 사이의 평화는 깨어지고 서로 죽이고 죽임을 당하는 세계가 시작된다. 창세기 저자는 이것을 다음과 같이 묘사한다. "들짐승과 공중의 새와 땅 위를 기어 다니는 길짐승과 바닷고기가 다 두려워 떨며 너희의 지배를 받으리라. 살아 움직이는 모든 짐승이 너희의 양식이 되리라. 내가 전에 풀과 곡식을 양식으로 주었듯이, 이제 이 모든 것을 너희에게 준다"(9:2-3).

그러나 하나님은 짐승의 피를 먹지 말라고 명령한다. "그러나 피가 있는 고기를 그대로 먹어서는 안 된다"(창 9:4). 왜 하나님은 피를 먹지 못하게 하는가? 지금까지 신학은 하나님의 이 명령을 생명에 대한 하나님의 소유권을 지키기 위한 것으로 해석하였다. 구약성서의 표상에 의하면, 피는 곧 생명이요 생명은 하나님의 소유이기 때문에 피를 먹지 못하게 하나님이 명령하였다는 것이다.

그러나 하나님의 이 명령에는 더욱 깊은 의미가 숨겨져 있다. 이 명령은 생명에 대한 하나님의 소유권을 천명하는 동시에 다른 짐승을 잡아먹되 그 짐승의 종을 지키라는 뜻을 담고 있다. 곧 짐승을 잡아먹되 "씨를 말리지 말라"는 것이다. 생물의 종들을 유지해야 한다는 것이다.

왜 하나님은 생물의 종들이 유지되기를 원하실까? 땅 위의 모든 피조물은 인간의 친족이요 형제자매이기 때문이다. 한 피조물의 종이 폐기되면 생태계 전체에 구멍이 생기게 되고 다른 피조물들의 생존이 위험스럽게 된다. 꿀벌 종이 사라지면 인간 자신의 생존이 위험스럽게 된다. 하나님은 그가 지으신 모든 피조물이 상부상조하고 상생하여 아름다운 "하나님의 집"을 이루기를 원한다. 이를 위해 하나님은 피조물의 종들을 유지하고자 한다. 그는 "피곤한 자들을 소생시키며, 쇠약한 자들을 배불리 먹이고자" 한다(렘 31:25, 루터역).

3. "가이아" 가설의 생명생태신학적 의미

1. 근년에 일단의 학자들이 제시하는 "가이아"(Gaia) 가설은 유기체적 세계상을 대변한다. 본래 이 개념은 영국의 과학자 러브록(J. E. Lovelock)이 1979년 그의 저서 *Gaia - A New Look at Life on Earth*라는 책의 제목에 사용한 것으로, 그리스 신화에 나오는 땅의 여신을 가리킨다. 가이아 가설에 따르면 인류가 그 안에 살고 문명을 발전시킨 지구는 하나의 슈퍼 유기체

처럼 작용한다. 그것은 자신의 고유한 주체성을 가지고 거대 분자들, 미시 유기체들, 세포들로 구성된 생명체계들을 생산하며 이 체계들의 생명을 유지할 수 있다. 그 속에는 생명에 해가 되는 유전적 결함들에 저항하면서 생명을 보호하고 유지하는 안전장치가 있다. 유기체로서의 땅이 인간이라는 고도의 지능을 가진 생물을 생성하였다면, 이 땅 자신이 고도의 지능과 수십만 년을 거쳐 형성된 기억을 가진다고 볼 수 있다. 그러므로 스토아 철학자 키케로는 말하기를 땅은 "살아 있다"라고 말하였다. 창세기 1:24에 따르면 땅은 모든 살아 있는 것의 "생성자"다. 땅에서 인간과 짐승들과 식물들이 생성된다. 유대교 랍비 전통에 따르면 하나님은 땅과 더불어 인간을 창조한다(창 1:26. 이에 관해 Moltmann 1997, 102-104).

지구와 그 안에 있는 모든 것이 하나의 살아 있는 유기체를 형성한다면, 자연의 모든 생명은 동일한 유전자 코드를 통해 결합되어 있을 수밖에 없다. 동일한 유전자 코드를 통해 세포들과 유기체들은 의사소통을 가진다. 인간의 유전자 코드는 미시 유기체에서 시작하여 바다의 고래에 이르기까지, 최초의 단세포에서 파충류에 이르기까지, 모든 생물이 가진 유전자 코드의 변이일 따름이다. 이 유전자 코드를 통해 모든 생물은 서로 간에 친화성 내지 친족성을 가지며 상호 교통 속에서 상생한다. 우리가 의식, 이성, 의지라 부르는 것은 동일한 유전자 코드를 통해 조정되는 거대한 유기체의 한 작은 부분일 뿐이다. 유전자 코드가 인지 능력을 지니고 있는지, 인간의 의식에 의사를 전달하는지는 아직 분명하지 않다. 그러나 그것은 신체의 형태와 리듬, 신체의 지혜와 꿈 등을 통해 우리에게 말을 한다고 추측할 수 있다.

일단의 학자들은 가이아 가설을 반대한다. 개별의 생물들을 유기체라고 볼 수 있지만, 지구 전체를 살아 있는 유기체 곧 생명체로 보는 것은 불가능하다는 것이다. 그 속에는 이른바 생명이 없는 물질적인 것들이 있기 때문이다. 이에 대해 우리는 앞서 다음과 같이 이야기하였다. 물질 자체는 생명이 없는 것이지만, 그것이 다른 물질적인 것들과 결합할 때 거기서 생명을 가진 유기체가 생성되고 물질적인 것들은 이 유기체의 부분들로서 생명을 갖게 된다는 것이다. 그러므로 지구는 물질을 포함한 유기체라고 말할 수 있다. 물질적인 것 없는 유기체는 있을 수 없다.

2. 러브록은 다음과 같이 가이아 가설을 변호한다. 지구가 출현한 이후 태양의 온도는 대략 30-50% 정도 상승하여 지구에 더 많은 태양 빛을 보낼 수 있었다. 이로 인해 지구는 광합성 작용을 통해 산소를 더 많이 만들어 낼 수밖에 없었다. 그런데도 지난 4억 년간 지구 대기권은 21%의 산소량을 항상 유지해 왔다. 지구 산소층이 1%만 높아지면, 지구의 화재 발생률이 60% 정도 증가하게 된다는 사실을 고려할 때 이것은 천만다행한 일이다. 이에 대해 과학자들은 지구 내의 생명체와 지구화학적 순환 사이에 인공지능적 과정이 있었음을 추론하였다(이에 관해, 이정배 2005, 367).

러브록에 의하면 열대 우림 지역에 정주해 온 흰개미 등 수많은 미생물이 매년 100톤 이상의 메탄가스를 생산해 낸다. 이렇게 만들어진 메탄가스가 성층권에 이르면서 산소층과 만나 물과 수증기로 산화되면서 과도하게 생성된 산소를 소비한다. 이리하여 메탄가스는 대기층을 돌면서 공기 중의 산소를 가감하는 일종의 조정자 역할을 한다. 이것은 지구가 살아 있는 유기체적 생명체임을 보여주며, 인간을 포함한 모든 생명체와 무기체들의 상호 연관 속에서만 생명현상이 지속될 수 있음을 증거한다.

필자는 오래전 어느 지상파 방송의 환경 다큐멘터리에서 이것을 볼 수 있었다. 태평양에 인접한 남미의 페루 앞바다의 물고기들이 몇 년에 한 번씩 갑자기 사라지고, 뜻밖에 비가 많이 와서 인근 사막 지역에 식물이 자라고 꽃이 피는 현상을 다큐멘터리는 보여주었다. 그 까닭은 페루 연안의 바닷물 온도가 상승하여 물고기들이 다른 곳으로 이동하며, 그 지역 전체의 기온상승으로 인해 비가 많이 내리기 때문이라고 한다. 그런데 이 일이 거의 예외 없이 성탄절 즈음에 일어나기 때문에 이곳 원주민들은 이 현상을 가리켜 "엘니뇨"라고 부르는데, "엘니뇨"란 단어는 그 철자를 대문자로 바꾸면, 페루 원어민 언어로 "아기 예수"를 뜻한다는 것이다. 곧 예수께서 오신 성탄절 즈음에 엘니뇨 현상이 발생하기 때문에 이 지역 원주민들은 이 현상을 가리켜 "아기 예수"라 불렀고, 이것이 오늘날 "엘니뇨"의 어원이라는 것이다.

그런데 과학자들의 연구 조사에 의하면 페루 연안의 바닷물 온도가 몇 년 만에 한 번씩 상승하면 그 반대쪽 인도네시아 부근의 바닷물 온도가 내려가고, 인도네시아 쪽 바닷물 온도가 상승하면 거꾸로 페루 쪽 바닷물 온도가 내려가서 물고기들이 다시 페루 연안으로 몰려온다고 한다. 이같이 지구는 그 속의 모든 것이 연결되어 있고 자신의 균형을 유지하는 하나의 생명체인데, 지구온난화 현상으로 인해 이 균형이 깨져져 페루 연안의 엘니뇨 현상이 옛날보다 훨씬 더 자주 일어나고 어족의 이동으로 인해 그 지역 어민들의 생활이 매우 어렵게 되었다는 것이다.

기원전 약 4,000년 전 중동지역의 도시 하란(Haran)은 매우 번성했으나, 큰 홍수와 산사태와 사회적 대혼란으로 인해 도시 전체가 매몰되어 사라졌음이 고고학적으로 증명되었다고 한다. 그런데 엘니뇨 현상이 앞으로 더 자주 일어날 때, 온 지구가 고대의 도시 하란과 같은 운명을 당할 수도 있을 것이라고 한다. 21세기가 시작하기 2주 전, 베네수엘라 북부에 큰 홍수가 일어나 많은 마을이 파괴되고 3만 명 이상의 사람이 목숨을 잃은 사건은 이에 대한 경고라고 다큐멘터리는 보도하였다.

3. 앞서 고찰한 성서의 유기체적 자연관을 고려할 때, 우리는 가이아 가설

을 수용할 수 있다. 생물들과 무생물들이 결합하여 전체를 이루고 있는 지구는 그 자신의 삶과 존엄성을 가진 유기체적 생명체다. 그것은 모든 것이 상호작용 속에 있는 상생의 공동체다. 가이아 가설이 지닌 생명생태신학적 의미를 우리는 아래와 같이 기술할 수 있다(이에 관해 정용 2003, 13f.).

- 가이아 가설은 자연과 그 안에 있는 모든 생명에 대한 인간의 경외심을 요구한다. 근래에 심층 생태학자(deep ecologist)들은 자연 자체가 심오한 종교적 감정과 가치와 권리를 가진다고 주장한다. 자연은 그 전체에 있어 유기체적 생명체이기 때문이다.
- 이와 동시에 가이아 가설은 "현재 당면한 생태계 파괴와 오염 문제를 접하면서, 보다 치밀한 생태과정을 관찰할" 수 있게 하며 "인간의 안녕(well-being)을 위하여 생태계의 보전은 절대적이라는 신념을 갖게 한다." 그것은 "유아독존적 인간의 존재로부터 생명 공동체로서 자연과 인간의 조화로운 삶을 주장한다."
- 가이아 가설은 자연을 인간의 지배와 정복과 소유의 대상으로 보는 현대 인간 중심주의적 세계관에 대한 대안을 제시한다. 또 그것은 지구를 영혼을 갖지 못한, 아무 목적도 의미도 없이 태양의 주변을 맴돌다가 불에 타버리거나 아니면 냉각되어버릴 우주선으로 보는 세계상에 대한 대안을 제시한다. 인간도 지구 유기체의 한 부분으로 다른 부분들과 결합되어 있다면, 인간이 자연의 중심일 수 없다. 자연은 인간의 이기심으로 말미암은 파멸의 위협에 저항하면서 끝까지 자기를 유지하고 아름다운 삶의 세계를 이루고자 하는 그 자신의 목적을 지향한다. 자연은 그 자신의 자정능력과 회복능력을 가진 유기체적 생명체다.
- 가이아 가설은 과학의 방법과 전환을 요구한다. 과학은 전문가들의

전문지식을 더욱더 세분화하고, 그리하여 과학의 분야들을 점점 더 분화시키며 분리하는 방법을 중지해야 한다. 지구 속에 숨어 있는 거대한 연관성을 탐구하는 일에는 가능한 모든 분야의 과학들이 협동하고 통합되어야 한다. 생태계의 모든 대상은 다양한 분야의 과학들이 협동하고 통합될 때 좀 더 적절히 인식될 수 있다.

- 따라서 가이아 가설은 모든 과학 분야의 통합적 지식을 요구한다. 통합적 지식은 분화된 지식에 비해 덜 과학적이 아니다. 그것은 대상에 대한 총체적 인식을 제공할 수 있으며, "나누어라, 그리고 지배하라"(divide et impera)는 고대 로마 제국의 통치 방법을 따른 지배의 관심을 위해 봉사하지 않고 오히려 상부상조를 통한 상생의 삶과 존속을 위한 관심에 봉사할 수 있다.

- 가이아 가설은 국경선과 민족의 한계를 넘어서는 범세계적, 보편적 사고를 요구한다. 핵무기의 위협 앞에서 세계 각국의 대외정치는 온 인류의 세계정치의 한 부분으로 이해되어야 한다. 온 인류를 위협하는 생태계의 재앙 국면에 직면하여 세계의 모든 나라는 인류의 공동 세계정치를 "지구정치"로 이해할 필요가 있다. 지구와 관련하여 인간이라는 종(種)을 더 이상 "민족", "국가", "인종"으로 이해하지 않고 오히려 "땅의 피조물"로 이해할 때, 우리 인간은 자연의 다른 생물 종들과 친화적 관계를 갖게 될 것이다. 자신을 땅 위에 있는 다른 생명의 형태들 가운데 한 형태로 인식하게 될 것이다.

- 오늘날 생태계의 총체적 위기에 직면하여 가이아 가설은 지구의 거대 유기체를 위한 인간의 행동을 요구한다. 류터에 따르면 뒤보(R. Dubos)가 말한 "지구적으로 생각하고, 지역적으로 행동하자"(Think globally, act locally)라는 유명한 표어는 수정되어야 한다. 이제 우리는 "지역적으로 지구적으로 함께 생각하고 또한 동시에 지역적으로 지

구적으로 행동해야 한다." 국부적 생명생태 체계들을 지구 전체의 기능들 속에서 인식해야 하며, 그들을 이 기능들에서 분리해서는 안 된다. 지구는 하나의 전체이며, 모든 국부적 생태체계들은 전체의 연관 속에 있기 때문이다(Ruether 2001, 317f.).

일부 보수적 그리스도인들은 가이아 가설이 땅을 신격화시키며 땅에 신적인 힘을 부여한다고 우려한다. 그러나 가이아 가설의 관심은 결코 땅의 신격화에 있지 않다. 이 가설의 관심은 인간과 자연이 함께 살아남는 데 있다. 땅 위의 모든 피조물이 살아남을 수 있는 길은 분화와 분리가 아니라 조화와 상생에 있다는 사실을 가이아 가설은 시사한다. 인간만 존엄성을 가진 것이 아니라 인간의 삶의 기초가 되는 지구 유기체와 그 속의 모든 사물이 존엄성을 가진다. 지구는 생명 없는 물질 덩어리가 아니라 자신의 삶을 가진 유기체적 상생의 생명체란 사실을 가이아 가설은 시사한다.

신학적으로 말한다면 지구는 하나님이 지으신 생명 공동체다. 생명 공동체를 지킬 때 인간 자신이 살아남을 수 있다. 이 공동체에 속한 모든 부분은 서로의 생명을 가능케 하는 친족, 곧 형제자매다. 기업의 CEO들도 회사 직원들을 대할 때 피를 빨아먹고 내버릴 물건으로 보지 않고 친족과 형제자매로 보아야 할 것이다. 가이아 가설은 더 많은 소유가 최고의 가치와 목적이 되지 않고 상부상조하는 상생의 공동체가 최고의 가치와 목적이 되어야 함을 시사한다.

4. 자연의 진화를 통한 하나님의 계속적 창조

1. 자연을 구성하는 기초적 요소는 원자라고 불리는 물질이다. 원자들이 결합하여 분자를 이루고, 분자들이 결합하여 물질을 만든다는 것이다. 기계론적, 물질론적 세계관에서 원자는 더 이상 나눌 수 없는 입자로 생각되었다. 입자는 물질적인 것이다. 따라서 세계는 물질적인 것에 의해 구성된 물질적 기계로 생각되었다.

그러나 오늘날 자연과학의 인식에 따르면, 물질은 에너지의 관계들로 이루어져 있다. 물질의 기본요소는 에너지다. 이것은 만물의 근원이 기(氣)에 있다고 보는 동양사상에 매우 가깝다. 아인슈타인의 특수 상대성이론은 에너지가 물질의 양 곱하기 빛의 속도의 제곱임을 보여준다($E'=MC^2$). 양자이론에 따르면 에너지는 파동으로 나타나기도 하고 입자로 나타나기도 한다. 고전물리학이 표상하는 것처럼 입자는 딱딱한 알갱이가 아니라 진동하는 에너지의 연속적 운동이 어느 지점에 와서 결정화된 것에 불과하다. "에너지"라는 말 자체가 활동적인 것, 운동하고 있는 것(energei, ergon)을 가리킨다.

공간과 시간의 연속성 속에서 물질을 발생시키는 에너지는 네 가지 기본적 힘들로 구성되어 있다. 곧 ① 빛과 입자의 운동을 일으키는 전자기적 힘, ② 방사능의 붕괴를 초래하는 약한 핵의 힘, ③ 양성자와 중성자를 핵으로 결합하는 강한 핵의 힘, ④ 물질들 사이의 인력을 초래하는 중력의 힘으로 구성되어 있다. 세계는 이 네 가지 힘들이 작용하는 통합의 장 내지 역동적 총체성이며 다음과 같은 다양한 차원들, 곧 ① 물리-화학적 차원, ② 유기체적 차원, ③ 지각적 차원, ④ 정신적 차원, ⑤ 문화적 차원으로 구성된다.

이 모든 차원이 자연이라는 하나의 유기체를 구성하며, 보다 더 복합적이며 고등한 형태로 진화한다. 유기체로서의 자연은 빅뱅 이후 끊임없이 계속된 진화의 과정 자체다. 진화의 과정은 반복적 활동이 아니라 방향지향적이다. 그것은 새로운 형태들과 전에 없던 발전들을 지향한다. 그것은 과거에 있었던 것으로 진행하지 않고 새로운 미래를 향해 나아간다. 그러므로 멸종된 것들은 다시 생겨나지 않는다. 우주의 시간은 새로움을 창조하며 끝없이 펼쳐져 나간다. 유기체적 관계성 속에서 자연의 모든 사물은 진화의 과정에 참여하고 있다.

물론 진화의 과정 속에는 부정적 요소들도 있다. 자신의 생명을 유지하기 위해 타자를 희생시키는 동식물들의 자기중심성과 폭력성, 분열과 소외 현상이 여기에 속한다. 또한 화산 폭발, 지진, 산불, 폭풍과 홍수, 허리케인 등을 통해 생명을 죽이는 파괴적 일들이 일어나기도 한다. 때로 자연은 모든 생물의 어머니가 아니라 도살자와 파괴자로 보인다.

그러나 자연의 진화과정 속에는 "다양한 형태들의 구조들을 진보적으로 보다 풍부하게" 생산할 수 있는 잠재력이 숨어 있다. 그 속에는 예측할 수 없는 새로운 가능성과 창조적 힘으로 가득하다. 이 가능성과 창조적 힘을 우리 인간은 측정하기 어려우며, 그것이 가져올 새로운 생명의 형태를 예측할 수 없다. 진화의 과정 속에서 자기의 생명을 보호하기 위해 단단한 각질을 갖게 된 조개나 전복이 장차 어떤 생명의 형태를 가질지 우리는 예견할 수 없다.

폴 데이비스(P. Davies)에 의하면 사용할 수 있는 에너지의 양이 열역학 제2법칙, 곧 엔트로피 법칙에 따라 점차 소비되는 것은 사실이다. 그러나 우주는 "구조, 조직, 복잡성의 꾸준한 성장을 통해 물질과 에너지의 가장 발달된 상태로 진보하고 있다. 엔트로피의 법칙은 우주가 유한함을 뜻하지만, 네그엔트로피(negentropy: negative entropy)의 힘을 통해 우주는 생명의 보다 더 풍부함, 통전성, 복잡성을 향해 진화한다"(이에 관해 Hodgson

1994, 300-308).

2. 이 같은 자연과학적 인식과는 달리 기독교는 자연이 지금 우리가 보는 형태로 창조되었다고 믿는다. 곧 하나님의 세계창조 이후 자연은 변화하지 않고 지금의 형태로 유지되었다는 것이다. 많은 신자가 이 문제 앞에서 갈등을 느낀다. 학자들은 진화를 얘기하는데, 교회에서는 창조론을 고백해야 한다. 특히 나이 어린 학생들은 심각한 고민에 빠진다. 학교에서는 진화론을 인정해야 하고 교회에서는 하나님의 창조를 고백해야 하는 이율배반에 빠진다.

이 문제는 기독교가 하나님의 창조를 태초에 완결된 것으로 생각하는 데 있다. 위에서 언급했듯이 창세기 1, 2장의 천지창조는 태초에 있었던 완결된 사건이 아니라 그 이후에 계속되는 하나님의 창조 과정 전체를 묘사한 것이라 말할 수 있다. 하나님이 창조한 세계는 지금 우리가 보는 완결된 세계가 아니라 우리가 예측할 수 없는 새로운 형태를 향해 열려 있는 개방성의 세계였다.

개방성은 변화를 전제하며, 변화는 오직 시간 속에서 일어난다. 시간이 없다면 변화도 있을 수 없다. 시간은 변화의 전제요, 변화가 그 속에서 일어나는 틀이다. 이와 동시에 시간은 오직 변화를 통해 경험될 수 있다. 아무 변화가 없고 모든 것이 정체되어 있다면, 우리는 영원한 현재를 경험할 수 있을 뿐, 미래를 향한 과정으로서의 시간을 경험할 수 없다. 시간은 사건들이 그 속에서 일어나는 빈 공간과 같은 것이 아니라, 사건들과 분리될 수 없이 결합되어 있다. 그렇다면 새로운 변화를 향해 개방되어 있는 세계의 창조는 시간의 창조와 함께 일어났다고 말할 수 있다(*creatio cum tempore*).

하나님의 태초의 창조는 시간의 창조이기도 하다. 태초의 창조와 더불어 시간의 세계, 곧 시간적 변화의 세계가 시작하였다. 그것은 완결된 것이 아니라 시간 속에서, 시간과 더불어 새로운 변화를 향해 열려 있는 세계였다. 시간의 세계는 변화의 세계다. 하나님은 시간의 세계를 창조하시고, 시간의 과정 속에서 변화해야 할 세계를 세우셨다. 이리하여 세계는 새로운 변화를 향한 미래 지향성을 갖게 된다. 태초의 창조는 시간의 과정 속에서 일어나는 새로운 변화와 새로운 창조의 근거다. 하나님의 창조는 태초의 창조는 물론 태초의 창조 이후에 계속되는 새로운 변화, 곧 새 창조, 계속적 창조(creatio continua)를 포괄한다. 하나님은 태초의 창조 때만 일하신 것이 아니라 피조물 속에 내재한 그의 영을 통해 태초의 창조 이후의 계속적 창조에서도 일하신다.

이것을 우리는 성서에서 볼 수 있다. 성서는 거듭하여 하나님의 새 창조, 계속적 창조를 이야기한다. 그는 모세를 부르시고 모세를 통해 출애굽의 새 역사를 일으킨다. 인간 세계에 새것이 없다고 하지만(전 1장), 하나님은 때로 새로운 것을 창조한다. "이제 내가 새로 일어날 일들을 예언한다"(사 42:9). "이것은 이제 비로소 내가 일으킬 일이다. 옛적에 일어난 것과는 다르다. 지금까지 네가 들어 본 적이 없는 일이다"(48:7). 그는 "새 하늘과 새 땅"을 창조할 것이다(65:17). 그는 "새 언약"(계약)을 세우신다(렘 31:31). 그의 새 창조는 사람에게 "새로운 영"을 넣어 주는 일로 시작하여(겔 11:19; 36:26) 생태계로 확대된다. "내가 이제 새 일을 하려고 한다.…내가 광야에 길을 내겠으며, 사막에 강을 내겠다"(사 43:19). "내가 메마른 산에서 강물이 터져 나오게 하며…"(41:18). "사막은 꽃이 무성하게 피어 크게 기뻐하며…사람들이…우리 하나님의 영화를 볼 것이다"(35:2).

3. 역사의 과정 속에서 새로운 것을 창조하는 하나님의 역사적 창조, 계속적 창조의 전통은 신약성서에 이어진다. 하나님의 가장 위대한 계속적 창

조는 하나님의 성육신이라 하겠다. 기적 가운데 가장 큰 기적은 하늘의 하나님이 인간의 육을 "자기의 것"으로 취한 성육신이다. 성육신을 체현한 그의 아들 예수 안에서 하나님은 새로움을 창조하는 분으로 나타난다. 예수는 그 당시 이스라엘 사회를 지배하던 고정관념들을 깨뜨리고 억압된 인간을 해방한다. 죄인 취급을 당하며 사회의 음지로 소외된 사람들의 존엄성을 회복하며, 창녀가 성직자보다 먼저 하나님 나라에 들어갈 것이며 (기가 막힌 이야기다) 부자가 하나님 나라에 들어가는 것은 낙타가 바늘구멍으로 들어가는 것보다 더 어려울 것이라고 말한다. 힘 있는 자들에 의해 십자가에서 죽임을 당한 예수를 통해 하나님은 그의 나라를 세우신다. 그는 죄를 용서하시고 "새 언약"을 세운다(눅 22:20; 고전 11:25; 히 8:8, 13; 12:24).

죽은 예수의 부활은 하나님의 새 창조의 새로운 시작이다. 죽은 자들이 새 생명으로 다시 태어나는 부활의 역사, 곧 새 창조의 역사가 새롭게 시작한다. 그리스도 안에 있는 사람들은 "새로운 피조물"이 된다. 옛것은 지나가고 새것이 되었다(고후 5:17). 그들은 "새 사람"(골 3:10), 곧 새로운 피조물이다. 하나님은 "모든 것 안에서 모든 것"이 되실 것이다(고전 15:28). 그는 만물을 새롭게 창조하실 것이다(계 21:5). 역사의 마지막에 그는 "새로운 하늘과 새로운 땅", "새로운 예루살렘"을 세울 것이다(21:1-2). "새 하늘과 새 땅"은 "죽음과 슬픔과 울부짖음과 고통", 곧 지금 세계의 모든 부정적인 것이 더 이상 존재하지 않는 새로운 세계다. "처음 것들은 다 지나갔다"(계 21:4). 여기서 하나님의 창조는 태초에 완결된 것이 아니라 미래를 향해 열려 있는 것으로 나타난다. 그것은 역사의 목적에 이르기까지 일어나는 하나님의 모든 새로운 창조, 계속적 창조를 포괄한다.

여기서 우리는 태초의 창조(creatio originalis)와 계속적 창조(creatio continua)를 구별할 수 있다. 태초의 창조는 전제가 없는 창조, 곧 "무로부터의 창조"라면, 계속적 창조는 태초의 창조에 근거하여 역사의 과정 속에서 계속되는 창조를 가리킨다. 계속적 창조는 태초의 창조를 전제한다. 이런 점에서 태초의 창조는 계속적 창조의 근거다. 태초의 창조는 계속 창조되어야 할 것의 기초를 세우신 것이라 말할 수 있다. 그러나 하나님의 계속적 창조는 이미 창조된 것의 보존에 제한되지 않는다. 계속적 창조를 통해 하나님은 "새로운 것"을 창조한다. 새로운 것이 끊임없이 생성되는 역사적 창조, 계속적 창조를 가리켜 우리는 진화의 과정이라 말할 수 있다. "진화는 하나님의 계속적 창조 행위의 일부일 수 있다"(김명용 1997, 208).

4. 그러면 하나님의 계속적 창조는 어떻게 일어나는가? 하나님이 자연법칙의 규칙성과 질서를 깨뜨리고 하늘에서 벼락이 떨어지듯이 나타나 새로운 것을 창조함으로써 이루어지는가? 그럴 가능성을 우리는 배제할 수 없다. 이른바 성령의 기적을 통한 하나님의 새로운 창조 가능성을 우리는 부인해서는 안 될 것이다. 5개월밖에 살지 못할 것이라고 의사의 진단을 받은 암 환자가 깨끗이 치유되는 기적을 우리는 자연과학의 수학적 법칙에 따라 도저히 설명할 수 없다. 미시세계에서 자연은 어떤 고정된 법칙이나 수학 공식으로 완전히 파악할 수 없는 미결정의 상태(Unbestimmtheit)에 있다. 그것은 원인과 결과의 법칙에 따라 확정되어 있지 않다. 그 속에는 자연법칙을 통해 파악되지 않는 기적, 곧 예기치 못한 하나님의 새로운 창조가 일어날 수 있다.

영국의 신학자요 생화학자 아서 피콕(Ar. Peacocke, 1914-2006)은 자연에 대한 하나님의 개입과 새 창조를 인간의 신체와 뇌와 마음의 관계에 비유한다. 인간의 신체는 그 자신의 물리적 법칙과 질서에 따라 활동한다. 인간의 뇌와 마음은 신체의 물리적 법칙과 질서를 파괴하지 않으면서 신체 활동에 영향을 준다. 이같이 하나님은 자연의 물리적 법칙과 질서를 깨뜨리지 않으면서 자연에 영향을 줄 수 있다. 눈에 보이지 않는 하나님과의 소통 속에서 자연의 새로운 진화, 곧 새로운 창조가 일어날 수 있다. 자신의 물리적 법칙과 질서를 통해 일어나는 자연의 발전 과정 자체를 우리는 "하나님의 내재적 활동"으로 볼 수 있다(Peacocke 1993, 161ff.).

많은 학자가 "하나님의 내재적 활동"에 대한 근거를 물리적 세계의 존재론적 비결정성, 예측 불가능성, 개방성과 우연성에서 발견한다. 하나님은 물리적 세계의 비결정성과 우연성을 통해 계속적 창조를 이룬다는 것이다. 예를 들어 폴킹혼은 양자 이론과 카오스 이론이 말하는 자연계의 존재론적 개방성과 비결정성에 근거하여, 하나님이 능동적 정보를 주입하는 비간섭적 방식으로 자연 속에서 활동할 수 있다고 조심스럽게 말한다. 그에 따르면 우리는 하나님의 활동을 자연법칙의 유지에 제한해서는 안된다. 오히려 "우리는 역사적 우연(historische Kontingenz) 속에서 하나님의 현존을" 볼 수 있어야 한다(Polkinghorne 2001, 115). 판넨베르크에 따르면 동일하게 반복될 수 없는 세계 속에서 일어나는 모든 사건의 우연성 내지 유연성에 근거하여 우리는 자연을 "하나님의 지속적인 창조 행위 사건"으로 이해할 수 있다(Pannenberg 1993, 98).

이 같은 생각에 대해 우리는 다음과 같이 질문할 수 있다. 하나님은 단지 자연의 미결정성과 우연성을 통해서만 활동하는가? 이 생각은 "하나님은 사랑이다"라는 성서의 대명제에 비추어 볼 때 적절하지 않다. 사랑이란 너와 내가 구별되는 동시에 너와 내가 결합되어 있음을 말한다. 따라서 하나님은 자연에서 구별되는 동시에 그의 영을 통해 자연과 결합되어 있다. 자연과의 결합 속에서 하나님은 성령을 통해 자연 안에서 작용하며, 자연의 진화과정을 자연과 함께 이루어나간다고 볼 수 있다. 따라서 자연의 진화과정이 하나님의 계속적 창조라고 말할 수 있다. 하나님의 계속적 창조는 자연의 진화과정을 떠나 단지 자연의 미결정성과 우연성을 통해 이루어지는 것이 아니라, 진화의 과정 안에서 이 과정 자체로서 이루어진다. 사멸하지 않고 자기의 생명을 유지하고자 하는 생명의 힘으로서 자연 피조물들의 사투를 하나님은 함께 나누면서, 그들의 진화과정을 함께 이루어 나간다. 이를 통해 하나님은 그 자신과 일치하는 자연, 곧 "하나님을 아는 지식이 충만한" 자연을 이루고자 한다. 헤겔에 따르면 하나님은 "세계의 영"(Weltgeist), 곧 세계의 생명의 힘으로서 계속적 창조의 역사를 이루어나 간다.

이것을 우리는 하나님 백성의 삶에서 볼 수 있다. 하나님은 그의 백성과 구별되지만 성령을 통해 그들과 함께 계신다. 그는 그의 백성의 삶을 함께 나누시며 생명의 힘으로서 그들과 함께 삶을 이끌어나간다. 그 속에 부정적인 것들이 있지만 그들의 삶 자체가 하나님의 새 창조의 과정이다. 생명의 힘으로 피조물 안에 내재하는 성령의 활동을 우리는 아래와 같이 기술할 수 있다.

1) 성령은 사랑의 영이다. 사랑은 생명을 유지하며 풍요롭게 하는 힘이다. 사랑의 영이신 성령은 피조물을 새로운 환경에 적응케 하며 새로운 삶의 형태를 창출하는 생명의 힘, 창조성의 힘(power of creativity)으로 작용한다. 환경의 변화 속에서 살아남기 위한 피조물들의 지속적 자기 변화, 자기 조직화는 성령의 창조성의 힘에 기인한다. 성령은 피조물 안에서 새로운 가능성을 개발하고, 보다 더 안전하게 생존할 수 있게 하는 자기 변화의 힘으로 작용한다. 성령이 그리스도인들 안에서 자기 변화의 힘으로 작용하는 것과 마찬가지다. 성령을 통해 하나님의 계속적 창조가 이루어진다. 성령은 "땅의 모습을 다시 새롭게" 한다(시 104:30). 성령은 새 창조의 영이다. 그는 모든 피조물이 보다 더 평화롭고 안전하게 살기를 바라는 사랑의 영이다. 성령의 생명의 힘으로 말미암아 진화의 과정 속에서 새로운 삶의 상황을 극복할 수 있는 새로운 삶의 형태가 언제나 다시금 등장한다.

2) 땅 위의 모든 생명은 자기에게 집중하고 자기를 개별화하고자 하

는 특성을 가진다. 자기집중(Sebstzentriertheit)과 개별화(Individualization)는 모든 생물의 기본 본성에 속한다. 모든 생물에게 자기의 생명은 단 하나밖에 없는 것이기 때문이다. 이 두 가지 본성은 유기체에서는 물론 무기체에서도 나타난다. 분자와 원자는 물론 별과 크리스탈 속에도 나타난다. 모든 피조물이 자기에게 집중함으로써 독립된 개체로서 자기의 생명을 유지하고자 한다. 이 같은 본성이 없다면 생물들은 사멸할 수밖에 없을 것이다.

성령은 모든 피조물의 자기 집중화와 개별화의 힘(power of individualization)으로 작용한다. 성령의 힘 속에서 각 개체는 자기의 생명에 집중하고, 다른 개체들로부터 자기를 구별하며, 자기의 생명을 유지하고자 한다. 모든 생물체의 이 본성은 개체를 다른 개체들로부터 분리시켜 공동체를 와해할 수 있는 위험성을 갖는 동시에 개체들의 생명을 유지함으로써 풍요로운 다양성의 세계를 이룬다. 수없이 많은 새로운 생명체들이 생성하여 아름다운 창조의 세계를 이룬다.

3) 성령은 개체들의 자기 집중화와 개별화의 힘인 동시에 모든 개체를 유기체적 전체로 결합하는 전일성(Ganzheit)의 힘으로 작용한다. 성령은 개체 피조물 안에서는 물론 피조물의 모든 종(種) 안에서 그들을 하나로 결합하여 생태계의 유기체적 전체를 구성하는 힘이다. 진화의 모든 단계에서 성령은 피조물들의 상부상조를 유도하며 상부상조 속에서 일치를 찾게 한다. 성령의 힘으로 말미암아 모든 피조물이 전일적 유기체, 상생의 유기체를 이룬다. 성령은 모든 피조물이 유기체적인 결합 속에서 서로 의존하며 삶을 함께 나누며 상생하도록 유도한다. 바닷속에서 이루 말할 수 없이 다양한 생명이 자기의 생명과 자기의 정체성을 유지하면서 상호의존 속에서 전일적 상생의 세계를 이루는 것은 그들 안에 임재하는 성령의 생명의 힘 때문이다.

이것은 인간의 세계에서 가장 분명히 나타난다. 인간과 인간, 민족과 민족, 인종과 인종을 분리시키고 결국 인간의 세계 전체를 파멸하고자 하는 죄와 죽음의 세력에 반해, 상부상조 속에서 일치를 찾으며 상생의 길을 찾는 시도가 인간의 역사 속에서 언제나 다시금 일어난다. 성령은 지구 유기체의 전체적 일치 혹은 하나 됨(Einheit)을 지향케 하는 전일적 힘이다. 그는 사랑의 영이기 때문이다.

성령의 계속적 창조에 관한 이 모든 이야기는 자연과학적 팩트가 아니다. 그들은 종교적, 신학적 이야기일 뿐이다. 하나님을 믿지 않는 자연과학자들에게 이 이야기들은 증명될 수 없는 공상으로 보일 것이다. 그러나 하나의 대상을 우리는 다양하게 느끼고 다양하게 볼 수 있다. 자연과학이 바닷속에서 물리적 팩트를 본다면, 종교와 신학은 바닷속에서 무한한 다양성과 새로운 가능성으로 가득한 아름다운 생명의 세계를 본다. 이와 동시에 종교와 신학은 이 바다를 오염시키고 그 속의 생명을 무자비하게 죽이는 인간의 이기적 욕망을 보고 바닷속 생명의 신음소리를 듣는다. 어떤 사람은 자연의 진화과정 속에서 생존투쟁과 적자생존의 단순한 자연적 과정을 보는 반면, 어떤 사람은 그 속에서 생명을 살리고자 하는 하나님의 생명의 힘을 본다. 대상은 하나인데 대상에 대한 관점과 관심이 다를 뿐이다.

VI

만물의 상생을 향한 역사로서의 자연

1. 자연의 개방성과 역사성에 대한 신학적 고찰

1. 오랫동안 기독교 신학은 자연과 역사를 구별하였다. 역사는 인간에게만 있고 자연에는 역사가 없다고 말하였다. 역사가 시간적이라면 자연은 공간적인 것에 불과하다고 정의하였다. 이렇게 자연과 역사를 구별하는 기준은 무엇인가?

- "새로움"(Novum) 개념: 인간은 자기의 정신을 통해 주어진 삶의 환경에 머물지 않고 새로운 삶의 세계를 찾는다. 인간에게 주어진 시간은 새로움을 향한 운동이다. 그 반면 자연은 주어진 질서에 순응하기 때문에 새로움이 없다. 자연에는 동일한 것의 "되어감"(Werden)이 있을 뿐이다.
- 목적 지향성: 역사는 일정한 목적을 지향하는 시간적 과정임에 반

해 자연에는 목적 지향성이 없는 반복적 원운동(Kreislauf)이 있을 뿐
이다.

- 세계의 개방성: 역사는 미래의 목적을 향한 개방성을 갖는 반면, 자
  연은 고정된 법칙에 따른 원운동이기 때문에 폐쇄된 체계다. 따라서
  역사는 아직 도달하지 못한 미래를 갖는 반면, 폐쇄된 원운동을 반
  복하는 자연은 미래가 없다.
- 의미연관성: 역사의 사건들은 공통된 미래의 목적을 통해 공통된 의
  미연관성(Sinnzusammenhang)을 갖는 반면, 자연의 영역에서 일어나
  는 모든 사건은 의미연관성을 갖지 않는 사건들일 뿐이다.
- 의식과 사유의 능력: 인간은 자기의식과 사유의 능력을 통해 성찰의
  과정을 거쳐 의식적으로 행동하는 반면, 자연의 생물들은 주어진 질
  서에 따라 본능적으로 행동한다. 인간은 의식과 사유의 능력을 통해
  세계의 사건들을 "경험하고"(erfahren) 그 속에서 의미연관성을 찾는
  반면, 자연은 개별의 사건들을 "당하는"(erleiden) 것으로 그친다.
- 주체성: 역사는 주체성을 전제한다. 인간은 주체성을 가진다. 그러
  므로 인간에게는 역사가 있다. 주체성이 없는 사물들은 새로운 역사
  를 이룰 수 없다. 새로운 역사 대신 주어진 것의 지속이 있을 뿐이다.

이 같은 기준들에 근거하여 학자들은 자연과 역사를 구별하여, 자연은 역
사를 갖지 않는다, 역사는 인간에게만 있다고 말하였다. 바르트에 따르면
자연은 "원운동을 통해, 그리고 순전히 동일한 것들 혹은 아주 비슷한 것
들을 통해 지배되며 그 특징을 가진다.…우주 그 자체의 현존 속에는 근본
적으로 새로운 것이 일어나지 않는다. 하나님 안에 있는 자연의 근원과 의
미와 목적은 다음의 사실을 특징으로 가진다. 곧 그것은 그 자신에게 언제
나 동일하게 존속한다는 것이다." 하나님의 구원이 완성될지라도 자연의

존재와 본질에는 "아무것도 변하지 않을 것이다"(Barth 1959, 156). 여기서 자연은 "새로운 것이 일어나지 않는", "아무것도 변하지 않는" 폐쇄된 체계로 간주된다.

폐쇄된 체계로서의 자연관은 앞서 기술한 근대 고전물리학의 기계론적 자연관에 그 뿌리를 가진다. 기계론적 자연관에 의하면 자연은 그에게 주어진 법칙, 곧 자연법칙에 따라 정확하게 움직이는 하나의 시계와 같다. 시계는 그에게 주어진 원인과 결과의 법칙, 곧 인과율에 따른 동일한 운동을 반복한다. 이 운동은 새로움과 미래를 알지 못한다. 미래의 목적도 알지 못한다. 고정된 법칙에 따른 똑같은 운동의 반복이 있을 뿐이다. 과거와 미래 사이에는 본질적 차이가 없다. 과거의 시간이나 미래의 시간은 언제나 동질적인 것이다. 그러므로 현재를 정확히 알 때 미래를 예견할 수 있다(라이프니츠).

여기서 문제가 되는 것은 이른바 자연법칙이란 개념이다. 시계와 마찬가지로 자연은 그에게 주어진 고정된 법칙, 곧 자연법칙에 따라 움직인다. 그러므로 자연은 새로운 목적과 미래를 갖지 않은 폐쇄된 원운동이다. 그것은 동일한 것의 반복일 뿐이다. 세계의 모든 것이 고정된 자연법칙을 통해 결정되어 있다. 새로운 목적이란 인정될 수 없다. 이로써 자연은 목적이 없는 동일한 것의 반복운동, 곧 원운동으로 파악된다. 하버드 대학교 천문학자 젤러(M. Geller)에 따르면 자연이 궁극 목적을 가지는가의 문제는 이야기할 가치가 없다. "(우주가) 왜 목적을 가져야만 하는가? 도대체 무슨 목적을 가져야 하는가? 우주는 단지 물리적 세계에 불과한데 무슨 목적이 있단 말인가?"(Lightman 1990, 377)

2. 자연에 대한 무역사적 해석에 반해 성서는 자연을 개방된 역사로 파악한다. 성서에서 자연은 하나님의 미래를 향해 열려 있는 개방성의 체계, 곧

역사로 생각된다. 이에 대한 성서적, 신학적 근거를 찾아보자.

- 일반적으로 하나님이 지으신 에덴동산은 모든 것이 완전한 세계, 완전하기 때문에 어떤 변화도 있을 수 없는 폐쇄된 체계로 생각된다. 그러나 이른바 에덴동산은 더 이상의 변화가 있을 수 없는 폐쇄된 체계가 아니었다. 그것은 빛과 어둠이 대립하는 세계, 궁창(하늘) 위에 있는 물이 땅 위의 모든 피조물을 위협하는 세계였다. 그것은 죽음과 생명의 두 가지 길 앞에서 열려 있는 세계였다. 이 동산에 있는 생명 나무와 선악과, 곧 죽음으로 인도하는 나무는 에덴동산의 개방성을 요약한다. 곧 에덴동산은 생명의 가능성과 죽음의 가능성이 공존하는 세계, 개방성의 세계였다. 그것은 생명의 가능성과 죽음의 가능성에 대해 열려 있는 세계였다.

  이 동산에서 인간은 하나님의 뜻에 따라 움직이는 로봇처럼 창조되지 않았다. 도리어 그는 좋은 것과 나쁜 것, 선한 것과 악한 것을 선택할 수 있는 자유를 가진 존재로 창조되었다. 죄를 지을 수 없는(*non posse peccare*) 폐쇄된 존재로 창조되지 않고, 죄를 지을 수 있는(*posse peccare*) 개방된 존재로 창조되었다. 인간과 더불어 자연도 생명의 길을 걸을 수도 있고, 아니면 죽음의 길을 걸을 수도 있는 개방성을 갖게 된다. 인간은 물론 자연도 역사적 실험의 장(場)이 된다. 앞서 언급한 바와 같이 성서의 창조설화는 종말론적 언어를 가진다. 그것은 실험으로서의 세계가 지향해야 할 역사의 미래를 에덴동산이라고 하는 과거의 것으로 나타낸다. 따라서 태초에 있었던 에덴동산은 장차 올 미래의 세계, "하나님이 보시기에 좋은" 세계를 가리킨다. 여기서 자연은 장차 올 새로운 미래의 세계를 향한 개방성의 체계로 생각된다.

- 이사야서의 메시아 통치에 대한 약속은 구원의 미래를 향한 자연의 목적과 이 목적을 향한 자연세계의 개방성을 보여준다. 하나님을 아는 지식이 충만한 세계, 사자가 소처럼 풀을 뜯어 먹으며 서로 해치거나 파괴하는 일이 없는 세계, "이리가 어린 양과 함께 살며 표범이 새끼 염소와 함께 누우며 송아지와 새끼 사자와 살진 짐승이 함께 풀을 뜯고 어린아이가 그것들을 이끌고" 다니는 상생의 세계(사 12:6-9), 이사야서가 약속하는 이 세계는 인간의 종말론적 목적인 동시에 자연의 종말론적인 목적이기도 하다. 인간은 물론 자연도 이 목적을 향한 역사의 과정 속에 있다. 이런 점에서 자연도 역사다. 자연은 장차 올 메시아적 통치의 세계를 향한 역사로 이해된다.

- 예수가 가르친 하나님 나라와 예수의 부활은 자연의 역사성에 대한 결정적 단서다. 예수의 "하나님 나라"는 단지 영적 세계가 아니다. 그것은 자연을 포함하는 총체적인 것이다. 자연을 포함한 온 세계가 하나님 나라를 지향해야 한다. 온 땅 위에 "하나님의 뜻"이 이루어져야 하고 하나님 나라가 임해야 한다(주기도문).

죽음은 삶의 끝이다. 그것은 모든 피조물의 한계상황이다. 세계는 탄생-생장-쇠퇴-죽음, 탐욕-죄-죽음이 반복되는 영원한 원운동처럼 보인다. 그래서 사람들은 말한다. "내일이면 죽을 터이니, 먹고 마시자"(고전 15:32). 예수의 부활은 탐욕-죄-죽음의 영원한 원운동이 깨어지고 세계는 더 이상 죄와 죽음이 없는 하나님의 미래를 향해 열려 있다는 것을 뜻한다. 죽음으로 제한되어 있는 세계가 하나님 나라의 종말론적 목적을 갖게 된다. 바울은 이것을 다음과 같이 말한다. "죽음을 삼키고서 승리를 얻었다. 죽음아, 너의 승리가 어디에 있느냐? 죽음아, 너의 독침이 어디에 있느냐?"(고전 15:54-55)

- 로마서 8:21에 따르면 피조물들은 "썩어짐의 종살이"를 하고 있다.

"썩어짐의 종살이"(*douleia tēs fthoras*, slavery of destruction, decay)란 무엇을 뜻하는가? 그것은 인간의 종이 되어 파괴되고 쓰레기 폐기장으로 변한 오늘의 자연을 가리킨다. 자연은 인간의 "실천적 이기주의의 하녀" 역할을 하고 있다(Feuerbach, 김균진 2023, 125). 땅 위의 모든 피조물이 "썩어짐의 종살이"에서 해방되어 "하나님의 자녀가 누릴 영광된 자유를" 기다리고 있다(롬 8:22). 기다린다는 것은 새로운 미래를 향해 열려 있음을 말한다.

- 예수 그리스도는 창조의 중재자다. 만물이 "그로 말미암아"(요 1:3), "그분 안에서"(골 1:16) 창조되었다. 그들은 그리스도로 말미암아, 그분 안에서 창조되었기 때문에 그분의 부활을 통해 약속된 미래의 목적을 지향한다. 만물은 "그를 향해" 창조되었다(1:16). 지금은 모든 피조물이 분열 상태에 있으나 그때가 오면 그리스도 안에서 하나로 "통일될" 것이다(엡 1:10). 여기서 자연은 그리스도 안에서 만물이 하나가 되어 상생하는 세계를 향한 목적 지향성과 개방성을 갖게 된다. 성서에서 자연의 개방성은 단지 자연 자신의 살고자 하는 본능과 생산성(Daß-Antrieb, *natura naturans*, Bloch)에 근거한 것이 아니라, 구원받은 세계에 대한 하나님의 약속에 근거한다.

- 요한계시록이 약속하는 "새 하늘과 새 땅"은 이사야 65:17, 66:22에 나타나는 히브리적 전통에 속한 개념이다. 이 개념은 자연의 메시아적 미래 개방성을 요약하는 것으로, 자연의 역사성에 대한 중요한 근거가 된다. 지금의 자연은 인간의 이기심과 악행으로 인해 죽음과 울부짖음과 고통으로 가득하다. 이에 반해 요한계시록은 더 이상 "죽음과 슬픔과 울부짖음과 고통이 없는" 미래의 새로운 목적을 제시한다. 여기서 자연은 하나님이 약속한 새로운 생명의 세계를 향한 역사로 이해된다.

– 아우구스티누스에 의하면 세계의 창조 이전에 시간은 존재하지 않았으며 하나님의 영원만이 있었다. 영원 속에는 아무 변화가 없다. 변화가 없는 곳에는 시간도 없다. 따라서 세계의 창조는 시간 안에서의 창조가 아니라 시간과의 창조(creatio cum tempore)다. 곧 세계의 창조와 함께 시간도 창조되었다. 이것을 아우구스티누스는 『하나님의 도성』에서 다음과 같이 말한다. "의심할 바 없이 세계는 시간 안에서 창조되지 않고, 시간과 함께 창조되었다(non est mundus factus in tempore, sed cum tempore). 시간 안에서 일어나는 것은 어떤 다른 것 후에 일어나기도 하고 어떤 다른 것 이전에 일어나기도 한다. 그것이 일어난 후의 시간은 과거이고, 그것이 일어난 이전의 시간은 미래다.…세계 속에 변화될 수 있는 활동이 창조되었다면, 세계는 시간과 함께 창조되었다"(De Civitate Dei, XI, 6).

『고백록』에서 아우구스티누스는 그의 생각을 한 걸음 더 심화한다. 시간은 하나님의 세계창조와 함께 창조되었다. 하나님이 세계를 이미 존재하는 시간 안에서 창조하지 않고 시간과 함께 창조하였다면, 그는 시간을 세계와 함께 창조하였다. 세계의 창조 이전에는 하나님만이 존재하였다. 이 생각은 그의 『고백록』 제11권에 나타난다. "당신은 시간 속에서 시간들을 앞서는 것이 아닙니다.…오히려 당신은 언제나 현재적인 영원의 무시간적 높으심을 통해 모든 과거의 시간들 앞서 계시며, 또한 당신은 모든 미래의 시간들 위에 계십니다." "시간 자체를 당신은 창조하셨습니다."[4]

---

4 라틴어 원문: "Nec tu tempore tempora praecedis.… Sed praededis omnia praeterita celsitudine semper praesentis aeternitatis et superas omnia futura.…" "…quia ipsum tempus tu feceras." *Confessiones*, XI, 13:16, 14:17.

아우구스티누스에 따르면, 시간은 오직 활동(*motus*)과 변화(*mutatio*)에서 경험될 수 있다. 활동과 변화가 전혀 없을 때, 거기에는 모든 것이 정지된 상태에 있으며 시간이 경험될 수 없다. 아무것도 없는 영원한 순간만이 있을 뿐이다. 따라서 하나님이 세계를 시간과 함께 창조했다는 것은 활동하고 변화할 수 있는 세계, 개방된 역사적 세계를 창조하였음을 말한다.

세계의 역사성에 대한 궁극적 근거는 하나님 자신의 종말론적 미래 지향성에 있다. 본질적으로 성서의 하나님은 주어진 현재에 머물러 있는 분이 아니다. 그는 언제나 새로운 생명의 세계를 지향하며 새로운 생명의 세계를 약속한다. "너희는 지나간 일을 기억하려고 하지 말며, 옛일을 생각하지 말아라. 내가 이제 새 일을 하려고 한다.…내가 광야에 길을 내겠으며, 사막에 강을 내겠다"(사 43:18-19). "보아라, 내가 새 하늘과 새 땅을 창조할 것이니, 이전 것들은 기억되거나 마음에 떠오르거나 하지 않을 것이다"(65:17). 하나님의 종말론적 미래 지향성으로 말미암아 자연은 미래의 목적을 향한 역사성을 갖게 된다.

3. 일단의 학자들은 인간에게는 영혼이 있고 자연은 영혼이 없기 때문에 역사는 오직 인간에게만 있다고 말한다. 그럼 자연에는 영혼이 없을까? 오늘날 많은 자연과학자는 자연에도 영적 차원이 있다고 말한다.

미국의 문화역사학자 토마스 베리(Th. Berry)에 따르면, "인간이 광대한 우주와 통합되어 있다는 사실은 우주가 그 시작에서부터 영적 차원을 가진다는 충분한 증거다." 신적 존재 곧 하나님은 "그 자신을 창조할 수 있고 자기를 실현할 수 있는 능력"을 가진 세계를 창조하였다. 우주의 놀라운 일은 "우주가 절대적 통일성을 구성한다는 것이다.…우리는 알아야 한다. 곧 광대한 우주는 광대한 시간에 걸친 거대한 과정이라는 것이다.… 우주는 그 시작에서부터 영적 차원을 지닌다"(Berry 2000, 131f.).

인간에게만 영혼과 의식이 있고 자연에는 영혼과 의식이 없다는 생각은 인간의 자기중심적 착각이라고 말할 수 있다. 자연이 죽은 물질 덩어리가 아니라 살아 움직이는 유기체라면, 자연도 영혼과 의식을 가진다고 말할 수밖에 없다. 인간의 몸도 마찬가지다. 자연이 영혼을 지니고 있다면 자연도 역사를 가진다고 말할 수 있다. 서울 상명교회 나원준 목사는 그의 시집에서 이것을 다음과 같이 말한다.

> 작은 벌레 한 마리, 이름 모를 풀 잎 하나
> 저마다의 생명, 저마다의 삶이다.
> 저마다의 의미, 저마다의 역사이다.
>
> 죄성과 유한성을 숙명처럼 싸안고
> 불멸(영원한 생명, 저자)의 초월을 지향하는
> 피조성의 애닲은 몸부림이다(나원준 2021, 96).

4. 자연이 그 자체 속에 살고자 하는 본능과 자기생산의 힘을 가지고 있다는 것은 부인할 수 없는 사실이다. 인간이 개입하지 않아도 자연은 그 자신의 힘으로 자기를 생산한다. 식물을 키워보면 우리는 식물이 지닌 자기생산의 힘이 얼마나 강한지 볼 수 있다. 잡초의 자기생산 능력은 무서울 정도다. 농사는 "잡초와의 전쟁"이라고 말할 정도다. 짐승들의 자기생산 능력도 대단하다. 짝짓기 시기가 다가오면 수컷들은 목숨을 내걸고 싸운다. 암컷들은 이 싸움을 관망하다가 싸움에서 이긴 가장 강한 수컷과 짝짓기를 하여 가장 강한 종자를 낳고자 한다. 자연 안에 있는 생명의 힘, 자기생산의 힘은 실로 경이로울 정도다.

인간과 마찬가지로 자연도 끊임없는 "넘어감"(Überschreiten) 속에 있다. 주어진 상태에 머물지 않고 아직 주어지지 않은 상태를 향한 "넘어감"이 모든 생명의 본질이다. 넘어감은 개방성을 전제한다. 우리 인간이 볼때 자연의 삶은 동일한 법칙의 반복으로 보이지만, 자연은 반복운동 속에서 끊임없이 "아직 주어지지 않은 것"을 향해 나아간다. 과학자들에 의하면 자연의 유기체들이 어떤 방향으로 진화할지 아무도 예측할 수 없다. 그것은 끊임없는 자기확장과 자기실현의 과정이다. 현대 천문학에 따르면 우주는 별들과 은하계들이 생성되고 발전하며 또 폐기되는, 전혀 예측할수 없는 활동 속에 있다. 지금도 우주는 계속 팽창하고 있다.

자연과학이 이상적 방법으로 사용하는 환원주의는 연구대상을 가장 작은 부분으로 환원하고, 그것을 다시 물리-화학적 법칙으로 환원한다. 그러나 물리-화학적 법칙은 절대적인 것이 아니라 확률적인 것에 불과하다. 그것은 절대적인 것이 아니라 상대적이다. 물리-화학적 법칙 곧 자연법칙이란 "자연으로부터 유래하는 것이 아니라 인간으로부터 유래한다"(Fischer 2008, 52). 달리 말해 자연법칙이란 인간이 자연에 부여한 것이다. 따라서 지금 인정되는 법칙은 다른 법칙으로 바뀔 수 있다. 그렇다면 대상의 실재 자체, 곧 칸트의 "사물 자체"(Ding an sich)는 신비로 남아 있다. 세계 자체는 과학적 방법으로 완전히 파악되지 않는 신비로 머물러 있다. 가장 작은 부분으로 환원된 "조각들을 다시 모아" 지구 유기체를 되돌린다 해도 지구 유기체는 그 시스템의 행동을 완전히 설명할 수 없는 신비로 남아 있다. 그것은 우리 인간이 그 미래를 예측할 수 없는 그 자신의 개방된 역사다. 유기체는 "거꾸로 돌아가지 않는다."

5. 하이데거에 따르면 인간은 "죽음을 향한 존재"(Sein zum Tode)다. 인간은 물론 모든 생물은 죽음을 향한 존재들이다. 하이데거의 이 말은 전쟁터에서 죽음을 직면하고 있는 군인들에게 "기꺼이 죽으라"는 말과 마찬가지다.

그래서 하이데거는 히틀러의 총애 속에 대학 총장이 되었다.

물론 인간을 포함한 모든 생물은 언젠가 죽을 수밖에 없는 존재다. 그들은 태어나면서부터 죽음을 향해 나아간다. 그러나 이것은 생명현상의 한 측면일 뿐이다. 이 땅에 죽기를 원하는 생물은 아무것도 없다. 모두 살고자 한다. 죽지 않고 살고자 하는 것이 모든 생물의 본능이다. 이와 동시에 그들은 죽는 순간까지 내일의 미래를 기다리는 기다림의 존재다. 아직 주어지지 않은 미래에 대한 지향성이 그들의 본성이다. 인간의 몸 안에 이미 자연이 들어와 있다면, 자연도 미래 지향성을 가질 수밖에 없다. 온 우주가 미래 지향성을 가진다. 자연은 아직 주어지지 않은 미래를 향한 역사다. 우리 인간이 그것을 부인할 뿐이다.

몰트만에 따르면 인간은 물론 우리가 알고 있는 모든 물질체계와 생명체계들은 내일을 향해 열려 있는 복합적 체계다. "그들은 다른 체계들과 교통하며 그들의 가능성을 앞당겨 온다. 왜 모든 부분과 개별 체계들의 총화로서의 우주는 그 전체에 있어 폐쇄된 체계이어야 하는가?… 우리는 복합적이고 개방된 체계들로부터, 아직 전체로 완성되지 못한…전체의 조직적 개방성을 추론할 수 있다"(Moltmann 2002, 100f.). 끊임없는 환경의 변화 속에서 자연의 피조물들도 계속 변화하고 있다. 변화한다는 것은 아직 주어지지 않은 내일로 "넘어감"을 뜻한다. 자연은 아직 주어지지 않은 내일을 향해 개방되어 있다. 완전한 전체는 미래로 남아 있다.

개방되어 있다는 것은 완결되지 않았다는 것을 말한다. 곧 개방성은 미완결성(Unvollendetheit)을 뜻한다. 불완전하고 부족한 상태에 있다는 것을 말한다. 이 세계에 아무 결함이 없는 것, 완전한 것은 아무것도 없다. 완성된 것은 아무것도 없다. 모든 것이 결함과 부족함이 있는 상태, 아직 완성되지 않은 상태에 있다. 모든 피조물 속에는 미래의 완전을 지향하는 힘이 숨어 있다. 생명의 힘은 주어진 생명의 유지와 생식의 힘에 불과한 것이 아니라 미래의 완전을 지향하는 힘이다. 인간은 물론 자연의 생물들도 끊임없이 보다 더 좋은 것, 완전한 것을 원한다. 그래서 그들은 끊임없이 진화한다. 보다 더 좋은 삶의 환경, 보다 더 좋은 삶의 조건을 얻고자 이동하며 보다 더 유리한 신체 구조로 자기를 조직화한다.

이 과정 속에서 하나님의 뜻에 모순되는 일들, 곧 고난과 죽음도 일어난다. 인간의 탐욕으로 인해 온 세계의 피조물들이 파멸의 위험에 빠지기도 한다. 그러나 하나님은 요술 방망이처럼 나타나서 인간이 초래한 모든 문제를 해결하지 않는다. 만일 하나님이 요술 방망이처럼 일하신다면, 인간은 아무리 자연을 파괴해도 괜찮을 것이다. 요술 방망이가 나타나 파괴된 자연을 회복할 것이기 때문이다.

하나님은 요술 방망이가 아니다. 무한한 사랑의 힘, 생명의 힘으로서 하나님은 피조물에 생명의 힘을 주시며 자기를 유지하고 새로운 가능성을 발견하게 하며 이 가능성을 실현할 수 있는 지혜를 주신다. 그는 사랑이기 때문이다. 하나님의 사랑의 힘, 생명의 힘을 통해 피조물은 새로운 가능성과 새로운 힘을 얻는다. 그들은 새로운 삶의 세계를 향해 나아가고자 한다. 자연은 하나님이 약속하신 미래를 향한 역사다.

2. "자연의 무역사성은 시각적 착각이다"
– 현대 자연과학에서 자연의 개방성과 역사성

1. 현대 자연과학도 자연의 개방성과 역사성을 강력히 주장한다. 빅뱅 이론은 자연의 개방성과 역사성을 대변한다. 빅뱅 이론은 아직도 하나의 가설로 머물러 있지만, 고정된 우주의 상을 깨뜨리고 지금도 팽창하고 있는 역동적 우주상을 제시한다. 카오스 이론은 극미한 초기의 파동이 이후의

거시적 규모와 연결되어 있는 역동적 세계상을 보여준다.

진화론 역시 자연의 개방성과 역사성을 나타낸다. 물질과 생명의 진화과정은 반드시 원인과 결과의 법칙에 따라 일어나지 않는다. 그것은 분자들과 그들의 물리적 구조들이 계속 성장하고 퍼지는 그물과 같다. 이 그물은 예측할 수 없는 새로운 가능성의 영역으로 확장된다. 모든 현실은 단 한 번밖에 없다. "어떤 달걀도 다른 달걀과 동일하지 않다." 새로운 가능성이 실현될 때 또 다른 새로운 가능성을 가진 구조들이 생성한다. 새로운 환경의 변화에 적응하고 그 자신을 새롭게 형성할 수 있는 능력이 증가한다. 구조들의 복합성과 함께 의사소통의 능력도 증가한다. 이와 동시에 파괴될 수 있는 위험성도 증가한다.

따라서 진화과정으로서의 자연은 폐쇄된 체계가 아니다. 그것은 과거에 있었던 것으로 되돌릴 수 없는, 미래를 향해 열린 체계다. 그 속에는 원인과 결과의 법칙을 벗어난 비약과 우연이 일어나기도 한다. 피조물들의 상호의존을 통해 더 풍요로운 가능성이 열린다. 자연은 인간의 눈으로 예측할 수 없는, 자기 자신을 언제나 다시금 초월하는 개방된 체계다. 진화하는 자연은 그 나름의 역사다.

2. 20세기 초에 등장한 양자 이론에 따르면 물질의 최종적 요소는 뉴턴이 믿었던 "실체"가 아니라 때로는 "파장"처럼, 때로는 "입자"처럼 움직인다고밖에 달리 말할 길이 없는 에너지의 진동과 장(field)이다. 에너지의 진동과 장이 어떻게 변화될지 미리 계산한다는 것은 불가능하다. 단지 그것의 확률적 개연성을 말할 수 있을 뿐이다. 이른바 자연질서는 영원히 변하지 않는 "법칙이라기보다는 오히려 습관과 같은 것으로, 그것들은 처음부터 원래대로 고정되어 있는 것이 아니다." 그것들은 "자연 안에서 성장해온 습관들"이다(Fox, Sheldrake 1999, 238). 그것은 영원히 변할 수 없는 고정

된 법칙이 아니라 개연성의 법칙(Wahrscheinlichkeitsgesetze)일 뿐이다. 따라서 어떤 사물의 미래를 정확하게 계산하고 예측하는 것은 불가능하다. 세계의 미래는 원인과 결과의 법칙에 따라 결정되어 있는 것이 아니라 인간이 예측할 수 없는 개방상태에 있다.

하이젠베르크에 의하면, 우리의 눈으로 볼 수 없는 소립자의 세계는 "사물들이나 사실들(facts)의 세계라기보다 오히려 잠재성들 혹은 가능성들의 세계를 형성한다." 원자의 영역에서 일어나는 사건들에 대한 실험과 관찰에서 우리는 실제로 존재하는 사물들, 곧 우리의 일상생활의 현상들처럼 실재하는 현상들과 관계하지만, "원자들 혹은 소립자들은 그와 같이 실재적이지 않다"(Polkinghorne 2002, 85). 모든 것은 확정되지 않은 상태, 곧 불확정(Unbestimmtheit)의 상태에 있다. 불확정 상태에 있다는 것은 예측할 수 없는 개방상태에 있음을 말한다. 예측할 수 없는 우연과 새로움이 있을 수 있다는 것을 말한다. 따라서 자연은 하나의 시계처럼 수학적으로 정확히 파악될 수 없고 예측될 수 없다. 그것은 우리 인간의 확정과 예측을 벗어난 그 나름의 역사를 가진다. 개체들의 상호작용으로부터 예기치 못한 새로운 일들이 일어난다. 그러므로 전체는 부분들의 합 이상의 것이다.

오스트리아의 물리학자 에르빈 슈뢰딩어(E. Schrödinger, 1887-1961)에 의하면 원자는 "완전히 무질서한 열운동을 한다.…그러한 무질서한 열운동 자체 덕분에 원자들의 질서 있는 행동이 가능하지 않으며, 적은 수의 원자 사이에서 일어나는 사건들은 어떤 예측가능한 법칙에 따라 이루어지지 않는다.…유기체의 생명에 중요한 역할을 한다고 알려진 모든 물리·화학법칙은…통계적인 것이다. 생각해볼 법한 다른 종류의 법칙성과 질서도 원자의 끊임없는 열운동에 의해 계속 무의미해지고 쓸모없는 것이 되어버린다"(Schrödinger 2007, 36). 고전물리학에 의하면 세계의 물리적 법칙은 변할 수 없는 고정된 것으로 간주된다. 그러나 양자 이론에 따르면 세계의 일반적인 물리법칙은 "사실상 무질서로 전환하는 물질의 통계적 경향에 근거한다"(142). 따라서 세계의 물리법칙은 변할 수 없는 고정된 것이 아니라 가변적인 것이다. 물질을 구성하는 기본요소인 원자가 예측할 수 없이 무질서하게 움직이며 세계의 물리법칙은 물질의 통계적 경향에 근거한 가변적인 것에 불과하다면, 또 그 법칙은 원자의 끊임없는 열운동에 의해 계속 쓸모없는 것이 되어버린다면, 세계는 우리 인간이 완전히 확정할 수 없는 개방성의 것이라 말하지 않을 수 없다.

물리학자 뒤르에 따르면 자연과학은 전체를 최소의 개체로 분석하는 방법을 사용한다. 그러나 "분석적 방법을 적용하고 정확성을 목적으로 하며 부분화시키는 사고방식을 가진 자연과학은 오직 모든 사물 간의 상호작용 및 전체와 개체의 결합으로부터 자기를 드러내는 현실의 본래적 의미를 파악할 수 없다"(Dürr 2003, 21). 근대 기계론(혹은 역학, Mechanik)은 세계를 정확히 파악할 수 있는 시계와 같은 것으로 보지만, 세계의 물리적 현상들, 특히 전자 현상들과 자기 현상들(elektrische u. magnetische Erscheinungen)과 그들의 복합성(Komplexität)은 기계론적 관찰을 벗어난다. 세계를 구성하는 최소의 물체는 고정된 상태에 머물러 있는 "물체" 혹은 "실체"가 아니라 정확히 파악할 수 없는 안개와 비슷하다. 그것은 그 의미가 항상 새롭게 해석되고 파악될 수 있는 한 편의 시(詩)에 비유될 수 있다.

예를 들어 전자는 입자(Teilchen)의 형태로 있을 때도 있고 파장(Welle)의 형태로 있을 때도 있다. 그것이 어떤 형태로 있을 것인지 예측할 수 없다. 단지 확률적으로 말할 수 있을 뿐이다. 따라서 "미래의 사건은 더 이상 결정되어 있지 않으며 고정되어 있지 않다. 오히려 개방되어 있다고 말할 수 있다. 이로 인해 자연의 사건은 기계론적 시계(mechanistisches Uhrwerk)가 아니다. 오히려 그것은 지속적 전개(fortwährende Entfaltung)의 성격을 가진다. 창조는 끝나지 않았다―세계는 순간마다 새롭게 일어난다"(Dürr 2003, 36). 이 세계에 똑같이 반복되는 것은 아무것도 없다. 한번 흐른 시간은 되돌아오지 않는다. 시간의 모든 순간은 일회적이다. 일회적이기 때문에 모든 순간은 새로운 것이다.

3. 카오스 이론에 따르면 자연의 사물 중에는 환경의 작은 변화에 대해 매우 민감하게 반응하면서 스스로 큰 변화를 일으키는 체계들이 있다. 그들 가운데 일어나는 작은 변화가 그들의 행동 전체를 변화시킨다. 그들은 원인과 결과의 고정된 법칙에 따라 정확하게 움직이는 것이 아니라 예기치 못한 다른 체계들의 변화와 환경의 변화로 말미암아 엄청난 변화를 스스로 일으키는 혼돈을 보인다. 카를 포퍼에 따르면 이 체계들은 무질서하게 있다가 없어지며 없다가 있기도 하는, 그의 활동을 전혀 예측할 수 없는 무질서한 구름과 같다(Polkinghorne 2001, 59).

　이 같은 체계들로 구성된 자연은 극도의 복잡함이 밀접하게 얽혀 확정되지 않은 미래를 향해 움직이는 거대한 소용돌이와 같은 동적인 과정이다. 이 과정 속에는 "우연성, 불확정성, 창조성 그리고 생명이 포함되어 있다"(Davies 2002, 127). 균형의 체계들이 아니라 불균형의 체계들이 그 속에 실존한다. 고정되어 있는 절대적 주체 혹은 객체란 인정될 수 없다. 주체 혹은 객체란 항상 상대적이며, 그러한 상대성도 항상 변화하는 흐름 가운데 있다. 따라서 주체와 객체의 구별도 유동적이다. 모든 주체가 주체이면서 객체이기도 하다. 주체와 객체는 분리될 수 없이 결합되어 있고, 다른 존재자들과 끊임없이 복잡한 연대를 이루면서 변화의 흐름에 자기를 내어 놓는다.

　자연의 모든 사물은 환경과 밀접히 결합되어 있다. 환경에 대한 그들의 민감성은 환경의 미세한 변화에 대해 엄청난 영향을 줄 수 있다. 질서 있는 체계들은 물론 무질서한 카오스적인 체계들에서도 초기의 작은 변화가 나중에 거대한 새로운 변화를 초래할 수 있다. 초기의 아주 미미한 불확실성이 그 뒤에 나타나는 행동의 관측에 있어 매우 큰 불확실성을 가져올 수 있다.

자연계 내 모든 체계의 활동과 작용 속에 나타나는 이러한 현상들은 원인과 결과의 법칙에 의해 파악되지 않는다. 그들은 모든 결정론적, 인과론적 예측을 벗어난다. 이들은 인간의 인식에 포착되지 않고 예측되지 않는 방식으로 일어난다. 한 체계의 작은 운동이 자연계 전체에 큰 변화를 초래할 수 있다. 카오스 이론은 나비효과라는 개념을 통해 이것을 설명한다. 신준호 박사에 의하면 "아프리카 숲속 작은 나비의 날갯짓이 정글의 공기를 휘저어서 약 3주의 기간 후에 런던에 폭풍우를 몰고 올만큼 증폭적으로 확대되는 효과를 일으킬 수 있다.…카오스 이론은 거시적인 폭풍우의 생성과 소멸이 측정 불가능한 미시적인 관계성에 의하여 야기될 수 있음을 말한다"(신준호 2001, 372). 나비효과는 우주의 차원에서도 일어날 수 있다. 멀리 떨어진 은하계의 전자 하나의 활동이 점차 강화되어 지구에서 일어나는 사건들에 큰 영향을 줄 수 있다. 자연은 "존재론적 비결정성"(ontological indeterminancy), 곧 인간에 의해 측정되거나 확정될 수 없는 개방성을 그의 본질로 가진다(Russell 2002, 156).

4. 폰 바이체커에 따르면 "역사"(Geschichte)라는 개념은 "사건"(Geschehen)이란 개념에서 유래한다. 사건들의 연속 과정이 곧 역사다. 그러나 역사는 지금 일어나는 것은 물론 과거에 일어난 사건들과 미래에 일어날 사건들을 포괄한다. 역사란 과거, 현재, 미래의 모든 시간 과정 속에서 일어나는 모든 사건의 총괄개념이다. 사건이란 자연 속에서도 일어난다. 자연은 새로운 사건들의 연속이다. 인간에게 그것은 새롭지 않은 것으로 보일 수도 있지만, 자연 자체에는 모든 사건이 새로운 것이다. 동일한 환경적 조건 속

에서 일어나는 동일한 사건이란 존재하지 않는다. 이런 점에서 자연도 역사다. 자연도 시간 속에서 실존하는 유기체, 곧 생명체다. 각 생명체는 단한 번밖에 없다. "자연의 역사는 자연 사건의 전체를 가리킨다"고 볼 수있다.

그러나 폰 바이체커는 많은 인문과학자가 역사의 개념을 좁게 해석한다고 지적한다. 그들의 해석에 따르면 변화가 있는 곳에 역사가 있다. 그러나 하늘의 별들은 수십억 년 전부터 동일한 궤도를 돌기만 한다. 별들은 끊임없이 움직이지만, 변화가 없다. 자연은 봄, 여름, 가을, 겨울의 고정된 법칙에 따라 삶을 이어간다. 그러므로 자연은 역사가 없다는 것이다. 또 자연 속에도 사건들이 일어나고 자연에도 사건들의 연속 과정이 있지만, 자연은 그것을 경험하지 못한다. 그것이 단지 일어날(widerfährt) 뿐이다. "자연도 역사이지만, 자연은 역사를 갖지 않는다. 자연은, 그가 역사라는 것을 모르기 때문이다." 따라서 엄밀한 의미의 역사는 인간에게만 있다고 많은 인문과학자는 주장한다(Weizsäcker 1992, 9-14).

그러나 폰 바이체커에 따르면 "자연의 무역사성은 시각적 착각(optische Täuschung)"에 불과하다. 고립계 내의 엔트로피는 감소하지 않는다는 열역학 제2법칙에 따르면 자연의 사건은 원칙적으로 돌이킬 수 없으며 반복될 수 없다. 자연의 모든 사건은 일회적이며, 한번 일어난 사건은 반복해서 다시 일어나지 않는다. 그것은 불가역적인 것이다. 우리 인간의 눈으로 볼 때 원숭이의 생명은 계속 반복되는 무역사적인 것으로 보이지만, 원숭이 자신에게 그의 생명은 단 한 번밖에 없는 역사적인 것이다. 자연 속에는 끊임없이 사건들이 일어난다. 이 사건들을 통해 시간은 "역사적 시간"이 된다. 자연의 사건들은 오직 역사적 시간 속에서 일어날 뿐이다. "이런 점에서 자연은 역사적이다"(14).

빅뱅 이론에 따르면 인간이 있기 전에 우주가 먼저 있었다. 우주의 역사는 약 150억 년이요, 지구의 역사는 46억 년, 인류의 역사는 20만 년에 불과하다. 최초의 인류 곧 호모 사피엔스의 역사가 시작하기 까마득한 옛날부터 자연은 인간 없이 그 자신의 역사를 가지고 있었다. "인간보다 자연이 더 오래되었다. 인간은 자연으로부터 나왔고, 자연의 법칙들 아래 있다." 오직 인간만이 "역사적 존재"라고 인문과학자들은 주장하지만, 인간은 오직 자연에서 나온 자, 자연에 속한 자로서 역사적 존재일 뿐이다. "자연 자체는 역사적이기 때문이다"(8-11).

5. 결론적으로 인간에게만 역사가 있는 것이 아니라, 자연도 그 나름의 역사를 가진다. 인간이 있기 전에 자연이 먼저 있었다면, 자연의 역사가 인간의 역사보다 더 오래되었다. 인간이 있기 전부터 자연이 있었는데도 불구하고 자연이 역사를 갖지 않는다고 말하는 것은 자연에 대한 인간의 교만일 뿐이다. 인간은 그의 역사를 글자의 형태로 보존한다면, 자연은 그의 역사를 기억 속에 보존한다.

많은 학자는 자연을 가리켜 영원한 원운동, 영원한 반복이라고 말한다. 그래서 자연은 역사가 없다고 한다. 그러나 이것도 하나의 "시각적 착각"이다. 자연 자신에게 이것은 모욕이다. 자연의 어떤 사건도 똑같이 반복되지 않는다. 모든 생명체의 생명의 시간과 삶의 사건들은 단 한 번밖에 없다. 그들은 한번 흐르면 되돌아오지 않는 시간의 과정에 있다. 흐르는 강물과 마찬가지로 시간 속에서 일어나는 자연의 모든 삶과 사건들은 일회적이다. 흐르는 시간의 강물은 되돌아오지 않는다. 그 전체에 있어 자연은 "아직 주어지지 않은 것"(das noch nicht Gegebene)을 향한 역사다. 모든 것은 아직 주어지지 않은 것을 향한 "넘어감" 속에 있다(Überschreiten, Bloch). 만물이 새로운 내일을 향해 살아간다. "똑같은 강물에 발을 두 번 담글 수 없다"(Heraklit). 역사적 시간은 동질적이지 않다.

오늘날 자연과학의 인식에 따르면 세계의 어떤 사물에 대한 인간 인식의 한계는 단지 인간의 인식 능력의 결함에 있는 것이 아니라, 대상 사물의 미확정성과 개방성에 있다. 대상 사물 자체가 확정되어 있지 않기 때문에 우리는 대상 사물을 단지 개연성의 법칙에 따라 파악할 수 있을 뿐이다. 개연성의 법칙에 따르면 미래는 현재 속에 완전히 내포되어 있지 않다. 미래는 현재에 대해 새로운 것이다. 가장 작은 생명체일지라도 그의 미래는 새로운 것, 다른 것이다. 그것은 인간이 예측할 수 없는 우연을 내포한다. 우연이란 기존의 범주에 따라 파악될 수 없는 것, 새로운 것, 다른 것이다. 따라서 자연의 삶에도 새로움이 있다. 우리 인간에게 매 순간이 새로운 것이듯이 자연의 모든 생명체에게도 매 순간은 새로운 것, 다른 것이다. 인간의 삶이 반복될 수 없듯이 자연의 삶도 반복될 수 없는 것이다. 그러므로 자연도 역사적이다.

우리가 어떤 대상을 감성으로 느낄 때 시간과 공간이라는 형식 속에서 느낀다. 감성적 느낌들은 다르지만, 이 느낌이 그 속에서 경험되는 시간과 공간은 동일한 형식으로 존속한다. 그러므로 시간과 공간은 언제 어디서나 동일한 감성의 절대적 형식이라고 칸트는 정의한다. 그러나 아인슈타인의 상대성 원리에 의하면 시간과 공간은 언제 어디서나 동일한 것이 아니다. 시간과 공간은 운동 속도에 따라 상대적으로 느껴진다. 어떤 경우에 시간은 길게 경험되고, 어떤 다른 경우에는 매우 짧은 것으로 경험된다. 이것은 각 생명체에 따라 시간이 다르게 느껴질 수 있다는 것을 말한다. 젊은이들에게 삶의 시간은 길게 느껴지지만, 죽음이 멀지 않은 노인들에게 시간은 너무도 빨리 흐르는 것으로 느껴진다. 따라서 각 생명체는 그 자신의 시간을 가진다. 각 생명체의 시간은 동일하지 않다. 모든 생명체의 동일한 시간이란 존재하지 않는다. 각 생명체의 시간은 일회적이다. 모든 생명체의 상생 역시 일회적이듯이 시간 속에서 일어나는 모든 것은 일회적이며 역사적이다.

진화론은 여러 가지 문제점을 갖지만, 다음과 같은 점에서 기여한다. ① 진화론은 자연을 폐쇄된 것으로 보지 않고 계속 진화하는 개방된 역사로 보며, ② 인간의 역사도 자연의 역사에 포괄된 것으로 보며, ③ 인간만이 역사를 가진다는 인간중심의 세계관과 역사관을 깨뜨리고 인간의 역사를 자연의 역사에 통합하며, ④ 인간의 역사도 결국 자연의 역사라는 큰 틀 안에서 이루어진다는 사실을 상기시킨다. 물론 자연은 자기의 역사를 의식하지 못하는 것으로 보인다. 그러나 역사를 의식하지 못한다고 하여 자연에는 "역사가 없다"고 말할 수 없다. 자연은 146억 년에 달하는 자신의 역사에 대한 기억을 무의식 속에 저장하고 있다. 무의식 속에 저장되어 있는 기억을 통해 자연은 생존의 지혜를 배운다.

지금도 팽창하고 있는 우주는 인간이 사라져도 그 자신의 역사를 가질 것이다. 인간이 새 역사를 창조한다고 하지만, 그는 대우주의 역사를 벗어날 수 없다. 대우주의 관점에서 볼 때 인간의 역사는 먼지 한 알의 역사보다 더 작게 보일 것이다. 우리는 인간이 역사의 주체요 새 역사의 창조자라고 말한다. 그러나 대자연의 관점에서 볼 때 역사의 궁극적 주체는 인간이 아니라 대우주, 곧 자연이다. 물론 현대세계에서 인간이 자연의 역사에 결정적 영향을 주기도 한다. 그는 자연의 역사의 "공동 형성자"(Mitgestalter)다. 그러나 인간은 자연의 "유일한 형성자"(Alleingestalter)가 아니다. 그는 자연의 역사에 의해 결정되는 자연의 "공동형태"(Mitgestalt)이기도 하다(Ingensiep 2006, 65).

그렇다면 우리는 인간에게만 역사가 있다는 교만을 버려야 한다. 인간 유기체의 삶과 마찬가지로 자연 유기체의 삶도 역사다. 인간의 삶과 마찬가지로 자연도 아직 주어지지 않은 미래를 향해 열려 있고, 새로운 가능성으로 가득하다. 인간이 새로운 역사와 새로운 문화를 창조한다고 하지만, 그것은 결국 대 자연의 역사 안에 있고 이 역사의 틀을 벗어날 수 없다.

신학적으로 말한다면 하나님은 "이 우주를 일종의 기계로 만들지" 않았다. 그는 "놀라운 가능성을 가진 우주를 창조함으로써 자연에 자유와 자율성과 독립성을 보장"하였다. "말하자면 다양한 피조물들이 스스로 변화할 수 있고 다양한 가능성을 실현할 수 있도록" 창조하였다(현우식 2021, 25). 따라서 자연은 그 자체에 있어 역사다. 그는 인간의 개입을 필요로 하지 않는다. 그는 인간이 없어도 자기 자신을 생산할 수 있는 역사다. 우리 인간은 자연의 역사에 대한 겸손과 경외심을 배워야 할 것이다.

여기서 질문이 제기된다. 역사는 지향성을 가지며 지향성은 목적을 전제한다. 어떤 목적이 있기 때문에 그 목적을 향한 지향성을 갖게 된다. 자신의 자유와 무한한 가능성을 가진 자연의 역사가 지향하는 목적은 무엇인가? 지금도 계속되는 우주의 확장과 생물들의 진화는 무엇을 목적하는가? 아니면 자연은 아무 목적이 없는가? 자연에는 목적 없는 "지속"이 있을 뿐인가? 이 질문에 대해 자연 자체는 침묵한다.

이 질문에 대해 기독교 신학은 다음과 같이 대답한다. 자연은 우연히 있게 된 것이 아니라 사랑과 상생을 본성으로 가진 삼위일체 하나님의 창조다. 자연 만물은 삼위일체 하나님의 본성에 따라 창조되었고, 이 본성의 완성을 지향한다. 삼위일체 하나님의 본성의 완성에 자연의 목적이 있다. 서로 협동하며 상생하는 개미와 벌들의 군집 생활, 기쁨과 슬픔과 고통을 함께 나누는 사람들의 모습에서 우리는 자연의 목적의 종말론적 현재를 볼 수 있다. 이에 대해 우리는 아래 제3부 V장 "세계의 종말"에서 보다 더 자세히 고찰하게 될 것이다.

3. 자연도 자신의 주체성을 가진다

1. 앞서 언급한 바와 같이 주체성은 역사를 구성하는 중요한 개념이다. 일반적으로 인간은 주체성을 가진 존재로 인정된다. 그러므로 인간은 자신의 역사를 형성할 수 있다고 생각된다. 이에 반해 자연은 자신의 주체성이 없는 것으로 생각된다. 그러므로 자연은 역사를 형성할 수 없다고 간주된다. 이를 가리켜 기독교 신학은 인간에게는 시간과 역사가 있고 자연에는 공간이 있다고 말하였다. 역사는 인간에게만 있고 자연에는 공간만 있다는 것이다. 여기서 자연과 역사, 공간과 역사는 대립개념으로 생각된다. 인간은 공간 없이, 자연 없이 생존하는 존재인 것처럼 생각된다. 자연은 역사가 없고 생명이 없는 물질 덩어리로, 자기를 "역사의 주체"라고 주장하는 인간에 의해 정복되고 이용되어야 할 물건으로 간주된다. 기껏해야 자연은 인간의 역사가 그 위에서 일어나는 "무대"라고 그동안 많은 신학자는 말하였다. 하나님은 자연의 하나님이 아니라 "역사의 하나님"이라고 하였다. 자연 없는 역사가 신학의 주제가 되기도 하였다.

그러나 이것은 자연에 대한 인간의 교만이요 모독이라 말할 수 있다. 자연은 그 자신의 주체성을 가진다. 이것은 다음과 같은 아주 단순한 자연과학적 지식에 기초한다. 곧 자연의 역사는 약 150억 년인 반면, 인간의 역사는 20만 년 정도에 불과하다는 사실이다. 150억 년 혹은 146억 년에 비하면 20만 년은 아무것도 아니라고 볼 수 있다. 인간이 등장하기 전에 자연은 약 150억 년 동안 자기 스스로 생존하고 발전하였다. 그런데 불과 20만 년 전에 등장한 조그만 생물체인 인간이 자연을 향해 "너에게는 주체성이 없다. 그러므로 너에게는 역사가 없다"고 말하는 것은 자연의 관점에서 볼 때 참으로 웃기는 일일 것이다.

스피노자가 말하듯이 자연은 *natura naturans*, 곧 스스로 생산하는 자연이다. 자연이 인간 없이 자기 자신을 생산할 수 있다면, 자연은 그 자체로서 주체다. 인간 없이 약 150억 년에 달하는 자연의 역사는 자연 자신의 주체성을 보여준다. 그러므로 인간은 주체이고 자연은 객체라고 생각할 수 없다. 자연도 주체다. 자연은 단순히 인간에게 의존하는 재료가 아니라 그 자신의 주체성과 독자성을 가진다. 자연도 자신의 주체성을 갖기 때문에 자연도 그 자신의 역사와 미래를 가진다. "인간의 집은 단지 역사 안에서만, 인간 활동의 기초 위에서만 서 있는 것이 아니라 중재된 자연 주체의 기초와 자연의 대지 위에 서 있다"(Bloch 1970a, 807).

블로흐에 따르면 자연은 그 자체 안에 생산의 힘을 가진 "생산의 화덕"(Herd des Produzierens)이다. 자연은 "*natura naturans*", 곧 "스스로 생산하는 자연"이다. "*Natura naturans*라는 옛 개념은 자연의 주체를" 의미한다(Bloch 1970a, 787). 곧 자연은 "대상"이나 "원자재"나 "상품"이 아니라 자신의 주체성을 가진 주체다. 각 주체의 시간은 일회적이다. 따라서 주체로서의 자연은 영원히 반복되는 무역사적 원운동이 아니라 스스로 활동하고 자기를 생산하는 개방된 역사다.

2. 자연에 관해 이미 기술한 이 책의 여러 가지 내용에 근거하여 우리는 자연 자신의 주체성을 주장할 수 있다.

- 하나님은 인간을 창조하기 전에 자연을 먼저 창조한다. 인간이 창조되기 전에 자연이 먼저 창조되었다. 곧 인간이 등장하기 전에 자연이 150억 년 동안 먼저 있었다. 그렇다면 자연은 인간에게 의존하지 않는 그 자신의 주체성과 역사를 가진다.
- 인간은 철저히 자연 의존적 존재다. 그는 자연 없이 생존할 수 없다. 자연은 이미 인간 자신의 생명을 구성하며, 인간의 생명이 필요로

하는 모든 물질을 제공하기 때문이다. 자연은 인간의 생존을 가능케 해주는 생명의 기초다. 그렇다면 자연은 그 자신의 주체성을 가진다. 자기 생명의 기초가 되며 자기의 생존을 가능케 해주는 존재를 가리켜 "너에게는 주체성이 없다"고 말하는 것은 인간의 교만일 뿐이다.

– 자연과 인간은 친족이다. 그들은 친척이다. 신학적으로 말한다면 그들은 한 분 하나님의 "공동 피조물"(Mitgeschöpf)이다. 친척들은 모두 자신의 주체성을 가진다. 유기체 개념에서도 우리는 자연 자신의 주체성을 볼 수 있다. 유기체는 생명이 없는 물건 덩어리가 아니다. 그것은 살아 움직이는 생명체다. 살아 움직이는 생명체는 그 자신의 주체성을 가질 수밖에 없다. 살아 움직인다는 것은 "그 자신이 주체"임을 뜻한다. 인간 유기체가 주체성을 가진다면, 자연 유기체도 주체성을 가진다.

인간의 주체성과 자연의 주체성은 어떤 관계에 있는가? 자연의 주체성이 상위에 있다고 말할 수 있다. 인간의 주체성은 자연의 주체성에 의존한다. 인간은 자연 없이 생존할 수 없기 때문이다. 인간은 단순히 자연 위에 있는 존재, 자연 없이 생존할 수 있는 존재가 아니라 자연 유기체 안에서만 생존할 수 있는 자연 유기체의 일부다. 자연이 폐기되면 인간의 주체성도 폐기된다. 아니, 인간 자신의 생명이 폐기된다.

– 앞서 고찰한 바와 같이 땅 위의 모든 생명은 자기 삶의 세계를 가지며 자신의 내적 가치를 가진다. "자기 삶의 세계를 가진다", 혹은 "자신의 내적 가치를 가진다"는 것은 자신의 주체성을 가진다는 것을 내포한다. 자신의 주체성이 없는 어떤 사물이 자기 삶의 세계, 자신의 내적 가치를 가진다는 것은 불가능하다. 땅속의 지렁이 한 마리

도 자기 삶의 세계와 자신의 내적 가치를 가진다. 그것은 단 한 번밖에 없는 것이므로 어떤 다른 생명체도 지렁이를 대신할 수 없다. 지렁이는 자기의 생명을 유지하기 위해 온 힘을 다하면서 땅을 정화하여 다른 생명의 생존을 가능케 한다. 지렁이 한 마리도 자신의 주체성을 가진다. 나무 한 그루도 그 자신의 주체성을 가진다. 신학적으로 말한다면 땅 위의 모든 생명은 하나님의 피조물이다. 한 하나님의 피조물로서 각 생명은 그 나름의 주체성을 가진다. 각 생명은 그 자신에게 최고의 목적이다. 자신의 생명보다 더 귀한 것은 없기 때문이다. 우리 인간이 그것을 인정하지 않을 뿐이다.

현대 자연과학에서도 우리는 자연의 주체성을 볼 수 있다. 양자 이론에 의하면 미시세계는 죽은 물질들의 덩어리가 아니다. 그것은 혼, 정신, 안개 혹은 잠재성과 같은 것으로, 자신의 경향성과 행위 주체성을 가진다. 그것은 입자로 존재할 수도 있고 파장으로 존재할 수도 있다. 그것이 어떻게 움직이고 어떻게 존재할지 인간은 예측할 수 없고 확정할 수 없다. 우리 인간이 자연에 대해 인식하는 것은 자연 자체가 아니라 인간 자신의 관심과 측정 방식에 따라 인간 자신이 구성한 것에 불과하다. 김기석 교수에 따르면, 양자역학이 다루는 원자와 소립자들의 세계, 곧 미시세계는 "가시광선의 파장보다 훨씬 더 작기 때문에 우리는 결코 들여다볼 수가 없다. 결국 안개 상자 속에서 입자들을 충돌시킨 후 소립자들이 짧은 시간 동안 남기는 궤적을 통해 이들의 존재 방식을 구성할 수밖에 없다. 또한 아원자 세계를 탐구하기 위해서는 짧은 파장의 전자기파를 사용해야 하는데, 실험의 수단이 되는 전자기파의 파장이 짧아질수록 에너지가 커지기 때문에 실험 자체가 탐구의 대상이 되는 세계에 결정적인 영향을 끼친다. 그러므로 우리는 미시세계를 있는 그대로 파악할 수 없다"(김기석 2018, 276f.). 미시세계는 우리 인간이 파악할 수 없는 자신의 "행위 주체성" 속에서 숨어 있는 상태에 있다.

일단의 학자들은 물질 속에도 "행위 주체성"이 있다고 주장한다. 박일준 교수에 따르면, "물질은…우리의 사용 여부와 상관없이 그 자체의 행위 주체성을 발휘하여 (유기체적으로) 얽힌 여러 존재에게 영향력을 발휘하는 존재"로 파악되어야 한다(박일준 2022, 175). 오늘의 물리학, 생물학에 의하면 자연의 물질체계와 생명체계는 그들 나름의 주체성을 가진다. 개방상태에 있는 복합적 체계들 속에서 점점 더 증가하는 행동의 불확실성과 새로운 가능성들은 인간에 의해 객관화될 수 없는 그들 자신의 주체성을 보인다. 주체성을 가진다는 것은 그 나름의 생명을 가진다는 것을 뜻한다. 따라서 물질은 생명이 없는 "물건"으로 간주될 수 없다. 우리 인간의 몸처럼 지구도 그 속에 자신의 생명과 역사가 있는 유기체라면, 이 유기체를 구성하는 물질적인 것 속에도 그 나름의 행위 주체성과 역사가 있다고 말할 수밖에 없다. 오늘 우리 세계가 경험하고 있는 생태학적 비극의 원인은 자연 자신의 주체성과 역사를 부인하고, 자연을 인간에게 의존하는 인간의 소유물로, 인간의 정복대상, 지배대상, 이용대상으로 보는 데 있다.

제3부

자연 없이 살 수 없는 인간, 그 구원과 종말

오늘 우리가 경험하고 있는 생태계의 위기는 과거의 위기와는 달리 인간의 행동으로 말미암은 것이다. 이제 인간은 자기 행동의 결과로서 죽느냐 아니면 살아남느냐의 문제에 직면하고 있다. 이미 많은 사람이 죽었다. 인간은 물론 자연의 많은 생물이 인간으로 말미암아 소리 없이 죽임을 당하였다. 오늘날 많은 사람은 질문한다. 왜 인간이 존재해야 하느냐? 자연에 가장 위험하고 가장 영악스러운 인간이 사라지는 것이 자연의 유지를 위해 더 낫지 않느냐? 모든 문제의 원인이 인간에게 있다면, 이 인간이 없어지는 것이 더 좋지 않은가?

이 문제에 대해 우주는 아무 대답이 없다. 지금의 상황이 계속될 경우 인류는 대파멸을 피할 수 없을 것으로 보인다. 무한한 소유를 가장 높은 가치로 생각하는 인간의 가치관, 이 가치관으로 말미암아 일어나는 자연에 대한 인간의 이기주의적 행동을 볼 때 대파멸이 인류의 미래로 보인다. 코로나 팬데믹은 그 전조(前兆)였다.

앞서 우리는 기독교 문화권의 오랜 인간중심주의를 비판하고 하나님이 세계의 중심이라고 말하였다. 그러나 현실에 있어 하나님 대신에 인간이 세계의 중심이 되었다. 그는 하나님처럼 되었다(*homo sicut deus*). 그러나 하나님처럼 된 인간은 자연의 피조물에게 가장 무서운 존재로 나타나고 있다. 인간 자신이 만든 것이 인간의 생명을 위협하고 있다. 하늘에서 불이 떨어질 것이라는 요한계시록의 말씀을 전에는 고대 시대의 신화라고 생각했지만, 이제 정말 하늘에서 불이 떨어지고 있다. 인간이 만든 핵폭탄은 온 세계를 불구덩이로 만들 수 있다. 그는 자연 없이 살 수 있는 것처럼 자연을 계속 파괴한다. 이를 통해 그는 자연 생물들의 삶의 기초를 파괴함은 물론 자기 자신의 삶의 기초를 파괴한다. 자연의 생물들이 지금도 죽임을 당하고 있다.

이 같은 현실을 보면서 우리는 다음의 사실을 드러내고자 한다. 곧 인간은 자연 없이 살 수 없는 자연적 존재, 자연의 친족이란 사실이다. 이와 동시에 인간은 자기가 파괴한 자연을 책임질 수 있는 아주 특별한 친족임을 우리는 드러내고자 한다. 그는 자연적 존재이지만, 만물이 상부상조하며 상생하는 새로운 생명 공동체를 세울 수 있는 아주 특별한 "하나님의 동역자"임을 밝히고자 한다. 우리가 인간에 대해 말하는 그것이 인간의 존재를 구성할 것이다. 말에는 힘이 있기 때문이다.

I

자연의 친족, 아주 특별한 친족인 인간

1. "우리 자신이 자연이다"(G. Böhme)

1. 기독교는 오랫동안 인간중심의 세계관을 가르쳤다. 곧 인간이 세계
의 중심이요, 자연은 인간 주위에 있는 "환경"으로서 인간을 위해 있다
는 것이다. "사유하는 존재"(*res cogitans*)로서의 인간은 "연장되는 존재"(*res
extensa*)인 자연 위에 있는 존재, "자연의 주인과 소유자"라는 데카르트의
생각이 현대에 이르기까지 인간관과 자연관을 지배하였다. "정신을 통해
인간은 자연에 대립하며 자기를 자연 위에 세운다. '정신적 존재는 더 이
상 본능에 묶여 있지 않으며 환경에 묶여 있지 않다. 오히려 그는 환경으
로부터 자유롭다'"는 말은 인간중심의 자연관, 인간관을 대변한다(Böhme
2000, 16).

그러나 인간중심의 자연관, 인간관에 병행하여 인간을 자연에 속한
자연의 일부로 보는 사상들이 근대에 등장하기 시작하였다. 그 첫째 형태

를 우리는 코페르니쿠스의 지동설에서 볼 수 있다고 테야르 드 샤르댕은 말한다. 지동설에 따르면 세계의 중심은 지구가 아니다. 지구는 태양을 맴도는 하나의 작은 행성에 불과하다. 이로써 인간은 우주의 중심 자리에서 쫓겨나 우주 변두리의 한 작은 행성에서 살고 있는 미미한 존재라는 사실이 드러나게 된다.

둘째 형태는 다윈의 진화론이다. 진화론에 따르면 인간은 하나님이 창조한 특별한 존재가 아니라 생물 종들의 진화의 산물에 불과하다. 그는 자연의 중심이 아니라 포유류의 일종일 뿐이다. 그래서 니체는 인간을 가리켜 짐승들을 조상으로 가진 한 짐승이라고 말하게 된다.

셋째 형태는 프로이트의 심층심리학이다. 심층심리학에 따르면 인간의 행동을 지배하는 것은 이성과 의지를 가진 인간의 자기의식이 아니라 그 밑바닥에 숨어 있는 무의식이다. 그것은 인간 자신이 인식하지 못하는 무의식적 본능이다. 여기서 인간은 자기 자신의 주인이 아니라 무의식적인 본능의 힘에 지배당하는 존재로 인식된다. 이 세 가지 형태 속에서 인간은 우주의 중심적 자리에서 쫓겨나 "우주의 변두리에 있는 집시"의 위치에 있는 존재로 나타난다(Chardin 1964, 357f.).

그러나 테야르 드 샤르댕이 말하는 이 세 가지 형태들은 몇 가지 예에 불과하다. 인간을 자연에 속한 자연의 일부로 보는 인간관은 동서를 막론하고 고대 시대의 공통된 문화였다. 인간을 자연 위에 있는 존재로 보는 인간중심의 인간관이 오랜 전통을 가진다면, 인간을 자연에 속한 자연적 존재, 자연의 친족으로 보는 자연 중심의 인간관 역시 오랜 전통을 가진다. 동양의 채근담에 따르면 "'천지동근 만물일체'(天地同根 萬物一體), 즉 천지는 같은 뿌리에서 나왔으며 (인간을 포함한) 만물은 하나의 몸"이다(김정욱 2022, 55f.). 고대 그리스의 물활론에 의하면 만물의 근원(arche)은 물질적인 것, 곧 물(탈레스), 공기(아낙시메네스), 물, 공기, 불, 흙이다(아낙시만드로스). 만물이 물질적인 것으로부터 생성되었다면, 만물은 하나로 결합되어 있다. 물질론(레우키포스, 데모크리토스)에 의하면 만물은 더 이상 나누어질 수 없는 원자들(Atome)로 구성된다. 인간의 몸과 영혼 및 정신도 원자들로 이루어진다. 그렇다면 인간을 포함한 세계 만물은 동일한 종에 속한다. 인간과 세계 만물이 동일한 종에 속한다면 인간은 세계 만물 곧 자연에 속한 자연적 존재다.

2. 사유하는 존재로서의 인간과 연장되는 존재로서의 자연을 구별하는 데카르트의 이원론에 반해 인간을 자연에 속한 자연적 존재로 파악한 근대의 대표적 인물은 스피노자다. 그는 세계를 원인과 결과의 법칙에 따라 움직이는 기계와 같은 것으로 보는 기계론적 세계관을 인간에게도 적용한다. 그리하여 인간을 자연과 동류에 속한 기계적 존재로 파악한다. 그에 따르면 인간의 육체는 물론 인간의 정신도 "자연의 한 부분"이다(Spinoza 1976, 197). 우리는 "사물들의 자연"은 물론 "우리 자신의 자연"을 알아야 한다. 자연의 사물들처럼 인간도 "자연적인 힘들"과 "생명의 힘들"을 갖추고 있는 자연적 존재다(330, 317). 자연의 모든 운동이 원인과 결과의 법칙에 따라 필연적으로 일어나듯이 인간의 모든 행동과 사랑과 증오 등의 격정들도 자연적 필연성에 따라 일어난다. 인간의 모든 행동은 자연의 사건들과 동일한 법칙들에 따라 일어난다. 그러므로 인간의 본능과 행동과 격정은 수학적으로 정확하게 관찰될 수 있고 분석될 수 있다. 따라서 인간 의지의 자유, 결단의 자유란 인정될 수 없다. 기쁨과 슬픔, 사랑과 증오, 공포와 희망 등 인간의 모든 "정열"(Affekte)과 행동은 인간 바깥에 있는 사물들, 곧 자연과 결합되어 있다. 그는 자연과 마찬가지로 자기의 생명을 유지하고자 하는 본능을 가진다(121f.). 이 점에서 인간은 자연과 동류에 속한다. 그러나 선한 것과 악한 것, 정의와 불의의 구별 없이 충동에 따라 각자에게

유익한 것을 찾는 자연의 짐승들에 반해 이성에 따라 공동의 유익을 찾는 이성적 존재로서 자연에 대해 인간이 갖는 구별성을 스피노자는 포기하지 않는다.

라이프니츠는 스피노자의 뒤를 따른다. 그는 근대 기계론적 세계관에 근거하여 자연과 인간을 동류의 것으로 파악한다. 그의 단자론에 따르면 세계의 모든 사물은 창문이 없는 단자들로 구성되어 있다. 인간도 마찬가지다. 따라서 인간과 자연은 단자라고 하는 공동의 조상을 가진다. 인간의 정신과 이성의 활동 역시 단자의 활동이다. 세계의 모든 것이 단자로 환원되기 때문에 "자연의 물리적 왕국과 은혜의 도덕적 왕국", 곧 자연의 영역과 도덕적, 정신적 영역 사이에 "완전한 조화"가 있다(Leibniz,『단자론』, §87). 인간의 정신적 활동과 자연의 물리적 활동, 곧 인간과 자연 사이에 조화가 있다. 자연의 모든 활동이 인과율의 기계적 법칙에 따라 일어나듯이 인간의 영적, 정신적 활동도 동일한 법칙에 따라 일어난다. 자연과 마찬가지로 인간도 하나의 기계다. 기계라고 하는 점에서 인간은 자연에 속한 존재, 자연적 존재로 간주된다.

프랑스의 물리학자요 철학자인 라메트리(la Metrie, 1709-1751)에 따르면 인간의 영혼은 몸의 물리적 조직으로 환원되며 인간의 영적, 정신적 활동은 뇌를 구성하는 원자들의 활동일 뿐이다. 인간의 사유도 원자들의 활동으로 환원된다. 자연에 속한 원자들이 인간의 몸은 물론 그의 영혼의 활동을 구성한다면 인간은 자연이다.

근대 계몽주의자 헤르더는 인간의 자연적 존재를 보다 더 명료하게 말한다. 그에 따르면 인간은 "두 가지 세계의 중간 부분"(Mittelglied zweier Welten)이다. 곧 자연의 연결고리의 "가장 높은 마지막 부분"인 동시에 "피조물들의 더 높은 종의 연결 고리"의 "가장 낮은 부분"이다. 그는 "가장 높은 교육을 받은 피조물"인 동시에 "가장 교육을 받지 못한 피조물"이다. 그는 언어와 이성과 문화와 종교를 통해 새로운 세계를 창조하는 동시에 자연의 짐승들과 동일한 "음식물 도관"(Speisekanal)이다(Altner 2000, 54). 음식물을 먹고 배설하는 음식물 도관으로서 인간과 자연의 짐승들은 하나로 결속된다.

헤르더에 따르면 인간은 "땅의 아들들이요 땅의 딸들"이다. 그는 자연이라고 하는 "전체의 한 작은 부분이다. 인간의 역사는 벌레의 역사와 마찬가지로 그가 살고 있는 그물망(Gewebe)과 얽혀 있다"(Herder 1978, 665). 인간과 자연은 친족 관계에 있다. 이 친족 관계의 근원을 헤르더는 하나님의 창조에서 발견한다. 인간을 포함한 자연 만물이 하나님에 의해 창조되었고 한 분 하나님이 만물 속에서 다스리기 때문에 자연과 인간은 "아날로기아"(analogia) 곧 유사성 내지 유비성을 가진다(Herder 1987, 666). 인간을 포함한 모든 생물은 "우리 땅의 모든 생명을 통해 다스리는 단 하나의 아날로기아의 법칙에 따라" 지어졌다(271). 자연의 모든 생물이 *analogia*를 가진다. 그들은 단 하나의 전체에 속한다.

이와 동시에 각 피조물은 "그 자신에 대해 하나의 전체(ein Ganzes)이며 자기 규정의 신적 성격을 지니고 있다. 식물도 그렇고 동물도 그렇다.… 가장 지혜로우신 분은 그의 모든 자녀 안에서 사랑하며, 아버지의 느낌을 가지고 이 피조물이 자기의 세계의 유일한 것이라고 느낀다"(341f.). 각자 유일한 존재로서 그들은 전체의 친족성을 공유한다. 이 친족성 속에서 동물들은 "인간의 형님들"이요 식물도 우리의 자연적 친족들이다. 인간과 마찬가지로 동물과 식물들도 감성을 가지며 그 나름의 지성을 가진다. 감성을 통해 "나는 나를 느낀다! (그러므로) 나는 존재한다"(244). "온 자연을 보아라, 창조의 위대한 *analogia*를 보아라. 모든 것이 (감성을 통해) 자기 자신 및 자기와 동류의 것을 느낀다…"(693). 인간의 육체와 감성은 물론 그의 지각과 이성도 자연으로부터 형성된 것이다.

3. 헤겔 좌파 포이어바흐에 따르면 "인간은 그가 먹는 바의 것이다"(Der Mensch ist, was er ißt). 정신이나 사유가 인간을 결정하는 것이 아니라 자연에서 나오는 물질, 곧 먹는 음식물이 인간의 존재를 결정한다. 포이어바흐의 이 생각은 일면적이긴 하지만 인간학에 대한 위대한 기여라고 말할 수 있다. 인간의 본질은 영혼, 정신, 이성, 사유에 있다고 보는 헤겔의 관념론에 반해 포이어바흐는 인간을 "먹는 바의 것" 곧 물질 없이 생존할 수 없는 "물질 의존적 존재", "몸적 존재"로 파악한다. 이것은 부인할 수 없는 사실이다. 어떤 인간도 물질 없이, 몸 없이 생존할 수 없다. 그의 몸 자체가 물질이다. "우리의 삶은 물(物)과 더불어 구성되어 있다", "본래부터 인간은 '물'(物)과 함께하는 존재다"(박일준 2022, 190, 191).

물질은 자연에 속한다. 따라서 물질적 존재로서의 인간은 "자연적 존재"다. 마르크스는 포이어바흐의 이 같은 생각을 수용한다. 그리하여 그는 인간을 "정신적 존재", "영적 존재"로 보는 헤겔에 반해 "자연적 존재"(Naturwesen)라고 말한다(Marx 1971, 70). 인간은 먹고 마시고 휴식을 취하고 싶은 자연적 충동을 느끼는 존재요, 자연적 충동이 충족될 때에만 생존할 수 있는 자연적 존재다. 좌파 마르크스주의자인 블로흐에 의하면 인간에게 가장 먼저 필요한 것은 굶주린 배를 채우는 일이다. 먹어야 사유할수 있고 사랑도 나눌 수 있다. 먹는 물질, 곧 음식물을 통해 인간은 자연과 결합되어 있다.

헤겔 좌파에 깊은 영향을 준 쇼펜하우어는 자연주의적 입장에서 인간과 자연 생물들의 친족성을 주장한다. 그에 따르면 인간을 포함한 땅 위의 모든 생명체의 본질은 죽지 않고 살고자 하는 의지, 곧 "삶에의 의지"(Wille zum Leben)에 있다. 삶에의 의지는 만족을 알지 못한다. 삶에의 의지는 무한하다. 또 삶에의 의지는 그 자신 외에 다른 목적을 갖지 않는다. 곧 맹목적이다. 죽지 않고 사는 것 자체가 최고의 목적이다. "그것은 '인식이 없고, 맹목적이며, 막을 수 없는 충동(Drang)이다.'" 무한한 삶에의 의지는 먹고자 하는 욕구로 나타난다. 먹어야만 살 수 있기 때문이다. 또 그것은 종족 번식의 본능으로 나타나기도 한다. "모든 생물의 짝짓기 본능 속에는 삶의 의지가 작용한다. 인간의 성욕도 종족을 번식하고 확장하고자 하는 삶에의 의지가 표출된 것이다"(김균진 2023, 45f.). 삶에의 의지에 있어 인간과 자연의 다른 피조물들은 친족 관계다.

테야르 드 샤르댕이 이야기한 다윈의 진화론은 인간 존재의 자연성, 자연과 인간의 유기체적 친족 관계를 주장하는 대표적 이론이다. 진화론에 따르면 인간은 자연에서 진화된 자연적 존재다. 여기서 인간은 자연으로 환원된다. 그는 오랜 자연 진화의 과정의 산물로서 자연과 통일성을 가진다. 인간은 자연의 피조물들과 공동의 조상을 가지며 그들과 상호작용 및 적응과정을 통해 발전되어 왔고 앞으로도 다른 종들과의 상생 관계를 통해 존속하게 될 것이다.

물론 진화의 과정에서 전혀 예측할 수 없는 변이가 일어나며, 인간의 뇌는 동물의 뇌에 비해 더 클 뿐만 아니라 더 복합적이며 특별한 기능들을 가진 새로운 구조를 얻는다. 그러나 인간의 뇌는 오랜 진화의 역사의 한 부분이다. "우리의 뇌 밑바닥에는 파충류와 새들에게도 있는 매우 오래된 구조들이 있다. 이들이 호흡과 심장의 순환체계, 그리고 엄격하게 유전적으로 프로그램화되어 있는 충동적 행동을 조절한다. 동물들도 가지고 있는 림프 체계는 우리의 호르몬과 정서적 삶(기쁨, 불안, 성, 굶주림 등)을 통제한다. 고등 포유류와 사람에게 있는 대뇌 피질은 인지와 인식과 의사소통의 과정을 통제한다. 그것은 더 복잡한 언어와 학습과 지능의 형식들을 가능케 해준다"(Barbour 2003, 352f.). 이러한 생물학적 발견들은 자연 피조물들에 대한 인간의 특별한 능력과 가치를 인정하는 동시에 자연의 피조물과 인간이 친족 관계에 있다는 사실을 보여준다. 인간은 자연의 진화과정 속에서 독특성과 창조성을 가진 "특별한 부분"인 동시에 "오랜 진화의 역사의 산물"이다(354).

니체는 진화론의 영향을 크게 받은 것으로 보인다. 그에 따르면 인간은 벌레에서 진화한 "짐승"이다. "너희는 벌레에서 인간이 되었다. 그러므로 너희 속에 많은 것이 곤충이다. 한때 너희는 원숭이였다. 지금도 인간은 어떤 다른 원숭이보다 원숭이에 가깝다"(Nietsche 1975, 8). 짐승들의 가장 기본적 본능은 "자기의 생명을 유지하고자 하는 본능"(Selbsterhaltungstrieb)이다. 이것은 모든 생물의 원초적 본능이다. 생명을 유지하기 위해서는 힘이 필요하다. 힘이 없으면 먹을 것을 구할 수도 없고 짝짓기할 수도 없다. 그래서 모든 짐승은 힘을 얻고자 한다. 그들은 "힘에의 의지"를 가진다. 그들은 자신의 생명을 유지하기 위해 힘을 얻고자 하는 "이기주의자들"이다(사회생물학자 도킨스의 생각과 동일함). 인간도 자연의 진화과정에서 나온 짐승이기 때문에 생물적 이기성을 벗어날 수 없다. 생명 유지와 생물적 이기성에 있어 인간은 짐승의 친척이다(김균진 2023, 863-873 참조).

모든 짐승은 몸을 가진다. 인간도 몸을 가진다. "나는 철저히 몸이다. 그 밖에 어떤 다른 것이 아니다. 영혼이란 몸에 있는 그 무엇에 대한 말이다." 인간의 정신, 이성은 몸의 도구에 불과하다. 인간의 자아는 "몸 안에서 산다. 너의 몸이 (너의) 자아다"(Nietzsche 1975, 34f.). 몸에 있어서 인간과 짐승은 친척이다. "나는 다시 땅이 되고자 한다. 나를 낳아준 땅속에서 나는 안식을 얻고자 한다"라는 니체의 말도 인간과 자연의 친족성을 나타낸다(Nietzsche 1975, 79).

4. 천문우주학의 "강한 인류 원리"(Strong Anthropic Principle)에 따르면 인간의 생명은 우주의 특정한 물리적 조건 속에서만 생성될 수 있다. 우리가 살고 있는 우주에는 여러 가지 법칙들과 상수들이 있다. 예를 들어, 두 물

체 사이의 중력은 거리의 제곱에 반비례하고 두 질량의 곱에 비례한다는 만유인력의 법칙, 중력의 상수, 전자와 양성자의 질량과 전하량, 빛의 속도 등은 특정한 값을 가지고 있다. 이러한 상수들과 특정한 값이 현재 우리가 알고 있는 것과 조금만 다르게 되면 인류가 출현할 수 없었을 것이다. 자연의 여러 법칙과 상수 중에서 일부가 다른 형태와 값을 가질 경우 지금 우리가 보는 별들이 없는 우주가 생성되었을 것이고, 이런 우주에서 인간은 출현할 수 없었을 것이다. 인류의 출현을 위해서는 은하의 행성들과 특별한 물리적 조건들이 충족되어야 한다.

예를 들어, 물질을 이루는 기본적 입자인 양성자와 전자의 질량비는 약 2,000으로 관측된다. 만약 이것이 20이나 20,000과 같은 다른 값을 가지면 생명체의 생존에 필요한 물리-화학적, 생물학적, 천문학적 요구 조건들을 벗어나게 된다. 지금 우리의 우주가 가진 양성자와 전자의 질량비의 값보다 다른 값을 가진 우주가 존재할 수 있을지 모르지만 그런 우주에서는 인간 생명체가 출현할 수 없을 것이다.

러시아 태생의 천체물리학자 린데(Linde)의 "번식 우주론"은 강한 인류 원리를 지지한다. 초기 우주가 형성될 때 "양자역학적 요동"에 의해 여러 우주가 만들어지고 그 우주는 자식 우주들을 만들며 끊임없이 번식해 나간다. 이를 통해 등장하는 수많은 우주는 서로 다른 형태의 자연법칙과 상수들을 가질 수 있고, 그중 한 우주에서 우연히 이 모든 조건이 충족되어 우리 인간이 출현할 수 있게 되었다고 린데는 말한다. 여기서 인간은 우주의 특정한 물리적 조건에서 생성된 존재로, 물리적 우주와 끊을 수 없는 친족 관계에 있다.

현대 생물학에 의하면 인간의 육체는 세포로 되어 있고 세포는 DNA로, DNA는 분자로, 분자는 그보다 더 작은 원자로 이루어져 있다. 원소들 가운데 가장 중요한 것은 탄소 원자다. 탄소 원자는 어디에서 오는가?

이 질문에 대해 빅뱅 이론은 다음과 같이 대답한다. 빅뱅 직후 엄청나게 뜨거웠던 우주에서 생성될 수 있는 원소는 가장 기본적인 원소인 수소와 헬륨이다. 수소 핵융합 반응의 결과, 별의 중심에서는 모든 수소가 헬륨으로 전환된다. 이에 따른 별의 내부구조 변화는 별의 중심 온도를 더욱 높이고 높은 온도 속에서 헬륨 원자핵 세 개가 하나의 탄소 원자핵으로 융합된다. 이리하여 탄소 원자가 생성되고 그것은 먼 훗날 인간의 몸을 이루게 된다. 이후에도 비슷한 원리에 따라 더 무거운 원소들이 순차적으로 별의 내부에서 형성된다. 이러한 원소들이 인간의 몸과 자연 만물을 형성한다면 인간과 자연 만물은 동일한 기원을 가진 친족들이다.

5. 성서의 이야기들은 주로 인간에 관한 것이다. 그래서 많은 학자는 성서를 가리켜 "인간중심의 책"이라고 말한다. 그러나 성서 역시 고대문화 속에서 생성된 책으로, 고대 시대의 유기체적 세계관에 따라 인간을 자연에 속한 자연의 일부, 자연의 친족으로 보는 인간관을 전제하고 있다는 사실을 볼 수 있다.

1) P 문서의 창조설화에서 인간은 자연 피조물들의 연결고리 안에서 자연의 피조물들과 함께 살아야 할 존재로 나타난다. 이 설화는 "인간을 모든 다른 피조물들과 같은 위치에 세운다. 인간은 "피조물들 가운데 있는 피조물이다"(Böhme 2000, 17). 자연과 인간은 한 하나님의 피조물로서 동일한 기원을 가진 형제자매다. 하나님의 창조 공동체의 지체다. 이 공동체 안에서 인간은 마지막에 창조된 창조의 막내다. 초기 교부 크리소스토모스에 따르면 우리는 여러 가지 이유에서 자연의 동물들을 매우 친절하고 온유하게 대해야 한다. 그들은 우리의 형제자매이기 때문이다. 늑대에 이르기까지 모든 피조물은 형제자매다.

2) 인간은 본래 땅에서 나오는 식물을 양식으로 삼고 생명을 유지해

야 할 존재로 창조되었다. 동물도 그렇게 창조되었다(창 1:30). 이 점에서 인간과 동물은 공통성을 가진다. 또 인간에 대해 "생육하고 번성하라"는 하나님의 말씀은 먼저 동물들에게 주어진다(1:22). 생육과 번식에 대한 하나님의 축복에 있어서 인간과 동물은 하나다. 생육과 번식을 위해 인간과 동물은 성적인 행위를 필요로 한다. 이 점에서도 인간과 동물, 곧 인간과 자연은 친족성을 가진다.

3) 히브리어 "아담"(adam)은 흙을 뜻하는 "아다마"(adamah)에서 유래한다. 그는 흙에서 오는 존재다. 하나님은 "땅의 흙으로 사람을" 지으셨다(창 2:7). "우리는 모두 흙으로 지음을 받았습니다"(욥 33:6; 참조. 욥 10:9; 전 3:20; 고전 15:47-49). 호흡이 끊어지면 사람은 흙으로 돌아가고, 그가 세운 모든 계획이 다 사라지고 만다(시 146:4). 사람은 모두 흙에서 나왔으므로 흙으로 돌아간다(전 3:20). "너는 흙이니, 흙으로 돌아갈 것이다"(창 3:19). 모든 생명이 흙에서 오고 흙으로 돌아간다는 점에서 모든 생명은 "형제자매"요 친족이다(전현식 2002b, 322). 본회퍼에 의하면 인간은 "한 줌의 흙"이다. 이 말보다 인간과 자연의 친족성을 더 강하게 나타내는 말은 없을 것이다.

4) 창세기 2:7에 의하면 인간은 "생령" 곧 "살아 있는 혼(nephesh)"이라 불린다. 그는 육 안에 혼을 가진 존재가 아니라 혼과 육이 하나로 결합된 존재, 곧 혼으로 침투되어 있는 몸이다. 창세기 1:30에서 짐승도 "생령"이라 불린다. 혼을 뜻하는 히브리어 "네페쉬"(nephesh)는 "숨"을 뜻하기도 한다. "사람의 숨은…본래 하나님의 것이다." 그것은 "하나님께서 창조하신 모든 창조세계에 어려 있는 하나님의 바람, 하나님의 숨, 하나님의 기운, 하나님의 영"이다. "그런 점에서 하나님이 창조하신 모든 생태계와 인간은 이 숨으로 깊이 연결되어 있다"(김오성 2022, 373). 숨을 통하여 인간은 자연과 결합되어 있다. 그는 공중에 있는 공기와 결합되어 있다. 공기를 통해 인간과 동물은 하나로 결합되어 있다(Pannenberg 1991, 218).

5) 구약성서는 인간을 가리켜 "육"(basar)이라고 부른다. 구약성서에서 "바사르"(basar)는 생명을 갈구하는 "육적 존재"로서의 인간 일반을 가리킨다. "사람은 살과 피를 지닌 육이다"(창 6:3). 또 "바사르"는 인간 사이의 친족 관계 내지 친족적 결합성을 가리킨다. "그 아이는 우리의 형제요 우리의 '바사르'다"(37:27). 제2이사야 40:5, 49:26, 시편 145:21에서 "모든 육"(kol-basar)은 온 인류를 가리킨다. 노아 홍수 이야기에서 "콜-바사르"(kol-basar)는 인간과 짐승을 가리킨다(창 6:7; 9:6ff.). "모든 '바사르'는 풀이요, 그의 모든 아름다움은 들의 꽃과 같을 뿐이다"(사 40:6)라는 말씀에서 "바사르"는 땅 위의 모든 피조물 간의 연대성과 친족 관계를 가리킨다. 또 육은 생명에의 욕구, 생명에의 의지를 가리킨다. 인간이나 짐승이나 자연의 모든 생물은 생명에의 욕구와 의지를 지닌다. 이런 점에서 "바사르"는 살아 움직이는 모든 생명의 종적 친족성을 가리킨다(Wolff 1974, 49ff.).

6) 생명에의 욕구와 의지에서는 물론 죽음의 운명 앞에서도 인간과 자연의 생물들은 하나로 결속되어 있는 친족이다. 죽을 수밖에 없는 유한한 존재라는 점에서 그들은 하나다. "사람에게 닥치는 운명은 짐승에게 닥치는 운명과 다르지 않다.…둘 다 같은 곳으로 간다. 모두 흙에서 나와서 흙으로 돌아간다"(전 3:19-20). "사람이 제아무리 영화를 누린다 해도 죽음을 피할 수는 없으니, 미련한 짐승과 같다"(시 49:12). 죽음이 눈앞에 보이고 삶의 모든 영광이 사라질 때, 인간은 "이리의 형제"요 "타조의 친구"라는 것을 깨닫게 된다(욥 30:29). 인간의 모든 자기 자랑과 세상적 영광이 안개처럼 사라지고 그의 몸은 땅으로 돌아가 다른 생물들에게 영양분을 제공한다.

6. 오늘의 생태학적 위기 속에서 많은 학자가 인간중심의 세계관을 배격하고 자연중심의 세계관을 주장한다. 자연주의적 세계관에 따르면 인간은

자연의 중심이 아니라 자연에 속한 자연적 존재, 자연의 친족이다. 그는 자연의 "생명의 그물망(web of life)의 일원"이다. 그는 자연과 "종(種)적 친족성"(Artverwandtschaft)을 가진다. 인간과 자연 곧 생태계가 "분리되어 존재한다"는 생각은 "착각"이다(김오성 2022, 371). 마이어-아비히에 의하면 자연의 피조물들은 "우리의 자연사적 친척들"(naturgeschichtliche Verwandte)이다. 온 인류가 우리의 "이웃 사람들"(Mit-Menschen)인 것처럼, 모든 피조물은 "우리의 자연적 이웃 세계(Mit-Welt)"다(Meyer-Abich 1989, 258).

인간을 자연에 속한 자연적 존재, 자연의 친족으로 보는 오늘날 많은 학자의 생각은 먼저 인간의 몸에 대한 생물학적 관찰에 근거한다. 생물학적으로 볼 때 인간의 몸 안에 자연이 들어와 인간의 몸을 구성한다. 화학적 기본요소들, 박테리아, 바이러스, 광물질, 미시 유기체, 유전자 코드 등이 인간의 몸을 구성한다. 먹고, 마시고, 소화하고, 숨 쉬는 자연적 과정을 통해 미생물, 동물, 식물, 광물, 화학 합성물, 심지어 방사선, 이 모든 자연의 요소들을 섭취함으로써 인간은 자기의 생명을 유지한다. 우리 "몸의 생체 내에서 각종 생화학적인 반응을 촉진하는 효소들은 물론 인슐린과 같은 호르몬 그리고 산소를 운반하는 헤모글로빈 등 단백질은 생명을 연출하는 주역들이다"(김정한 2000. 33). 이 같은 생물학적 관찰에 근거하여 다름슈타트 공대의 철학 교수 뵈메는 "우리 자신이 자연이다"라고 말한다(die Natur, die wir selbst sind, Böhme 1997, 75). 뵈메의 이 같은 표현은 오늘날 많은 생태학자에게 큰 영향을 준다.

카프라에 의하면 인간을 자연의 중심에 세우는 표층생태학에 반해 오늘의 심층생태학은 "인간을 자연으로부터 그리고 그 무엇으로부터도 분리시키지 않는다. 이 견해는 세계를 분리된 사물들의 집적으로 보지 않고, 근본적으로 상호연결되어 있고 상호의존적인 현상들의 연결망(network)으로 본다. 심층생태학은 모든 생물을 본질적인 가치로 인정하고 인간을 생명이라는 그물 속에 포함되어 있는 한 가닥의 씨줄이나 날줄에 불과한" 것으로 본다(Capra 2004, 23).

7. 폰 바이체커에 따르면 인간은 자연을 인식하는 "주체"요 "역사적 존재"인 동시에 "자연적 존재다. 자연은 인간보다 더 오래되었다. 인간은 자연으로부터 나왔으며 자연의 법칙들 아래 있다"(Weizsäcker 1992, 8). 자연에 관한 개념들이 인간을 통해 규정되어 있듯이, 인간은 자연을 통해 규정되어 있다. 본래 인간과 자연은 "하나 됨"(Einheit) 속에 있다(9). 맥페이그에 의하면 "생태여성학적 영성은…인간과 자연의 혈족 관계(kinship), 즉 우주 발생의 과정 안에서 나오는 모든 생명의 형태들이 한 형제이며 자매라는 사실을 깊이 깨닫게 해준다. 만물의 상호 연관성을 표현하는 만물의 혈족 관계의 인식은 인간의 몸뿐만 아니라 모든 존재의 몸을 구성하는 기본요소가 은하수로부터 유래한 우주진(stardust)이라는 사실을 확인한다…"(Ruether 2001, 67).

인간과 자연이 친족 내지 친척이라면, 인간과 자연의 의사소통이 가능할 것이다. 이것을 우리는 일상생활에서 볼 수 있다. 집안에서 키우는 식물에게 말을 하고 쓰다듬어 주면 식물이 이를 인지하고 잘 자란다. 식물은 지금 자기가 어떤 상태에 있는가를 잎과 줄기를 통해 보여준다. 동물원의 사육사와 동물, 집안에 키우는 개와 주인 사이의 의사소통에 관해서는 이야기할 필요가 없다. 성서도 인간과 자연의 소통 가능성을 보여준다. "하늘을 나는 새가 네 말을 옮기고, 날짐승이 네 소리를 전할 것이다"(전 10:3). "낮말은 새가 듣고, 밤말은 쥐가 듣는다"라는 한국의 속담도 인간과 자연의 소통 가능성을 시사한다.

오스트리아 동물행동학자 로렌츠(K. Z. Lorenz)는 자기 집안에서 다양한 동물과 함께 살면서 그들의 행동을 연구하였다. 그는 짐승과 새와 물고기들과 의사소통을 하였다고 한다. 그가 쓴 한 책에 의하면 로렌츠는 어느 날 기차를 타고 이웃 도시로 갔다가 돌아왔는데, 집에서 키우던 작은 새 한 마리가 집을 떠나 기차역 주위를 빙빙 돌며 그를 맞이하였다. 그것은 매우 위험한 일이었다. 작은 새는 독수리에게 잡아먹힐 수 있었기 때문이다. 이에 로렌츠는 사람이 전혀 알아들을 수 없는 기괴한 소리로 "위험하다! 속히 집으로 돌아가라"고 작은 새에게 외쳤다. 새는 즉시 집으로 돌아갔다. "그는 짐승과 새와 물고기와 이야기했다"라는 로렌츠의 책 제목은 자연과 인간 사이의 의사소통 가능성을 보여준다(이에 관해 Lorenz 1983). 미국의 외계 지적 생명체 탐사 연구소(SETI)는 2023년 12월 14일 외계인과 소통 방식 연구의 한 부분으로 혹등고래와 대화를 시도한 끝에 약 20분간 대화를 나누었다고 발표하였다.

인간과 자연 사이에 의사소통이 가능한 이유는 무엇일까? 생물학적 관점에서 말한다면, 인간과 자연은 친족이기 때문이다. 좀 더 정확히 말한다면 최소한 그의 몸에 있어 인간은 자연이기 때문이다. 신학적 견지에서 말한다면 인간과 자연은 한 분 하나님의 피조물이요 하나님의 사랑의 영이 그들을 하나로 결합하기 때문이다. 만물이 한 분 하나님의 형제자매요 친족이기 때문이다. 성서의 창조설화에서 "인간과 땅 위의 다른 동물들이 모두 같은 날에, 같은 재료로 창조되었다는 사실을 통해 창세기의 창조 이야기는 인간과 자연 사이의 밀접한 관계성" 내지 친족성을 상징적으로 나타낸다(곽혜원 2008, 134). 오늘의 생태학적 재앙 속에서 무엇보다 먼저 필요한 일은 인간과 자연의 친족 관계를 인식하는 것이다. 인간은 자연과 분리될 수 없이 하나로 결합되어 있다. 따라서 자연파괴는 필연적으로 인간 자신의 생명을 파괴하는 결과를 낳는다. 살아남고자 한다면 자연을 보존해야 한다.

2. 자연 없이 살 수 없는 자연의존적 존재

1. 인간이 자연에 의존하는 것이 아니라 자연이 인간에게 의존한다는 생각에 우리는 너무도 익숙해져 있다. 인간이 자연을 정복하고 지배할 수 있고, 자연을 자기의 목적에 따라 변형시킬 수 있기 때문이다. 말 없는 자연은 인간의 행동에 순응할 뿐이다. 현실적으로 자연의 운명이 인간에게 달려 있다. 자연은 인간에게 의존한다. 그러나 인간과 자연이 친족 관계 속에서 하나의 유기체를 이룬다면, 인간의 생명은 자연에 의존할 수밖에 없다. 그는 자연과 대칭 관계를 이루는 동시에 자연에 의존한다. 그는 자연을 파괴하고 변형하는 힘을 가진 동시에 오직 자연에 대한 의존 속에서만 생존할 수 있다. 그렇다면 자연을 보호하는 것은 자기 자신을 보호하는 일이요, 자연을 파괴하는 것은 "자신의 파괴와도 같은 것"이다(정미현 2007, 97).

자연에 대한 인간의 의존성은 다음과 같은 아주 단순한 생물학적 사실에 기초한다. 곧 인간은 공기를 몇 분만 마시지 못해도 죽는다는 사실이다. 음식물을 먹지 못하거나 충분히 물을 마시지 못해도 죽는다. 게릴라군이 도주할 때 기본적으로 챙기는 물품은 쌀과 소금이라고 한다. 소금을 충분히 섭취하지 못하면 죽는다고 한다. 이런 점에서 인간은 철저히 자연의존적 존재다. 위대하다는 인간의 문명과 문화도 자연에 의존한다. 물과 공기, 곧 자연 없는 인간의 문명과 문화는 생각할 수 없다.

그뿐 아니라 자연은 인간에게 정신적 안정감을 준다. 자연은 인간의 생명을 품어 주고 그것을 가능케 하는 어머니의 품과 같다. 빌딩으로 가득한 대도시 안에서 우리는 피곤을 느끼는 반면, 자연 속에서 평화와 안식을 느낀다. 자연 속에서 우리는 생명을 만나며 생명을 기뻐한다. 꾸밈이 없는 있는 그대로의 생명을 볼 수 있다. 암 환자들이 자연을 찾는 이유가 여기에 있다. 문필가들이 새로운 아이디어를 얻지 못할 때 자연으로 돌아가면, 거기서 새로운 아이디어를 얻는다.

성서는 다양한 형태로 자연에 대한 인간의 의존성을 시사한다. P 문서의 창조설화에 따르면 인간은 자연의 연결고리에 의존하는 존재로 창조되었다. 하나님이 먼저 지으신 빛과 어두움, 해와 달과 별, 땅과 바다, 동물과 식물 등, 자연의 연결고리가 없다면 인간은 생존할 수 없다. 최근의 신학은 하나님께서 빛과 어두움, 해와 달과 별, 하늘과 땅과 바다, 식물과 동물 등 인간의 생존에 필요한 모든 조건을 갖춘 다음에 인간을 창조하심으로써 인간이 하나님이 지으신 자연의 조건 속에서만 생존할 수 있는 자연에 의존적인 존재임을 보여준다고 해석한다(곽혜원 2008, 135).

인간의 음식물에 대한 하나님의 말씀은 자연에 대한 인간의 의존을 시각적으로 보여준다. 생명을 유지하기 위해 인간은 땅에서 나오는 식물을 그의 양식으로 삼아야 한다. 그는 땅을 그의 처소로 삼고 땅에서 나오는 식물을 먹으며 그의 생명을 유지해야 할 존재, 철저히 땅과 땅의 소산물에 의존하는 존재다. 그러나 인간이 하나님의 계명을 어기고 짐승을 죽여 고기 맛을 알게 됨으로 인해 하나님은 어쩔 수 없이 짐승의 고기를 음식물로 허락한다. 본래 인간은 식물을 먹고 충분한 영양분과 에너지를 얻을 수 있다고 한다. 콩 종류에 들어 있는 단백질의 양은 육류에 포함된 단백질의 양에 비해 별로 떨어지지 않는다고 한다. 수많은 종류의 약품들이 식물에서 생산된다. 자연은 그 자체 안에 치료의 효능을 가지고 있다. 식물에는 30,000여 가지의 영양소가 들어 있으며, 이 영양소들은 해로운 이물질로부터 우리의 육체를 보호하고 면역력을 강화하며 암을 예방한다.

앞서 언급했듯이 히브리어 "아담"(adam)은 본래 고유명사가 아니라 인간을 가리키는 보통명사다. 그것은 땅을 뜻하는 "아다마"(adamah)에서 유래한다. 이것은 모성을 상징하는 땅에 대한 인간의 의존성을 시사한다. 인간은 땅을 떠나 생존할 수 없다. 비록 그가 우주 공간에 머물지라도 땅

없이 살 수 없다. 바다에서 생활하는 선원들도 주기적으로 땅 위에 올라와서 잠깐이나마 땅 위에 머물다가 다시 바다로 나간다. 땅은 인간을 품어주는 어머니와 같다. 그러므로 아메리카 인디언들은 땅을 "어머니"라 불렀다고 한다. 자연에 대한 인간의 의존성을 성서는 다음과 같이 묘사한다. "너는 흙에서 나왔으니, 흙으로 돌아갈 것이다. 그때까지 너는 얼굴에 땀을 흘려야만 낟알을 먹을 수 있을 것이다…"(창 3:19).

2. 자연에 대한 인간의 의존성을 보여주는 깊은 근거를 우리는 하나님의 성육신에서 볼 수 있다. 아버지 하나님의 아들이 인간의 "육"(basar, sarx)을 취하였다는 요한복음 서론의 진술은 고대세계에서 혁명적인 것이었다. 영원한 신의 세계에 속한 영 혹은 영혼에 비해 육은 인간의 허무성과 무가치함을 나타내는 개념이었기 때문이다. 영혼이 하나님에게 속한 것이라면 육은 물질의 세계 곧 자연에 속한 것이다. 하나님의 아들은 이 육을 "자기의 것"으로 취한다. 육은 자연의 물질적 요소들로 구성되어 있다. 육은 자연에 의존한다. 자연의 물과 공기와 음식물이 없으면 육은 생존할 수 없다.

하나님의 아들 예수가 인간의 "육이 되었다"(sarx egeneto)는 것은 자연에 의존하는 존재가 되었다는 것을 말한다. 우리 인간과 마찬가지로 예수도 배가 고플 때는 먹어야 하고 목이 마를 때는 마셔야만 했다. 십자가에 달려 신체적 고통을 당하기도 하였다. 그는 단순히 영적, 정신적 존재가 아니라 자연에 의존하는 몸적 존재, 감성적 존재였다. 이 같은 예수의 존재는 우리 인간의 자연 의존적 존재를 보여준다. 그는 인간의 자연 의존성을 스스로 수용하고 이를 계시한다.

인간 예수는 자연에 대한 인간의 의존성을 잘 알고 있었다. 인간은 자연에서 오는 것을 먹어야만 생존할 수 있다는 사실을 알고 있었다. 그래서 그는 제자들이 안식일에 밀 이삭을 따 먹는 것을 허용한다. 또 예수는 사람은 "떡으로만" 살 것이 아니라 하나님의 말씀으로 살아야 한다고 말한다 (마 4:4). "떡으로만" 살 것이 아니라는 말은 인간은 먼저 떡을 먹어야만 살 수 있는 존재라는 것을 전제한다.

예수의 이 말씀에서 떡 곧 물질은 인간의 생명을 가능케 하는 기본요소로 인정된다. 생존하기 위해 인간은 먼저 물질적 떡을 먹어야 한다. 물질적 떡을 얻기 위해 노동도 필요하지만, 땅과 해와 물과 공기가 필요하다. 곧 자연이 있어야 한다. 인간은 자연에서 오는 떡을 먹어야만 생존할 수 있는 자연 의존적 존재다.

3. 요한복음에서 예수는, 나를 믿는 자는 목마르지 않을 것이며 "생명의 떡"을 먹고 굶주리지 않을 것이라고 말한다(요 4:14; 6:35). 일반적으로 요한복음의 "생명의 떡"은 "영적인 떡"으로 해석된다. 곧 구원받은 그리스도인들의 영적인 삶을 가리킨다는 것이다. 여기서 하나님의 아들 예수는 물질적 떡이 아니라 영적인 떡을 주시는 분으로 생각된다.

그러나 이 해석은 일면적이다. 공관복음서에서 예수는 배고픈 사람들에게 물질적 떡을 주신다. 이것을 우리는 오병이어의 기적에서 분명히 볼 수 있다. 물질적 떡을 줌으로써 그는 인간의 가장 기본적인 생물적 욕구, 곧 굶주린 배를 채워 생명을 유지하고자 하는 인간의 기본욕구를 만족시킨다. 그는 세리들과 죄인들과 함께 영적 떡을 나누어 먹는 것이 아니라 물질적 떡을 먹으며 물질적 포도주를 마신다.

"생명의 떡"을 영적인 떡으로만 해석하는 것은 구약성서의 히브리 전통에 모순된다. 생명을 갈망하는 히브리들에게 우선 필요한 것은 물질적 떡이다(그래서 유대인들은 오늘도 물질 곧 경제력을 중요시한다). 살아남기 위해 그들은 먼저 먹어야 한다. 그들에게 인간은 물질적 떡을 먹어야만 생존할 수 있는 "육"이다. 그래서 하나님은 영적인 세계를 창조한 것이 아니라 물질적 세계를 창조한다. 그는 아브라함과 모세에게 "영적인 땅"을 약속하지 않고 "젖과 꿀이 흐르는 땅", 곧 먹을 물질이 풍부한 땅을 약속한다. 그는 광야로 쫓겨나 어린 아들이 목말라 죽게 된 것을 보며 슬피 우는 하갈에게 마실 물을 마련해 주신다(창 21:19). 그는 광야의 이스라엘 백성에게 만나와 메추라기, 곧 물질적 떡을 주신다(출 16장). 지치고 굶주린 엘리야에게 "시냇물을 마시라"고 하면서, 까마귀들이 그에게 "빵과 고기"를 물어다 주게 하신다(왕상 17:4-6). 바빌로니아 제국의 포로가 되어 굶주리는 이스라엘 백성에게 하나님은 먹을 물질을 약속한다. "이제 타작마당에는 곡식이 가득 쌓이고, 포도주와 올리브 기름을 짜는 틀마다 포도주와 기름이 넘칠 것이다"(욜 2:24). 이사야서에서 하나님은 충분히 먹고 자기가 지은 집에 살며 수명을 다 채우는 "새 하늘과 새 땅"을 약속한다(사 65:17-22).

인간의 생명은 물질 없이 생존할 수 없기 때문에, 히브리 전통은 먹고 마시는 것과(전 3:13) 물질적 풍요를 하나님의 은혜와 축복으로 생각한다(욥 42:10; 시 73:12; 잠 8:21; 전 5:19). 먹고 마시고 즐기는 것보다 더 좋은 것이 세상에 없다(2:24; 8:15; 잠 27:24). 어린 양의 털로 너의 옷을 지어 입고, 숫양으로 밭을 사들여라(전 27:26). 하나님은 의로운 사람을 주리지 않게 하신다(잠 10:3). 특히 하나님의 율법은 가난한 사람들의 삶의 물질적 조건에 대해 큰 관심을 가진다(레 25장의 희년 계명 참조).

신약성서는 구약성서의 히브리 전통을 따른다. 복음서의 예수는 목마르고 굶주린 "작은 형제들"에게 먹을 것과 마실 것을 주는 것이 곧 자기에게 행하는 것이라고 말한다(마 25장). "네게 달라는 사람에게 주고, 네게 꾸려고 하는 사람을 물리치지 말아라"(마 5:42). 원수에게도 먹을 떡과 마실 물을 주라고 바울은 말한다(롬 12:20). 먹을 떡과 마실 물은 글자 그대로 생명을 살리는 생명의 떡, 생명의 물이다. 이 떡과 물, 곧 물질을 어려운 형제자매들에게 베풀지 않는 믿음은 거짓 믿음(falsa fides), "죽은 믿음"이라고 야고보서는 말한다(약 2:17). 인간은 물질 없이 살 수 없는 물질 의존적 존재, 자연 의존적 존재이기 때문이다.

"첫 사람"과 그의 후손들, 곧 모든 인간은 땅에서 났으므로 흙으로 되어 있다는 바울의 말씀도(고전 15:47) 흙, 곧 자연에 대한 인간의 귀속성과 의존성을 시사한다. 역사의 종말에 올 "새 예루살렘"은 인간이 자연 속에서 자연에 의존하며 살아가는 존재임을 보여준다. "강 양쪽에는 열두 종류의 열매를 맺는 생명나무가 있어서, 달마다 열매를 내고, 그 나뭇잎은 민족들을 치료하는 데 쓰입니다"(계 22:2). 그러나 인간은 물질의 노예가 되지 않아야 한다고 성서는 경고한다. "재물은 영원히 남아 있지 않는다"(잠 27:24). 그러므로 "재물에 소망을 두지" 말아야 한다(딤전 6:17). 인간은 배가 부르면 또 다른 욕망이 생기고 욕망의 노예가 되어 유흥가를 찾는 존재이기에 사람은 물질적 떡으로만 살 수 없다고 예수는 말한다(마 4:4).

4. 바울은 "그리스도의 몸"을 유기체로 이해한다. 그것은 서로 협동하는 지체들로 구성되어 있고 모든 지체는 하나로 결합되어 있다는 것이다(고전 12장). 바울의 이 말씀은 자연에 대한 인간의 의존성을 강력하게 시사한다. 인간은 자연 유기체의 한 부분이다. 유기체의 각 부분은 다른 부분들 없이 생존할 수 없다. 각 부분으로부터 분리될 때 그들은 생명이 없는 물질로 변해버린다. 자연에 속한 다른 유기체들이 사라지면 인간 유기체도 생존할 수 없다. 그들은 함께 결합되어 있을 때만 생존할 수 있고 각자의 기능을 행할 수 있다. 이것이 자연 유기체의 자연법칙이자 창조질서다.

그러나 자연 유기체의 법칙에서 한 가지 예외가 있다. 곧 인간이라고 하는 한 부분이 없어도 자연 유기체는 생존할 수 있다는 사실이다. 인간은 자연 유기체가 없으면 생존할 수 없는 반면, 자연 유기체는 인간이 없어도 얼마든지 생육하고 번성할 수 있다. 한마디로 인간은 자연 없이 생존할 수 없는, 철저히 자연 의존적인 존재다. "인간이 단지 영적, 정신적 존재가 아니라 영혼과 육체가 하나로 결합되어 있는 존재, 곧 영육(靈肉)이라면 인간의 생명은 자연에 의존할 수밖에 없다. 인간은 철저히 자연 의존적인 존재요 오직 자연과 더불어, 자연 안에서 생존할 수 있는 존재다"(곽혜원 2008, 133). 그가 아무리 우수한 존재라 할지라도 자연에 대한 의존 속에서만 생존할 수 있다. 자연이 이미 그의 몸을 구성하기 때문이다. 우선 물과 공기가 없으면 그는 생존할 수 없다.

따라서 만물이 인간을 위해 존재하며 인간이 만물의 중심이라는 인간중심주의는 생물학적으로 지지받지 못한다. 인간은 자연 없이 생존할 수 없기 때문이다. 또 인간중심주의는 성서를 통해서도 증명되지 않는다. 하나님이 만물을 인간의 "발아래" 두셨고 인간이 만물을 다스리게 하셨다는 말씀은 있지만(시 8:6), 인간이 만물의 중심이란 말씀은 성서 어디에도 나타나지 않는다. 만물의 중심은 그것을 지으신 하나님이다. 인간을 만물의 중심, 창조의 완성이라 보는 것은 인간의 착각이요 교만이다. 비록 자연의 운명이 인간에게 달려 있다 할지라도 인간은 자연 유기체에 속한 자연 유기체의 한 부분이요, 오직 이 유기체 안에서만 생존할 수 있는 자연 의존적 존재다.

물론 우리 인간은 그가 창조한 위대한 문명과 문화를 통해 자연 유기체의 다른 피조물로부터 구별됨은 사실이다. 그러나 우리 인간이 아무리 위대한 문명과 문화를 창조한다 해도 인간은 자연 유기체에 속한 존재요, 이 유기체에 의존하는 존재임은 변할 수 없는 사실이다. 오늘의 생태학적 재앙을 극복하고자 한다면 우리는 자연 유기체에 대한 인간 중심적 교만을 버려야 한다. 자연 유기체 없이 살 수 없는 그의 의존성을 인식하고 자연 유기체의 삶에 통합되어야 한다. "자연은 인간 없이 살 수 있지만, 우리는 자연 없이, 또 우리가 그 속에서 성장하였고 그 속에 자리 잡혀 있는 땅의 생명계 없이 살 수 없다"(김균진 2014b, 292).

오늘날 우리가 경험하는 자연재앙의 원인은 인간이 자연과의 친족성, 자연에 대한 의존성을 망각하고 마치 자연 없이 살 수 있는 것처럼 행동하는 인간의 교만에 있다. 오늘의 재앙을 극복하고자 한다면, 인간은 그 자신이 "자연적인 존재라는 새로운 자기인식" 속에서 자기를 "자연의 순환과정에 통합시켜야 할 것이다. 인간은 자신을 자연으로부터 분리시키거나 자연의 질서에 역행하지 않고 오히려 자연의 순환과정 속에 자신을 통합시키며 자연과의 조화 속에서 살아가야 할 것이다"(곽혜원 2008, 136).

인간과 자연은 친족이요, 인간은 자연 안에서 자연에 의존하며 살아야 할 존재라는 생각은 고대 시대의 공통된 문화에 속한다. 동양인들도 이렇게 생각하였다. 1854년 미국 피어슨 대통령이 인디언 부족들에게 그들의 땅을 팔라고 명령했을 때 인디언 추장 시애틀(Seattle)이 피어슨에게 보낸 회신에서도 우리는 이 생각을 볼 수 있다.

우리가 땅을 팔지 않으면 백인들이 총을 들고 와 빼앗을 것입니다. 하지만 우리가 어떻게 하늘을 사고팔 수 있단 말입니까? 어떻게 대지의 온기를 사고판다는 말입니까? 신선한 공기와 재잘거리는 시냇물을 어떻게 소유할 수 있단 말입니까? 소유하지 않은 것을 어떻게 저들에게 팔 수 있단 말입니까? 우리는 대지의 일부분이고 대지 또한 우리의 일부분입니다. 들꽃은 우리의 누이이고, 사슴, 말과 얼룩독수리는 우리의 형제입니다. 바위투성이의 산꼭대기, 강의 물결과 초원의 꽃들의 수액, 조랑말과 인간의 체온, 이 모든 것은 하나이며 모두 한 가족입니다.…나의 할아버지에게 첫 숨을 베풀어 준 바람은 그의 마지막 숨도 받아줄 것입니다. 바람은 아이들에게 생명의 기운을 불어넣어 줍니다. 생명의 거미집을 짜는 것은 사람이 아닙니다. 우리는 그 안에 한 가닥 거미줄에 불과합니다. 생명의 거미집에 거하는 행동은 반드시 그 자신에게 되돌아옵니다.…언젠가 당신들 또한 우리가 한 형제임을 깨닫게 될 것입니다(조선일보 기획특집, "인디언에게 배운다", 2013. 4. 18. 40판 A21).

5. "자연과 인간은 친족이다" 혹은 "인간은 자연 의존적 존재다"라는 말은 중요한 윤리적 함의를 가진다. 무엇보다 먼저 그것은 자연에 대한 인간의 겸손을 요구한다. 인간은 마치 자기가 자연의 중심이요 자연의 주인인 것처럼 행세하지만, 우주의 대자연 앞에서 인간은 먼지 한 알보다 더 작은 존재다. 그가 자연과학을 통해 자연의 비밀을 파헤친다고 하지만, 그가 자연에 대해 아는 것은 4퍼센트를 넘지 못한다. 인간이 있기 전에 자연이 먼저 있었다. 인간이 창조되기 전에 자연이 먼저 창조되었다. 신학자들은 하나님의 형상으로서의 인간을 가리켜 "자연의 청지기", "하나님의 대리자"라고 해석하지만, 자연은 인간에게 청지기 직, 대리자 직을 맡아달라고 청탁을 한 적이 없다. 많은 학자가 자연에 대한 인간의 책임성을 얘기하지만, 자연은 자기를 책임져달라고 인간에게 부탁한 적이 없다. 자연의 청지기, 자연에 대한 책임적 존재, 자연을 위한 하나님의 대리자, 이 모든 명칭은 인간이 자기 자신에게 부여한 것에 불과하다. 이 명칭들 속에는 여전히 자연에 대한 인간의 교만이 숨어 있다. 그것은 인간중심주의의 연장 혹은 "확장하는 인본주의"다(expandierender Humanismus, Ingensiep 2006, 51). 본래 자연은 인간 청지기, 인간 책임자, 하나님의 대리자를 필요로 하지 않는다. 인간 청지기, 책임자가 없어도 자연은 백억 년 이상 스스로 생존하였고 발전하였다. 지금도 자연은 인간 청지기, 인간 책임자, 하나님의 대리자가 없어지는 것을 더 기뻐할 것이다. 자연에 가장 위험한 존재는 인간이기 때문이다.

한 시인은 자연에 대한 인간의 겸손을 다음과 같이 말한다. "생각해보세요. 지구가 건강하기 위해서는 인간이 필요하지 않을 수도 있음을. 인간이 환경 파괴의 주범이고 보면 지구 위의 다른 모두를 위해서는 인간이 필요치 않을 수도 있습니다.… '나'가 있다는 오만함에서 벗어나, 우리는 전체 안에서 하나님을 보아야 합니다. 나와 남이 없이 모든 것과도 하나님을 보아야 합니다.…전 우주가 하나님을 보아야 합니다. 나무만 보고 숲을 보지 못하는 우를 범해서는 아니 됩니다"(서해명 2000, 133).

미국의 린 화이트를 위시한 많은 신학자는 성서를 가리켜 자연에 대한 인간의 교만을 가르치는 인간중심의 책이라고 한다. 그러나 성서 전체를 고려할 때 이 말은 타당하지 않다. 욥기 38-40장의 생태학적 본문은 인간 없는 자연에 대해 말하면서, 자연 자신의 주체성과 자연에 대한 인간의 겸손을 가르친다. "누가 이 땅을 설계했는지, 너는 아느냐?…누가 땅의 주춧돌을 놓았느냐?"(욥 38:4-6) "네가…동이 트게 해 본 일이 있느냐? 새벽에게 명령하여, 새벽이 제자리를 지키게 한 일이 있느냐?"(38:12) "바닷속 깊은 곳에 있는 물 근원에까지 들어가 보았느냐? 그 밑바닥 깊은 곳을 거닐어 본 일이 있느냐?…세상이 얼마나 큰지 짐작할 수 있겠느냐?…빛이 어디에서 오는지 아느냐? 어둠의 근원이 어디에 있는지 아느냐?"(38:16-19)

이에 욥은 대답한다. "저는 비천한 사람입니다. 내가 무엇이라고 감히 주님께 대답할 수 있겠습니까? 다만 손으로 입을 막을 뿐입니다"(40:4). 하나님이 지으신 창조세계의 위대함과 신비로움, 인간이 측량할 수 없는 자연의 힘 앞에서 욥은 자기를 겸손히 낮춘다. 그는 흙 곧 자연으로 돌아갈 수밖에 없는 자기의 존재를 인정한다.

6. 자연과 인간이 친족이요 인간은 자연 없이 생존할 수 없는 존재라면, 인간에 의한 자연의 대상화는 원칙상 허용될 수 없다. 곧 자연을 자기 자신으로부터 분리된, 자기에게 유익을 주어야 할 물건으로 생각하는 것을 거부한다. 자연에 대한 인간의 친족성과 의존성은 인간에게 의존하지 않는 자

연 자신의 주체성과 존재가치를 인정할 것을 요구한다. 인간은 자연을 자기의 친족처럼, 아니 자기의 몸처럼 여겨야 한다. 자연은 인간 자신의 생명을 구성하며 그것을 유지해주는 생명의 기초이기 때문이다. "네 이웃이 너에게 해주기를 바라는 대로 네 이웃에게 해주어라"는 예수의 계명은 자연에도 해당한다. 꿈같은 이야기로 들릴 수 있지만, 오늘의 자연재앙을 극복하고자 한다면 인간은 자연에 대한 "주객도식"을 버려야 한다. 주객도식에 의한 자연의 대상화는 인간 자신의 자연에 반하는 반자연적인 것이다.

자연에 대한 인간의 친족성과 의존성은 자연과 인간의 소통과 양자 사이의 친구 관계를 요구한다. 우리 몸의 모든 지체가 교감을 가지듯이 인간은 자연과 교감할 수 있어야 한다. 자연이 느끼는 것을 함께 느낄 수 있어야 하며, 그들이 무엇을 필요로 하는지 볼 수 있어야 한다. 그 대표적 인물상을 우리는 앞서 기술한 동물행동학자 콘라드 로렌츠에게서 볼 수 있다. 동물원의 사육사들에게서도 우리는 이것을 볼 수 있다. 사나운 짐승들이 어린아이처럼 사육사에게 응석 부리는 모습도 볼 수 있다. 프랑크푸르트학파의 대표자 하버마스는 인간중심주의 관점에서 "자연에 대한 대상화하는 접근"(objektivierender Zugang zur Natur)만을 인정하였다. 이로 인해 그는 인간중심주의를 대변한다는 비판을 받게 된다. 후에 그는 인간과 자연 짐승들 사이에 "일종의 상호주체적 관계"(intersubjektive Beziehung), 대화적 관계를 주장한다. "우리는 그들과 함께 소통할 수 있다"(Habermas 2001, 84; Mutschler 2006, 84).

자연과 인간의 친구 관계, 상호소통의 관계를 우리는 마르크스가 말한 "인간의 자연주의"(Naturalismus des Menschen), "자연의 휴머니즘"(Humanismus der Natur)이라고 말할 수 있다. "인간의 자연주의"는 인간이 자신을 자연에 의존하는 자연적 존재로, 자연의 일부로 인식하는 것을 말한다면, "자연의 휴머니즘"은 자연도 인간처럼 자신의 가치와 주체성과 역사성을 가진 생명으로 존중되는 것을 말한다. 이를 가리켜 우리는 "인간의 자연화", "자연의 인간화"라고 말할 수 있다. 메시아 통치에 대한 이사야 11장의 약속은 인간이 자연화되고 자연이 인간화되어 상생하는 하나님의 생명 공동체, 상생의 공동체를 보여준다.

3. 인간은 짐승에 불과한가?
- 자연주의적 인간관의 위험성

1. 지금까지 우리는 자연에 대한 인간의 친족성과 의존성을 고찰하였다. "우리 자신이 자연이다"라는 뵈메 교수의 생각을 수용하였다. 그러나 우리는 인간에 관한 이 모든 생각을 엄밀한 의미의 자연주의로부터 구별해야 할 것이다. 엄밀한 의미의 자연주의는 자연과 인간의 구별성을 인정하지 않고 양자를 구별 없이 동일한 존재로 간주한다. 한마디로 "인간은 자연이다"라고 요약될 수 있다. "자연으로 돌아가라"라는 루소의 말은 인간에 대한 엄밀한 의미의 자연주의를 반영한다. 우리는 이 생각에 동의할 수 없다. 곧 자연과 인간의 구별 없는 "추상적 동일성"(abstrakte Identität, Hegel)에 동의할 수 없다. 인간은 자연에 속한 자연의 일부지만, 자연과 비교될 수 없는 차이를 갖기 때문이다. 이 차이를 우리는 간과해서는 안 될 것이다. 이 책이 말하는 자연에 대한 인간의 귀속성, 자연과 인간의 동일성은 "구별 속에서의 동일성", 곧 헤겔이 말하는 "구체적 동일성"(konkrete Identität)을 뜻할 뿐이다.

자연과 인간의 추상적 동일성을 우리는 근대 자연주의의 대변자 셸링의 "동일성의 철학"에서 대표적으로 볼 수 있다. 셸링이 말하는 "동일성"은 자연과 정신, 자연과 인간 혹은 자아의 추상적 동일성, 곧 양자의 구별이 없는 동일성을 말한다. 자연을 신적 정신(Geist)의 대상화를 통해 생성된 신적 정신의 산물로 보는 헤겔에 반해, 셸링은 정신을 자연의 산물(Produkt)로 본다. 그에 따르면 "자연은 가시적 정신"이고 "정신은 비가시적 자연"이다. 이리하여 1797년 22세의 청년 셸링은 그의 저서 『자연철학에 대한 관념』에서 이렇게 질문한다. "우리의 정신과 자연을 결합하는 비밀스러운 끈, 자연이 우리의 정신에게 말하거나 그것을 통해 우리의 정신이 자연에게 말하는 저 은폐된 기관(Organ)은 무엇인가?"(Schmied-Kowarzyk 2006, 233) 자연과 인간은 뿌리에 있어 동일하다. 인간은 자연의 산물이다. 그렇다면 인간은 자연성에 모순되는 모든 것을 버리고 자연으로 돌아가야 한다.

여기서 질문이 제기된다. 인간이 돌아가야 할 자연 혹은 자연상태(Naturzustand)란 무엇인가? 이른바 "타불라 라사"(*tabula rasa*, 백지상태의 서판)란 무엇인가? 이 질문에 대한 학자들의 답변은 매우 다양하다. 어떤 사람은 문명 세계를 등지고 깊은 산속이나 무인도에 들어가 사는 것, 원시 상태로 사는 것을 자연으로 이해한다. 이 같은 사람들을 우리는 가끔 발견할 수 있다. 그러나 오늘날 문명 세계로부터 완전히 단절된 상태에서 살아가는 사람은 보이지 않는다. 이른바 문명 세계를 등지고 산다는 사람들, 원시림 속의 원주민들도 문명의 이기(利器)를 사용한다. 일반적으로 학자들이 말하는 자연 혹은 자연상태를 우리는 다음과 같이 정의할 수 있다.

첫째, 자연 혹은 자연상태란 인간의 행동과 삶에 대해 아무런 제약이 없는 상태, 각자가 자기의 본능에 따라 행동하고 살아가는 세계를 말한다. 곧 자연의 짐승들처럼 반성이나 성찰 없이 본능에 따라 행동하는 세계를 말한다. 여기서 인간의 본능이 자연으로 이해된다.

둘째, 자연 혹은 자연상태란 인간이 만든 특정한 관념, 관습과 제도, 도덕과 법체계, 문화와 종교, 국가와 세금 제도, 군대조직 등이 존재하지 않는 상태를 말한다. 이른바 "타불라 라사"란 이 같은 세계를 말한다. 이 모든 것은 인간이 인위적으로 만든 것으로, 인간의 자유를 제약하고 그의 자연성을 훼손하는 장애물로 생각된다. 짐승들의 세계에는 이런 것이 존재하지 않는다.

셋째, 자연 혹은 자연상태란 자연의 짐승들처럼 자기의 생명을 유지하기 위해 자유롭게 경쟁하고 투쟁하는 세계로 생각되기도 한다. "만인에 대한 만인의 투쟁", 강한 자는 살아남고 약한 자는 도태되는 적자생존, 각자도생이 인간의 자연 혹은 자연상태로 생각된다(Hobbes).

2. 엄밀한 의미의 자연주의의 대표적 형태를 우리는 니체의 허무주의 사상에서 볼 수 있다. 앞서 언급한 바와 같이 니체는 인간을 가리켜 "짐승"이라고 말한다. 인간은 벌레와 원숭이에서 진화하였기 때문에 원숭이나 벌레의 자연적 본능이 인간에게도 있다. 원숭이나 벌레, 곧 짐승의 가장 기본적 본능은 자기의 생명을 유지하고자 본능이다. 생명을 유지하는 것, 곧 죽지 않고 "사는 것"이 모든 생물의 최고 가치요 목적이다. 자연의 생물들은 그 이상의 가치와 목적을 갖지 않는다. 자기의 생명을 유지하기 위해서는 힘을 얻어야 한다. 따라서 힘을 얻고자 하는 의지 곧 "힘에의 의지"가 모든 짐승의 삶의 원리다. 자연 짐승들의 세계에는 생명에의 의지와 힘에의 의지가 있을 뿐이다. 그들에게는 도덕이나 선과 악의 "가치 판단"이 없다. 이것이 "자연"이다.

인간은 짐승에서 진화했기 때문에 인간에게도 본래 도덕이란 없었다. 인간을 포함한 짐승들의 세계는 "좋은 것과 나쁜 것의 저 너머에" 있다 (Jenseits von Gut und Böse, 니체의 책 제목). 도덕이란 고대 그리스의 소크라테스, 유대교와 기독교가 이끌어 들인 반자연적인 것이다. "좋은 것과 나쁜 것", "참된 것과 거짓된 것"의 가치 판단, 곧 도덕은 인간의 "삶에의 의지"와 "힘에의 의지", 삶의 "생동성"을 약화시키고 억제하는 삶의 "퇴행"(décadence)이다. 그것은 힘에의 의지에 따라 살고자 하는 인간을 "잘 길들여진"(순화된) 짐승으로 만드는 "노예도덕"이다.

따라서 인간은 자연의 짐승들처럼 도덕 없이 단지 자기의 생명을 유지하고자 하는 본능에 따라 살아야 한다. 이른바 "진리"란 것도 존재하지 않는다. 진리도 인간이 만들어낸 것에 불과하다. 인간이 지향해야 할 의미와 가치와 목적도 본래 없는 것이었는데, 인간이 만들어낸 것이다. 짐승들은 의미와 가치와 목적을 알지 못한다. 진리가 무엇인지 질문하지 않는다. 그저 자기의 생명을 유지하고자 하는 본능과 충동에 따라 살 뿐이다. 힘이 약한 자는 죽고 강한 자가 살아남는 이것이 자연이다.

그러므로 힘이 약한 자에게 자비를 베풀 필요가 없다. 기독교가 가르치는 약한 자에 대한 자비와 동정이란 반자연적인 것이라고 니체는 규정한다. 그것은 살고자 하는 의지, 곧 생명력을 약화시킨다. 만민평등이란 있을 수 없다. 강한 자와 약한 자의 차이가 있을 수밖에 없는 것이 자연이다. 그러므로 니체는 민주주의와 사회주의를 반대한다. 그것은 반자연적인 것이다. 힘이 강한 자가 약한 자를 지배하는 것이 자연이기 때문이다. 인간은 철저히 이기적 짐승이다. 따라서 이기적 짐승으로 사는 것이 자연이다(김균진 2023, 780). 현대 일부 생물학자들은 니체의 생각을 따른다. 인간은 "이기적 유전자"를 가진 이기적 존재다(도킨스). 이기적으로 사는 것이 "자연에 따라", "자연과 일치하여" 사는 것이다.

3. 니체의 자연주의의 뿌리를 우리는 다윈의 진화론에서 볼 수 있다. 다윈은 그의 주요 저서 『종의 기원』에서 인간을 동물의 계보에 귀속시키지 않았다. 그러나 그의 추종자였던 헉슬리(Th. H. Huxley)가 인간은 원숭이류에서 유래한다는 이론을 발표하자 다윈도 원숭이와 인간의 신체적, 심리적

유사성을 기술하고 이른바 인간의 "원숭이 조상설"에 대한 기초를 세운다.

여하튼 진화론에 따르면 인간은 자연으로 환원된다. 그는 자연의 생물 중에 가장 완전한 생물이지만, 자연의 진화과정에서 나온 진화의 마지막 산물이다. 인간의 생물학적 뿌리는 자연에 있다. 그는 자연에서 나온 포유류에 속한다. 그는 자연의 친족이다. 헉슬리에 따르면 크게 진화한 원숭이와 사람의 차이는 크게 발전한 원숭이와 그렇지 못한 원숭이의 차이보다 더 적다. 오늘의 생물학적 지식에 의하면 인간과 침팬지의 유전자 차이는 1.4%에 불과하다.

이 같은 진화론적 전제에 근거하여 헉슬리는 스펜서(H. Spencer)와 함께 다윈의 생물학적 진화론을 사회 다윈주의로 발전시킨다. 다윈이 생물학적 차원에서 말한 "생존경쟁"과 "생존투쟁"을 그는 인간 사회에 적용하여 생존경쟁, 생존투쟁을 인간 사회의 삶의 원리로 해석한다. 헉슬리에 따르면 생존경쟁과 생존투쟁에서 이기는 자는 살아남고 패배하는 자는 사라질 수밖에 없는 것이 인간 사회의 법칙이다. 여기서 인간은 살아남기 위해 서로 경쟁하고 투쟁하는 짐승으로 생각된다. 경쟁과 투쟁에 약한 자들이 도태되는 것은 자연스러운 일, 곧 자연이다. 강한 자들이 약한 자들을 정복하고 지배하는 것도 자연적인 것이다. 경쟁과 투쟁에서 승리한 자들이 인류의 진보를 위해 기여한다. 이로써 빈부격차, 사회 양극화, 제국주의, 식민주의가 "자연적인 것"으로 정당화된다.

사회 다윈주의는 우생학(Eugenik)으로 발전한다. 우생학이란 그리스어 "에우"(eu; 좋은, 우수한)와 "게난"(gennan; 생산하다)의 합성어다. "한마디로 열등한 인간의 종들을 제거하고 우수한 종들을 배양함으로써 인간의 종을 개량해야 한다는 이론을 말한다." 이 이론의 대표자는 다윈의 사촌 갈톤(F. Galton)이다. 그에 따르면 인간을 우수한 종으로 개량하기 위해 열등한 종족들을 제거하고 우수한 인간종을 배양해야 한다. 이를 통해 사회의 진보를 이루어야 한다. 가장 우수한 종의 인간은 푸른 눈과 갈색 머리카락을 가진 북유럽의 아리아족이다. 다른 인종들은 제거 대상이 된다. 이리하여 정신박약자들, 유전성 질환자들, 신체 장애자들을 제거하고 아리아족의 순수성(Reinheit)을 회복하고자 하는 히틀러의 인종주의가 등장하게된다. 그것은 유대인들의 홀로코스트로 이어진다. 약 600만 명의 유대인들이 독가스실에서 죽임을 당한다. 만주에서 일본군에 의한 한국인들, 중국인들을 대상으로 생체실험이 일어난다. "일부 한국인들도 일본 군의관들의 생체실험 대상(마루타: 일본 말로 '통나무'를 뜻하며, 제2차 세계대전 당시에 일본의 세균부대 중 하나였던 '731부대'에서 희생된 인체실험 대상자를 일컫는 말)이 되었다"(김균진 2014b, 236).

4. 현대의 신기계론적 인간관은 새로운 형태의 자연주의적 위험성을 보여준다. 신기계론적 인간관에서 인간은 자연의 물리적 조건, 절대적 자연법칙에 의해 결정되고 행동하는 하나의 기계와 같은 존재로 간주된다. 그는 스스로 인식하고 결단하고 행동하는 존재가 아니라, 유전자를 통해 이미 결정된 자연적 성향들, 흥미, 관심, 욕구 등에 의해 조정되는 존재로 생각된다. 그는 "자연적으로 진화된 유전자의 명령에 따라 행동하는 하나의 기계와 같은 존재 내지 물질기계"다(김균진 2014b, 245). 도킨스에 따르면, "인간이란 자신의 유전자를 다음 세대로 전달하는 역할을 담당하는 일종의 '생존 기계'에 불과하다"(신준호, 김균진 2004, 81f.). "유전자가 생명 현상의 주체이며, 개체로서의 인간을 포함한 모든 다른 동식물이란 유전자를 다음 세대로 전달하기 위한 '생존기계'에 불과하다"(김균진 2014b, 245). 모노에 따르면, "그 어떤 것이라도 간단하고 분명한 기계적 상호작용으로 환원될 수 있다. 세포는 하나의 기계다. 동물도 하나의 기계다. 인간 역시 하나의 기계다"(Barbour 2002, 131). 인간의 정신적, 심리적 작용은 뇌신경의

기계적 활동으로 환원된다. 인간은 뇌신경의 기계적 활동에 따라 움직이는 일종의 기계와 같다. 기계의 활동은 수학적으로 파악될 수 있다. 인간의 모든 지적, 정서적 활동도 수학적으로 파악되고 수학 공식으로 표현될 수 있다.

인간의 생명에 대한 기계론적 이해는 인간을 인간 자신의 의도에 따라 움직이는 기계로 조작하거나 복제할 수 있다는 생각으로 발전한다. 인간은 미세한 반도체를 몸속에 집어넣어 기계처럼 움직이거나 총알을 맞아도 죽지 않는 로봇처럼 개량될 수도 있다. 죽지 않는 인간 기계를 대량으로 복제하여 전쟁에 투입할 수도 있다. AI가 인간을 죽이는 일이 일어날 수도 있다. 생산시설에 투입된 로봇이 노동자를 상자로 인식하여 눌러 죽이는 일이 이미 일어나고 있다.

여기서 우리는 자연주의적 인간관의 심각한 위험성을 볼 수 있다. 인간의 몸 안에 자연이 들어와 있고 그의 생명을 구성하기 때문에, 인간은 자연에 속한 자연의 일부이며 자연의 친족이란 말은 타당하다. 인간은 자연이다! 그러나 인간과 자연의 구별성을 간과하고 인간을 자연으로 환원시킬 때 인간은 자연 속에 있는 한 마리 짐승으로 간주될 수 있다. 뇌세포의 물리-화학적 법칙에 따라 행동하는 일종의 기계로 간주될 수도 있다. 이로 인해 다음과 같은 일이 일어날 수 있다.

1) 인간 자신의 이기적 본능에 따른 비도덕적 행동을 "자연" 혹은 뇌세포의 "기계적 필연"이라 정당화하고,

2) 자연의 짐승이나 기계는 자유와 도덕성과 책임성을 모르기 때문에 인간의 자유와 도덕성과 책임성을 약화시키며,

3) 인간의 존엄성을 부인하고 인간을 한 마리 짐승이나 상품처럼, 하나의 기계처럼 취급할 수 있다. 오늘날 범세계적으로 일어나는 인신매매, 산업계와 윤락가에서 일어나는 인간상품화, 가상공간에서 일어나는 인간

기계화는 이를 대변한다. 가상공간에서 일어나는 일이 현실적으로 재연되고 있다.

5. 인간의 특정한 관심에 따라 인간의 생명을 실험대상이나 조작대상으로 취급할 수 있다. 인체실험과 유전자 조작은 이를 대변한다. 이에 반해 요나스는 다음과 같이 말한다. "인류의 생존이 우리에게 일종의 정언명령을 의미한다면, 인류의 생존을 걸고 이루어지는 모든 자기 파괴적 장난은 절대 허용되어서는 안 되며, 그러한 의도가 담긴 기술적 모험 역시… 아예 처음부터 배제되어야 한다"(Jonas 2005, 47).

자연주의적 인간관의 근본 문제점은 인간과 자연 생물들의 차이를 무시하고 인간을 자연 생물들과 동일시하는 데 있다. 생물학적 측면에서 생명이란 "살아 있음"을 말한다. "살아 있음"이란 인간을 포함한 모든 생물의 공통된 요소다. 그러나 인간의 "살아 있음" 곧 생명은 자연 생물들의 생명과 차이를 가진다. 인간의 생명은 생물학적 의미의 단순한 "살아 있음", "목숨이 붙어 있음" 이상의 것이다. 인간의 생명은 생각하고 미래를 새롭게 계획하고 이 계획에 따라 새로운 삶의 세계를 이루며 진리와 절대자를 찾는 영적, 정신적 차원을 가진다. 그는 눈에 보이는 것에 만족하지 않고 의미와 가치를 찾는다. 자연의 짐승들처럼 주어진 대로 그저 생존하지 않고 왜, 무엇 때문에 사는지, 어떻게 사는 것이 인간답게 사는 것인지 질문한다. 그는 눈에 보이지 않는 "영원"을 질문한다. 자연의 생물 중에 왜, 무엇 때문에 사는지를 질문하는 생물은 없을 것이다.

인간의 도덕성은 자연의 짐승들과 비교될 수 없는 깊은 영적, 정신적 차원을 가진다. 깊은 수치심과 양심의 가책을 느끼는 것도 인간뿐이다. 이른바 "인간의 사촌"인 원숭이는 바나나를 훔쳐먹어도 조금도 부끄러워하지 않는다. 오히려 아주 떳떳하다. 원숭이는 그것을 "자연"이라 생각하는 모양이다. 오늘날 원숭이처럼 행동하는 사람들이 적지 않다. 국민 세금을 도둑질하고 돈 봉투를 받았으면서도 아주 떳떳하다. 우리는 이것을 "아주 웃기는 일"로 생각하지만, 원숭이는 그렇게 생각하지 않는다.

자연주의적 인간관은 인간의 몸적, 육체적 차원을 중요시한다. 몸 혹은 육체의 자연적 욕구를 자유롭게 충족시키는 것을 중요시한다. 또 인간의 영혼이나 이성 대신에 감성을 중요시한다. 자연주의적 인간관의 이 같은 입장은 일면 타당하다. 인간은 영혼이나 이성만 가진 것이 아니라 감성도 가진다. 인간의 감성이 이성의 사유와 판단에 깊은 영향을 주기도 한다. 또 인간의 자연적 욕구들은 충족되어야 한다. 이 욕구들이 충족될 때 인간은 생존할 수 있다.

그러나 자연주의적 인간관은 다음의 사실을 간과하는 경향을 보인다. 곧 인간은 몸과 마음, 육체와 영혼, 이성과 감성이 하나로 결합되어 있는 전인적 존재라는 사실이다. 이를 가리켜 우리는 심신상관설이라고 말한다. 곧 인간은 마음과 몸, 영혼과 육체가 서로 연결되어 있는 전체적 존재라는 것이다. 따라서 인간의 지적, 정서적 활동은 뇌세포의 단순한 물리-화학적 활동에 불과한 것이 아니라, 인간의 감성과 마음과 영혼은 물론 인간이 미리 가지고 있는 관념과 관습과 사회적 통념에 의존하기도 한다. 마음이나 영혼이 평화를 느끼면 몸도 평화를 느끼고, 거꾸로 몸이 평화를 느끼면 마음이나 영혼도 평화를 느낀다. 마음이나 영혼이 고통을 당하면 몸도 고통을 당한다. 예를 들어, 우리의 마음이 분노를 느끼면 스트레스 호르몬 코르티솔과 아드레날린이 더 많이 분비되어 혈압을 높이고, 심박수를 빠르게 하며 혈관을 수축시킨다. 이것은 심장 건강에 악영향을 미친다. 과도한 분노로 인해 급사하는 사람도 있다.

여기서 우리는 인간의 몸이나 육체는 물론 인간의 마음이나 영혼도 인간의 존재와 삶에 결정적 영향력을 가진다는 사실을 볼 수 있다. 인간은 몸적, 육체적 욕구는 물론 영적, 정신적 욕구가 충족될 때 건강을 유지하고 존재의 충만함을 얻을 수 있는 존재다. 두 가지 욕구 중에 어느 하나가 결핍을 느낄 때 인간의 생명은 위협을 당하게 된다. 물론 위(胃)의 굶주림을 면하고자 하는 욕구가 가장 기본적 욕구이지만, 이 욕구 충족만으로 인간은 만족하지 못한다는 데 인간 생명의 신비로움이 있다.

동물학자들이 말하듯이 자연의 동물과 인간 사이에는 많은 유사점이 있다. 그러나 한 가지 부인할 수 없는 사실은 자연의 짐승들은 등을 구부리고 살아간다는 사실이다. 그들은 주어진 삶의 현실을 넘어서지 못하고 그것에 순응하며 생존한다. 그들에게는 꿈이 없는 것으로 보인다. 이에 반해 인간은 꿈꿀 수 있는 존재다. 그는 주어진 현실에 머물지 않고 좀 더 인간적인 세계, 정의로운 세계, 만물이 상생하는 세계를 꿈꿀 수 있는 존재다. 그는 주어진 현실 속에서 "부정적인 것"을 발견하고 부정적인 것이 없는 현실을 향해 넘어갈 수 있는 존재다. 꿈이 없는 인간은 짐승과 차이가 없을 것이다. 먹고 배설하고 번식활동을 하고 자기의 종을 유지하는 짐승에 불과할 것이다.

엄밀한 의미의 자연주의적 인간관은 인간과 자연의 짐승들을 "동류의 것"으로 보고 인간이 자연의 짐승처럼 사는 것을 "자연" 혹은 "자유"라고 말한다. 그러나 이 자유는 인간을 정말 자유롭게 하는 것이 아니라 인간을 이기적 욕망의 노예로 만든다. 세간의 표현을 따른다면 그는 "인간이 아닌" 인간, "짐승보다 못한 인간"으로 변모할 수 있다. 그뿐 아니라 짐승보다 못한 인간"으로 사는 것을 "자연"이라고 정의함으로써 그것을 정당화한다. 여기서 우리는 "자연으로 돌아가라!"는 루소의 말이 어떤 위험성을 내포하는지 볼 수 있다. 이에 우리는 자연으로부터 구별되는 인간의 "특별한 존재"에 대해 말하지 않을 수 없다.

4. 자연의 아주 특별한 존재인 인간

1. 생물학적으로 볼 때 인간은 자연에서 나온 자연적 존재, 자연의 친족임은 부인할 수 없다. 인간은 자연이다! 그러나 인간은 자연 생태계의 정점에 서 있는 존재라는 것도 사실이다. 어떤 점에서 인간은 자연의 특별한 존재인가? 신학적 관점에서 우리는 인간의 특별한 존재를 하나님과의 관계에서 볼 수 있다. 하나님의 영은 자연 안에도 있지만, 하나님과 인격적 관계를 맺을 수 있는 피조물은 인간뿐이다. 종교를 가진 피조물은 인간뿐이다. 하나님의 말씀을 듣고 회개하며 하나님의 말씀대로 행하고 그 말씀을 언어를 통해 이웃에게 전할 수 있는 것도 인간뿐이다. 인간 외에 어떤 자연의 피조물도 하나님 앞에서 죄를 고백할 수 없고 회개할 수 없다. "그는 세계의 형상(*imago mundi*)이다. 소우주(Mikrokosmos)로서 인간은 하나님 앞에서 모든 다른 피조물들을 대변한다. 그는 모든 다른 피조물들을 위해 살고, 말하고 행동한다. 세계의 형상으로 이해되는 인간은 제사장적 피조물이요 성례적 존재(eucharitisches Wesen)다. 그는 하나님 앞에서 창조의 공동체를 대리한다"(Moltmann 1985, 197).

신약성서에서 인간은 이 땅 위에 하나님의 나라를 세워야 할 "하나님의 동역자", "하나님의 상속자", "예수의 공동 상속자"로서 자연과 구별된다(고전 3:9; 롬 8:17). 그는 짐승들 가운데 한 짐승에 불과한 존재가 아니라, 하나님 백성의 공동체를 세우고 하나님 나라를 이 땅 위에 세워야 할 특별한 존재다. 이 땅 위에 어떤 생물도 이 같은 특성을 가지지 못했다.

"땅을 정복하라", 하나님이 지으신 모든 생물을 "다스려라"라는 하나님의 명령은(창 1:28) 인간이 지닌 이중의 대리자 역할을 시사한다. "세계의 형상"으로서 그는 하나님 앞에서 피조물을 대리하는 동시에 "하나님의 형상"으로서 피조물 앞에서 하나님을 대리해야 한다. 한마디로 그는 자연에 대해 하나님의 대리자요, 하나님에 대해 자연의 대리자다. 그는 자연으로부터 구별되는 "제사장적 존재"다. 자연의 모든 피조물이 "하나님의 아들들"이 나타나서 그들을 "썩어짐의 종살이"에서 해방하여 줄 것을 기다린다는 로마서 8장의 말씀은 이중의 대리자로서 인간의 특별한 위치를 보여준다.

2. 여기서 우리는 질문할 수 있다. 과연 자연의 피조물들은 인간이 자기들의 대리자가 되기를 바랄까? 인간이 자연의 대리자요 청지기라는 말은 인간의 자기주장이거나 신학적 해석에 불과하지 않은가? 앞서 언급한 바와 같이, 자연의 피조물들은 오히려 인간이란 종(種)이 없어지기를 바라지 않을까? 생물들 가운데 가장 탐욕스럽고 "가장 잔인한 짐승"인 인간이 사라지는 것이 자연의 피조물에게는 "가장 좋은 일"(summum bonum)이 아닐까? 만일 우리가 자연에게 "너희는 인간이 너희의 대리자나 청지기가 되기를 원하느냐?" 하고 물으면, 자연은 틀림없이 "우리는 원하지 않는다. 우리는 너희 인간이 우리의 대리자나 청지기가 되어 달라고 주문한 적이 없다"라고 대답할 것이다.

　그러나 현실적으로 인간이 사라지는 것은 불가능하다. 자연이 싫어하든 좋아하든 자연과 인간은 함께 살 수밖에 없는 것이 세계의 현실이요 운명이다. 인간도 자연의 한 부분으로서 자연과 더불어 살게 되어 있다. 자연이 자신의 존엄성과 생존의 권리를 가지듯이 인간도 자신의 존엄성과 생존의 권리를 가진다. 좋든 싫든 자연은 인간과 함께 살 수밖에 없다. 자연이 인간에게 자신의 대리자가 되어달라고 요청한 적은 없다. 하나님 나라를 이 땅 위에 세워 달라고 자연이 인간에게 요청한 적도 없다. 그러나 현실적으로 인간은 그의 독특한 능력을 통해 자연의 대리자 위치에 있다. 인간이 자연에 의존하듯이 자연도 인간에게 의존한다. 자연의 운명이 인간에게 달려 있다. 자연은 ① 자기의 일부인 동시에, ② 자기에게 아주 위험한 존재요, ③ 또한 자기를 "썩어짐의 종살이"에서 해방시켜줄 수 있는 아주 특별한 존재인 인간과 함께할 수밖에 없다. 이것은 그 누구도 변경할 수 없는 세계의 현실이다.

"인간은 짐승이다"라는 니체의 말은 일면적이다. 물론 인간은 자기의 생명을 유지하고자 하는 본능을 가진 이기적 존재임은 사실이다. 그러나 인간은 이 같은 본능을 극복할 수 있는 능력까지도 갖춘 특별한 존재다. 그는 이웃을 위해 자기의 생명을 포기할 수도 있다. 그는 생명 유지의 본능을 억누르고 자기 목숨을 스스로 끊을 수도 있다. 자기 생명을 유지하고자 하는 본능은 모든 생명의 "자연적(본능적) 기초"지만, "인간은…특수한 조건 하에서 이 본능을 극복할 수 있다"(Birnbacher 2006, 147).

3. 자연의 피조물과 구별되는 인간의 특별함은 인간의 생물적 체형에 나타난다. 자연의 피조물들은 네 발로, 혹은 여러 개의 발로 기어 다니거나 아니면 배로 기어 다닌다. 새들은 날개로 날아다닌다. 이에 반해 인간은 두 발로 서서 앞을 바라보며 걸어간다. 펭귄도 앞을 바라보며 두 발로 걸을 수 있다. 그러나 우선 속도가 매우 느리고 뒤뚱거리며 불안정하게 걷는다. 이런 펭귄의 모습을 볼 때 두 발로 서서 걸어가는 것은 펭귄에게 비본래적인 일임을 볼 수 있다. 펭귄은 본래 물속에서 헤엄치며 살도록 전문화되어 있다는 사실을 우리는 펭귄의 유영에서 볼 수 있다. 인간이 도저히 따라갈 수 없는 속도로 그들은 헤엄친다.

헤르더는 생물학적 측면에서 인간의 특이한 존재를 드러낸다. 자연의 짐승들은 "전문화된 존재"로 태어난다. 그들은 태어나자마자 즉시, 아니면 아주 짧은 시간에 생존 능력을 습득한다. 그러나 그들은 주어진 자연환경을 벗어나지 못한다. 자연에 대해 그들은 "등이 구부러진 노예"(ein gebückter Sklave)다. 이에 반해 인간은 전문화되지 않은 "결핍의 존재"(Mängelwesen)로 태어난다. "방금 태어난 아기를 동물과 비교할 때 이 아기는 '자연의 가장 불쌍한 고아가 된 아이다. 그는…약하고 결핍된 상태에 있으며, 수줍고 무장하지 않은 상태에 있다.' 그에게 '자연은 그를 거부하는 매우 엄격한 계모'다. 그는 '자연의 의붓자식'처럼 보인다"(김균진 2014b, 229).

그러나 인간은 그에게 주어진 자연환경에 대해 자유로운 존재로 태어난다. 그는 "창조의 첫 해방된 자"(die ersten Freigelassenen der Schöpfung)다. 그는 주어진 환경을 새롭게 만들 수 있다. 그는 주어진 자연에 묶이지 않고, 문화와 문명을 통해 새로운 삶의 세계를 이룰 수 있다. 막스 셸러에 따르면 인간은 자연의 짐승들에게서 볼 수 없는 정신을 통해 "세계 개방성"(Weltoffenheit)을 가진다. 그는 주어진 환경에 얽매이지 않고 그것을 넘어 새로운 삶의 세계를 창조할 수 있다. 바로 여기에 "우주에 있어 인간의 특별한 위치"가 있다고 셸러는 말한다.

4. 헤르더와 셸러의 이 같은 인간관은 인간중심주의라는 비판을 받지만, 그들이 말하는 "우주 속에서 인간의 특별한 위치"는 부인할 수 없는 사실이다. 인간의 언어 능력, 학문의 체계들과 예술, 의료체계, 법체계, 과학기술은 자연 피조물의 세계에서 도저히 발견할 수 없는 인간의 특별한 존재를 증명한다. 거시적으로는 우주 공간을 정복할 수 있고, 미시적으로는 인간 자신의 유전자를 개조할 수 있으며, 인간의 지능을 앞서는 로봇을 만들 수 있는 AI 기술은 "우주 내에서 인간의 특별한 위치"를 보여준다. 주어진 삶에 만족하지 않고 모든 다른 개체들로부터 구별되는 자기 자신에 대한 의식, 곧 자기의식을 가진 생물도 인간뿐일 것이다. 자신이 만든 것을 가지고 자기 멸망을 초래할 수 있는 존재도 인간뿐이다.

이와 연관하여 중요한 문제는 인간의 영혼, 혹은 정신(Seele, Geist)의 문제다. 오늘날 많은 뇌과학자는 물질론에 근거하여 인간의 영혼 혹은 정신의 활동을 설명한다. 그들은 인간의 영혼, 정신의 활동을 뇌세포의 물리-화학적 활동으로 환원시킨다. 곧 인간 영혼의 활동은 뇌세포의 물리-화학적 활동에 불과하다는 것이다. 독일의 동물학자 포그트(1817-1895)에 의하면 인간의 "뇌는 매우 다양한 영혼의 모든 기능의 기관(Organ)이다. 이 기능들은 뇌의 특정 부분들과 자리에 묶여 있고 오직 이 기관에 의해 일어나며 어떤 다른 기관에 의해서도 대체될 수 없다"(Vogt 1971, 622). 인간의 사유와 행동도 뇌세포의 물리-화학적 활동에 의해 결정된다. 인간은 뇌세포의 물리-화학적 활동에 따라 움직이는 기계와 같다. 기계는 자유의지를 갖지 않는다. 그러므로 자기의 행동에 대해 책임을 느낄 필요가 없다. 따라서 포그트는 인간의 자유의지와 책임성을 부인한다. 인간은 뇌세포의 물리-화학적 법칙에 따라 움직이는 기계이기 때문이다. 이 문제에 대해 지금도 많은 학자가 논쟁하고 있다.

이 문제에 대해 우리는 다음과 같이 말할 수 있다. 원숭이와 침팬지의 뇌세포도 인간의 뇌세포와 동일한 물질적 요소들로 구성되어 있다. 그들의 뇌세포는 인간과 동일한 물질적 기초를 가진다. 그러나 침팬지의 영적, 정신적 기능들과 인간의 영적, 정신적 기능들은 비교할 수 없는 차이를 보인다. 침팬지가 컴퓨터나 우주 로켓을 제작하고 하나님 신앙을 가진다는 것을 우리는 상상할 수 없다. 인간이 그의 영적, 정신적 기능들을 통해 만든 문명과 문화 가운데 1%도 침팬지는 갖고 있지 않다. 글자 그대로 침팬지는 자연에 묶여 있는 반면, 인간은 그의 영적, 정신적 기능들을 통해 주어진 자연을 넘어선다. 그는 새로운 삶의 세계를 만들 수 있다. 실재하지 않는 가상공간을 만들기도 한다. 그는 짐승들 가운데 하나지만 아주 특별한 짐승으로서 자연의 모든 다른 짐승들로부터 구별된다. 인간의 이 특별한 존재는 진화론을 통해 설명하기 어렵다.

5. 그 외에도 우리는 다양한 측면에서 인간의 아주 특별한 존재를 볼 수 있다. 진화론은 인간을 진화의 산물로 보지만, 인간은 유전공학을 통해 진화의 과정에 개입하여 그 과정을 자신의 관심에 따라 유도하는 "진화의 요인"(Faktor der Evolution)이 될 수 있다. 그는 자연적인 진화의 과정보다 훨씬 더 빠른 속도로 진화의 과정을 유도함으로써 진화의 전체 과정에 혼란을 일으킬 수 있는 아주 특별한 존재다. 불을 사용하는 생물도 인간뿐이다. 자연의 생물들은 음식물을 생으로 먹는 반면, 인간만 불로 조리하여 먹는다. 불로 난방을 하고 불을 이용한 무기를 만드는 것도 인간뿐이다. 다이너마이트, 미사일, 핵폭탄을 가진 생물도 인간뿐이다. 그는 자신의 유전자도 변형할 수 있는 아주 특이한 존재다. 자연의 어느 피조물도 이 같은 능력을 지니고 있지 않다.

성적 측면에서도 인간은 아주 특별한 존재다. 자연의 생물들은 종의 유지에 필요한 발정기에만 성행위를 하는 반면, 인간은 종의 유지와 관계없이 시도 때도 없이 성적 쾌락을 목적으로 성교를 한다. 성적 쾌락을 극대화하기 위해 인위적 도구를 사용하거나 정력 보강제를 복용하는 것도 인간뿐이다. 뱀, 도마뱀, 개구리, 지네 등, 징그럽게 보이는 것일수록 정력에 더 좋다고 잡아먹는다. 곰 발바닥을 삶아 먹고 쓸개즙을 마시기도 한다. 자연 생물들의 성욕은 주어진 삶의 영역에 제한되는 반면, 인간의 성욕은 국경을 초월한다. 철학자들이 말하는 인간의 세계 개방성은 국경을 초월하는 무한한 성욕의 개방성으로 나타난다. 이런 짐승은 인간뿐이다. 일반적으로 자연의 짐승들은 개체 수를 자동으로 조절하는데, 인간은 개체 수 과잉으로 인해 삶의 기초를 파괴하는 유일한 짐승이다.

앞서 기술한 것처럼 자연의 생물들은 배가 부르면 그것으로 만족한다. 그러므로 자연의 짐승들은 자연을 파괴하지 않는다. 이에 반해 인간은 배부른 것으로 만족하지 않는다. 그의 소유욕에는 한계가 없다. 예금계좌, 주식계좌, 집문서, 땅문서를 가진 것도 인간뿐이다. 주식투자, 가상화폐 투자를 통해 일확천금하려는 짐승도 인간뿐이다. 그의 무한한 소유욕은 우주 공간으로 확장된다. 인간의 세계 개방성은 무한한 소유의 개방성으로 나타난다. 자연의 피조물에게 가장 무서운 짐승은 인간이다. 이런 점에서 인간은 참으로 우주 내에서 특별한 존재다. 그는 자연의 친족이지만 아주 특별한 친족이다. 니체는 인간을 "짐승"이라 불렀지만 인간은 짐승들 가운데 아주 특별한 짐승이다. 그는 가장 탐욕스러운 짐승(*bestia cupidissima*)이다.

6. 이기적 욕심과 탐욕의 무한성에서 인간은 자연의 아주 특별한 존재인 동시에 도덕적 측면에서도 그는 아주 특별한 존재다. 인간은 짐승들 가운데 가장 탐욕스러운 짐승, 가장 비도덕적 짐승인 동시에 가장 도덕적 짐승이기도 하다. 니체는 짐승들에게는 도덕이 없으며 인간도 짐승이니까 도덕 없이 살아야 한다고 주장한다. 니체의 이 같은 주장은 타당하지 않다. 짐승들의 세계에도 그들 나름의 삶의 질서와 도덕성이 있다. 몇 가지 예를 든다면 사자의 공격을 받는 동료를 구하기 위해 사자에게 돌진하는 들소도 있다. 늑대들의 세계에서 이웃의 먹거리를 훔치는 것은 엄격히 금지되어 있다. 그것을 훔칠 경우 무리에서 쫓겨난다. 동물과 식물에게도 상호협동의 도덕성이 있다. 최근의 조사에 의하면 큰 식물은 자기 곁에 서 있는 작은 식물에게 단물을 공급하여 생존을 도와준다. 버섯들은 땅속에 있는 실뿌리들을 통해 주변의 다른 식물에게 정보를 제공한다.

　그러나 인간의 도덕성은 자연 피조물의 도덕성과 매우 다르다. 자연 피조물의 도덕성이 본능적이고 무의식적이라면, 인간의 도덕성은 문화를 통해 형성되며 의식적으로 일어난다. 따라서 인간의 도덕성은 자연 피조물의 그것과 비교할 수 없는 높은 수준을 보인다. 이것을 우리는 인간의 죄의식에서 볼 수 있다. 우리가 아는 범위에서 자연의 짐승들에게는 죄의식이 거의 없는 것으로 보인다. 있다 할지라도 매우 희박하다. 예를 들어 원숭이들은 여행객들의 배낭에서 바나나를 훔쳐 먹지만 죄의식을 보이지 않는다. 오히려 당당한 표정을 보인다.

그러나 인간은 "훔치는 것은 나쁜 일이다"라는 도덕의식을 갖기 때문에, 훔치는 것을 부끄럽게 생각하고 훔친 행위에 대해 죄의식을 갖는다. 수십 년 전에 배가 고파서 훔친 빵 하나에 대한 죄의식 때문에 수십 년 후 그 빵집에 찾아가 빵값의 몇 배 이상을 치르는 사람도 있다. 이웃의 생명을 위해 자기의 생명을 희생하며 자신은 검소하게 살면서 거액의 기부금을 희사하는 사람들이 부지기수다. 정의로운 사회를 이루기 위해 법체계를 만드는 것도 인간뿐이다. 자연의 어느 생물도 육법전서를 갖고 있지 않다. 자연에 대한 책임성을 의식하는 것도 인간뿐이다. 자연의 피조물들도 상부상조하지만 오늘날 인간의 상부상조는 국경과 생물 종을 초월하는 특이성을 보인다. 범세계적 차원의 자연보호 단체를 만들고 자연보호 운동을 하는 것도 인간뿐이다.

어느 여성 언론인은 인간의 도덕성에 대해 다음과 같이 얘기한다. "수십 년 전 형편이 어려운 시절 무전취식이나 먹을 것을 훔쳤던 기억을 가진 노인이 피해 가게를 찾아가 사과하거나, 거액의 복지시설에 기부하는 뉴스를 볼 때가 있다.…범죄와 비리를 저지르고도 당당한가 하면, 소소한 잘못에도 평생 죄책감을 느끼는 사람도 있다. 내 친구 중 한 명은 어린 시절 잠자리와 오래 놀고 싶어 잠자리 몸통에 실을 묶어 날리다가 실을 놓쳐버렸다. 가지고 놀다가 금세 날려줄 생각이었지만 기회가 사라진 것이다. 그는 지금도 코발트블루를 싫어하는데, 긴 실을 몸통에 매달고 잠자리가 날아가던 하늘이 딱 그 색깔이었기 때문이다. 평생 몸통에 실로 된 꼬리를 달고 살아야 하는 잠자리를 생각하면 그녀는 지금도 마음이 불편하다고 했다."

니체는 기독교의 도덕을 가리켜 "노예도덕"이라 비난하면서 기독교가 가르치는 자비를 반대했다. 강한 자는 강하고 약한 자는 약한 것이 자연이기 때문에 약한 자에게 자비를 베풀 필요가 없다는 것이다. 또 자비는 "힘에의 의지"를 약하게 만든다는 것이다. 그러나 니체 자신도 그의 생애 마지막에 자비를 실천하였다. 생애 마지막이 멀지 않은 어느 날 니체는 그가 살고 있는 집 앞 도로에서 마차를 끌고 가는 말을 보았다. 자연석을 간 도로는 미끄럽고 마차의 짐이 너무 무거워 말이 헛걸음질을 반복했다. 마차 위에 타고 있던 마부가 말에게 채찍을 휘둘렀다. 채찍을 맞으며 말은 앞으로 나아가고자 했지만 계속 미끄러지기만 하였다. 마부는 계속 채찍을 휘둘렀다. 이것을 본 니체는 집 밖으로 뛰어나가 말의 목을 껴안고 눈물을 흘리며 마부의 채찍질을 막았다. 이 실화는 니체 자신에게도 자비의 도덕성이 마음속 깊이 있었다는 것을 보여준다. 그래서 17세기의 의사요 동물학자인 에드워드 타이슨(E. Tyson, 1650-1708)은 이렇게 말한다. "물리적으로 인간은 짐승에 속한다. 그러나 인간이 가진 다른 하나의 본성(Natur) 곧 영적 본성을 통해 인간은 특별한 위치를 갖는다. 물리적 인간(homme physique)과 도덕적 인간(homme moral)이라는 이중의 인간 본성에 있어 짐승에 대한 인간의 극복될 수 없는 범주적 차이가 증명된다"(Pauen 2007, 63).

7. 인간도 포유류에 속한 짐승임은 사실이다. 따라서 인간도 죽지 않고 살고자 하는 본능을 가진다. 살기 위해 그는 힘을 얻고자 한다. 삶에의 의지, 힘에의 의지가 모든 "생명의 원리"다. 이 원리가 짐승들의 생명을 지배한다. 그러나 인간에게서 이 원리는 보편성을 갖지 못한다. 인간에게서 그

것은 의식적으로 극복되는 경우가 많기 때문이다. 인간의 도덕성은 니체가 말한 생명의 의지를 넘어서는 힘을 가진다. 적군이 던진 수류탄을 자기의 몸으로 덮어 부하들의 생명을 구한 어느 국군 장교의 의식적 행동은 니체가 말한 "생명의 원리"가 절대 진리가 아님을 보여준다.

생명의 본능, 힘을 얻고자 하는 본능, 인간의 이기성도 강한 힘을 갖지만, 이보다 더 강한 힘을 가진 것은 인간의 도덕성이라 말할 수 있다. 우리가 불의한 일을 행할 때 부끄러움을 느끼는 것은 이기성보다 도덕성이 더 강하기 때문이다. 빵을 훔칠 때 부끄러움을 느끼는 것도 도덕성이 더 강하기 때문이다. 만일 도덕성보다 이기성이 더 강하다면 인간은 자기의 비도덕적 행위에 대해 부끄러움과 죄의식을 느끼지 않을 것이다. 원숭이처럼 아무 부끄러움 없이 반복해서 당당한 태도로 바나나를 훔칠 것이다. 그렇다면 이기적인 생명에의 의지가 인간의 "생명의 원리"가 아니라 도덕성이 생명의 원리라고 말할 수 있다. 도스토옙스키의 소설 『죄와 벌』은 이를 예시한다. 이 책의 주인공 대학생은 사회의 기생충과 같은 전당포 노파를 죽인 후 끝없는 죄의식에 고통을 당한다. 결국 그는 경찰에 자수하고 시베리아 유형의 벌을 받게 된다. 그러나 그는 영혼의 자유와 기쁨을 느낀다. 왜 그는 기쁨을 느낄까? 그의 도덕성이 회복되었기 때문이다. 인간다운 인간이 되었기 때문이다. 이것은 자연의 짐승에게서 볼 수 없는 아주 특이한 현상이다.

생태학적 측면에서도 인간은 매우 특별한 존재다. 그는 진화의 모든 과정이 그 속에 요약되어 있는 진화의 정점으로 "세계의 요약"(Abbreviatur der Welt)이다. 그는 자연의 한 부분으로 자연에 의존하는 동시에 자연에 대해 자유로운 존재다. 그는 자연의 짐승들처럼 주어진 자연에 예속되어 있지 않다. 그는 자연의 수동적 관람자로 머물지 않는다. 그는 인식과 행동(intelligere et agere)을 통해 자연에 개입할 수 있다. 자연의 새로운 물리적 질서를 발견하고 이 질서를 자신의 삶의 유익을 위해 사용할 수 있다. 현대인이 만든 가상공간의 세계는 주어진 자연에 대한 인간의 자유와 초월성을 예시한다. "짐승은 주어진 현실에 대해 언제나 예스라고 말한다. 그러나 인간은… '아니요라고 말할 수 있는 자'(Nein-sagen-Könner)요…모든 단순한 현실에 대한 영원한 저항자"다. 자연의 피조물들과 달리 인간은 주어진 현실에 만족함이 없는, "언제나 굶주린" 자요 "새로운 사물들의 가장 탐욕적인 짐승"이기도 하다(Auer 1985, 62f.).

무한한 탐욕 때문에 인간은 자연에 대해 가장 무서운 마귀가 될 수 있다. 그는 짐승들 가운데 가장 잔인한 짐승이 될 수 있다. 그는 온 세계를 지옥보다 더 무서운 세계로 만들 수 있다. "다들 욕망에 따라 움직이고, 이성은 그런 욕망과 행동을 합리화하는 데 쓰고" 있다(탈북자 화가 오성철 씨의 말). 흔히 얘기하기를 "돈이 사람을 타락시킨다", "돈이 사람을 더럽게 만든다"고 한다. 그러나 돈이라는 종이쪽지가 사람을 타락시키거나 사람을 더럽게 만들 수 없다. 인간의 탐욕이 인간을 타락시키고 더럽게 만든다. 돈은 그 수단일 뿐이다. "돈한테 힘이 있다면 사람이 그 돈한테 자기의 힘을 실어 준 거지여. 결국 문제는 돈이 아니라 사람"이다. "금전 만능주의라는 것도 인간이 만든 것"이다(이현주 2011, 139).

권력도 마찬가지다. 권력이 인간을 타락시키는 것이 아니라, 권력에 대한 인간의 욕심이 인간을 타락시키고 더럽게 만든다. "돈과 권력은 중립적이고 꼭 필요하기까지 하다." 그들은 "우리의 삶에 유익을" 주기도 한다. 그러나 인간이 돈과 권력에 대한 욕망에 사로잡히게 될 때 "그 돈과 권력이 언제든 사탄의 도구로 전락할 수 있다"(안용성 2019, 174). 자연의 짐승들은 금전 만능주의, 권력 만능주의를 모른다. 자연의 생물들 가운데 돈 좋아하다가 돈의 노예가 되고 권력 좋아하다가 권력의 노예가 되는 것도 인간뿐이다. 참으로 인간은 자연의 친족들 가운데 아주 특별한 친족이다.

참으로 인간은 모호하고 양면적인 존재다. 그는 가장 탐욕스러운 존재일 수도 있고 가장 자비로운 존재일 수도 있다. 그는 "짐승보다 못한" 존재일 수도 있고 짐승과 비교할 수 없이 선하고 책임적인 존재일 수도 있다. 자연에 대해 가장 무책임한 존재일 수도 있고 가장 책임 있는 존재일 수도 있다. 짐승들 가운데 이 같은 양면성을 가진 짐승은 없을 것이다. 한마디로 인간은 하나님의 창조 안에서 "양면적 위치"(zweideutige Stellung)를 가진다. 그는 "다른 피조물들과 동렬에 있고 창조의 질서에 예속되어 있다. 그러나 하나님과 특별한 관계를 지닌 피조물로서 그는 거의 무한할 정도로 창조 위에 있고 창조의 질서를 함께 형성하거나 관철해야 할" 양면성을 가진다 (Böhme 2000, 18). 이런 점에서 인간은 매우 특별한 존재다.

8. 인간의 선한 양심과 도덕성은 어디에서 오는가? 만일 인간과 자연의 짐승들이 똑같이 백지상태(*tabula rasa*)에서 시작했다면, 인간과 자연의 짐승들 사이에 비교될 수 없는 도덕성의 차이는 어디에서 오는 것인가? 문화와 교육에서 오는 것인가? 만일 인간과 자연의 짐승들이 똑같은 백지상태에서 시작했다면, 왜 자연의 짐승들에게는 교육과 문화가 없는가? 왜 그들에게는 육법전서가 없는가? 아니면 인간의 도덕성은 자연 진화를 통해 주어진 것인가? 그러나 원자나 분자, 우주의 먼지로부터 어떻게 도덕성이 나올 수 있는가? 아니면 인간의 도덕성은 이기적 유전자의 이기적 전략에서 오는 것인가? 만일 그렇다면 자연의 짐승들도 인간과 동일한 도덕성을 보여야 하지 않겠는가?

이 질문에 대해 필자는 성서를 통해 대답하는 길밖에 없다고 생각한다. 자연 짐승들과 도저히 비교할 수 없는 인간의 도덕성은 하나님의 창조에 기인한다. 자연의 모든 생물과는 달리 인간은 선하신 "하나님의 형상"에 따라 창조되었다. 하나님과 교통할 수 있는 유일한 존재로 창조되었다. 그는 "하나님의 동역자"(고전 3:9), "하나님의 상속자", "그리스도와 공동 상속자"(롬 8:17)로 일할 수 있는 유일한 존재로 창조되었다.

그러나 "하나님의 동역자"로서의 인간은 "자연적 존재", "자연의 친족"이기도 하다. 그는 자연의 특별한 존재인 동시에 자연에 속한 존재, 자연 없이 살 수 없는 존재라는 양면성을 지닌다. 그는 자연의 아주 특별한 존재로서 자연과 상생해야 할 존재로 창조되었다. 음식을 섭취하는 행위조차 인간 개체의 독자적 생존 행위가 아니라 (자연의) 유기체 내 위장 속에 존재하는 미생물들과 함께 일구어가는 집단적 행위다"(박일준 2022, 179).

자연의 짐승들 속에도 상부상조와 상생의 본성이 저장되어 있는 것으로 보인다. 그래서 자연의 짐승들도 자연을 사용하지만, 자연과 상생하는 범위에서 그렇게 한다. 그들은 자연을 회복될 수 없이 파괴하지 않는다. 원시림이나 극지대의 원주민들도 이 지혜를 알기 때문에 자연이 유지되는 범위에서 그들의 생명에 필요한 것을 자연에서 취한다. 북극에서 멀지 않은 캐나다 극지대의 한 원주민은 이렇게 말하였다. "우리는 자연에 겸손해야 한다. 욕심을 부리면 살아남을 수 없다. 자연에 순응하고 자연을 보존해야 우리 자신이 살아남을 수 있다."

이제 자연에 대한 인간의 특별한 위상은 인간에 의해 파괴된 자연을 회복하고 보호해야 할 인간의 도덕적 책임성에서 증명되어야 할 것이다. 오랫동안 기독교 신학은 자연에 대한 인간의 특별한 위상이 자연에 대한 지배에 있다고 해석하였다. 인간 중심적인 이 해석은 고대 시대에는 타당할 수 있었지만 이제 시대가 변하였다. 오늘 우리의 시대에 인간의 특별한 위상은 파괴된 자연을 회복하고 지키려는 책임성에 있다. 파괴된 자연을 회복하고 만물이 평화롭게 사는 상부상조와 상생의 생명 공동체를 이룰 수 있는 생물도 인간뿐이다. 바로 여기에 인간의 특별한 의미가 있다.

5. 이기적 본성과 공동체적 본성의 양면적 존재

1. 앞서 고찰한 인간 존재의 양면성은 개체주의적인 이기적 본성과 사회적, 공동체적 상생의 본성의 양면성으로 요약될 수 있다. 이 양면성은 모든 인간 속에 공존한다. 사람에 따라 강약의 차이가 있을 뿐이다. 이 양면성은 짐승들에게서도 나타난다. 오래전에 필자는 어린 강아지와 고양이를 구입하여 함께 키웠다. 강아지는 빌리, 고양이는 몰리라고 불렀다. 둘은 아주 사이좋게 자라났다. 같은 바구니 안에서 함께 잠을 잤다. 몰리가 이웃집 개에게 위협을 당하면 빌리가 그를 지켜주는 공동체성을 보였다. 그러나 한 가지 예외가 있었다. 몰리가 빌리의 밥그릇을 침범하면 빌리는 이빨을 드러내면서 빌리를 내쫓는 이기성을 보였다. 이기성과 공동체성이 생물들 안에 공존함을 나는 볼 수 있었다.

이기성을 생물들의 본래적 본성으로 보는 가장 대표적 이론은 다윈의 진화론적 인간관이다. 본래 다윈은 의학과 신학을 공부하다가 케임브리지 대학교에서 생물학으로 전공을 바꾸었다. 5년의 세계여행에서 그는 자연을 관찰한 끝에 식물과 동물의 다양한 종들이 생물학적 기초의 변화를 통해 저급한 삶의 형식에서 높은 형식으로 진화하였다는 것을 보게 된다. 그 과정에서 수많은 종이 사라졌다는 사실을 발견한 다윈은 "생존을 위한 투쟁"과 "도태"(선택; Selektion)를 모든 생물의 삶의 원리라고 말한다. 곧 살아남기 위해 서로 경쟁하고 투쟁하며 경쟁과 투쟁에서 이기는 자만이 살아남아 더 높은 삶의 형식으로 진화하고 힘이 약한 자는 도태되는 것이 자연법칙이라는 것이다.

이 법칙을 다윈은 인간에게도 적용한다. 그의 주요 저서『종의 기원』결론 부분에 따르면, "모든 짐승처럼 인간도 그의 급속한 증식 과정에서 생존을 위한 투쟁을 통해 지금의 높은 상태에 도달하였다. 더 높이 발전하기 위해서 그는 격렬한 투쟁을 할 수밖에 없다.···모든 인간이 공개적으로 경쟁을 할 수밖에 없다"(Bauer 2006, 95에서). 여기서 인간은 자신의 생존을 위해 경쟁하고 투쟁해야 할 이기적 존재로 규정된다. 이기성이 인간의 본성으로 전제된다. 이로써 다윈은 "새로운 인간상에 대한 기초를 세웠다"(15).

2. 현대 사회생물학(Social Biology)의 창시자 에드워드 윌슨과 도킨스는 다윈의 진화론의 대표적 추종자들이다. 한국 최재천 교수의 스승인 윌슨에 따르면 인간은 자연의 생물들로부터 진화된 존재이기 때문에 자연 생물들과 인간의 행동 양식에는 많은 유사성이 있다. 특히 같은 포유류에 속한 침팬지와 인간의 행동 양식 사이에는 "근본적인 유사성이 있다"(Wilson 2006, 57). 따라서 인간은 자연 생물들과 동일한 생물학적 본성을 가진다. 인간의 본성 역시 생물학적 진화과정 속에서 일어난 "자연선택을 통해 형성되었다"(64). 인간의 본성은 "유전적 변이"를 통해 형성되었다. "인간을 포함한 그 어떤 종도 자신의 유전적 역사가 부과한 의무를 초월하는 다른 어떠한 목적도 갖고 있지 않다"(24). 인간의 사회적 행동 역시 유전자의 토대 위에 있다. 인간을 비롯한 모든 생물 종들은 그 자신의 고유한 "유전자 집합의 결과"다(49). 인간의 본성이 "문화적 환경"을 통해 수정된다고 할지라도 생물학적 본성의 기초를 벗어날 수 없다.

유전자는 "개체의 생존 능력의 강화, 개체의 번식 능력 강화, 공통 조상에게서 물려받은 동일한 유전자를 공유하는 가까운 친족들의 생존 및 번식 능력 강화라는 세 가지 기본요소"를 "유전자 적합성"으로 가진다. 달리 말해 이 세 가지를 인간의 유전자는 자기의 목적으로 가진다. 이 목적들은 모두 이기적인 것이다. 따라서 인간의 유전자는 이기적일 수밖에 없다. 인간의 본성이란 유전자를 통해 형성되기 때문에 이기적일 수밖에 없다.

인간은 그 본성에 있어 이기적 존재다. 그는 이타성을 보이기도 하지만, 그것은 이기성의 가면이다. 그것은 생존 능력의 강화, 번식 능력의 강화를 위한 이기적 전략에 불과하다. 인간의 이타주의는 "대부분 궁극적으로 이기적인 속성을 지니고 있다"(215). 가까운 친척에 대한 인간의 이타주의는 "맹목적인 것처럼" 보이지만, 그 "나머지 부분들은 본질적으로 목적적이다"(222). 따라서 인간의 이타주의는 사실상 자기 자신을 위한 "목적성 이타주의"다(227). 이타주의 속에는 교묘한 이기주의가 숨어 있다. 이타주의를 가르치는 교회도 "자신을 지배하는 자들의 이익을 최대로 증진하는" 이기주의에 사로잡혀 있다(226). "여왕벌을 보호하기 위해 침입자에게 무작정 침을 꽂고 죽는 벌들의 이타주의적 행동은 인간의 가능성 속에 들어 있지 않다.…이타주의는 유전자의 생존과 증식이라는 목표를 달성하기 위한 고귀한 수단"에 불과하다(289).

3. 한국에서 한때 베스트셀러였던 도킨스의 저서 『이기적 유전자』(*The Selfish Gene*)는 "자연이란 이기적인 생명체들이 벌이는 냉혹한 투쟁의 장"이라고 보는 헉슬리, 생물 개체는 오로지 유전자의 이익을 위해 행동한다는 미국의 조지 윌리엄스(G. Williams)와 영국의 윌리엄 해밀턴(W. Hamilton), "인간이나 동물은 사적 추구를 위해 행동한다"고 보는 미국의 진화생물학자 로버트 트리버스(R. Trivers)의 이론에 기초한다. 남편과 아내, 부모와 자식, 친구와 동료들 간의 관계조차도 상부상조와 상호충족의 관계가 아니라 "그 관계로부터 이익을 취하려는 상호투쟁의 관계"라고 보는 트리버스의 생각은 도킨스의 "이기적 유전자" 이론의 기초를 이룬다.

　　도킨스에 따르면 모든 생물은 자연선택을 통해 진화해왔다. "자연선택의 과정을 보면 자연선택을 통해 진화되어 온 것은 무엇이든 이기적일 수밖에 없다는 것을 알게 된다"(Dawkins 1993, 25). 근본 원인은 모든 생물 개체 속에 있는 유전자의 이기성에 있다. 인간과 동식물은 물론 박테리아와 바이러스에게도 유전자가 있는데, 이 유전자는 자기를 유지하고 자기를 복제함으로써 자기를 확장하려는 이기적 본성을 가진다. 가장 이기적인 유전자가 가장 우수한 유전자다.

모든 생물 개체는 "유전자를 전하기 위해 만들어진 유전자 기계", "유전자에 의해 창조된 기계"다(319, 22). 그들은 이기적 유전자에 의해 창조된 "기계에 불과하다.…성공한 유전자에게 기대되는 특질 중에 가장 중요한 것은 '비정한 이기주의'라는 것이다. 유전자의 이기성은 보통 이기적인 개체 행동의 원인"이다(23). 따라서 모든 생물 개체는 "기본적으로 이기적 존재"다(49, 321). 그들은 "일반적으로 유전자라는 이기적 존재에게 지배당하며, 게다가 이 유전자라는 존재는 장래를 예견하거나 종 전체의 행복을 걱정하는 것으로 기대할 수 없다"(181).

생물 종 전체에 대한 고려 없이 오직 자기 자신을 복제하고 확장하려는 유전자의 의지로 말미암아 유전자 기계들, 곧 생물들 사이에 경쟁과 투쟁이 불가피하게 된다. 가장 우수한 교미 대상을 얻기 위해 싸우는 등, 갖가지 전략을 동원한다. 암컷은 싸움을 통해 가장 힘 있는 자로 확인된 수컷과 교미함으로써 가장 강한 유전자를 남기고자 한다. 공작새의 "암컷은 짝을 선택하는 데 까다롭기 때문에 수컷은 밝고 화려한 형태를 띠게 된다"(267). "사귀던 숫놈이 패하고 다른 숫놈이 세력권을 차지하면 암놈은 재빠르게 그 승자 편으로 자리바꿈을 하는 일도 종종 있다"(184). "최종적으로 살아남는 자기 새끼의 수를 최대화하려고" 힘쓰기도 한다. 이를 위해 새끼의 수가 너무 많거나 너무 적지 않도록 새끼 수를 조정하기도 한다(198). 교미를 거부하는 일도 일어난다. 생물들이 군락 생활을 하는 것은 서로를 돕기 위해서가 아니라 "포식자에게 먹히는 것을" 피하여 자기의 유전자를 확장하기 위함이다.

한마디로 각 생물은 유전자 기계다. 이 기계 내부에는 자기를 확장하고자 하는 이기적 "유전자가 들어앉아 있고 이 기계는 그 유전자의 사본을 증식시킬 수 있는 한 모든 노력을 기울이도록 프로그램이 만들어져 있다"(201). 생물들 사이의 이타적 행위는 사실상 자기 자신을 확장하려는 이기적 의도의 기만술에 불과하다. 다른 생물에 이로운 행위를 통해 자기 자신의 유전자를 더 넓게 확장할 수 있다는 지혜를 터득했기 때문이다. 인간에게는 상생을 가능케 하는 문화라고 하는 "밈"이 있지만, 밈도 이기적 유전자의 이기적 전략이다. 본질적으로 생물 개체들의 세계는 "유전적인 미래를 가지고 떠밀고, 속이고, 싸우는 자기 복제자들의 전쟁터"다(402).

4. 개체주의적 이기성을 인간의 본성으로 보는 다윈주의자들에 반해 수많은 학자가 사회적, 공동체적 상생의 본성도 인간에게 함께 주어져 있다고 주장한다. 이들 가운데 대표적 인물은 독일의 동물학자 케슬러(K. F. Kessler, 1815-1881)였다. "자연에는 상호투쟁의 법칙 이외에도 상호부조의 법칙이 존재하는데, 생존경쟁에서 살아남기 위해서 특히 종이 계속 진화하기 위해서는 상호부조의 법칙이 훨씬 더 중요하다는 것이 케슬러의 생각이었다." "케슬러는… '더 많은 개체가 함께 모이면, 서로 더 많이 도울 수 있고, 지능적으로 더욱더 발달할 수 있을 뿐만 아니라 그 종들이 살아남을 기회를 더 많이 가지게 된다'는 점을 지적했다"(Kropotkin 2005, 13, 33).

크로포트킨은 케슬러의 입장을 따른다. "자연이란 이기적인 생명체들이 벌이는 냉혹한 투쟁의 장"이라는 헉슬리의 논지에 반해 크로포트킨은 협동 혹은 상호부조가 생물계의 특징이라고 주장한다. 그에 따르면 "만인에 대한 만인의 투쟁"이 삶의 특징이 아니라 협동이 삶의 특징이다. 물론 자연 속에는 개체와 개체 간의 투쟁이 있지만, 투쟁만이 진화의 유일한 동인이 아니다. 개체 사이의 상호부조 곧 협동도 진화의 동인이다. 가장 잘 살아남는 자 곧 최적의 생존자는 서로 끊임없이 전쟁을 치르는 종이 아니라, 서로 도와가며 살아가는 종이다. 상호부조의 습성을 가진 동물들은 "살아남을 기회를 더 많이 가지며, 각기 자신들의 부류 내에서 최고도로 발달한 지능과 신체조직을 획득하게 된다.…상호부조야말로 상호투쟁과 맞먹을 정도로 동물계를 지배하는 법칙이라고 말해도 무리가 없는 듯하다"(31-32). 사회성이 없는 종들은 멸망의 운명에 빠지는 반면, "개별적인 투쟁을 최소화하면서 상호부조를 최고조로 발전시킨 동물 종들이야말로 늘 수적으로 가장 우세하며 가장 번성하고 앞으로도 더욱 발전할 가능성을 가지고" 있다(342).

　　이것은 인간에게서도 마찬가지라고 크로포트킨은 말한다. "개인의 자기주장이나 개인들의 집단적인 자기주장, 우위를 차지하기 위한 투쟁 그리고 그로부터 야기된 분쟁들"은 인간의 이기성을 보여준다. 그러나 인간에게는 상호부조의 본성이 더 우세하다. 씨족이나 부족 사회의 저급한 야만 단계에서도 상부상조하며 상생하고자 하는 현상이 나타난다. 부족이나 종족들 사이에 싸움과 전쟁이 일어나기도 하지만, 서로의 경계를 지키며 공존할 수 있는 길을 찾는다. "무수한 전쟁이 벌어진다고 하더라도 평화와 상호지지가 족(族)이나 종들 내에서는 철칙이고, 서로 결합해서 경쟁을 피하는 방법을 가장 잘 아는 종들이 살아남거나 더 점진적으로 발전할 최상의 기회를 얻는다.…비사회적인 종들은 사라져 가지만 사회적인 종들은 번성한다"(108). 상호부조를 실천하고 계속하여 발전시킬 때 "예술이나 지식 그리고 지능을 발전시킬 수 있는 사회생활의 조건을 창출하게 되며, 상호부조를 기반으로 하는 제도들이 전성기를 누리는 시기야말로 예술, 산업 그리고 과학의 전성기였다는" 것을 역사에서 발견할 수 있다(345).

5. 의학자 요아힘 바우어(J. Bauer, 프라이부르크 대학교)는 다윈의 진화론적 인

간관의 문제성을 날카롭게 지적하면서 신경생물학의 관점에서 인간의 본성이 무엇인가를 해명한다. 그에 따르면 다윈은 "식물과 동물의 세계에서 일어나는 사건을 '전쟁'(war of nature)으로 규정하였다. 상생, 생물학적 협동과 이타적 행동을 그는 오직 '생존을 위한 투쟁'으로부터 발전되었고 단지 이에 봉사하는 이차적 현상들로 보았다." 또한 다윈은 "인간 종들"의 가치에는 차이가 있다고 보고 "이들 상호 간의 폐기(Vernichtung)를 사물들의 정상적인 과정으로 간주하였다"(Bauer 2006, 98). 한마디로 인간은 자신의 생존을 위해 경쟁하고 싸우는 싸움꾼이다. 강한 자는 선택되고 약한 자는 도태되는 것이 자연이다.

이 같은 다윈의 인간상은 이후에 등장한 사회생물학적 인간상의 "정통 생물학적 정경"(orthodoxer biologischer Kanon)이 되었다. 사회생물학의 대변자 윌슨과 도킨스는 유전자를 진화의 주체로 파악하고, "자기 자신을 최대한으로 증식하고 다른 유전자들과의 경쟁에서 이기려는" 이기적 관심이 유전자의 원동력이라고 주장하였다. 이리하여 "자기중심적이며 단지 자기의 유익을 위해서만 협동적인, 그러나 생존투쟁을 하도록 기획되어 있는" 진화론적 인간상을 더욱 확고하게 세웠다(17f.).

진화론적 인간상은 인간의 세계를 경쟁과 투쟁의 장으로 만드는 데 기여한다. 자연을 포함한 모든 이웃이 경쟁과 투쟁의 대상으로 보이게 된다. 인간은 자기의 생존밖에 모르는 이기적 존재로 인식된다. 이리하여 내가 살아남기 위해 너를 죽일 수도 있는 냉혹한 사회가 형성된다. 스파르타적 엄격함과 냉혹함, 이기성이 삶의 원칙이 되고 힘이 약한 사람들의 생명을 배제해버리는 일이 일어난다. "산다는 것은 나의 생존을 위해 싸운다는 것을 뜻한다"고 사람들은 생각한다. 오늘날 수많은 사람이 컴퓨터 게임에서 이것을 배우고 또 실천한다.

이기성과 개체성을 인간의 본성으로 보는 진화론적 인간상에 반해,

바우어 교수는 사회적 이타성과 공동체성, 곧 "인간성"이 인간의 본성이라고 주장한다. 그에 따르면 인간의 유전자들은 결코 개체적이거나 이기적이지 않다. 오히려 그들은 상호 협동적이며 이타적이다. "유전자는 독재자도 아니고 자폐증에 걸린 독신자(autistische Eigenbrötler)도 아니다." 그들은 타자와의 관계 속에서 생성되고 생존한다. 유전자가 자기를 증식하기 위해 "싸운다"라거나 "우리를 싸움의 기계로 만든다"라는 생각은 신경생물학적으로 증명되지 않는다. "이기적 유전자"에 대해 책을 쓴 도킨스는 본래 유전자 연구자가 아니었다.

바우어 교수에 따르면 사회생물학은 주장하기를 유전자는 생물계 안에서 지배력을 얻기 위해 싸우며 생물체는 이 싸움에 봉사한다고 말한다. 하나의 유기체는 자기를 최대한 많이 복제하고자 하는 유전자의 목적을 수행하는 유전자 기계로 규정된다. 이것이 오늘날 학계를 지배하는 사회생물학의 "핵심 도그마"다. 그러나 이 도그마는 사실이 아니다. 사회생물학을 창시한 미국의 윌슨과 영국의 해밀턴(W. D. Hamilton, 1936-2000) 그리고 도킨스, 이 세 사람 중에 유전자를 직접 연구한 사람은 아무도 없다. 해밀턴은 곤충의 행동을 연구하는 군생곤충학자였다. 도킨스는 그의 주요 저서 『이기적 유전자』 서문에서 말하기를, "이 책은 공상과학 소설(Science Fiction)처럼 읽혀야 할 것이다"라고 말한다(137). 이 책은 유전자에 대한 정확한 과학적 연구에 기초한 것이 아니라 공상(fiction)에 기초한다는 것이다. 도킨스는 공상과학 소설을 과학처럼 말하였고, 수많은 학자가 이를 수용하였다.

바우어 교수에 따르면 유전자는 외부의 도움 없이는 그 자신을 증식할 수 없다. 하나의 생명이 시작할 때 이미 존재하던 수많은 분자가 협동한다. 하나의 유전자의 생명이 시작할 때부터 "분자들의 협동"(Kooperation von Molekülen, 138)이 있었다. 유전자가 생성되어 활동하기 위해서는 단백질(Protein)이 필요하고 단백질이 생성되기 위해서는 단백질의 구성을 잘 아는 유전자가 있어야 한다. 유전자와 유전자에 의해 구성되는 유기체는 명령자와 복종자, 목적과 수단의 관계에 있는 것이 아니라 상호 의사소통과 협동 속에 있다. 유전자가 유기체를 조정하기도 하고 유기체에 의해 조정되기도 한다. 결론적으로 "유전자는 끊임없이 환경과 소통한다. 그들은 우리 육체의 위대한 소통자들(Kommunikatoren)이다. 유전자들 서로 간의 관계에서는 물론 환경에 대해서도 유전자는 서로 협동하는 그물망(Netzwerk)이다.…우리의 뇌뿐만 아니라 우리의 유전자도 우리를 협동적 존재(kooperative Wesen)로 구성하였다"(160).

6. 영국의 동물학자 매트 리들리는 유전자가 이기적이라는 주장에 일면 동의하면서 유전자의 공동체성 혹은 사회성을 주장한다. 이것은 생물학적으로 증명된다고 그는 말한다. 하나의 유기체는 수백만 개의 개별 세포들의 집합체인데, "세포들은 모두 나름대로 자급자족을 하지만 동시에 일개미처럼" 모여서 유기체를 형성하고 이 유기체에 의존한다. 물론 세포들이 혼자 사는 경우도 있다. 그러나 "각각의 세포들도 사실은 집합체다.…우리 몸을 이루는 세포들 자체가 연합이다"(Ridley 2001, 29). 세포의 핵 안에는 많은 수의 유전자를 가진 46개의 대 염색체가 있다. 이 염색체들도 혼자 기능하는 것이 아니라 "23개의 쌍으로 팀을 이루어 기능한다.…염색체도 유전자들의 협동체다.…유전자들은 팀을 구성해 상호 긴밀하게 엮인 수천 개 유전자의 팀, 즉 염색체를 형성한다." 요약하자면, "유전자는 협동해서 염색체를 만들고, 염색체는 협동해서 게놈(genome)이 되고, 게놈은 협동해서 세포를 형성하고, 세포는 협동해서 복합 세포를 이루고, 복합 세포는 협동해서 (유기체) 개체를 만들고, 개체는 협동해서 군체를 이룬다. 한 마리의 꿀벌조차도 겉보기와는 달리 아주 높은 수준의 협동을 하며 산다"(30).

여기서 생물계의 본성은 이기성이 아니라 공동체적 협동 내지 상부상조로 나타난다.

리들리에 따르면 "인간의 정신은 사회성과 협동성과 신뢰성을 지향한다.…인간은 사회적 본능을 가지고 있다." 그는 "본능적인 협동 지향성"을 가진다. "협동 지향성은 크로포트킨이 생각했던 것처럼 동물 세계의 보편적 특성이 아니라 인간을 다른 동물들과 구별 짓는 인간만의 고유한 특성이다"(343-344). 인간은 단지 이기적 유전자의 명령에 복종하는 이기적 기계가 아니라 "사회적 협동을 추구하는 본능"을 가진 존재다(363). 이 본능으로 말미암아 길드, 공제조합, 상조회, 사회적 약자를 보호하고자 하는 복지제도 등이 인류 역사에 나타난다. 실제 인류는 오랜 세월 동안 협동을 통해 발전해 왔다.

앞서 기술한 학자들 외에도 삶을 장려하는 관계성을 생명의 기본원리라고 주장했던 독일의 생물학자 야콥 폰 윅스퀼(J. von Uexküll, 1864-1944), 경쟁과 투쟁 대신에 상생을 "진화의 새로운 원리"라고 보았던 미국의 린 마굴리스(L. Margulis, 1938-2011) 등의 학자들도 사회성과 이타성, 협동과 상생이 인간의 본래적 본성이라고 말한다. 이에 관한 몇 가지 실화를 보기로 하자.

> 서울 어느 버스 정류장 부근에 튀김 종류를 파는 포장마차가 하나 있고, 그 옆에는 허름한 좌판을 펼쳐놓고 꽃을 파는 할머니 한 분이 앉아계신다. 해가 서산으로 넘어가자 할머니는 좌판을 정리하고 포장마차 뒤편에 얼마 안 되는 꽃 뭉치를 감춘다. 집으로 돌아가기 위해서다. 그때 포장마차 사장님이 할머니에게 만 원짜리 한 장을 건넨다. 할머니는 고사한다. "내가 왜 이 돈을 받아?" 포장마차 사장님은 재차 돈을 쥘러주며 말한다. "할머니, 제발 그러지 말고 그냥 받으세요. 오늘 꽃을 하나도 못 팔았잖아요. 나는 그래도 튀김을 조금

팔았으니 할머니보다는 형편이 훨씬 낫잖아요. 할머니, 집에 들어갈 때 그냥 빈손으로 가지 마시고 저녁거리라도 하나 사서 들어가세요. 제발요." 고단한 일과를 마치고 귀가하던 중 이것을 본 김요한 목사는 할머니가 떠난 후 아무 것도 모른 척 포장마차로 다가가 튀김을 만 원어치 사서 발걸음을 옮긴다(김요한 2020, 158f.).

부천시 오정동 영안모자회사의 백성학 명예회장은 1950년 12월 평안북도 원산에 살던 가족과 헤어져 혼자 남한으로 넘어왔다. 열 살 어린 나이에 고 아가 된 그를 미군 부대가 거두어주었다. 여기서 그는 작은 심부름꾼 "쇼리"(shorty)로 허드렛일을 하면서 "빌리"라는 이름의 미군을 만났다. 빌리는 그를 친동생처럼 돌봐주었다. 예의범절과 영어까지 가르쳐주었다. 빌리는 6.25 전쟁이 끝나기 한 달 전쯤, 북한군 포격에 화상을 입고 냇물에 빠졌던 쇼 리를 구조하여 화천병원에 데려다주기도 하였다. 1953년 7월 전쟁이 끝나면 서 빌리가 미국으로 돌아갔다. 두 사람 사이의 연락이 끊겼다. 쇼리는 서울 종 로 한 모자 제조공장에 취업하였다. 한 푼 두 푼 모은 돈으로 그는 1959년 서 울 청계천에 모자 노점을 차렸다. 노점은 회사로 발전하여 미국으로 모자를 수출하기에 이르렀다. 당시 모자 업계에 영어 하는 사람이 없어서 미국 바이 어들이 그의 회사로 모여들었다. 사업이 자리를 잡게 되자 백 회장(쇼리)은 가 장 먼저 빌리를 찾았다. 그러나 "빌리"란 이름의 사람을 찾을 수 없었다. 빌리 에 대한 그리움에 그는 1985년 강원도 홍천에 사회복지 시설 "백학마을"을 세우고 건물 이름을 "빌리 사랑의 집"으로 정하였다. 마침 전쟁 당시 빌리와 함께 찍은 사진이 한 장 있었다. 이 사진을 가지고 백 회장은 빌리를 찾기 시 작했다. 마침내 미국 지인들의 도움으로 빌리의 얼굴을 찾아냈다. 그의 본명 은 데이비드 비티(Beattie)인데, 비티를 빌리로 들었던 것이었다. 1989년 두 사 람은 미국에서 재회했다. 빌리는 필라델피아 빌딩 청소부로 일하고 있었다.

그들의 재회 이야기는 "리더스 다이제스트" 1990년 2월호에 실렸다. 빌리는 2010년 세상을 떠났다. 백 회장은 빌리의 자녀와 손자들이 미국 내 자기 회사에 근무할 수 있도록 하고, 대학에 진학한 빌리의 손자에게 장학금을 지원하였다. 지금도 그는 빌리의 가족과 연락을 한다(조선일보 2023. 10. 24. A8).

2022년 10월 26일 경북 봉화에 있는 아연광산의 수직 갱도가 붕괴했다. 작업조 7명 중 5명은 곧 구조되었고, 82년부터 광부로 살았던 작업반장 박정하 씨(62세)와 나흘밖에 안 된 신참 광부 1명이 지하 190m 갱도에 매몰되었다. 가지고 들어갔던 30개의 커피믹스를 물에 타 마시며 평균 14도의 추위를 견디었으나, 구조대의 발파 소리는 들리지 않았다. 커피믹스와 물도 떨어져 암반 틈에서 떨어지는 역겨운 물을 받아 마시면서 버티었다. 헤드램프 배터리도 거의 방전되어 곧 암흑천지가 될 지경에 이르렀다. 그래도 박정하 씨는 희망의 끈을 놓치지 않았다. 광산 바깥에 있는 막장(작업장) 동료들도 동지의 생명을 구하기 위해 사투를 벌였다. 드디어 "발파!"하고 외치는 소리가 들렸다. 221시간, 그러니까 9일 5시간 만에 두 사람은 구조되어 안동병원으로 이송되었다. 병원에서 퇴원한 박 씨는 먼저 봉화소방서로 찾아가 구조대원들에게 감사 인사를 드렸다. "감사는요, 살아와 주셔서 고맙습니다!" 사력을 다해 자기를 구해준 사람들이 자기에게 "고맙다"라고 말하는 것이다. 이 말에 박 씨는 감동을 받았다. "우리 사회는 좋은 사회구나. 좋은 사람이 더 많아서 지탱되는구나!"

2023년 7월 13-15일 충북 청주에 비가 500mm 넘게 쏟아져, 15일 오전 8시 30분쯤 오송읍 궁평 2지하차도 근처의 제방이 터졌다. 엄청난 양의 빗물이 지하차도로 쏟아져 들어왔다. 빗물에 떠밀리는 많은 승용차와 버스와 함께 운전기사 윤병조 씨의 14톤 트럭도 물에 잠겨 엔진이 꺼져버렸다. 빗물이 운전석 안으로 들어왔다. 윤 씨는 공구를 찾아 조수석 유리창을 깨고 운전석 지붕 위로 피신하였다. 20대 여성이 트럭의 사이드미러를 붙잡고 매달려 있는 모습이 보였다. 윤 씨는 무의식적으로 여성의 손목을 붙들고 위로 끌어당겼지만, "이 손 놓으세요"라고 말했다. 생명을 포기한 것이다. 윤 씨는 여성의 허리춤을 잡고 운전석 지붕 위로 온 힘을 다해 끌어올렸다. 지붕에서 미끄러지면 물에 휩쓸리는 위험 속에서 윤 씨는 두 사람의 남자를 더 구하였다.

2005년 12월 16일, 흑고래 한 마리가 그물에 몸이 칭칭 감겨 샌프란시스코 해변 가에 떠밀려 왔다. 고래는 탈진상태였다. 무게 50톤, 길이 16미터의 고래를 구하기 위해 네 명의 잠수부들이 나일론 그물을 잘라내는 데 한 시간 이상이 걸렸다. 고래를 다시 물속으로 끌어넣어야 하는데, 고래가 꼬리로 한 방만 치면 잠수부는 즉사할 수 있었다. 그러나 고래는 얌전히 기다렸다. 고투 끝에 물속으로 구조된 고래는 잠수부들 주위를 맴돌다가 잠수부들에게 코를 들이대었다. 감사의 키스였다. "고래는 자기의 주인을 발견한 강아지처럼 사람들에게 사랑을 보였다"라고 한 잠수부는 말하였다(Bauer 2006, 225f.).

한국에는 매년 전국 각지에서 열리는 마라톤 대회가 300개에 이른다고 한다. 겨울을 제외하면 거의 매일 어디선가 마라톤 대회가 열리는 셈이다. 마라톤 인구는 700만 명으로 추산된다. 2023년 10월 춘천마라톤에 약 2만 명이 참가하였다. 세상을 떠난 아들이 그리워 아들이 달렸던 코스를 다시 달리는 어머니, 갑자기 시력을 잃고 실의에 빠진 남편의 손을 붙잡고 달리는 아내 등, 갖가지 사연을 가진 갖가지 사람들이 함께 달린다. 목표 지점에 도착했을 때 세상 모든 어려움을 이길 수 있을 것 같은 자신감, 낯선 사람들과 동지가 되어 "함께 해낸다"라는 뿌듯한 느낌! 이들에게 마라톤은 "가장 간절한 삶의 고백이요, 서로를 향한 가장 애틋한 응원"이라고 한 참가자는 말한다.

"부자인 채로 죽는 것은 부끄러운 일"이라면서 현재 가치로 3000억 달러가 넘는 재산을 사회에 환원한 미국의 철강 왕 앤드루 카네기, 자신의 기업을 종업원 지주회사로 전환하고 "손녀 대학 학비 1만 달러만 남기고 전 재산을 교육, 사회사업에 기부하라"는 유언장을 남긴 유한양행 창업자 유일한 박사, 10달러짜리 전자시계를 차고 방 두 칸짜리 임대주택에 살면서 자기의 전 재산을 사회에 기부한 미국의 거부 찰스 피니, "소수의 부자와 수많은 빈자로 귀결되는 자본주의가 아닌 새 자본주의 형성을 원한다"라면서 30억 달러가 넘는 회사 지분을 환경단체에 기부한 친환경 아웃도어 브랜드 "파타고니아"의 창업주 이본 쉬나드, 연매출 70조원, 종업원 13만 명의 초우량 기업의 지분을 사회에 기부하고 은퇴한 일본의 교세라 창업자 이나모리 가즈오, 알게 모르게 수백억 원을 기부하고 세상 떠날 때 "성경책만 가져가겠다"라고 말한 한국 영화배우 신영균 선생, "내게 필요한 것은 점심, 저녁 먹을 흰 쌀밥 두 그릇뿐"이라면서 전 재산 8,100억 원을 기부하기로 약속하고 지하철 타고 다니는 홍콩 영화배우 주윤발 따거(兄)를 위시한 수많은 크고 작은 기부자들, 제2차 세계대전 당시 폴란드에서 자신의 재산을 탕진하며 1,200명의 유대인을 구한 독일인 사업가 오스카 쉰들러(O. Schindler)는 우리 인간 속에 잠재한 협동과 상생의 공동체적 본성을 보여준다.

7. 결론적으로 인간은 개인주의적 이기성과 사회적, 공동체적 상생의 본성을 함께 가진 양면성의 존재다. 그는 천사와 악마 사이의 다리 위에 있는 존재다. 그의 존재는 죽음의 순간까지 하나의 "실험"(Experiment)이다. 니체는 이것을 다음과 같이 말한다. "인간은 짐승과 초인(Übermensch) 사이에 걸려 있는 밧줄이다. 깊은 심연 위에 있는 밧줄이다…"(Nietzsche 1975, 11). 지구의 세계화와 함께 인간 본성의 양면성도 세계화하고 있다. 이기주의와 범죄의 세계화가 일어나는 동시에 국제기구를 통한 협동과 나눔과

상생의 세계화도 함께 일어난다.

개인주의적 이기적 본성과 공동체적 상생의 본성, 이 두 가지 중에 어느 것이 더 강할까? 인간의 경우 이기적 본성이 더 강한 것처럼 보이기도 한다. 어느 인간 조직이든지 이기적인 사람이 우세하다. 그래서 세월이 갈수록 "사람들은 더 영악해진다" 혹은 "세상은 더 악해진다"고 사람들은 한탄한다.

그러나 공동체적 상생의 본성이 이기적 본성보다 더 강하다는 것을 우리는 아주 쉽게 볼 수 있다. 우리가 이웃을 속이거나 악한 일을 하면 양심의 가책을 느낀다. 기분이 좋지 않다. 그 반면 선한 일을 하면 마음이 기쁘고 기분이 좋아진다. 하는 일도 더 잘 된다.

기분을 좋게 하는 것과 기분을 나쁘게 하는 것 중에 어느 것이 더 강한가? 기분을 좋게 하는 것이 더 강하다. 어떤 근거에서 그렇게 말할 수 있는가? 우리는 기분을 좋게 하는 것을 좋아한다. 반면 기분을 나쁘게 하는 것은 싫어한다. 나의 기분을 나쁘게 만드는 것을 멀리하고 기분 좋게 하는 것을 가까이한다. 내가 좋아하고 가까이하는 것이 내가 싫어하고 멀리하는 것보다 더 큰 힘을 가진다. 곧 우리의 마음을 기쁘게 하는 공동체적 본성이 우리의 마음을 기분 나쁘게 만드는 이기적 본성보다 우세하다. 그래서 어떤 사람은 이웃을 구하기 위해 자기의 생명을 희생하기도 한다. "지원금 하나도 안 받고 열정적으로 일하는 사람들", 응급수술실에서 밤새 사투를 벌이는 의사와 간호사들도 있다.

다른 예를 든다면, 우리가 공공질서를 지키면 마음에 떳떳함을 느낀다. 무언가 기분이 좋다. 반면 공공질서를 깨뜨리면 무언가 부끄럽고 죄책감을 느끼기도 한다. 마음을 떳떳하게 하는 것과 마음을 부끄럽게 하는 것, 둘 중에 어느 것이 강한가? 마음을 떳떳하게 하는 것이 더 강하다고 말할 수 있다. 우리는 떳떳하고 기분 좋게 하는 것을 더 좋아하고 우리의 마음을 부끄럽게 하고 기분 나쁘게 하는 것을 싫어하기 때문이다. 그래서 공공질서를 지키며 살려는 사람들이 더 많다. 세금 포탈자보다 세금 성실 납부자가 더 많다. 교통질서를 어기며 이기적으로 운전하는 사람보다 교통질서를 지키며 상호 협동적으로 운전하는 사람이 더 많다.

인간 세상이 유지되는 것은 이기적 본성보다 공동체적 본성이 더 우세하기 때문이다. 만일 이기적 본성이 더 우세하다면, 그래서 모든 사람이 이기적으로 산다면 부패와 살인이 만연할 것이고 인간 세상은 급속히 붕괴할 것이다. 이기적 본성이 우세한 사회는 언젠가 멸망하는 반면, 공동체적 본성이 우세한 사회는 번성한다는 것이 역사의 철칙이다. 언론 보도에 따르면 인간의 세계에는 범죄자들만 있는 것처럼 보인다. 그러나 그것은 인간 세계의 한 부분일 뿐이다. 범죄자의 수는 전체 인구의 2%도 되지 않는다고 한다. 한 연극 연기자는 이렇게 말한다. 서로 도와가며 "복을 짓고 덕을 쌓는 방에 모인 사람들"이 "그저 서로의 존재를 확인하는 것만으로도 (이 세상은) 꽤 살아볼 만한 세상"이 아닌가!(어려운 연극인을 돕는 재단 「복덕방 2005」 길혜연 배우의 말)

6. 행복하게 사는 길은 무엇인가?

1. 이 땅에 있는 모든 생명은 행복하게 살기를 원한다. 불행하게 살기를 원하는 생명은 없을 것이다. 행복해야 생명을 유지할 수 있다. 계속 불행하면 죽을 수밖에 없다. 인간도 마찬가지다. 인간도 행복하게 살면서 자기 생명을 유지하고자 한다. 행복은 땅 위 모든 생명의 보편적 희망이다. 모든 피조물이 행복해야 사회와 자연계가 유지될 수 있다. 하나님도 모든 피조물이 행복하게 살기를 바란다. 그는 사랑이기 때문이다.

행복하게 살 수 있는 길은 무엇인가? 행복의 조건은 무엇인가? 행복의 첫째 조건은 굶주린 배를 채우는 일이다. "수염이 석 자라도 먹어야 양반"이다. 충분히 먹어야 몸의 건강을 유지할 수 있고, 행복하게 살 수 있다. 하나님께 아무리 기도해도 굶주리면 죽는다. 그래서 기도원에도 식당이 있다. 하나님 나라는 굶주린 사람들이 먹는 데서부터 시작한다. 그래서 하나님은 이스라엘 백성에게 "젖과 꿀이 흐르는 땅"을 약속한다. 예수님은 굶주린 사람들에게 먹을 것을 마련해주신다(오병이어의 기적). 그는 생명을 살리는 "생명의 떡"을 배고픈 사람들에게 나누어주셨다.

　　일반적으로 종교는 물질을 헛된 것, 무의미한 것이라고 가르친다. 그러나 이 가르침은 타당하지 않다. 그렇게 가르치는 종교일수록 더욱 물질을 탐한다. 물질 그 자체는 헛된 것, 무의미한 것이 아니다. 물질은 땅 위에 있는 모든 유기체의 생명 유지에 필요한 기본요소다. 물질은 행복한 삶을 가능케 하는 기본 조건이다. 그래서 땅 위의 모든 생명은 물질을 얻으려고 기를 쓴다. 생명체들의 이 같은 노력은 악한 것이 아니다. 그것은 극히 자연스러운 것이고 필요한 것이다. 만일 이러한 노력이 없다면 생명계가 유지될 수 없을 것이다. 모두 굶어 죽거나 얼어 죽고 말 것이다.

　　어느 생물을 막론하고 내일은 불확실하다. 예수님은 내일을 염려하지 말라고 하지만, 과연 하나님이 내일 나에게 필요한 것을 주실지 확실하지 않다. 주시고 싶으셔도 천재지변으로 못 주실 수도 있다. 그래서 인간은 불안을 느낀다. 이때 이기성이라는 이름의 사탄이 인간에게 속삭인다. "내일 너에게 필요한 것을 내일 얻을 것이란 보장이 어디 있느냐? 내일 너에게 필요한 것을 오늘 얻어서 저장하여라! 내일을 준비하는 현명한 자가 되어야 하지 않겠느냐? 개미들도 그렇게 하지 않느냐?" 그래서 인간은 내일을 위해 저장한다. 저장하고 보니 내일의 내일이 또 불확실하다. 그래서 인간은 또다시 사탄의 음성에 넘어간다. "내일의 내일, 그다음의 내일, 아니,

네 평생에 필요한 것을 저장해 두어라. 가능한 한 더 많이 저장해 두어라. 그래야만 너는 더 안전하게, 더 행복하게, 더 즐겁게 살 수 있다. 모든 사람의 중심에 설 수 있다. 존경도 받고 권력을 가질 수 있고 수많은 미녀를 거느릴 수도 있다. 많이 가져야 네 후손의 생명을 지킬 수 있고, 네 유전자를 자자손손 확장할 수 있다!"

인간은 사탄의 유혹에 넘어간다. 그는 무한한 소유의 욕망에 사로잡힌다. 아무리 많이 소유해도 만족하지 못한다. 지금 가진 것은 잊어버리고 "아직 갖지 못한 것"을 바라본다. 그는 더 많이 얻고자 하는 욕망의 노예가 된다. 명품을 하나 구매하면 그 기쁨은 잠시뿐, 또 다른 명품이 보인다. 아파트 한 채를 가지면 두 채가 보인다. 수백억, 수천억의 돈을 가져도 만족하지 못한다. 살기 위해 소유하는 것이 아니라 소유하기 위해 살게 된다. 존재하기 위해 소유하는 것이 아니라 소유하기 위해 존재한다. "존재"(Sein)가 아니라 "소유"(Haben)가 삶의 중심이 된다. 행복한 삶을 얻기 위해 더 많이 소유했는데 행복은 보이지 않고 계속 불만족을 느낀다. 소유가 많을수록 행복은 더 멀어진다. 소유 때문에 더 많은 걱정이 생기고 가족들 사이에, 친구들 사이에 분쟁이 일어나고 상호 간에 원수가 된다. 이것이 인간의 실존이다. 이에 우리는 질문할 수 있다. 우리의 삶을 행복하게 할 수 있는 것은 무엇인가?

2. 미국 뉴욕의 몇몇 학자들(E. Delcy, R. Ryan 등)은 오랫동안 소유와 행복의 관계를 조사하였다. 그들은 많은 소유를 가진 사람들이 적은 소유를 가진 사람들보다 더 행복한가를 조사하였다. 조사 결과 그들은 물질주의적 가치를 추구할수록 삶의 질이 더 떨어진다는 사실을 발견하였다("The more materialistic values are at the center of our lives, the more our quality of life is diminished", Meyer-Abich 2006, 44에서). 쉽게 말해, 더 많이 소유할수록 삶의

질이 더 떨어진다, 곧 불행해진다는 것이다. 그 원인은 무엇일까? 그 이유를 분석해 본다면,

1) 이기성은 인간과 인간의 분리, 관계의 단절을 초래한다. 언제나 더 많은 것을 얻고자 하는 욕심, 언제나 자기가 모든 것의 중심이 되고자 하는 욕망이 이웃과의 정다운 만남을 불가능하게 만들기 때문이다. 이웃은 삶을 함께 나눌 수 있는 친구가 아니라 나를 위해 있는 존재, 나에게 더 큰 소유를 주어야 할 존재, 내가 싸워 승리해야 할 경쟁자로 간주된다. 나의 소유를 빼앗아갈 수 있는 위험한 존재로 보이기도 한다. 나와 너, 주체와 객체를 분리하고 너를 이용대상, 상품적 대상으로 보는 주객도식이 그의 의식을 지배한다. 부유해질수록 사람들은 모래알처럼 살아간다. 이것을 필자는 몸으로 체험하고 있다. 필자가 어릴 때 우리 국민 거의 모든 사람들은 무척 가난하였다. 그러나 동네 사람들이 서로 도와가며 사는 것을 눈으로 볼 수 있었다. 그 반면 한국 경제가 세계 10권에 든다는 요즘, 같은 아파트에 사는 사람들이 승강기 안에서 만나도 인사를 나누지 않는다. 그래서 생각하게 된다. "물질적으로 부유해질수록 사람들은 모래알처럼 사는구나!"

2) 모래알처럼 사는 사람은 외롭다. 이기성은 인간을 외롭게 만든다. 이기적일수록, 소유가 많을수록 인간은 더 외로워진다. 그러면서도 교만하다. 교만 속에서 외롭고, 외로움 속에서 교만하다. 이웃과 만나도 피상적으로 만난다. 대화를 해도 겉도는 대화를 가질 뿐이다. 자기의 참모습을 보이는 것을 피한다. 물론 돈이 많기 때문에 많은 지인과 친구들이 그에게 모여든다. 그러나 이들의 관계는 이기적인 관계, 상업적 관계일 뿐이다. 마음과 마음이 만나는 경우는 드물다. 많은 지인과 친구들은 자기의 사회적 세(勢)를 과시하는 수단이기도 하다. 나의 자아가 모든 것의 중심이 될 때 나 아닌 다른 사람들은 나의 변두리에 있게 된다. 그들은 나를 위해 존재하는

변두리 존재에 불과하다. 그들은 나를 위해 존재하는 대상일 뿐이다. 이리하여 이기적인 인간은 자기 홀로 살아간다. 그는 많은 소유와 많은 지인과 친구들 속에서 외롭다. 모두가 경계의 대상이다.

3) 외로움(loneliness)은 많은 문제를 유발한다. 외로우면 밥맛도 떨어진다. 잠도 잘 오지 않는다. 외로움이 심해지면 심리적 불안과 우울증에 빠진다. 누구도 나에게 관심을 보이지 않으며 나를 무시하는 것처럼 보인다. 열등감에 빠져 대인 기피증과 공포증을 얻게 된다. 이것은 단지 개인의 문제가 아니라 사회적 문제이기도 하다. 연구 결과에 의하면 극심한 외로움은 하루에 담배 열다섯 개비를 피우는 것만큼 건강에 심각한 위협을 가한다. 외로움을 지속적으로 느끼면 우울증이나 불안 장애와 같은 정신 질환을 겪을 확률이 30%에 달한다고 한다. 그래서 2023년 10월 세계보건기구는 외로움을 "세계 보건에 대한 심각한 위협"으로 규정하였다. 이 모든 현상 뒤에는 인간의 이기적 본성이 숨어 있다.

4) 이기성은 먼저 소유에 대한 불안감을 일으킨다. 더 많은 소유를 가지면 불안 없이 안전하게 살아갈 수 있으리라고 생각했는데, 도리어 소유가 많아질수록 인간은 소유에 대해 더 큰 불안감 속에서 살게 된다. 개체주의적 이기성은 인간을 먼저 자기의 소유에 대해 불안한 존재로 만든다. 지금 내가 소유하고 있는 것이 감소하거나 없어지지 않을까, 누가 나의 소유를 빼앗아가지 않을까, 지금의 소유를 어떻게 지킬 것인가, 소유의 가치가 떨어지지 않을까, 어떻게 하면 소유의 가치를 더 높일 것인가에 대한 불안과 걱정이 떠나지 않는다. 그래서 소유가 많을수록 걱정이 더 커진다. 그래서 부자는 잠을 제대로 자지 못한다(전 5:12). 자기 자아가 모든 것의 중심이 된 인간은 불안하다. 사실상 그는 혼자 있기 때문이다. 이웃과의 공동체성이 사라지고 모든 사람이 경계대상이 되어버렸기 때문이다.

5) 더 많이 소유할수록 인간은 만족할 줄 모르는 존재가 되어버린다.

아무리 많이 소유해도 만족할 줄 모르는 것이 인간이다. 소유한 것이 많을수록 더 많이 얻고자 하는 것이 인간이다. 언제나 더 많이 소유하고자 하는 욕망에 사로잡혀 있기 때문에 지금 가진 것에 만족할 수 없다. 밑 빠진 독에 아무리 물을 부어도 그 독은 채워지지 않는다. "돈 좋아하는 사람은 돈이 아무리 많아도 만족하지 못하고, 부를 좋아하는 사람은 아무리 많이 벌어도 만족하지" 못한다(전 5:10).

근본 원인은 인간의 무한한 이기성, 자신의 유한성과 제한성에 대한 의식에 있다. 자기가 모든 것의 중심이 되는 길은 모든 것을 소유하는 데 있다. 모든 것이 자기의 지배대상이 될 때 자기가 모든 것의 중심이 될 수 있다. 그러나 제한되고 유한한 인간이 모든 것을 자기 소유와 지배대상으로 삼는 것은 불가능하다. 그는 죽음이라는 제약에 매인 유한한 존재이기 때문이다. 뛰어넘을 수 없는 죽음의 벽, 삶의 제한성 앞에서 그는 삶의 갈증을 느낀다. 그는 가능한 한 더 길게 살고 싶다. 영원히 살고 싶다. 무한히 소유하고 싶다. 소유한 것을 영원히 누리고 싶다. 그러나 이것은 불가능하다. 인간은 유한하기 때문이다. 유한하기 때문에 일어나는 생명과 소유에 대한 무한한 갈증, 그 속에 깊이 숨어 있는 인간의 무한한 이기성, 그 앞에서 인간은 아무리 많이 가져도 만족하지 못한다. 가지면 더 가지고 싶다. 인간의 성욕도 마찬가지다. 유한은 무한을 채울 수 없다.

6) 개체주의적 이기성은 삶의 공허함과 허무감을 초래한다. 더 많이 소유할수록 인간은 삶의 공허함을 느끼게 된다. 가난에서 벗어나려고 열심히 일하여 이제 살만하게 될 때 삶의 공허함, 허무감이 찾아온다. 친구들이 모이면 모두 하는 얘기가 "인생이 허무하다"라고 말한다. 열심히 일하여 이제 만족할 만한 소유를 얻었다면 삶의 충만함을 느껴야 할 텐데, 거꾸로 삶의 공허와 허무를 느끼는 것은 무엇 때문일까? 그 이유는 매우 간단하다. 더 많은 소유가 우리에게 참 기쁨과 삶의 충만함과 만족을 주지 못하

기 때문이다. 그래서 공허함과 허무감을 느끼게 되고 삶의 질이 떨어진다. 그래서 더 많은 섹스 상대와 마약을 찾는다. 그래도 삶의 참 기쁨과 만족을 느끼지 못한다. 그렇게 사는 것이 인간의 본래성이 아니기 때문이다. 그래서 마지막에 자살 충동을 느끼게 된다고 어느 재벌의 아들은 고백하였다.

삶의 공허함과 허무감은 인간 존재의 유한성에서 오기도 한다. 죽음의 문턱 앞에서 세계의 모든 것은 공허하고 무의미하게 느껴진다. 자기가 소유한 모든 것은 죽음 앞에서 아무런 의미도 갖지 못하기 때문이다. 자기가 모든 것의 중심이 되기를 원하는 인간의 이기성은 죽음을 거부한다. 죽음은 그에게 모순이다. 그러나 그는 죽음을 피할 수 없다. 죽음은 인간의 이기성이 허무하다는 사실을 드러낸다. 이기적인 삶 자체의 공허함과 무가치함을 드러낸다. 그래서 부유한 사람들도 이렇게 말한다. "헛되고 헛되니, 세상만사 헛되다!"

7) 신학적으로 말한다면 더 많이 소유할수록 삶의 질이 더 떨어지고 불행하게 되는 궁극 원인은 하나님의 창조질서, 곧 자연질서를 지키지 않고 그것을 깨뜨리기 때문이다. 출애굽기 16장에 따르면 "각자 먹을 만큼씩만"(출 16:16) 거두는 것, 주기도문에 따르면 "오늘 우리에게 필요한 양식"만(마 6:11) 거두는 것이 하나님의 창조질서요 자연질서다. 물론 우리는 이 말씀을 축자적으로 이해할 필요는 없을 것이다. 이 말씀의 참뜻은 과도한 소유욕을 버리고 각자의 삶에 필요한 만큼만 취하라는 것이다. 엄청나게 많이 소유한 자와 소유하지 못한 자 사이의 괴리와 사회적 분열과 대립을 피하고 평화롭게 공존하는 세상을 이루며 마음의 평화를 얻으라는 것이다. 이것이 하나님의 창조질서요 자연질서다. 이 질서를 깨뜨리기 때문에 더 많이 소유할수록 삶의 질이 떨어지게 된다.

오늘날 많은 사람이 갖가지 질병에 시달린다. 부유한 나라일수록 환자가 더 많다고 한다. 연구 결과에 따르면, 부유한 사람들일수록 우울증,

불안감, 불면증, 두통, 소화불량, 식욕감퇴, 의욕 상실, 허리통증, 심리적 자기 도착 등으로 고통을 호소하는 일이 더 많다. 고독, 불안, 불만족, 삶의 공허함과 허무감은 몸의 활력을 약화시키고 신체적, 정신적 질병을 유발한다. 바이러스에 대한 면역력도 약화시킨다.

개체주의적 이기성은 인간을 불행하고 불쌍한 사람으로 만든다. 돈은 많지만 외로운 사람, 무엇 때문에, 무엇을 위해 살아야 할지 모르는 사람, 고독과 허무감과 불면증에 시달리는 사람이 되어버린다. 자녀들은 일하지 않아도 항상 돈이 넘치게 있으므로 땀 흘리며 일할 필요가 없다. 먹고 마시며 즐기는 것이 일이 된다. 일하지 않는 사람은 사회적 존재감을 느낄 수 없게 되고 자신을 사회의 오물처럼 인식하게 된다. 명품중독, 알콜중독, 섹스중독, 값비싼 외제 스포츠카, 나이트클럽과 마약에 빠져 살게 된다. 부모에게 이보다 더 큰 불행은 없을 것이다.

3. 이에 반해 공동체적 상생의 본성을 따를 때 이웃과의 소통과 유대관계(Solidarität)가 형성된다. 이웃과의 유대관계는 삶에 대한 기쁨과 만족감과 정신적 안정감을 준다. 무엇을 소유할 때의 기쁨은 금방 사라지지만, 어려운 이웃을 도울 때 경험할 수 있는 기쁨은 두 배가 되어 아름다운 삶의 역사를 만든다. 그래서 받는 자의 기쁨보다 주는 자의 기쁨이 더 크다고 한다. 마음이 기쁘면 몸도 기뻐한다. 인간의 몸과 마음은 결합해 있기 때문이다. 몸과 마음이 기쁘면 우울증, 불안증, 불면증 등도 사라진다. 질병에 대한 면역력도 더 강해진다. 삶의 보람을 느끼게 된다. 이기적 본성은 인간을 자기밖에 모르는 개체적 존재, 불안하고 자기 안으로 쪼그라진 존재로 만드는 반면 사회적, 공동체적 본성은 인간을 인간적이고 풍요로운 존재로 만든다. 이기적 본성은 인간을 부자유한 존재로 만드는 반면 공동체적 본성은 인간을 자유롭게 만든다. 전자는 사람의 표정을 어둡고 불안하

고 공격적으로 만드는 반면 후자는 인간의 마음을 밝고 명랑하게 만든다. 전자는 인간을 폐쇄적인 존재로 만드는 반면 후자는 인간을 개방적이고 친교적인 존재로 만든다.

이것을 필자는 한국의 역사 과정에서 볼 수 있었다. 1960-70년대의 한국은 세계에서 가장 가난한 나라에 속했다. 오늘의 에티오피아, 필리핀보다 더 가난했다. 이에 비해 오늘날 한국은 세계 10대 경제 대국이 되었다. 물론 빈부격차가 심하지만, "민중도 자가용을 타고 다니는" 사회가 되었다. 그런데 무척이나 가난했던 그 당시 한국인들의 표정은 대체로 평화롭게 보였다. 누가 자살했다는 이야기를 들을 수 없었다. 이에 비해 오늘날 한국 사회에는 무겁고 어두운 표정, 무엇에 쫓기는 듯 초조한 표정들이 많이 보인다. 인구 대비 자살자 수는 세계 1등이다. 신생아 출생 수는 세계 꼴찌다. 행복하다는 사람은 아무도 없다. 모두 다 "죽겠다"고 한탄한다. 그래서 사람들은 말한다. "행복은 물질에 비례하지 않는다." "돈과 행복은 별개다!"

그러나 제도금융권에서 대출을 받을 수 없어서 불법 대부업자에게서 받은 사채에 연 100%, 500%, 심지어 1,500%의 이자 협박을 당하는 사람들에게 이 같은 얘기들은 "등 따시고 배부른 사람들"의 이야기로 들릴 것이다. "수고하고 무거운 짐 진"(마 11:28) 이들에게 당장 필요한 것은 돈이다. 불법 대부업자들의 협박을 벗어나 그들에게 생명을 줄 수 있는 돈이 그들의 구원자다. 그들에게 행복을 줄 수 있는 것은 행복에 관한 학자들의 이야기가 아니라 돈이다. 우리 모두 이들에게 충분한 돈이 주어져서 그들이 마포대교로 향하지 않는 세상이 되기를 바랄 뿐이다. 일가족이 자살했다는 얘기가 들리지 않았으면 좋겠다.

그러나 돈이 좀 생기면 유흥가나 도박판을 찾는 것이 죄 된 인간의 모습이다. 어제까지 굽신거리던 사람이 오늘 어깨에 힘을 준다. 재산 문제로 형제와 형제, 부모와 자식, 남편과 아내 사이에 고소 고발이 일어나고 살인 사건이 일어나기도 한다. 또 어떤 사람은 "돈에 눈이 먼 사람"이 되어 쇠고 랑을 차기도 한다. 그래서 예수님은 말한다. 떡을 먹어야만 살 수 있지만, "떡으로만 살 수 없다"(마 4:4). 돈이 있어야 하지만, 돈으로 행복할 수 없는 것이 인간의 삶의 진리다. 돈이 없으면 살 수 없지만, 돈이 쌓이면 인생의 공허함을 느낀다. 이것은 참으로 오묘한 일이다.

인간답게 살 수 있는 길, 행복하게 살 수 있는 길은 앞서 말한 하나님 의 창조질서, 자연질서를 지키는 데 있다. 독점하려 하지 않고 하나님의 선 한 뜻을 행하는 데 있다. 혼자 쌓아두지 않고 어려운 이웃을 도와가며 함께 살아가는 데 있다. 혼자 잘 살려고 하지 않고, 상부상조하며 상생하는 데 있다. 그래서 다산 정약용 선생은 자식에게 쓴 편지에서 "재물을 비밀스럽 게 숨겨두는 가장 좋은 방법은 남에게 베푸는 것이다"라고 말한다. 어려 운 이웃을 돕는 것은 "보물을 하늘에 쌓아두는 것"이다. 그것을 땅에 쌓아 두면 "좀이 먹고…도둑들이 뚫고 들어와서 훔쳐" 간다고 예수님은 말한다 (마 6:20, 21). 이 말씀 역시 하나님의 창조질서요 자연질서에 속한다. 자연의 짐승들은 땅에 쌓아두는 일을 하지 않는다. 그날 그때 필요한 것만 취할 뿐 이다.

앞서 언급한 대로 요즘 한국인들은 같은 아파트 건물 안에 살아도 인 사를 나누지 않는다. 모른 척하며 스쳐 지나간다. 그러나 아파트 승강기에 서 만난 이웃에게 "안녕하세요?" 인사를 건네면 마음이 밝아지고 명랑해 짐을 느낀다. 얼굴이 밝아지고 몸도 생기를 느낀다. 이 평범한 일상의 경험 에 행복의 길이 있다. 우선 이웃들끼리 인사를 나누어보자. 같이 일하는 사 람을 적으로 보지 말고 친구나 형제자매라고 생각해 보자. 벌써 표정이 달 라질 것이다. 하나님 나라는 표정에서부터 시작한다.

어릴 때 필자는 "심는 대로 거둔다", "피는 못 속인다"라는 말씀을 어머니에게서 여러 번 들었다. "남의 눈에서 눈물 흘리게 하면 자기 눈에서 피눈물 흘리게 된다"라는 말씀도 들었다. 성서에도 그런 말씀이 있다. "사람은 무엇을 심든지, 심은 대로 거둘 것입니다"(갈 6:7). 이웃에게 악을 행하면 악의 열매를 거둘 것이고 선을 행하면 선의 열매를 거둘 것이다. 이기적이고 악하게 살면 언젠가 쪽박 차게 될 것이고 이웃에게 선을 행하면 복이 따를 것이다. 자연에 악을 행하면 악의 열매가 따를 것이고 자연에 선을 행하면 선의 열매가 따를 것이다.

행복하게 사는 길은 선을 행하며 사는 데 있다. 이기적 본성을 따르지 않고 공동체적 본성을 따르는 데 있다. 곧 하나님의 뜻을 따라 사는 데 있다. "여러분은 모두 한마음을 품으며, 서로 동정하며, 서로 사랑하며, 자비로우며, 겸손해지십시오.…생명을 사랑하고, 좋은 날을 보려고 하는 사람은…악에서 떠나, 선을 행하며, 평화를 추구하며, 그것을 따르십시오. 주님의 눈은 의로운 사람들을 굽어보시고, 주님의 귀는 그들의 간구를 들으십니다. 그러나 주님은 악을 행하는 자들에게서는 얼굴을 돌리십니다"(벧전 3:8-12).

II

너희는 "하나님의 모습"을 보여야 한다

1. 하나님의 형상에 대한 인간중심의 해석

그동안 생명생태신학의 토의에서 "하나님의 형상"은 맹렬한 공격 대상이 되었다. 그것은 인간을 자연으로부터 구별하고 자연 위에 있는 존재로 규정함으로써 자연에 대한 인간의 교만과 정복과 지배를 정당화하였고, 마침내 자연파괴와 자연재앙을 초래한 인간중심주의의 원흉이라는 것이다. 사실 오랫동안 기독교 신학은 하나님의 형상을 인간중심으로 해석하였다. 하나님의 형상에 대한 인간중심적 해석의 내용을 살펴보자.

1. 하나님의 형상에 대한 말씀은 창세기 1:26-27에 기록되어 있다. "하나님이 말씀하시기를, '우리의 형상을 따라 우리의 모양대로 우리가 사람을 만들고, 그로 바다의 고기와 공중의 새와 육축과 온 땅과 땅에 기는 모든 것을 다스리게 하자' 하시고, 하나님이 자기 형상 곧 하나님의 형상대로 사람

을 창조하시되, 남자와 여자를 창조하시고."

히브리어 본문에서 "하나님의 형상"은 두 가지 개념, 곧 첼렘(zelem)과 데무트(demuth) 개념으로 묘사된다. 그리스어로 에이콘(eikon)/호모이오시스(homoiosis), 라틴어로 이마고(imago)/시밀리투도(similitudo)이다. 영어로 image/likeness, 한국어로 형상/모양으로 번역된다.

그동안 성서학자 중 다수가 이 두 가지 개념이 다른 의미를 지닌 것으로 해석하였다. 이 해석은 히브리어 구약성서를 고대 그리스어로 번역한 70인역(LXX)에 기인한다. 70인역은 "첼렘"과 "데무트" 사이에 "그리고"라는 접속어를 삽입하여 "우리의 형상과(and) 모양을 따라"로 번역하였기 때문이다. 그러나 히브리어 본문에는 "그리고"라는 접속어가 없다. 단지 "우리가 우리의 형상, 우리의 모양을 따라서 우리가 사람을 만들자"라고 되어 있다. 여기서 "형상"과 "모양"의 두 개념은 동일한 의미로 사용된다. 단지 인간이 하나님의 형상으로 창조되었다는 점을 강조하기 위한 병행어법(parallelism)으로 사용되었을 뿐이다. 한국어에서도 우리는 병행어법을 자주 사용한다. 예를 들어 "시도 때도 없이"라고 할 때 "시"와 "때"는 다른 의미를 지닌 것이 아니라 "자기가 원하는 때는 언제나"라는 말을 강조하는 것에 불과하다. 그러므로 "형상"과 "모양"이 어떤 다른 의미를 지닌 것으로 생각할 필요가 없다.

신학의 역사에서 하나님의 형상은 매우 다양하게 해석되었다. 그 대표적인 것을 든다면, ① 하나님의 형상은 두 다리로 직립하여 앞을 바라보며 걸어가는 인간의 신체적 직립(直立)에 있다거나, ② 인간의 의식, 정신, 이성에 하나님의 형상이 있다거나, ③ 하나님의 형상은 "하나님의 대리자"인 인간의 자연 정복과 통치에 있다고 보는 관점들을 말한다. 이 세 가지 관점의 공통점은 인간을 자연의 다른 생물들과 비교하여 다른 생물들에게서 볼 수 없는 특이한 점을 하나님의 형상이라고 보는 점에 있다. 구체적으로 살펴보자.

1) 다른 동물들은 대개 눈을 아래로 깔고 네 발이나 여덟 발로 걸어 다니거나 아니면 배로 기어 다닌다. 이에 반해 인간은 눈을 위로 들고 앞을 내다보며 직립 보행한다. 이 같은 신체적, 생물학적 형태에 하나님의 형상이 있다는 것이다(Jüngel 1975, 355). 중세기에 있었던 이 생물학적 해석은 캥거루와 펭귄이 발견되자 철회되었다. 캥거루와 펭귄도 인간처럼 두 발로 서서 앞을 내다보며 걷기 때문이다.

2) 인간은 다른 생물들과 비교할 수 없는 뛰어난 의식과 영혼과 이성을 가지고 있다, 그는 자연의 생물들과 비교할 수 없는 뛰어난 사고력과 지적 능력을 지닌다. 그러므로 하나님의 형상은 인간의 의식, 정신, 이성, 지적 능력에 있다는 것이다. 특히 인간의 영혼은 불멸하며 신적 본성의 것이기 때문에 하나님의 형상은 인간의 영혼에 있다고 많은 신학자는 말하였다(Schmidt 1967, 144). 그러나 신약성서는 인간의 영 혹은 영혼도 악하다고 말한다. "육과 영의 모든 더러움에서 떠나서"(고후 7:1).

3) 하나님은 오직 인간에게만 땅을 정복하고 땅의 피조물을 다스리라고 말씀하셨다. 그러므로 하나님의 형상은 자연에 대한 인간의 정복과 통치에 있다는 것이다. 창세기 1:26-27에도 하나님은 피조물의 세계에 대한 정복과 통치를 목적으로 인간을 그의 형상으로 만든 것처럼 기록되어 있다. 최근에 이르기까지 많은 신학자가 이 생각을 견지하였다.

하나님의 형상에 대한 위와 같은 해석들은 자연에 대한 인간의 우월성을 주장하고 인간을 "자연 위에" 있는 존재로 파악함으로써 자연에 대한 인간의 교만과 정복과 지배를 정당화하는 지배 인간학을 세우는 데 일조하였다. 이 관점들은 자연에 대한 지배를 목적하는 지배 인간학의 생태학적 형태라 말할 수 있다. "하나님의 형상 / 땅의 통치"(imago Dei / dominium terrae)라는 신학적 구도는 "우주에 있어 인간의 특별한 위치"를 인정하고

"과학적 자연의 발견과 유럽의 세계 지배의 시대를 정당화한다"(Moltmann 2019, 87).

2. 역사적으로 기독교는 인간이 가진 하나님 형상의 서열을 정하고 우수한 단계의 인간과 저급한 단계의 인간을 구별하였다. 지적으로 우수한 인간은 우수한 하나님 형상을 가진 자로, 지적으로 저급한 단계의 인간은 저급한 형상을 가진 자로 분류되었다. 이리하여 하나님의 형상은 인간과 인간, 남자와 여자, 인종과 인종, 사회적 계급과 계급을 구별하고 약자에 대한 강자의 정복과 지배를 정당화하는 지배 인간학의 근거가 되었다. 그 구체적 형태를 살펴보자.

1) 지배 인간학의 가장 대표적 형태는 정치적, 사회적 계급체제다. 그것은 인간을 사회적 출신과 신분에 따라 서열화하고 인간의 공동체를 명령과 복종의 계급체제로 만든다. 기독교 문화권에 속하지 않지만, 인도 사회의 카스트 제도는 인간과 인간 사이의 무자비한 반생명적 계급체제의 대표적 형태를 보여준다. 인도에는 브라만(성직자, 학자, 승려), 크샤트리아(왕족, 귀족, 전사), 바이샤(자작농, 상인, 수공업자, 하급 관리), 수드라(소작농, 어민, 노동자, 농노)의 네 가지 계급이 있다고 필자는 학교에서 배웠다. 그러나 인도에서 오랫동안 선교사로 일하던 어느 친구에 의하면 인도에서는 모든 직업이 카스트라고 한다. 그래서 인도의 모든 사람은 특정 카스트에 묶여 있다는 것이다. 인도의 헌법은 카스트 제도를 금지하지만, 현실적으로 인도에서는 모든 직업이 각자에게 운명적으로 주어진, 그러므로 절대 버려서는 안 될 카스트로 여겨진다. 귀족의 집에서 부엌일을 하거나 빨래를 하는 하녀는 죽을 때까지 밥을 하거나 빨래를 하는 것이 자기에게 주어진 카스트라고 생각한다. 자기의 카스트를 지키는 것은 신의 질서에 순종하는 것이라고 믿는다. 이리하여 죽을 때까지 귀족은 귀족으로, 하녀는 하녀로,

노예는 노예로 살아가는 계급제도가 유지된다. 카스트에 들지 않은 외국인이나 이교도는 불가촉천민으로 분류된다. 짐승의 사체와 가죽을 다루거나 재래식 화장실의 분뇨를 처리하는 등 천하게 여겨지는 천민들은 지금도 사회적으로 차별 대우를 받는다고 한다.

2) 지배 인간학은 여성에 대한 남성의 성적 차별주의로 나타나기도 한다. 지배 인간학의 이 같은 형태는 여성이 남성의 갈비뼈로 만들어졌다는 창세기 2:22 구절과 남자는 "하나님의 형상"이요, 여자는 "남자의 영광 (혹은 광채)"이라는 고린도전서 11:7 등 몇 군데 성서 구절에 근거하여 여성을 남성에 종속된 존재로 보는 성적 차별주의와 남성중심주의를 말한다. 여성에 대한 성적 차별주의 혹은 남성중심주의는 고대 시대로부터 시작하는 인류의 보편적 "문화의 강"이었다. 예수가 생존하던 당시의 유대인 사회도 다를 바 없었다. 남자는 "이혼증서" 한 장만 써주면 여자를 집에서 쫓아낼 수 있었다(참조. 마 5:31; 19:7; 막 10:4-12). 여성 선거권은 19세기 후반에 이르러서야 서구의 몇 나라에서 제한적으로 허용되기 시작하였다.

3) 지배 인간학은 인종차별주의로 나타나기도 한다. 인류 가운데 백인종이 가장 우수한 하나님 형상을 가지며 백인종 외의 다른 인종들, 특히 흑인종은 가장 희미한 하나님 형상을 지닌 인종으로 치부된다. 인종차별주의에 얽힌 웃지 못할 실화를 들어보기로 하자. 1910년 경술국치 전후에 한국 노동자들이 멕시코, 하와이 등지로 이주했는데, 그 당시 하와이에는 여러 민족이 거주하고 있었다. "어느 해 하와이에 가뭄이 심하게 들어 세숫물도 아끼지 않으면 안 되는 형편이 되었다. 그러니 목욕을 마음대로 할 도리가 없는 일이었다. 그래서 한 탕의 목욕물로 여러 사람이 목욕을 하는 방법을 강구하게 되었다. 첫 번째로 목욕탕에 들어가는 것은 영국계 사람이고 두 번째가 프랑스계 사람이고 세 번째가 러시아계 사람이고 네 번째가 독일계 사람이고 다섯 번째가 이탈리아와 그 외의 유럽사람들이었다. 여

기까지가 탕에 들어앉을 수 있는 순서였고 그다음부터는 그나마 탕 안에 발도 넣지 못한 채 뗏국물을 떠내서 쓰도록 되어 있었다. 탕을 더럽힌다는 것이 그 이유였다. 여섯 번째가 흑인이었고 일곱 번째가 하와이 사람이었고 여덟 번째가 일본사람이었고 아홉 번째가 중국사람이었고 열 번째가 조선사람이었고 열한 번째가 필리핀사람이었다. 그런데 합방이 되면서 조선사람이 열한 번째로 밀려나게 되었다…"(조정래 2004, 234).

4) 지배 인간학은 제국주의, 식민주의로 나타나기도 한다. 식민주의, 제국주의는 우수하고 힘 있는 민족이 미개하고 힘이 약한 민족을 정복하고 지배하려는 타락한 인간 세계의 정치적 이데올로기다. 이로 인해 힘이 약한 국가들이 힘 있는 국가의 식민지가 되어 불의와 억압과 착취를 당하였다. 근대 서구 문명을 거부한 한국은 일본의 식민지가 되어 자신의 언어와 이름과 문화적 정체성을 잃어버릴 뻔하였다. 다행히 제2차 세계대전 이후 아프리카, 라틴아메리카, 아시아의 많은 식민지가 해방되었다. 그러나 새로운 형태의 제국주의, 식민주의가 오늘날 세계를 위협하고 있다. 중국의 일로일대 정책, 동북공정, 러시아의 우크라이나 침략은 새로운 제국주의적, 식민주의적 야욕을 드러낸다.

5) 지배 인간학은 육체에 대한 영혼의 지배로 나타나기도 한다. 인간의 영 혹은 영혼은 하나님의 형상으로 간주되고, 육은 천하고 악한 것, 죄악된 것으로 간주된다. 하나님이 시간과 공간의 제약을 초월하듯이 영혼도 시간과 공간의 제약을 초월한다. 이에 반해 육체는 시공간적으로 제약되어 있다. 그것은 언젠가 썩어 없어질 것으로 생각된다. 영혼은 하나님과 교통하는 반면 육체는 죄의 원인자다. 그러므로 영혼이 육체를 지배해야 한다. 이리하여 육체를 학대하는 일이 일어난다. 이것을 우리는 수도사들의 고행에서 볼 수 있다. 중세기의 수도사들은 죄의 원인자인 육체를 영혼에게 복종시키기 위해 가죽 채찍으로 자기의 등을 내리치며 참회하였다.

각종 고행과 금식을 통해 육체를 영혼에 복종시키고자 하였다. 육체에 대한 학대는 사회적, 경제적 형태로 나타나기도 한다. 돈이 최고의 가치로 간주되는 사회에서 인간의 육체는 생산성을 높임으로써 더 많은 이익을 창출해야 할 하나의 물건으로 취급받는다. 고된 근로를 견디지 못해 극단적 선택을 취하는 근로자들도 있다. 아서 밀러(Arthur Miller)의 작품 "어느 세일즈맨의 죽음"(Death of a Salesman)은 현대사회의 지배 인간학의 비극을 보여준다.

2. 모든 인간 생명의 평등을 말하는 하나님의 형상

1. 위에 기술한 다양한 형태의 지배 인간학에 대해 "하나님의 형상"은 폭탄과 같은 선언을 한다. 그것은 땅 위에 있는 모든 인간의 평등과 동등한 존엄성을 선언한다. 오늘 우리에게 그것은 당연하게 들릴 수 있지만 고대 시대에 이것은 혁명적인 이야기였다. 하나님의 형상을 인간중심주의의 원흉이라고 비판하는 학자들은 이 개념이 가진 혁명적 의미를 간과하지 않아야 할 것이다.

　　1) 고대 시대에 하나님의 형상은 왕이나 황제를 가리키는 정치적 칭호였다. 고대 이집트의 파라오, 로마 제국의 황제는 신의 형상으로 추앙되었다. 일본에서는 지금도 황제를 신의 후손이라 믿고 그를 "천황"이라 부른다. 태국의 왕은 태국인들이 믿는 신들 가운데 가장 큰 신으로 추앙된다. 이리하여 최고 통치자는 절대 권위와 권력을 갖게 되고 백성에게 총체적 복종을 요구할 수 있게 된다. 통치자의 신격화는 그들의 권력을 절대화하는 정치적 이데올로기에 불과하다.

　　이 같은 정치 이데올로기에 반해 창세기 1장의 창조설화는 모든 인간이 하나님의 형상으로 창조되었다고 말한다. 이로써 정치 권력의 탈신화화, 탈신성화(Entdivinisierung)가 일어난다. 모든 인간의 평등과 자유가 선언된다. 신의 형상, 신의 아들 곧 천자는 "인간화되고 민주화된다"(Moltmann 2023, 34). 통치자와 그의 권력의 탈신화화, 탈신성화는 창조설화의 유일신론을 통해서도 일어난다. 천지를 창조한 하나님 외에 세계의 그 무엇도 신이 아니라면 어떤 인간도 신격화될 수 없다. 그래서 구약성서는 "나 외에는 신이 없다", "사람은 신이 아니다", "신은 사람이 아니다"라고 말한다(신 32:39; 사 31:3; 44:6; 겔 28:9).

2) 가부장제 역시 고대 시대의 보편적 "문화의 강"이었다. 하나님의 형상은 가부장제를 깨어버린다. 남성은 물론 여성도 하나님의 형상으로 창조되었다. 남성과 여성을 포함한 모든 인간이 파라오와 같은 존재다. "주님께서는 그들(모든 인간)을 하나님보다 조금 못하게 하시고, 그에게 존귀하고 영화로운 왕관을 씌워 주셨습니다. 주님께서 손수 지으신 만물을 다스리게 하시고, 모든 것을 그의 발아래에 두셨습니다…"(시 8:5-8).

3) 사회계급제도 역시 고대 시대의 보편적 문화의 강이었다. 하나님의 형상은 사회계급제도를 깨어버린다. 백정이나 노예도 하나님의 형상으로 창조되었다. 그래서 구약의 율법은 7년마다 동족으로서 노예가 된 사람을 해방하라고 명령한다.

4) 영혼과 육체의 이원론 역시 고대 시대의 보편적인 문화의 강이었다. 하나님의 형상은 이것을 깨어버린다. 영혼과 육체를 포함한 인간 존재 전체가 하나님의 형상으로 창조된다. 따라서 인간의 몸, 인간의 육체도 하나님의 형상에 속한 것으로 존엄성을 얻게 된다.

5) 하나님의 형상은 모든 사람이 땅을 관리하고 다른 피조물들을 다스릴 수 있는 존재라고 규정한다. 특정한 사회계층, 특정한 인종, 남자들만이 아니라 모든 사람이 그렇게 할 수 있는 권리를 가진다. 이런 점에서 하

나님의 형상은 세계 어느 종교에서도 볼 수 없는 혁명적 선언이었다. 그것은 단지 종교적 성격의 것이 아니라 정치적, 사회적, 경제적 성격의 것이었다.

2. 창세기 1:26의 "우리"라는 복수형은 신학에서 오랫동안 수수께끼로 남아 있었다. "우리"에 대한 여러 가지 해석이 있지만 하나님은 이른바 "일자"(一者)가 아니라 "복수 안에 있는 단수"(Singular in Plural)이고 "단수 안에 있는 복수"(Plural in Singular)임을 볼 수 있다. 여기서 우리는 삼위일체의 근거를 볼 수 있다. 물론 창세기 1:26은 "우리"가 성부, 성자, 성령의 삼위일체 하나님이라고 말하지 않는다. 그러나 그것은 하나님을 삼위일체 하나님으로 이해할 가능성을 보여준다. 곧 하나님은 성부, 성자, 성령의 구별 속에서 하나(Einheit)이고 하나 됨 속에서 성부, 성자, 성령으로 구별되는 삼위일체적 존재라는 것이다.

그동안 상당수 신학자들은 기독교의 삼위일체론을 거부하였다. 그것은 고대 그리스 철학적 사변의 산물이라고 말하였다. 최근의 여성 신학은 "전통적 삼위일체론의 남성적 언어가 가부장적 남성지배를 반영한다고 해서 대체로 삼위일체론을 폐기하다시피 한다." 그러나 삼위일체론을 거부할 경우 "여성 신학은 하나님의 창조와 예수 그리스도의 사건과 성령의 역사의 신적 근원을 해석해 낼 수 없게 되고 신학의 거점을 상실하게 된다"(정미현 2007, 101, 각주 62).

필자의 생각에 의하면 하나님의 삼위일체를 거부할 경우 기독교 자체가 존립 근거를 상실한다. 예수는 하나님의 아들이 아니라 하나의 인간에 불과하게 되고 그의 죽음은 한 예언자의 죽음에 불과하기 때문이다. 하나님의 삼위일체는 고대 그리스 철학에 익숙했던 초기 기독교 교부들의 철학적 사변에서 나온 것이 아니라 예수 그리스도 안에 계시되는 하나님 존재의 삼면성(Dreifaltigkeit), 곧 아버지 하나님과 그의 아들 예수, 그들을 구별하는 동시에 하나로 결합하는 성령을 교리적으로 정의한 것이다.

기독교는 유대교처럼 유일신을 믿는 것이 아니라 삼위일체 하나님을 믿는다. 따라서 하나님의 형상은 삼위일체 하나님의 형상으로 이해될 수밖에 없다. 모든 인간은 삼위일체 하나님의 형상으로 창조되었다. 따라서 모든 인간은 삼위일체 하나님을 닮아야 한다. 그들은 삼위일체 하나님처럼 살아야 한다. 곧 사랑의 영 안에서 서로 구별되면서 한 몸을 이루며 살아야 한다. 성별과 사회적 신분과 민족과 인종을 초월한 모든 인간이 서로 구별되지만 하나가 되어야 한다. 인간에 의한 인간의 차별과 소외, 불의와 억압은 인정될 수 없다. 최고 통치자의 신격화, 통치 권력의 신화화, 신성화는 설 자리를 상실한다. 여성차별주의, 인종차별주의, 식민주의와 제국주의는 근거를 상실한다.

3. 역사의 예수는 "하나님의 형상"에 숨어 있는 진리를 실천한다. 예수 당시의 이스라엘은 로마 제국의 속주였기 때문에 로마 군대가 주둔하고 있었고 그 중심지는 카이사레아(로마 황제를 가리키는 "카이사르"에서 유래함)였다. 유대인들이 제국의 다른 속주들에 거주하는 동시에(유대인 디아스포라) 다른 속주의 인종들, 곧 이방인들이 이스라엘 땅에 거주하였다. 그런데 유대인들은 그들의 땅에 거주하는 이방인들과의 접촉을 거부하였다. 그들에게 이방인들은 하나님을 알지 못하는 죄인들, 곧 "할례받지 못한 자들"이었기 때문이다. 이 같은 사회에서 예수는 이방인들과 교통한다. 그는 로마 군단 백인대장의 딸을 살리며 그리스 여성의 딸에게서 귀신을 내쫓기도 한다(막 7:26-30). 이로써 예수는 유대인과 이방인의 인종적 차별을 폐기하고 하나님 앞에서 모든 인간의 평등과 하나 됨을 회복한다.

또 그 당시 유대인은 여성과 어린이들을 차별하였다. 그들이 회당에

출입하는 것을 금지하였다. 남편은 아내에게 이혼증서 한 장만 써주면 아내를 가정에서 쫓아낼 수 있었다. 또 당시의 유대인은 병자나 장애인을 사회적 삶에서 소외시켰다. 질병이나 장애는 죄로 말미암은 것으로 보고 이들을 죄인으로 간주하였기 때문이다. 또 당시의 유대인은 로마 제국에 협조하는 자들도 죄인으로 간주하였다. 그 대표자는 세리, 곧 세무직 공무원들이었다. 이들은 유대인에게서 징수한 세금 가운데 일부는 자신이 취하고 나머지를 로마 제국에 바치는 매국노였기 때문이다. 이들도 죄인 취급을 당하였다. 복음서가 말하는 "죄인"은 단지 종교적 의미의 죄인이 아니라 질병이나 장애로 인해 죄인 취급을 당하는 사람들, 세리들과 창녀들을 포괄한다. 예수는 이들에 대한 차별을 거부한다. 그는 여성들과도 교통하며 어린이들을 영접한다. 간음 이외에 다른 이유로 부인을 가정에서 내쫓는 일을 금한다. 그는 간음한 여인을 용서하며 세리 삭개오와 교통한다. 심지어 세리 마태와 레위를 자기 제자로 삼기도 한다. 그는 "세리와 죄인들의 친구"였다. 이로써 예수는 인간에 의한 인간의 차별과 소외를 거부하고 하나님의 형상으로 창조된 모든 인간의 평등과 하나 됨을 회복한다. 복음서에 나타나는 예수의 공동체는 모든 사람이 하나님의 형상으로 인정받는 형제자매의 공동체, 모든 사람이 상생하는 공동체였다.

우리가 가진 신약성서의 복음서는 기원후 4세기에 정경으로 편집되었다. 그 당시 남성 중심의 교직체제가 확립되어 있었다. 사제, 주교 등의 교직자들은 모두 남성이었다. 이 같은 상황에서 복음서가 편집될 때 여성의 활동에 대한 보도가 상당 부분 배제되었을 가능성이 크다. 그런데도 예수의 하나님 나라 선교 활동에서 여성들의 참여에 관한 기록이 복음서에 남아 있다는 점은 놀라운 일이다. 예수가 십자가에서 죽임당할 때 남자 제자들은 모두 도망하였던 반면 여성들이 예수의 죽음을 끝까지 지켜보았다. 예수의 부활을 처음으로 경험하고 이를 제자들에게 전한 인물도 여성인 것으로 복음서는 전한다. 마리아는 구원자 예수를 낳았고 아들 예수의 십자가 처형의 현장에서 죽음의 고통을 자신의 몸으로 함께 견디어낸 인물로 부각된다. 여성의 활동에 관한 복음서의 이 같은 보도는 예수의 공동체 안에서 실제로 있었던 여성들의 활동을 보여주는 단면에 불과할 것이다. 복음서의 이러한 보도는 여성들의 참여가 매우 활발하였던 예수의 공동체를 암시한다. 고대 이스라엘에서 이것은 혁명적인 일이었다.

사도행전의 처음 기독교 공동체에서도 여성들의 활동이 공동체의 삶에서 중요한 위치를 차지한다는 것을 확인할 수 있다(참조. 행 6장에 나오는 일곱 명의 여성 사역자들, 롬 16장 등에서 바울이 거론하는 여성 신자들의 이름). 철저히 남성 중심적이었던 당시 이스라엘과 로마 사회에서 신약성서가 보도하는 여성의 활동은 실제 있었던 여성 활동의 극히 작은 단면에 불과할 것이다. 사도행전이 보여주는 최초의 기독교 공동체는 여성과 남성, 다양한 민족들과 인종들이 상부상조하며 함께 살아가는 형제자매의 공동체를 보여준다. 그것은 하나님의 형상이 회복된 공동체였다고 말할 수 있다.

사도 바울의 이방인 선교는 민족적, 인종적 구별이 깨어졌다는 사실을 보여준다. 유대인, 그리스인, 페니키아인, 시리아인 등 다양한 민족과 인종들이 한 공동체를 이룬다. 유대인 그리스도인들과 이방인 그리스도인들의 관계 문제(갈 2:11-14), 이방인 그리스도인들의 할례 문제에 관한 격렬한 논쟁이 일어나기도 한다(5:1-6; 참조. 롬 2:25-29). 이처럼 다양한 문제를 극복하면서 초기 기독교 공동체는 여성차별, 인종차별이 극복된 새로운 형태로 발전한다. 이 공동체에 속한 사람들은 모두 하나다. 그들은 "그리스도의 (한) 몸"에 속한 지체들이다(롬 12:4; 고전 6:15; 12:12.27). 모든 사람이 평등하고 자유롭다. "유대 사람도 그리스 사람도 없으며, 종도 자유인도 없으며, 남자와 여자가 없다. 여러분 모두가 그리스도 예수 안에서 하나이기 때문이다"(갈 3:28). 그러므로 노예나 종을 "사랑받는 형제"로 대해야 한다(몬

1:16). 모든 인간이 하나님의 형상에 따라 창조되었기 때문이다.

여기서 우리는 "하나님의 형상"이 지닌 사회적, 정치적 의미를 볼 수 있다. 그것은 모든 형태의 인간에 의한 인간의 소외, 폭력과 착취, 모든 형태의 독재를 거부하고 모든 인간의 정의로운 상생을 실현하고자 하는 기치였다. 하나님의 형상은 모든 인간의 평등과 자유, 노예해방, 여성해방을 외치는 근대 인권운동과 해방운동의 근거가 된다. 세계사에서 이를 시작한 대표적 인물은 종교개혁자 마르틴 루터였다. 그가 주장한 만인 사제직은 성직자와 평신도의 구별을 철폐하고 모든 인간의 동등함과 자유를 외치게 되는 근대 해방운동의 출발점이 되었다. 세계의 독재자들이 기독교를 박해하는 이유는 여기에 있다. 모든 인간이 하나님의 형상으로 창조되었다는 성서의 말씀은 통치자와 국민의 구별을 철폐하고 통치자의 정치권력을 국민에게 돌려주는, 참으로 "위험한 것"이기 때문이다.

그뿐 아니라 하나님의 형상은 자연에 대한 특정한 인간의 독점을 거부한다. 자연은 인간이 만든 것이 아니라 하나님이 만든 것이다. 그것은 특정한 사람들을 위한 것이 아니라 모든 사람을 위한 하나님의 은혜다. 하나님의 은혜는 모든 인간적 차이를 넘어선다. 여자와 남자, 유색인종과 백인종, 가난한 자와 부유한 자, 건강한 자와 장애인, 이 모든 인간이 하나님의 형상이다. "거기에는 그리스인과 유대인도, 할례받은 자와 할례받지 않은 자도, 야만인도 스구디아인도, 종도 자유인도 없다"(골 3:11). 자연은 모든 사람에게 주어진 하나님의 은혜다. 하나님은 "아담", 곧 인간 일반이 자연을 사용하도록 하였다. 따라서 자연의 독점과 독점적 사용은 원칙적으로 하나님의 뜻에 어긋난다.

동해안에 자리한 몇몇 호텔들이 바로 앞의 해변을 호텔 투숙객들만 사용할 수 있도록 만들어 놓은 것을 볼 수 있다. 이것은 하나님의 창조질서에 어긋난다. 호텔 주인이 그 해변을 창조했는가? 그가 해변의 모래와 바닷물을 만들었는가? 만일 그 지역 행정기관이 해변을 호텔 주인에게 팔았다면 그 기관의 담당 공무원은 처벌받아야 한다. 팔 수 없는 것, 팔아서는 안 되는 것을 팔았기 때문이다. 호텔 주인과 공무원 사이에 뇌물수수가 없었는지 조사해야 한다. 특정 해변을 특정 호텔의 독점물로 만들어 일반 국민의 접근을 막는 것은 불의하고 악한 일이다. 지역 행정기관은 이를 해지해야 한다. 땅속에 있는 물을 팔아먹는 것도 마찬가지다. 누가 그 물을 만들었는가?

3. 상부상조와 상생에 있는 하나님의 형상

1. "하나님의 형상으로 창조되었다"라는 말은 "하나님의 형상이 되어야 한다"라는 정언명령을 내포한다. 곧 모든 사람은 하나님을 닮은 사람, 하나님의 모습을 그 안에서 볼 수 있는 사람이 되어야 함을 말한다. 하나님은 하늘에 계신다. 이와 동시에 하나님은 그의 모습을 닮은 사람들을 통해 자기를 드러낸다. 하나님의 형상은 모든 사람이 그들 안에서 하나님이 나타나는 하나님의 "현상양식"(Erscheinungsweise)이어야 함을 말한다. 땅 위의 모든 인간은 하나님이 그 안에 현존하시고 그 안에서 자기를 나타내는 하나님의 현존양식이요 하나님의 자기계시다.

우리가 알고 있는 세계의 많은 종교는 그들이 믿는 신을 짐승이나 반인반수로, 혹은 어떤 괴물로 표상한다. 이에 반해 성서의 하나님은 자기를 인간으로 나타내신다. 그는 하늘의 새나 땅 위의 짐승을, 어떤 괴물을 자기의 형상으로 창조하지 않고 오직 인간만을 자기의 형상으로 창조한다. 따라서 오직 인간만이 하나님의 현상양식 내지 자기계시다(Moltmann 1985, 226-227).

그러므로 구약성서는 인간을 가리켜 "신들"이라고 부른다(시 86:6). 이 말은 인간이 "하나님이다"라는 말이 아니다. 이 말은 인간이 하나님의 현존양식 내지 현상양식, 하나님의 자기계시여야 함을 말한다. 그는 하나님을 닮은 자, 하나님의 모습을 나타내는 자이어야 한다.

인간이 하나님을 닮은 자, 하나님의 자기계시가 될 때 하나님의 빛, 하나님의 광채가 인간에게서 나타날 수밖에 없다. 그래서 모세가 시내산에서 하나님의 영광을 보았을 때 "그의 얼굴"에 광채가 나타났다(출 34:33-35). 그러나 타락한 인간의 얼굴에는 하나님의 광채 대신에 악의 광채가 나타난다. 선함과 평화 대신에 탐심과 정욕, 불안과 죄책감과 절망감이 인간의 눈동자에 나타난다. 그들은 하나님의 영광을 "인간의 형상이나 짐승의 형상"으로 바꾸어버리며 "하나님의 진리를 거짓으로 바꾸고, 창조주 대신에 피조물을 숭배"하기 때문이다(롬 1:23,25). 그들은 하나님을 부인하고 하나님의 자리에 자기 자신을 세웠기 때문이다.

인간이 잃어버린 하나님의 광채가 예수 안에 나타난다. 예수는 하나님으로부터 오는 하나님의 빛이다(요 1:5,9). 그는 아버지 하나님과 하나이기 때문이다(17:11). 하나님의 광채, 하나님의 빛이 예수의 얼굴에 나타난다. 그는 "하나님의 영광의 광채시며, 하나님의 본체대로의 형상"이다(히 1:3). 그는 죄로 때 묻지 않은 "하나님의 형상"이다(고후 4:4). 예수께서 높은 산 위에서 변용했을 때 "그의 얼굴은 해와 같이 빛나고 옷은 빛과 같이 희게 되었다"는 말씀은(마 17:2), 예수는 하나님의 완전한 빛이요 완전한 하나님의 형상임을 말한다.

예수를 구원자로 믿고 그의 뒤를 따르는 그리스도인들의 얼굴에는 하나님의 광채가 나타난다. 그들은 "모든 너울을 벗어버리고, 주님의 영광을 바라본다. 이렇게 해서 우리는 주님과 같은 모습으로 변화하여, 점점 더 큰 영광에 이르게 된다"(고후 3:18). "예수 그리스도의 얼굴에 나타난 하나님의 영광을 아는 지식의 빛"이 그들 가운데 있다(고후 4:6). 그들은 하나님의 "빛의 자녀들"이다(엡 5:8). 눈에 보이지 않는 하나님의 형상이신 예수의 영이 그들 안에 있기 때문이다. 하나님의 영과 하나님의 빛이 있는 곳에 하나님의 모습, 곧 하나님의 형상이 나타난다. 그리스도인들은 하나님의 형상이 그 속에 나타나는 사람들, 하나님을 닮은 사람들이다.

2. 여기서 중요한 문제는 하나님이 어떤 분인가 하는 점이다. 하나님이 어떤 분인가를 파악할 때 우리는 하나님의 형상을 닮을 수 있기 때문이다. 하나님의 형상은 자연의 짐승을 관찰함으로써 파악될 수 없다. 그것은 짐승의 형상이 아니라 "하나님의" 형상이기 때문이다. 따라서 하나님의 형상은 하나님의 존재로부터 파악되어야 한다.

성서에서 하나님은 다양한 모습을 보인다. 질투하는 모습, 싸우는 모습, 속상해하고 후회하는 모습, 분노하고 심판하는 모습, 자비를 베풀며 용서하는 모습 등, 다양한 모습들이 성서에 나타난다. 하나님의 본질적 모습은 사랑이라 말할 수 있다. 본질적으로 "하나님은 사랑"이다(요일 4:8, 16). 십자가에 달린 예수는 사랑이신 하나님을 계시한다. 그럼 사랑이란 무엇인가?

앞서 고찰한 바와 같이 사랑이란 너와 내가 사랑의 영 안에서 구별되는 동시에 하나를 이루는 사건이다. 사랑은 사랑하는 자, 사랑을 받는 자, 사랑의 영 안에서 이루어지는 삼위일체적 활동이다. 따라서 기독교는 사랑이신 하나님을 삼위일체 하나님이라 고백한다. 성부, 성자, 성령 삼위일체 하나님은 각자의 고유성을 유지하되(삼위), 하나로 결의되어 상부상조하며 한 몸(일체)을 이루어 상생하는 공동체성(Gemeinschaft), 곧 사랑을 그의 본질로 가진다.

인간은 이 하나님, 곧 삼위일체 하나님에 의해 창조되었다. 그러므로 인간은 삼위일체 하나님의 삼위일체적 본질을 그 자신의 본질로 가진다. 그는 삼위일체 하나님처럼 각자의 고유성을 유지하면서 만물과 상생해야 할 존재로 창조되었다. 이를 가리켜 인간은 하나님의 형상으로 창조되었다고 성서는 말한다. 하나님의 형상은 삼위일체 하나님처럼 서로 협동하며 상생해야 할 인간의 존재규정(Seinsbestimmung)을 가리킨다.

하나님이 인간에게 부여한 삼위일체적 본질을 가장 분명하게 보여주는 것은 여성과 남성의 성적 결합이다. 성적 결합에서 여성과 남성은 각자의 성적 다름(차이)을 유지하는 동시에 상호의존 속에서 한 몸을 이룬다. 너와 내가 구별 속에서 하나가 된다. 바로 이것이 삼위일체적 사랑이다. 삼위일체적 사랑에 하나님의 형상, 하나님의 모습이 있다. 우리 인간이 하나님의 형상으로 창조되었다는 것은 삼위일체 하나님의 본성을 보여야 할 사람으로 창조되었다는 것을 말한다. 하나님이 지으신 하나님의 창조 공동체는 삼위일체 하나님의 형상, 하나님의 모습이 모든 사람에게서 나타나는 세계다. "우리 시대의 심각한 문제 하나는 극단적인 개인주의 및 이기주의로 인한 이웃과 공동체의 상실이다.…하나님을 성부, 성자, 성령 사이의 온전한 사랑과 평등의 공동체로 이해하는 사회적 삼위일체론은 인간 사회가 지향해야 할 이상적인 공동체의 모델을 제시"한다(박만 2023, 385). 모든 사람이 "(삼위일체) 하나님을 본받는 사람"이 되어야 한다(엡 5:1). 하나님의 아들 예수는 "하나님의 형상"이다(고후 4:4; 골 1:15). 그러므로 우리는 "그리스도의 형상"을 닮아야 한다(갈 4:19). "쥐의 형상", "소의 형상"을 닮아서는 안 된다(삼상 6:5; 시 106:20).

남성만이 하나님의 형상이요 여성은 남성의 "영광"이라는 고린도전서 11:7의 이야기는 창세기 1장의 창조설화에는 전혀 없다. 남성과 여성 모두 하나님의 형상으로 창조되었다고 기록되어 있다. 여기서 인간의 성(性)은 죄의 타락으로 말미암아 있게 된 것이 아니라 하나님의 창조질서에 속한 것임을 볼 수 있다. 기독교 역사에서 인간의 "육체는 정욕의 원천으로 간주되고", "성은 육체를 죄와 죽음으로 이끌어가는 극단적 요인"으로 간주된다(Ruether 1996, 306). 창조신앙의 빛에서 볼 때 인간의 육체와 성에 대한 이 같은 인식은 잘못된 것이다. 인간의 육체와 성은 죄와 죽음의 온상이 아니다. 그들은 추한 것도 아니다. 육체는 인간 생명의 기본 조건이요 하나님의 형상이 나타날 수 있는 자리다. 인간의 성은 인간의 종을 유지하는 길인 동시에 하나님의 삼위일체적 사랑이 감각적으로 체험되는 길이다. 짐승들의 성과 마찬가지로 인간의 성도 하나님이 창조한, "하나님이 보시기에 좋은 것"이다. 그러나 하나님 없는 인간에게 성은 단순한 육체적 쾌락의 도구로 변질할 수 있다. 인간의 성은 인간을 끝없는 성적 욕망의 노예로 만드는 마성을 가진다.

모든 사람이 하나님의 형상으로 창조되었다면 모든 사람은 이웃을 하나님 대하듯이 대해야 한다. 모든 생명의 존엄성을 자기 자신의 존엄성만큼 존중해야 한다. 남성은 여성의 존엄성을, 여성은 남성의 존엄성을 존중해야 한다. 서로의 존엄성을 존중하며 상생하는 것이 하나님의 뜻이요, 바로 거기에 하나님의 형상이 있다. 하나님이 남자와 여자를 함께 자기의 형상으로 창조하였다는 것은 인간이 그 본질에 있어 상호의존 속에서 상부상조하며 상생해야 할 공동체적 존재임을 말한다. 개인 없는 공동체가 있을 수 없듯이 공동체 없는 개인도 있을 수 없다. 여성과 남성, 영혼과 육체와 마찬가지로 개인과 공동체도 동전의 양면과 같다. 동전의 양면은 서로 구별되지만 하나로 결합되어 있다.

3. 하나님의 형상은 어떤 생태학적 의미를 지니는가? 하나님의 형상은 우리 인간이 자연 피조물에게 하나님의 모습을 보여야 함을 요구한다. 인간은 그리스도 안에 계시되는 삼위일체 하나님의 모습을 자연의 피조물에게

도 보여야 한다. 자연의 피조물에게도 인간은 하나님의 현상양식, 하나님의 자기계시가 되어야 한다. 자연 만물이 삼위일체 하나님의 모습을 인간에게서 볼 수 있어야 한다. 인간이 하나님의 형상으로 창조되었다는 것은 자연 만물이 인간 안에서 삼위일체 하나님의 모습을 볼 수 있어야 함을 말한다. 인간과 자연은 삼위일체 하나님의 한 피조물이다. 그들은 형제자매요 친족이다. 그러므로 하나님의 삼위일체적 상생의 공동체는 인간과 자연 사이에서도 이루어져야 한다. 인간이 하나님의 형상으로 창조되었다는 것은 인간이 자연과 구별되는 동시에 자연과 상부상조하며 상생해야 할 존재로 창조되었음을 말한다.

원칙적으로 자연을 파괴하는 것은 하나님의 형상 개념에 어긋난다. 자연을 파괴하는 인간은 자연의 눈에 하나님의 형상이 아니라 "마귀의 형상"으로 보일 것이다. 학자들이 말하듯이 자연의 의미를 성취하는 자가 아니라 생물 종들의 삶의 터전을 파괴하며 그들을 소멸시키는 살인자들로 보일 것이다. 그들의 피를 아무리 많이 빨아먹어도 만족하지 않는 거머리처럼 보일 것이다. 더 이상 빨아먹을 피가 없으면 달이나 화성으로 가서 피를 빨아먹는 일을 계속할 것이다.

그러나 이것은 자연에 손을 대서도 안 된다거나 자연을 있는 그대로 내버려 두어야 함을 뜻하지 않는다. 우리 인간은 자신의 생명 유지를 위해, 또 자연의 더 심각한 파괴와 유실을 막기 위해 자연을 변형시킬 수 있을 것이다. 댐을 건설하여 홍수를 방지하고 농민들에게 물을 적절히 공급하며, 터널을 만들어 이동시간과 연료와 온실가스를 감소시킬 수 있을 것이다. 그러나 이 모든 일은 자연이 회복될 수 있는 범위 내에서 이루어져야 할 것이다. 회복될 수 없을 정도로 자연을 파괴하면 자연의 생물들은 물론 인간 자신의 생명도 위험스럽게 된다.

원칙적으로 인간은 자연을 정복과 지배의 대상으로 보지 않고 우리 자신의 생명을 가능케 하는 친족으로 대하면서 자연의 존엄성을 존중해야 한다. 자연의 피조물들이 인간 안에서 하나님의 형상(모습)을 볼 수 있도록 해야 할 것이다. 인간이 자연에게 하나님의 형상을 보이지 않고 마귀의 형상을 보이면 자연이 인간에게 마귀처럼 나타나게 될 것이다. 지금 우리는 이것을 눈으로 보고 있다. 거대한 쓰나미는 인간의 모든 자기 자랑과 문명을 무(無)로 돌리는 무의 세력으로 보인다.

4. 신약성서는 하나님의 형상을 그리스도론적으로 파악한다. 곧 십자가에 달려 죽고 부활하신 예수 그리스도가 "눈에 보이지 않는 하나님의 형상"이라는 것이다(*eikon tou theou aoratou*, 골 1:15). 죄의 타락과 함께 인간이 잃어버린 하나님 형상의 본래적 형태가 그리스도 안에 있다. 이제 그리스도인들은 그리스도 안에 나타나는 하나님의 형상, 곧 "그리스도의 형상"을 닮아야 한다(갈 4:4). 그럼 그리스도는 우리에게 어떤 하나님의 형상, 곧 "그리스도의 형상"을 보여주는가? 그는 우리에게 어떤 모습을 보이는가?

먼저 그리스도는 "참사람"(*vere homo*)의 모습을 보여준다. 그는 우리 인간과 동일한 실존의 조건 속에서 하나님과 하나가 되어 살아가는 "참사람"이었다. 이와 동시에 그리스도는 "참하나님"(*vere Deus*)의 모습을 보여준다. 그는 성령 안에서 아버지 하나님과 하나가 되어 아버지 하나님의 뜻을 이룬 "참하나님", 곧 아버지 하나님의 아들이었다.

참사람으로서 그리스도는 모든 피조물의 대리자다. 그는 하나님 앞에서 모든 피조물을 대리하며 그들을 책임진다. 이와 동시에 참하나님으로서 그리스도는 하나님의 대리자다. 그는 모든 인간과 피조물 앞에서 하나님을 대리하며 하나님을 책임진다. 그는 하나님 앞에서 피조물의 대리자요, 피조물 앞에서 하나님의 대리자, 곧 이중의 대리자다. 하나님과 피조물을 대리하는 그의 이중의 대리행위(Stellvertretung, D. Bonhoeffer)는 그들을 위한 자기희생에서 가시화된다. 십자가에 달린 그리스도는 죽음의 신음 속에 있는 피조물을 대리하는 동시에 그들과 함께 신음하면서 그들을 구원하고자 하는 하나님을 대리하는 이중의 대리자로 나타난다. 이중의 대리행위자 예수 그리스도가 "눈에 보이지 않는 하나님의 형상"이다. 그리스도인이 닮아야 할 "그리스도의 형상"은 그리스도가 우리에게 보여주는 이중의 대리행위에 있다.

인간은 예수 그리스도 안에 나타나는 하나님의 형상으로 창조되었다. 곧 피조물들 앞에서 하나님을 대리하고 하나님 앞에서 피조물들을 대리해야 할 존재로 창조되었다. 그는 ① 피조물들을 위해 자기를 희생하는 "참 하나님"의 모습을 보여주는 동시에, ② 하나님 앞에서 피조물들을 책임지는 "참인간"의 모습을 보여야 한다. 하나님의 형상, 그리스도의 형상은 자연환경에 대한 정복과 지배에 있는 것이 아니라 하나님 앞에서 자연을 책임지며 자연 앞에서 하나님을 책임지는 데 있다.

"하나님은 사랑이다." 하나님은 저 높은 곳에 머물러 계시지 않고 자기 아들 안에서 자기를 자기 아닌 피조물의 형태로 낮추신다. 그는 이 세상의 연약한 자들의 친구가 되신다. 그는 모든 인간이 짊어져야 할 죄의 책임을 그의 아들 안에서 대신 짊어지시고 대속의 죽음을 맞이한다. 인간은 이 하나님의 형상으로 창조되었다. 그렇다면 인간은 이웃 사람은 물론 자연에 대해서도 하나님의 사랑을 나타내야 한다. 예수의 산상설교에 따르면 인간은 자연을 자기 자신처럼 대해야 한다. 자연이 나에게 해주기를 바라는 대로 자연에게 해주어야 한다. 자연의 삶의 영역을 지키며 보존해야 한다. 자연도 그리스도에게 속한 그리스도의 "친구들"이요(행 11:26; 요 15:15), 그리스도의 몸의 "지체"다(고전 6:15). 자연의 모든 피조물이 십자가에 달린 예수의 모습을 인간 안에서 볼 수 있어야 한다. 이 모든 말들이 하나의 종교적, 신학적 해석에 불과하다고 생각할 수 있을 것이다. 그러나 이 말을 지키느냐 지키지 않느냐에 따라 전 지구의 운명과 인간 자신의 운명이 결정될 것이다.

5. 성서는 인간만이 하나님의 형상으로 창조되었다고 말한다. 그러나 하나님의 형상이 자연의 피조물들 안에서도 희미하게 나타나는 것을 볼 수 있다. 성서에 따르면 자연의 피조물들도 하나님의 사랑의 영을 통해 창조되었기 때문이다. 만물이 "그리스도 안에서", "그리스도로 말미암아", "그리스도를 향하여" 창조되었다(골 1:16). 삼위일체 하나님의 본성이 자연의 피조물에도 주어졌다. 그래서 자연의 생물들은 자연을 파괴하지 않고 자연을 유지한다. 그들은 자연을 지키면서 자연을 사용한다. 다른 생물 종들을 멸종시키는 일을 그들은 행하지 않는다. 자기의 서식지가 다른 생물들의 침입을 당할 때 개미나 벌들은 자기 혼자 살겠다고 도망치지 않고 침입자들에 대항하여 싸우다가 생명을 잃어버리기도 한다. 무리를 구하기 위해 자기의 생명을 대신 희생하는 짐승도 있다. 사자가 들소를 공격할 때 옆에 있던 들소가 생명의 위험을 무릅쓰고 사자를 공격하기도 한다. 코끼리들이 이동할 때 새끼 코끼리의 생명을 보호하기 위해 어른 코끼리들이 새끼 코끼리를 에워싸고 이동한다. 고아가 된 고라니 새끼를 용맹스러운 진돗개가 혀로 핥아주며 돌보아 준다. 지구는 그가 받는 태양 에너지의 70%만 흡수하고 나머지 30%를 우주로 반사함으로써 일정 온도를 유지한다. 이를 통해 지구는 그 안에 사는 모든 생물이 생존할 수 있도록 협동한다. 나무들도 서로 정보를 교환한다. 많은 생물이 자기 생명을 희생함으로써 자기의 종(種)을 유지한다.

이런 점에서 자연도 하나님의 형상을 계시한다. 이를 가리켜 우리는 자연계시라고 말한다. 그렇다 하여 자연도 하나님의 형상으로 창조되었다고 성서는 말하지 않는다. 인간만이 하나님의 형상에 따라 창조되었다고 말한다. 그런데도 자연이 하나님의 형상을 희미하게 계시하는 이유는 "만물이 그분에게서 났고…만물이 그분으로 말미암아 있기" 때문이다(고전 8:6). 자연 만물이 하나님의 사랑의 영 안에서 창조되었기 때문이다. 중세기 여성 신학자 힐데가르트 폰 빙엔(Hildegard von Bingen)에 따르면 "하나님의 사랑은 우주의 가장 기본적인 힘인데, 이러한 근원적인 힘은 모든 창조세계를 지탱하게 하는 '녹색의 힘'(*viriditas*)이다. 이 힘은 우주 안에 충만하며 인간뿐 아니라 무생물과 생물 모두에게 있다. 그래서 자연도 하나님의 형상을 희미하게나마 계시하게 된다(Schipperges 1976, 76. 정미현 2007, 94에서 인용).

자연계시는 생존경쟁, 약육강식의 하나님이 아니라 상부상조하며 상생하는 삼위일체 하나님을 보여준다. 자연의 모든 피조물은 이 하나님에 의해 창조된 "하나님의 것"이다. 그렇다면 생존경쟁, 약육강식이 아니라 상부상조와 상생이 우주의 원리다. 이 원리가 예수 그리스도의 십자가에서 인격화된 형태로 계시된다. "십자가에 달린 예수 그리스도"(고전 2:2)가 "눈에 보이지 않는 하나님의 형상"이다(골 1:15). "십자가에 달린 하나님의 아들"은 인류의 역사에서 "가장 혁명적인 것"이다(Hegel). 모든 인간은 십자가에 달린 그분이 계시하는 하나님의 형상, 곧 "그리스도의 형상"으로 창조되었다. 자기비하와 자기희생 속에서 상부상조하며 상생하도록 창조되었다.

앞서 언급한 바와 같이 창조설화는 단지 과거의 일에 대한 보도가 아니라 이스라엘 백성이 희망하고 기다리는 미래의 세계를 과거의 형태로 기록한 종말론적 언어다. 따라서 창조설화가 말하는 "하나님의 형상" 역시 종말론적 성격을 가진다. 그것은 세계 만물이 인간 안에서 하나님의 모습을 볼 수 있는 미래의 세계에 대한 동경과 기다림을 암시한다. 역사의 마지막에 이루어질 하나님의 나라는 모든 사람 속에서 하나님의 모습이 나타나는 세계다. 이 세계를 향해 우리는 변화되어야 한다. 하나님은 우리를 "자기 아들의 형상과 같은 모습이 되도록 미리" 정하셨다(롬 8:29). 그러므로 "우리는 주님과 같은 모습으로 변화하여 점점 더 큰 영광에"(고후 3:18) 이르러야 함을 "하나님의 형상"은 말한다.

III

자연의 정복과 다스림, 그 참된 의미

1. 자연에 대한 정복과 다스림의 참 의미

1. "땅을 정복하라", "모든 생물을 다스려라!" 이와 같은 창조설화의 말씀은 지금까지 인간중심적으로 해석되었다. 인간이 하나님 창조의 목적이요 왕관이다. 인간만이 하나님의 형상으로 창조되었다. 따라서 하나님의 형상은 하나님이 지으신 자연 피조물을 정복하고 다스리는 것으로 표현된다. 인간이 자연에 대한 정복과 통치의 주체라면 자연은 정복과 통치의 객체다. 통치를 당하는 자가 통치자의 발아래 있듯이 자연은 인간의 발아래 있다(시 8:7). 하나님이 세계의 주(主)요 소유자인 것처럼 인간도 "자연의 주와 소유자"(Descartes)가 되어야 한다. 하나님이 "전능자"인 것처럼 인간도 자연에 대해 전능자가 되어야 한다. 자연에 대해 힘을 발휘하고 자연에 대한 통치권을 확대함으로써 인간은 하나님의 형상을 닮을 수 있다. "땅에 사는 모든 짐승과 공중에 나는 모든 새와 땅 위를 기어 다니는 모든 것과

바다에 사는 모든 물고기가 너희를 두려워하며 너희를 무서워할 것이다. 내가 이것들을 다 너희 손에 맡긴다"(창 9:2).

이제 인간은 정말 자연의 정복자, 통치자가 되었다. 과학기술을 통해 인간은 미시의 영역에 이르기까지 자연의 정복자, 통치자가 되었다. 유전공학을 통해 그는 기후변화에 강한 식물을 만들 수 있고 가공육류를 만들 수 있게 되었다. 자연적 환경 대신에 기술적 환경에 적응하는 인간기계를 만들 수 있게 되었다. 인간보다 더 우수한 기계 인간을 만들 수 있게 되었다. 이리하여 성서의 창조설화는 "자연에 대한 정통 기독교적 교만"을 초래하였고 "기독교의 무자비한 결과들"을 유발하였다는 비판을 받게 된다(Altner 1975, 33).

이 같은 비판에서 학자들은 자연에 대한 정복과 통치에 대한 하나님의 말씀이 가진 역사적 의미에 대해서는 침묵한다. 앞서 언급했듯이 이 말씀이 주어진 고대세계는 자연이 인간을 지배하는 세계였다. 자연 속에 신성 혹은 귀신이 있다고 생각하여 인간이 자연을 두려워하고 자연을 숭배하던 세계였다. 자연 속에 있는 신성 혹은 귀신의 노여움을 풀고 복을 받기 위해 인간의 생명을 희생제물로 바치기도 하였다. 귀신에 대한 두려움 때문에 인간의 행동이 극도로 제한되었다. 필자가 어린 시절을 보낸 통영의 세병관에는 비가 오면 귀신이 나타난다고 하여 사람들이 그리로 가는 것을 피하였다.

이 같은 고대 시대의 상황에서 "땅을 정복하라"는 하나님의 명령은 혁명적인 것이었다. 그것은 자연에 대한 두려움과 자연숭배로부터 인간의 해방을 뜻하였다. 그것은 자연에 대한 인간의 권리 선언이었다. 이제 인간은 아무 두려움 없이 자연을 점유할 수 있게 되었다. "'하나님의 형상'(Imago Dei)과 '땅의 통치'(Dominium terrae)의 인간학은 (자연의 공포에 대한) 저항운동이요 다양한 자연의존으로부터 인간의 해방"을 뜻하였다

(Moltmann 2023, 35).

또 자연의 정복과 통치에 대한 학자들의 비판은 ① 해당 구절을 창조 설화의 전체 문맥 속에서 파악하지 않고 문맥을 떠나 축자적으로 파악하며, ② 자연보호에 관한 성서의 모든 구절을 배제한 채 해당 구절만을 보며, ③ 창조설화를 고대 시대의 특수한 상황 속에서 파악하지 않고 오늘 우리가 가진 표상에 따라 파악하는 문제점을 보인다.

이런 문제에 대해 우선 상식 차원의 질문을 제기하기로 하자. 하나님은 오늘 우리가 경험하는 자연파괴를 허용하는 의미에서 "땅을 정복하라", "모든 생물을 다스려라"라고 말씀했을까? 오늘 우리가 경험하는 자연 파괴적 정복과 다스림은 "하나님은 사랑이다"라는 성서의 대전제에 모순되지 않는가? 이에 우리는 "땅을 정복하라", "모든 생물을 다스려라"라는 말씀을 창세기 1장의 창조설화 및 성서 전체의 문맥과 고대 시대의 역사적 배경에서 파악하고자 한다.

2. 창세기 1:28의 "정복하다"에 해당하는 히브리어 "카바쉬"(kabash)는 우리가 일반적으로 경험하는 부정적 의미를 표현한다. 그것은 "전쟁을 통하여 나라를 정복하다"(민 32:22, 29; 수 18:1), "백성들을 예속시키다"(삼하 8:11), "주민들을 노예로 삼다"(느 5:5; 대하 28:10; 렘 24:11), "여성을 성폭행하다"(에 7:8)라는 의미를 지닌다(Friedrich 1982, 12). 따라서 "땅을 정복하라"는 구절은 자연에 대한 인간의 점령과 억압과 착취를 허용하는 것으로 이해될 수 있다. "땅을 정복하라"는 명령과 함께 인간은 "땅에 대한 무제한의 지배권"을 얻었으며 산에 굴을 뚫고 산을 옮기며 강물의 흐름을 변경시킬 수 있는 권리를 부여받았다고 생각할 수 있다(Barth 1957, 231). 이것은 우리가 타락한 인간 세계 속에서 상식적으로 알고 있는 "정복하다"라는 말의 뜻과 일치한다. 그러므로 일단의 학자들은 "땅을 정복하라"는 하나님의

명령으로 말미암아 자연에 대한 인간중심주의가 생겼고 오늘의 자연파괴와 자연 재앙이 초래되었다고 비판한다. 그러나 창세기 1장의 전후 문맥에서 이 구절을 파악해보자.

1) "땅을 정복하라"는 1:28의 말씀은 먼저 1:29-30의 음식물에 대한 말씀과 연관되어 있다. "내가 온 땅 위에 있는 씨 맺는 모든 채소와 씨 있는 열매를 맺는 모든 나무를 너희에게 준다. 이것들이 너희의 먹거리가 될 것이다…." 이 문맥에서 "땅을 정복하라"는 명령의 본뜻은 "너희가 경작할 수 있는 땅을 너희의 것으로 삼고, 거기서 나오는 식물을 너희의 음식물로 취하라"는 것이다.

땅에서 좋은 음식물을 얻고자 한다면 "정복하라"는 말은 "짓밟아라, 파괴하라, 착취하라"는 부정적 의미로 파악될 수 없다. 땅을 보호하고 가꾸어야 좋은 음식물을 얻을 수 있다. 그렇다면 "땅을 정복하라"라는 하나님의 명령은 "더 이상 자연을 두려워하지 말고 땅을 점유하라. 그러나 좋은 음식물을 얻을 수 있도록 땅을 관리하라"라는 뜻으로 파악될 수밖에 없다.

2) "땅을 정복하라"는 하나님의 명령은 "하나님이 손수 만드신 것을 보시니, 보시기에 좋았다"(1:31)라는 말씀과 연결되어 있다. 따라서 "땅을 정복하라"는 말씀은 "하나님이 보시기에 좋은" 세계와 연결하여 파악되어야 한다. "하나님이 보시기에 좋은" 세계는 어떤 세계인가? 그것은 결코 인간이 자연을 짓밟고 파괴하고 착취하는 세계일 수 없다. 이 같은 세계는 "하나님이 보시기에 나쁜" 세계다. "하나님이 보시기에 좋은" 세계는 자연에 대한 공포에서 해방된 인간이 자연을 잘 관리하여 좋은 음식물을 얻고 자연과 평화롭게 상생하는 세계일 것이다. 만일 "정복하라"라는 하나님의 명령이 짓밟고 파괴하고 착취하는 것을 뜻한다면 하나님이 창조한 세계는 "하나님 보시기에 좋은" 세계가 아닐 것이다.

3) 또 "땅을 정복하라"는 하나님의 명령은 "하나님의 형상"에 관한 말

씀과 연결되어 있다. 곧 하나님의 형상으로 창조된 인간에게 하나님은 "땅을 정복하라"고 명령한다. 이것은 무엇을 말하는가? 이것은 인간이 하나님의 형상으로서 땅을 정복해야 한다는 것을 말한다. 곧 인간은 "하나님처럼" 땅과 관계해야 한다. 인간은 땅이 그에게서 하나님의 모습을 볼 수 있도록 땅과 관계해야 하고 땅을 향해 하나님의 형상을 보여야 한다는 것이다. 이 같은 문맥에서 볼 때 창조설화가 말하는 땅의 정복은 결코 땅의 파괴를 의미할 수 없다. 오히려 그것은 인간이 자기의 생명 유지에 필요한 경작지를 점유하되 "땅의 안식년"을 명령하는 하나님처럼 땅을 돌보고 가꾸어야 한다는 뜻으로 파악될 수밖에 없다.

3) "땅을 정복하라"는 하나님의 명령은 같은 절에서 "하나님이 그들에게 복을 베푸셨다"라는 말씀과 연결되어 있다. 여기서 "땅을 정복하라"는 하나님의 명령은 인간에 대한 하나님의 축복을 전달하는 형식이다. 하나님께서 "땅을 정복하라"고 말하면서 인간에게 축복을 내린다면 땅의 정복은 우리가 세속적으로 알고 있는 부정적 의미를 지닐 수 없다. 그것은 하나님의 축복의 말씀이다. 곧 자연을 점유하고 사용하되 자연을 돌보고 가꾸어 너희의 생명에 필요한 것을 얻고 땅과 상생하여 "하나님이 보시기에 좋은" 세계를 이루라는 축복의 말씀으로 이해될 수밖에 없다.

한마디로 "땅을 정복하라"는 하나님의 말씀은 축복의 말씀이다. 모든 피조물이 인간의 활동과 돌봄을 통해 자신을 발전시킬 수 있게 된다. 어떤 피조물도 파괴되어서는 안 된다. "하나님이 보시기에 좋은" 세계는 인간과 자연의 상생 속에서 자연의 모든 것이 자기를 발전시키는 세계다 (Westermann 1974, 204f.).

4) "땅을 정복하라"는 말씀은 그 본문을 생성한 고대 시대의 역사적 배경 속에서 파악되어야 한다. "땅을 정복하라"는 명령을 생성한 수천 년 전 고대 근동 지역의 아랍인들은 오늘 우리가 알고 있는 오대양 육대주를

알지 못했다. 그들에게 "땅"은 오대양 육대주를 말하는 것이 아니라 먹거리를 얻기 위해 경작하던 농경지 내지 수렵지를 뜻하였다. 오늘의 서인도제도를 발견했던 15세기의 콜럼버스도 오대양 육대주를 알지 못했다. 따라서 "땅을 정복하라"는 하나님의 말씀은 오대양 육대주의 땅을 정복하라는 말씀이 아니라 고대인들이 경작지로 사용할 수 있는 땅을 염두에 둔 것이었다. 또 그것은 자기의 땅을 잃어버리고 바빌로니아 포로 생활을 하고 있던 히브리들이 주거할 수 있는 땅을 얻으라는 뜻이기도 하다. "땅을 정복하라"는 창조설화의 말씀은 "너희들의 경작지로 사용할 수 있는 땅을 너희의 것으로 삼으라", "너희가 살 수 있는 땅을 얻으라"는 것으로 이해될 수 있다.

3. 또 "땅을 정복하라"는 말씀은 성서 전체의 연관 속에서 파악되어야 한다. 먼저 안식년 계명의 빛에서 볼 때 이 말씀은 땅의 생명력 보호와 연관되어 파악되어야 한다. 안식년이 오면 땅에 아무것도 심지 않고 땅을 쉬게 해야 한다. 땅의 생명력을 회복해야 한다. "저절로 자란 것들은 거두지 말아야 한다. 이것이 땅의 안식년이다"(레 25:5). "땅의 안식년"의 계명에 비추어 볼 때 "땅을 정복하라"는 하나님의 명령은 결코 짓밟고 파괴하는 것을 뜻할 수 없다. 오히려 땅을 사용하면서 돌보고 가꾸는 것으로 파악될 수밖에 없다. 땅을 쉬게 하여 땅의 생명력을 회복할 때 땅은 인간에게 축복이 될 수 있고 "하나님이 보시기에 좋은" 세계가 이루어질 수 있다.

"하나님은 사랑이다"라는 성서의 대명제에서 볼 때 "땅을 정복하라"는 명령은 자연 생명체들의 삶의 터전을 빼앗고 너희 마음대로 그 땅을 짓밟고 파괴해도 좋다는 의미일 수 없다. 하나님의 사랑은 그것을 허용할 수 없다. 이것은 극히 상식적인 얘기에 불과하다. 오늘 우리의 상황에서 "땅을 정복하라"는 명령은 불의하고 무신론적인 세력에게 빼앗겨 신음하는 땅을 되찾으라, 회복하라는 뜻으로 파악될 수 있다. 그 땅을 도로 찾아 "하나님이 보시기에 좋은" 땅으로 만들라, 하나님의 "축복받은 땅"으로 만들라는 뜻으로 이해될 수 있다. 오늘 생태계의 재앙 속에서 땅도 신음하며 "썩어짐의 종살이"에서 해방되기를 기다리고 있다(롬 8:21-22).

일단의 학자들은 주장하기를 "땅을 정복하라"는 하나님의 명령으로 말미암아 근대 열강의 제국주의와 식민주의가 일어나게 되었다고 말한다. 온 세계의 땅을 차지하려는 침략전쟁이 일어났다는 것이다. 이 같은 주장 역시 성서 전체의 문맥과 연결되지 않는다. "땅의 안식년"을 명령하는 하나님이 세계의 온 땅을 차지하기 위한 침략전쟁을 허용할 리가 없다. 근대에 일어난 세계열강들의 침략전쟁, 지금 우크라이나에서 일어나는 러시아 푸틴의 침략전쟁은 "땅을 정복하라"는 하나님의 명령 때문에 일어난 것이 아니라 자기의 정치 권력을 유지하고자 하는 독재자들의 이기적 욕망으로 말미암은 것이다.

하나님 없는 인간에게 세계의 모든 것은 정복의 대상으로 생각된다. 에베레스트산을 "정복한다"거나 세계 시장을 정복한다, 달을 정복한다, 화성을 정복한다, 여자를 정복한다 등, 정복이라는 단어가 난무한다. 자연도 정복대상으로 생각된다. 그러나 자연은 인간에게 정복되지 않는다. 자연은 그 자신이 견딜 수 있는 한계까지 인간이 자기를 사용하도록 허용할 뿐이다. 허용의 임계점을 넘어 인간이 자연을 사용할 때 자연은 인간에게 저항한다. 그는 인간의 생명을 위협하는 무서운 힘으로 변한다. 이리하여 인간의 세계는 재난과 재앙을 당하게 된다. 이를 통해 자연은 자기를 정복하려는 인간에게 복수한다. 자연을 정복하려는 인간은 죽어도 자연은 살아남을 것이다. 자연의 생명력은 인간의 생명력보다 더 강하다. 10억 년의 오랜 역사를 통해 형성된 박테리아의 면역력은 인간의 그것보다 훨씬 더 강한 힘을 가진다. 박테리아는 자기를 공격하는 바이러스의 DNA 일부를 자신의 DNA에 새겨두는 방식으로 면역력을 증가시킨다.

자연의 감성은 인간의 그것보다 훨씬 더 빠르다. 스리랑카에 거대한 쓰나미가 밀어닥칠 때 귀로 먼저 위험을 감지한 코끼리들은 떼 지어 내륙으로 피신하였다. 그러나 사람들은 그 위험을 감지하지 못했다. 사람들이 눈으로 쓰나미를 보고 허둥대기 시작했을 때는 이미 피신할 기회를 놓친 뒤였다. 지진이나 태풍, 가스누출 등의 재앙이 일어날 조짐이 보이면 자연의 생물들은 사람보다 훨씬 더 빠르게 이를 느끼고 대처한다. 인간이 강한 것 같지만 자연이 더 강하다. 인간의 문명은 자연의 생명력이 허용하는 한계 내에서 발전할 수 있다. 이 한계를 넘어설 때 자연은 인간의 생명을 위협하는 무서운 힘으로 변한다.

4. 창세기 1:28은 "바다의 고기와 공중의 새와 땅 위에서 살아 움직이는 모든 생물을 다스리라"라고 말한다. "정복하다"라는 개념과 마찬가지로 "다스리다"를 의미하는 히브리어 "라다"(radah) 역시 부정적 의미를 내포한다. 이 단어는 포도즙을 얻기 위해 포도를 발로 "짓밟다", "압착하다"라는 의미를 가진다(욜 4:13). 적을 "쳐부수다", "제어하다"라는 뜻으로 사용되기도 하고(느 9:28), 강제노동을 통해 노예를 "억압하다"라는 뜻을 지니기도 한다. 그것은 아무도 저항할 수 없는 "무제한의 통치"를 뜻한다(Friedrich 1982, 10). 따라서 "다스리다"라는 개념 역시 자연에 대한 인간의 침략과 파괴와 생태계의 위기를 초래하였다고 학자들은 비판한다.

그러나 "다스리다"라는 개념 역시 창조설화의 전후 문맥과 성서 전체와 관련해서 파악되어야 할 것이다. "정복하다"라는 말과 마찬가지로 "다스리다"라는 말도 하나님의 형상에 관한 말씀과 연결되어 있다. 창세기 1:26은 하나님이 땅 위에 있는 모든 피조물을 다스리게 하려고 인간을 그의 형상으로 지으셨다고 밝힌다. "우리의 형상을 따라 우리의 모양대로 우리가 사람을 만들고, 그로 바다의 고기와 공중의 새와 육축과 온 땅과 땅에 기는 모든 것을 다스리게 하자."

이 구절에 따르면 인간은 자연의 피조물을 다스리되 하나님의 형상으로서 다스려야 한다. 인간은 자연을 하나님처럼 다스려야 한다. 인간에게서 하나님의 모습이 보일 수 있도록 다스려야 한다는 것이다. 어떻게 하는 것이 하나님처럼 다스리는 것인가?

이 질문에 대한 대답을 우리는 창세기 2장 J 문서의 창조설화에서 발견할 수 있다. J 문서의 창조설화에서 하나님은 자연을 파괴하는 자가 아니라 자연을 건설하고 돌보는 자로 나타난다. 생명을 죽이는 자가 아니라 생명을 살리는 자로 나타난다. 그는 에덴동산을 "일구시고" 지으신 사람을 거기에 두시며 "보기에 아름답고 먹기에 좋은 열매를 맺는 온갖 나무를 땅에서 자라게" 하신다. 메마른 땅에 그는 네 개의 강을 이끌어 들인다. 그는 사람이 외롭지 않게 "들의 모든 짐승과 공중의 모든 새를 흙으로 빚어서" 만들어주시고 남자와 여자를 짝지어 주신다.

성서 곳곳에서 하나님은 생명의 세계를 세우고 돌보시며 유지하는 분으로 나타난다. 욥기의 생태학적 본문(37-40장)에 의하면 자연의 모든 피조물이 하나님에게서 오고 하나님을 통해 유지된다. 하나님이 "땅을 설계"하였고 "땅의 기초"와 "땅의 주춧돌"을 놓으셨다. 그는 땅에 비를 내리시며 "구름으로 바다를 덮고, 흑암으로 바다를" 감싸신다. 그는 자기의 영을 불어넣어 피조물들을 창조하며 "땅의 모습을 다시 새롭게 하신다"(시 104:30). 그는 "사막을 연못으로 만드시며, 마른 땅을 물이 솟는 샘으로" 만드신다(107:35). "주님은 반석을 웅덩이가 되게 하시며, 바위에서 샘이 솟게 하신다"(114:8). "주님은 모든 만물을 은혜로 맞아 주시며, 지으신 모든 피조물에게 긍휼을 베푸신다"(145:9). 그는 "육신을 가진 모든 사람에게 먹거리를" 주심은 물론 만물에게 "때를 따라…먹거리를 주신다"(136:25; 145:15-

16). "내가 이제 새 일을 하려고 한다.…내가 광야에 길을 내겠으며, 사막에 강을 내겠다"(사 43:19).

이렇게 생명의 세계를 세우고 돌보는 것이 "하나님처럼" 자연을 다스리는 것이다. 성서가 말하는 인간에 의한 자연의 다스림은 결코 "억압하다", "짓밟고 파괴하다"를 뜻하지 않는다. 오히려 그것은 하나님처럼 자연을 돌보고 건설하여 하나님의 자비와 공의 안에서 만물이 상생하는 세계를 이루는 것을 뜻한다. 곧 하나님의 "샬롬"이 충만한 세계, "메시아적 통치"를 이루는 것을 말한다. 예언자 이사야는 메시아적 통치를 다음과 같이 시각적으로 묘사한다. "그때는 이리가 어린 양과 함께 살며, 표범이 새끼 염소와 함께 누우며, 송아지와 새끼 사자와 살진 짐승이 함께 풀을 뜯고, 어린아이가 그것들을 이끌고 다닌다"(사 11:6-8).

5. 일반적으로 예수의 산상설교는 인간과 인간이 지켜야 할 가르침으로 생각된다. 그러나 하나님의 아들 예수가 온 세계의 구원자라면 그의 산상설교는 인간에 대해서는 물론 자연의 피조물에게도 해당한다. 그것은 인간학적 계명들인 동시에 생태학적 계명들이다. 이들 가운데 몇 가지만 살펴보자.

1) "온유한 사람은 복이 있다. 그들이 땅을 차지할 것이다"라고 예수는 말한다(마 5:5). 땅을 파괴하는 사람이 아니라 땅에 대해 온유한 사람이 땅을 차지하게 될 것이라고 한다. 여기서 자연에 대한 인간의 통치 혹은 다스림은 자연에 대한 억압과 파괴가 아니라 자연에 대해 온유한 관계를 갖는 데 있다. 자연에 대해 온유한 관계는 자연의 가치와 존엄성을 인정하고 자연을 "공동의 피조물"(Mitgeschöpf)로 인정하며 자연과 평화롭게 상생함을 말한다. 온유한 사람은 파괴하지 않고 상생하고자 한다. 땅에 대해 폭력적인 사람이 아니라 땅에 대해 온유한 사람이 땅을 얻어 땅과 상생할 것이

라고 예수는 말한다.

2) 예수는 "자비한 사람은 복이 있다. 하나님이 그들을 자비롭게 대하실 것이다"라고 말한다(마 5:7). 자비로운 사람은 자연의 피조물에 대해서도 자비롭다. 자연에 대한 그의 통치는 자연에 대해 자비로운 관계를 말한다. 곧 자연 자신의 가치와 존엄성을 인정하고 자연이 느끼는 것을 함께 느끼며 자연을 지키는 것을 말한다. 자연 자신의 가치와 존엄성을 무시하고 그것을 단지 효용 가치에 따른 "물건"으로 간주하며 자연을 파괴할 때 자연은 인간을 냉혹하게 대할 것이다. 파괴된 자연이 인간의 생명을 위협할 것이다. 이에 반해 인간이 자연에 대해 자비로우면 자연이 인간에게 자비를 베풀 것이다. 하나님이 그들에게 자비를 베풀 것이다.

3) 또 예수는 "평화를 이루는 사람은 복이 있다"라고 말한다(마 5:9). 이 말씀에 따르면 자연에 대한 다스림 혹은 통치는 자연의 평화 속에서 자연과 상생하는 데 있다. 그것은 억압과 파괴와 착취가 아니라 인간을 포함한 자연의 모든 피조물이 평화롭게 공존하는 "평화의 통치"(Friedensherrschaft)일 뿐이다. 그것은 땅 위 모든 생명의 "삶과 죽음에 대한 권리"를 뜻하지 않는다. 오히려 그것은 "평화를 세우는 자의 기능"을 말할 뿐이다. 하나님은 "평화의 하나님"이기 때문이다(고전 14:33, Moltmann 1985, 43f.). 로마서 8:20에 따르면 자연에 대한 인간의 통치는 인간에 의한 파괴와 파멸로부터 "자연을 해방"하고(L. Boff) 자연 만물과 인간이 상생하는 것을 뜻한다.

자연과 인간 사이에 평화를 원한다면 무엇보다 먼저 인간의 마음이 가난해져야 한다. 무한한 탐욕을 내려놓아야 한다. 그래야 자연이 숨을 쉴 수 있고 자연과 인간의 상생이 가능하게 된다. 하늘나라가 오게 된다. 그래서 예수는 "마음이 가난한 사람은 복이 있다. 하늘나라가 그들의 것이다"라고 말한다.

4) 성서 전체의 문맥에서 볼 때 하나님은 그가 지은 모든 피조물이 평화롭고 행복하게 살기를 원하신다. 하나님의 자비와 정의와 평화 안에서 상생하기를 원한다. 그는 자연의 피조물이 인간에 의해 짓밟히고 파괴되는 것을 원하지 않는다. 그는 만물의 파괴와 죽음을 원하지 않고 삶과 번영을 원한다. 그는 사랑이기 때문이다. 인간이 이처럼 하나님의 형상으로 창조되었다면, 자연에 대한 인간의 다스림은 자비롭고 선하신 하나님의 뜻을 따라 자연의 피조물을 돌보고 가꾸어서 인간과 자연이 평화롭게 상생하는 세계를 이루는 것을 뜻할 뿐이다. 하나님처럼 세계를 다스리는 사람은 짓밟지 않고 보호하며, 파괴하지 않고 건설하며, 죽이지 않고 살린다. 그래서 구약성서는 "의로운 사람은 짐승의 생명도 돌보아 준다"라고 말한다(잠 12:10). 더불어 하나님은 7년마다 땅을 쉬게 하라고 명령한다.

창조설화가 생성된 고대 근동에서 "다스리다"라는 말은 본래 궁중 언어에 속한다(Westermann 1971, 75f.). 고대 이집트와 바빌로니아의 통치 철학에서 왕이나 황제의 사명은 백성을 억누르고 착취하는 것이 아니라 백성이 평화롭게 살 수 있도록 돌보는 데 있는 것으로 전해진다. 로핑크(N. Lohfink)에 따르면 이집트의 황제 파라오가 등을 구부린 백성들의 모습이 새겨진 의자 위에 발을 올려놓는 행위는 그 땅과 백성이 파라오의 통치영역에 속한다는 것을 나타낸다. 이와 동시에 그 같은 행위는 그 땅과 백성을 돌보아야 한다는 파라오의 책임을 나타낸다. 파라오는 땅과 백성이 평화롭게 공존할 수 있도록 다스려야 한다(Lohfink 1977, 166). 그래야 파라오의 정치 권력이 유지될 수 있었다. 땅과 백성의 평화로운 공존을 이루지 못하는 파라오는 독사에 물려 죽게 하였다고 한다. 로마의 카이사르가 살해당한 후 안토니우스와 연인관계에 있었던 이집트 여왕 클레오파트라도 독사에 물려 죽었다. 자살한 것이 아니라, 로마의 힘 있는 정치인들과 염문을 뿌리며 국정을 소홀히 하였기 때문에 신하들에 의해 독살당한 것으로 보인다.

가나안 땅은 이집트와 국경을 맞대고 있었기 때문에 가나안 땅의 이스라엘 백성은 이집트의 문화적 영향을 벗어날 수 없었다. 그러므로 창조 설화가 말하는 "다스리다"라는 개념은 이집트 황제의 통치 철학에 따라 땅 위의 피조물들이 평화롭게 상생할 수 있도록 돌보는 것으로 이해되었을 가능성이 크다. "하나님은 사랑이다"라는 성서 전체의 기본 전제에서 볼 때 피조물에 대한 인간의 다스림은 돌봄과 상생을 뜻할 뿐이다. "창조세계를 돌볼 인간의 책임이 성경 내러티브 전체에 명백히 드러난다. 창세기 1장에서 하나님은 인간을 자신의 형상으로 만들고, 그들을 축복하고, 그들에게 지구에 질서를 가져오라고 요구하면서 일종의 지배권을 부여했다.… 이 점이 창세기 2:15에 나타난다." 하나님은 그가 지으신 동산을 "경작하며 지키도록" 하기 위해 아담을 세우신다. "여기서 사용된 단어는 '섬기다'와 '유지하다'로 번역될 수 있으며 이 구절은 신성한 공간에 있는 사람의 제사장 역할을 묘사한다"(Bishop 2023, 656).

6. 예수의 지상의 삶에서도 "다스리다"라는 말은 돌보고 가꾸는 것으로 나타난다. 이 땅 위에 온 하나님의 아들 예수는 그 땅에 있는 사람들을 억압하고 착취하지 않는다. 그는 자연의 세계를 파괴하지 않는다. 오히려 그는 그 땅의 연약한 생명을 돌보는 사람으로 나타난다. "섬김을 받는 자"가 아니라 "섬기는 자"로 나타난다. 그는 사회에서 소외된 "세리와 죄인들"의 친구가 되시며, 간음하다 붙들린 여자의 죄를 용서하고, 그 여자를 돌로 쳐 죽이지 못하도록 생명을 지켜준다. 그는 가난하고 병든 사람들의 질병을 고치고 그들의 존엄성을 회복한다. 이 같은 예수의 말씀에 비추어볼 때 "다스리다"라는 말은 "돌보고 지키며 회복하다", "상생의 공동체를 이루다"를 뜻할 뿐이다.

세계는 인간의 소유물이 아니다. 세계는 하나님의 것이다. 인간이 영원히 소유할 수 있는 것은 아무것도 없다. 인간은 자기에게 주어진 것을 사용하다가 언젠가 모든 것을 내어놓고 빈손으로 이 세상을 떠날 수밖에 없는 과객에 불과하다. 그는 하나님에게 속한 것을 일시적으로 사용하고 관리하는 하나님의 청지기일 따름이다. 하나님의 청지기로서 인간은 하나님의 뜻을 따라야 한다. 자연을 돌보고 지키며 상생하는 것이 하나님의 뜻이다. "그는 자기 영광의 자의에 따라서가 아니라 책임 있는 대리인으로서" 자연을 돌보아야 한다. 자연의 통치에 대한 그의 권리와 의무는 자율적인 것이 아니라 하나님의 형상을 따른 "모상적인"(abbildhaft) 것이다 (Wolff 1974, 235).

하나님은 사랑이다. 그러므로 하나님은 그가 지은 세계가 파괴되지 않고 아름답게 가꾸어지고 유지되기를 원한다. 이를 위해 하나님은 인간을 그의 형상으로 세우고 모든 생물을 다스리라고 명령한다. 따라서 창세기 1:26의 "다스리다"라는 말은 "종으로 삼다", "억압하다", "파괴하다", "없애버리다"라는 부정적 의미로 이해될 수 없다. 그것은 하나님의 사랑에 모순된다. 사랑이신 하나님의 빛에서 볼 때 "다스리다"라는 말은 "장려하다", "돌보다", "가꾸다", "보호하다"라는 긍정적 의미로 파악될 수 있을 뿐이다. 성서가 말하는 다스림은 "섬김의 다른 형식"이다(Friedrich 1982, 11).

7. 생태학적 견지에서 창세기 1장을 관찰할 때, 인간은 온 세계의 정복자와 지배자로 창조된 것이 아니라 창조의 연결고리 안에서 자연과 상생하도록 창조되었다. 그래서 자연의 모든 피조물이 창조된 후에 인간이 마지막으로 창조된다. 인간이 있기 전에 자연이 먼저 있다. 인간은 자기보다 앞서 창조된 자연의 피조물들의 연결고리 안에서만 살 수 있다. 그는 자

기보다 앞서 창조된 하늘과 땅, 바다와 육지, 식물들과 동물들에게 의존한다. 이 모든 자연이 파괴되면 인간은 생존할 수 없다. 자연이 건강하게 유지되어야 인간도 건강하게 살 수 있다. 따라서 땅 위의 피조물들은 인간의 정복대상, 지배대상이 아니라 인간과 함께 살아야 할 "공동의 피조물"(Mitgeschöpf)이요 인간의 생존을 가능케 해주는 "생명의 기초"다. 인간이 자연을 정복하고 지배할지라도 그는 자연의 창조 공동체의 연결고리 속에 있다. 이 연결고리가 건강하게 유지되어야 인간 자신이 생존할 수 있다. 이 같은 창세기 1장의 문맥에서 볼 때 자연의 정복과 통치에 관한 말씀은 인간이 자연을 두려워하는 고대세계에서 자기에게 주어진 경작지를 두려움 없이 자기의 것으로 점유하고 거기에서 나오는 것을 먹고 살라고 하는 말씀일 뿐이다.

이를 무시하고 이 말씀을 우리 인간의 역사적 경험에 따라 축자적으로 이해하는 것은 창조설화의 본래 의도를 벗어난다. 그것은 모든 것을 정복하고 지배하고자 하는 타락한 인간의 이기적 해석일 뿐이다. 이기적 인간은 자기를 창조의 연결고리에 속한 한 부분으로 보지 않고 이 연결고리의 정복자와 지배자로 자기를 인식한다. 세계의 모든 것이 자기를 위해 있다고 착각한다. 창세기 1장의 창조설화에서 인간은 자연의 연결고리 안에서 자연과 상생하도록 창조되었다.

그러나 이제 세계는 긍정적이든 부정적이든 인간중심의 세계가 되었다. 인간이 자연을 정복하고 무자비하게 지배하는 세계가 되었다. 자연의 운명이 인간의 손안에 있다. 자연의 모든 피조물이 인간을 두려워하며 무서워한다(창 9:2). 이와 동시에 세계는 고대 시대처럼 인간이 자연을 두려워하는 세계가 되었다. 세계를 정복하고 지배한 인간이 이제 자신이 정복하고 지배하는 세계를 두려워하는 반대상황이 되었다. 글자 그대로 자업자득이다.

이제 인류가 살고자 한다면 "땅을 정복하라", "모든 생물을 다스리라" 는 창세기 1장의 말씀을 인간중심적으로 이해하지 않고 생태학적으로 이해해야 한다. 타락한 인간 세계의 역사적 경험에 따라 파악하지 않고 선하신 하나님의 뜻에 비추어 파악해야 한다. 사랑이신 하나님은 그가 지으신 모든 피조물이 그의 샬롬 속에서 상부상조하며 상생하기를 원한다. 이를 위해 하나님의 아들이 인간의 몸을 입고 이 세상에 오셨다. 그렇다면 땅의 정복과 다스림은 인간이 파괴한 자연의 회복과 돌봄으로 파악될 수밖에 없다. "하나님이 보시기에 좋은" 세계는 인간이 자연의 모든 것을 파괴하고 죽이는 세계가 아니라 무한한 사랑이신 하나님처럼 자연을 돌보며 자연과 상생하는 세계다.

이제 온 인류가 살아남고자 한다면 하나님이 에덴동산을 돌보듯이 자연을 돌보아야 한다. 지상의 예수처럼 신음하는 생명을 회복해야 한다. 자연의 피조물들이 인간 안에서 하나님의 모습(형상)을 볼 수 있도록 해야 한다. 그렇지 않으면 자연이 인간을 정복하고 지배하는 사태가 일어날 것이다. 이 사태가 지금 벌써 일어나고 있다. 해수면이 상승하여 인간의 삶의 터전을 잠식하고 있다. 이를 피하려고 인간은 달이나 화성으로 이주할 수밖에 없는 상황이 벌어질 수 있을 것이다. 그러나 필자는 나무 한 그루 보이지 않는 달이나 화성에서 살고 싶지 않다. 우주 공간에 있는 우주정거장에서 살고 싶지도 않다. 나무와 숲이 있고, 철 따라 꽃들이 피며, 귀여운 새들과 다람쥐와 맑은 물이 있는 지구에서 살고 싶다.

창조설화에 의하면 하나님은 자연을 통치할 수 있는 권한을 모든 사람에게 주셨다. 자연을 사용하고 돌볼 권한을 모든 남녀와 모든 민족과 인종들에게 주셨다. 이로써 하나님은 자연에 대한 통치를 인간화, 민주화하였다. 그러나 "땅에 대한 통치의 인간화와 민주화(Humanisierung und Demokratisierung)"는 아직도 이루어지지 않은 이상으로 머물러 있다

(Moltmann 2023, 35). 소수의 민족과 인종과 남자들, 사회의 특권층이 이 권한을 독점한 상태에 있다. 하나님의 형상으로서의 인간이 세계를 다스리지 않고 소유욕에 가득한 하나님 없는 인간들이 세계를 정복하고 지배한다. 고대 시대에는 더 심했다. 세계의 부와 통치권이 소수의 지배층에 집중되어 있었다. 중세기 유럽에서는 여성이 결혼할 때 먼저 그 지역의 땅을 소유한 영주에게 첫날밤을 바쳐야 했다. 이 같은 인간 세계 속에서 하나님은 땅에 대한 통치를 모든 사람에게 맡긴다. 장차 올 하나님의 나라는 땅 위의 모든 사람이 자연을 함께 돌보며 자연과 상생하는 세계다. 하나님의 정의가 살아 있는 세계다. 이 같은 하나님 나라를 창조설화는 태초에 있었던 창조세계로 나타낸다. 그것은 새로운 생명의 세계에 대한 종말론적 기다림의 표현이다.

그러나 우리는 다음의 사실을 고려할 필요가 있다. 곧 본래 자연은 우리 인간의 돌봄을 필요로 하지 않는다는 사실이다. 자연은 인간이 돌보아주지 않아도 얼마든지 스스로 생육하고 번성할 수 있기 때문이다. 비록 자연에 대재난이 일어난다 해도 자연 자신의 생산력에 의해 그 재난은 저절로 극복될 수 있을 것이다. 인간이 자연을 돌보아야 한다거나 자연에 대한 책임을 져야 한다는 것은 자연에 대한 인간의 또 하나의 교만일 수 있다. "우리를 돌보아 달라", "우리를 책임져 달라"고 자연이 인간에게 부탁한 적이 한 번도 없다. 청지기가 되어달라고 부탁한 적도 없다.

그러나 오늘의 세계 현실에서 인간은 자연의 책임자, 자연의 청지기가 되어야 한다. 자연은 인간의 보호와 돌봄을 필요로 하기 때문이다. 지느러미와 꼬리가 그물에 감긴 고래가 인간에게 접근하여 도움을 요청하며 상어가 인간에게 입속에 박힌 낚싯바늘을 빼달라고 입을 벌리기도 한다. 굶주린 늑대가 사람에게 접근하여 눈치를 보며 먹을 것을 기다리기도 한다. 그들은 인간 보호자, 인간 청지기를 필요로 한다. 자연 만물이 "하나님의 자녀들"이 나타나 "썩어짐의 종살이"에서 풀어주기를 기다린다(롬 8:21).

2. 참 통치자는 섬기는 자다

1. 일반적으로 우리는 통치자 혹은 지배자를 우리 위에 있는 자, 명령하는 자, 우리가 복종해야 할 자로 생각한다. 심지어 그 누구도 왈가왈부할 수 없는 절대 권력을 가진 자로 생각한다. 그래서 지배자 앞에서는 모든 사람이 고개를 숙여야 한다. 그의 말에 토를 달아서는 안 된다. 이런 생각 때문에 관리들이 대통령 앞에서 머리를 숙인 채 받아쓰기를 하는 태도를 보인다. 수령님 말씀에 토를 다는 것은 죽음을 재촉하는 것이나 마찬가지다. 이것이 통치자 혹은 지배자에 대한 우리의 역사적 경험이다.

통치자에 대한 이 같은 생각은 유교의 윤리에 깊이 뿌리 내리고 있다. 유교의 윤리는 한마디로 상하질서의 윤리, 명령과 복종의 윤리, 곧 계급체제(Hierarchie)의 윤리다. 위에 있는 사람은 명령하고 지배하는 자요, 아래 있는 사람은 복종하고 지배를 받아야 할 자로 규정된다. 신하들은 왕이나 황제에게 복종하고, 백성은 통치자들에게 복종해야 한다. 자녀들과 어머니는 아버지에게, 학생은 선생님에게, 후배는 선배에게 복종해야 한다. 위에 있는 사람은 아래 있는 사람의 섬김을 받으며 편안히 살아야 할 자로, 아래 있는 사람은 수고와 고생을 마다하지 않고 위에 있는 사람을 섬겨야 할 존재로 생각된다. 물론 위에 있는 자는 아래 있는 자를 돌보아야 할 책임이 있다. 그러나 이 같은 책임은 아래 있는 자가 위에 있는 자에게 복종하는 한에서 보장받는다.

신과 인간의 관계도 상하질서의 관계에 있는 것으로 생각된다. 무한한 능력을 지닌 신은 인간의 섬김을 받으며 천상의 영원한 생명과 영광을 누리는 반면, 유한한 인간은 신을 섬기며 수고와 고통을 감내해야 할 존재로 간주된다. 이 같은 생각은 교회에서도 나타난다. 대다수 그리스도인은 자신들을 하나님의 "종"이라고 생각한다. 성직자는 신도들 위에서 신도들의 섬김을 받아야 할 존재로, 신도들은 성직자에게 복종하고 헌신해야 할 존재로 생각된다. 장로는 교회 "어른"으로 간주된다.

이 같은 상하질서의 관계, 계급체제에 반해 성서의 하나님은 전혀 다른 모습을 보여준다. 그는 위에서 섬김을 받는 자가 아니라 자기를 낮추어 섬기는 자로 나타난다. 이러한 하나님의 모습을 우리는 먼저 창세기 2장 J 문서의 창조설화에서 감각적 형태로 볼 수 있다. 여기서 하나님은 자신의 손으로 흙을 빚어 사람을 만들고 자기 숨을 사람 안에 불어넣어 살아 움직이게 한다. 그가 지으신 에덴동산에 물이 없기 때문에 하나님은 시골 농부처럼 땀을 흘리면서 땅을 파고 물을 끌어들여 모든 생물에게 필요한 물을 공급한다. 아담이 홀로 있는 것을 힘들어 하기 때문에 하나님은 식물들과 동물들을 지으신다. 그래도 아담이 외로움을 느끼기 때문에 하나님은 아담이 잠든 사이에 그의 갈비뼈를 취하여 배필을 마련해 준다. 아담과 하와가 타락하여 벌거벗은 것을 부끄러워하자 하나님은 그들에게 가죽옷을 만들어 부끄러워하는 부분을 가려준다(창 3:21). 여기서 하나님은 만유를 호령하는 "만유의 지배자"(Pantokrator)가 아니라 자연과 인간을 위해 수고하는 봉사자, 섬기는 자로 나타난다.

2. 창세기 1장의 P 문서 창조설화는 하나님이 "말씀으로" 피조물의 세계를 창조하였다고 말한다. 일반적으로 우리는 육체노동은 힘들지만 말하는 것은 힘들지 않다고 생각하기 쉽다. 그래서 말씀에 의한 하나님의 창조는 조금도 힘들지 않았을 것이라고 생각할 수 있다. 그러나 이 생각은 옳지

않다. 말을 할 때 우리는 자기도 모르게 힘을 주게 된다. 힘주어 말하지 않으면 듣는 사람의 마음을 움직일 수 없다. 이것은 설교자나 강의자가 몸소 체험하는 일반적 사실이다. 설교자가 청중을 감동시키려면 먼저 설교자 자신이 자기가 말하고자 하는 바에 감동을 느껴야 하며 혼신을 다해 말해야 한다. 그래야 말 속에 힘이 있게 되고 그 힘이 청중을 감동시킨다.

천지를 창조하실 때 하나님도 혼신의 힘을 다해 "~가 있으라"고 말씀하셨을 것이다. 그의 말씀 속에는 없는 것을 있게 할 수 있는 엄청나게 큰 힘이 들어 있었을 것이다. 그렇지 않고서는 무에서 유가 창조되지 않았을 것이다. 예수 그리스도 안에서 일어난 하나님의 구원도 아무 힘들이지 않고 편하게 일어나지 않았다. 성령 안에서 아버지 하나님이 아들의 죽음의 고통을 함께 당하는 가운데서 하나님의 구원이 일어났다.

성서가 증언하는 하나님은 높은 보좌 위에 편하게 앉아 홀로 명상을 즐기는 분이 아니다. 그는 폭군이나 독재자가 아니라 인간을 섬기는 분으로 나타난다. 이스라엘 백성이 이집트에서 노예 생활로 고난받고 있을 때 하나님은 그의 백성이 이집트에서 고생하는 것을 똑똑히 보았고 억압을 받으며 괴로워 울부짖는 소리를 들었다. 그들이 얼마나 고생하는지 그는 잘 알고 있었다(출 3:7-8). 이 구절에서 하나님이 "본다", "듣는다", "안다"라는 것은 단순한 인지 행위가 아니라 하나님이 이스라엘의 삶에 참여하여 고난을 함께 나눈다는 것을 뜻한다. 구약성서에서 "알다"에 해당하는 히브리어 동사 "야다"는 "단지 이성적, 주지적 앎이 아니라 '내밀한 관계'(Intimitätsbeziehung)를 통하여 상대방의 생명과 존재에 참여함으로써 상대방을 아는 것"을 뜻한다(이동영 2020, 392). 이스라엘 백성이 광야로 나아갈 때 하나님은 밤에는 불기둥으로, 낮에는 구름기둥으로 그들과 동행한다. 이스라엘 백성이 바빌로니아 제국의 포로가 되어 끌려갈 때 하나님도 그들과 함께 가시며 그들의 치욕과 고난을 함께 당한다. 그는 사랑이기 때문이다.

사사들과 예언자들도 섬김을 받는 자가 아니라 섬기는 자로 나타난다. 사사들은 이스라엘을 위해 죽음의 위험을 무릅쓰고 이스라엘을 위해 싸운다. 예언자들 역시 목숨의 위험을 무릅쓰고 하나님의 말씀을 증언하며 그의 백성과 함께 고난받는다.

이집트를 탈출하여 가나안 땅에 입주한 이스라엘 백성은 오랫동안 왕정 제도를 갖지 않고 12지파 동맹체제(Amphyktionie)를 유지하고 있었다. 그 내적 이유는 무엇인가? 예나 지금이나 세상의 왕들은 섬기는 자가 아니라 섬김을 받는 존재, 백성을 억압하는 존재로 나타난다. 이 같은 왕의 모습은 이스라엘 백성과 함께 고난받는 하나님의 모습에 모순되었기 때문에 이스라엘 백성은 오랫동안 왕을 중심으로 한 중앙집권제를 갖지 못하고 12지파 동맹체제를 유지하게 된다. 그들에게는 세상의 왕이 아니라 하나님이 참 통치자였다. 사사 시대 마지막에 사무엘은 이스라엘 백성의 강력한 요청을 이기지 못해 왕을 세우지만, 왕정 제도는 결국 국가멸망으로 끝났다는 것을 신명기 역사가는 보여준다.

3. 인간을 섬기며 인간을 위해 고난받는 하나님의 모습은 예수 그리스도에게서 극적으로 나타난다. 하나님의 대리자, 하나님의 아들 예수는 철저히 섬기는 자로 나타난다. 그는 사람들의 섬김을 받으러 온 것이 아니라 사람들을 섬기기 위해 세상에 왔다고 말한다(막 10:45). 그는 자기를 높이지 않고 낮춘다. 세상의 높은 사람들과 함께하지 않고 세상의 낮은 자들과 함께한다. 그는 "세리와 죄인들의 친구"가 된다. 그는 참 통치자의 모습을 보여준다. "너희도 알다시피, 이방인들의 통치자로 자처하는 사람들은 백성을 강제로 지배하고, 또 높은 사람들은 백성을 권력으로 내리누른다. 그러나 너희는 그래서는 안 된다. 너희 사이에서 누구든지 높은 사람이 되고자 하

는 사람은 남을 섬기는 사람이 되어야 하고, 으뜸이 되고자 하는 사람은 모든 사람의 종이 되어야 한다"(막 10:42-44). "만왕의 왕" 예수는 자기 아래 있는 자들을 억압하는 세속의 방식으로 통치권을 행사하지 않는다. 오히려 그는 "작은 형제들"을 위한 사랑의 섬김을 통해 그의 통치권을 행사한다.

하나님의 통치형식은 예수의 십자가에서 극적으로 나타난다. 십자가에서 하나님은 인간을 위해 고난받는 자로 나타난다. 그의 통치는 그의 자기낮춤과 자기비움, 자기희생의 형태로 나타난다. 그는 아무 힘없이 십자가에서 고난받음으로써 그의 백성을 통치한다. "그의 통치는 섬기는 사랑의 행동이다. 그러므로 권력을 추구하는 자는 참된 통치자일 수 없다. 사랑하고 희생하며 섬기는 자가 참된 통치자다"(Lochman 1984, 93).

이 같은 하나님의 모습에 비추어 우리는 자연에 대한 인간의 "정복"과 "다스림"을 파악해야 한다. 섬기고 고난을 함께 당하는 하나님의 모습을 무시한 채 축자적으로 우리의 역사적 경험에 비추어 정복과 다스림의 의미를 파악하는 것은 적절하지 않다. 섬기고 고난을 함께 당하는 하나님의 모습에 비추어볼 때 자연에 대한 인간의 정복과 다스림은 우리가 역사적으로 경험한 파괴적인 정복과 다스림이 아니라 자연에 대한 자기비움과 섬김을 뜻할 뿐이다.

필자는 가축들의 대형 사육장을 볼 때마다 이 같은 하나님의 말씀이 얼마나 필요한지 절실히 느낀다. 수천, 수만 마리의 닭들이 햇빛이 들지 않는 좁은 양계장에 갇혀 모이를 쪼아 먹는다. 암탉이 달걀을 더 많이 낳도록 그들을 케이지에 넣고 24시간 그 안에 앉아 있게 한다. 돼지들의 몸무게를 늘리기 위해 금속 틀에 가두고 그 속에서 조금도 움직이지 못하게 한다. 더 많은 돈을 벌고자 하는 인간의 욕심 때문에 얼마나 많은 짐승이 고통 속에서 살다가 억울한 죽음을 겪는가! 우리 자신을 쇠틀에 가두어놓고 365일 조금도 움직이지 못하게 한 다음 도살한다고 상상해보라! 이 같은 죄악을 저지르면서 우리 인간이 건강하고 행복하게 살고자 한다면 그것은 과욕이고 망상이다. 악을 행하는 자는 자손 대에 가서라도 그 벌을 받는 것이 역사의 법칙이다. 하늘에서 불이 떨어지거나 홍수와 산사태로 집이 파괴되어버리거나 바이러스 감염으로 죽음을 맞이할 수도 있다. 지금 인류에게 이런 일이 일어나고 있다.

4. 요한계시록은 세상 죄를 짊어지고 십자가에서 죽임당한 예수를 가리켜 "만주의 주요 만왕의 왕"이라고 고백한다(계 17:14). "왕들의 왕, 군주들의 군주"라고 말하기도 한다(19:16). 그러나 지금까지 하나님이나 예수는 한 번도 만왕의 왕이 되어본 적이 없다. 그는 세속적인 "왕들의 왕"이 되기를 원하지도 않을 것이다. 이것은 아래에서 섬기는 자가 사실상 높은 자라는 그의 가르침에 모순되기 때문이다.

그러나 예수를 "주님"(Kyrios)이라고 고백하는 그리스도인들에게 예수는 왕이 아닌가? 그래서 "주님의 종"으로 군림하는 성직자들은 교인들 위에 있는 존재, 교인들이 복종해야 할 존재로 인식되지 않는가? 그러나 이것은 예수의 말씀에 모순된다. 구원자 예수는 자신을 가리켜 섬김을 받는 자가 아니라 섬기는 자라고 규정하기 때문이다. 그는 섬김을 받기 위해 이 세상에 온 것이 아니라 섬기기 위해 왔다고 말한다. 그는 자기를 따르는 자들에게, 너희는 나의 종이 아니라 "친구"라고 말한다(요 15:15).

그렇다면 어떤 의미에서 예수는 "만왕의 왕"이요 "만주의 주"인가? 힘 한번 써보지 못하고 세상 권세자의 손에 넘겨져 십자가에 달려 죽은 예수가 어떻게 "만왕의 왕", "만주의 주"인가? 어떻게 눈에 보이지 않는 하나님이 "만왕의 왕"인가?

이 질문에 대해 우리는 다음과 같이 대답할 수 있다. 우리는 힘 있는 자가 세계를 지배한다고 생각한다. 돈이 세계를 지배한다고 생각한다. 돈이 곧 힘이다. 그러나 힘 있는 자의 힘은 오래 가지 못한다는 것을 세계사는 보여준다. 그들의 힘은 언젠가 사라지는 것이 역사의 법칙이다. 힘은 흥망성쇠의 역사를 반복한다. 돈은 없던 것을 있게 하기도 하고, 추한 것을 아름답게 만들기도 하고, 힘없는 자를 힘 있게 만드는 마력을 가지고 있다. 그러나 돈으로 만든 "있음", 돈으로 만든 아름다움과 권세는 오래 가지 못한다. 언젠가 이 모든 것은 안개처럼 사라진다. 돈이나 권세가 세계를 유지하지 못한다. 유지하는 것 같으나 그것은 오래 가지 못한다. 물론 거짓이 세계를 지배하는 것처럼 보일 때도 있다. 성실하게 일하는 사람들보다 말재간이 좋은 사람들이 힘을 얻고 세계를 지배하는 것처럼 보인다. 그러나 이 역시 오래 가지 못한다. 성실함과 진실함이 없는 말재간, 그것은 언젠가 사라지기 마련이다.

정말 이 세계를 지키고 유지하는 것은 무엇일까? 정말 생명의 역사를 이어가는 것은 무엇일까? 그것은 사랑과 성실이다. 어린 생명을 10개월이나 자기 뱃속에 품고 자기 몸의 영양분으로 그것을 살리며, 기차가 자기 몸 위를 지나는 것 같은 고통 속에서 생명을 출산하는 산모의 깊은 사랑의 힘, 생명의 힘이 어린 생명을 살린다. 사랑과 사랑에서 나오는 성실이 생명의 세계를 지키고 유지한다. 참으로 이 세계를 지키고 유지하는 것은 세속적 권세나 돈의 힘이 아니라 생명에 대한 사랑과 성실이다.

5. 생명에 대한 사랑과 성실은 어디에서 오는가? 원자나 분자에서 나오는 것일까? 아니면 우주적 먼지에서 진화된 것일까? 그러나 원자나 분자, 우주적 먼지에서 어떻게 생명에 대한 사랑과 성실이 나올 수 있을지 상상하기 어렵다. 중력이 어디에서 오는지에 대해 과학자들이 침묵하듯이 빅뱅 이론가들은 이 문제에 대해서도 침묵한다. 사회생물학자들은 생명에 대한 사랑과 성실이 이기적 유전자의 이기적 전략에서 나온 것이라고 설명

한다.

그러나 사회생물학의 이 같은 설명은 너무 단순하다. 그것은 경쟁과 투쟁을 진화의 원리로 보는 진화론에 기초한다. 그 내용을 분석해 보면 그 것이 타당하지 않다는 것을 확인할 수 있다. 우리가 거짓말을 하거나 악한 일을 하면 마음이 괴롭다. 양심에 가책을 느낀다. 악한 일을 하는 것은 인간의 본래 성품에 모순되기 때문이다. 이것은 인간 안에 있는 유전자에게도 일어날 수밖에 없다. 유전자가 자기를 확장하기 위한 이기적 의도에서 자기 자신에게 모순되는 사랑과 성실이라는 전략을 구사할 경우 유전자는 고통받는다. 사랑과 성실이라는 전략은 유전자의 이기성에 모순되기 때문이다. 모순은 마음을 괴롭게 하고 생명을 단축한다. 이리하여 유전자는 자신이 만든 모순된 전략으로 인해 자기 생명을 위태롭게 한다.

유전자는 이기적이기 때문에 자기에게 모순되고 자기의 생명을 위험스럽게 하는 것을 오래 허용할 수 없다. 자기의 생명을 유지하기 위해 유전자는 자기의 생명을 위험스럽게 하는 것을 토해낼 수밖에 없다. 이로써 유전자의 이기적 전략은 무너지게 된다. 그래서 거짓과 악을 행한 사람이 그것을 실토하는 일이 일어난다. 아주 악한 사람도 죽음이 가까워지면 참회하는 일이 일어난다. 유전자를 평안하게 함으로써 평화롭게 눈을 감기 위해서다. 그러므로 사랑과 성실이 이기적 유전자의 이기적 전략이라고 보기 어렵다. 만일 사랑과 성실이 이기적 유전자의 이기적 전략이고 이 전략을 통해 유전자가 자기를 유지하고 자기를 확장할 수 있다면 인간이 양심의 가책을 느끼거나 자기의 죄를 실토하는 일이 일어나지 않을 것이다. 양심의 가책을 벗어나려고 고해성사를 하는 일도 일어나지 않을 것이다. 유전자의 마음이 편하기 때문이다.

긍정적으로 표현하면 반이기적인 것, 곧 생명에 대한 사랑과 성실은 이기적인 것에서 나오는 것이 아니라 어떤 반이기적인 원인자에서 나오는 것이다. 이기적인 것으로부터 반이기적인 것이 나오는 일은 상상할 수 없다. 아무 원인자 없이 사랑과 성실이 인간에게 있게 된다는 것은 상식적으로 불가능하다. 우주적 먼지에서 생명에 대한 사랑과 성실이 나온다는 것도 상상하기 어렵다. 먼지로부터 사회적, 공동체적 본성이 나온다는 것은 불가능하다. 그것은 생물학적으로, 혹은 우주 진화론적으로 설명하기 어려운 신비에 속한다. 신기계론자들은 이것을 뇌세포의 물리-화학적, 기계적 활동에서 나오는 것으로 설명하지만, 갓 태어난 생명에 대한 어미들의 사랑의 본성, 개미와 벌이 보여주는 상생의 본성, 무한히 확장되는 자식에 대한 어머니의 사랑을 물리-화학적으로, 혹은 진화론적으로 설명하는 일은 불가능한 것으로 보인다.

이 문제에 대해 우리는 이렇게 대답할 수 있다. 생명에 대한 사랑이 무로부터 생성된다는 것은 불가능할 것이다. 그것은 어떤 원인자가 있어서 생성되는 것이고, 그 원인자는 하나님이다. "하나님은 사랑이다." 생명에 대한 피조물의 사랑은 사랑이신 하나님에게서 온다. 사랑이신 하나님이 그의 뜻에 따라 피조물을 지으시고 그의 사랑의 영, 생명의 힘이 피조물들 안에서 작용하기 때문에 피조물들은 생명을 사랑하며 더불어 살고자 하는 본성을 갖게 된다. 하나님에게서 오는 생명에 대한 사랑과 성실이 생명의 세계를 유지한다.

사랑은 우주적 먼지나 신경세포의 물리-화학적 운동에서 오는 것이 아니라 사랑이신 하나님에게서 온다. 세계의 궁극적 통치자는 힘과 돈에 목마른 세속 정치인이나 돈의 힘이 아니라 하나님의 사랑이다. 이 사랑이 메시아 예수의 말씀과 삶과 죽음 속에 계시된다. 그의 삶은 자기를 희생하는 사랑 자체였다. 그는 "하나님 나라 자체"였다(*autobasileia*, Origenes). 근본적으로 세계를 다스리고 유지하는 것은 "십자가에 달린 하나님" 안에 계시되는 하나님의 사랑이다. 십자가에 달린 하나님이 만왕의 왕, 만주의 주다.

삼위일체 하나님이 세계의 참 통치자다. 세속의 왕들은 얼마 살지 못하고 떠나는 과객일 뿐이다. 삼위일체 하나님은 영원히 남아서 영원히 세계를 다스린다. 그가 알파와 오메가다.

"땅을 정복하라", 땅 위의 모든 생물을 "다스리라"는 창세기 1장의 말씀은 자연이 인간을 위압하던 고대 시대에는 타당성을 가진 말씀이었을 것이다. 땅이 없는 사람들에게 그것은 희망의 약속이었을 것이다. 그러나 수천 년이 지난 오늘의 상황은 다르다. 자연이 인간을 위압하는 것이 아니라 인간이 자연을 위압하고, 위압을 당하던 자연이 이제 거꾸로 인간의 생명을 위협하는 상황이 되었다. 특정한 인간이 땅을 독점하고 더 넓은 땅을 독점하기 위해 싸우는 세계가 되었다. 이런 상황에서 수천 년 전, 땅이 없는 히브리들에게 주어진 말씀을 축자적으로 이해하는 것은 어리석은 일이다. 이 말씀은 "하나님은 사랑이다"라는 성서의 대전제에 비추어 파악되어야 하고 "십자가에 달린 하나님" 개념을 통해 이해되어야 할 것이다.

인류가 살아남고자 한다면 성서가 제시하는 하나님의 통치방식을 수용해야 할 것이다. 억압하고 착취하고 파괴하고 죽이는 통치방식을 버리고, 섬김과 자기희생의 통치방식을 취해야 한다는 것을 삼위일체 하나님은 계시한다. 하나님이 지으신 자연의 세계를 돌보고 섬기며 자기희생을 감내할 수 있어야 한다. 인류가 살고자 한다면 십자가에 달린 하나님을 닮는 자가 되어야 한다. 더 많은 소유가 아니라 존재가, 힘과 권세가 아니라 자기비움(kenosis)이, 지배가 아니라 섬김이 최고의 가치가 되어야 한다. 자연에 대한 인간의 "독립"과, 이를 통해 가능하게 된 "세계의 소유"와 지배는 성서의 하나님 모습에 모순된다(Lohfink 1974, 38).

이것은 특별한 종교적 진리가 아니라 매우 평범한 우리 인간의 일상적 진리다. 이 진리를 우리는 가정과 교회 공동체 안에서 눈으로 볼 수 있다. 아내와 남편은 가정을 위해 서로 자기를 비우고 낮추며 자기를 희생한다. 교회 안에서도 신자들이 공동체를 위해 자기의 생명과 같은 돈을 함께 모아 교회를 유지한다. 우리 사회 각 영역의 많은 사람이 말없이, 이름 없이 자기를 희생하는 마음으로 일한다. "국경 없는 의사회", "밥퍼 공동체", 돈을 생각하지 않고 민족의 미래를 위해 연구에 골몰하는 사람들이 그 예다. 정치인들이 이 진리를 따르지 않고 권력과 돈의 종이 될 때 그들은 추해지고 국민의 신뢰를 잃게 된다. 연봉 1억 5,500만 원, 의정활동 지원비 1억 2,000만 원, 해외 시찰비 2,000만 원 외에 각종 개발비, 추진비, 홍보비, 사무실 소모품비, 차량 유지비, 문자발송비(700만 원), 명절휴가비(설, 추석 각 400만 원) 등을 받고, 세계적으로 유례없는 9명의 보좌진을 거느린 한국의 국회의원들은 이미 국민에게 "세금도둑"으로 알려져 있다. 그들의 욕심이 그들의 존재를 파괴한다. 얼마 안 가 그들은 이름 없이 역사의 뒤안길로 사라질 것이다. 그러나 자기를 비우고 자기를 희생한 이순신 장군의 이름은 우리 민족의 역사에 영원히 남을 것이다.[1] 말없이, 이름 없이 우리 사회 각 영역에서 희생적으로 일하는 많은 사람의 이름은 하나님의 "생명책"에 기록될 것이다.

3. 정복과 지배를 목적으로 삼는 주객도식, 그 극복의 길

1. 생태계의 위기와 관련하여 우리는 주객도식(Subjekt-Objekt-Schema)을 버려야 한다는 얘기를 자주 들을 수 있다. 주객도식이란 나와 너를 주체와

---

1 마지막 노량해전에서 이순신 장군은 죽음을 각오했던 것 같다. 만일 그가 죽지 않고 살아남았다면, 선조가 그를 죽였을 것이다. 그는 퇴각하는 왜군을 공격하지 말라는 선조의 어명에 불복했기 때문이다. 선조의 사사로운 시기심과 질투심이 그를 살려두지 않았을 것이다.

객체(대상)로 분리하고 이로써 나와 너의 소통을 단절하며, 너는 나를 위해 존재하는 비인격적 물건으로 인식하는 이분법적 구도를 말한다. 이리하여 나 바깥에 있는 모든 사물의 "물건화"(Verdinglichung)가 일어난다. 나는 지배자의 위치에, 너는 피지배자의 위치에 설정된다. 너는 나에게 효용 가치를 제공해야 할 존재로 설정된다. 폭스(M. Fox)에 따르면 "주관-객관의 이원론적 구조"는 가부장적 문화와 함께 "서구 사상이 갖는 부정적인 측면"으로, "인간과 인간의 관계, 인간과 자연의 관계를 대립적인 것으로 만드는 결과를 초래"하였다(정미현 2007, 94).

주객도식의 현실을 우리는 현대 자연과학에서 볼 수 있다. 자연과학은 대상 세계와 인간의 주객도식을 그 원리로 가진다. 자연과학 연구자가 자연의 어떤 대상을 연구하고 거기에서 객관적 인식을 얻고자 할 때 연구자는 그 대상으로부터 자기를 분리시킨다. 대상에 대한 자기의 모든 감정을 꺼버리고 그 대상을 모든 관계로부터 차단한다. 이로써 연구자와 연구대상은 주체와 객체로 분리된다. 이제 양자 사이의 인격적 소통이 불가능하게 된 완전한 분리 상태 속에서 연구자는 대상을 가장 작은 부분으로 분석한다. 이리하여 대상은 작은 부분들로 와해된다. 대상이 더 작은 부분들로 나누어질 때 대상에 대한 보다 더 정확한 인식을 얻게 된다. 이 과정에서 연구자는 연구대상에 대한 정복자, 지배자의 위치에 있고, 연구대상은 연구자의 피정복자, 피지배자의 위치에 서게 된다. 연구대상은 인간에게 어떤 효용 가치를 제공할 것인가의 관점에서 연구된다. 이 같은 주객도식을 통해 자연과학은 큰 성공을 거두게 된다.

일단의 학자들은 말하기를, 주객도식의 뿌리는 창조설화가 이야기하는 "하나님의 형상"과 피조물에 대한 "정복과 다스림"에 있다고 한다. 하나님의 형상은 하나님의 형상인 인간과 하나님 형상이 아닌 자연의 분리를 전제한다. "정복과 다스림"은 정복하는 자와 정복을 당하는 자, 다스리는 자와 다스림을 받는 자의 분리를 전제한다는 것이다. 이에 대해 우리는 질문할 수 있다. 하나님의 형상에 관한 창조설화가 등장하기 이전의 인류 역사에서 주객도식은 전혀 없었던가? 그 이전의 세계는 주객도식이 전혀 없는 세계, 곧 모든 것이 하나가 된 지상천국이었던가? 그렇지 않았다는 것을 세계사는 보여준다.

여하튼 주객도식의 원인이 어디에 있든 주객도식은 다음과 같은 생태학적 결과를 초래한다. ① 주객도식을 통해 자연은 인간 바깥에 있는 대상으로 설정된다. 곧 자연의 "대상화"(Vergegenständlichung)가 일어난다. ② 이로써 자연과 인간의 분리가 일어나고 양자의 상생 관계가 파괴된다. 자연은 인간에게 친족이나 친구가 아니라 하나의 물건으로 보이게 된다. ③ 자연은 살아 있는 유기체 내지 생명 공동체로 보이지 않고, 인간에게 더 많은 유익과 이익을 제공해야 할 상품과 같은 것으로 관찰된다. 이로써 자연은 존엄성을 상실한다. ④ 인간은 자기를 자연에 속한 자연의 일부로 보지 않고 자연 바깥에 있는 존재로 자기를 인식한다. 인간은 자연의 정복자, 지배자의 위치에, 자연은 인간의 피정복자, 피지배자의 위치에 서게 된다. ⑤ 이로써 인간은 자기의 본향과 친족을 잃어버린다. 이것은 인간의 삶의 빈곤화, 불안감, 우울증 등을 일으키는 요인이 된다. ⑥ 인간과 자연의 이 같은 관계는 인간과 인간의 관계로 확대된다. 인간과 인간의 관계도 주객도식에 빠진다. 주객도식은 인간 세계의 보편적 구조가 된다.

학자들은 우리가 주객도식을 버리고 세계의 모든 "이원론적 대립의 구조를" 극복해야 한다고 말한다. 인간과 인간, 집단과 집단, 민족과 민족, 인종과 인종, 인간과 자연의 유기체적 통합을 이루어야 한다고 주장한다. 몰트만 교수에 따르면 "인간 존재의 주체성과 자연적 사물들의 물건화는 서로 결합되어 있다. 공동의 세계에서 이 같은 분열이 자연과 인간 상호 간의 파괴로 이어지지 않으려면 우리는 이 분열을 상호작용에 기초한 문화와 자연의 소통적 공동체성(Gemeinschaft)의 패러다임으로 바꾸어야 할 것이다"(Moltmann 2010, 84). 곧 인간과 자연의 주객도식을 극복하고 소통과 공동체성의 패러다임으로 바꾸어야 한다는 것이다.

그러나 학자들이 아무리 강조해도 주객도식은 극복되지 않는다. 이미 수십 년 전부터 이렇게 말해왔지만 세상은 변하지 않았다. 그 까닭은 무엇일까? 근본적으로 인간은 그의 본성에 있어 이기적 존재, 자기중심적 존재이기 때문이다. 주객도식의 깊은 뿌리는 성서의 창조설화나 자연과학의 방법에 있는 것이 아니라 뿌리 깊은 인간의 이기성에 있다. 인간의 이기성이 극복되지 않는 한 주객도식은 사라지지 않을 것이다. 그것은 하나님 없는 인간 세계의 보편적 구도로 존속할 것이다.

2. 아담과 하와의 타락에 관한 성서의 이야기는 고대 시대의 유치한 신화처럼 보인다. 그러나 그 속에는 인간의 삶의 깊은 진리가 숨어 있다. 그것은 인간의 세계를 지배하는 주객도식을 감각적 형태로 나타낸다. 하나님이 아담에게 하와를 짝지어 주었을 때 아담은 다음과 같이 환호한다. "내 뼈에서 나온 뼈요, 내 살에서 나온 살이로구나"(창 2:23). "내 뼈의 뼈, 내 살의 살"이라는 아담의 말은 아담과 하와 두 사람이 한 몸이라는 것을 말한다. 한 몸이 될 때 주객도식은 사라진다. 그래서 "아담 내외는 알몸이면서도 서로 부끄러운 줄 몰랐다"(창 2:25).

그러나 아담과 하와가 하나님의 명령을 어기고 하나님 없이 살게 되었을 때 그들 사이에 주객도식이 등장한다. 그들은 자기들이 "알몸인 것을 알고" 무화과 나뭇잎을 엮어 앞을 가린다. 앞을 가린다는 것은 이제 두 사람은 하나가 아니라 상대방 앞에서 자기를 숨긴다는 것을 말한다. 어린아이들은 벌거벗고 놀면서도 부끄러워하지 않는다. 그들은 자기를 있는 그대로 드러낸다. 어린아이들에게는 주객도식이 없다. 그러나 아이들의 의식이 발전하여 "눈이 밝아질" 때 아이들은 벌거벗었다는 것을 부끄러워하고 앞을 가리기 시작한다. 앞을 가린다는 것은 있는 그대로의 자기를 숨긴다는 것을 말한다. 그것은 너와 나의 분리를 뜻한다. 그래서 아이들은 점차 성장하면서 있는 그대로의 자기를 숨기고 자기 아닌 자기를 보이기 시작한다. 화장을 진하게 하거나 값비싼 명품을 통해 자기를 과시하고자 한다. 그 뒤에는 자기를 주장하고 자기가 중심이 되고자 하는 인간의 보편적 이기성이 숨어 있다.

주객도식은 자신의 죄에 대한 아담과 하와의 변명에도 나타난다. 하나님이 아담과 하와의 죄를 추궁할 때 먼저 아담을 추궁한다. "어찌하여 너는 내가 먹지 말라고 한 나무의 열매를 먹었느냐?" 아담은 자기의 책임을 하와에게 전가한다. "당신께서 저에게 짝지어 주신 여자가 그 나무에서 열매를 따주었기에 먹었을 따름입니다"(창 3:12). 그러므로 "하나님, 만일 벌을 내리시려면, 제 아내에게 벌을 내리십시오! 모든 책임은 아내에게 있습니다!" 여기서 우리는 인간관계 중에 가장 기본적인 부부의 관계마저 주객도식에 붙들려 있다는 것을 볼 수 있다. 마지막 책임을 아담은 하나님에게 돌린다. "저는 하와가 따주기에 먹었을 따름입니다! 저에게는 책임이 없습니다. 궁극적인 책임은 하나님께 있지 않습니까? 하나님께서 저에게 하와를 짝지어 주셨기 때문입니다!" 하나님이 하와에게 책임을 묻자 하와는 뱀에게 책임을 돌린다. "뱀이 저를 꾀어서 먹었습니다!"

주객도식이 지배하는 인간의 세계는 죄악에 빠진 세계임을 성서는 보여준다. 아담과 하와가 출산한 형제들 사이에 살인이 일어난다. 동생 아벨을 죽인 형 가인은 어디를 가든지 "그를 만나는 사람마다 그를 죽이려고" 하는 세상 속에서 살게 된다(창 4:12). "사람의 죄악이 세상에 가득 차고", "세상이 썩었고, 무법천지가" 되었다(6:5.11). 인간의 죄악으로 땅도 저주를 받아 인간에게 "가시덤불과 엉겅퀴를" 낸다(3:18). "땅이 이제는 너에게 효력을 내지 않을 것이다. 너는 이 땅 위에서 쉬지도 못하고…"(4:12). 이 말씀은 인간과 자연 사이에서도 주객도식이 지배하게 되었음을 시사한다.

3. 인간과 자연 사이의 주객도식을 극복할 수 있는 길은 무엇인가? 먼저 그것은 자연의 주체성을 존중하는 데서부터 시작한다고 말할 수 있다. 자연은 생명 없는 물질 덩어리가 아니다. 우리 인간의 몸과 마찬가지로 자연은 그 나름대로 살아 움직이는 유기체다. 소우주(mikrokosmos)인 인간이 하나의 생명체라면, 대우주(makrokosmos)로서의 자연도 생명체다. 그러므로 자연은 스스로 자기를 생산할 수 있는 능력을 지닌다. 그것은 자신을 생성하는 생명력 자체다. 자연은 단지 인간을 위해 존재하는 대상이 아니라 자기의 주체성을 가진 주체다. 그래서 블로흐는 자연을 가리켜 "자연주체"(Natursubjekt)라고 부른다. 곧 자연은 자신의 주체성을 가진다는 것이다. 자기의 주체성을 가진 사물은 자기 역사를 가질 수밖에 없다.

또 생존의 문제에 있어 인간은 자연에 의존하지만 자연은 인간에게 의존하지 않는다. 자연은 얼마든지 스스로 생존할 수 있고 생육할 수 있다. 그러나 인간은 자연 없이 생존할 수 없고 생육할 수 없다. 인간과 자연의 주객도식을 극복할 수 있는 길은 먼저 자연 자신의 주체성과 역사성, 자연에 대한 인간의 의존성을 인정하고 존중하는 데 있다.

인간이 자연에 대한 주객도식을 극복할 수 있는 또 하나의 길은 인간 자신이 자연이라는 사실을 인식하는 데 있다. 자연은 단지 인간 바깥에 있는 것이 아니라 인간 안에 들어와 있다. 자연은 인간의 몸을 구성하는 구성요소다. 이런 점에서 인간은 자연이다. 인간의 뼈, 근육, 피부, 손톱과 발톱, 이 모든 것이 자연에 속한다. 그러므로 자연은 인간에게 대상화될 수 없다. 자연이 인간의 존재를 구성하기 때문이다. 자연은 인간의 본향이요 친족이다. 이 사실을 인정할 때 자연을 단순한 대상으로 보지 않게 될 것이다.

4. 인간과 자연의 주객도식을 극복할 수 있는 궁극적 길은 사랑에 있다. 사랑에는 주객도식이 없다. 사랑하는 자와 사랑받는 자는 구별되지만 주체와 객체로 나누어지지 않는다. 그들은 구별 속에서 하나로 결합되어 있다. 구별 속에 있는 하나 됨(Einheit in Unterschiedenheit) 안에서 그들은 상생한다. 주객도식을 극복할 수 있는 궁극적 길은 자연을 "자신의 몸처럼" 사랑하는 것이다. 인간이 자연을 사랑할 때 자연도 인간을 사랑할 것이다. 인간이 자연에게 자비를 행할 때, 자연도 인간에게 자비를 행할 것이다.

하나님 아들의 성육신은 주객도식의 운명을 극복할 수 있는 길을 보여준다. 성육신이란 요한복음 1장 말씀처럼 아버지 하나님이 아들 예수 안에서 인간의 "육이 되었다"(ho logos sarx egeneto)는 것을 말한다. 하나님이 자연에 속한 "육이 되었다"는 것은 예수 안에서 자연과 자기를 결합하여 하나가 되었다는 것을 말한다.

고대 그리스의 문화권에서 육은 천하고 허무한 것으로 간주되었다. 영과 육의 기독교적 이원론에서 육은 "죄와 죽음의 담지자"(Träger von Sünde und Tod, Ruether 1996, 304)로 생각되었다. 그러나 신약성서는 하나님의 아들이 육이 "되었다"(egeneto)고 말한다. 아들 예수 안에서 하나님은 자기가 지은 자연 곧 육을 "자기의 것"으로 수용한다. 하나님과 육, 거룩한 것과 속된 것, 주체와 객체의 분리, 곧 주객도식은 사라진다. 아들 예수 안에서 하나님이 세상의 천하고 허무한 것과 하나가 된다. 하나님의 아들이 "세리와 죄인들의 친구"가 된다. 하나님의 무한한 사랑은 주객도식을 무너뜨린다.

창조신앙에 의하면 인간은 성육신하신 하나님의 형상으로 창조되었다. 그렇다면 인간은 성육신하신 하나님을 닮은 자가 되어야 한다. 성부, 성자, 성령이 서로 구별되면서 하나로 결합되어 있듯이 인간과 자연도 하나님의 사랑의 영 안에서 서로 구별되면서 하나로 결합되어야 한다. 사랑의 영 안에서 그는 자연과 하나가 된다. "우리가 하나인 것 같이, 그들도 하나가 되게 하여 주십시오"(요 17:11, 22)라는 예수의 간구가 자연과 인간 사이에서도 이루어진다. 여기서 주객도식은 사라진다. 사실 인간은 자연과 하나가 되어 있다. 인간 자신이 자연이기 때문이다.

물론 죄악된 인간의 세계 속에서 인간과 자연의 주객도식을 완전히 극복하는 것은 불가능하다. 그것은 하나님 나라에서 이루어질 수 있는 역사의 미래로 남아 있다. 타락한 실존의 세계 속에서 주체와 객체는 구별될 수밖에 없다. 나는 나로, 너는 너로 존재할 수밖에 없는 것이 인간의 실존이다. 비록 구원을 받았다 할지라도 인간의 이기적 본성은 없어지지 않기 때문이다. 이 같은 현실에 대해 하나님은 "주객도식을 버려야 한다"라고 말로써 강요하지 않는다. 오히려 그는 자신의 삶으로써 주객도식을 깨뜨린다.

주객도식을 극복할 수 있는 길은 "주객도식을 극복해야 한다"라고 나팔을 부는 데 있지 않다. 나팔을 불어보았자 그것은 버려지지 않는다. 버려야 한다는 것을 알면서도 버려지지 않는다. 자연과학자들은 눈도 깜박하지 않고 자연을 대상화하는 일을 계속한다. 기업인 역시 눈도 깜박하지 않고 자연을 파괴한다. 정치인들은 차기 선거에서 공천받을 생각만 한다. 서로 치고받고 하다가도 자신들의 이익이 문제 되면 일치단결하여 관련 법안을 일사천리로 통과시킨다.

인간이 그 자신의 힘으로 주객도식을 극복하는 것은 불가능하다. 그는 본성적으로 이기적 존재이기 때문이다. 이 같은 인간에게 십자가에 달린 하나님은 주객도식을 극복할 수 있는 길을 보여준다. 그 길은 성육신한 하나님의 아들 예수의 십자가 사랑에 있다. 십자가에 계시되는 하나님의 사랑 속에서 세상의 주객도식이 극복된다. 주객도식을 극복할 수 있는 것은 사랑이다. 그래서 하나님은 "네 이웃을 네 몸처럼(네 자신처럼) 사랑하라"고 말한다(레 18:19; 마 22:39). 사랑의 영 안에서 너와 내가 하나가 되어야 한다고 말한다. "아버지께서 내 안에 계시고, 내가 아버지 안에 있는 것과 같이, 그들도 하나가 되어서…"(요 17:21).

인간과 자연의 주객도식, 그것은 자연에 대한 관조나 명상이나 신학적 지식을 통해 극복되지 않는다. 그것은 "가장 정확한 학문"이라는 수학을 통해서도 극복되지 않는다. 아무리 돈이 많아도 그것은 극복되지 않는다. 주객도식을 극복할 수 있는 길은 십자가에 달린 예수의 뒤를 따라 자연을 사랑하는 데 있다. 하나님의 사랑과 정의 안에서 자연과 상생하는 것뿐이다.

앞서 고찰한 바와 같이 상부상조와 상생이 만물의 삶의 질서요 우주의 법칙이다. 이것이 본래적 자연이다. 주객도식은 우주 만물의 본래적 자연을 파괴한다. 그것은 인간과 인간, 인간과 자연을 분리시키고 교통과 나눔과 상생을 파괴하는 반자연적인 것이다. 반자연적인 것은 생명에 대한 모순이다. 그것은 세계의 모든 피조물을 불행하게 만드는 비극의 씨앗이다. 이 비극은 인간의 어떤 이론이나 지식으로도 극복되기 어려울 것이다. 인간의 깊은 이기적 본성이 그 원인이기 때문이다. 그것을 극복할 수 있는 길은 예수 그리스도 안에 계시되는 하나님의 사랑밖에 없다. 사랑은 나누어져 있는 것, 대립하는 것을 하나로 결합한다. "십자가에 달린 그분"(Crucifixus)이 사랑을 계시한다. 세계사에서 가장 큰 혁명은 "십자가에 달린 그분"이다.

4. 사랑하는 만큼 인식한다
- 창조영성에의 길

1. 인간의 보편적 성향은 자기 주변의 사물들을 자기중심적으로 보는 것이다. 나를 중심에 세우고 나 아닌 모든 것을 나의 관심과 필요에 따라 관찰하고 그것의 가치를 평가한다. 대상 사물의 가치는 그것이 나에게 무엇을 줄 수 있는가, 나에게 얼마나 도움이 되는가에 따라 결정된다. "나에게 무언가를 줄 수 있는 것은 유의미하지만 나에게 아무것도 줄 수 없는 것은 무의미하다"라고 생각된다. 상대방이 나에게 무엇을 줄 수 있는가에 따라 친구관계, 부부관계가 이루어지기도 하고 깨어지기도 한다.

모든 사물을 자기중심적으로 대하는 사람은 겉보기에는 많은 친구와 지인이 있는 것 같지만 사실은 고독하다. 내가 "중심"이고 내 바깥에 있는 모든 것은 나를 위해 존재하는 "주변"으로서 나와 분리되어 있기 때문이다. 친구도, 부부도, 이웃도 사실상 자기에게 무언가를 주어야 할 내 주변의 대상으로 설정된다. 그 원인은 인간의 깊은 이기성에 있다. 인간은 그 본성에 있어 자기중심적이고 이기적이다. 자기의 몸 안에 이미 자연이 들어와 있음에도 불구하고 그는 자연을 나를 위한 대상으로 간주한다. 자연을 자기의 친족이나 친구로 생각하기보다 나에게 무엇을 주어야 할 대상으로 본다.

여기서 인간은 지배자, 대상은 피지배자의 위치에 있다. 대상에 대한 인식은 대상에 대한 지배를 뜻한다. 흔히 우리는 어떤 대상을 "파악하였다"고 말한다. "파악"을 인식으로 생각한다. 한자로 "파악"(把握)은 "자기의 손안에 넣는 것"을 말한다. 곧 지배한다는 것을 말한다. 이것은 독일어에서도 마찬가지다. 독일어로 "파악하다"를 "베그라이펜"(begreifen)이라고 말한다. Be-greifen이란 "손에 쥔다"는 것을 뜻한다. 어떤 대상을 지배하게 되었을 때 "내 손에 쥐고 있다"(im Griff haben)고 말한다. 여기서 대상에 대한 인식은 대상을 나의 관심과 목적과 계획에 따라 지배하는 것을 말한다. 이 같은 인식을 가리켜 우리는 주객도식에 기초한 인식 혹은 "나" 중심의 인식이라 말할 수 있다.

주객도식에 기초한 인식, "나" 중심의 인식에서 대상의 존재에 대한 참여는 배제된다. 이른바 대상에 대한 "객관적 인식"을 얻기 위해 대상의 존재에 참여하는 것은 타부로 간주된다. 인식 주체와 인식 대상은 철저히 분리되어야 한다. "나누어라 그리고 지배하라"(divide et impera)는 고대 로마 제국의 지배원리가 대상에 대한 인식을 지배한다. 이 같은 인식 방법이 어떤 폐해를 초래하는지 지금 우리는 눈으로 보고 있다. 물질적으로 풍부해질수록 이웃과의 친교와 나눔과 유대관계가 감소하고 사람들은 모래알처럼 고독한 개체로 살아간다. 인간의 삶은 메마르게 되고 사회는 비인간화된다. 경쟁과 투쟁이 고독한 개체들의 삶의 원리가 된다. 이 삶의 원리는 사는 것을 더욱 힘들게 하고 피곤하게 만든다. 경쟁과 투쟁에서 패배한 자는 사회에서 소외된다. "소외"(Entfremdung)란 말은 "분리되어서"(ent) "낯선 존재가 된다"(fremd)는 것을 말한다. 곧 이웃이 나에게 낯선 존재가 되고 내가 이웃에게 낯선 존재가 된다. 서로가 분리된다. 모두가 개체로서 살아간다. 우울증 환자, 자살자 수가 증가한다. 가지면 가질수록 더 많이 갖고자 하며, "내 돈 내 마음대로 쓰는데, 네가 무슨 상관이냐"라는 안하무인의 개체주의가 점증한다. "'너희 자신들도 욕구가 있으면 실컷 충족시켜라. 너희들도 귀족이나 부자와 동등한 권리를 갖고 있으니까. 욕망을 채우는 일을 두려워하지 말고 그것을 더욱더 키워나가라.' 이것이 바로 오늘날 그들이 부르짖는 교리인 것이다. 그 속에서 그들은 자유를 찾고 있다. 하지만 그들의 이러한 욕구 증대의 권리는 어떠한 결과를 가져왔는가? 부유한 사람에게는 고립과 정신적인 자멸의 결과를 낳고 가난한 자에게는 질투와 살인이 존재할 뿐이다"(도스토옙스키, 2001, 452).

2. 이 같은 현실을 직시할 때 주객도식에 기초한 인식 방법이 우리에게 구원을 줄 수 없다는 것은 불을 보듯이 뻔한 일이다. 그것이 우리에게 초래하는 마지막 결과는 땅 위의 모든 생명을 위협하는 자연재앙이란 사실을 지금 우리는 눈으로 보고 있다. 이에 우리는 새로운 인식 방법을 찾지 않을 수 없다. 비록 그것이 요원한 것일지라도 우리는 그것을 찾지 않을 수 없다. 이것을 찾지 못할 때 우리의 세계는 우리 자신이 살 수 없는 세계로 전락할 가능성도 배제하지 못한다. 그렇다면 대상에 대한 올바른 인식이란 무엇인가?

아무리 작은 생물일지라도 모든 생명은 이웃과의 관계 속에서 생존하며 변화하고 발전하는 과정에 있다. 이 과정 자체가 생명이다. 따라서 대상에 대한 올바른 인식은 관계와 변화와 발전 속에 있는 대상의 삶의 과정을 총체적으로 인식하는 데 있다. 그것은 분리와 대상화, 대상에 대한 무감정과 무관심에 있는 것이 아니라 함께 느낌 곧 공감(Sympathie)에 있다. 예를 들어 우리가 어떤 사람에 대한 객관적 지식, 곧 키, 몸무게, 질병의 유무, 교육 정도, 사회적 지위, 출신 배경 등에 관한 지식을 갖게 되었다고 해서 그 사람을 잘 아는 것은 아니다. 그것은 객관적 정보에 불과하다. 어떤 사람을 참으로 잘 아는 길은 그 사람이 느끼는 것을 함께 느끼며 그의 삶과 존재에 참여하여 그 사람을 총체적으로 아는 것이다. 올바른 인식의 길은 삶을 함께 나눔에 있다. 이때 우리가 얻게 되는 인식 곧 앎은 객관적 정보와는 전혀 다른 성격의 것이다.

이를 가리켜 우리는 참여적, 통합적 인식이라 말할 수 있다. 참여적, 통합적 인식은 인식 주체와 인식 대상을 분리하지 않고 도리어 양자를 결합한다. 인식 주체는 인식 대상과의 결합 속에서 그 대상을 인식한다. 여기서 인식 주체는 인식 대상을 모든 관계에서 단절시키고 그것을 최소의 부분들로 나누지 않는다. 도리어 인식 대상을 그의 모든 관계 속에서 통합적으로 인식하고자 한다. 인식 대상에 대한 무감정 속에서 인식하지 않고, 인식 대상에 대한 공감 속에서 인식한다. 지배하고자 하는 관심에서 인식하지 않고 삶을 함께 나누고자 하는 관심에서 인식한다. 인식 대상을 "알고자"(wissen) 하기보다 "이해하고자"(verstehen) 한다.

참여적, 통합적 인식을 가리켜 우리는 심미적 인식 혹은 소통적 인식 (ästhetische, kommunikative Erkenntnis)이라 말할 수 있다. 그것은 인식 대상과 소통하는 가운데서 이루어지는 인식을 말한다. 그것은 단지 머리로, 이성적으로 이루어지는 인식이 아니라 몸의 감성을 통해 이루어지는 감성적 인식을 말한다. 자연에 대한 주객도식에 기반한 인식에서 자연은 인식 주체에게 아무것도 말하지 못한다. 그것은 침묵한다. 자연 자신의 삶이 지닌 풍요로움은 무시된다. 자연은 지배와 조작과 이용 대상으로 보일 뿐이다. 이에 반해 자연에 대한 감성적 인식에서 자연은 자신의 삶이 지닌 풍요로움을 내보이며 우리에게 말하기 시작한다. 자연은 우리에게 지배대상, 이용대상이 아니라 친구나 친척으로 나타난다. 자연에 대한 심미적, 감성적 관계 속에서 "그 자신이 자연인 인간은, 그가 아닌 자연 속에서 그 자신을 다시 발견하게 된다"(Friedrich 2000, 45).

일반적으로 우리는 자연을 보게 되면 이상하게 기분이 좋아진다. 신선함과 기쁨을 느낀다. 자연이 있다는 것에 대해 감사를 느낀다. 내 존재 자체가 기분 좋고 감사한 일로 느껴진다. 깊은 숲이나 계곡에 들어가 본 사람은 모두 이와 비슷한 경험이 있으리라고 생각한다. 왜 자연을 보면 기분이 좋아지고 기쁨을 느낄까? 자연 속에는 꾸밈과 가식이 없고 자연이 있다는 것 자체가 우리의 유전자에게 기쁜 일이기 때문이 아닐까? 자연이 우리의 본향이요 친족이기 때문이 아닐까 생각된다.

정복과 지배, 더 많은 소유를 삶의 최고 가치로 가진 사람은 자신의 존재와 삶에 대한 감사와 기쁨을 경험하기 힘들 것이다. 아무리 많이 소유해도 그에게는 언제나 아직 소유하지 못한 부족분이 남아 있기 때문이다. 지금 가진 것에 만족과 기쁨을 느끼지 못하고 "아직 갖지 못한 부분"을 가지려는 욕망에 쫓기게 된다. 이 같은 삶에 기쁨과 감사가 있을 리 없다. 그는 자유로운 것 같지만 자유롭지 못하다. 사실상 그는 더 많은 소유에 대한 욕심의 노예다. 아무리 채워도 만족이 없고 도리어 허무감을 느낀다. 짐승처럼 허덕이는 자신의 존재에 환멸을 느낀다. 자연을 보아도 효용 가치에 관심을 두고 그것을 관찰한다. 이것이 하나님 없는 인간의 모습이다. 한마디로 그는 환자다. 니체의 표현을 따르면 환자 중에서도 중병을 앓는 환자다.

3. 이 환자를 고칠 수 있는 길은 무엇일까? 그 길은 주객도식에 기초한 인식 방법을 버리고 참여적–통합적 인식, 심미적–소통적 인식으로 노선을 변경하는 것이다. 물론 이 같은 인식은 타락한 인간의 세계에서 완전히 이루어질 수 없다. 그것은 역사의 목적(종말)에서나 이루어질 수 있을 것이다. 그러나 우리는 이 목적지에 이르고자 노력할 수 있다. 인간 자신의 운명과 세계의 운명이 여기에 달려 있다. 주객도식적 인식을 버리지 않을 경우 온 세계가 대재앙의 운명을 피할 수 없다는 사실을 우리는 직시해야 할 것이다.

　　주객도식적 인식 속에서 자연을 소외시키는 자는 자기 자신을 자연으로부터 소외시킨다. 자연을 자기에게 "낯선 것"으로 만듦으로써 그는 동시에 자신을 자연에 대해 "낯선 자"로 만들고 만다. 자연에 대해 악을 행함으로써 그는 자신의 생명에 악을 행한다. 인간과 자연은 하나의 유기체로 결부된 친족이기 때문이다. 손가락이 발가락에 악을 행하면 손가락 자체가 아픔을 느끼는 것처럼, 이웃에게 악을 행하는 사람은 그 자신이 고통을 당하게 된다. 그래서 악을 행하는 사람의 얼굴은 일그러진 표정을 보이게 된다. 표정이 일그러져 있다는 것은 그의 몸과 마음 전체가 일그러져 있음을 말한다. 몸과 마음이 일그러지면 생명이 단축될 수밖에 없다. 그래서 악을 행하는 사람은 제 명대로 살지 못한다. 많은 권력자가 밤잠을 제대로 자지 못하고 돌연사한다. 1953년 2월 28일, 스탈린은 잠을 자지 못해 심야 연회를 하고 새벽 4시에 잠자리에 들면서 "내가 일어날 때까지 깨우지 말라"고 부관에게 지시하였다. 다음 날 중요한 우편물이 배달되었다. 그것을 핑계로 밤 10시에 부관이 그의 방문을 열었을 때 스탈린은 뇌졸중으로 회생 불가능한 상태였다. 북한의 최고 지도자도 불면증으로 고생한다고 한다. 후계자 이야기가 벌써 나돌고 있다.

근대 스페인과 포르투갈 사람들이 라틴아메리카를 정복했을 때 오색 찬란한 유리구슬을 인디오들에게 보여주었다. 인디오들에게 유리구슬은 참으로 아름답고 놀라운 것이었다. 그들이 가진 금이나 은보다 더 아름답고 진귀하게 보였다. 그래서 스페인과 포르투갈 사람들은 그들의 값싼 유리구슬과 인디오들의 금을 맞바꾸었다고 한다. 이것은 기만이었다. 그러나 오늘날 스페인, 포르투갈 사람들은 섭씨 45도에 육박하는 이상기후로 인해 곳곳에서 산불이 일어나는 대재앙을 당하고 있다. 악을 행한 자는 언젠가 그 악의 열매를 되돌려 받기 마련이다. 오늘 온 인류가 당하는 자연재앙은 인간 자신이 자연에 가한 악의 열매다. 자기가 심은 것을 자기가 거두고 있다.

이 재앙을 벗어나고자 한다면 자연에 대한 인식 방법을 바꾸어야 한다. 참 인식이란 정복과 지배에 있는 것이 아니라 사랑 안에서 삶을 함께 나누는 일, 곧 상생에 있다. 서로의 행복과 불행, 기쁨과 슬픔을 함께 나누면서 더불어 사는 데 있다. 우리는 사랑하는 만큼 인식할 수 있다. 이것을 우리는 남녀의 성적 관계에서 볼 수 있다. 깊은 사랑 속에서 두 남녀가 하나로 결합할 때 두 사람은 한마음이 된다. 상대방을 나 자신처럼 느끼면서 그를 알게 된다. 이런 점에서 남녀의 성적 관계는 단지 성욕을 채우기 위한 수단이 아니라 하나님의 창조질서를 알게 하기 위한 하나님의 축복이다. 그래서 아담은 이렇게 외친다. "이제야 나타났구나, 이 사람! 뼈도 나의 뼈, 살도 나의 살"(창 2:23). 상대방을 가장 잘 알 수 있는 길은 너의 뼈를 나의 뼈로, 너의 살을 나의 살로 느끼는 데 있다. 한마디로 사랑을 통해 상대방을 가장 잘 알 수 있다.

그래서 하나님은 거듭거듭 "서로 사랑하라"고 말씀하신다. 삶을 함께 나눔으로써 얻게 되는 인식은 주객도식에 따른 객관적 인식에 비해 덜 정확할지 모른다. 그것은 수학 공식으로 나타낼 수 없는 불확실한 것일 수 있다. 그러나 그것은 우리의 삶을 풍요롭게 하며 상부상조와 상생을 가능케 한다. 삶이란 관계와 연합 속에서 함께 사는 것, 곧 상생하는 것을 말한다. 땅속의 지렁이도 자연과의 관계 속에서 자연과 함께 살아간다. 지렁이는 자연을 정화해 주고 자연은 지렁이의 생존을 가능하게 만들어준다. 분리와 무관계성은 생명의 죽음을 뜻한다. 통계학적으로 홀로 사는 사람은 오래 살지 못한다고 한다. 늘 혼자 식사하는 사람은 우울증에 걸릴 확률이 훨씬 더 높다고 한다. 우리가 어떤 대상을 바르게 인식하고자 한다면 그 대상을 정복대상, 지배대상이 아니라 상부상조하며 상생해야 할 이웃으로, 친족으로 보아야 할 것이다. 소유와 지배가 아니라 하나님의 사랑의 영 안에서 상부상조하며 상생하고자 하는 마음이 우리의 인식을 유도해야 할 것이다.

4. 우리는 모두 오래 살기를 원한다. 어떻게 해야 오래 살 수 있을까? 일반적으로 여성들이 남성보다 오래 산다. 양로원에 가 보면 할아버지들보다 할머니들이 더 많다. 곧 여성들의 평균수명이 남성의 그것보다 더 길다. 그

원인은 무엇일까? 남성들이 힘이 더 센데 왜 힘센 남성보다 힘이 약한 여성들이 더 오래 살까? 그 이유는 생명에 대한 여성의 사랑의 감성이 남성의 그것보다 훨씬 더 높이 발전되어 있기 때문이라 생각된다. 아름다움과 추함, 이웃의 기쁨과 슬픔 등을 느끼는 감성이 여성들에게 더 발달해 있다. 남성이 일반적으로 주객도식적 인식에 익숙하다면, 여성은 참여적이고 통합적인 인식, 심미적이고 소통적인 인식에 더 익숙한 것으로 보인다. 여성의 정서적 민감도는 남성의 그것보다 훨씬 더 높다. 남성들은 대개 무뚝뚝하지만 여성은 고도로 발달한 사랑의 감성을 보인다. 그래서 남성보다 여성이 훨씬 더 자주 웃는다.

우리가 오래 살고자 한다면 값비싼 산삼이나 곰의 쓸개즙을 찾을 것이 아니라 사랑의 감성을 더 풍요롭게 해야 한다고 생각된다. 주객도식적 인식보다 심미적, 소통적 인식이 우리의 건강 유지에 더 큰 도움이 될 것이다. 생명을 더 강인하고 풍요롭게 만드는 것은 근육의 물리적 힘이 아니다. 더 많은 소유도 아니다. 그것은 사랑에 기초한 심미적-소통적 인식이다. 10개월 동안 자기 뱃속에서 자란 생명을 자기 자신처럼 사랑하는 여성의 사랑이 여성의 생명을 더 강인하게 만들고 풍요롭게 한다. 우리가 더 오래 더 풍요롭게 살 수 있는 길은 주객도식적 인식이 아니라 심미적-소통적 인식에 있다. 이 인식에 기초하여 이웃과 교통하며 삶을 함께 나누는 데 있다. 곧 상부상조하며 상생하는 데 있다. 이것이 하나님의 창조질서다. 이 질서에 순응해야 오래 살 수 있을 것이다. 욕심 많은 사람 치고 오래 사는 사람 별로 보지 못하였다. 욕심은 사람을 고독하게 만들기 때문이다.

산상설교에서 예수는 "슬퍼하는 사람은 복이 있다"라고 말한다(마 5:4). 왜 슬퍼하는 사람은 복이 있는가? "슬퍼한다"라는 것은 이웃의 슬픔을 함께 나누는 것, 삶을 함께 나누는 것, 이웃과 하나가 되는 것을 의미한다. 우리가 장례식에 조문하러 가면 유가족의 슬픔을 함께 나누면서 그들과 일체감을 느낀다. 유가족은 마음의 위로를 받고 조문객 자신도 삶의 풍요로움을 느낀다. 그래서 예수는 "슬퍼하는 사람은 복이 있다"라고 말한다. 이웃을 가장 잘 아는 길은 이웃과 삶을 함께 나누는 것이다. 자연을 가장 잘 아는 길도 자연과 삶을 함께 나누는 것이다.

물론 우리는 대상에 대한 객관적 정보를 얻을 필요가 있다. 대상에 대한 분석도 필요하다. 의사가 환자를 바르게 진료하고자 할 때 그는 환자의 몸에 대한 정확한 분석을 통해 객관적 정보를 확보해야만 한다. 자연과학자가 자연을 연구할 때 그는 자연에 대한 객관적 지식을 얻고자 노력하는 것이 마땅하다. 자연과학의 객관적 지식은 인간의 삶에 도움을 주며 그의 삶을 물질적으로 풍요롭게 만들 수 있다. 의약과 의술의 발전을 통해 인간의 평균수명을 연장시킬 수 있다. 이를 위해 주객도식적 인식 방법이 필요하다는 점을 우리는 인정하지 않을 수 없다. 근대 자연과학은 주객도식적 인식 방법을 통해 승리의 개선 행진을 계속하였다. 오늘 현대세계의 문명은 주객도식적 인식 방법 없이 생각될 수 없다.

그러나 우리는 주객도식적 인식이 어떤 결과를 초래하는지 그 부정적 결과를 결코 간과해서는 아니 될 것이다. 주객도식적 인식 방법은 우리에게 물리적 사실들(facta)에 대한 지식과 정보를 제공해줄 수 있다. 그러나 그것은 세계의 모든 사물을 감정과 생명 없는 죽은 물체로 만들고 이 물체들을 인간의 지배대상으로 만든다. 그 방법에 있어 주객도식적 인식은 세계를 비인간적인 세계, 냉혹한 세계로 만든다. 그것은 인간을 냉혈한으로 만든다.

오늘 우리의 세계에 절실하게 필요한 것은 사랑과 상생을 통한 인식 방법이다. 이 방법을 가리켜 우리는 하나의 이상론에 불과하다고 생각할 수 있을 것이다. 그러나 이 인식 방법을 거부하고 주객도식적 인식 방법만 고집한다면 오늘의 범세계적 자연재앙을 극복하기 어려울 것이다. 자연으로부터 자비를 얻고자 한다면 먼저 자연에 대해 자비를 행해야 할 것이다. 좋은 죽을 먹기 원한다면 먼저 좋은 죽을 만들어야 한다. 나쁜 죽을 만들면서 좋은 죽 먹기를 바랄 수는 없다. 인간은 그 자신이 만든 죽을 먹기 마련이다. 우리가 자연을 어떻게 대하느냐에 따라 인간 자신의 운명과 세계의 운명이 결정될 것이다.

5. 오늘날 많은 신학자가 창조영성에 대해 이야기한다. 창조영성이란 무엇인가? 본질적으로 창조영성이란 자연을 하나님의 창조세계로 생각하고 자연을 사랑하는 마음을 말한다. 자연을 우리의 친구로, 우리의 친족으로, 우리의 삶의 기초로 인정하고 자연과 상생하고자 하는 마음을 가진다는 뜻이다. 하나님은 인간의 영혼만 사랑하는 것이 아니라 자연도 사랑한다. "네 이웃을 네 몸처럼 사랑하라"는 예수의 말씀에서 "네 이웃"은 자연도 포함한다. 자연도 인간의 이웃이다. 단지 이웃에 불과한 것이 아니라 인간의 생존을 가능케 해주는 생명의 기초가 되는 인간의 이웃이다. 창조영성이란 인간 자신의 몸을 구성하는 친족, 자신의 생존을 가능케 해주는 생명의 기초로서의 자연을 자신의 몸처럼 사랑하고 자연과 상생하고자 하는 마음을 품는 것을 말한다.

도스토옙스키는 다음과 같이 호소한다. "형제들이여,…죄악에 물든 사람일지라도 그를 사랑하라. 그것은 이미 하나님의 사랑에 가까운 것으로 지상에서 가장 고귀한 사랑이기 때문이다. 그리고 하나님의 모든 창조물을 그 전체와 모래 한 알 한 알에 이르기까지 사랑하라. 나뭇잎 하나, 빗방울 한 줄기라도 사랑하라. 동물을 사랑하고, 식물을 사랑하고, 모든 사물을 사랑하라. 여러분이 만물을 사랑한다면 그 만물 속에서 하나님의 신비를 발견하게 될 것이다.…동물을 사랑하라. 하나님께서는 그들에게 사랑의 근원과 평온한 기쁨을 주시지 않았는가. 동물을 괴롭히지 말고, 학대하지 말고, 그들의 행복을 뺏지 말 것이며, 하나님의 뜻을 거역하지 말라. 인간들이여, 자신이 동물보다 우월하다고 자만하지 말라.…그리고 특히 어린아이들을 사랑하라. 그들은 천사와 같이 순진무구하고 우리들의 마음에 감동을 주고 깨끗하게 정화하기 위해 살고 있으며, 우리를 인도하는 지표가 되기도 하기 때문이다"(도스토옙스키 2001, 460).

사랑이신 하나님은 자연을 인간의 정복대상, 지배대상으로 창조하지 않았다. 인간과 자연이 형제자매와 친족으로서 함께 살도록 창조하였다. 그래서 우리 인간은 나이가 들수록 자연을 찾으며 자연을 형제자매처럼, 친족처럼 느낀다. 자연 안으로 들어가면 마음이 푸근해지고 마치 본향에 돌아온 것처럼 느낀다. 왜 그럴까? 자연은 우리 인간이 거기에서 와서 그 속에서 살다가 거기로 돌아갈 우리의 본향이기 때문이다. 자연은 우리 생명의 기초, 곧 어머니의 품과 같은 것이기 때문이다. 인간은 이 본향 안에서 이 본향과 더불어 살도록 창조되었기 때문이다.

우리 인간은 자연을 정복하고 지배하며 자연을 변형할 수 있지만 자연을 만드는 것은 불가능하다. 우리 인간의 과학기술이 아무리 발전해도 자연을 창조할 수 없다. 무한한 우주의 공간을 창조하는 것은 불가능하다. 우리는 그것을 감사히 받을 수 있을 뿐이다. "은혜"(gratia)란 공짜로 주는 것, 곧 선물을 뜻한다. 선물을 받을 때 우리는 기뻐하며 감사한다. 창조영성이란 하나님이 은혜로 주신 자연을 감사하고 기뻐하며 자연과 상생하고자 하는 사랑의 마음을 품는 것을 가리킨다. 우리 자신의 생명에 기초가 되고 자체로 주체성을 가진 자연을 경외하는 마음, 자연에 대해 겸손한 마음을 뜻한다.

이것을 필자는 열대우림 속에서 살아가는 원주민들을 다룬 다큐멘터리에서 볼 수 있었다. 그들은 자연 속에 신령이 있다고 믿는다. 그래서 자연을 경외하며 과도한 자연파괴를 피한다. 짐승이나 물고기를 잡을 때 과도하게 잡지 않고 생활에 필요한 만큼만 잡는다. 잡은 것은 이웃과 함께 나눈다. 산속에 묻혀 있는 금이나 은을 얻으려고 산을 파괴하지 않는다. 그들은 자연을 존중하며 자연에 대해 겸손한 태도를 보인다. 그들은 자연과 상생하고자 한다. 자연에 대해 교만하면 생존할 수 없다고 생각한다. 창조영성이란 이 같은 삶의 태도를 가리킨다.

자연의 위기를 넘어 자연재앙의 상황으로 돌입한 현대인에게 무엇보다 먼저 필요한 것은 자연을 자신의 몸처럼 사랑하고 자연 만물과 더불어 살고자 하는 상생의 영성이다. 창조영성은 상생의 영성이다. 이 영성을 거부하고 자연을 정복과 지배의 대상으로 간주할 때 지금의 상황은 더욱 악화될 것이다. 이에 서성환 목사는 다음과 같이 호소한다.

> 우리를 둘러싼 이웃의 존엄과 만물들의 존귀함이
> 무엇으로도 학대받지 않고 파괴되지 않게 하소서
> 아버지께서 지으신 대로 보존되게 하시고
> 아버지께서 뜻하신 대로 꽃처럼 피어나게 하소서
>
> 학대가 또 다른 학대를 낳아 누구도 살 수 없고
> 파괴가 환경재앙으로 가속되어 멸망으로 치닫는데
> 모듬어 안는 사랑의 눈물로 치유하여 주소서
> 우리 다함께 그 치유하는 손길에 동참하게 하소서
>
> 만물과 교감하며 어울리며 살도록 사람을 지으신
> 아버지의 뜻에 합당하게 만물과 함께 살게 하소서
> 탐욕적인 정복과 폭압적인 지배의 죄악으로 인한
> 만물의 비명과 탄식을 이제 우리가 치유하게 하소서

우리의 생각과 생활과 산업현장에 뿌리 틀고 있는

환경파괴의 구조악과 악순환의 고리를 끊어내어

그게 기후재앙으로 이어져 공멸하지 않게 하소서

할 수 있는 것부터 당장 여기서 시작하게 하소서 (서성환 2023, 129f.)

6. 주객도식의 관계에 기초한 인식, 곧 주객도식적 인식은 도덕성을 결여한다. 그것은 인간이 지켜야 할 가치에 대해 침묵한다. 인간이 인간으로서 지켜야 할 의리에 대해 아무것도 말하지 않는다. 주객도식적 인식은 대상에 대한 사실적 지식을 얻고자 할 뿐이다. 그러나 인간이 인간다운 인간이 되려면 의리를 지켜야 한다. 나의 생명을 지켜주고 나에게 은혜 베푼 자에게 은혜를 갚는 것이 의리다. 의리는 인간을 인간답게 하는 기본 덕목이다.

창조영성은 자연에 대한 의리를 지키고자 하는 마음을 가리킨다. 자연은 우리의 생명을 지켜주는 은혜를 베푼다. 우리의 생존에 필요한 모든 영양분은 자연으로부터 온다. 자연 없이 우리는 생존할 수 없다. 인간에게 은혜를 베푼 자연은 이제 인간의 탐욕과 부주의로 인해 멸절의 위기에 서 있다. "하나님의 자녀들"이 나타나 "썩어짐의 종살이"에서 해방하여 주기를 온 자연이 기다리고 있다. 이제 인간에게 은혜를 베푼 자연을 회복하고 그 속에 있는 모든 생명을 살리는 것이야말로 인간이 지켜야 할 의리다. 우리의 이웃 사람은 물론 자연에 대한 의리를 지킬 때 우리는 인간다운 인간이 될 수 있다. 개도 자기 생명을 지켜준 주인에게 의리와 충성을 다한다.

성서도 우리 인간에게 자연에 대한 의리를 지키라고 명령한다. 이 같은 명령은 특별히 땅을 염두에 두고 있다. 안식년 계명에 따르면, 7년마다 땅을 쉬게 해야 한다. 농작물을 내어 우리의 생명을 유지해 준 땅의 생명력을 회복시켜주어야 한다. 땅이 우리에게 베푼 은혜를 갚아야 한다는 것이다. 땅에 대한 은혜를 갚아야만 또다시 땅으로부터 풍족한 은혜를 돌려받을 수 있다. 땅의 생명력을 회복해야 우리 인간을 포함한 땅의 모든 생명이 건강하게 생존할 수 있다. 우리가 땅에 대해 의리를 지킬 때 땅도 우리에게 의리를 지킬 것이다.

지난 이천 년 동안 기독교는 "영혼 구원"에 주된 관심을 두었다. 인간과 자연의 생명이 살아가는 땅에 대해 대부분의 개신교 신학자들은 관심을 보이지 않았다. 예수께서 가르친 "하나님 나라"는 땅 없는 하늘의 영혼들의 세계라고 가르쳤다. 그러나 구약성서의 이스라엘 백성에게 땅은 생명과 같은 것이었다. 땅은 그들의 생명의 터전이었다. 생명과 땅은 분리될 수 없었다. 땅을 잃어버리는 것은 생명을 잃어버리는 것과 같은 일이었다. 그러므로 하나님은 아브라함과 그의 후손들에게 땅을 주겠다고 약속한다 (창 12:7; 출 33:3 등).

지상의 예수는 종교적 세계도피의 형이상학적 피안의 세계를 가르치지 않고 이 땅 위에서 이루어져야 할 하나님 나라를 가르친다. 그는 자기가 지금 서 있는 이 땅 위에 하나님 나라를 앞당겨 오고자 한다(눅 17:21 참조). 예수의 주기도문이 말하는 것처럼 하나님의 "뜻이 하늘에서 이루어진 것 같이 땅 위에서도" 이루어져야 한다면, 하나님 나라도 땅 위에서 이루어져야 한다.

목사후보생이었던 본회퍼가 1932년 스페인 바르셀로나에서 가졌던 강연에 따르면 "땅과 하나님을 함께 사랑하는 자만이 하나님 나라를 믿을 수 있다." 그리스도는 사람들을 그들이 죽은 다음에 갈 저세상으로 인도하지 않고, 그들을 땅에 충성하는 아들로서 땅에 되돌려 준다. "교회가 하나님 나라를 위해 기도할 때 그들은 땅과 비참과 굶주림과 죽음에 대해 충성하기로 맹세하는 것이다"(Bonhoeffer 1957, 8). 본회퍼는 약혼녀였던 마리아 폰 베데마이어(Maria von Wedemeyer)에게 이렇게 말한다. "하나님은 우리에게 매일 그것(믿음)을 선물로 주신다. 내가 뜻하는 믿음은 세계로부터 도피하는 믿음이 아니라 세상 속에서 견디며 세상이 우리에게 주는 모든 고통에도 불구하고 땅을 사랑하며 땅에 대한 충성을 지키는 믿음이다"(Moltmann 2010, 139).

니체는 그의 저서 『차라투스트라는 이렇게 말했다』에서 "땅에 대한 충성"을 요구한다. "나는 너희에게 간절히 바란다. 너희는 땅에 충성하여라. 저세상의 희망들(überirsche Hoffnungen)에 대해 말하는 자들을 믿지 말아라! 그들은 독을 섞는 자들(Giftmischer)이요…생명을 멸시하는 자들이다!…한때 하나님에 대한 불손이 가장 큰 불손이었다.…이제는 땅에 대한 불손이 가장 무서운 것이다"(Nietzsche 1975, 9).

그리스도인들은 주님에게 충성해야 한다고 생각한다. 그런데 주님은 하늘에 머물러 계시지 않고 이 땅으로 오셨다. 그는 자기가 속한 땅에 충성함으로써 하나님 나라를 앞당겨 온다. 따라서 그리스도인들이 주님께 충성할 수 있는 길은 땅에 충성하는 것이다. 이는 주님을 사랑하는 길이 이웃을 사랑하는 길에 있음과 마찬가지다. 기독교의 창조영성은 땅에 충성함으로써 주님께 충성하고, 주님께 충성함으로써 땅에 충성하고자 하는 마음을 말한다. 테야르 드 샤르댕에 따르면 "하늘은 오직 땅의 완성을 통해 도달될 수 있으며, 하나님과의 친교는 오직 세계를 통하여 얻을 수 있다"(김균진 2014c, 923).

IV

인간의 영혼만이 구원의 대상인가?

1. "진리는 전체에 있다"(Hegel)

– 몸과 물질과 자연을 포함하는 하나님의 총체적 구원

1. 오랫동안 기독교는 하나님의 구원을 인간구원으로 이해하였다. 인간구원에서도 인간의 몸, 인간의 육체는 제외되고 영혼만이 구원의 대상으로 생각되었다. 영혼 제일주의적 구원론이 기독교의 역사를 지배해왔다 해도 과언이 아닐 것이다. 몸과 물질, 사회와 자연 없이 인간은 생존할 수 없음에도 불구하고 오늘도 교회에서는 하나님의 구원이 영혼 구원으로 축소되고 있음을 볼 수 있다. 지구온난화, 이상기후, 자연재앙으로 말미암아 인간을 위시한 수많은 생명이 죽임을 당하는데도 교회는 영혼 문제에만 집중한다. 어떤 종교는 세계의 모든 것을 망각하고 "나 없음" 곧 무아지경에 도달하는 것이 구원이라고 가르친다.

하나님의 구원을 영혼 제일주의적으로 축소하는 근본 원인은 고대 헬레니즘의 영혼과 육체, 피안과 차안의 이원론에 있다. 초기 기독교는 일찍부터 플라톤의 이원론적, 형이상학적 사고를 수용하였다. 찰나적인 차안의 물리적 세계와 그 세계 너머에(meta-physis) 있는 영원한 피안의 세계, 물질과 정신, 육체와 영혼을 구별하여 후자는 영원하고 거룩하며 가치가 있는 반면 전자는 속되고 허무하며 무가치한 것으로 보는 이원론적 사고였다. 인간의 육체는 죄와 죽음을 유발하는 영혼의 감옥으로 여겨졌다. 아우구스티누스에 따르면 죄에 시달리던 불안한 영혼이 하나님을 만나 평화와 안식을 얻게 되는 것이 하나님의 구원이다. 그의 신학의 중심 문제는 "영혼과 하나님"이었다.

이리하여 초기 교회는 차안의 세계와 물질과 육체의 감옥에서 영혼이 해방되는 것을 하나님의 구원으로 생각하였다. 인간의 육과 물질적 삶, 땅과 사회적 관계를 중요시하는 율법은 구원의 길에서 배제되고, 그리스도의 속죄의 "기쁜 소식"(복음)을 믿기만 하면(sola fide) 영혼 구원을 받을 수 있다는 칭의론이 개신교회의 기본 교리가 되었다.

2. 현대 신학자들 가운데 불트만은 하나님의 구원을 개인적인 것, 영적인 것으로 축소해버린 대표적 인물이다. 그에 따르면 하나님의 구원은 인간의 "새로운 자기이해"와 "본래성"(Eigentlichkeit)의 회복에 있다. 새로운 "자기이해"란 하나님을 자신의 창조자로 인정하고 하나님이 주시는 것으로 살아가는 하나님의 피조물로서 자기 자신을 새롭게 이해하는 것을 말한다. "본래성"이란 모든 것을 하나님의 은혜로 받아 하나님의 은혜로 살아가는 인간의 실존을 말한다. 여기서 하나님의 구원이란 인간의 새로운 "자기이해"를 통해 자기의 "본래성"을 회복하는 것을 말한다. 본래성을 회복한 인간은 "세계를 벗어나 있으며 탈세계화된 자(Entweltlichter)로서" 세계 안에서, 그의 역사성 안에서 살아간다고 불트만은 말한다(Bultmann

1979, 181). 이 같은 불트만의 구원관에서 인간의 몸과 세계의 물질과 자연은 배제된다. 이 모든 것을 벗어난 인간의 "새로운 자기이해"와 "본래성"의 회복이 구원으로 이해된다.

케제만에 의하면 불트만이 말하는 자기이해는 "그를 전통적 교의학에서 분리할 뿐만 아니라 자연적인 것, 사회와 온 인류의 영역들 안에서 현존하는 것들로부터 분리한다"(Käsemann 1972, 29f.). 하나님의 구원은 "세계 없는 구원"이 되어버린다. 그리하여 그리스도인들과 신학자들은 자연에 대해 무관심하게 된다. 온 자연이 재앙을 만나 수많은 사람이 죽임을 당해도 기독교는 하나님의 구원을 개인의 영혼구원, 새로운 자기이해로 생각하며 마치 세계를 벗어나 있는 것처럼, 세계가 없는 것처럼 살아야 한다고 가르치게 된다.

물론 불트만의 생각에는 타당성도 있다. 하나님 없이 자기의 능력만 믿고 살아가던 인간이 하나님을 자기 주님으로 모시고 하나님의 피조물로서 자기를 새롭게 이해하는 것은 하나님의 구원의 중요한 요소임을 우리는 간과해서는 안 될 것이다.

3. 헤겔에 따르면 진리는 부분적인 것에 있지 않고 "전체에 있다"(『정신현상학』 서론에서). 진리가 전체에 있다면 하나님의 구원은 전체적인 것, 총체적인 것일 수밖에 없다. 이에 대한 근거를 먼저 구약성서에서 찾아보기로 하자.

1) 하나님의 천지창조에 따르면 인간의 영혼이나 정신뿐만 아니라 온 자연이 하나님의 피조물이요 하나님이 사랑하는 "하나님의 것"이다. 그렇다면 세계의 모든 것이 하나님이 구원하고자 하는 대상이다. 인간의 영혼은 물론 인간의 몸과 세계의 물질과 자연도 하나님의 구원의 대상이다. 이에 근거하여 제2이사야는 하나님의 구원을 자연의 새 창조로 묘사한다.

"광야와 메마른 땅이 기뻐하며, 사막이 백합화처럼 피어 즐거워할 것이다. 사막은 꽃이 무성하게 피어, 크게 기뻐하며, 즐겁게 소리칠 것이다.…사막에서 꽃이 피며, 사람들이 주님의 영광을 보며, 우리 하나님의 영화를 볼 것이다…"(사 35:1-7).

2) 안식일 계명에 따르면 하나님의 구원은 인간의 영혼뿐만 아니라 인간의 몸과 가축들도 안식을 얻어 생명력을 회복하는 것이다. 모든 생명이 안식을 얻어 사회적 균형이 이루어지는 곳에 하나님의 구원이 있다. 안식년 계명에 의하면 하나님의 구원은 땅도 생명력을 얻으며 그 땅의 가난한 사람들과 짐승들이 먹을 물질을 얻는 것이다. 희년 계명에 의하면 하나님의 구원은 종으로 살던 사람들의 영혼과 육체가 자유롭게 되며 가장 기초적인 삶의 물질적 조건들이 회복되는 것이다. 곧 부채와 이자의 억압에서 해방되며 자기 땅을 다시 얻게 되는 데 있다.

3) 구약의 율법은 하나님의 구원에 내재하는 생태학적 측면을 강조한다. "나귀가 짐에 눌려서 쓰러진 것을 보거든, 그것을 그대로 내버려 두지 말고, 반드시 임자가 나귀를 일으켜 세우는 것을 도와주어야 한다"(출 23:5). 다른 종류의 가축들을 교미시키는 것을 금지하는 계명은(레 19:19) 가축들의 종의 순수성과 다양성을 유지하기 위한 계명이라 볼 수 있다. 짐승과 인간의 교접을 금지하는 것은(레 20:15-16) 자연 생태계를 건강하게 지키기 위함이다. 먹을 수 있는 동물과 먹을 수 없는 동물에 대한 계명은(레 13장) 모든 동물을 먹어 없애지 않고 보호하기 위한 생태학적 임시조치로 이해될 수 있다. 시편 저자는 모든 짐승이 하나님의 것이라고 말한다(시 50:10). 짐승들도 하나님의 자비와 구원의 대상이다.

4) 이사야서의 메시아 약속에서 하나님의 구원은 인간과 자연이 상생하는 세계가 이루어지는 데 있다. "늑대가 새끼 양과 어울리고, 표범이 숫염소와 함께 뒹굴며, 새끼 사자와 송아지가 함께 풀을 뜯으니, 어린아이

가 그들을 몰고 다니리라…(사 11:6-9; 참조. 65:17, 25). 이사야서는 하나님의 구원을 만물의 새 창조로 묘사한다. "광야와 메마른 땅이 기뻐하며, 사막이 백합화처럼 피어 즐거워할 것이다.…뜨겁게 타오르던 땅은 연못이 되고, 메마른 땅은 물이 쏟아져 나오는 샘이 될 것이다"(35:1-7). "내가 메마른 산에서 강물이 터져 나오게 하며…"(41:18). 에스겔서에도 하나님의 구원은 자연을 포함한 총체적 구원으로 나타난다. "바로 나 주가 무너진 것을 다시 세우며, 황폐한 땅에 다시 나무를 심는 줄을 깨달아야 할 것이다"(겔 36:36).

5) 욥기에서도 하나님의 구원은 자연 만물이 하나님 안에서 상생하는 세계가 이루어지는 데 있는 것으로 나타난다. "모든 생물의 생명이 하나님의 손안에 있다"(욥 11:10). 하나님의 창조질서 속에서 푸른 산은 들짐승의 놀이터가 되며, 풀이 그 속에서 자라나고, 이 풀은 들짐승의 먹이가 된다 (40:20). 시편 저자는 하나님께 구원받은 자연을 다음과 같이 묘사한다. "하늘은 하나님의 영광을 드러내고, 창공은 그의 솜씨를 알려 준다"(19:1-2). 잠언에 의하면 "주님은 지혜로 땅의 기초를 놓으셨고, 명철로 하늘을 펼쳐 놓으셨다. 그분은 지식으로 깊은 물줄기를 터뜨리시고, 구름에서 이슬이 내리게 하신다"(잠 3:19-20; 참조. 잠 5:8; 30:26-27). 하나님이 지혜로 세계 만물을 창조하였다는 잠언과 예언자들의 말씀에서(렘 51:15) 하나님의 구원이란 인간의 영혼은 물론 세계 만물 속에 하나님의 지혜가 회복되는 것으로 생각된다.

4. 신약성서의 복음서에서도 우리는 하나님이 베푸는 구원의 전체성 및 총체성에 대한 근거를 볼 수 있다.

1) 복음서에서 예수는 "그리스도"라고 불린다. 그리스도는 히브리어 "메시아"를 그리스어로 번역한 것이다. 따라서 예수는 하나님이 약속했던

"메시아"라는 것이다. 이사야 11장에서 메시아는 인간의 영혼은 물론 온 자연계를 통치하는 분으로 나타난다. 따라서 예수의 구원은 영혼 구원에 제한되는 것이 아니라 창조세계 전체를 포괄한다는 생각이 예수의 이름 "그리스도" 안에 숨어 있다.

2) 그동안 많은 학자는 예수가 선포하고 앞당겨 온 "하나님 나라"가 후기 유대교의 묵시론(Apokalyptik)에서 유래한 개념이라고 말하였다. 그러나 예수의 하나님 나라의 뿌리는 묵시론이 아니라 메시아의 오심에 대한 구약성서의 약속에 있다(사 11장 참조). 그것은 묵시론적 전통이 아니라 메시아 약속의 전통에 속한다.

메시아 약속의 전통에서 볼 때 예수의 하나님 나라는 인간의 몸과 영혼, 물질과 사회, 자연 세계를 포괄하는 하나님의 보편적 통치를 말한다. 그것은 세계의 모든 것 안에서 하나님이 통치하는 세계를 말한다. 예수가 가르친 주기도가 이를 증명한다. "하늘에 계신 우리 아버지,… (하나님의) 나라가 임하옵시며, 뜻이 하늘에서 이룬 것 같이 땅에서도 이루어지이다"(마 6:9-10). 공중에 나는 새도 하나님이 먹이시며 들의 꽃과 풀들도 하나님이 입히신다거나(마 6:26-30), 하나님은 참새 한 마리도 잊지 않으신다는(눅 12:6) 예수의 말씀은 자연을 포함하는 총체적 구원관을 암시한다.

3) 지상의 예수께서 행하신 주된 사역이 질병 치유라는 인상을 받을 정도로 공관복음, 특히 마가복음은 많은 지면을 할애하여 예수의 질병 치유를 보도한다. 예수의 질병 치유는 한마디로 인간의 몸, 곧 육체도 하나님이 구원할 대상이라는 점을 보여준다. 인간의 몸도 하나님의 피조물이요 하나님의 것이기 때문이다. 몸 없는 인간의 영혼을 우리는 생각할 수 없다. 인간은 영혼과 몸이 하나로 결합해 있는 존재, 곧 영적-몸적 존재다. 따라서 예수의 질병 치유는 영과 육을 포함한 전인적 구원, 전체적 구원이다.

몸은 인간의 존재를 구성하는 구성요소다. 뼈, 근육, 혈액, 피부, 힘줄

등 물질적인 것들로 구성된 인간의 몸에 그의 생명이 있다. 달리 말해 인간의 생명은 몸에 있다. 고대 이스라엘 백성은 인간의 생명이 피에 있다고 믿었다(창 9:4). 인간은 팔, 다리, 눈이나 귀 한쪽이 없어도 생존할 수 있지만 피가 다 빠져나가 버리면 죽기 때문이다. 피에 생명이 있다는 것은 "몸에 생명이 있다"라는 말과 마찬가지다. 피는 인간의 생명을 유지하는 기본 요소이기 때문이다. 따라서 피가 다 빠져나가서 몸이 죽는다는 것은 생명이 죽는다는 것을 말한다. 몸이 살아 있어야 인간의 영적, 정신적 활동도 가능하다. 그러므로 공관복음의 예수는 병든 사람들의 몸을 치유하는 일에 진력한다. 인간의 영혼은 물론 몸도 하나님의 구원의 대상이다.

4) 인간의 몸은 주기적으로 음식물을 먹어야 생명을 유지할 수 있다. 먹지 못하면 몸은 죽는다. 그러므로 구약성서에서 하나님은 아브라함과 모세에게 "젖과 꿀이 흐르는 땅", 곧 먹을 물질이 풍부한 땅을 약속한다. 출애굽한 이스라엘 백성에게 하나님은 광야에서 만나와 메추라기, 그리고 마실 물을 마련해준다. 복음서의 예수도 배고픈 사람들에게 먹을 것 곧 물질을 마련해준다. 그는 몸의 생명력을 회복한다. 그는 먹을 물질이 고르게 분배되는 사회적 관계성이 회복되는 세계가 하나님의 나라임을 예시한다. 따라서 그는 "일용할 양식", 곧 먹을 것을 달라고 하나님께 매일 기도해야 한다고 가르친다.

이 모든 이야기는 몸과 물질과 사회적 관계성도 하나님의 구원의 대상임을 나타낸다. 몸과 물질도 하나님이 지으신 하나님의 피조물이다. 그들도 구원의 대상이다. 그래서 성서에는 "먹다", "먹이다" 등 "먹을거리"에 관한 표현이 매우 많다. 가난한 사람들에게는 물론 짐승들에게도 먹을 물질을 주어 그들의 몸을 살리라고 하나님은 명령한다. 안식년에 땅을 묵혀 거기에서 저절로 자라는 것은 "가난한 사람들이 먹게 하고, 그렇게 하고도 남은 것은 들짐승이 먹게 해야 한다"(출 23:11). 심지어 원수도 주리면 먹을 것을 주라고 말한다(잠 25:21). 하나님의 구원은 먼저 배고픈 사람들을 먹이고 몸의 생명력을 회복하는 것이다. 충분히 먹고 몸이 건강하여 행복하게 사는 "샬롬"에 하나님의 구원이 있다.

5. 사도 바울은 인간구원, 영혼구원에 관심을 집중하는 것처럼 보인다. 그의 칭의론에 따르면 하나님의 구원은 십자가에 달린 예수의 희생제물을 통해 인간의 죄가 하나님의 용서받음을 믿는 데 있는 것으로 나타난다. 여기서 하나님의 구원은 각 사람의 사적, 개인적인 사건이 되어버리며 인간의 몸과 물질과 자연의 영역은 구원에서 배제된다. 그러나 바울은 당시 바리새파 중에 바리새파 사람으로 히브리 사상에 정통한 인물이었다. 그는 구약성서의 창조신앙과 율법과 메시아 통치의 약속을 잘 알고 있었다. 그러므로 구약성서의 총체적 구원관이 그의 서신 및 사도행전이 전하는 그의 말씀과 활동에 담겨 있는 것을 볼 수 있다.

　　1) 사도행전에 의하면 바울은 칭의의 신앙에 대해서만 가르친 것이 아니라 세계의 모든 것을 포괄하는 예수의 "하나님 나라"를 가르친다(행 28:31).

　　2) 칭의의 신앙은 구약의 율법을 지켜야 한다고 주장한다. "그러면 믿음으로 말미암아 우리가 율법을 폐합니까? 그럴 수 없습니다. 도리어 율법을 굳게 세웁니다"(롬 3:31). 율법은 "거룩하며" "영적인 것"이라고 바울은 말한다(7:12, 14).

　　3) "모든 피조물"이 "썩어짐의 종살이" 속에서 신음하며 하나님의 자녀들이 나타나 해방하여 줄 것을 "기다린다"는 그의 말씀에서 자연의 영역도 하나님의 구원의 대상으로 나타난다. 피조물의 "신음"에 관한 말씀에서 바울은 출애굽 이전에 이스라엘 백성이 이집트 땅에서 당했던 고난과 신음을 상기한다(Duchrow 1989, 357). 이집트에서 노예가 된 이스라엘 백성의

고난과 신음은 로마서 8장에서 모든 피조물의 고난과 신음으로 확대된다. 이스라엘 백성처럼 온 세계의 피조물이 신음하며 하나님의 구원을 갈구한다. 하나님은 "수고하고 무거운 짐 진 사람들"의 신음뿐만 아니라 자연 피조물들의 신음도 들으신다.

바울이 사용한 "신음하다"(롬 8:22-23)라는 표현은 새로운 생명을 기다리는 산모의 신음을 묘사한다. 그것은 "새 창조에 대한 기다림과 기쁨"을 포괄한다. 따라서 로마서 8:19의 "기다림"(apokaradokia)은 루터가 말하듯이 "피조물의 불안스러운 견딤"을 뜻하는 것이 아니라 "새 생명에 대한 희망으로 가득한 기다림"을 뜻한다(Schottroff 1989, 141). 피조물은 하나님의 "새 창조의 탄생"에 대한 희망으로 가득하다.

4) 고린도전서 15:20-28에서 바울은 죽음의 세력이 극복된 다음에 찾아올 세계 전체에 대한 하나님의 총체적 주권을 말한다. 그리스도께서 모든 권위와 세력과 능력의 천신들을 물리치시고 그의 나라를 하나님께 바칠 것이다. 만물이 하나님의 발아래 있을 것이며 하나님이 "모든 것 안에서 모든 것"(panta en pasin)이 되실 것이다(15:28).

5) 에베소서 1:10에서 바울은 "하늘과 땅에 있는 모든 것"이 "그리스도 안에서 그분을 머리로 하여" 하나로 통일되는 것을 하나님의 종말론적 구원의 미래로 나타낸다. 골로새서 1장은 그리스도를 하나님의 공동창조자로 정의하고 그리스도로 말미암아 하늘과 땅에 있는 "만물"이 아버지 하나님과 화해되는 것을 하나님의 구원으로 파악한다(골 1:20).

그 밖에도 우리는 신약성서 곳곳에 총체적 구원관이 전제되어 있음을 볼 수 있다. 우주적 "로고스"(말씀), "하나님의 지혜"가 성육신한 그리스도(요 1:1; 고전 1:24), 온 세계의 어둠을 밝히는 "빛"으로서의 그리스도(요 1:5 이하), 아버지 하나님과 아들 예수 그리스도의 우주적 통치권(왕 중의 왕, 만왕의 왕, 만주의 주; 계 17:14; 19:16; 고전 15:28) 등이 이를 나타낸다. 가장 결정적인 것은 "새 하늘과 새 땅"에 대한 요한계시록의 약속이다(계 21:4). "새 하늘과 새 땅"은 흰옷 입은 천사들의 영적 세계가 아니라 더는 "죽음과 슬픔과 울부짖음과 고통이 없는" 새로운 생명의 세계를 가리킨다. 이 세계는 새롭게 된 인간의 몸과 물질과 자연과 사회적 관계를 포함한다. "새 예루살렘"도 영적 도시가 아니라 모든 생물의 생명을 살리는 "생명의 물"과 나무들, 곧 자연과 황금보석이 가득한 새로운 물질적, 생태적 세계를 가리킨다. 남의 재산과 국민 세금을 약탈하는 도적 떼가 없으니 늘 문이 열려 있고 "강도의 소굴"이 되었다고 예수가 비판했던 성전이 그 안에 없는(계 21:22, 25) 새로운 생명의 세계를 가리킨다.

성서의 이 같은 총체적 구원의 관점에서 볼 때 자연도 하나님의 구원의 대상이다. 바르트가 말하듯이 자연은 구원의 역사가 공연되는 "무대"에 불과하지 않다. 세계사는 단순히 "인간의 역사"가 아니라 "자연의 역사"요 "물질적 역사"이기도 하다. 인간과 자연과 물질, 이 모든 것이 하나의 역사를 구성한다. 하나님의 구원은 "세계로부터의 구원"(Erlösung aus der Welt), 곧 영적으로 세계를 벗어나거나 떠나는 것이 아니라 "세계의 구원"(Erlösung der Welt)이다. 그것은 자연의 구원을 내포한다. 연세대학교 신학과 김찬국 교수에 따르면 하나님의 구원은 "종말론적으로 정의가 실현되며 인간이 인간화되며, 인간의 자유가 공평하게 사회에서 실현되며, 모든 피조물의 평화가 최종적으로 실현되는 데에까지 이르러야 한다"(김찬국 1984, 77). 인간의 몸과 물질을 포함한 세계 만물이 하나님의 사랑과 정의와 평화 속에서 함께 살아가는 세계가 이루어지는 데 하나님의 구원이 있다.

2. 자연의 구원자 "우주적 그리스도"

1. 성서가 보여주는 총체적 구원관에도 불구하고 기독교 신학은 거의 이천 년 동안 개인주의적, 영혼주의적 구원관에 집착하였다. 인간의 몸과 물질 과 자연의 영역은 하나님의 구원에서 제외되었다. 그러나 1950년대에 이 르러 하나님의 구원의 총체성에 대해 눈이 열리기 시작하였다. 그리하여 바르트는 골로새서의 그리스도 찬양과 관련하여 하나님과 교회 공동체 안 에 계신 그리스도의 실존 외에 "예수 그리스도의 제3의 실존 방식"의 가능 성에 대해 말한다. "그는 이미 지금 만유의 통치자(Pantocrator)로서, 모든 것 위에 있는 머리(kefale hyper panta)로서…우주 안에서도…실존하고 활동 하며 일하고 행동하지 않는가?"(Barth 1959, 165)

바르트가 그리스도의 우주적 실존에 대해 말하는 것은 기적과 같다고 말할 수 있다. 그에 따르면 그리스도는 교회 공동체 안에 계신 동시에 우주 안에 은폐되어 있지만 우주에 의해 아직 인식되지 않는다. 그러나 그는 그 리스도가 "가장 큰 현실성 가운데서"(in höchster Realität) 우주 안에 계시고 그 안에서 활동한다고 말한다. 바르트는 우주적 그리스도의 실존에 관한 생각을 더 깊이 개진하지 않는다. 이것을 개진할 경우 초기 신학에서 말한 창조와 계약, 자연과 은혜, 하나님과 세계, 몸과 영혼의 엄격한 구별이 타 당성을 상실하기 때문이다.

그러나 그리스도는 "우주 안에 계시고 그 안에서 활동한다"라는 바르 트의 말은 세계 신학계에 큰 영향을 준다. 이리하여 1961년 뉴델리에서 열 린 루터교회 세계대회에서 루터교회 신학자 요셉 지틀러(J. Sittler)가 "우주 적 그리스도"에 대해 강연한다. 그의 강연과 함께 예수 그리스도의 구원은 자연적, 우주적 차원으로 확대되어야 한다는 주장이 강력하게 등장하였다 (이에 관해 Lüpsen 1962, 300 f.).

2. "우주적 그리스도"에 대한 가장 분명한 성서의 근거는 골로새서의 "그리스도 찬양"에 나타난다. 바울 서신에서 이 구절만큼 그리스도의 구원이 지니는 보편적, 우주적 차원을 분명히 기술한 구절은 다시 없을 것이다. "그리스도께서는 보이지 않는 하나님의 형상이시며, 만물에 앞서 태어나신 분이십니다. 그것은 하늘과 땅에 있는 만물, 곧 보이는 것은 물론이고, 왕권과 주권과 권세와 세력의 여러 천신과 같은 보이지 않는 것까지도 모두 그분 안에서 창조되었기 때문입니다. 만물은 그분을 통해서 그리고 그분을 위해서 창조되었습니다. 그분은 만물보다 앞서 계시고, 만물은 그분 안에서 존속합니다"(골 1:15-17). 성서 주석가들에 의하면 이 본문은 구약성서의 지혜와 요한복음 서론의 우주적 로고스(*Logos*)에 대한 사색을 그 배경으로 가진다. 이 본문 내용을 우리는 아래와 같이 분석할 수 있다.

1) "그분 안에서 창조되었다"(*en autoi ektisthe*, 16절). 하늘과 땅에 있는 모든 것이 그리스도 안에서 창조되었다면, 그리스도는 아버지 하나님의 창조의 중재자다. 중재자로서 그는 세계의 모든 것과 연결된다. 세계의 모든 것이 그리스도의 구원의 은혜에 포함되어 있다. 세계의 "모든 것이 그분(그리스도) 안에서" 존속한다면(17절), 세계의 모든 것은 그리스도와 교통 속에 있다. 그리스도가 세계의 모든 것을 존속하게 하는 근거다. 무로부터의 창조는 피조물에 대한 창조자의 절대 초월을 강조한다. 창조자와 피조물 사이에는 어떤 존재 유비(*analogia entis*)도 있을 수 없다. 이에 비해 "그분 안에서", "그리스도 안에서"라는 말은 창조자와 피조물의 이 같은 절대적 분리를 극복하고 양자를 결합한다. 이 말은 세계가 그의 창조자 안에 있음을 나타내는 동시에 창조자는 그의 초월 속에서 피조물 안에 있다는 것을 나타낸다(이에 관해 Scheffczyk 1975, 40-44).

"그리스도 안에서"(*en Christo*)라는 공식은 골로새서뿐 아니라 바울의 여러 서신에서 발견된다. 에베소서 1:3-14에서 이 공식은 10번 사용된다.

이 본문들에서 바울은 세계의 모든 것을 그리스도와 결합한다. "그분 안에서" 우리는 축복을 받았으며, 선택되었고 은혜를 받았다. "그분 안에서" 우리는 죄 용서를 받았으며 부활과 영광에 참여하게 되었다. 그분 안에서 세계의 모든 것이 하나로 통일된다. 그분은 창조의 중재자인 동시에 구원의 중재자로서 창조와 구원을 결합한다.

2) "그분을 통하여 창조되었다"(di'autou ektistai). 이 공식도 그리스도의 "창조의 중재자직"을 나타낸다. 하늘과 땅의 모든 것이 "그분을 통하여" 창조되었다면, 그분은 "창조의 중재자"로서 창조 이전부터 아버지 하나님과 함께 있었고 아버지 하나님이 그것을 통해 만물을 창조한 말씀, 곧 "지혜"다. 16절에 나타나는 "창조의 중재자"는 20절에서 "구원의 중재자"와 결합한다. 하나님은 그분을 통하여 하늘과 땅에 있는 모든 것과 화해하기를 원하신다. 창조의 중재자는 구원의 중재자요, 구원의 중재자는 창조의 중재자다. 따라서 그리스도의 구원은 새 창조를 뜻한다.

이 생각은 요한복음 서언에도 나타난다. "모든 것은 말씀을 통하여 (di'autou) 생겨났고 이 말씀 없이 생겨난 것은 하나도 없다"(요 1:3). 세계의 모든 것이 말씀 곧 그리스도를 통해 창조되었다면 세계의 모든 것은 그리스도에게서 생명을 얻었다. 여기서도 그리스도는 창조의 중재자로 나타난다. 1:14에서 창조의 중재자는 구원의 중재자와 결합한다. "말씀이 육신이 되어 우리와 함께 계셨는데…." 그리스도는 우주의 창조자인 동시에 우주적 구원의 중재자이기도 하다. 고린도전서 8:6도 구원의 중재자 예수를 창조의 중재자 예수와 동일시한다. "또 주님은 예수 그리스도 한 분이 계실 뿐이고, 그분을 통해서 만물이 존재하고, 우리도 그분으로 말미암아 살아갑니다"(고전 8:6).

3) "그분을 위해서 창조되었다"(eis auton ektistai). 이 공식에서 그리스어 전치사 "에이스"(eis)는 "위해서"가 아니라 "안으로", "향하여"로 번역되

어야 한다. 따라서 세계의 모든 것은 "그분을 향하여 창조되었다"라고 번역할 수 있다. 이 공식과 함께 골로새서의 "그리스도 찬양"은 다시 한번 그리스도의 구원이 지닌 우주적 차원을 나타낸다.

"그리스도를 향하여 창조되었다"라는 말은 무엇을 뜻하는가? 그것은 만물이 그리스도의 구원을 향하여 살도록 창조되었음을 가리킨다. 만물은 그리스도로 말미암아 창조되었기 때문에 그리스도의 뜻이 이루어지는 미래, 곧 하나님 나라를 지향해야 한다. 그리스도를 통하여 시작된 하나님과 피조물의 화해가 온 우주 안에서 실현되어야 한다. 그리스도인들은 그리스도를 희망하고 기다리며 그를 "향하여"(*eis*) 행동하고 살아야 한다(Vögtle 1970, 220).

3. 우주적 그리스도에 대한 바울 서신의 또 하나의 근거는 "우주의 머리" 되신 그리스도에게 있다. 이것은 에베소서 1:10, 골로새서 1:15-17에서 분명히 나타난다. "하나님의 계획은, 때가 차면 하늘과 땅에 있는 모든 것을 그리스도 안에서 그분을 머리로 하여 통일시키는 것입니다"(엡 1:10).

이 구절에서 "통일되다"(*anakephalaiosasthai*)라는 동사는 "머리"를 뜻하는 "케팔레"(*kephale*), 혹은 "종합, 총괄"을 뜻하는 "케팔라이온"(*kephalaion*)과 관련이 있다. 이 단어는 세계의 모든 것이 한 몸을 이루고 있었던 본래적 상태를 나타내는 동시에 온 우주가 지향해야 할 종말론적 미래를 가리킨다. 곧 그리스도는 창조의 머리이며 창조는 그리스도 안에서 하나다. 하늘과 땅 위의 모든 세력과 권세들이 그리스도에게 복종할 때 세계는 그리스도 안에서 하나가 될 것이다. 모든 것이 하나님의 정의와 평화와 자유 안에 있다. 그러나 세상의 세력들과 권세들이 그리스도에게 복종하지 않기 때문에 불의와 갈등과 투쟁이 일어나며 우주는 분열되어 있다. 이제 우주는 그리스도 안에 있는 그의 통일성(하나 됨)을 지향해야 한다.

그리스도가 "만물의 머리"라면 만물은 그리스도의 몸이라 말할 수 있다. 이 말은 그리스도가 "교회의 머리"요 교회는 "그리스도의 몸"이라는 바울의 말씀에 근거한다. 세계의 만물은 머리 되신 "그리스도의 몸"이다. 만물이 하나님의 통치영역에 속한다. 만물이 그를 통해 창조되었다면 그의 통치영역에 속하지 않은 것은 아무것도 없다(Gnilka 1971, 99ff.).

바울의 우주론적 그리스도론은 새 창조의 "첫 열매" 되신 그리스도에 관한 말씀에도 나타난다. 바울에 의하면 그리스도는 "죽은 사람들 가운데서 제일 먼저 살아나신 분"이다(골 1:18). 그는 "잠자는 자들의 첫 열매"다(고전 15:20). 그의 부활과 함께 죽음의 세력이 깨어지고 모든 권세가 그에게 복종하기 시작한다. 하나님의 "새 창조"가 일어난다. 그의 부활은 "새 사람"의 시작이요, 새 사람의 시작은 새 창조의 시작이다. "죽은 자들 가운데서 먼저 나신 자"인 그리스도는 "모든 창조물보다 먼저 나신 자"(골 1:15), 곧 새 창조의 시작이다. 새 창조는 "새로운 피조물", "새로운 사람"과 함께 시작한다.

신약성서에 의하면 그리스도의 부활은 그리스도께서 하나님의 통치권을 행사하는 주님(Kyrios)으로 즉위하는 것과 결합하기도 한다. "퀴리오스"(Kyrios), 곧 통치자 그리스도에 대한 고백과 그를 죽은 자들로부터 일으킨 하나님에 대한 고백이 결합된다(롬 10:9). 부활한 그리스도의 통치권은 그를 믿는 사람들의 범위를 넘어 온 우주로 확장된다. 그리스도는 우주 "만물을 회복하실" 것이다(행 3:21). 그는 하늘에서 하나님의 오른편에 앉아 계시며 "모든 것"을 다스린다(엡 1:20 이하; 골 3:1). 하늘과 땅에 있는 모든 권세가 그에게 주어져 있다(마 28:18). 부활하신 그리스도는 그를 믿는 사람들뿐만 아니라 하늘과 땅까지도 다스린다. 창조자 하나님은 세계에 대한 그의 통치권을 부활한 그리스도에게 맡긴다. 그리스도는 부활의 삶의 영광 속에서 하늘과 땅을 충만케 하며 모든 것을 새롭게 변화시킬 것이다(계

21:5). 그리스도는 우주적 구원자, 만물의 구원자다. 인간의 영혼은 물론 온 우주가 그리스도로 말미암아 하나님의 새로운 세계를 향해 새롭게 창조될 것이다.

4. "새 아담"이신 그리스도의 표상에서도 우리는 우주적 그리스도를 발견할 수 있다(롬 5장). 옛 아담을 통해 죄가 이 세상에 들어왔다. 온 세상이 하나님 없는 세상이 되었다. 자연 만물이 고통과 신음 속에 있다. 죽음의 세력이 창조세계를 지옥으로 만들고 있다. "새 아담" 곧 그리스도는 하나님 없는 인간을 하나님과 화해시키고 "영원한 생명"을 얻게 하며, 세계의 모든 것을 죽음의 세력에서 해방하여 영원한 생명에 참여하게 한다. "새 아담"은 "새로운 인간성", "새로운 인간"의 탄생을 뜻할 뿐 아니라 온 우주의 새 창조의 시작을 뜻한다. 새 아담 그리스도는 새 인류의 원형(Prototyp)이요 우주의 새 창조를 일으키는 원동력(Promotor)이다(Schnackenburg 1970, 336).

　"우주적 그리스도" 개념에 비추어볼 때 그리스도의 십자가 고난은 단지 인간의 죄 용서를 위한 것이 아니라 온 우주의 구원을 위한 것이다. 그는 하나님과 인간의 화해를 위해서는 물론 하나님과 자연, 하나님과 온 우주의 화해를 위해 십자가에서 죽임을 당하였다. 하나님은 그리스도 안에서 인간의 영혼은 물론 온 "세상을 자기와 화해시켰다"(고후 5:19). 하나님과 인간의 화해는 하나님이 이루시는 구원의 완결이 아니라 시작이다. 하나님과 화해된 인간을 통해, 이 인간과 함께, 하나님의 우주적 화해와 구원이 시작한다. 하늘과 땅에 있는 "모든 것"이 하나님과 화해되어야 한다. 십자가의 피를 통한 하나님과 인간의 화해는 완결이 아니라 그리스도 안에서 죽음이 폐기되고 모든 것이 하나가 되는 새 창조의 시작이다.

　부활하신 그리스도는 시간과 공간의 제약성을 벗어나 그리스도인들과 그들의 공동체 안에 계실 뿐 아니라 온 우주 안에 계신다. 그는 성령을 통해 자연 안에 계신다. 그는 "모든 것" 안에 계신다. 그는 세계사의 인간 희생물들 안에 계시는 동시에 인간의 이기주의와 탐욕으로 인한 자연의 희생물들 안에도 계신다. 그의 영광스러운 재림(다시 오심)은 이 시대의 끝남(종말)을 뜻하는 동시에, 우주 안에 숨어 있는 만유의 통치자 그리스도의 궁극적 나타나심을 뜻한다. 만유의 통치자 그리스도께서 나타나실 때 온 우주가 하나님이 그 안에 계신 하나님의 집이 될 것이다. 이때 하나님은 우주 만물을 그리스도에게 복종시킬 것이며 하나님이 "모든 것 안에" 계실 것이다(고전 15:28).

우주적 그리스도 개념의 궁극적 근거는 성서의 하나님 표상에 있다. 하나님은 온 우주를 지으신 우주적 하나님이다. 온 우주가 그의 집이요 그의 통치영역이다. 온 우주가 하나님을 찬양하며 그의 영광을 나타낸다(시 150:1). "그 위엄이 땅과 하늘에 가득하다"(145:13). 예수 그리스도는 우주적 하나님의 아들이다. 따라서 하나님의 아들 예수 그리스도는 "우주적 그리스도"일 수밖에 없다. 성서에 따르면 그리스도는 만물의 창조의 중재자시고 화해자시며 만물의 주(Kyrios)다. 따라서 그의 구원은 영혼구원에 불과한 것이 아니라 우주 만물(panta)의 구원을 포괄한다. 그것은 부분적이 아니라 전체적이고 보편적인 구원이다.

3. 상관관계 속에 있는 인간구원과 자연구원

1. 오늘날 많은 신학자가 자연구원을 외친다. 자연구원에 관한 수많은 문헌이 출간되고 갖가지 대책이 제시된다. 그러나 인간구원 없는 자연구원은 불가능하다. 인간이 자연을 파괴함으로 말미암아 자연재앙이 초래되

었다. 인간이 문제의 원인자다. 그렇다면 먼저 문제의 원인자가 변화되어야 한다. 인간이 먼저 구원을 받아야 한다. 인간이 구원을 받고 변화되지 않는다면 문제 상황은 새로운 형태로 반복될 것이다.

그런데 인간구원이 없어도 자연이 구원받을 수 있는 길이 있다. 그것은 인간이라는 종이 없어지는 것이다. 자연을 파괴한 인간 종이 사라지면 자연은 저절로 구원에 이를 것이다. 자연은 그 자신의 힘으로 자기를 회복하고 생육하고 번성할 것이다. 자연 속에는 그 자신을 생산할 수 있는 생명의 힘이 숨어 있기 때문이다. 한편으로 자연은 인간에 의해 파괴되지만, 다른 한편 지금도 자기 자신을 생산한다. 자연의 생물들은 지금도 생육하고 번성하며 자기 종을 유지한다. 가을에 시들었던 꽃들이 봄이 되면 스스로 피어난다. 돌과 돌, 벽돌과 벽돌 사이에 약간의 흙만 있으면 잡초가 거기서 자라난다. 자연의 생명의 힘은 경이로울 정도로 강력하다. 문제는 자연의 자기생산보다 인간에 의한 자연파괴가 더 강하다는 점이다.

자연을 파괴하는 인간이 없어지면 자연은 빠른 속도로 회복될 것이다. 그러나 인간이 없어진다는 것은 불가능하다. 인간은 이미 이 세계의 한 부분으로서 이 세계 안에 존재하기 때문이다. 자연이 생명의 권리를 가진 것처럼 인간도 생명의 권리를 가진다. 신학적으로 말한다면 세계는 자연과 인간이 함께 살도록 하나님에 의해 창조되었다. 인간은 너무도 영리하기 때문에 온 세계가 파괴되어도 살아남을 수 있는 길을 발견할 것이다. 산불로 땅 위의 모든 것이 타버려도 거기서 살아남는 생물이 있듯이, 핵폭탄으로 온 지구가 파괴되더라도 지하 벙커에서 살아남는 인간이 있을 것이다. 노아 홍수가 이를 보여준다. 온 세계가 파멸해도 소수의 생명이 살아남아 또다시 충만하게 될 것이다. 자연이 존재하는 한 인간도 존재할 것이다. 최악의 상황에는 달이나 화성으로 이주해서라도 살아갈 것이다.

신학적 관점에서 말한다면 하나님은 인간이라는 종이 사라져버리는 것을 원하지 않을 것이다. 인간도 그가 사랑하는 피조물이요 하나님과 인격적 교통을 가질 수 있는 유일한 존재이기 때문이다. 또 하나님의 아들 예수는 먼저 인간을 구원하기 위해 인간으로 이 세상에 오셨고 십자가에서 죽임을 당하였기 때문이다. 그러므로 인간이 멸종하는 것은 하나님의 뜻이 아니다. 사랑이신 하나님은 인간과 자연이 함께 살아남아 상생하는 것을 원하실 것이다. 사랑은 존재하는 모든 것의 "있음"을 원하기 때문이다.

2. 문제는 인간이 자연과 상생하지 않고 자연을 끊임없이 파괴하고 착취하는 데 있다. 이제 자연은 견딜 수 있는 임계점에 가까웠다고 학자들은 말한다. 이 자연이 구원받을 수 있는 길은 무엇인가? 그것은 결자해지하는 데 있다고 생각된다. 곧 문제를 일으킨 자가 그 문제를 해결하는 것이다. 인간으로 말미암아 자연이 "썩어짐의 종살이"를 하게 되었다면 인간이 이 문제를 해결해야 한다. 인간에게는 그렇게 할 수 있는 능력이 있다. 곧 자연을 회복할 수 있는 능력이 그에게 있다.

어떤 신학자는 자연구원의 문제를 하나님께 맡기지 않고 인간이 결자해지해야 한다는 주장은 하나님에 대한 교만이라고 비난할지도 모른다. 그러나 이스라엘 백성의 출애굽과 가나안 땅 점령은 하나님과 함께하는 모세와 여호수아를 통해, 곧 인간을 통해 일어났다. 하나님이 요술 방망이처럼 땅 위에 나타나 이스라엘 백성을 직접 진두지휘하지 않았다. 하나님과 함께하는 모세가 이스라엘 백성을 이집트에서 탈출시켰고, 하나님과 함께하는 여호수아가 진두지휘하여 가나안 땅을 점령하였다. 로마 제국 전체를 향한 초기 기독교 공동체의 이방인 선교도 그리스도와 함께하는 바울을 통해 일어났다. 바울이 자기 목숨을 걸고 선교하여 로마 제국 곳곳에 교회를 세웠다.

그러므로 바울은 하나님이 하늘에서 내려와 피조물을 직접 구원하기를 피조물들이 기다린다고 말하지 않는다. 오히려 "하나님의 자녀들이 나타나기를 간절히 기다린다"고 말한다(롬 8:19). 곧 새 사람으로 태어난 "하나님의 자녀들"이 나타나서 신음하는 피조물들을 구원해주기를 기다린다는 것이다. 따라서 먼저 인간이 "하나님의 자녀"로 다시 태어나야 한다. 하나님의 구원이 먼저 인간 자신에게서 일어나야 한다. 문제의 원인 제공자인 인간이 하나님의 자녀로 변화되어 자연을 "썩어짐의 종살이"에서 구원해야 한다. 자연구원은 구원받은 인간을 통해 가능하다. 인간이 구원받지 못할 때 자연파괴는 멈추지 않을 것이다. 인간은 거머리처럼 자연에 붙어 자연의 피를 빨아먹을 것이다. 인간 자신이 구원받지 못하면서 자연의 구원을 바라는 것은 허공에 돌을 던지는 것과 같다. 문제의 뿌리가 해결되지 않고 그대로 남아 있기 때문이다.

3. 진보계열의 신학자들은 사회변화, 자연구원을 중요시하는 나머지 개인의 구원을 경시하는 경향을 보인다. 생태신학자들 역시 자연구원을 중요시하는 나머지 인간구원에 대해 큰 관심을 보이지 않는다. 이것은 아래 두 가지 이유에서 타당하지 않다.

첫째, 본래 자연은 구원을 필요로 하지 않는다. 인간으로 말미암아 자연은 구원을 필요로 하게 되었다. 문제의 뿌리는 인간에게 있다. 병을 고치고자 한다면 병을 유발한 뿌리를 다스려야 한다. 곧 인간이 먼저 구원받고 변화되어야 한다. "모든 사람은 세상을 변화시키는 일에 대하여 생각한다. 하지만 아무도 자신을 바꾸는 일에 대해서는 생각하지 않는다"(톨스토이, Frost 2020, 288에서).

인간이 자연을 파괴하고 자연재앙을 초래한 것처럼, 파괴된 자연을 회복할 수 있고 또 회복해야 할 의무와 책임이 있는 것도 인간이다. 인간 외에 자연의 어떤 생물도 자연을 회복시킬 수 없다. 만일 인간이란 종이 사라진다면 자연은 그 자신의 힘으로 회복될 수 있겠지만, 인간의 종이 사라진다는 것은 불가능하다. 자연은 인간의 종과 더불어 실존할 수밖에 없다. 그렇다면 자연구원은 인간구원으로부터 시작해야 한다. 인간 자신이 변화되어야 인간으로 말미암아 파괴된 자연이 인간을 통해 회복될 수 있다. 만물이 상생하는 세계를 원한다면 먼저 인간 자신이 만물과 상생하는 존재로 변화되어야 한다. 하나님의 뜻이 하늘에서 이룬 것 같이 이 땅 위에서도 이루어지기를 원한다면, 먼저 인간 자신의 삶 속에서 하나님의 뜻이 이루어져야 한다. 하나님 나라가 이 땅 위에 오기를 바란다면, 먼저 자신의 삶 속에서 하나님 나라가 이루어져야 한다. 그렇지 않을 때 인간이 말하는 것은 추상적 이론이나 희망 사항으로 머물게 된다. 그것은 땅에 뿌리를 내리지 못하는 공중의 구름과 같은 것이 되어버린다.

둘째, 하나님의 구원을 받은 그리스도인은 한 개인에 불과한 것이 아니라 "하나님의 주권에 속하게 된 세계"의 한 부분이다(Käsemann 1968, 193). 그는 하나님이 지으신 창조 공동체의 한 부분으로서 다른 부분들과 결합되어 있다. 자연은 단순히 각 개인 바깥에 있는 것이 아니라 각 개인 자신의 몸을 구성한다. 따라서 하나님의 구원이 한 인간에게서 일어난다는 것은 자연의 가장 중요한 부분, 곧 자연파괴와 자연재앙의 원인자에게서 일어나기 시작하였음을 말한다. 그것은 세계 만물이 상생하는 새 창조의 세계가 그 안에서 일어남을 뜻한다. 한 인간이 예수 그리스도에게 복종하고 하나님의 자녀로 새롭게 태어날 때 자연의 가장 중요한 부분에서 변화가 일어나기 시작한다(Schneider 1961, 81f.). 그러므로 한 인간의 회개와 구원은 진보계열의 신학자들이 흔히 말하듯이 사적인 것이 아니다. 그것은 사회적, 생태학적 의미를 지닌다. 한 인간이 변화된다는 것은 사회와 생태계의 연결고리 속에 변화가 일어나기 시작하였음을 뜻하기 때문이다. 구원받은 그리스도인들이야말로 만물이 상생하는 구원의 세계를 하나님과 함께 이루어야 할 "하나님의 동역자들"이다(고전 3:9). 자연의 피조물들을 "썩어짐의 종살이"에서 해방해야 할 "하나님의 자녀들"이다. 모든 피조물이 하나님의 자녀들이 나타나 그들을 해방하여 주기를 기다리며 신음하고 있다(롬 8:19-22). 한 인간의 구원은 그 자체로서 끝난 것이 아니라 온 세계를 향해 열려 있다(Käsemann 1973, 224).

그러므로 개인 전도와 개인 구원은 경시될 수 없다. 개인 구원, 개인 전도는 하나님의 구원사에 기초가 된다. 하나님의 총체적 구원은 먼저 하나님과 교통할 수 있는 인간에게서 시작해야 한다. 그래서 부활하신 예수는 하나님의 기쁜 소식(복음)을 "만인에게", 곧 모든 사람에게 전하라고 제자들에게 말한다. 신약성서가 개인의 구원과 성화에 집중하는 이유가 여기에 있다. 개인 전도, 개인 구원을 경시할 경우 교회는 자기의 기초가 되는 인적 자원을 얻지 못하게 된다. 필자가 신학교육을 받을 때 "교회는 흩어지는 교회가 되어야 한다"라는 말을 자주 들었다. 이 이야기를 들으면서 필자는 생각하였다. "먼저 모여야 흩어질 수 있지 않은가? 모인 사람도 별로 없는데, 어떻게 흩어지는 교회가 될 수 있단 말인가? 군사정권에 대항하여 싸우는 것도 중요하지만, 일단 사람들이 모이는 교회가 되어야 하지 않는가?" 교회는 먼저 구원받은 하나님의 자녀들이 "모이는 교회"가 되어야 할 것이다. 먼저 모여야 세상 속으로 흩어질 수 있다.

4. 세계의 모든 사람이 평화의 땅이 이루어지기를 염원한다. 자연의 피조물들도 평화를 원한다. 예수 그리스도는 이 땅 위에 평화를 이루어야 할 분으로 이 땅에 오셨다(눅 2:14). 그는 "평화의 왕", "평화의 주"로 이 땅에 오셨다(사 9:6; 살후 3:16). 그리스도인들은 그리스도의 피를 통해 죄 용서를 받음으로 "영혼의 평화"를 얻게 된다고 생각한다. 어떤 신학자는 이것을 비판한다. 세계는 불의와 갈등으로 가득한데, 그리스도인들이 누린다는 영적

평화는 사실상 거짓된 것이고, 이기적이며 세상 도피적인 것이 아니냐는 것이다. 이 같은 비판을 필자는 신학교육을 받으면서 자주 들었다.

그러나 이 비판은 타당하지 않다고 생각한다. 하나님의 평화는 먼저 예수 그리스도로 말미암은 죄 용서를 믿고 하나님과 화해된 인간과 하나님 사이에 세워진다. 끝없는 소유욕과 성욕, 세상 근심으로 시달리는 인간의 영혼이 먼저 하나님과 평화를 가져야 한다. 불안한 영혼이 하나님 안에서 평화를 얻을 때 인간은 헛된 세상 욕심과 정욕에서 해방될 수 있다. 그래서 아우구스티누스는 인간의 불안한 영혼이 하나님 안에서 평화를 얻게 되는 것이 신앙의 중심 문제라고 말한다.

그러나 하나님과 그리스도인의 평화는 그 자체로서 전부가 아니다. 그것은 땅 위에 있는 만물의 평화의 시작일 뿐이다. 만물을 지으신 창조자 하나님은 "평화의 하나님"이다(롬 15:33). 하나님은 그가 지으신 세계의 모든 곳에 평화가 있기를 바란다. 세계 만물이 그의 평화 속에서 살기를 하나님은 바란다.

오늘날 세계 만물은 평화가 아니라 파괴와 고통과 죽음의 위험 속에 있다. 수많은 곤충과 짐승들과 바다의 어족들이 떼죽음을 당하며 살려달라고 부르짖고 있다. 우리 인간이 그것을 듣지 못할 뿐이다. 인간이 버린 그물에 지느러미와 꼬리 부분이 감긴 고래가 기진맥진하여 해변에 떠밀려와 죽음을 기다리기도 한다. 이 같은 현실 속에서 하나님은 "내가 평화를 이루어주겠다"라고 말하지 않는다. 오히려 하나님은 자기의 백성을 동역자로 부르시고 평화를 이루라고 말한다. 너희는 "참되고 공의롭게 재판하여 평화를 이루어라"(슥 8:16). 예수도 평화를 이루라고 권고한다. "평화를 이루는 사람은 복이 있다…"(마 5:9). 너희는 "악에서 떠나 선을 행하며, 평화를 추구하며, 그것을 따르라"(벧전 3:11).

본래 자연은 평화를 누리고 있었다. 그런데 인간이라는 미미한 동물이 등장하여 이 평화를 깨뜨려버렸다. 인간은 평화의 세계를 갈등의 세계로 만들었다. 그러므로 먼저 인간 자신이 평화로운 존재가 되어야 한다. 그러지 않을 때 인간은 계속해서 자연의 평화를 파괴할 것이다. 평화로운 인간을 통해 자연의 평화, 세계의 평화가 이루어질 수 있다. 이 땅 위에서 하나님의 평화는 하나님과 화해된 한 인간으로부터 시작한다. 하나님과 평화를 이룬 인간 없이 세계의 평화를 이루겠다는 생각은 공중에 떠다니는 구름을 잡으려고 하는 것과 같을 것이다.

5. 거꾸로 자연 속에 평화가 있을 때 인간도 평화롭게 살 수 있다. 자연이 평화롭지 못하면 인간도 평화로울 수 없다. 자연의 식물들이 독한 농약으로 고통을 당하면 그것을 먹은 인간도 고통을 당하게 된다. 자연의 피조물들이 평화를 잃고 죽임을 당하면 인간도 살 수 없다. 벌이 멸종되면 인간도 생존할 수 없다(Einstein).

이와 마찬가지로 자연이 구원받을 때 인간의 구원도 완전해질 수 있다. 지구의 열화와 이상기후, 자연재앙으로 인해 세계의 많은 사람이 죽임을 당할 위험 속에 있다. 이미 수많은 사람이 죽임을 당하였다. 너무 더워서 죽기도 하고, 너무 추워서 죽기도 한다. 산불에 타서 죽기도 하고, 지진과 해일로 죽기도 한다. 이런 현실에서 인간구원은 하나님의 구원에서 전부가 아니라 일부에 불과하다. 하나님이 지으신 세계 만물 가운데 인간이라고 하는 한 부분이 구원을 받았을 뿐이다. 따라서 인간이 받은 하나님의 구원은 완전하지 못하다. 그것은 불완전하다.

우리 인간의 몸에 비유한다면, 손가락이 구원을 받았을지라도 발가락이 구원을 받지 못하고 고통을 느끼면, 손가락의 구원은 완전할 수 없다. 의식하든 의식하지 못하든 손가락도 함께 고통을 당한다. 발가락이 고통을 당하고 있음에도 불구하고 손가락이 "나는 구원받았다", "나는 평화를 얻었다"라고 말한다면 그것은 사실이 아니다. 손가락과 발가락은 몸의 한 유기체 안에서 결합되어 있기 때문이다.

인간구원과 자연구원도 이와 동일한 관계에 있다. 인간과 자연도 한 유기체로 결합되어 있기 때문에 자연이 고통을 당할 때 인간도 그 고통을 함께 나눌 수밖에 없다. 비록 눈에 보이지 않을지라도 인간은 자연의 고통을 함께 받을 수밖에 없다. 따라서 인간의 구원은 완전하지 못하다. 자연의 피조물들은 죽겠다고 신음하는데 인간만이 "구원받았다"라고 생각한다면 그것은 이기주의이다. 그것은 인간의 자기기만이기도 하다. 이미 자신의 몸 안에 들어와 있는 자연이 구원받지 못한 상태에 있는 한 인간구원은 완전하지 못하다. 유해물질로 오염된 자연의 음식물을 먹고 자연재앙으로 죽음의 위협을 당하면서 "나는 구원받았다"라고 말하는 것과 마찬가지다. 냄비 안에 갇힌 개구리가 차츰 뜨거워지는 물 온도에 적응하면서 "나는 살아 있다"라고 생각하는 것과 비슷하다.

인간이 받은 구원은 하나님의 총체적 구원의 시작일 뿐이다. 인간의 완전한 구원은 하나님이 지으신 자연 전체가 구원받을 때, 곧 총체적 구원이 완성될 때 이루어질 것이다. 인간과 자연은 분리될 수 없는 하나의 유기체를 이루고 있기 때문이다. 유기체에 속한 각 부분의 구원은 유기체 전체가 구원을 받을 때 완전해질 수 있다. 유기체 전체가 구원받기 전까지 부분들의 구원은 부분적인 것, 불완전한 상태에 있다. 진리는 전체에 있다!

물론 하나님의 구원은 인간구원과 함께 시작할 수밖에 없다. 그러나 인간의 완전한 구원은 자연이 구원받을 때 이루어질 수 있다. 거꾸로 자연구원은 구원받은 인간을 통해 이루어질 수 있다. 완전한 형태의 인간구원은 구원받은 자연과 함께, 구원받은 자연을 통해 가능하고, 완전한 형태의 자연구원은 구원받은 인간과 함께, 구원받은 인간을 통해 가능하다고 말할 수 있다. 인간구원과 자연구원은 선후의 관계에 있기보다 상관관계에 있다. 두 가지 구원은 구별되지만 분리될 수 없다. 인간은 자연 유기체의 특별한 존재인 동시에 자연 유기체의 한 부분이기 때문이다.

6. 인간의 평화와 자연의 평화, 세계의 평화도 동일한 관계에 있다. 자연의 평화는 하나님과 화해된 인간의 평화를 통해 가능케 되고, 완전한 형태의 인간의 평화는 자연의 평화 속에서, 자연의 평화로 말미암아 가능하다. 하나님의 구원과 마찬가지로 하나님의 평화도 부분적인 것이 아니라 전체적인 것이기 때문이다. 그러므로 하나님은 그의 자녀들을 평화의 동역자로 부르신다. 하나님의 자녀들은 하나님과의 평화 속에서 이 땅 위에 평화를 세우는 사람이 되어야 한다. 그들은 "썩어짐의 종살이" 속에서 해방을 기다리는 피조물들의 신음소리를 들으며, 그들의 해방과 평화를 위해 기도한다. 모든 피조물이 하나님의 평화 속에서 상생하는 세계가 오기를 바라며 희망한다. 그들은 하나님의 "뜻이 하늘에서와 같이 땅 위에서도" 이루어지기를 희망한다. 예수의 산상수훈에 따르면 "주여, 주여"라고 부르기만 하는 사람들이 아니라 "하나님의 뜻", 곧 하나님의 정의와 평화를 세우는 사람들이 "하나님의 자녀"라 불릴 것이다(마 5:9). "하나님의 뜻"을 행하는 사람, 곧 이 땅 위에 하나님의 사랑과 정의와 평화를 이루는 사람들이 "세상의 빛"이요 "세상의 소금"이다.

하나님은 그가 지은 인간이 멸종하기를 바라지 않는다. 오히려 그는 모든 인간이 그의 자녀로 변화되기를 기다린다. 그는 모든 인간이 새로운 마음을 가진 "새로운 피조물"로 변화되어 만물 속에 하나님의 평화를 이루는 "하나님의 동역자"(고전 3:9)가 되기를 바란다.

한 선교학자는 이렇게 말한다. "우리는 하나님의 세계를 돌보는 일에 동역하도록 초대받았다. 창조주 하나님은 만물을 구속하고 회복시키기 위해 지금도 일하시며, 이 일에 우리를 동역자로서 초청하신다"(Frost 2020,

298f.). 하나님이 이루고자 한 사역은 먼저 이 사역을 위해 동역자로 초청을 받은 인간 자신에게서 시작되어야 한다. "만일 생명을 주는 하나님의 사역이 우리의 내면 형성에 적용되지 않는다면, 우리는 하나님의 동역자로서 우리의 온전한 소명에 결코 발을 들여놓을 수 없을 것이다"(299). 하나님이 이루고자 하는 사역은 말이나 지식으로 머물러 있을 것이다.

4. 자연중심주의가 구원의 길인가?

1. 오늘날 거의 모든 생태학자는 인간중심주의를 거부한다. 이른바 성서의 창조설화가 보여준다고 하는 인간중심주의는 다음과 같은 문제점을 가지기 때문이다.

1) 인간중심주의는 인간을 중심 자리에, 자연을 변두리 자리에 세움으로써 인간과 자연을 분리한다. 이리하여 인간을 자연 없는 인간으로, 인간의 문화를 자연 없는 문화로 만든다. 곧 인간의 비자연화, 문명의 비자연화를 초래한다. 인간의 비자연화는 인간 안에 있는 자연, 곧 인간 자신의 육체를 경시하거나 멸시하는 문화를 초래한다. 인간은 육 없이 살 수 없는 육적 존재임을 망각하고 육체를 "가진다"라고 생각하게 된다. 존재(Sein) 중심의 인간상이 아니라 소유(Haben) 중심의 인간상을 조성한다. 결국 인간중심주의는 자기 바깥의 모든 사물에 대해 이기적인 인간상을 조성한다.

2) 인간중심주의는 인간과 자연의 관계를 주객도식의 관계로 설정한다. 인간과 자연의 주객도식은 자연에 대한 인간의 이기적 태도를 조성한다. 주체로서의 인간은 자기를 자연의 정복자, 지배자, 이용자로 인식하고 객체 혹은 대상으로서의 자연은 인간과 상생해야 할 인간의 친족이나

형제자매가 아니라 인간을 위해 존재하는 인간의 정복대상, 지배대상, 이용대상으로 간주한다. 그것은 인간이 필요로 하는 것을 제공해야 할 자원저장창고, 이른바 "자원보고"로 취급받는다. 한마디로 인간중심주의는 자연의 비인간화를 초래한다. 자연의 비인간화는 자연에 대한 인간의 무자비한 파괴를 초래한다. 오늘날 생태계 재앙의 원인은 자연에 대한 인간의 교만과 이기주의에 있다. 궁극적 원인은 인간중심주의에 있다.

이 같은 생각에서 오늘날 많은 학자는 자연중심주의(Physiozentrismus)를 문제의 해결책으로 제시한다. 자연중심주의가 인류의 구원의 길이기라도 한 것처럼 "자연중심주의의 나팔"을 분다. 자연중심주의란, ① 인간 대신에 자연을 중심으로 생각하고, ② 인간을 자연의 일부로, 자연 없이 살 수 없는 자연적 존재로, 자연에서 진화된 자연의 친족으로 생각하며, ③ 자연에 순응하면서 "자연처럼, 자연대로 사는 것"을 말한다.

이 같은 의미에서 자연중심적으로 살 때 인간은 소유 중심의 존재가 아니라 존재 중심의 존재로 변하게 되고, 인간과 자연의 주객도식이 극복되며 인간과 자연의 화해가 이루어질 수 있다고 학자들은 말한다. 심지어 어떤 학자는 자연이 우리 인간이 경외해야 할 "하나님의 몸"이라고 주장하면서 자연을 이상화하기도 한다.

2. 그러나 엄밀한 의미의 자연중심주의는 실현될 수 없다. 인간을 세계의 중심으로 생각할 것인지 아니면 자연을 세계의 중심으로 생각할 것인지 판단할 수 있는 것은 인간이다. 자연을 객체로 생각하지 않고 자기 자신처럼 생각하며 자기의 친족으로 인식해야 하는 것도 인간이다. 자연에 순응하며 사는 것, 자연처럼 사는 것이 무엇인가, 도대체 "자연적인 것"이 무엇인가를 정의하는 것도 인간이다. 자연은 이 모든 문제에 대해 침묵한다. 인간이 이 모든 질문에 대답해야 한다. 그렇다면 인간이 중심적 위치에 있을

수밖에 없다.

또 우리 인간이 지금까지 이룩한 문명과 문화와 과학기술을 포기하고 자연처럼 산다는 것은 현실적으로 불가능하다. 루소는 "자연으로 돌아가라"고 말하는데, 무엇이 자연인지 정확하게 파악한다는 것도 불가능하지만 우주 정복을 눈앞에 두고 있는 인간이 과학기술과 문명의 모든 이기(利器)를 포기하고 자연상태로 돌아가는 것은 불가능하다. 인간이 들판의 소나 말처럼 살 수 없다. 이런 뜻에서 엄밀한 의미의 자연중심주의는 실현될 수 없다. 그것은 현대 인간중심주의적 문명을 수정해야 할 방향이 될 수 있지만, 엄밀한 의미에서 실현될 수 없는 이상향이라고 말할 수 있다.

물론 마이어-아비히가 말하는 것처럼 "자연중심적으로 사는 것"이 인간중심적으로 사는 것보다 더 건강할 수 있다. "인간중심적인 자연의 소유(Natur-Haben)"보다 "자연중심적인 자연으로 존재함(Natur-Sein)"이 건강을 위해 더 좋을 수 있다(Meyer-Abich 2006, 47). 그래서 오늘날 많은 사람은 자연친화적으로 생활하고자 한다. 의학자들의 연구 결과에 의하면 환자들 가운데 나무를 보는 환자들의 치료 속도가 그렇지 않은 환자들의 치료 속도보다 더 빠르다고 한다. 곧 자연친화적인 삶이 더 건강하다는 것이다. 필자는 고층 아파트에 사는 것을 싫어한다. 30층, 50층 높이의 고층 아파트는 비자연적이기 때문이다. 우선 그것은 자연의 바람길을 막아버리며 자연으로부터 인간을 더 멀리 소외시킴으로 자연 없는 삶을 조성하기 때문이다.

그렇다 하여 인간이 자연의 짐승들처럼 "자연적으로" 생활할 때 과연 평균수명이 더 길어질 것인가? 그렇지 않다. 도리어 대폭 감소할 것이다. 자연의 생물들은 글자 그대로 자연적으로 살지만 그들의 평균수명은 인간보다 훨씬 더 짧다. 우리가 정말 자연적으로 산다면 자연의 생물들처럼 불을 사용해서는 안 될 것이다. 아무리 추워도 난방을 해서도 안 되고 전염병에 걸려도 항생제를 사용해서는 안 될 것이다. 또 자연의 짐승들처럼 국가라고 하는 제도나 법질서를 가져서도 안 될 것이다. 엄밀한 의미의 자연주의의 관점에서 볼 때 이 모든 것은 인간이 만들어 낸 비자연적인 것, 반자연적인 것이기 때문이다.

또 앞서 고찰한 바와 같이 우리 인간은 자연의 피조물에 비하여 다방면에서 "특별한 존재"다. 이것은 인간이 부인할 수도 없고 없애버릴 수도 없는 현실이다. 우리 자신의 의사와 무관하게 우리에게 주어진 인간의 특별한 존재 역시 자연에 속한다. 그는 자연의 진화과정을 자신의 몸 안에 집약하고 있는 진화의 정점이요, 이런 점에서 자연의 특별한 존재다. 이것은 인간 자신이 변경할 수 없는 생물학적 현실이요 세계의 운명에 속한다. 또 앞서 고찰한 것처럼 엄밀한 의미의 자연중심주의는 인간을 짐승들 가운데 하나로 보는, 그래서 "짐승들처럼" 살아도 좋다는 자연주의적 인간관의 위험성을 가진다. 이런 점에서 엄밀한 의미의 자연중심주의는 구원의 길이 될 수 없다.

자연중심주의가 구원의 길이 될 수 없는 근본 원인을 우리는 인간의 이기적 본성에서 찾을 수 있다. 앞서 기술한 바와 같이 인간에게는 사회적, 공동체적 본성도 있지만 그 자신의 힘으로 해결할 수 없는 이기적 본성이 함께 주어져 있다. 자연의 생물들에게도 이기적 본성이 있다. 그러나 자연 생물들의 이기심은 자기 생명과 종을 유지하는 일에 제한되는 데 반해 인간의 이기심은 한계를 모른다. 그것은 "밑 빠진 독"과 같다. 이 같은 인간에게 자유가 주어질 때 그 자유는 무한한 이기적 욕망의 자유를 뜻하게 된다. 무한한 소유욕과 성욕, 쾌락의 무한성에서 볼 수 있는 인간의 이기적 욕망의 무한성 곧 자유는 인간 자신을 욕망의 노예로 만드는 마성을 가진다. 인간은 이 마성을 없애버릴 수 없다. 이 마성은 인간이 존재하는 한 인간과 함께 있다. 그래서 인간은 죽는 순간까지 자기를 주장하며 자기를 중심에 세우고자 하는 자기중심주의를 버릴 수 없게 된다. 이 같은 인간이 자연중심주의로 돌아가 자연처럼 산다는 것은 불가능하다.

결론적으로 엄밀한 의미의 자연중심주의는 실현될 수 없다. 그것은 하나의 이상향으로, 인간중심적 삶의 결함을 수정하는 보완재 역할을 할 수 있을 뿐이다. "자연으로 돌아가라"고 얘기했던 루소도 자연으로 돌아가지 않았다. 그는 유부녀와 매춘부들과의 난잡한 여성 편력 끝에 순박한 하숙집 하녀를 만나 5명의 자녀를 얻었다. 그러나 그는 자기 자녀들의 양육을 책임지지 않고 모두 고아원으로 보냈다. 그는 사기와 도둑질도 서슴지 않았다. 아마도 그는 이것을 "자연"이라고 생각했던 것 같다. 여기서 우리는 다음과 같은 사실을 볼 수 있다. 곧 자연중심주의는 인간의 타락한 삶을 "자연"이란 이름으로 정당화하는 수단으로 전락할 수 있다는 사실이다.

3. 그럼 인간이 구원받을 수 있는 길은 무엇인가? 이 문제에 대한 답을 우리는 하나님 중심성(Theozentrik)에서 볼 수 있다(여기서 필자는 "하나님중심주의"라는 표현을 사용하지 않는다. 그것은 자본주의, 사회주의 등과 같은 세속의 여러 "주의들" 가운데 하나의 "주의"가 아니기 때문이다). 자연의 관점에서 볼 때 세계 속에는 "중심"이라는 것이 없다. 자연 어디에서도 우리는 "중심"이라는 것을 볼 수 없다. 인간 외에 자연의 어떤 생물도 자기를 중심이라고 내세우지 않는다. 그러므로 자연세계 속에는 식민주의, 제국주의가 없다. 이른바 "인간중심주의"란 자연에 대해 인간의 이기적 욕망이 만들어낸 이기적 산물이다. 사랑 안에는 중심과 변두리가 있을 수 없다. 만일 세계의 중심을 찾는다면 그것은 세계를 지으신 하나님이라고 말할 수밖에 없다. 세계는 하나님이 지으신 "하나님의 것"이기 때문이다. 구원의 길은 하나님이 세계의 중심이 되는 데 있다. 하나님을 부인하고 하나님이 아닌 인간이 자기를 하나님의 자리에 세우는 것이 세계의 비극의 씨앗이다.

하나님이 세계의 중심이라는 말은 무슨 의미인가? 그것은 하나님의 뜻, 하나님의 의지가 세계의 모든 것을 결정하는 것을 가리킨다. 신약성서는 이를 가리켜 하나님이 "모든 것 안에서 모든 것"이 되는 것이라고 말한다(panta en pasin, 고전 15:28). 그리스도 안에서, 그리스도를 머리로 만물이 하나로 통일되는 것이라고 말하기도 한다(엡 1:10).

그렇다면 "하나님의 뜻, 하나님의 의지"란 무엇인가? 그것은 하나님의 사랑과 공의와 평화 안에서 만물이 서로 협동하며 함께 사는 것, 곧 만물의 상생이라 말할 수 있다. 하나님의 사랑과 공의와 평화 안에서 만물이 상생하는 데 구원의 길이 있다. 물론 이것은 종교적인 이야기지만, 이 길 외에 다른 구원의 길이 보이지 않는다. 인간은 더 많은 소유를 원한다. 소유가 있어야 생존할 수 있기 때문이다. 그러나 더 많은 소유가 우리를 구원할 수 없다는 사실을 우리는 지금 우리 눈으로 보고 있다. 오히려 더 많은 소유는 우리에게 더 많은 염려를 가져다주고 우리를 소유의 노예로 만들어버린다. 돈이 없으면 살 수 없지만 돈은 우리를 노예로 만드는 마성을 가진다. 그러므로 돈이 우리를 구원할 수도 없다. 학교 교육이나 과학기술이나 정치도 우리를 구원할 수 없다. 하나님이 모든 것의 중심이 되어 하나님의 사랑과 공의와 평화 안에서 만물이 더불어 사는 것 외에 다른 구원의 길이 보이지 않는다.

여기서 문제가 제기된다. 이기성이 인간에게 주어진 본성이고 이 본성은 인간이 생존하는 한 인간을 떠날 수 없는 것이라면, 어떻게 인간이 구원을 받을 수 있는가? 신앙심 깊은 그리스도인들과 성직자들도 이기성을 벗어날 수 없는 이기적 존재가 아닌가? 그래서 교회 안에서도 세상 욕심을 끊지 못하는 일들이 일어나고 심지어 목사가 교회를 자기 자신의 소유물인 것처럼 자기 아들에게 물려주는 일도 일어나지 않는가? 헛된 물질의 세상을 등지고 무아(無我)를 지향하는 도사들 사이에도 권력다툼이 있고 은

닉한 재산과 애인들이 있다고 하지 않는가? 이 질문에 대해 우리는 이 책의 맺음말에서 고민해 보기로 하자.

V
세계는 우주적 파멸로 끝날 것인가?

1. 세계의 종말에 대한 자연과학적 시나리오들

오랫동안 기독교는 묵시론적 종말론 혹은 묵시론(Apokalyptik)을 신봉하였다. 곧 우리가 살아가는 세계는 점증하는 인간의 죄악으로 말미암아 파멸로 끝날 것이라고 믿었다. 여기서 세계의 마지막 곧 종말은 지금의 세계가 파멸로 끝나는 것(*finis*), 폐기되는 것(*annihilatio*)으로 생각된다. 이를 보여주는 대표적 근거를 많은 그리스도인은 신약성서 요한계시록에서 발견한다. 요한계시록은 고대 시대의 다양한 신화적 표상들과 은어를 가지고 세계의 묵시론적 종말을 묘사한다.

어떤 사람은 이 같은 묵시론적 종말론에 빠지는가 하면, 어떤 사람은 이것을 고대인의 신화로 간주한다. 그런데 고대의 신화적 표상들이 오늘날 현실화하고 있음을 우리는 볼 수 있다. 지금 세계가 보유한 50,000개 이상의 핵폭탄은 지구 전체를 불구덩이로 만들 수 있다. 핵잠수함은 바다에서 올라오는 붉은 용과 다름없다. "하늘은 요란한 소리를 내면서 사라지고, 원소들은 불에 녹아버릴" 것이라는 베드로후서 3:10의 묵시론적 진술은 백린탄과 소이탄, 미사일과 핵폭탄을 통해 가능하게 되었다. 지구온난화와 이상기후로 인한 생태계의 자연재앙과 지진, 해일 등을 볼 때 세계는 대파멸로 끝날 것처럼 보인다. 이 같은 분위기에 상응하여 일단의 자연과학자들은 세계와 인간의 묵시론적 종말을 과학적 시나리오 형태로 이야기한다. 몇 가지 시나리오를 살펴보기로 하자.

1. 플레처 왓슨(F. Watson)은 지구와 소행성의 우주적 충돌로 말미암아 지구가 폐기될 수 있다고 말하였다. 지구를 향해 다가오는 소행성을 최초로 발견한 이후 많은 과학자는 소행성과 지구의 충돌 가능성을 거듭 경고하였다. 1908년 6월 30일, 지름이 3-60cm 되는 암석 유성이 시베리아 북부의 통구스카(Tunguska) 지역 5-10km 상공에서 폭발했는데, 비록 분화구를 남기지 않았으나 2,150평방킬로미터 안에 있는 거의 모든 것을 파괴했다. 만일 그것이 대도시 위에서 폭발했다면, 1,520메가톤급 폭탄과 맞먹는 에너지를 방출하여 도시 전체를 초토화했을 것이라고 학자들은 말한다. 가장 주목할 만한 사건은 1994년 7월 혜성 "슈메이커-레비 9"(Shoemaker-Levy 9)의 파편 중 21개가 거의 일주일 동안 목성과 충돌하여 폭발하였던 우주적 사건이다.

이 충돌로 생겨난 목성 위의 검은 반점들 가운데 어떤 것은 지구보다 더 크다고 한다. 만약 이 파편들 가운데 단 한 개라도 지구와 충돌했다면 지구 전체에 대재앙을 일으켰을 것이다. 이와 비슷한 대규모 충돌 사건이 6,500만 년 전에 일어났으며, 그 결과 공룡이 멸종했다는 가설은 이제 자연과학의 정설이 되었다. 1994년에 일어난 목성의 충돌 사건보다 작은 규모의 충돌 사건은 지금도 수시로 관찰되며, 태양 주위를 선회하다가 지구와 충돌할 수 있는 유성들과 혜성들이 계속 발견되고 있다. 지구의 생명계 전체를 위협하는 유성 혹은 혜성과 지구가 충돌할 가능성은 항상 열려 있다 (신준호 2003, 138). 그러나 일단의 전문 학자들에 의하면 별들이나 유성들이 서로 충돌할 개연성이 매우 작은 것처럼 지구가 유성 혹은 혜성과 충돌할 가능성도 매우 희박하다고 한다(Körtner 1988, 200).

2. 또 하나의 시나리오는 태양의 무서운 발열과 폭발로 말미암아 온 지구가 폐기될 것이라고 예언한다. 태양과 같은 크기의 별은 그 연료의 수명이 약 100억 년 정도 되는데, 이미 50억 년을 살았기 때문에 앞으로 나머지 50억 년 동안 핵의 수소를 불태울 것이다. 그러니까 태양의 수명은 약 50억 년 정도 남았다. 그러나 언젠가 태양 중심부의 수소가 고갈될 때 태양 표면의 수소가 불타게 되고, 연료가 소진되어 태양은 가냘픈 빛을 발하다가 어느 순간 대 수축을 시작할 것이다. 수축하기 시작한 즉시 극도의 압력을 내부에 가하게 되어 핵 속에 존재하고 있는 핵반응 후에 형성된 물질들이 다시 핵반응을 일으킬 것이다. 이로 인해 대규모 폭발이 일어나면서 태양은 지금 크기의 수백 배로 부풀어 올라 태양이 거느리고 있는 대다수 행성을 산화시킬 것이다. 지구도 무서운 뜨거움 속에서 산화할 것이며, 흔적도 없이 우주 안에서 증발하여 또 다른 별을 형성하기 위한 우주 먼지가 되어 떠돌게 될 것이다.

미국의 수리 물리학자 티플러에 따르면 태양의 발광력은 매일 증가하고 있다. 약 70억 년 뒤에 태양의 표면이 크게 확장되어 지구를 삼킬 것이다. 태양 표면의 마찰로 인해 지구는 나선 모양으로 태양 속에 흡수되어 증발해버릴 것이다. 만일 지구의 생명이 그때까지 지구를 떠나지 못하면 그들 역시 죽어 없어질 것이다. 태양의 발광력이 증가할수록 지구 표면이 더 더워져서 살 수 없게 될 것이다. 지구의 생물들이 살아남을 수 있는 길은 지구를 버리고 우주의 다른 행성으로 이주하는 방법밖에 없을 것이다. 티플러는 우주의 묵시론적 종말에 대해 이렇게 이야기한다. "지구가 멸망하기로 저주받았다는 것은 사실이다"(Tipler 2001, 43).

3. 우주모형론은 또 다른 종말 시나리오를 말한다. 빅뱅 이론이 말하는 것처럼 우주가 하나의 출발점을 가진다면 마지막 종착점을 가질 수밖에 없을 것이다. 이 마지막 종착점 곧 종말은 무엇인가? 이에 대해 우주모형론은 폐쇄된 우주모형, 열린 우주모형, 편평한 우주모형의 세 가지 가설을 제시한다(이상성 2003, 177).

1) 폐쇄된 우주모형에 따르면 우주는 점점 팽창하다가 마침내 그 속도가 줄어들어 팽창을 멈추고 팽창하던 과정을 거꾸로 밟아 초기의 빅뱅 상태로 재수축되어 빅 크런치(Big Crunch)를 이룰 것이다. 빅 크런치에서 우주는 다시 빅뱅을 일으켜 팽창한다. 무한한 우주적 시간 속에서 일어나는 수축과 팽창의 반복 속에서 우주는 수없이 많은 종말을 갖게 된다. 지금까지 약 125억 년 이상 우주가 팽창해 온 것을 고려할 때 한 번의 주기는 약 250억 년이 될 것이다. 이 어마어마한 기간을 주기로 우주는 스스로 이루어낸 모든 진화를 무로 되돌려버리는 일을 반복할 것이다. 여기서 우주는 250억 년을 주기로 수축과 팽창을 반복하는 폐쇄된 공간으로 표상된다.

2) 열린 우주모형에 따르면 우주의 팽창은 무한히 계속된다. 우주가 가지고 있는 인력이 그 팽창속도를 조금 완화시킬 수 있지만 팽창속도가 매우 빨라서 팽창을 멈추게 하지는 못한다. 우주는 한없이 팽창하면서 별들이 가진 연료를 태울 것이다. 그 원료들이 다 소모되어 우주는 차갑게 식어버릴 것이다. 이른바 "핵의 겨울"이 올 것이다. 죽음의 정적, 곧 무의 상태가 올 것이다. 이 가설에 따르면 별들의 형성 자체가 불가능할 수 있다. 팽창 에너지가 중력 에너지를 넘어설 경우, 물질은 끊임없이 팽창만 할 뿐

결합할 힘이 모자라기 때문에 별들이 형성되지 못할 것이다. 이 경우에 우주는 희박한 물질의 밀도 아래 텅 빈 것과 같은 모습으로 끝없는 팽창을 계속하지만 어떤 사건도 발생하지 않는 절대적 정적상태가 될 것이다. 엔트로피가 그 증가의 최대치에 이르러 더는 소모할 에너지가 없어져 모든 운동이 멈추는 상태가 되면 성서가 말하는 태초의 혼돈상태로 되돌아갈 것이다. 시작도 없고 끝도 없이 팽창하는 무의미한 우주가 존재하게 될 것이다.

3) 편평한 우주모형에 따르면 현재 우주의 상태는 팽창과 수축을 반복하는 폐쇄된 우주모형과 영원한 팽창으로 특징지어지는 열린 우주모형을 구분하는 임계 팽창률에 가까운 비율로 팽창을 시작해서 100억 년이 지난 지금도 그때의 비율로 팽창하고 있다. 다시 말해 편평한 우주모형을 보인다. 만약 빅뱅 1초 후의 팽창률이 천억 분의 1이라도 더 작았다면 우주는 현재의 크기에 도달하기 전에 재수축을 시작했을 것이다. 이 모델에서도 우주는 엄청난 뜨거움으로 말미암은 열죽음(heat death) 상태에 빠져 영원히 어두운 죽음의 상태로 끝날 가능성이 크다. 그러나 별들이 끊임없이 진화하면서 생성과 소멸을 반복하고 자신의 질량을 에너지로 소모하기 때문에 우주 내에 태울 모든 질량이 사라지기 전에는 에너지 방출이 지속될 수 있다.

4. 레겐스부르크 대학교 한스 슈바르츠 교수는 우주의 종말에 대해 다음과 같이 말한다. 우리가 우주에서 얻을 수 있는 에너지의 양은 제한되어 있다. 지금 우리가 알고 있는 우주의 생명은 어느 시점에 끝날 것이다. 이 생각은 열역학 제1법칙과 제2법칙을 통해 타당성을 얻는다. 헤르만 폰 헬름홀츠 (H. von Helmholz, 1821-1894)가 정의하는 열역학 제1법칙, 곧 에너지 보존의 법칙에 따르면 자연 전체 속에 운동을 일으킬 수 있는 에너지의 양은 "불

변하며, 증가할 수도 없고 감소할 수도 없다"(Schwarz 2002, 233f.).

열역학 제1법칙은 루돌프 클라시우스(R. Clasius, 1822-1888)가 정의한 열역학 제2법칙, 곧 엔트로피의 법칙과 더불어 고려되어야 한다. 이것은 다음의 사실을 말한다. 즉 우주 안에 있는 에너지의 양은 변하지 않는데, 사용할 수 있는 에너지의 총량은 점점 작아지는 반면 사용할 수 없는 에너지의 양은 증가한다. 미래의 어느 시점에 사용할 수 있는 에너지가 모두 사라질 때 우주 안에 있는 "빛이 꺼질 것이다." 이것을 우리는 이미 지금 경험한다. 자연자원은 제한되어 있는데 인구의 수와 자연자원의 소비는 계속 증가한다. 이로 인해 자연자원은 언젠가 고갈될 것이다. 지하의 원유를 지금의 속도로 소비할 경우 원유는 약 50년 후에 고갈될 예정이다. "탄소에 기초한 지구 에너지의 자원들이 고갈되고 태양의 빛이 꺼질 때 모든 에너지 자원들이 없어질 것이다. 생명이 계속될 수 있는 어떠한 가능성도 더는 남아 있지 않을 것이다." 태양의 연료가 완전히 소진되는 약 400억 년 후 우주는 죽음의 상태에 들어가거나 아니면 혈관운동처럼 확장과 수축(expansion and contraction)을 반복할 것이다.

이상성 박사에 따르면 종말에 관한 현대 자연과학적 가설들을 고려할 때 지구가 폐기될 가능성이 크다. 지구는 태양이 적색거성을 거쳐 초신성(supernova)으로 대폭발을 일으키는 날 틀림없이 최후를 맞이할 것이다. 지구의 차원에서는 종말의 날이 정해져 있다. 지구에 사는 인류의 최후의 날이 언젠가는 온다. "현재의 물리학 지식으로 관찰할 때 인류는 지구 최후의 날을 피할 길이 없다. 태양의 폭발로 태양계는 사라지게 되고, 태양계를 벗어난 다른 곳에서 새로운 삶의 둥지를 틀기에는 그 거리가 너무나 멀다."

이에 대한 근거를 이상성 박사는 "지구의 인류가 살아가는 모습과 그 인간성"에서 발견한다. "현재 지구의 인류가 살아가는 모습과 그 인간성을 보건대 태양계 최후의 날이 오기 전에 인류 최후의 날이 도래할 가능성이 훨씬 높다고 하겠다. 천연자원의 고갈과 생태계 파괴, 그리고 기하급수적으로 증가하는 인구는 결국 지구의 모든 가용 자원을 소모하고 부족한 자원을 서로 끌어다 쓰려는 경쟁이 종말의 전쟁으로 이어져 스스로 멸망할 가능성이 오히려 훨씬 높다고 본다"(이상성 2003, 196).

5. 지금까지 우리는 우주의 종말에 관한 자연과학적 시나리오들을 고찰하였다. 이들은 묵시론적 종말론의 과학적 형태라고 말할 수 있다. 곧 세계의 마지막을 파멸과 폐기로 보는 묵시론을 자연과학적으로 설명한 것이다. 이 시나리오들은 다음과 같은 공통점을 가진다.

1) 이들은 가설의 성격을 벗어나지 못하고 있다. 이들은 과학적 이론으로 들리지만 "과학 이전의 묵시론적 표상 재료들(Bildmaterial)"과 일치한다(Körtner 1988, 197). 이 시나리오들 속에는 "묵시론적 잠재성"이 숨어 있다. 후기 유대교의 묵시론이 그 시대의 절망적, 묵시론적 상황의 역사적 산물이었던 것처럼 현대 자연과학의 종말론 시나리오들도 우리 시대의 묵시론적 상황의 산물이라 볼 수 있다. 고대의 종교적 묵시론과 현대 자연과학의 묵시론적 시나리오들은 동일한 구조의 세계관을 가진다.

2) 고대의 종교적 묵시론과 마찬가지로 자연과학적 시나리오들은 세계에 대한 우리 시대의 불안과 절망의 상황에서 등장하며 그 불안과 절망을 반영하는 공통점을 가진다. 그들은 우리 시대의 불안과 절망의 과학적 표현이다. 모든 것이 불확실하게 보이며 모든 생명이 죽음의 위협을 당하는 우리 시대의 불안과 세계에 대한 절망감이 지배하는 문화적 상황이 자연과학적 시나리오들의 배경을 이룬다.

3) 자연과학적 시나리오들은 다음과 같은 전제를 가진다. 우리가 경험하는 이 세계는 시간적이며 영원하지 않다. 그러므로 세계는 시간의 시작

과 끝을 가진다. 따라서 우주는 단 한 번밖에 없는 활동 속에 있다. 이 활동은 보다 더 높은 현실을 향한 의미 있는 진보가 아니라 우주적 폐허의 카오스적 확장에 불과하다. 우주의 활동은 가치 있는 목적(telos)을 향한 것이 아니라 부정적 끝남(finis)을 향한 무의미한 과정이거나 아니면 수축과 재확장의 무의미한 반복운동일 뿐이다. 우주의 역사는 무의미한 재난들의 연속이요 "영원한 무의미의 원운동"(Kreislauf ewiger Sinnlosigkeit)에 불과하다. 인간의 역사는 물론 우주의 역사도 "연속되는 저주"에 불과하다는 생각이 자연과학적 시나리오들 속에 전제되어 있다(Moltmann 2002, 89).

　　4) 자연과학의 시나리오들은 현대 자연과학의 환원론(reductionism), 물질론(materialism), 결정론(determinism)의 방법론적 전제하에서 형성되었다. 이 전제들은 본래 자연과학에 속한 것이 아니라 철학적 형이상학적 신념, 곧 "메타과학적"(meta-scientific)인 것에 속한다. 그러나 오늘의 자연과학적 인식에서 종래의 환원주의, 물질론, 결정론은 더 이상 절대적인 것이 아니다. 따라서 우주의 종말에 관한 자연과학의 시나리오들은 절대적 진리가 아니다. 그들 속에는 가설적 요소들이 있다. 따라서 이 시나리오들은 학자들에 따라 각양각색이다.

6. 자연과학적 시나리오들은 가설로 끝나는 것이 아니라 인간의 삶과 세계에 대해 다음과 같은 기능을 가진다.

　　1) 자연과학적 시나리오들은 우리 시대의 상황을 반영하는 동시에 우리 시대의 절망감을 더욱 강화하고 확산시킨다. 우주의 역사는 어떤 의미나 희망도 없다는 절망감은 현실에 대한 좌절과 현실 포기로 이어진다. 그것은 현실에 대한 무관심을 조성하며 무관심은 세계를 위한 창조적 의욕을 마비시킨다. 심지어 그것은 세계도피로 이어진다. 묵시론적 종말관을 가진 기독교 신자들이 직장과 가정과 학교를 포기하고 종말론 집단으로

도피한다. 아니면 자신의 내면의 세계로 도피하기도 한다. 세계를 도피함으로써 그들은 세계를 포기한다. 이로써 세계는 지금 그것을 지배하는 세력들에게 맡겨진다. 이로써 묵시론적 종말론은 세계를 지배하는 세력에게 봉사하는 기능을 가진다.

2) 자연과학적 시나리오들은 인간의 삶과 세계에 대한 허무주의와 냉소주의를 초래한다. 우주의 역사가 아무런 의미를 갖지 않는다면 그 안에 있는 인간의 삶도 의미를 지니지 못한다. 우주가 무서운 뜨거움 혹은 무서운 추위로 인해 죽음과 무로 끝나거나, 혹은 수축과 재확장의 끝없는 원운동을 반복한다면, 인간의 삶은 의미와 목적을 갖지 못하게 된다. 인간은 무의미의 큰 바다 위에 떠다니는 작은 섬 위에서 사는 꼴이 된다. 바다 자체가 무의미하다면, 그 위에 떠다니는 섬도 무의미하다.

이러한 사태를 카를 하임(K. Heim)은 다음과 같이 묘사한다. 우주는 어떤 죄수가 사형선고를 받은 시점에서 시작하여 사형이 집행될 시점 사이에 있는 것과 같다. 사형선고와 사형집행 사이의 시간이 매우 길지만 그 시간은 사형선고와 사형집행 사이의 시간일 뿐이다. "우주의 현실적 상황은 사형선고와 사형집행 사이에 오랜 시간을 가진 사형수의 상황과 같다"(Heim 1976, 128). 우주가 사형집행으로 끝난다면 모든 것은 무의미하다. 인간의 생명도 무의미하다. "될 대로 되라"는 심리가 인간의 의식을 지배하게 된다. 이웃이 죽든 말든, 자연이 어떻게 되든 "오늘 먹고 마시며 즐기자"(*carpe diem*)라는 향락주의적 삶의 태도가 확산된다. "내일 죽을 터이니, 오늘 먹고 마시고 보자"(고전 15:32)라는 의식이 인간을 지배하게 된다.

3) 자연과학적 시나리오들은 인간의 도덕성과 세계에 대한 책임성을 약화시킨다. 지금 우리가 살아가는 이 세계가 마지막에 불에 타 없어지거나 절대 정적의 상태에서 수축과 팽창을 반복할 뿐이라면 우리는 반드시

도덕적으로 살 필요가 없다. 세계를 책임질 필요도 없다. 세계의 모든 것은 결국 폐기될 운명 속에 있는 헛된 것이기 때문이다. 이리하여 세계의 미래에 대한 무관심과 무책임성이 조성된다.

7. 세계의 마지막 곧 종말을 파멸과 폐기, 절대적 정적과 무의 상태로 보는 자연과학적 시나리오들에 반해 오늘날 수많은 학자는 주장하기를, 우주의 종말의 문제는 자연과학이 확정할 수 있는 문제가 아니라고 말한다. 우주 과학자 오토 헤크만(O. Heckmann)에 따르면 일단의 과학자들은 우주가 유한한 나이를 가지고 있고 일정한 시간 후에 멸망할 것이라고 말한다. 그러나 우주가 시작하기 전에 무엇이 있었는지, 우주의 마지막 다음에 무엇이 있을 것인지의 문제는 우주과학이나 물리학이 대답할 수 없는 문제다. 이 문제는 자연과학의 연구 영역을 벗어난다는 것이다. 자연과학은 우주 속에 있는 사물들을 연구할 수 있을 뿐이기 때문이다. 그 이상의 문제는 종교적, 철학적 문제라고 헤크만은 주장한다.

한스 큉에 따르면 우주의 시작과 마지막에 관한 질문은 단순히 자연과학의 문제가 아니라 인간의 삶과 세계의 의미 문제, 가치 문제와 연결되어 있다. 참의미와 참가치의 문제는 인간과 세계가 어떻게 시작되었으며 무엇을 지향하고 있는가의 문제, 곧 세계의 시작과 종말에 관한 문제에 의존한다. 의미와 가치의 문제는 자연과학이 대답할 수 있는 문제가 아니다. 자연과학은 인간이 경험하는 물리적 사실들에 관심을 보일 뿐이다. 우주의 시작과 종말에 관한 문제는 물리적 사실들이 아니다. 그들은 인간의 경험 바깥에 있기 때문이다. 우주의 시작과 종말의 문제는 물리학과 우주과학 영역 밖의 일이다(Küng 1982, 262ff.).

이상성 박사가 말하듯이 우주가 다시 수축해서 원점으로 돌아가는 폐쇄된 우주모형을 인정한다 해도 우주는 앞으로 최소한 150억 년 혹은

400억 년 더 존재하게 될 것이다. 현재 일반적으로 수용되고 있는 편평한 우주모형이 정말 옳다면 우주적 차원의 종말은 존재하지 않는다. 비록 모든 생명이 죽고 절대적 무의 정적만 있는 상태에서도 우주는 존속할 것이다. 그 속에 또 다른 생명이 생성하여 새로운 생명의 세계를 이룰 것인지 그 누구도 확정할 수 없다.

빅뱅 이후 우주는 약 150억 년의 역사를 가진다. 천억 개의 별들이 모여 이루어진 은하가 다시 천억 개 정도 모여 국부 은하군을 이루고 국부 은하군이 다시 수천 개 모여 이루어진 은하단을 이루는 거대한 우주의 크기를 생각할 때, 또 150억 년에 달하는 우주의 역사를 생각할 때, 한 알의 먼지보다 더 작은 지구의 어떤 문제 때문에 온 우주가 파멸되거나 절대적 무의 정적에 빠지는 일은 없을 것이다. 지금도 계속 팽창하는 무한한 우주 속에서 먼지 한 알보다 더 작은 인간의 죄 때문에 온 우주가 폐기되는 일은 없을 것이다. 인간과 연관된 종말론 곧 인간 종말론이 우주 종말론을 결정하지 못할 것이며 인류 원리(anthropic principle)가 우주원리(cosmic principle)를 결정할 수 없을 것이다.

학자들에 의하면 앞으로 남은 우주의 수명은 100억 년 혹은 400억 년으로 추산된다. 400억 년이란 시간의 길이는 우리 인간의 표상 능력을 넘어선다. 그러므로 지금 우리 인간이 가진 인식 조건에 따라 400억 년 후의 미래를 확정하는 일은 불가능하다. 인간의 인식 조건은 시대에 따라 제약되어 있고 시대에 따라 변천하기 때문이다. 또 400억 년 동안 우주가 어떻게 변할지, 태양이 식어버릴지 아니면 더 뜨거워질지 우리는 확정할 수 없다. 양자이론에 따르면 미시영역에서 우주의 미래는 확정되어 있지 않다. 미시영역의 모든 것은 고정되어 있는 것이 아니라 "혼"이나 "정신"이라고 불릴 수도 있는 잠재성이기 때문이다.

8. 우주의 종말에 관한 자연과학적 가설들은 오늘 우리 인간이 도달한 인식의 조건이나 인식 패러다임에 기초한다. 그러나 인식의 조건이나 패러다임은 시대에 따라 변화한다. 따라서 인문과학의 인식들과 마찬가지로 자연과학의 인식들도 언제나 가설적 성격을 가지며 "예측의 성격"(prognostischer Charakter)을 가진다. "가장 정확한 학문"이라 불리는 수학도 가설에 기초한다. 드레버만 교수에 따르면 세계의 시작에 관한 인식들도 "모든 합리적 정확성에도 불구하고 신화적 형태를" 가진다. "이것은 세계의 종말에 관한 표상들에도 해당한다"(Drewermann 1985, 537). 우주의 종말에 관한 자연과학적 가설들도 신화적 성격을 피할 수 없다. 자연과학이 인식하는 것은 불면의 "사실들"(facta) 자체가 아니라 이 사실들이 우리에게 나타나는 현상에 불과하기 때문이다. 따라서 자연과학자들 자신도 자기의 가설이 옳은지 증명하지 못한다. 대파멸이 세계 종말의 사실(fact)인지, 무의 절대적 정적이나 우주의 영원한 반복이 사실(fact)인지 아닌지 그 누구도 증명할 길이 없다. 수백억 년 후에 있을 것으로 예측되는 일을 지금 이 시대의 인식 프레임에 따라 증명하는 것은 불가능하다.

그러므로 카를 하임은 세계의 종말에 대한 자연과학자들의 시나리오를 있는 그대로 수용하지 않는다. 그에 따르면 우리는 두 가지 희망을 가질 수 있다. 한 가지 희망은 세계가 지금과 같이 계속되기를 바라는 희망이다. 둘째 희망은 우주의 사건들이 영원한 원운동의 반복이 아니라 하나의 시작에서 출발하여 마지막 목적을 향한 과정이기를 바라는 희망이다. 그런데 이 목적 곧 종말은 모든 것을 무의미하게 만드는 파멸과 폐기가 아니라 의미 있는 목적의 완성일 수 있다. 카를 하임은 "단지 이 세계의 몇 가지 일들이 개선되며 아주 심각한 잘못된 상태들이 끝나는 것이 아니라 이 세계의 기본 형식 전체가 지양되어 새로운 형식을 갖게" 되는 것이 역사의 목적일 수 있다(Heim 1976, 24f.)고 말한다.

2. 만물의 상생이 세계의 목적이다

- 성서의 메시아적 종말론

이처럼 많은 학자가 묵시론적 세계 종말을 거부하는데도 불구하고 오늘날 많은 그리스도인이 세계의 마지막을 대파멸과 폐기로 보는 묵시론적 종말론을 믿는다. 이들은 요한계시록의 내용을, 초기 그리스도인들을 박해하던 로마 제국의 종말에 관한 이야기가 아니라 세계의 우주적 종말에 관한 이야기로 간주한다. 그러나 만일 세계의 대파멸과 폐기가 세계의 마지막이라면 세계를 구원하기 위한 하나님 아들의 성육신, 그의 삶과 죽음과 부활은 헛된 것이 될 것이다. 하나님의 창조는 실패로 끝날 것이다. 그리스도는 세계로 오지 말아야 했을 것이다. 하나님이 세계를 다스리는 것이 아니라 악의 세력이 세계를 다스리는 꼴이 될 것이다. 이에 대해 성서는 무엇이라고 말하는가?

1. 노아 홍수를 우리는 수천 년 전에 있었던 과거의 사건이라고 생각한다. 물론 그것은 과거의 사건이다. 그러나 창세기 11장의 바벨탑 이야기와 마찬가지로 시대를 초월한 인간 세계의 진리를 보여준다. 이런 점에서 노아 홍수 이야기는 오늘 우리에게도 타당한 하나님의 진리다. 창세기 6:5이 말하는 "죄악이 가득한 세계"는 수천 년 전의 세계인 동시에 오늘 우리의 세계이기도 하다. 오늘 우리의 세계 역시 홍수나 불로 청소될 수밖에 없는 세계다. 그러나 하나님은 세계를 포기하지 않는다. 하나님은 홍수 속에서 살아난 피조물에게 "생육하고 번성하라"는 창조의 축복을 다시 선언한다. 그는 "다시는 홍수를 일으켜서 살과 피가 있는 모든 것을 물로 멸하지 않겠다"라고 노아에게 약속한다(창 9:1-17). 곧 하나님은 세계를 폐기하지 않을 것이라고 약속한다.

이 하나님의 약속은 이사야서의 메시아 약속에서 다시 나타난다. 하나님은 지혜와 총명과 주님을 경외하는 영으로 충만한 메시아가 오실 때 "하나님을 아는 지식"과 공의가 충만한 새로운 생명의 세계, 인간의 자연의 생물들이 평화롭게 상생하는 세계가 이루어질 것이라고 약속한다(사 11:1-9; 42:1). 하나님을 배반하고 우상을 섬기다가 바빌로니아 제국의 포로가 된 이스라엘 백성에게 하나님은 새 창조를 약속한다. 그는 "광야를 에덴처럼 만드시고, 그 사막을 주님의 동산처럼" 만들 것이다(49:8, 51:3). 그는 "새 하늘과 새 땅을 창조할" 것이다(65:17).

하나님의 아들 예수는 장차 올 하나님의 나라를 현재화한다. "내가 하나님의 능력을 힘입어('하나님의 손가락으로', *en daktuloi theou*) 귀신들을 내쫓으면, 하나님 나라가 너희에게 이미 온 것이다"(눅 11:20; 참조. 17:20. 이 예수가 바로 메시아임을 제자들은 깨닫고, 예수를 "크리스토스" 곧 "메시아"라고 부른다(행 5:42; 18:5).

예수의 부활은 세계를 지배하는 죄와 죽음의 세력이 깨어지고 하나님 나라의 역사가 새롭게 시작하였음을 말한다. "죽음을 삼키고서 승리를 얻었다"(고전 15:54). 여기서 역사의 목적은 세계의 우주적 파멸과 폐기가 아니라 예수가 선포한 하나님 나라의 완성에 있는 것으로 나타난다. 세계사의 목적은 우주적 파멸과 폐기가 아니라 하나님 나라의 완성이다. "예수 그리스도가 부활하심으로 말미암아" 우리는 이에 대한 "산 소망을 갖게" 되었다(벧전 1:3).

2. 에베소서 1:3-14, 골로새서 1:15-20에 따르면 세계의 종말, 곧 목적은 대파멸이 아니라 만물이 "그리스도 안에서", "그리스도를 통하여", "그리스도를 향하여" 하나로 화해되고 "통일되는" 것으로 나타난다. "통일되다"라는 것은 만물이 그리스도 안에서 한 몸을 이루어 상생하게 됨을 뜻한다.

"에베소서의 종말론"에 따르면 세계 만물은 "그리스도 안으로 성장하는 과정"으로 이해된다. 역사의 목적은 파멸과 폐기가 아니라 "만물이 그리스도 안에서 하나로 결합되는" 데 있다(Berger 2006, 68). 요한계시록은 역사의 이 같은 목적을 "하나님이 거하는 곳"이 그 안에 있는, 그러므로 피조물의 "죽음과 슬픔과 울부짖음과 고통"이 더 이상 있지 않은 "새 하늘과 새 땅"으로 나타낸다(계 21:1-4). 그러므로 바울은 자연의 모든 피조물이 세계의 파멸과 폐기를 기다리는 것이 아니라 하나님의 자녀들이 나타나 그들을 "썩어짐의 종살이"에서 해방하여 줄 것을 기다린다고 말한다(롬 8:21).

성서의 이 모든 이야기는 하나님이 세계를 포기하지 않는다는 것을 보여준다. 비록 인간의 죄악이 온 세상에 가득할지라도 하나님은 그가 지으신 세계가 대파멸과 폐기로 끝나도록 내버려 두지 않을 것이라고 말한다. 하나님이 주신 선한 본성에 감동된 사람들이 세계를 구하려고 최선을 다할 것이다. 세계를 구원하기 위한 새로운 과학기술도 개발할 것이다. 돌과 돌 사이에 약간의 흙만 있어도 거기에서 잡초가 살아나듯이 온 세계가 불바다가 될지라도 거기에서 살아남는 생명이 있을 것이다. 자연은 폐기되지 않고 다시 살아날 것이다. 이와 함께 죄악도 자라나겠지만 사랑이신 하나님은 그의 약속을 버리지 않을 것이다.

생명의 힘으로서 만물 안에 계신 하나님의 거룩한 영 곧 성령은 인간의 죄로 말미암은 수많은 고난과 재난 속에서도 세계를 하나님의 뜻이 다스리는 세계로 이끌어가실 것이다. 거짓과 불의와 죄가 승리하지 않고 진실과 의와 선함이 승리하며, 하나님의 진리가 거짓과 악의 세력을 이기는 세계로 이끌어가실 것이다. 더는 "죽음과 슬픔과 울부짖음과 고통이 없는" 세계, 만물 속에 하나님의 영광이 가득한 세계가 역사의 목적일 것이다. 성서는 이러한 세계를 향한 기다림과 희망으로 가득하다. "모두 주님의 이름을 찬양하여라.…그의 영광이 땅과 하늘에 가득하다"(시 148:13). "거룩하시다, 거룩하시다, 거룩하시다. 만군의 주님! 온 땅에 그의 영광이 가득하다"(사 6:3). "하나님이 모든 일에 예수 그리스도로 말미암아 영광을 받으실 것입니다"(벧전 4:11). 그래서 그리스도인들은 매일 이렇게 기도한다. "뜻이 하늘에서 이룬 것 같이, 땅에서도 이루어지이다!"

3. 동방 정교회 신학은 "세계의 신성화"(Deificatio Mundi) 개념을 통해 성서의 메시아적 종말론을 나타낸다. 세계의 신성화는 온 세계가 신으로 변화한다, 신격화된다는 뜻이 아니라 온 세계가 하나님의 성품을 갖게 됨을 뜻한다. 세계의 마지막, 곧 목적은 우주적 파멸과 폐기가 아니라 온 세계가 하나님의 성품으로 충만케 되는 데 있다. 곧 하나님의 사랑과 정의로 충만하여 인간을 포함한 자연의 모든 피조물이 평화롭게 상생하는 데 있다. 루마니아 정교회 신학자 스타닐로에(1903-1993)에 따르면 하나님이 그의 사랑으로 지으신 세계는 신성화되기로 결정되어 있다. 인간의 타락한 세계에서 자연 속에 있는 신성은 매우 희미한 상태지만, 전혀 없어진 것은 아니다. 역사의 마지막에 이를 때 자연은 하나님의 신성을 완전히 나타내는, 하나님의 완전한 계시가 될 것이다(Staniloae 1985, 291).

20세기 가톨릭 신학자 테야르 드 샤르댕의 진화론적 종말론은 세계의 종말을 진화론적으로 설명한다. 세계는 생명이 살지 않는 세계에서 생명이 사는 세계로, 거기서 다시 정신을 가진 인간이 사는 세계로, 그리고 최종적으로 그리스도의 세계로 진화한다. 자연의 모든 사물은 끊임없이 분화하고 보다 더 복잡한 구조로 발전하지만, 만물의 "오메가 포인트" 되신 그리스도를 향해 움직인다. 마침내 그리스도의 영으로 가득한 그리스도의 세계가 이루어진다. 만물이 그리스도 안에서, 그리스도와 하나가 되어 상생한다(엡 1:10). 여기서 세계의 마지막은 만물이 그리스도의 영으로 충만하며 그리스도 안에서 그리스도와 하나 된 "그리스도의 세계"에 있다(김균진 2014c, 916). 이로써 테야르 드 샤르댕은 성서의 메시아적 종말론을 진화론적으로 파악한다.

4. 오늘의 세계 신학계에서 성서의 메시아적 종말론을 대변하는 신학자는 몰트만이다. 그의 종말론은 기존의 몇 가지 형태의 종말론에 대한 거부와 함께 시작한다. 그는 자연의 대파멸과 폐기를 말하는 묵시론적 종말론을 거부하는 동시에 역사의 종말을 인간의 새로운 "자기이해"로 축소하는 불트만의 실존론적, 인간학적 종말론을 거부한다. 몰트만은 역사의 종말 곧 목적을 폐기하는 알베르트 슈바이처의 철저 종말론이나 "순간" 속에서 영원을 발견함으로써 역사의 미래를 배제하고 종말을 세계사의 미래와 무관한 초월적 사건으로 남겨두는 바르트의 초월적 종말론, 그리고 역사의 종말이 나사렛 예수의 "운명" 속에서 앞당겨 일어났으며 보편사로서의 세계사는 예수의 운명 안에서 일어난 사건의 전개에 불과하다고 봄으로써 역사의 종말을 보편사로 대체하는 판넨베르크의 보편사적 종말론을 거부한다(이에 관해 Moltmann 1969, 11ff.).

몰트만의 메시아적 종말론은 "하나님의 약속"으로부터 출발한다. 성서의 하나님은 본질적으로 "약속의 하나님"이다. 그는 땅이 없는 아브라함에게 땅을 약속한다. 땅을 잃어버리고 이집트에서 노예 생활을 하는 이스라엘 백성에게 "젖과 꿀이 흐르는 땅"을 약속한다. 예언자 이사야를 통해 그는 메시아의 오심과 "새 하늘과 새 땅"을 약속한다. 그는 그리스도 예수의 죽음과 부활을 통해 도래할 메시아적 하나님 나라를 약속한다. 그는 "'희망의 하나님'이요(롬 15:13), '미래를 존재의 성격'(Futurum als Seinsbeschaffenheit)으로 가진 하나님"이다.

이 하나님을 믿는다는 것은 그가 약속한 바를 믿고 희망한다는 것을 말한다. 하나님에 대한 "믿음"과 그의 약속에 대한 "기다림"과 "희망"은 분리될 수 없다. "믿음은 희망이 그 위에 근거하는 기초(Fundament)라면, 희망은 믿음에 자양분을 공급하고 그것을 지탱한다." 믿음을 통해 인간이 참 생명에 눈을 뜨게 된다면, 희망은 믿음을 유지하고 "언제나 다시금 더 강하게" 하며 끝까지 견디도록 한다(Calvin, *Inst.* 2.42). 믿음이 없을 때 희망은 허공을 치는 유토피아가 되어버리고 희망이 없을 때 믿음은 소시민적인 믿음이나 죽은 믿음이 되어버린다(16).

따라서 기독교의 종말론은 세계의 대파멸과 폐기를 가르치는 묵시론적 종말론이 아니다. 그것은 모든 피조물이 하나님 안에서 상생하는 하나님 나라, 새 하늘과 새 땅에 대한 "기독교적 희망에 관한 이론을 뜻한다. 기독교는 전적으로⋯종말론이다. 그것은 희망과 앞을 향한 전망과 향함(Aussicht und Ausrichtung)이다." 좌절과 포기가 아니라 희망이 "기독교적 사고의 기초이며 원동력(Triebfeder)"이다(11f., 15). 새로운 생명의 세계의 미래가 하나님의 약속 안에서 "이미 통보되며, 일깨워진 희망을 통해 현재 안으로 작용한다"(13). 이 희망 속에서 그리스도인들은 역사의 어떠한 역경 속에서도 좌절과 절망에 빠질 수 없다. 좌절과 절망은 사태를 더욱 악화시킬 뿐이다. 그들은 끝까지 하나님 나라의 오심을 기다리며 희망한다.

희망의 궁극적 근거를 몰트만은 그리스도의 부활에서 발견한다. 그에 따르면 예수의 부활을 통하여 죄와 죽음의 세력은 파괴되었다. 예수가 선교했던 하나님 나라가 시간과 공간의 제한을 벗어나 보편적으로 일어나기 시작하였다. 따라서 기독교 종말론은 "예수 그리스도의 부활이라는 현실을 인식하며 부활하신 그분의 미래를 선포한다." "십자가에 달린 그분"은 부활로 말미암아, "부활에 근거하여 미래를 가진다"(13).

3. 사랑은 폐기 대신 상생을 원한다

1. 앞서 기술한 이야기들을 종합할 때, 세계의 마지막은 대파멸과 폐기가 아니라 예수께서 가르치시고 자기의 몸으로 앞당겨 오신 하나님 나라의 완성이라 말할 수 있다. 곧 만물이 하나님의 자비와 공의와 평화 속에서 상부상조하며 상생하는 세계가 이루어지는 데 세계의 목적, 자연의 목적이 있다.

그러나 자연이 아닌 인간이 자연의 목적을 이야기하는 것은 비자연적이고 반자연적인 일이 아닌가 하고 물을 수 있을 것이다. 자연은 자신의 목적에 대해 아무것도 말하지 않기 때문이다. 자연은 자기가 지향하는 바가 무엇인지, "그의 목표와 목적이 무엇인지에 대해 아무런 정보도 우리에게 주지 않는다"(Karafyllis 2006, 130). 산 위에 서 있는 나무는 자기의 목적이 무엇인지 말하지 않는다. 나무가 지닌 목적은 그 자신의 유지와 생존이다. 자기 생명을 유지하면서 다른 나무들과 상생하는 것이 나무의 존재 목적이다. 이 목적을 이룸으로써 나무는 자연의 다른 생명은 물론 자연 전체의 존속을 가능케 해준다.

그렇다면 인간이 이야기하는 자연의 목적, 세계의 목적은 인간이 그 자신의 목적을 자연에게 투사한 것이 아닌가? 그것은 사실상 인간 자신의 목적이 아닌가? 자연의 목적에 관한 인간의 모든 이야기는 자연에 대한 인간의 폭력과 교만이 아닌가? 그러므로 권위 있는 철학자 카를 뢰비트(K. Löwith)는 역사의 목적을 이야기하는 기독교를 버리고 원불교로 넘어갔다.

사실 자연은 자기의 목적에 대해 아무것도 말하지 않는다. 그러나 자연 속에서 우리는 부인할 수 없는 한 가지 "사실"(fact)을 볼 수 있다. 그것은 자기 생명의 유지와 사랑이다. 우리가 가장 손쉽게 볼 수 있는 자연의 사랑은 갓 태어난 자식에 대한 암컷의 자기희생적 사랑이다. 이것은 자연의 모든 생물에게서 나타나는 보편적 진실이다. 수컷이 갓 태어난 새끼를 잡아먹는 일이 있지만, 이것은 수컷이 극도의 굶주림을 당하는 경우로 제한된다. 대다수 경우 수컷들도 암컷과 힘을 합하여 태어난 새끼를 보호하며 양육한다. 그리고 거의 모든 짐승은 군집 생활을 하며 상생한다. 자연 속에서 부인할 수 없는 사실이 있다면, 그것은 자기 생명을 유지하고자 하는 본능과 사랑과 상생의 본능이다. 여기서 우리는 자연의 목적을 볼 수 있다. 자연의 목적은 그 속에 있는 모든 생명이 자기를 유지하면서 다른 생명과 상부상조하며 상생하는 세계를 이루는 데 있다. 물론 자연의 생물들 사이에 경쟁과 투쟁과 죽임이 일어난다. 그러나 이 모든 일이 자연이 유지되는 범위 안에서 일어나야 한다는 정보가 자연 생물들의 유전자에 입력된 것으로 보인다. 이 범위를 지키면서 자연의 생물들이 상생하는 것을 볼 때, 자연의 목적은 하나님의 사랑의 영 안에서 상부상조하며 상생하는 세계를 이루는 데 있다고 말할 수 있다. 이것은 인간에 의해 인위적으로 부여되는 것이 아니라, 자연 속에서 이미 부분적으로 일어나고 있는 것을 확인한 것에 불과하다고 하겠다.

2. 사랑과 상생의 본능은 어디에서 오는가? 빅뱅이 일어난 후 있게 된 우주적 먼지에서 진화한 것인가? 먼지에서 어떻게 사랑과 상생의 본능이 진화할 수 있는가? 아니면 사랑과 상생의 본능은 이기적 유전자의 이기적 전략에서 나온 것인가? 이기적인 데에서 어떻게 비이기적인 것이 나올 수 있는가? 태어난 지 얼마 안 되는 어린 아기들이 다른 아기를 보면 기뻐하며 방글방글 웃는 것도 이기적 전략인가? 필자의 생각에 사랑과 상생의 본능은 하나님에게서 오는 것이라고 설명할 수밖에 없다.

몰트만 교수는 세계에 대한 희망의 근거를 예수의 부활에서 발견한다. 그러나 필자는 그 근거를 하나님의 사랑에서 발견한다. "약속의 하나님", "부활의 하나님", "희망의 하나님"은 "사랑이다"(요일 4:8, 16). 하나님은 그가 지으신 세계와 그 속의 모든 피조물을 사랑한다. 특히 힘없고 약한 자들, 죽음의 위험에 처한 생명을 사랑한다. 이 사실은 이미 구약성서에 나타난다. 자기를 떠난 아담과 하와에게 하나님은 가죽옷을 마련하여 그들이 부끄러워하는 곳을 가려준다. 동생 아벨을 죽인 가인의 생명을 보호하기 위해 표식을 준다. 그는 땅이 없는 히브리들을 자기 백성으로 택한다. 아브라함의 여종 하갈이 사라의 질투와 미움으로 자기 어린 아들과 함께 쫓겨나 광야에서 물이 떨어져 아들이 죽게 되었을 때, 하나님은 하갈의 울부짖음을 들으시고 천사를 보내어 그들에게 물을 먹이시고 생명을 구해준다. 이스라엘 백성이 이집트에서 종족 멸절의 위기에 처했을 때 하나님은 그들을 출애굽 시키며 "젖과 꿀이 흐르는 땅"으로 인도한다. 이스라엘 백성에게 준 하나님의 율법은 연약한 생명을 보호하고 모든 피조물이 하나님의 자비와 정의와 평화 속에서 상생하는 공동체를 이루고자 하는 하나님의 사랑과 자비로 가득하다. 이런 점에서 구약의 율법은 모든 생명의 상생의 법이다.

　20세기 프랑스의 실존주의 철학자 사르트르는 구약의 율법을 거부한다. 구약의 율법은 인간의 자유를 제약함으로써 인간의 존엄성을 훼손한다는 것이다. 특히 "간음하지 말라"는 계명은 성의 자유를 주장하는 그에게 눈엣가시처럼 보였던 모양이다. 그러나 사르트르는 율법 전체를 제대로 읽어보지 않았던 것으로 보인다. 만일 그가 사회적으로 힘없는 사람과 짐승의 생명을 보호하고 땅을 보호하라는 계명이나, 가난한 채무자의 빚을 탕감하라는 안식일, 안식년, 희년 계명을 한 번이라도 진지하게 읽어보았다면 그렇게 말할 수 없을 것이다. 구약 율법의 근본 목적은 인간의 자유를 제한하는 데 있지 않다. 율법의 근본 목적은 연약한 생명을 보호하고 땅 위의 모든 생명이 하나님의 자비와 공의와 평화 속에서 더불어 사는 세상, 곧 상생의 세계를 이루는 데 있다. 이를 잘 보여주는 한 가지 예만 살펴보기로 하자. "가난하게 사는 나의 백성에게 돈을 꾸어 주었으면, 너희는 그에게 빚쟁이처럼 재촉해서도 안 되고, 이자를 받아도 안 된다…"(출 22:25-27). 바울은 주인을 버린 종 오네시모를 종이 아니라 "사랑받는 형제"로 대하라고 요구한다(몬 1:16).

3. 하나님이 인간을 "남자와 여자"로 지으셨다는 것은 인간이 하나님의 사랑 안에서 이웃과 한 몸을 이루고(남녀가 한 몸을 이루듯이) 함께 살아야 할 존재로 지으셨다는 것을 말한다. 인간은 홀로 살지 않고 이웃과 상부상조하며 상생하도록 창조되었다. 이웃과 상생하지 않고 혼자 살아갈 때 우리는 외로움을 느낀다. 밥도 혼자 먹으면 맛이 없다. 상대방의 "없음"은 나 자신의 없음과 동일하게 느껴지기도 한다. 외로움과 공허감을 견디지 못해 자기의 목숨을 끊어버리는 사람도 있다. 필자의 셋째 형님이 세상을 떠난 지 2주 후에 형수가 잠자다가 갑자기 세상을 떠나 조카들이 줄초상을 치렀다. 형님의 "없음"이 형수 자신의 "없음"으로 느껴졌기 때문일 것이다. 집안에서 키우는 개도 주인이 죽으면 며칠 동안 밥을 제대로 먹지 않고 슬퍼한다. 주인이 집을 떠났다가 돌아오면 개는 꼬리를 흔들며 엄청나게 기뻐한다.

하나님은 사랑이다. 폐기, 곧 "없어지는 것"(무)은 하나님의 사랑에 모순된다. 그것은 하나님의 사랑과 대립한다. 하나님의 사랑은 그가 지으신 모든 피조물의 자기 유지와 상생을 원한다. 더는 "죽음과 슬픔과 울부짖음과 고통이 없는" 새로운 생명의 세계, 곧 "새 하늘과 새 땅"을 원한다. 바로 여기에 자연과 역사의 목적, 곧 "종말"이 있다.

메시아적 종말론은 바로 이것을 말한다. 세계의 목적, 역사의 목적은 파멸과 폐기가 아니라 "하나님의 뜻"이 "하늘에서 이룬 것처럼 땅 위에서도" 이루어지는 데 있다. 곧 하나님의 사랑과 정의와 평화 속에서 만물이 상생하는 것이 세계와 역사의 목적이다. 이 같은 의미를 지닌 메시아적 종말론은 생명에 대한 하나님의 사랑의 필연적 귀결이다. 하나님의 사랑의 힘은 미움과 증오의 힘보다 더 강하다. 미움과 증오는 생명을 파괴하는 반면, 사랑은 생명에 힘을 주고 생명을 살린다. 그것은 죽어가는 생명을 회복할 수 있다. 하나님은 무, 곧 없음을 좋아하지 않고 유, 곧 있음을 좋아한다. 기독교는 "없음의 종교"가 아니라 "있음의 종교"다. 그것은 "천상천하 유아독존의 종교"가 아니라 "함께 있음의 종교" 곧 상생의 종교다. 그것은 만물의 있음, 곧 생명을 사랑하는 "사랑의 종교"다. 그것은 "독점의 종교"가 아니라 "나눔의 종교"다. 성찬식은 이것을 가시적으로 보여준다. 일부 교회의 문어발식 자기 확장은 하나님의 사랑에 모순된다. 그것은 자기가 중심이 되어 최대한 많이 독점하려는 인간의 욕심이다.

4. 오늘 우리의 세계를 바라볼 때 하나님 나라, 새 하늘과 새 땅이 온다는 것은 불가능해 보인다. 교회 안에서 새 하늘과 새 땅이 앞당겨 일어난다는 이야기도 빈말인 것처럼 보인다. 교회는 세계에 속한, 세계의 일부에 불과한 종교기관처럼 보인다. 교회를 문어발식으로 확장하고 자기 소유물인 것처럼 아들에게 세습하거나 팔아넘기는 일도 일어난다. 세계 어디에나 부패와 타락이 있고 전쟁과 테러와 살인, 이상기후로 말미암은 대재난들이 일어나고 있다. 핵무기의 위협 속에서 온 세계가 묵시론적 불안 속에 있다. 이 같은 세계 속에서 만물이 상부상조하며 상생하는 "새 하늘과 새 땅"은 글자 그대로 "유토피아"(ou+topos, no place)로 보인다.

　그러나 키에르케고르의 말대로 믿음은 "역설적인"(paradoxical) 것이다. 인간의 눈으로 볼 때 불가능하게 보이는 것을 가능하다고 믿는 것이 믿음이다. 바다의 모래와 하늘의 별들처럼 많은 후손을 아브라함에게 약속한 하나님이 그의 외아들 이삭을 제물로 바치라고 요구한다. 하나님의 이 같은 요구는 역설, 곧 패러독스처럼 보인다. 그런데도 아브라함은 하나님의 약속을 믿고 외아들 이삭을 바치고자 한다.

믿음은 "그런데도"(trotzdem)를 내포한다. 하나님이 보이지 않지만, "그런데도" 하나님의 "있음"을 믿는다. 불가능하게 보이지만, "그런데도" 하나님의 무한한 사랑의 능력을 믿는다. 믿음은 믿고 바라는 것의 실재다. 우리가 믿고 바라는 것이 믿음 속에 실재한다. 믿음은 우리가 바라는 것들의 "실상"이며 우리가 아직 보지 못하는 것의 "증거"다(히 11:1).

그러므로 기독교 신앙은 일부 자연과학자들이 말하는 우주 멸망의 시나리오에 동의할 수 없다. 그것은 지금 우리 시대의 인식 조건에 따른 가설일 뿐이다. 그것은 하나님의 사랑에 모순된다. 100억 년 혹은 400억 년 후에 지금 우리 시대의 인식 조건이 유지될 것인지도 미지수다. 오늘의 자연과학적 인식에 의하면 우주는 400억 년 정도 존속할 것이라고 한다. 그런데 400억 년이란 기간은 우리의 표상 능력 바깥에 있다. 400억 년 후에 우주가 어떻게 변화될지, 우리 인간의 인식방법과 인식기준이 어떻게 변할지 예측할 수 없다. 예측하는 것 자체가 무의미하다. 그 사이에 우주의 물리적 조건들이 어떻게 변화될지 아무도 확정할 수 없다. 미시세계는 결정되지 않은 잠재성 자체이기 때문이다. 지금 우리가 우주에 관해 아는 것도 절대적인 것이 아니라 확률적인 것에 불과하다.

그래서 미국의 물리학자 프리먼 다이슨(F. Dyson, 1923-2020)은 우주의 종말이 열사(熱死)일 수도 있고 동사(凍死)일 수도 있다는 물리학자들의 시나리오를 반대하면서 우주의 종말에 관한 새로운 시나리오를 제시한다. 그에 따르면 장래의 생물들은 지구의 모든 가능한 조건에 적응할 수 있도록 진화할 것이다. 또 인류는 유전학의 방법을 통해 유기체들이 어떤 환경에서도 살아남을 수 있도록 유전자를 변형시킬 수 있을 것이다. 인간의 뇌속에 있는 소프트웨어 프로그램은 컴퓨터나 다른 종류의 하드웨어에 저장되어 새로운 형식의 지능과 의식이 생성할 수 있을 것이다. 이 새로운 형식들은 극도의 뜨거운 온도나 극도로 찬 온도에서도 살아남을 수 있을 것이다. 그러므로 생명과 지능은 불멸할 것이라고 다이슨은 주장한다(Dyson 1988, 114).

수리물리학 교수 티플러도 이렇게 생각한다. 인간의 정신은 그 본질에 있어 "고도로 복합적인 컴퓨터 프로그램"이다. 미래에 인류가 우주에 거주하게 될 때 온 우주의 그물망 속에서 정보를 처리하는 다양한 형식들이 생성할 것이다. 정보처리의 속도와 정보의 저장은 무한히 증가할 것이다. 이리하여 불멸하지 않는 무한한 지능이 생겨날 것이다. 인류가 몰사할지라도 "지능의 영원한 존속"이 있을 것이다. 컴퓨터의 지능은 자기 자신을 재생산할 수 있는 능력을 지니고 있기 때문이다. 엔트로피 법칙이 예언하는 것처럼, 우주의 모든 에너지원이 소진되어도 컴퓨터와 같은 형태를 지닌 지적 생명체는 살아남을 것이다. 이를 가리켜 티플러는 차안에서의 불멸이라고 말한다(Tipler 2001, 163ff.).

티플러에 따르면 자연의 생명체들처럼 인간도 하나의 기계이고 물리적 법칙에 예속되어 있다. 그러나 인간은 매우 특별한 종류의 기계로서 자유의지를 가지며, 세계의 위대한 종교들이 말하는 하늘과 매우 유사한 장소에서 죽음 후에도 살게 될 것이다. 따라서 세계의 종말을 세계의 폐기로 보는 물리학적 시나리오들은 증명될 수 없다. 그들이 묘사하는 우주의 종말은 우리 인간의 수학적 상상력이 미칠 수 없는 미지의 시간 속에 있기 때문이라고 티플러는 주장한다.

5. 그러나 다이슨과 티플러의 이론도 하나의 가설이다. 기독교 신앙은 이를 인정할 필요도 없고 부인할 필요도 없다. 자연과학의 새로운 발전과 함께 우주의 종말에 대한 새로운 가설들이 끊임없이 제시될 수도 있을 것

이다. 자연의 종말에 대한 기독교 신앙은 자연과학적 가설에 기초하지 않는다. 그것은 하나님의 사랑에 근거한다. 예수의 십자가의 죽음과 부활에 계시되는 하나님의 사랑에 근거하여 기독교 신앙은 절망적 상황에도 불구하고 하나님의 새로운 생명의 세계, 만물이 상생하는 세계를 믿고 기다린다. 비록 타락한 세계일지라도 하나님의 성령 곧 사랑의 영이 만물 속에서 작용한다. 보다 구체적으로 말해보자.

1) 성령은 사랑의 영이다. 사랑은 생명을 지키고자 한다. 따라서 성령은 하나님이 지으신 세계를 파괴하려는 악의 세력에 대립한다. 그는 피조물의 생명을 살리는 힘(능력, *dynamis*)으로 작용한다. 그는 자기의 생명을 지키고자 하는 피조물의 의지를 강화하며 생명의 힘을 회복한다. 성령의 사랑의 힘 속에서 피조물들은 생명의 힘을 얻어 생육하고 번성한다. "생명을 주는" 힘(욥 34:14), "생명의 원천"(*fons vitae*, Calvin)이신 성령은 연약한 생명과 죽어가는 생명을 소생시켜 하나님의 아름다운 생명의 세계를 이루고자 한다.

에스겔 37장의 "마른 뼈 환상"은 이를 감각적 형태로 보여준다. "내가 너희 속에 생기(*ruah*, 성령)를 불어넣어, 너희가 다시 살아나게 하겠다.…너 생기야, 사방에서부터 불어와서 이 살해당한 사람들에게 불어서 그들이 살아나게 하여라"(겔 37:5-9). 하나님의 아들 예수는 죽어가는 생명을 살리는 자로 나타난다.

2) 모든 생명 속에는 자기유지의 본능과 상부상조와 상생의 본능이 함께 나타난다. 자기유지의 본능은 개체들의 개체화로 나타나고, 상부상조와 상생의 본능은 통합과 상생으로 나타난다. 개별화와 통합, 개체성과 사회성이 모든 생명 안에 나타난다. 이를 가리켜 틸리히는 "개체성과 참여", "자기구별과 참여", "개별화와 통합", "자기보존과 자기초월"의 "양극성"(Polarität)이라고 말한다. 이 두 가지 본성의 긴장 관계 속에서 진화가 일

어난다. 개별화의 본성은 다양성의 세계를 이루는 기초가 되고 통합성과 공동체성은 다양성의 세계가 무질서와 혼란에 빠져 폐기되는 것을 막아 준다. 전자는 개체가 전체로 폐기되는 것을 막아주고 후자는 전체가 개체들로 와해하는 것을 막아준다.

피조물들의 이 두 가지 본성은 그들 안에 현존하는 성령의 작용으로 말미암아 주어진다. 성령은 개체들의 개체화와 다양화, 자기 생명을 유지하는 힘으로 작용하는 동시에 개체들을 연합하고 하나로 묶는 통합성과 공동체성, 사회적 본능의 힘으로 작용한다. 성령은 개체들의 생명을 유지하는 동시에 모든 개체가 하나로 결합하여 상생하는 유기체를 이루고자 한다(엡 1:10; 참조. 골 2:2). 성령을 통해 "육체적이고 연약하고 유한한 생명이 피조물 간의 친교 속으로 새롭게 들어온다. 그는 성령의 활동으로 말미암은 봉사를 맡는다"(Welker 1992b, 162).

3) 일반적으로 생물들은 깨끗하고 아름다운 환경을 좋아한다. 추하고 더러운 환경을 좋아하는 생물들은 예외에 속한다. 깨끗하고 보기 좋은 환경이 자기 생명의 유지와 종족 번식에 더 유리하다는 경험이 그들의 유전자 속에 입력된 것으로 보인다. 그래서 사람들도 부지런히 자기 주변을 청소하며 집안의 모든 것을 정리 정돈한다. 짝짓기 시간이 가까워지면 수컷은 튼튼하고 깨끗한 집을 마련해 놓고 암컷을 기다린다. 암컷은 튼튼하고 깨끗한 집을 지어놓고 자기를 기다리는, 힘과 능력을 지닌 수컷과 교미한다. 그런 방식으로 더 강한 종족을 남기고자 한다. 개미들도 그들의 집을 깨끗이 청소한다.

인간도 청결하고 안락한 환경에서 살고 싶어 한다. 더러운 화장실보다 청결한 화장실을 좋아한다. 지저분하고 냄새나는 화장실을 보면 관광객들도 등을 돌린다. 자연의 생물들처럼 깨끗한 것이 건강유지와 종족 보존에 더 유리하다는 정보가 그들의 유전자 속에 입력되어 있기 때문이다.

성령은 심미적 아름다움의 힘이다. 성령은 깨끗하고 아름다운 세계, "하나님이 보시기에 좋은" 세계를 이루고자 하는 힘으로 작용한다. 성령의 힘으로 말미암아 피조물들은 깨끗하고 보기 좋은 환경을 이루고자 한다. 진정으로 아름다운 세계는 자비와 정의와 질서가 있고 모든 생명이 상부상조하는 상생의 세계다. 성령은 감각적 아름다움을 추구하는 동시에 정의와 질서와 평화가 있는 세계를 추구한다.

4) 생물들은 과거에 있었던 것으로 돌아가기보다는 새로운 것을 지향하는 미래 지향성을 가진다. 끊임없이 변화하는 새로운 자연환경 속에서 살아남기 위해 새로운 신체적 형태와 삶의 형태로 진화하지 않을 수 없다. 과거의 것을 버리고 새로운 미래의 것을 지향할 수밖에 없다. 피조물들의 이 같은 미래 지향성은 성령의 종말론적 지향성의 힘으로 말미암은 것이다.

앞서 기술한 것처럼 피조물들 속에는 이기적이고 악한 본성도 있다. 세계를 무(無) 곧 "없음"으로 되돌리려 하는 무의 세력이 유(有)의 세계를 위협한다. 사랑의 영, 생명의 영이신 성령은 무의 세력(성서에 따르면 "어둠의 세력", 눅 22:53)에 대항하여 피조물들의 생명을 지키고 새로운 생명의 세계를 지향케 하는 힘으로 작용한다. 성령은 피조물의 세계를 파괴하려는 악의 세력에 대항하여 하나님 나라의 미래를 향해 피조물의 세계를 개방하는 종말론적 힘이다.

이것을 우리는 인간에게서 가장 분명히 볼 수 있다. 인간의 삶은 "보다 더 좋은 것"에 이르고자 하는 투쟁이다. 죽음이 멀지 않은 양로원의 노인들도 좀 더 좋은 내일을 소망한다. 인간은 주어진 것에 머물지 않고 아직 주어지지 않은 것을 향해 끊임없이 나아간다. 부정적인 것을 부정하고 좀 더 긍정적인 것을 향해 나아가고자 하는 운동이다. 사랑의 영이신 성령은 부정적인 것을 부정하는 힘이다(Hegel). 주어진 현실에 머물지 않고 "보다 더 좋은 것", "가장 좋은 것"을 향해 나아가게 하는 지향성의 힘이다. 사랑은 보다 더 좋은 것에 모순되는 부정적인 것을 방치할 수 없기 때문이다.

5) 결론적으로 성령은 하나님과 일치하는 세계, 곧 하나님 나라를 향한 생명의 힘, 변증법적 힘으로 작용한다. 성령 곧 "정신으로서의 하나님"(Gott als Geist, 요 4:24, "하나님은 영이시니")은 사랑이기 때문에 부정적인 것에 안주할 수 없다. 성령은 부정적인 것을 부정하고 세계를 더 높은 진리의 세계, 만물이 상생하는 세계로 고양하고자 하는 변증법적, 종말론적 힘으로서 모든 피조물 안에서 작용한다.

세계의 종말은 성령의 작용으로 말미암아 일어나는 선한 것, 좋은 것의 완성이다. 그것은 "가장 좋은 것"(summum bonum), 곧 새 하늘과 새 땅이다. 땅 위의 모든 생명이 좀 더 좋은 것, 가장 좋은 것을 기다리는 본성을 가진다. 인간의 탐욕으로 말미암은 "썩어짐의 종살이"에서 해방되어 "하나님의 자녀가 누릴 영광된 자유"를 함께 누리기를 기다린다(롬 8:19-23). 사랑의 영이신 성령은 "나쁜 날들"을 기뻐하지 않고 모든 피조물이 평화롭게 상생하는 "좋은 날들"을 기뻐한다(벧전 3:10). "좋은 날들", "기쁜 날들"은 만물이 상생하는 세계 속에서 경험될 수 있다. 그래서 어린애들도 친구와 함께 있고 싶어 한다. 할머니 할아버지들도 공원에 삼삼오오 모여 앉아 함께 시간을 보낸다. 산 위에 나무들도 함께 서 있고, 공중의 새들도 함께 날아다닌다. 함께 모여 있는 곳에 "좋은 날들"이 있다.

4. 블로흐의 무신론적 *summum bonum*의 종말론

1. 세계의 목적을 우주적 파멸로 보는 현대 자연과학자들의 비관적 시나리오들에 반해 유대인 철학자 에른스트 블로흐는 희망의 종말론을 주장한다. 그는 세계 부정의 종말론 대신에 세계 긍정의 종말론을 말한다. 그의 "희망의 철학"은 "희망의 종말론"이라 말할 수 있다. 그것은 구약성서의 메시아 통치에 대한 기다림, 곧 메시아주의를 무신론적으로 풀이한 무신론적인 메시아적 종말론이라 말할 수 있다. 블로흐는 헤겔 연구자로, "부정적인 것의 부정"을 통한 역사 발전을 이야기하는 헤겔의 변증법에 근거하여 세계사를 "아직 주어지지 않은" 완전한 것, 전체적이고 "가장 좋은 것"이 실현되는 변증법적 과정으로 파악한다. 세계사의 목적 곧 "종말"을 가리켜 그는 세계의 완성과 구원으로 이해한다. 이를 가리켜 블로흐는 "새 하늘과 새 땅"이라는 성서의 개념을 사용하기도 한다. 세계의 모든 사물은 이 목적을 향한 기다림과 희망 속에 있다, 세계의 모든 사물 속에는 이 목적을 향한 지향성(Tendenzen)이 내재한다, 블로흐의 "희망의 철학"은 이 내재성을 해명하고 인간의 책임 있는 실천을 요구하는 일을 중심 과제로 가진다. 그것은 "새 하늘과 새 땅"을 지향하는 성서의 메시아적 종말론을 철학적으로 변형한 무신론적 희망의 종말론이라 말할 수 있다.

블로흐가 성서의 메시아적 종말론을 무신론적 희망의 종말론으로 변형한 이유는 무엇일까? 그 이유는 기독교가 성서의 메시아적 종말론을 실천할 수 있는 능력을 상실하였다고 보기 때문이다. 세속사회의 종교적 제도가 되어버린 기독교는 성서의 메시아적 종말론 속에 숨어 있는 현실 부정적, 혁명적 진리를 보지 못한다. 종교로서의 기독교는 땅의 현실을 보지 않고 형이상학적 피안의 영원한 세계를 바라본다. 미래의 것을 보지 못하고 과거의 것에 집착한다. 물질 없이 인간은 생존할 수 없음에도 불구하고 물질을 허무한 것으로 보고 영혼의 내적 평화에 집중하면서, 사실은 물질을 추구하기 때문이다.

이에 블로흐는 성서의 메시아주의를 철학적, 무신론적 형태로 기술하기에 이른다. 그에 따르면 세계의 모든 사물 속에는 "아직 주어지지 않은 것", 더 높은 것으로 나아가려는 변증법적 지향성이 숨어 있다. 물질은 자기의 형식들을 스스로 생산한다. 그것은 스스로 생산하는 자, 주어진 것을 초월하는 자다. 물질은 "스스로 생식하는 어머니의 품이다. 사실상 그것은 자기 자신을 낳고 생산하는 하나님이다. 이 물질의 역사가 '되어감 속에 있는 하나님'이다"(Moltmann 1976, 23). 인간은 물질로부터 생성되었다. 물질은 노동하며 문화를 창조하는 인간에게서 최고의 경지에 도달한다. 자연에서 나온 "자연적 존재", "창조적 존재"로서의 인간이 역사의 주체요 역사의 생산자다. 그러나 자연이 "인간화"를 원하는지, 아니면 그것이 인간의 자의적 생각이 아닌지 우리는 질문할 수 있다.

2. 인간의 활동과 노력을 통해 도달하게 될 역사의 목적을 블로흐는 다양한 개념으로 나타낸다. 마르크스의 개념을 빌려 "그 자신을 발전시키는 물질 속에 주어져 있는 인간의 자연화, 자연의 인간화"라고 말하기도 하고(Bloch 1959a, 241), "충만케 하는 만유"(das erfüllende Alles), "사실상 인간이 원하는 바 일반"(das Überhaupt dessen, was die Menschen im Grunde wollen), "전체적인 것"(totum), "필연적인 단 하나"(unum necessarium), 모든 피조물이 바라는 "가장 좋은 것"(summum bonum)이라고 표현하기도 한다. 성서의 개념을 빌려 "새 하늘과 새 땅"이라고 표현하기도 한다(362, 364, 368). 이 모든 개념에서 역사의 종말 곧 역사의 목적은 우주적 파멸과 폐기, 세계의 "끝남"(finis)이 아니라 세계의 "완성"(telos)으로 생각된다.

블로흐에 따르면 역사의 목적을 향한 모든 사물의 지향성을 해명하고 이를 의식적으로 추구하는 사람은 그리스도인들이 아니라 무신론자들이다. 제도교회에 속한 그리스도인들은 그렇게 할 능력이 없다. 그들은 차안의 세계의 미래를 바라지 않고 피안의 영원한 천국을 바라본다. 새로운 미래를 향한 성서의 종말론적 언어를 보지 못하고 성서를 옛날에 있었던 일들, 곧 과거의 일에 관한 이야기로 이해한다. 그리스도인들이 행하지 못하는 일을 이제 무신론자들이 행해야 한다. 그리스도인들이 행해야 할 일을 무신론자들이 행하기 때문에 "한 무신론자만이 좋은 그리스도인일 수 있고, 한 그리스도인만이 좋은 무신론자일 수 있다"(Nur ein Atheist kann ein guter Christ sein, nur ein Christ kann ein guter Atheist sein. 1968, 241). 하나님의 종교적 초월은 불필요하다. 세계는 종교적 초월 없이 그 자신을 초월한다. 세계의 모든 것은 그 자신 속에 초월의 성향을 지닌다. 한마디로 세계는 "초월 없이 초월함"(Transzendieren ohne Transzendenz)이다. 세계는 자기초월의 변증법적 과정이기 때문에 초월자 하나님은 불필요하다.

세계의 자기초월의 과정을 블로흐는 다음과 같이 말한다. "적절하지 못한 것은 만유를 향한 길에서 제거되고, 이미 이루어진 것(Gewordensein)으로부터⋯더는 존재하지 않음(Nicht-Mehr-Sein)으로 넘어간다.⋯무를 통한 변증법(Dialektik durch Nichts)은 세계의 파멸까지 자기 속에 품었고, 우주에 대해⋯일시성을 부여하였다. 물리학적으로는 동사(凍死, Kältetod)라 불리며, 신화적으로는 세계의 대화재라고 불리는 하계의 왕 오르쿠스(Orkus)는 물리학적으로 하나의 다른 만유 혹은 우주의 탄생을 그 자신 속에 지니고 있다"(1970a, 362).

곧 세계의 역사는 "적절하지 못한 것"이 제거되고 "이미 주어진 것" 곧 "이루어진 것"이 "더는 존재하지 않은 것"이 되어버리는 변증법적 과정이다. 여기서 블로흐는 헤겔의 변증법을 따른다. 곧 "부정적인 것의 부정"을 통하여 "더 좋은 것", "가장 좋은 것"으로 고양하는 변증법적 과정이 세계사라는 것이다. 이 과정에서 "세계의 파멸"이 일어나고 우주적 동사나 열사가 일어날 수 있다. 그러나 이것이 세계의 목적 곧 마지막이 아니다. 우주의 궁극적 마지막은 이 모든 무적인 것을 거쳐 일어나는 "만유 혹은 우주의 탄생"이다. 유토피아적 언어로 말한다면 세계의 궁극적 마지막은 모든 것이 "총체적으로 성취될 만유의 탄생, 새 하늘과 새 땅"이다(1970a, 362).

3. 블로흐의 희망의 종말론은 그의 특유한 "아직 존재하지 않음의 존재론"(Ontologie des Noch-nicht-Seins)에 근거한다. 곧 존재는 아직 존재하지 않은 것을 향한 끊임없는 운동이라는 것이다. 이 존재론의 뿌리는 헤겔의 변증법에 있다. 세계의 모든 사물은 이미 존재하는 것으로부터 "아직 존재하지 않는 것", 곧 미래의 것으로 "넘어감" 속에 있다. 끊임없는 "넘어감"의 경향성 혹은 지향성이 모든 사물의 존재론적 성향이다. 이 성향은 인간의 사유에서 명백히 나타난다. "사유한다는 것은 넘어감을 말한다"(Denken heißt Überschreiten, 1970a, 3). 곧 "부정적인 것의 부정"을 통해 불완전한 것에서 좀 더 완전한 것, "가장 좋은 것"으로 넘어감을 말한다. 세계의 모든 사물은 지금보다 더 좋은 내일에 대한 기다림과 희망 속에 있다. 산다는 것은 기다리며 희망한다는 것을 말하며, 기다리며 희망한다는 것은 살아 있다는 것을 말한다. "가르치고 배울 수 있는 희망(docta spes), 변증법적-물질론적으로 파악된 희망"이 "철학의 기본 테마"다(8).

　기다린다 혹은 희망한다는 것은 주어진 현실에 머물지 않고 그것을 "넘어감"을 뜻한다. 이것을 블로흐는 성서의 언어를 빌려 표현한다. "넘어감"의 과정은 "죽음이 승리로" 삼켜지고 "썩어질 것"이 "썩지 않을 것"으로 옷 입는 과정이다(고전 15:54). 그러므로 우주의 마지막은 파멸과 폐기가 아니라 완전한 것, "가장 좋은 것" 곧 "새 하늘과 새 땅"의 탄생일 수밖에 없다. 세계의 모든 것이 완전한 것, 가장 좋은 것을 갈망한다. 이 유토피아적 갈망 속에는 "존재의 파토스"(Seinspathos)가 작용한다. "이 파토스는 아직 있지 않음의 파토스, 가장 좋은 것에 대한 희망의 파토스로" 작용한다 (364).

블로흐는 그의 희망의 철학에서 끊임없이 성서적 개념들과 신화적 개념들을 사용한다. 그는 무신론을 통해 오히려 성서의 진리를 실현코자 한다는 평을 받을 정도로 언제나 다시금 성서의 메시아적 언어를 사용한다. 이리하여 그는 공산주의 동독의 국가철학자들로부터 과학성을 결여한 신화적 표상들, 관념론적 목적론과 기독교의 종말론 구도를 사용한다는 비판을 받게 되었다. 그는 정통 마르크스주의자가 아니라 마르크스에 대해 비판적인 좌파 마르크스주의자로 규정된다.

4. 블로흐의 희망의 철학은 헤겔의 변증법적 사고에 근거하여 성서의 메시아적 종말론을 세계사의 보편적 진리로 실현하고자 한 시도였다고 말할 수 있다. 여기서 블로흐는 헤겔의 뒤를 따른다. 헤겔 역시 성서의 종교적, 신화적 표상들(Vorstellung)을 철학적 개념들(Begriff)을 통해 세계사의 보편적 진리로 실현하고자 하였다. 헤겔이 말한 "부정적인 것의 부정"을 통한 세계의 더 나은 것, 더 완전한 것으로의 "지양"(Aufhebung)과 "고양"(Erhöhung)을, 블로흐는 "이미 주어진 것"으로부터 "아직 주어지 않은 것"으로의 존재론적 "넘어감"(Überschreiten)으로 표현한다. 성서가 이야기하는 "새 하늘과 새 땅"이라는 종교적 개념을 "가장 좋은 것", "전체적인 것"이라는 존재론적 개념으로 보편화한다. 이를 통해 블로흐는 성서의 메시아적 종말론을 하나님 없는 보편적 존재론으로 바꾼다. 이로써 기독교 종말론의 무신론적 존재론화(Ontologisierung)가 일어난다.

그러나 블로흐의 종말론이 지닌 근본 문제점은 마르크스의 공산주의 이론과 마찬가지로 "하나님 없는 하나님 나라"를 역사의 종말로 보는 데 있다. 블로흐는 인간이 감당할 수 없는 것을 인간에게서 기대한다. 물론 인간을 위시한 세계의 모든 사물 속에는 "아직 주어지지 않은 것", "가장 좋은 것"을 향한 지향성 내지 "성향"이 있음은 사실이다. 모두가 오늘보다 나은 내일을 기다린다. 모든 것은 주어진 것으로부터 주어지지 않은 것으로 "넘어감" 속에 있다. 그러나 이러한 존재론적 "넘어감"에 숨어서 그것을 "나쁜 것"으로 유도하고자 하는 "부정적인 것"이 있다는 사실을 블로흐는 충분히 고려하지 않는다. 이 넘어감을 통해 세계가 "가장 좋은 것"에 이를지 아니면 "가장 나쁜 것"에 이를지, 어떤 보증도 없다. 지금의 세계 상황을 볼 때 "가장 나쁜 것"에 이를 가능성도 배제할 수는 없다.

물론 블로흐 자신도 "부정적인 것"이 있다는 사실을 잘 알고 있었다. 무산계급이든 유산계급이든, 좌파든 우파든 모든 인간은 "동일한 야만성 속에서 멸망할 수 있다"라는 것을 블로흐 자신도 인정한다(wie…Proletariat und Bourgeoisie in der gleichen Barbarei untergehen können, 1970a, 364). 그러나 블로흐는 "가장 좋은 것"을 동경하며 그것을 향해 넘어갈 수 있는 인간의 존재론적 지향성을 신뢰하였다. 그래서 "좋은 무신론자가 좋은 그리스도인일 수 있다"라고 말한다. 곧 성서가 이야기하는 "최고선"(summum bonum), 곧 "새 하늘과 새 땅"이 하나님 없는 무신론자들에 의해 실현될 수 있다는 것이다. 만일 블로흐의 이 말이 타당하다면 20세기 공산주의와 사회주의 국가의 모든 통치자는 만물이 동경하는 "최고선"을 이 땅 위에 이루어주는 "좋은 그리스도인"이었어야 했을 것이다. 그러나 이들은 예외 없이 독재자들이었다. 동독의 통치자 에리히 호네커(Erich Honecker)는 인간의 기본권리인 거주이전의 자유를 제한하는 "베를린 장벽"을 쌓았다(1961). 이를 비판했던 블로흐는 동독에서 강제추방을 당하였다. 사회주의를 국가이념으로 삼은 북한이 어떤 상황에 있는지는 거론할 필요조차 없다. 이른바 "친북주의자들"도 거기 가서 살려고 하지 않는다.

이 같은 사실들은 역사의 목적이 인간의 정치적 이념이나 정책을 통해 실현될 수 없다는 것을 보여준다. 자본주의도 마찬가지다. 정치적 이념과 정책은 역사의 목적에 근접할 수 있지만 그것을 실현할 수 없다. 정치적 이념과 정책을 적용해야 할 인간 자신이 이기적 본성을 극복할 수 없기 때문이다. 만물이 상부상조하며 상생하는 역사의 목적, 곧 블로흐가 꿈꾸는 "최고선"(*summum bonum*)은 인간 바깥에 있는 초월적 존재로부터 가능할 것이다.

양자이론의 생명생태신학적 의미

앞서 우리는 오늘의 생태학적 위기를 초래한 원인으로서 근대 고전물리학의 기계론적 세계관을 지적하였다. 기계론적 세계관은 근대 자연과학을 지배하였다. 그러나 근대 후기에 이르러 뉴턴의 기계론적 세계관은 동요되기 시작하였다. 그것을 처음으로 뒤흔든 것은 다윈의 진화론이다. 세계는 신이 세계를 창조할 때 주어진 법칙에 따라 움직이는 기계라고 보는 뉴턴의 기계론적 생각에 반해 진화론은 세계를 생존을 위한 경쟁과 투쟁, 자연도태, 적자생존의 법칙에 따라 움직이는 개방된 체계로 이해하였다. 그러나 근대 기계론적 세계관을 결정적으로 깨뜨린 것은 20세기 초에 등장한 양자이론이었다. 그것은 기계론적 세계관에 대한 일대 혁명으로, 자연에 대한 인식에 새로운 패러다임을 제공하였다. 오늘날 거의 모든 생태학자가 양자이론의 패러다임에 따라 자연을 설명한다. 이 책도 양자이론의 인식들을 수용하였다. 이제 우리는 양자이론을 종합적으로 파악하고자 한다.

1. 양자이론의 기초를 준비한 막스 플랑크와 아인슈타인

1. 양자이론(Quantenmechanik, 일본 학자들은 "양자역학"으로 번역함)이란 원자, 분자, 전자, 소립자 등, 일정한 양(quantum)을 가진 것으로 나타나는 미시세계의 사물들과 그들의 운동을 연구하는 물리학의 한 영역을 말한다. 독일의 물리학자 막스 보른(Max Born, 1882-1970)이 이 개념을 1924년에 처음으로 제시하였다. 20세기 초엽까지 이루어진 미시세계의 사물들에 관한 실험에서 뉴턴의 고전물리학으로 설명되지 않는 모순들로 말미암아 새로운 이론체계를 찾지 않을 수 없는 상황에서 이 개념이 등장하였다.

19세기 말 오스트리아의 물리학자 볼츠만(L. Boltzmann, 1844-1906)은 기계론적 패러다임의 한계를 지적하고, "개연성"의 개념이 자연을 설명하는 열쇠가 될 수 있음을 제시하였다. 고전물리학이 말하는 자연법칙들은 절대적이 아니라 통계적이고 개연적이라는 사실을 그는 증명하였다. 이로써 기계론적 패러다임이 거부되고 "개연성"이란 새로운 패러다임이 제시되었다. 그가 물리학계에 일으킨 새로운 혁신은 "개연성을…설명의 원칙으로 물리학에 도입했다는 점이다"(Prigogine 1990, 131f.).

1900년 막스 플랑크(M. Planck, 1858-1947)는 양자이론의 결정적 기초를 발견하였다. 그에 따르면 에너지는 무한히 나누어질 수 없으며, 언제나 하나 아니면 다수의 에너지 묶음 곧 양자(量子, quanta, 오늘날 photon이라 불리기도 함)로 나타난다. 하나의 원자가 에너지양을 바꿀 때 하나 혹은 다수의 양자를 흡수하거나 아니면 배출한다. 이리하여 전자들이 한 에너지양에서 다른 에너지양으로 비약한다. 이때 어떤 전자가 언제 비약할지, 또 어떤 에너지양으로 비약할지 우리는 알 수 없다. 이 비약은 원인과 결과의 법칙 곧 인과율에 따라 일어나지 않고 확률적으로 일어나기 때문이다. 이로써 기계론적 세계관의 기초가 되는 원인과 결과의 법칙, 곧 인과율이 타당성을 상실한다. 이것은 고전물리학의 기계론적 세계관이 더는 타당하지 않다는 것을 뜻한다.

아인슈타인(A. Einstein, 1879-1955)은 1905년 빛의 파장과 입자의 이원론이라는 혁명적 개념을 물리학에 도입한다. 같은 해에 그는 특수상대성 이론을, 1915년에는 일반상대성 이론을 발표함으로써 기계론적, 결정론적 세계관을 크게 동요시키고 양자이론의 기초를 확보한다(아래 내용에 관해 Meyer-Abich, 2000b, 225ff.). 그때까지 뉴턴의 역학(Mechanik, 기계학)은 질량의 영속성과 불변성에 기초하였으며, 시간과 공간은 인간의 경험과 관계없이 그 자체로서 실재하는 절대적인 것이라고 생각하였다. 뉴턴에 따르면 "절대적이며 참된 수학적 시간은 그 자체에 있어 균일하게 흐르며, 그의 본질상 어떤 외적인 것과 관계없이 흐른다. 달리 표현하여 그것은 '지속'(Dauer)이라 불린다." 곧 시간이란 어떤 외적인 것과 관계없이 독립적으로 존재하는 절대적 구조라는 것이다. 그것은 동일한 형식을 가지며, 보편적인 것으로, 모든 관찰자에게 동일한 것으로 생각된다.

공간도 뉴턴은 인간의 경험을 떠나 독립적으로 존재하는 절대적인 것, 객관적인 것으로 생각한다. "절대적 공간은 그의 본질에 상응하여 어떤 외적인 것과 관계없이 동일하고 움직임 없이 존속한다…"(Newton 1988, 104). 공간은 시간과도 분리되어 있는 독립적인 것이다. 시간과 마찬가지로 공간 역시 모든 대상 사물들이 그 안에서 고정된 자리를 가진 빈 용기(容器)와 같은 것으로 생각된다. 우주는 지금 이 순간 공간 속에 있는 모든 대상 사물들의 전체를 뜻하며, 지금 이 순간은 모든 대상에게 공통된 동시적 "지금"으로 생각된다.

칸트는 뉴턴의 객관적이며 절대적 시간과 공간 개념을 수용하고, 이들을 모든 감각적, 경험적 직관의 선험적 조건으로 파악한다. 시간과 공간은 인간의 경험 이전부터 주어져 있는 "직관의 형식들"로서, 대상에 대한 모든 직관은 시간과 공간의 형식들 속에서 일어난다. 곧 우리 인간이 눈으로 어떤 물건을 보고서 "이것은 빨간색이다, 저것은 파란색이다"라고 직관할 때 이 직관은 그 이전부터 주어져 있는 시간과 공간의 형식 속에서 일어난다는 것이다. 시간과 공간은 인간의 직관적 경험 이전부터, 곧 선험적으로 주어져 있는 절대적인 것이다.

이것을 칸트는 다음과 같이 말한다. "시간은 어떤 경험에서 연역된 경험적 개념이 아니다. 시간은 선험적으로 주어져 있다(곧 시간과 공간은 경험 이전부터 객관적으로 실재하는 것이다).⋯오직 그 속에서 현상의 모든 현실이 가능하다. 현상의 모든 현실은 없어질 수 있지만, 시간 자체는 지양될 수 없다.⋯시간은 감각적 직관의 순수 형식이다.⋯(언제나 새롭게) 교체되는 모든 현상이 그 속에서 일어나는 것으로 생각되는 시간은 (변하지 않고) 존속하며 교체되지 않는다.⋯교체는 시간 자체에는 해당하지 않으며, 시간 속에 있는 현상에게만 해당한다"(Kant 1956, 78-79).

2. 아인슈타인은 그의 상대성 이론에서 뉴턴과 칸트의 절대 시간과 절대 공간의 개념을 거부한다. 그에 따르면 시간과 공간은 서로 독립적이지 않다. 오히려 그들은 서로 간의 연속성 속에서 결합되어 서로 영향을 주고받는다. 따라서 어떤 사물의 순수한 공간적 상태란 존재하지 않는다. 시공간적 상태가 있을 뿐이다. 동시적 시간일지라도 공간의 영향을 받기 때문에, 서로 다른 공간에서는 다르게 존재할 수밖에 없다. 공간은 그 속에 있는 물질의 영향을 받으며 물질의 중력으로 인해 구부러지기도 한다. 시간도 중력을 통해 수축한다.

이같이 시간과 공간이 절대적인 것이 아니라 상대적인 것이라면, 그 속에 있는 모든 것은 고정되어 있지 않다. 세계는 고정되어 있는 물질적 입자들로 구성되어 있는 것이 아니라 특정한 순간에 존재하지 않다가 존

부록 | 양자이론의 생명생태신학적 의미

재하기 위해 시간을 필요로 하는 진동과 에너지장들로 구성되어 있다. 그것은 입자들이 그 속에 등장했다가 사라지는 역동적 흐름이나 안개구름과 같다. 세계를 구성하는 원자는 고정되어 있는 물질적 입자 덩어리가 아니라 그 내부가 텅 비어 있는 공간이기 때문이다. 세계는 고정되어 있는 물체나 기계가 아니라 개연성 혹은 잠재성의 상태에 있다.

아인슈타인은 그의 생애 후기에 양자이론을 반대했지만, 그의 상대성 이론은 양자이론이 등장할 수 있는 기초를 준비하였다. 그의 상대성 이론은 확정할 수 없는 하나의 역동적이며 모든 것이 결합되어 영향을 주고받는 세계를 제시한다. 시간과 공간은 분리될 수 없으며, 질량은 에너지의 형식이고, 중력과 가속운동은 구분될 수 없다. 질량의 운동과 공간의 형식, 시간의 과정과 공간의 기하학적 운동은 분리되어 있는 것이 아니라 상호작용 속에 있다. 물질은 수축성 있는 시간-공간의 그물망(Gewebe) 구조 속에 얽혀 있는 주름(Falte)과 같다. 세계는 그 속의 모든 사물이 서로 분리된 상태에서 단지 외적으로 관계하는 전체가 아니라 서로 작용하는 사건들의 총체적 흐름(Fließen)에 비유할 수 있다. 영국의 양자물리학자 폴킹혼이 말하는 "스푸키 효과"는 아인슈타인의 상대성 이론의 세계상에 매우 가깝다. "두 개의 양자적 실체가 한번 상호작용을 하였다면, 그들은 이제 그 후에 아무리 멀리 떨어지게 되더라도 서로에 대하여 직접적인 인과적 영향력을 계속 가지게 된다"(신준호 2001, 370).

따라서 세계에 대한 자연과학자의 인식은 실재의 세계를 있는 그대로, 곧 객관적으로나 절대적으로 파악한 것이 아니라 자연과학자가 만든 세계에 대한 상(像)일 따름이다. 이 상은 학자들의 관심과 관점에 따라 다를 수 있는 상대적인 것이다. 이것을 우리는 화가들의 그림에서 감각적으로 볼 수 있다. 동일한 대상이지만 이 대상에 대한 화가들의 그림은 다르다. 각 화가의 관심과 관점이 다르기 때문이다. 아인슈타인은 이 같은 사실을 파악함으로써 양자이론의 기본 통찰을 개척하였다. 자연과학의 연구를 통해 인간은 세계에 대해 단순화되고 쉽게 파악할 수 있는 상을 얻고자 하며, 세계를 이 같은 상으로 대체함으로써 그가 체험하는 세계를 극복하고자 한다. 화가들, 시인들, 사변적 철학자들, 자연 연구자들, 이들은 각자의 관심과 관점에 따라 각자의 방법으로 세계의 상들을 얻고자 한다. 각자가 세계에 대해 강하게 느끼는 바를 그들은 이 상들과 이들이 형성되는 과정에 투입하며, 이를 통해 그 자신의 좁은 개인적 체험의 범위 속에서 발견할 수 없는 확실성과 안식을 얻고자 한다. 따라서 세계에 대한 이른바 객관적이며 절대적 인식은 거부된다(이에 관해 Einstein 1934, 44, Hattrup 2004, 44).

3. 양자이론은 덴마크의 물리학자 닐스 보어의 상호보완(Komplementarität)이론과 독일의 물리학자 하이젠베르크(W. Heisenberg, 1901-1976)의 불확정성(Unbestimmtheit)의 원리를 통해 1927년 벨기에 브뤼셀에서 열린 제5차 국제물리학회에서 결정적으로 확립된다. 이 학회에서 채택된 "코펜하겐 해석"에 따르면 "객관적인 물리적 현실"은 "물리적 현실의 관찰자"와 상관없이 독자적으로 존재하는 것이 아니라 관찰자 그리고 관찰 기기(器機)에 의존한다. 특정한 관찰 기기를 통해 전자나 광자를 관찰하는 관찰 행위 속에서 그들의 운동과 존재 형태가 변하기 때문이다. 이것은 단지 관찰 방법이나 관찰 기기의 문제가 아니라 "미시세계의 소립자들이 지닌 근본적인 속성에 기인한다"(김기

베르너 하이젠베르크

석 2018, 129). 양자이론은 한 걸음 더 발전하여 물질이란 애초에 없으며 보이지 않는 에너지장들(fields)의 불규칙한 자극이나 파동만 있을 뿐이라는 주장으로 이어진다.

20세기 물리학에서 일어난 이러한 변화는 토머스 쿤(Th. S. Kuhn)이 20세기의 "과학적 혁명", "패러다임의 교체"라고 부를 만큼 현대의 세계관에 일대 혁명을 일으켰다. 1960년대에 양자이론 분야에서 시작된 신과학운동(New Science Movement)은 "전통적인 서구 학문의 분석적 방법론과 그 기계론적 세계관에 대한 전면적 반성과 변혁을 요구"하였으며, "1970년대 이후 과학의 여러 분야와 심리학, 사회학, 정치학, 경제학 등 인문·사회과학 분야에 이르기까지 확대되고 있다"(현요한 2002, 301). 반도체, 컴퓨터, 스마트폰, 나노기술, 이 모든 것이 양자이론에 기초한다. 양자이론을 이용한 "양자컴퓨터의 개발은 앞으로 정보통신 분야에 혁명적 변화를 가져올 것"으로 예측된다(김기석 2018, 123f.).

이제 우리는 양자이론의 세계관을 파악하고 그 속에 내포된 생명생태신학적 의미와 더불어 사회정치적 의미를 해명하고자 한다. 프랑크푸르트 학파에 따르면 자연과학도 분명히 하나의 "사회적 실재"다. 그 속에는 지적, 이론적 관심과 더불어 정치적, 이데올로기적 세력이 작용한다. 자연과학이 가진 "자연을 지배하는 힘"은 "인간과 사회를 지배하는 힘"으로 발전하기 때문에 물리학적 세계관의 생명생태학적 의미는 사회정치적 의미와 분리될 수 없다. 오늘의 위기상황을 극복하기 위해 이 두 가지 문제는 함께 다루어져야 할 것이다.

2. 정신과 물질의 이원론의 상대화

일반적으로 물질은 더 이상 나누어질 수 없는 많은 단위체로 구성되어 있는 것으로 생각된다. 그래서 물질을 분석하면 그것을 구성하는 가장 작은 입자들, 곧 더는 나누어질 수 없는 단위체들을 얻을 수 있다고 생각된다. 이 입자들을 가리켜 우리는 "실체"(substance)라고 부른다. 실체는 라이프니츠가 말한 "단자"나 당구공처럼 더는 나누어질 수 없고 독립적으로 존재하는 물질의 가장 작은 단위체를 말한다. 이 단위체 곧 입자는 물질과 동일한 구조와 속성을 지닌다. 모래알들이 아무리 작아도 그들이 구성하는 바윗덩어리와 동일한 구조와 속성을 가지는 것과 마찬가지다. 이러한 입자들, 곧 원자가 물질을 구성하는 실체라고 생각되었다.

고전물리학에 따르면 원자의 직경은 10^{-8}cm(0.00000008cm)이고, 그 안에 있는 원자핵의 직경은 10^{-12}cm이다. 원자핵의 주변에는 직경 10^{-13}cm의 전자들이 움직이고 있다. 양극을 가진 원자핵과 음극을 가진 전자들의 인력에 의해 원자는 유지된다. 가장 작은 원자는 수소 원자이며, 수소 원자의 핵은 단 한 개의 양성자(Proton)이고, 이 양성자는 단 하나의 전자와 결합되어 있다(Weizsäcker 1991, 128). 이 기본적 실체, 곧 원자는 영원히 변하지 않으며 그것이 구성하는 물질과 동일한 구조와 속성을 가진다. 그것은 인과율 곧 원인과 결과의 법칙에 따라 움직이면서 물질적 질서를 형성한다고 생각되었다.

양자이론은 고전물리학의 이 같은 물질관에 일대 혁명을 일으킨다. 양자이론에 따르면 물질을 구성하는 근본 요소는 가장 작은 입자로서의 원자가 아니라 장(field)과 에너지다. 폴킹혼에 따르면 그것은 "에너지와 패턴"이다. 원자는 고정되어 있는 불활성의 "가장 작은 물질"이 아니다. 오히려 그것은 "장" 가운데서 이동하며 진동하는 에너지일 따름이다. 따라서 물질의 가장 작은 단위체는 우리가 확정할 수 있는 근본적인 미립자가 아니다. "장"은 우리가 물질에서 볼 수 있는 속성을 갖지 않는다. 그것은 물질적인 것이 아니라 정신적인 것에 더 가깝다. 그것은 물질이 아니라 일종의 비물질적인 포텐샬, 혹은 위치 에너지장으로 설명되기도 한다. 양자이론의 이 같은 물질관은 이미 아인슈타인의 상대성 이론에 의해 준비되었다. 아인슈타인의 "상대성은 장 개념을 더욱 추상적으로 만들었고, 양자이론은 미립자의 개념을 더욱 추상화했다. 눈에 보이지 않지만 개체적이고 딱딱한 물질 대신에 새로운 에너지의 양자들이 최종 구성 인자가 되었다. (세계를 시공을 떠다니는 단단한 미립자들의 집합체로 보는) 기계론은 상대성에 의해 무너졌다"(Giancoli 1986, 144).

하이젠베르크에 의하면 현실의 가장 깊은 곳에서 우리가 만나는 것은 고정되어 있는 물질적인 것이 아니라 플라톤 철학이 말하는 것과 같은 "물질의 관념들"로서의 "근원적 상들"(Urbilder)이다(Heisenberg 1971, 326). 폰 바이체커는 하이젠베르크가 말하는 "근원적 상들"을 "정신적인 것"으로 해석한다. 그에 따르면 사유하는 실체(*res cogitans*)와 연장되는 실체(*res extensa*), 곧 정신과 물질을 별개의 것으로 나누는 데카르트의 이원론은 타당하지 않다. 현실을 구성하는 가장 기본적인 단위체는 정신적 요소와 물질적 요소로 나누어질 수 없다는 사실을 양자이론은 보여준다. 오히려 양자이론은 정신과 물질의 "영혼주의적 일원론"(spiritualistischer Monismus)을 시사한다. 영혼과 물질의 두 가지 실체 대신에 "심리"(Psyche) 혹은 "잠재적 의식"(virtuelles Bewußtsein)의 "단 한 가지 실체만이" 있다. 이 실체는 객관적으로 실존하며 우리에게 객관적으로 파악되는 것이 아니라 우리가 결단해야 할 양자택일의 것으로 우리에게 나타난다고 폰 바이체커는 주장한다(Weizsäcker 1991, 44-46).

폰 바이체커의 이 같은 실체관은 라이프니츠의 단자론을 연상시킨다.

라이프니츠의 단자론에 따르면 세계를 구성하는 최소의 단위체, 곧 더는 나누어질 수 없는 "단자"는 물질적인 것이 아니라 "형이상학적 실체"이며 "지각과 목적을 가진" "혼"(Seele)이라 부를 수 있다(Monadologie §19).

실체에 대한 양자이론의 이해는 정신과 물질의 이원론적 세계관을 거부하고 세계를 하나의 유기체로 이해할 수 있는 근거를 제공한다. 세계는 더 이상 정신과 물질, 영혼과 물질의 영역으로 나누어질 수 없다. 세계 안에 있는 모든 사물은 일종의 정신 내지 "잠재적 의식"에 가까운 에너지장으로 구성되어 있다. 따라서 세계는 그 속의 모든 사물이 동질성을 가진 하나의 유기체적 전체이다. 인간과 자연은 더 이상 나누어질 수 없다. 그들은 하나로 결합되어 있다. 이러한 세계관을 우리는 아래 "상보성과 전일성의 세계"에서 한층 더 깊이 고찰하게 될 것이다.

3. 상호작용 속에 있는 실재의 세계와 인간

1. 고전물리학은 객관적 실재론(objective realism)을 인정한다. 곧 "모든 존재의 가장 밑바탕에는 더 이상 쪼갤 수 없는 확실한 무언가(원자)가 존재하며, 그들의 운동은 정확하게 측정이 가능할 것이라는 직관"을 말한다(김기석 2018, 128). 우리가 보는 대상 세계의 실재(혹은 현실, reality)는 그것을 인식하는 인간에게서 독립하여 객관적으로 존재한다. 이를 가리켜 칸트는 "사물 자체"(Ding an sich)라고 말한다. 비록 우리 인간은 그것의 "현상"(나타남, Erscheinung)을 인식할 수 있을 뿐이지만 "현상" 뒤에는 그것의 "사물 자체"가 객관적으로 실재한다는 것이다. 생물학자 모노(J. Monod)에 의하면 "과학적 방법의 기본 원리는 자연의 객관성을 전제한다.…객관성의 전제는 과학과 동일시될 수 있다. 그것은 자연과학의 엄청난 발전을 삼백 년 전부

터 이끌어 왔다"(Monod 1970, 30).

객관적 실재에 대한 고전물리학의 신념은 인과율, 곧 원인과 결과의 법칙에 근거한다. A라는 원인은 B라는 결과를 필연적으로 초래하며, B라는 결과는 A라는 원인에서 나올 수밖에 없는 필연성과 객관성을 가진다. 구체적 예를 들어 열쇠를 오른쪽으로 돌리면(원인) 자물쇠는 필연적으로 열린다(결과). 자동차 브레이크 페달을 밟으면(원인) 자동차 속도가 감소한다(결과). 원인과 결과의 이 같은 필연적 관계는 관찰자의 입장에 따라 변경될 수 있는 것이 아니다. 그것은 관찰자의 입장과 관계없이 모든 사람에게 동일하게 관찰될 수 있는 객관적이고 필연적인 것, 보편적인 것이다. 이 같은 객관적, 필연적, 보편적 실재가 있기 때문에 우리는 아무 의심 없이 자동차 속도를 줄이기 위해 브레이크 페달을 밟는다. 이 같은 객관적 실재가 있기 때문에 대상에 대한 과학의 인식은 객관성과 필연성과 보편성을 가질 수 있다. 모든 사물의 운동은 인과율에 따라 결정되어 있고, 객관적으로 언제나 동일하게(필연적으로, 보편타당하게) 파악될 수 있다.

그러므로 자연과학은 대상 세계의 모든 실재(현실)를 객관적으로 파악할 수 있고 이를 수학적 공식으로 나타낼 수 있다. 모든 사물의 미래를 미리 계산할 수 있고 예측할 수 있다고 믿게 된다. 인식의 목적은 대상에 대한 인간의 모든 주관적 개입을 배제하고 대상을 가능한 한 있는 그대로, 곧 객관적으로 모사하는(abbilden) 데 있다. 인식의 이상(理想)은 대상과 인식의 일치(adaequatio)에 있다. 대상과 일치하는 인식을 가리켜 객관적, 보편적 인식이라 부른다. 이 인식은 대상의 객관적 실재를 전제한다.

아인슈타인은 그의 상대성 이론을 통해 양자이론의 기초를 준비했지만, 대상 세계의 객관적 실재에 대한 고전물리학의 입장을 포기하지 않았다. 아인슈타인은 그의 상대성 이론에서 관찰자 자신을 관찰의 과정에서 배제하였고 이른바 물리적 실재는 객관적으로 존재한다고 믿었다. 그의 신념에 따르면 대상 세계의 현실은 인과론적이고 객관적으로 실재한다. 곧 대상 세계의 객관성은 실제로 존재한다. 객관화될 수 있는 것만이 현실적이다. 만일 어떤 사물이 객관적이 아니라면 그것은 주관적일 수밖에 없다. 그러나 주관성은 객관성을 결여한 단순한 주관적 의견이나 생각에 불과하므로 과학의 대상이 될 수 없다. 객관적 실재와 관찰자는 원칙상 분리되어 있다. 따라서 물리적 실재에 대해 관찰자는 아무런 적극적 의미와 기능을 갖지 못한다.

아인슈타인에 따르면 일상생활에서 우리는 언제나 객관적 실재를 전제한다. 수평선이나 지평선 아래에 있는 태양이 우리 눈에 보이지 않을지라도 태양이 빛을 비추고 있다는 객관적 현실을 우리는 확신한다. 우리가 잠을 자고 있을 때도 태양은 자기 위치를 지키면서 지구를 향해 따뜻한 햇볕을 반사하고 있음을 우리는 믿는다. 이것은 우리 인간의 입장에 의존하지 않는 객관적 실재 혹은 현실이다. 이 객관적 실재를 아인슈타인은 포기하지 않았다(Weizsäcker 1943, 207).

2, 그러나 미시적 원자의 세계에 대한 관찰에 있어서는 상황이 다르다고 양자이론은 주장한다. 세계를 구성하는 가장 작은 단위체는 인간이 확정할 수 있는 물질적인 것이 아니라 오히려 정신 혹은 혼에 가까운 에너지와 같은 것이기 때문이다. 어떤 물리학자는 이것을 가리켜 "안개"와 같다고 말한다. 안개와 같은 이 에너지는 입자(Teilchen)로 보일 때도 있고 파동(Welle)으로 보일 때도 있기 때문에 그것의 객관적 실재를 확정한다는 것은 불가능하다. 또 대상을 관찰하는 연구자 자신이 영향력을 갖기 때문에 이른바 객관적 실재는 인정될 수 없다고 양자이론은 주장한다. 관찰자가 "입자적인 성격을 측정하려고 하면 실재는 입자적인 성격을 보여주고, 반면 파동적인 성격을 측정하려고 하면 실재는 파동인 것처럼 행동한다.…

실재는 입자적인 성질이나 파동적인 성질을 애초부터 가지고 있는 것이 아니라, 인간 행위 주체와 실험 장치들이 행위자 네트워크를 형성하여 다가올 때 이 인간-기계로 구성된 혼종 행위자 네트워크와 더불어 얽힘의 내적-작용(intra-action)을 통해 입자-파동의 이중성을 보이는 것이다." 따라서 대상의 객관적 실재를 이야기하는 것은 불가능하게 된다. "실재의 인식이나 인지는 인간의 인지 능력을 벗어나 있고, 우리가 인지하는 실재의 현상적인 모습은 행위 주체의 주관적 상상력으로부터 일어나는 것이 아니라 실재가 우리의 행위 주체적 절단에 응답함으로써 발생하는 것이다"(박일준 2022, 184-185, 188).

보어에 따르면 원자에 대한 진술들은 객관적인 것이 아니라 물리학적 실험의 배열(Anordnung)에 의존하며, 우리는 고립되어 있는 이른바 객관적 원자 자체에 대해서는 아무것도 진술할 수 없다. 실험 주체와 실험 대상 사이에 상호작용(Interaktion)이 일어난다는 것을 모든 실험에서 관찰할 수 있다. 관찰 대상과 관찰 과정은 엄밀히 나누어질 수 없다. 관찰자는 단지 구경꾼이 아니라 관찰 과정에 적극적으로 참여하고 있으며, 관찰의 수단과 방법들을 선택한다. 결정적으로 중요한 것은 관찰자의 이성이나 의식이 아니라 관찰 과정에서 일어나는 상호작용이다(Barbour 2003, 236ff.). 관찰자와 관찰 대상과 관찰 과정 사이에 일어나는 상호작용 때문에 관찰자는 관찰 대상의 이른바 객관적 실재를 관찰할 수 없고 이를 진술할 수 없다. 그는 단지 자기가 보는 것을 진술할 수 있을 뿐이다. 이것을 보어는 다음과 같이 말한다. "There is no quantum world. There is only abstract quantum physical description. It is wrong to think that the task of physics to find out how nature is. Physics is concerned with what we can say about nature"(Polkinghorne 2002, 83).

하이젠베르크도 이 사실을 포착하였다. 어떤 물리적 대상을 관찰할 때 관찰 과정이 관찰하고자 하는 원자들의 작용에 영향을 미친다는 것을 그는 보았다. 이리하여 그는 다음과 같이 결론을 내린다. "모든 관찰과 함께 결합되어 있는 피할 수 없는 방해로 말미암아 자연은 우리의 직관적 개념들을 통한 정확한 확정을 벗어난다. 자연을 가능한 한 그 자체로서 있는 그대로, 다시 말해 우리의 개입과 관찰 없이 묘사하는 것이 모든 자연 연구의 본래 목적이었다. 그러나 이제 우리는 바로 이 목적이 달성될 수 없다는 사실을 인식한다. 모든 관찰은 관찰되는 대상에 변화를 가져온다. 이 변화를 무시하는 것은 원자물리학에서는 어떤 방식으로든지 불가능하다"(Heisenberg 1967, 430).

대상에 대한 인간의 관찰이 대상에 변화를 일으킨다면 대상의 객관적 실재는 존재하지 않는다고 말할 수 있다. 객관적 실재 대신에 끊임없이 변화하는 실재의 과정이 있을 뿐이다. 객관적 실재는 인간이 확정할 수 없는 것이다. 이로써 실재의 객관성에 대한 아인슈타인의 신념은 부인된다. "최근의 양자이론의 실험들은 아인슈타인을 무덤 속에 묻어버리기에 충분하다.…양자물리학의 특징은 다음의 사실에 있다. 곧 원인과 결과는 고전물리학이 말하는 것처럼 그렇게 확정적으로 결합되어 있지 않으며 불확정성이 지배한다는 것이다. 다시 말해 어떤 사건들은 이른바 자발적으로, 일반적 의미에서 그 이전의 원인 없이 단순히 발생한다"(Davies 1995, 207).

하이젠베르크는 그의 입장에 대한 근거를 괴테의 "색채론"에서 발견하기도 한다. 괴테에 따르면, 수학적 공식들은 실재 자체를 묘사하는 것이 아니라 실재의 추상물(Abstraktion)일 뿐이다. 실험과 계산에 근거한 원인과 결과의 분석은 실재에 대한 사실적 묘사가 아니라 그것을 조작한 것(Manipulation)이다. 수학적 추상화에 대해 괴테는 인간 직관의 직접성을 대비시킨다. 그에 따르면 수학적 추상화보다 인간의 감각기관에 의한 직접적 직관이 실재를 더 정확하게 인식할 수 있다고 그는 주장한다. "물리학자들도 자기를 현상들에 대해 주권자로 만들고, 경험을 수집하며, 기교적 시도들을 통해 현상들을 가공하고 나사로 조여 맞춘다.…이것이 자연이라는 뻔뻔스러운 주장에 대해, 우리는 조용히 미소를 짓고 머리를 끄덕이면서 응대한다. 그러나 어느 건축가도 자기가 지은 궁전을 산골의 창고나 숲을 위해 내어주지 않을 것이다"(Heisenberg 1967, 421). 여기서 괴테가 말하는 건축가의 궁전이 인간이 자신의 직관을 통해 얻은 풍요로운 세계상을 가리킨다면, "산골의 창고나 숲"은 과학자들이 수학적 추상화를 통해 세운 메마르고 빈곤한 세계상을 가리킨다. 직관을 통해 얻은 풍요로운 세계상, 생명의 숨을 느낄 수 있는 세계상을 자신은 절대 포기하지 않겠다는 것이다.

이로써 괴테는 수학적 법칙들을 통해 자연을 묘사할 수 있다고 보는 고전물리학의 세계관적 파토스를 조롱하며, 양자이론에 대한 중요한 단서를 제공한다. 자연과학의 인식 과정을 통해 실재는 대폭 변경되며, 수학적 공식을 통해 얻은 실재에 대한 인식은 실재 자체와 일치하지 않는다. 원인과 결과의 법칙에 따라 수학적으로 파악될 수 있는 대상의 실재, 곧 모든 인간의 모든 인식에 대해 언제나 동일하게 고정되어 있고 그러므로 모든 사람에게 이른바 객관적으로, 보편적으로 인식될 수 있는 객관적 실재는 인정될 수 없다. 인식의 과정에서 대상의 실재에 변화가 일어나기 때문이다.

이 같은 통찰에 근거하여 하이젠베르크는 생명과 의식을 가진 사물들의 영역에 자연과학적 인식을 적용하는 것에 대해 경고한다. 생명과 의식은 자연과학의 수학적 공식을 통해 확정될 수 없는 것이기 때문이다. 물리학자가 그의 물리학적 장치들을 가지고 관찰하는 자연은 결코 자연 자체가 아니라고 괴테는 말하였다. 이로써 괴테가 말하고자 했던 것은 "자연과학의 이러한 방법을 가지고 접근할 수 없는 자연의 다른 영역들, 더욱

더 큰 생동성을 가진 영역들이 있다는 것이다. 자연과학이 생명 없는 물질에 적용되지 않고 오히려 생명이 있는 물질에 적용될 때 자연을 인식하기 위한 목적으로 자연에 개입하는 일에 더욱더 조심해야 한다는 것을 우리는 사실상 믿게 될 것이다. 고차원의 정신적인 영역들을 인식하고자 하면 할수록 우리는 단지 수용하고 관찰하는 연구로 만족해야 할 것이다"(Mayer 1987, 431). 더 높은 생명과 의식의 영역들을 인간의 관심과 목적에 따라 조작하는 일을 피해야 할 것이다.

양자이론의 입장은 칸트의 사물 자체(Ding an sich)에 대한 생각을 넘어선다. 칸트에 의하면 인간은 그에게 나타나는 대상의 "나타남"(현상, Erscheinung)을 인식할 수 있을 뿐, 대상 자체는 인식할 수 없다. 대상 자체는 인간의 인식 저 너머에 숨어 있다. 여기서 칸트는 이른바 대상 자체의 객관적 실재를 인정한다. 대상 자체는 실재하는데, 단지 인간에 의해 인식되지 않을 뿐이다.

이에 반해 양자이론은 미시세계에서 대상 자체의 객관적 실재를 인정하지 않는다. 비록 대상 자체의 객관적 실재가 존재한다고 할지라도, 그것은 고정되어 있는 것이 아니라 끊임없이 운동하는 안개구름과 같은 것이며, 인간이 그것을 관찰하는 순간 관찰자 자신이 그 속에 개입하여 그 모습을 바꾸어 놓기 때문이다. 대상은 언제나 특정한 관찰자에 상응하는 대상일 뿐이며, 대상을 인식하는 과정에서 대상 자체의 존재가 변화한다. 대상에 대한 인식은 단순히 대상으로 말미암아 주어지는 것이 아니라 그것을 관찰하고 인식하는 사람의 관심과 태도와 인식방법에 의존하며, 그가 사용하는 파라미터에 의존한다. 과학자가 관찰하는 물리적 대상들은 고정되어 있는 객관적 실재가 아니라 끊임없이 변화하는 과정 자체다. "우리가 선택하는 물리적 대상들의 묘사는 우리의 태도와 연결되어" 있기 때문에 이 대상들에 대한 이른바 객관적, 절대적 인식이란 불가능하다(Weizsäcker

1980, 74).

그렇다면 대상 세계에 대한 보편적 진리는 완전히 부정되는가? 대상 세계에 대한 모든 인식은 상대적인가? 이 질문에 대해 양자이론은 "비판적 실재론"을 통해 대답한다. "우리가 실재를 있는 그대로 완전히 인식하고 기술할 수는 없지만 신뢰할 만한 방정식과 인식론적 모델을 통해 '근사적 진리'(Verisimilutude)에 도달할 수 있다는 생각이다." 곧 "거시세계에 존재하는 우리의 인식체계로는 실재, 즉 미시세계의 고유한 존재 방식을 있는 모습 그대로는 도저히 이해할 수 없기 때문에 일정한 인식론적 장치나 모델을 통해서만 근사적 실재를 파악"할 수 있다는 것이다(김기석 2018, 133-134).

고전물리학의 사고에 따르면 물리적 사건은 인간과 관계없이 단순히 대상 자신의 행위로 말미암아 일어난다. 그것은 자신의 인과율에 따라 일어난다. 양자이론은 이 생각을 거부한다. 인간에 의해 인식되는 물리적 사건 속에는 이미 인간의 정신이 작용한다. 그러므로 물리적 사건은 인간의 "정신적 행위와 (대상의) 물리적 행위의 통일성"(Einheit des mentalen und des physischen Akts)으로 말미암아 일어난다(Weizsäcker 1977, 177).

이것을 폴킹혼은 "인식론이 존재론을 주조한다"(Epistology models ontology)라는 파격적 명제로 설명한다. 곧 대상의 현실에 대한 인간의 인식에 따라 그 대상의 존재가 형성된다는 것이다. 그러나 폴킹혼의 이 같은 생각은 일면적이라 볼 수 있다. 그의 명제에서 대상은 자신의 주체성을 갖지 못할 뿐 아니라 전적으로 인간의 인식에 따라 결정되는 것으로 생각된다. 비록 안개구름과 같은 것일지라도 대상은 그 나름의 의식과 주체성을 가진다. 단지 인간의 정신에 의한 관찰과 인식 과정에서 그의 존재에 변화가 일어날 뿐이다. 대상과 인간의 정신은 서로 영향을 주고받는 상관관계에 있는 것이지, 인간의 정신이 대상을 결정하는 일방적 관계에 있다고 말할 수 없다. "인식론이 존재론을 주조한다"라는 폴킹혼의 명제는 대상 세계에 대한 인간중심주의의 위험성을 지니고 있다.

"인식론이 존재론을 주조한다"라는 폴킹혼의 명제는 "대상이 인간의 정신에 대해서만 존재한다"라는 생각으로 발전할 수 있다. 사실 많은 학자들이 그렇게 말하였다. 그러나 이 생각은 대상 세계의 실재를 부인하는 인간중심의 생각이다. 그것은 인간의 자의에 불과하다. 왜냐하면 대상 세계는 인간이 없어도 실재할 수 있기 때문이다. 진화론과 빅뱅 이론에 따르면 지구 위에 인간이 등장하기 오래전부터 대상 세계는 실재하였다. 물질론의 관점에서 볼 때 대상 곧 물질이 인간의 의식과 정신을 결정한다. 종합적으로 말해 대상과 인간의 정신은 서로 영향을 주고받는 상관관계에 있다.

4. 결정되지 않은 개연성의 세계
– 하이젠베르크의 "불확정성의 이론"

1. 1900년 양자이론의 기초를 마련한 막스 플랑크에 따르면 전자의 방사 (Strahlung)는 언제나 하나 아니면 다수의 에너지 묶음 즉 양자로 나타난다. 오늘날 그것은 광자(Photon)라 불린다. 광자는 빛의 입자들(Lichtteilchen)이라 볼 수 있는데 이것은 빛이 모든 다른 전자파들처럼 파장(Wellen)으로 구성되어 있다고 보는 종래의 견해에 모순된다.

이 모순은 아인슈타인이 1905년에 도입한 파장과 입자의 이원론을 통해 해결된다. 이 이론에 따르면 빛은 그것을 측정하는 실험의 방법에 따라 때로 파장으로, 때로 입자로 나타난다. 파장으로 나타나는 동시에 입자로 나타나는 것은 불가능하다. 입자의 위치를 파악하고자 할 때 그것의 파장 곧 운동을 정확히 파악할 수 없고 운동을 파악하고자 할 때 위치를 정확히 파악할 수 없다. 여기서 원인과 결과의 법칙 곧 인과율은 효력을 갖지 못한다.

인과율은 우리의 일상적 행동과 삶의 기초가 된다. 한 가지 예를 든다면 자동차의 가속 페달을 밟으면(원인) 자동차의 속도가 빨라진다(결과). 그러므로 우리는 자동차를 가속하고자 할 때 가속 페달을 밟는다. 자동차 속도를 줄이고자 할 때 가속 페달에서 발을 떼고 브레이크 페달을 밟는다. 여기서 인과율은 도저히 부인될 수 없는 절대 법칙으로 전제된다. 만일 인과율이 없다면 우리의 일상생활이 불가능할 것이다.

또한 인과율은 결정론적 세계관의 기초가 된다. A라고 하는 원인은 반드시 B라는 결과를 가져온다. 원인 A와 결과 B의 필연적 관계는 인과율을 통해 결정되어 있다. 자연의 모든 사물은 인과율에 따라 움직이도록 결정되어 있다. 인과율은 세계의 모든 사물이 활동하는 보편적 원리다. 철새들이 하늘을 날 때 맨 앞에서 나는 새 뒤를 많은 새가 따른다. 맨 앞에 나는 새를 통해(원인) 공기 저항이 감소하기 때문이라는(결과) 원인과 결과의 법칙을 철새들도 알고 있다. 인과율은 인간의 윤리에서도 결정론적 법칙으로 전제된다. 선을 행하면(원인) 선한 열매를 맺는다(결과). 악을 행하면(원인) 악한 열매를 맺는다(결과).

구약성서도 인과율을 인정한다. 하나님의 법을 지키면 복이 오고 그 법을 지키지 않고 타락하면 저주가 온다(신 28장). 하나님의 법을 버리면 땅이 황폐해지고, 회개하고 악한 길을 떠나면 땅이 번성하게 된다(대하 7:13-14). 복음서의 예수도 인과율을 인정한다. "좋은 나무는 좋은 열매를 맺고, 나쁜 나무는 나쁜 열매를 맺는다"(마 7:17-18). "나무는 각각 그 열매를 보면 안다. 가시나무에서 무화과를 거두어들이지 못하고, 가시덤불에서 포도를 따지 못한다"(눅 6:43-44). 성서의 이 말씀은 우리의 삶의 일반적 법칙이다. 부모가 인색하고 불의하게 살면(원인), 가문이 망한다(결과). 부모가 자선을 베풀며 바르게 살면, 가문이 흥한다.

2. 그러나 전자의 운동에 관한 막스 플랑크의 이론은 인과율의 절대적 타당성을 부인한다. 전자의 운동은 인과율에 따라 미리 결정되어 있지 않다. 오히려 그것은 우리가 예측할 수 없는 개방상태에 있다. A라는 원인은 반드시 B라는 결과를 가져오지 않으며, B라는 결과는 반드시 A라는 원인으로 환원되지 않는다. A의 미래는 확정되어 있지 않으며, 관찰자에 의해 정확히 계산될 수 없다. "우리가 현재를 정확히 알 때, 미래를 측정할 수 있다는 인과율의 엄격한 공식에서 잘못된 것은 종속문이 아니라, 그것의 전제다." 곧 우리는 관찰 대상의 현재를 정확히 측정할 수 없기 때문에 그것의 미래를 측정할 수 없다. "이로써 양자역학을 통해 인과율의 비타당성이 결정적으로 확정된다"라고 하이젠베르크는 결론을 내린다(Heisenberg 1927, 172-198).

인과율이 더는 절대적 타당성을 갖지 못한다는 양자이론의 입장은 세계관에 거대한 혁명을 일으킨다. 그것은 기계론적 세계관을 완전히 붕괴한다. 세계는 원인과 결과의 법칙에 따라 기계적으로 움직이는 하나의 결정된 기계와 같은 것이 아니다. 세계는 미래가 이미 결정되어 있는 폐쇄된 체계가 아니라 그 미래를 정확하게 예측할 수 없는 개방된 체계다. 그것은 새로움이 없는 체계가 아니라 예측할 수 없는 새로움을 향해 열려 있다. 이리하여 기계론적 세계관의 결정론은 무너지고 세계를 개방된 체계로 이해하는 비결정론적 세계관이 등장한다. 이것을 폰 바이체커는 다음과 같이 말한다. "양자이론은 고전물리학과 비교할 때 여러 가지 차이, 곧 오늘에 이르기까지 철학적으로 완전히 마무리되지 않은 차이점들을 보인다. 그것은 그의 비결정론을 통해 물리학자들과 철학자들을 놀라게 했다. 그것은 엄격히 결정되지 않은 사건에 대한 예측을 가르친다"(Weizsäcker 1980, 73).

곧 양자이론에 따르면 물리적 현상에 대한 정확한 예측은 불가능하며 단지 통계적 예측을 할 수 있을 뿐이라는 뜻이다.

양자이론의 이 같은 통찰들은 하이젠베르크의 "불확정성의 이론"(Unbestimmtheitstheorie)으로 요약된다. 세계는 인과율의 법칙을 통해 확정되어 있지 않다. 그것이 어떻게 변화할 것인지는 인간의 정확한 예측을 벗어난다. 우리는 그것의 개연성을 말할 수 있을 뿐이다. 폰 바이체커는 하이젠베르크의 불확정성의 개념을 다음과 같이 설명한다(Weizsäcker 1991, 131f.). 고전물리학에 따르면 하나의 입자는 그것에 영향을 주는 힘들 속에서 우리가 정확하게 정의할 수 있는 궤도를 따라 움직인다. 언제나 그것은 공간 속에 있는 한 특정한 장소와 특정한 속도를 가진다. 처음의 장소와 속도와 작용하는 힘들을 알 때 우리는 인과론적으로 결정되어 있는 궤도를 미리 계산할 수 있고 확정할 수 있다.

그러나 슈뢰딩어(E. Schrödinger)가 발표한 파장의 기능에 따르면 입자의 장소나 속도에 관한 측정들은 객관적인 것이 아니라 개연성을 가진 것에 불과하다. 파장의 기능이 입자의 상태를 완전히 묘사한다 해도 입자의 운동은 인과론적으로 확정되어 있지 않다. 따라서 고전물리학이 말하는 궤도란 엄격한 의미에서 존재하지 않는다. 입자의 장소 x와 속도 p는 결정되어 있지 않다. 그것은 불확실한 상태에 있다. "하이젠베르크는 입자 단위 실험에서 우리가 이런 불확실성(uncertainty)을 제거할 방법이 없으며…이것이 실재의 근본적인 성격이라고 보았다. 즉 실재는 입자-파동의 이중적인 형태로 존재하며 이때 입자의 위치와 운동량 및 속도를 동시에 알거나 측정하기는 근원적으로 불가능하다"(박일준 2022, 184). 그러므로 기계론적 인과율은 타당성을 상실한다. 세계는 인과율에 따라 결정되어 있지 않다. 그것은 우리 인간이 예측할 수 없는 개방된 상태에 있으며 불확정성 혹은 개연성을 그의 본질로 가진다. 그러므로 우리는 대상에 대해 단지 개연적인 것을 말할 수 있을 뿐이다. 세계에 대한 모든 과학적 인식은 개연적인 것에 불과하다.

3. 세계의 불확정성 혹은 개연성은 대상에 대한 우리 인간의 지식의 제한성에서 오는 것인가, 아니면 대상 자체의 불확정성과 개연성 혹은 우연성에서 오는 것인가? 이 문제에 대해 자연과학은 아직도 일치를 보지 못하고 있는 세 가지 대답을 제시한다(Barbour 2000, 123-126).

　　1) 세계의 불확정성 내지 개연성은 인간의 잠정적 무지에서 온다. 막스 플랑크와 아인슈타인에 따르면 양자이론이 말하는 세계의 불확실성은 지금 우리 인간의 무지로 말미암은 것이다. 세계의 사물들은 "관찰자에 의존하지 않고 독립적으로 존재하며", 이 사물들에 고전물리학의 개념들이 적용되어야 한다. 원자를 구성하는 개별 요소들의 활동은 인과율에 따라 일어나며 결정론적인 것이다. 그러므로 이 활동들의 법칙들이 언젠가는 발견될 것이며, 정확한 관찰이 가능할 것이다. "개연성이 아니라, 사실들의 법칙들의 지배 아래 있는 대상으로 인정되는 이론을 우리가 결국 발견할 것이라고 나는 절대적으로 확신한다"고 아인슈타인은 말한다(Born 1949, 122에 실린 아인슈타인의 서신에서 인용). 아인슈타인은 고전적 실재론자, 곧 대상의 객관적 실재를 믿는 학자로서 우주의 질서와 예측 가능성을 확신하였다. 그러므로 "하나님은 주사위 놀이를 하지 않는다"(Gott würfelt nicht)고 말한다. 아인슈타인의 이 말은 그가 확신했던 실재론을 요약한다.

　　2) 세계의 불확정성 혹은 개연성은 학자들이 사용하는 개념이나 실험 그 자체가 지닌 한계로 말미암은 것으로 설명되기도 한다. 많은 물리학자에 따르면 세계의 불확실성은 인간의 무지에서 오는 것이 아니라 원자의 세계에 대해 우리가 아무리 노력해도 정확한 지식을 영원히 얻을 수 없는 근본적 한계로 말미암은 것이다. 보어와 하이젠베르크의 초기 입장에 따

르면 불확실성은 실험이 지닌 한계들로 말미암아 일어나는데, 관찰자와 관찰 대상 사이에 적어도 최소한의 상호작용이 일어나는 관찰 과정 자체로 말미암아 야기된다. 또 그것은 우리가 피할 수 없는 개념적 한계들로 말미암아 일어난다. 대상을 실험하는 실험 상황의 선택을 통해서 우리는 특정한 개념적 구도에 따라 파장이나 정확한 속도의 측정을 결단한다. 원자의 세계를 관측할 때 우리는 인과론적 구도와 시공간적 구도 둘 중 하나를 선택해야 하며, 두 가지를 함께 적용할 수 없다. 그러나 두 가지 구도는 모두 한계를 가지므로 불확실성이 일어날 수밖에 없다. 이로 인해 우리가 인식하는 세계는 불확정성 혹은 개연성을 갖게 된다는 것이다.

3) 후기 하이젠베르크는 세계의 불확정성과 개연성을 자연 자체가 지닌 불확정성의 결과로 설명한다. 물리적 대상에 대한 인식의 불확정성은 우리 인간이 지닌 지식의 한계로 말미암은 것이 아니라 자연의 객관적 현실이다. 자연의 불확정성은 자연 속에 숨어 있는 잠재성에 기인한다. 그러므로 하이젠베르크는 자연의 불확정성을 가리켜 "잠재성 개념의 재도입"(Wiedereinsetzung des Begriffs der Potentialität)이라 부른다(Barbour 2003, 244). 이 잠재성은 단순히 미래의 목적을 향한 자연의 지향성에 있는 것이 아니라 자연 안에 숨겨져 있는 다양한 가능성을 가리킨다. 이 다양한 가능성 가운데 어떤 가능성이 실현될 것인지 결정되어 있지 않기 때문에 자연은 확정되지 않은 상태, 곧 불확정성의 상태에 있다. 그러므로 우리는 세계의 모든 사물의 현재와 미래에 대해 언제나 개연적으로 말할 수 있을 뿐이다.

자연의 사물들에 대한 관찰은 그 속에 숨어 있는 다양한 가능성 가운데 하나를 끄집어내는 작업이다. 관찰자의 기능은 대상 사물의 가능성들 가운데 하나의 가능성을 실현하도록 유도하는 데 있다. 그러므로 전체로서의 세계는 이미 결정된 것이 아니라 그것을 관찰하는 인간의 영향을 받으면서 그의 잠재적 가능성이 실현되는 과정에 있다. 예를 들어 전자는 완결된 실체가 아니라 그것을 관찰하는 사람의 영향을 받으면서 그 속에 있는 가능성들 중에 한 가능성이 실현되는 과정에 있다. 이리하여 관찰하는 인간 자신의 행위가 원자적 사건의 역사의 한 부분이 된다. "원자의 세계는 직접 관찰되거나 감각적인 언어로 표현될 수 없다. 우리는 그것을 상상조차 할 수 없다.…예를 들어 우리는 어떤 실험에서는 전자를 파장으로, 또다른 실험에서는 입자로 나타내지만 전자 자체가 무엇과 같은지를 상상할 수 있는 일관된 방법은 없는 것 같다"(Barbour 1974, 158).

세계의 모든 사물이 결정되어 있지 않다면, 달리 말해 불확정성과 개연성 속에 있다면, 세계 속에는 인과율에 따라 계산할 수 없는 우발적 사건들과 새로움이 나타날 수 있다. 비록 세계가 특정한 과거의 상태로 되돌아갈지라도 세계의 사건들은 과거의 것과 동일한 것이 아니라 과거의 것과 다른 형태를 가진 새로운 사건들일 것이다. 다양한 가능성으로 말미암아 언제나 다른 사건들이 일어나기 때문이다. 세계의 잠재성과 우연은 단지 인간의 주관적 현상이 아니라 세계 자체의 객관적 현실이다. 세계는 하나의 기계처럼 결정된 것이 아니라 그 미래를 정확히 예측할 수 없는 개연적이고 잠재적인 실재이며, 우리 인간의 인식 능력으로 예견할 수 없는 우연적인 사건이 일어날 수 있는 성격을 띤다.

5. 닐스 보어의 상호보완의 원리

1. 1927년 하이젠베르크와 함께 발표한 "코펜하겐 해석"에서 덴마크의 물리학자 닐스 보어는 상호보완(Komplementarität)의 개념을 중심 문제로 다룬다. 그의 입장에 따르면 상호보완의 개념은 하나의 동일한 사건을 두 가

지 상이한 관찰 방법으로 인식할 수 있는 상황을 묘사한다. 입자는 그 자체로서 존재하는 독립된 실체를 가리킨다면, 파장은 독립된 실체들이 결합하여 일어나는 운동의 속도를 가리킨다. 여기서 입자와 파장은 서로 모순되는 개념들로서 하나의 이원성을 형성한다. 이를 가리켜 과학자들은 파장과 입자의 이중성(Welle-Teilchen Dualität) 내지 이원론(Dualismus)이라 부른다.

그런데 이원성 가운데 있는 입자와 파장은 단지 모순된 것이 아니라 하나의 동일한 실재를 묘사하는 상호보완적 측면들이라 볼 수 있다. 일반적으로 우리는 전자, 양자 등 원자의 미시적 대상들을 입자라고 생각하는데, 이 입자들은 입자로 보이기도 하고 특수한 상황 속에서는 파장으로 보이기도 한다. 광자(Photon)는 입자들과 동일한 보편적 상태에 있는 것으로, 일종의 입자로 파악될 수 있다. 이 같은 미시적 대상들은 특정한 위치에 존재하면서 특정한 속도를 가진 운동 속에 있다는 두 가지 속성들을 가진다. 그런데 이들 미시적 대상들이 때로는 입자로 나타나고 때로는 파장으로 나타나기 때문에 그들의 속성들은 정확하게 파악될 수 없다. 예를 들어 동일한 형태를 가진 파장은 하나의 특수한 속도 가운데 있기 때문에 그것이 있는 위치를 정확하게 파악할 수 없다. 그것의 위치를 파악할 때 그것의 속도를 정확하게 파악할 수 없다. 거꾸로 그것의 속도를 파악할 때 그것의 위치를 정확하게 파악할 수 없다.

그러므로 관찰자는 두 가지 방법을 사용할 수밖에 없다. 즉 속도를 측정하는 관찰 방법과 위치를 파악하는 관찰 방법을 사용할 수밖에 없다. 그러나 두 가지 관찰 방법은 서로를 배격한다. 위치를 관찰하는 방법은 속도를 관찰하는 방법을 배격하며, 속도를 관찰하는 방법은 위치를 관찰하는 방법을 배격한다. 따라서 위치와 속도를 동시에 관찰하는 것은 불가능하다. 미시적 대상들의 위치와 속도는 결코 동시에 관찰될 수 없다. 그러므로 이들 대상에 대한 관찰은 정확하지 못하고 명료하지 못하다. 곧 부정확성과 불명료성을 피할 수 없다. 이를 가리켜 하이젠베르크는 "불명료성의 관계"(Unschärferelation)라고 말한다.

여기서 뉴턴의 기계론적 법칙은 타당성을 상실한다. "양자의 체계들(Quantensystem)에 있어 피할 수 없는 불명료성 때문에 전자와 같은 대상들에 대한 역학(기계학)의 뉴턴적 법칙은 거부되며…1920년대 베르너 하이젠베르크, 에르빈 슈뢰딩어 그리고 일련의 다른 학자들이 발전시킨 새로운 '양자역학'(Quantenmechanik)으로 대체될 수밖에 없다"(Davies 1992, 34).

대상에 대한 관찰의 불명료성을 극복하고 대상을 보다 더 적절히 파악하고자 한다면, 위 두 가지 관찰 방법이 서로 보완되어야 한다고 닐스 보어는 제의한다. 어느 한 가지 방법만을 가지고 대상을 적절하게 파악할 수 없다. 두 가지 방법들의 상호보완 속에서 대상의 보다 더 적절한 파악이 가능하다. 이에 하이젠베르크도 동의한다. 대상에 대한 두 가지 관찰 방법, 곧 위치에 따른 관찰 방법과 속도에 따른 관찰 방법, "이 두 가지 관찰 방법은 서로를 배격하는 동시에 서로를 보완하며, 두 가지 서로 모순되는 관찰 방법들의 연결을 통해 우리는 비로소 눈으로 볼 수 있는 현상의 내용을 충분히 파악할 수 있다"(Heisenberg 1971, 98). 하나의 대상은 단 한 가지 개념의 틀을 통해 충분히 파악될 수 있는 것이 아니라 다양한 개념적 틀의 상호보완 속에서 충분히 파악될 수 있다는 것이다.

여기서 기계론적 관찰 방법은 거부된다. 완성된 하나의 기계를 파악하기 위해 우리는 원인과 결과의 법칙이라는 단 하나의 관찰 방법을 요구한다. 그러나 미시 영역에서 세계는 결정된 기계가 아니다. 그것은 예측할 수 없는 개연성과 불명확성을 가진다. 따라서 특정한 한 가지 개념의 틀에 따라 대상을 완전하게 파악하고 묘사한다는 것은 불가능하다. 하나의 개념적 틀이 사용되면 될수록 다른 개념적 틀이 동시에 적용될 가능성은 작아진다. 다양한 개념적 틀들이 함께, 상호보완적으로 적용되어야 한다. 폰 바이체커는 이것을 다음과 같이 말한다. "보어의 연구는 우리가 실재를 묘사하기 위해 필요한 상들이나 개념들의 상호보완이라는 중심 개념을 포함한다. 두 가지 상호보완적 개념들은 없어서는 안 되지만, 동시적으로 엄격하게 적용될 수 없다. 이것은 '위치'와 '속도'의 개념들이 지닌 불확정성의 관계에 있어 타당성을 가진다. 입자들의 속성들에 대한 예측은 파장의 기능 '프시'(Ψ)를 필요로 한다. 그런데 파장이 전체적으로 관찰될 수 없고, 단지 입자의 속성들에 대한 개연성으로 규정되어 있다면, '입자'와 '파장'의 개념도 상호보완적이다"(Weizsäcker 1991, 132).

2. 상호보완의 개념은 인식론에 있어서 중요한 의미를 지닌다. 그것은 인간의 모든 인식방법과 인식의 일면성을 지적하면서 그들의 상호보완을 제의한다. 모든 대상이 오직 다양한 개념적 틀들의 상호보완 속에서 보다 더 적절히 인식될 수 있다면, 특정한 개념적 틀에 따른 대상의 인식은 대상 자체에 대한 객관적 묘사가 아니라 대상의 한 측면에 대한 묘사에 불과하다. 그것은 대상에 대한 "접근"(Näherung)일 뿐이다. 그러므로 인간의 모든 인식은 한계를 가지며, 이른바 대상 자체와 완전히 일치하는 "명백한" 인식은 인정될 수 없다. "세계에 대한 단 하나의 완전히 명백한 묘사는 존재하지 않는다. 보어의 상호보완 개념은 이것을 말하고자 한다. 개방된 미래는…확실성 대신 가능성을 사용하도록 요구하기 때문에 우리는 마이어-아비히(Meyer-Abich)의 표현에 따라 다음과 같이 말할 수 있다. 상호보완은 사실들 사이의 관계가 아니라 다양한 가능성 사이의 관계다"(Weizsäcker 1981, 26).

보어는 상호보완의 원리가 물리학적 현상에 대해서는 물론 다른 영역의 현상들에도 적용될 수 있다고 제안한다. 생물학에서 기계론적 모델과 유기체적 모델, 심리학에서 행동주의 모델과 내적 성찰의 모델, 철학에서 자유의지 모델과 결정론적 모델, 신학에서 하나님의 정의 모델이나 사랑 모델 등에서 상호보완의 원리가 적용될 수 있다는 것이다. 보어는 "인식론적으로⋯어떤 개념의 정의(Definition)와 그 개념의 직접적 응용(Anwendung) 사이의 상호보완에 대해 말하였다. 윤리학적으로 그는 정의와 사랑의 상호보완에 대해 말하였다.⋯때로 그는 '우리는 언어에 묶여 있다'라고 말하면서 '우리가 가진 표현 수단의 제한성'을 상호보완에서 발견하였다"(Weizsäcker 1991, 132f.). 세계는 다양한 관점들의 상호보완 속에서 더욱더 바르게 파악될 수 있다. 어떤 특정한 관점의 배타적 절대성은 인정될 수 없다.

관점들의 인식론적 상호보완성은 대상 세계의 존재론적 상호보완성을 전제한다. 세계의 어떤 사물도 자기 홀로 존재하지 않는다. 모든 사물은 상호 관계와 상호작용과 상호보완 속에서 존재한다. 모든 사물이 하나의 유기체에 속하기 때문이다. 그러므로 어떤 대상도 단 하나의 관점이나 개념적 틀에 따라 적절히 파악되지 않는다. 모든 사물이 상호보완의 관계에 있다면 주체와 객체, 정신과 물질의 이원론은 인정될 수 없다. 세계는 관계의 그물망 속에서 서로에게 작용하며 서로를 보완하는 사물들로 구성되어 있다. 세계는 주체와 객체, 정신과 물질, 인간과 자연, 이 모든 사물이 서로 작용하며 영향을 주고받는 관계의 그물망 자체다. 그것은 모든 부분이 연결되어 있는 거미집과 같다. 어느 한 부분에서 일어나는 일은 다른 모든 부분에 파급된다. 그 속에 있는 모든 사물의 "근원적 상태는 '얽힘'(entanglement)"이다(박일준 2022, 186). 미시의 영역에서 이 얽힘은 에너지 혹은 안개와 같은 것의 얽힘이다.

"얽힘"의 상태는 지구 생태계는 물론 우주 전체에 해당한다. 온 우주가 하나의 "얽힘" 혹은 유기체라고 말할 수 있다. "우리 은하계에서 가장 가까운 은하는 대략 200광년 거리에 있는 안드로메다 성운이다. 1초에 대략 30만km의 속도로 이동하는 빛의 입자가 대략 200년 동안 달려온 거리가 200광년이다. 그런 거리에 떨어져 있는 안드로메다 성운이 우리 은하계에 가장 가까운 은하계다. 우리는 가장 멀리 있는 은하계가 얼마나 떨어져 있는지 가늠조차 할 수 없다. 그런데 그토록 멀리 우주의 끝에서 끝까지 떨어뜨려 놓은 얽힌 입자들이 동시적으로 상대의 변화에 반응한다"(박일준 2022, 182). 서로 얽혀 있는 입자들 가운데 한 입자에 무슨 일이 생기면 아주 멀리 떨어져 있는 다른 입자의 운명에 영향을 미친다. 한 입자와 다른 입자의 상태가 원래부터 결정되어 있는 것이 아니라 한 입자를 관측 또는 측정하는 순간 다른 입자의 상태가 결정된다. 우주 전체가 안개와 같은 하나의 "얽힘" 내지 관계의 그물망이기 때문이다. 이 그물망 속에 있는 모든 것은 서로를 보완하는 관계에 있다.

물리적 세계에서 발견할 수 있는 물리적 상호보완을 보어는 철학과 인간학의 영역에도 적용한다. 우주의 한 부분으로서의 인간은 제한성을 지닌 존재다. 그의 관점과 사유와 언어와 개념도 제한되어 있다. 그러므로 인간은 이 모든 것에 있어 상호보완을 요구한다. 인간의 존재 자체가 상호보완을 필요로 하는 상호보완적 존재다. 상호보완의 원리를 보어는 세계의 모든 영역의 원리로 이해한다. 자연과학과 신학 그리고 종교도 서로 보완되어야 할 것으로 본다.

6. 유기체적 관계 속에 있는 전일적 세계

1. 고전물리학에서 전체는 부분들의 합으로 생각되며 부분들의 상태가 전체의 상태를 결정한다고 생각된다. 그러므로 전체는 부분들로 환원될 수

있다. 즉 세계는 그것을 구성하는 부분들로 환원될 수 있으며 부분들을 분석함으로써 전체 세계를 파악할 수 있다. 가장 작은 부분들로 환원된 개체들, 곧 양자, 중성자, 전자는 더 이상 나누어질 수 없는 물질의 기본 요소라 생각된다. 이 같은 원리에 따라 오늘날 자연과학은 더욱더 작은 부분으로의 분석과 환원을 연구 방법으로 삼으며 점점 더 작은 부분의 영역으로 자신을 제한시키는 경향을 보인다. 이로써 연구자들의 연구 영역은 점점 더 좁아지며 이는 타 연구 영역들에 대한 무지를 초래한다. 각 연구자는 자신의 아주 좁은 연구 영역 속에 갇혀 타 영역 연구자들과의 소통이 어려워지게 된다. 따라서 다른 학자의 연구 영역에 대해 왈가왈부하는 것은 불가능하다.

그러나 1950-60년대에 이르러 질량과 스핀(Spin)이 다양하고 그중에 어떤 것은 10억 분의 1초 혹은 더 짧게 존재하는 다른 형태의 입자들이 발견되었다. 이 입자들은 "쿼크"(Quark)라 불리는 형질로 형성되어 있으며 독자적으로 생존할 수 없는 것으로 밝혀졌다. 쿼크들을 분리하고자 할 때 새로운 쿼크들이 등장하여 새로운 양자들과 미립자들이 생성된다. 보다 더 복합적인 물질적 체계가 형성될 때 그 속의 개별 요소들에서 전혀 예측할 수 없었던 새로운 특성들이 생성된다. 이리하여 하나의 새로운 전체가 완전히 독특한 방법으로 조직화되며 그의 구성 요소들 속에서 발견되지 않는 특성과 활동을 가진 "질적으로 새로운 현상들"이 나타난다.

따라서 양자이론이 연구하는 미시세계의 복잡한 체계 혹은 복잡계 (complex system)에서 전체는 개체들의 합 이상의 것이며 개체의 힘으로써는 해명되지 않는 새로움이 창조적으로 등장한다. 복잡한 체계는 주변 환경으로부터 에너지를 끌어당겨서 열역학적으로 평형상태로부터 멀리 떨어진 비평형상태에 도달함으로써 자기 조직화의 패턴(self-organizing order)을 산출할 수 있다. 그 속에는 기존의 구성 요소들을 단순히 새롭게 배열하는 것을 훨씬 넘어서는, 전혀 새로운 것을 출현시키는 전일성(wholeness, "전체"를 뜻하는 희랍어 *holon*에서 유래함)이 체계의 작동 방식으로 작용한다.

2. 전일성 개념은 아인슈타인, 포돌스키(Podolsky, 1896-1966), 로젠(Rosen, 1909-1995)이 제안한 "EPR 사고실험(thought experiment)"을 통해 증명되었다(EPR은 이 학자들의 이름 첫 글자를 따서 만든 것임). 이 실험은 정반대로 회전하는 한 쌍의 입자를 멀리 떼어놓고 한 입자의 스핀을 측정하여 이를 확정하면 다른 입자의 스핀도 확정되는 결과를 보여주었다. 곧 A를 확정하면 B도 확정된다는 것이다. 이것은 멀리 떨어진 두 입자가 서로 연결되어 하나를 이루고 있음을 말한다. 여기서 전일적 세계관이 추론된다. 곧 대상 세계는 그 속의 모든 것이 "서로 연결되어 있으며, 마치 젤리처럼 한 덩어리로 출렁거리는 세계라는 것이다"(김기석 2018, 139f.). 아인슈타인은 이 것을 잘못된 귀결로 보고 양자이론은 불완전한 것이라고 주장하였다. 그러나 1980년대에 알랭 아스펙(A. Aspect)이 존 벨(J. Bell)의 입장을 토대로 EPR 사고실험을 검증한 결과 양자이론이 주장하는 전일성이 사실상 자연의 속성임이 증명되었다(Polkinghorne 2001, 48). 오스트리아 태생의 미국 물리학자요 생태학자인 프리초프 카프라(F. Capra, 1939-)는 힌두교, 불교, 도교 등의 동양사상에서도 전일적 세계관을 발견하였다. 한때 베스트셀러가 되었던 그의 저서 『물리학의 도』(*Tao of Physics*, 1975)를 통해 그는 "양자이론의 신비주의자"로 불리게 되었다.

세계의 전일성을 폴킹혼은 다음과 같이 설명한다. 원자 안에 있는 전자는 분리할 수 있는 실체가 아니라 전체 원자의 상태에서 고려되어야 한다. 여러 입자를 포함하는 더 복잡한 계(system)가 구축되면 될수록 그 구성 요소들만으로는 미처 예상하지 못한 새로운 성질이 나타난다. 새로운 전체 모습은 계의 구성 요소들에서 발견되지 않는 새로운 성질과 행동을 보여준다(Barbour 2000, 143f.). 복잡한 계 전체는 단지 각 개체의 기능의 총합이 아니라 각 개체를 결정하는 하나의 통일체로서, 개체에서 연역되지 않는 전혀 새로운 현상들을 보여준다. 따라서 복잡한 계 혹은 체계들은 고전물리학의 결정론적, 환원론적 사고방식으로 파악될 수 없다 오히려 그들은 전일적(holistic)이라는 새로운 개념을 통해 파악되어야 한다. 개체들의 합이 곧 전체가 되는 것은 아니며, 개체들의 합은 때때로 환원론적 방법으로 파악되지 않는 전체의 변화를 초래하기 때문이다.

개체들의 분석을 통해 도저히 예측할 수 없는 새로운 변화로 말미암아 복잡한 체계들 속에 무질서가 일어나기도 한다. 그러나 새로운 변화는 복합계 전체의 혼란과 파멸을 초래하지 않는다. 그 속에는 혼란과 파멸을 극복하는 힘, 곧 "스트레인지 어트랙터"(strange attractor, 이상한 매력자)가 작용하기 때문이다. 전체의 변화는 스트레인지 어트랙터가 허용하는 가능성의 영역 안에서 일어난다. 어느 정도의 무질서와 어느 정도의 질서가 복합계의 역동적 생성 과정 안에서 얽혀 있다. "에너지 출입이 자유로운 개방된 체계 안에서는 복잡한 무질서 상태에서 갑자기 새로운 질서가 출현하기도 한다.…이 질서가 특정 조건하에서는 상당 기간 역동적 안정성을 가지고 유지된다"(현요한 2003, 124). 여기서 고전물리학의 기계론적, 환원론적 세계관은 무너진다. 전체는 그것을 구성하는 개체들로 환원될 수 없는, 개체들의 합 이상의 것이다. 그것은 모든 개체가 연결되어 하나를 이루는 유기체와 같다.

3. 전일성의 원리에 따르면 전체 안에 있는 모든 개체는 독자성을 갖는 동시에 서로 연결되어 있고 서로 영향을 주고받는다(togetherness in separation). 전체의 체계가 변화할 때 개체들의 속성도 변화한다. 한 개체에서 일어나는 사건은 다른 개체들에게도 현재적이다. 따라서 우주 안에

부록 | 양자이론의 생명생태신학적 의미

서 일어나는 하나의 사건은 우주 어디서나 즉시 현재적일 수 있다. 단지 우리 인간이 그것을 뒤늦게 인지할 뿐이다. 마치 번개와 천둥이 몇 초 후에야 우리에게 인지되는 것과 같다. 번개와 천둥을 위시한 우주의 사건들은 빛의 속도 "c"를 통해 제한되어 있다("c"는 빛의 속도를 가리키며, 속도를 가리키는 라틴어 *celeritas*에서 유래함). 두 개의 양자나 전자가 하나의 체계 속에서 서로 연결되어 있을 경우 그들이 상당한 거리를 두고 떨어져 있을지라도 두 가지 장소에 동일한 사태가 알려져 있을 수 있다. 개체 A는 실험실에 있고 개체 B는 달 저 너머에 있다 할지라도 A에 대한 측정은 B의 상태에 영향을 줄 수 있다. 이것은 우주의 모든 사물이 하나로 연결되어 있다는 점을 보여준다.

미시세계의 전일성은 생물학에서도 증명된다. 인간의 신체가 형성되는 과정에서 생성된 각각의 세포들이 전체의 작용 안에서 자신의 위치를 정확하게 식별한다. 수정란의 세포 분열 과정에서 머리의 세포는 위로, 내장의 세포는 안으로, 피부의 세포는 밖으로, 각각 자신의 위치를 찾아간다. 이것은 기계적 인과율로써는 설명되지 않는다. 오히려 그것은 위로부터의 인과율을 포함하는 전일성이란 새로운 개념에 의해서만 설명될 수 있다. 인간의 신체는 분명히 수많은 개체 세포들로 구성되지만, 개체 세포들 속에는 그 자신으로 환원되지 않는 하나의 전체가 작용한다. 눈에 보이지 않는 전체는 개체 세포들의 합 이상의 것으로, 개체 세포들을 각자의 위치로 유도한다. 개체 세포들은 전체의 계획을 미리 알고 그 계획에 따라 자신의 위치를 찾아간다.

7. 카오스 이론의 세계관

1. 카오스 이론은 20세기 중반 이후부터 본격적으로 연구되기 시작하였다. 1961년 미국의 어느 기상 연구소의 에드워드 로렌즈(E. Lorenz)라는 기상학자가 컴퓨터 시뮬레이션을 통해 기상상태를 검토하였다. 이 작업에서 초기 조건을 아주 미세하게 다르게 입력했을 때 예측되는 기상상태에 극심한 차이가 난다는 사실이 발견되었다. 초기의 미세한 오차가 연쇄작용을 하여 예측하지 못한 큰 오차의 혼란(카오스) 상태가 발생한다는 것이다. 따라서 장기적인 기상 예측이 불가능하다는 것이다. 이를 가리켜 학자들은 카오스 이론이라 명명하고 본격적으로 연구하게 되었다.

카오스 이론은 미래가 애초부터 예측 불가능하다고 말하지 않는다. 오히려 초기 조건을 완벽하게 파악할 때 미래를 예측할 수 있다고 암시한다. 그러나 초기 조건의 완전한 파악은 기본 입자의 위치를 정확하게 파악할 때 가능한데, 양자이론에 의하면 입자의 위치에 대한 정확한 파악은 불가능하다. 초기 조건에 대해 단지 확률적인 정보를 줄 수 있을 뿐이다. 이 정보가 주는 초기값의 아주 작은 차이가 나중에 엄청난 결과를 초래할 수 있다(나비효과). 그러므로 세계의 미래에 대한 정확한 예측은 불가능하다. 세계의 미래는 인간이 정확히 파악할 수 없는 불확실한 상태, 곧 혼돈(카오스) 상태에 있다는 것이다.

이로써 카오스 이론은 기계론적 세계관의 결정론과 환원론을 거부하고 양자이론의 세계관을 지지한다. 그것은 양자이론의 세계관에 비해 크게 다를 바 없어 보이지만, 양자이론의 그것을 한층 더 극단화한다. 양자이론은 대상 세계의 실재를 아무리 풀어도 "확률만 나온다"라고 말할 수 있다면, 카오스 이론은 "확률마저 알 수 없다"라고 말할 정도로 그것은 대상 세계의 비결정성과 예측 불가능성 혹은 개연성을 한층 더 철저화한다.

양자이론과 마찬가지로 카오스 이론도 고전물리학의 기계론적 세계관에 대한 거부로서 등장한다.

2. 기계론적 세계관에 따르면 세계 내의 체계들은 일정하게 움직이는 시계와 같다. 이 역동적 체계들은 그들의 운동에 있어 고정되어 있으며, 한 부분의 작은 동요는 자기와 직결된 다른 부분에 변화를 일으킬 뿐 전체에 큰 변화를 일으키지 못한다. 모든 부분은 원인과 결과의 법칙에 묶여 있으며 이 법칙에 따라 각자의 특정한 자리를 가지고서 각자의 제한된 기능을 수행하기 때문이다. 모든 체계는 각자의 위치에서 자기의 기능을 수행하면서 전체의 질서를 유지한다. 한마디로 세계는 인과율에 근거한 하나의 시계와 같은 질서를 가진 것으로 생각된다.

　　그러나 카오스 이론에 따르면 세계 속에는 환경의 작은 변화에 대해 매우 민감하게 반응하면서 스스로 큰 변화를 일으키는 체계들이 있다. 그들 가운데 일어나는 작은 변화가 그들의 행동 전체를 변화시킨다. 그들은 원인과 결과의 고정된 법칙에 따라 기계처럼 정확하게 움직이는 것이 아니라 예기치 못한 다른 체계들의 변화와 환경의 변화로 말미암아 엄청난 변화를 일으키는 혼돈을 보인다. 카를 포퍼에 따르면 이 체계들은 일정한 질서를 가진 시계와 같다기보다 무질서하게 있다가 없어지며 없다가 있기도 하는, 그 활동을 전혀 예측할 수 없는 혼돈스러운 안개와 같다. 세계는 안개와 같은 혼돈상태, 그 미래를 도저히 예측할 수 없는 상태에 있다 (Polkinghorne 2001, 59).

　　안개와 마찬가지로 세계의 모든 체계는 환경과 결부되어 있다. 그들은 환경에서 분리되어 생각될 수 없으며 환경에 대한 그들의 민감성은 환경의 미세한 변화에 엄청난 영향을 줄 수 있다. 질서 있는 체계들은 물론 무질서한 체계들에서도 초기의 작은 변화가 나중에 거대한 변화를 초래할 수 있다. 초기의 아주 미미한 불확실성이 그 뒤에 나타나는 행동의 관측에 매우 큰 불확실성을 가져올 수 있다.

자연계의 모든 체계의 활동과 작용에 나타나는 이러한 현상들은 원인과 결과의 법칙에 의한 결정론적 예측을 벗어난다. 이들은 기계적 법칙에 따른 시계의 운동처럼 일어나는 것이 아니라 인간의 인식에 포착되지 않고 예측되지 않는 방식으로, 예를 들어 구름처럼 생성되고 사라지는 것에 비유될 수 있다.

카오스 이론은 "나비효과"라는 개념을 통해 이것을 설명한다. 브라질의 정글 속에 사는 작은 나비의 날갯짓이 정글의 공기를 휘저어서 약 3주 후에 런던에 폭풍우를 몰고 올만큼 증폭되고 확대되는 효과를 일으킬 수 있다. 측정 불가능한 미시적 관계성이 거시적 폭풍우를 생성시킬 수도 있고 소멸시킬 수도 있다. 나비효과는 우주의 차원에서도 일어날 수 있다. 멀리 떨어진 은하계의 한 전자의 활동이 점차 강화되어 지구에서 일어나는 사건들에 영향을 줄 수 있다. 이 같은 카오스적 현상을 폴킹혼은 "하나님의 활동으로 말미암은 결과로 인식한다. 하나님이 그 과정들 배후에서 형이상학적으로 피조물들에 자유를 허락했기 때문"이다. 그는 "비예측적이며 카오스적 방식으로 피조물과 관계"한다(이정배 2003, 41, 53). 그러나 카오스적 현상이 자연적으로 일어나는 자연현상인지, 아니면 "하나님의 활동의 결과"인지 그 누구도 증명할 길이 없다.

3. 어쨌거나 카오스 이론에 따르면 세계의 모든 것은 서로 연결되어 있고 영향을 주고받는다. 세계 자체가 인간이 예측할 수 없는 안개와 같은 상태에 있다. 이 같은 상태는 결정론적 법칙이나 수학 공식들을 통해 완전히 설명될 수 없다. 이 모든 법칙이나 공식들은 대상 세계의 실재에 대한 하나의 접근에 불과하다. 세계 속에 실재하는 모든 사물은 그들의 출발점에 있었

던 조건들에 대해 매우 민감하게 반응하며, 외부 환경의 영향들로부터 분리될 수 없기 때문이다.

스티븐 켈러(S. Keller)에 따르면 고전물리학에서 전체의 행동은 그 안에 속한 부분들의 상호작용들이 따르는 인과율을 통해 추론될 수 있다. 이 인과율을 통해 어떤 사물의 행동은 설명될 수 있고 예측될 수 있다. 이에 반해 카오스 이론에 따르면 사물들의 행동은 환경에 대한 그들의 의존성과 민감성으로 인해 예측될 수 없다. 그들의 행동에 대한 예측 불가능성은 단순히 인간의 잠정적 무지에서 오는 것이 아니라 그들 자신의 내적 구조로 말미암은 것이다. 그러므로 카오스 이론은 사물들의 특정한 행동 법칙이나 원리에 관심을 가지기보다 매우 다양한 구성인자들로 형성된 사물들이 서로 비슷하게 될 수 있는 유형들(Muster)의 질적 형식에 관심을 가진다. 사물들의 행동을 인과율의 메커니즘으로 환원시키고자 하지 않고 유형들의 총체적 관계들과 체계들의 특성들을 관찰한다. 이로써 카오스 이론은 양자이론이 말하는 세계의 전일성과 반환원주의를 강화한다. 미국의 대중 과학자 제임스 글랙(J. Gleick)은 카오스 이론의 전일적이며 반환원론적 성격을 아래와 같이 말한다.

카오스 이론은 반환원주의적이다. 이 새로운 자연과학은 세계에 대한 전혀 새로운 것을 주장한다. 즉 아주 흥미로운 질문들, 곧 질서와 무질서, 폐기와 생성, 유형의 형성, 그리고 생명 자체에 관한 질문들과 관련하여, 전체는 그의 부분들을 통해 설명될 수 없다는 것이다. 복합적 체계들로 인정될 수 있는 기본 법칙들이 있지만, 이들은 새로운 종류의 법칙들이다. 이들은 구조와 조직화와 규범의 법칙들을 말하는데, 우리가 어떤 복합적 체계의 개별적 구성 요소들에 집중할 때, 이들은 사라져버린다. 이것은 우리가 선동당하는 대중을 보지 않고 개별의 참여자에 대해 질문할 때, 선동당하는 대중의 심리학이 사라지는 것과 마찬가지다(Weinberg 1992, 60에서 인용).

생화학자 스튜어트 카우프만(S. Kaufman)은 분자, 세포, 신경계, 생태체계는 물론 기술의 체계나 경제적 체계와 같은 다양한 체계들의 행동 속에서 공통적인 유형을 발견한다. 그것은 이 모든 체계 속에서 일어나는 피드백(feedback)의 메커니즘과 비선형적(unlinear) 상호작용보다 더 큰 전체 속에서의 상호 협동적 활동을 가능케 한다. 이 체계들은 그들의 개별 구성 요소들이 보여주지 않는, 새로 생성된 체계의 특성들을 보여준다. 포유동물의 세포에는 256가지 유형이 있는데, 이것은 단지 역사적 우연이 아니라 체계의 원리들에서 비롯된 귀결이다. 복합적 체계들 속에서는 자발적으로 질서가 생성되는데, 특히 질서와 카오스 사이의 한계 선상에서 생성된다. 질서가 너무 크면 변화가 어렵고, 카오스가 너무 크면 연속성이 약해진다. 무질서는 질서의 새로운 형식이 등장하는 전제가 되기도 한다(Kaufman 1993, 993).

서창원 교수는 카오스적 세계관의 의미를 다음과 같이 설명한다. 카오스 이론은 물리 세계의 두 가지 특징을 말한다. "하나는 물리 세계의 '비예측성'(unpredicability)이며 또 하나는 '구조적 임의성'(structured randomness)이다. 이것은 질서가 있는 무질서라고 부를 수 있는 모순어법(oxymoron)의 성격을 가진다. 이처럼 카오스적 세계관이 갖는 의미는 현존하는 물리적 실재가 성격상 매우 민감하고 유연해서 물리적 과정이 미래를 향해 열려 있다는 것이다(서창원 2003, 106). 지금까지 고찰한 카오스 이론의 세계관은 양자이론의 세계관과 크게 다르지 않다. 그것은 단지 양자이론의 전일적 세계관의 변형이라 말할 수 있다.

8. 양자이론의 생명생태신학적 의미

양자이론은 세계에 대한 인식의 새로운 패러다임을 제시하는 혁명적인 것으로 평가될 수 있다. 그 역사적 의미를 우리는 앞서 기술한 내용에서 이미 볼 수 있었다. 여기서 우리는 몇 가지 강조되어야 할 생명생태신학적 의미를 고찰하고자 한다.

1. 양자이론은 자연에 대한 인간의 교만을 거부하고 겸손을 요구한다. 인간은 자기를 자연의 정복자로, 지배자로 생각하고 또 그렇게 행동하지만 자연은 인간에 의해 파악될 수 없는 하나의 신비다. 가시적 세계의 기초가 되는 미시의 세계는 인간의 모든 인식과 파악을 벗어난다. 세계를 구성하는 것은 인간이 파악할 수 있는 물질적 입자들이 아니라 무엇이라고 정확하게 파악할 수 없는 정신적인 것에 가깝다. 그것은 붙잡는 순간 붙잡히지 않는 안개와 비슷하다. 그것은 인간이 그것을 인식하는 과정에서 변한다. 그것이 어떻게 변할지 인간은 확정할 수 없고 단지 확률적으로 말할 수 있을 뿐이다. 그 확률도 절대적인 것이 아니라 일시적인 것, 제한된 것, 상대적인 것에 불과하다. 그것의 "인식이나 인지는 인간의 인지 능력을 벗어나 있고 우리가 인지하는 실재의 현상적인 모습은 행위 주체의 주관적 상상력으로부터 일어나는 것이 아니라 실재가 우리의 행위 주체적 절단에 응답함으로써 발생하는 것"일 뿐이다(박일준 2022, 188).

그렇다면 자연은 그의 미시적 영역에 있어 인간에 의해 결정되지 않는 그 자신의 주체성과 존엄성을 가진다고 말할 수 있다. 그것의 실재는 우리 인간에 의해 파악되지 않는 신비로 존속한다. 이 신비 앞에서 인간은 겸손해야 한다. 자연의 주체성과 존엄성을 존중해야 한다.

이와 연관하여 양자이론은 자연을 폐쇄된 기계와 같은 것으로 보지 않고 개방된 체계로 인식한다. 그것은 폐쇄성이 아니라 개방성을 본질로 가진다. 인간만이 개방성을 가진다는 생각은 인간의 자기중심적 생각일 뿐이다. 이 땅 위의 모든 사물은 그 자신의 미래를 향해 열려 있다. 어떤 사물도 아직 완성되지 않은 자기 삶의 미래를 가진다. 이런 점에서 자연의 모든 사물은 자신의 "주체성"(E. Bloch)을 가진다. 그동안 인간은 자연의 주체성을 부인했지만 그것은 인간의 자의적 판단에 불과하다. 자연의 주체성을 부인할 수 있는 권리는 그 어떤 인간에게도 주어져 있지 않다. 미시의 영역에서 세계는 인간에 의해 확정될 수 없는 하나의 신비로 남아 있기 때문이다.

전통적으로 신학은 역사가 미래를 향한 선형적(linear) 운동인 반면 자연은 고정된 법칙에 따른 원운동(Kreislauf) 혹은 영원한 법칙의 반복이라고 주장하면서 역사와 자연을 구별하였다. 역사는 성찰 능력과 반성적 행동 능력을 지닌 인간에게만 있을 뿐이며 자연에는 역사가 없다고 규정하였다. 그러나 이것은 인간중심의 생각이다. 그 자신의 행동 주체성을 가진 미시의 세계가 인간이 예견할 수 없는 미래를 향해 열려 있다면 자연도 그 자신의 역사를 가진다고 말할 수밖에 없다는 것을 양자이론은 보여준다.

물론 자연 속에는 동일한 법칙이 있음은 사실이다. 봄-여름-가을-겨울의 사계절, 출생-성장-쇠퇴-죽음의 삶의 법칙은 동일하다. 그것은 언제나 다시금 반복된다. 그렇다 하여 자연이 역사 없는 영원한 원운동 혹은 동일한 사건의 반복이라고 보는 것은 인간의 교만일 뿐이다. 세계의 어떤 사물도 동일한 강물에 머물지 않는다. 강물은 쉬지 않고 흐르기 때문이다. 모든 사물은 언제나 다시금 새로운 시간의 강물 속에 있다. 시간은 동일하게 보이지만 사실상 동일하지 않다. 매 순간이 다르다. 모든 시간은 비어 있는 것이 아니라 특정한 공간과 결합되어 있기 때문이다. 따라서 시간 속에 있는 세계의 모든 사물은 단 한 번밖에 없는 역사적인 것이다. 세계 자체가 역사적이다. 모든 생물의 삶의 시간도 단 한 번뿐이다. 지렁이의 삶이 동일한 법칙의 반복처럼 보이지만 지렁이 자신에게 그의 삶의 매 순간은 반복될 수 없는 단 한 번의 사건이다. 그러므로 지렁이의 삶도 지렁이 자신에게는 하나의 역사다. 자연 속에서 일어나는 모든 사건은 동일한 것이 아니라 "역사적으로 특정된 시간 속에서 객관적으로 일어나기" 때문에 역사적이다(Weizsäcker 1979, 14). 그 속에는 끊임없이 다른 것, 새로운 것, 예측하지 못한 우연한 것이 일어난다. 지렁이의 삶에는 새로움이 없다고 말한다면 지렁이 자신에게 그 말은 하나의 모욕으로 들릴 것이다.

　오늘의 생태학적 재앙을 극복하고자 한다면 자연도 역사를 가진다는 것을 인간은 인정해야 한다. 자연의 역사 앞에서 겸손을 배워야 한다. 인간이 자연의 역사를 결정하는 것처럼 보이지만 미시 영역에서는 그렇지 않다. 양자이론에 의하면 미시의 영역에서 세계는 인간에 의해 예측될 수 없고 확정될 수 없기 때문이다. 미시세계의 거대한 안개구름의 역사 속에서 인간의 삶과 문화는 이 안개구름, 다시 말해 더욱 광대한 자연이라는 틀 안에서 진행된다. 인간이 자연을 지배하는 것처럼 보이지만 인간의 삶과 역사는 대자연의 역사 속에서 이루어진다. 자연이 분노하면 인간의 역사는 물론 인간의 문명 전체가 위태롭게 된다는 것을 우리는 지금 눈으로 보고 있다. 양자이론은 자연에 대한 교만을 버리고 인간의 역사는 대자연의 역사의 한 부분일 뿐이라는 사실을 겸손하게 인정할 것을 우리에게 요구한다. 무한한 우주의 역사 속에서 인간의 역사란 한 알의 먼지보다 더 작을 것이다. 자연의 역사를 부인하고, 인간만이 역사를 가진다는 생각은 우리 인간의 몸은 역사가 없고 그 몸을 구성하는 한 지체만이 역사를 가진다고 생각하는 것과 같다. 몸이 그 생각을 듣는다면 웃을 것이다. 오늘 우리 세계의 비극은 대자연의 역사를 부인하고 인간만이 역사를 가진다고 생각하는 인간의 교만에 있다.

2. 양자이론에 의하면 이른바 인간이 "객관화할 수 있는 세계", "객관적으로 실재하는 세계"는 하나의 환상이며, 세계는 인간의 사고가 만들어낸 구조물로서 세계 자체는 언제나 인간의 인식 "저 너머에" 있다. 그것은 칸트가 말하는 "사물 자체"로서 인간에게 언제나 미지의 것, 신비스러운 경외의 대상으로 존속한다.

이 사실을 우리는 우주의 암흑물질에서 볼 수 있다. 최근의 우주물리학 연구에 따르면 1980년대에 우주 속에서 엄청난 양의 암흑물질(Dark Matter)이 발견되었다. 현재 우주를 구성하는 물질의 90-99%가 암흑물질이라고 한다. 그런데 이 암흑물질이 무엇인지 우리가 전혀 모르고 있다는 사실이 밝혀졌다(Fox 1999, 44-45, 201-202). 그것은 물질로서 중력의 기능을 가지기 때문에 중력을 제외한 어떤 다른 수단으로도 볼 수 없고 만질 수도 없다. 그것은 은하계들이 서로 끌어당기기 때문에 존재하는 것으로 추측되는데, 은하계들은 각 은하계에 속한 별들이 가지고 있는 물질은 물론 행성들, 심지어 블랙홀의 총량보다 서로를 더 강하게 끌어당긴다고 한다. 우리가 알고 있는 갖가지 종류의 물질과 에너지가 암흑물질의 대양 위에 떠다니며 이 암흑물질이 우주의 구조와 운명을 결정할 것이라고 학자들은 말한다. 그러나 인류는 그것이 무엇인지 파악하지 못하고 있다는 것이다.

학자들에 의하면, 우주는 이 같은 암흑물질에 기초하고 있기 때문에 우주의 미래를 예측한다는 것은 불가능하다. 이 암흑물질이 앞으로 어떻게 작용하며 어떤 결과를 가져올 것인지, 지금 인류가 알고 있는 어떤 과학적 방법을 통해서도 예측할 수 없다. 과학의 방법도 암흑물질 앞에서 정지될 수밖에 없다. 이 암흑물질이 우주의 기초라면, 우주는 우리 인류가 알고 있는 어떤 법칙과 원리에 따라 결정되는 것이 아니라 우리가 그 미래를 측정할 수 없는 개방된 상태, 열린 상태에 있다. 물질의 기초적 요소가 무엇인지도 우리는 확정할 수 없다. "기초적 물질 미립자는 '불변의 사실'로 존재하는 것이 아니라… '존재의 가능성 혹은 존재하려는 경향성'으로만 존재"하며(Lukas 1971, 296f.) 서로 다른 공간에서는 동시적인 시간이 존재할 수 없기 때문에 그것의 움직임에 대한 측정은 언제나 불확실하다. 여기서 우주는 그 실재와 미래를 우리 인간이 정확하게 측정할 수 없는 신비로 나타난다. 인간이 우주를 정복하는 것처럼 보이지만 우주는 인간의 인식과 예측을 벗어나기 때문이다. 그것은 경외의 대상이다. 이것을 인정하지 않고 우주를 인간에 의해 정복되고 지배되어야 할 하나의 물건으로 간주하며 자연의 정복자로, 지배자로 자처하는 교만에 인간의 비극이 있다. 설령 인간이 달과 화성에 도달하여 거기에 산다고 할지라도 인간의 이기적 본성이 변하지 않는 한 달과 화성은 인간이 그 안에 살 수 없는 또 하나의 쓰레기장이 될 것이다.

3. 일반적으로 우리는 생명과 물질, 정신과 물질, 인간과 자연의 이원론에 익숙해져 있다. 살아 움직이는 것은 생명이요, 살아 움직이지 않는 것을 물질이라고 생각한다. 정신은 그 자신의 주체성을 가지고 살아 있는 것이지만, 물질은 자신의 주체성을 지니지 않은 죽은 사물이라고 생각한다. 인간은 사유하는 정신적 존재, 의식적으로 행동하는 반면 물질과 자연은 사유의 능력을 가지지 못하기 때문에 의식적으로 행동할 수 없는 존재로 생각한다. 사유의 능력을 통해 인간은 성찰을 거친 행동을 하지만 자연은 성찰 과정이 없는, 단지 자연적 본능에 따른 행동을 반복하는 존재로 생각한다. 그래서 인간에게는 새로움이 있는 반면 자연은 새로움 대신 영원한 반복이 있을 뿐이라고 생각한다. 인간에게는 역사가 있고 자연은 역사가 없다고 생각한다.

　　양자이론은 이 같은 이원론을 깨뜨린다. 가시적 세계의 기초가 되는 미시의 세계에서 물질과 정신, 물질과 영혼은 엄격하게 나누어지지 않는다. 세계를 구성하는 기본 단위체는 물질적인 것이 아니라 영적인 것, 정신적인 것에 가깝다. 그것은 죽어 있는 물질이 아니라 그 자신의 행위 주체성을 생명체라고 말할 수 있다. 생명과 물질, 정신과 물질, 인간과 자연은 나누어질 수 없다. 물질 없는 생명, 물질 없는 정신이나 영혼, 몸과 자연 없는 인간은 생각될 수 없다. 생명과 정신이나 영혼의 활동은 물질적 조건 속에서 이루어지며 인간은 자연의 일부로서 자연과 친족 관계에 있다. 자연이 이미 인간의 몸을 구성하기 때문이다. 그러므로 자연 없이 인간은 생존할 수 없다. 몸속의 물과 나트륨(소금)이 부족할 때 인간은 생존할 수 없다. 세계는 생명이 없는 물질 덩어리가 아니라 자신의 행위 주체성을 가진 하나의 생명이다.

그러므로 물질과 자연을 무가치한 것, 허무한 것으로 보는 기독교의 형이상학적, 이원론적 세계관을 양자이론은 거부한다. 물질과 자연을 인간의 삶과 생명을 위한 도구나 재료에 불과한 것으로 보는 인간중심적 사고를 거부한다. 오히려 물질과 자연을 생명의 세계를 구성하는 구성 요소로, 또 생명의 세계를 유지하는 기초(Grund)로 인정하고 그것을 존중해야 함을 양자이론은 시사한다. 물질과 자연 없이 생존할 수 있는 생명체는 지구상에 존재하지 않는다. 아주 미세한 식물성 플랑크톤도 물질과 자연을 필요로 한다. 한 마리의 작은 참새나 땅속의 지렁이도 물질과 자연을 필요로 한다. 한 편의 시에 담긴 모든 글자와 문장이 하나로 결합되어 있듯이 생명과 물질, 물질과 정신, 인간과 자연은 하나로 결합되어 있다. 이 결합성을 유의하고 물질과 자연의 존엄성을 회복할 것을 양자이론은 시사한다.

4. 이미 언급한 대로 양자이론은 세계관적 혁명을 일으킨다. 그것은 세계를 하나의 살아 움직이는 유기체로 파악할 수 있는 결정적 단서를 제공한다. 세계는 그 기초인 미시영역에서 에너지장으로 구성된 하나의 큰 "흐

름"과 같다. 그것은 그 실체가 무엇인지 정확히 파악할 수 없는, 계속 움직이는 안개와 같다. 그 속의 모든 부분은 하나로 연결되어 있고 서로 영향을 주고받는 상호작용 속에 있다. 따라서 미시의 영역에서 세계는 그 전체에 있어 생명을 가진 하나의 유기체로 볼 수 있다. 세계는 생명이 없는 가장 작은 물질들로 구성된 물질 덩어리가 아니라 그 속의 모든 것이 결합되어 있고 상호작용 속에 있는 전일적 생명체라고 볼 수 있다. 그러므로 양자이론가들은 미시세계를 물질적 개념으로 정의하기보다 "잠재적 의식", "영적인 것", "관념적인 것", "비물질적 포텐샬" 등, 정신 혹은 영혼에 가까운 개념으로 정의한다. 이로써 양자이론은 세계를 생명이 없는 물질적인 것으로 보고 인간의 정복과 지배의 대상으로 생각하는 것을 거부한다. 하나의 유기체 혹은 생명체는 그 자신의 존엄성을 가진다. 따라서 양자이론은 세계의 존엄성에 대한 인간의 경외심을 요구한다.

오늘날 많은 학자가 양자이론의 통찰에 따라 세계를 유기체 혹은 생명체로 파악하고 세계에 대한 경외심을 요청한다. 세계를 살아 있는 생명체로 보는 "가이아" 이론도 양자이론에 바탕을 둔 세계관의 한 형태라고 말할 수 있다. "우주의 모든 것은 살아 있는 생명이다.…따라서 모든 것에 연결되는 우주 전체의 그물망 속에서 보면 일체의 것은 우주 생명이라 할 수 있다"(김영선 2003, 242. 이에 관해 김지하 1997, 38-40).

5. 양자이론의 세계관은 생태학적 인식의 방법을 요구한다. 대상에 대한 참 인식은 대상을 전체의 관계성에서 추상화시키고 그것을 분리된 개체로 파악하는 데 있지 않다. 테야르 드 샤르댕이 말하듯이 사물의 추상화와 분리는 대상의 "빈곤화"를 초래하며 전체적 인식을 불가능하게 한다. 참 인식은 대상을 유기체적 연관 속에서 파악하는 데 있다. 모든 사물은 유기체적 연관성 속에서 존재하기 때문이다. 유기체적 연관 속에서 그들은 우리

인간이 인식할 수 있는 것보다 훨씬 더 복잡하게 서로 얽혀 있으며, 분리될 수 없는 상호작용(interaction) 속에 있다.

어떤 양자이론가는 이것을 한 편의 시에 비유한다. 한 편의 시는 많은 글자와 문장으로 구성되어 있다. 모든 글자와 모든 문장이 서로 연결되어 한 편의 시를 구성한다. 그 시를 이해하고자 할 때 그 시를 구성하는 글자 하나하나, 문장 하나하나를 분리하여 파악하는 것은 무의미하다. 모든 글자와 문장들을 연결 지어 통합적으로 파악해야 한다. 그래야만 한 편의 시가 말하고자 하는 바를 전체적으로 이해할 수 있다. 개개의 글자와 문장들은 연결되어 있기 때문이다.

그 시를 더 깊이 이해하는 길은 정신적으로 그 시와 하나가 되는 데 있다. 시의 글자들과 문장들이 자신의 몸과 하나로 느껴질 때 그 시의 의미를 제대로 파악할 수 있다. 이해하고자 하는 시로부터 자기를 분리하고 방관자로서 그 시를 파악하고자 할 때 시의 의미가 제대로 전달될 수 없다. 그 시는 나에게서 분리된 하나의 대상으로 머물기 때문이다. 양자이론에 따르면 인간은 자연의 유기체에 속한 한 부분으로, 이 유기체와 분리될 수 없이 결합되어 있다. 따라서 자연의 유기체를 제대로 파악하는 길은 자연의 유기체와 정신적으로 하나가 되는 데 있다. 자연 유기체로부터 분리된 상태에서 마치 방관자처럼 자연 유기체를 파악하는 것은 참 인식의 길이 아니다. 그것은 자연 유기체에 대한 정보를 줄 수 있지만 참 인식을 주지 못한다. 자연 유기체에 대한 많은 정보는 있지만 참 인식이 없는 여기에 현대세계의 비극이 있다는 것을 양자이론은 암시한다.

이로써 양자이론은 자연의 사물들을 인식하는 방법의 대전환을 요구한다. 관찰자와 관찰 대상 곧 인간과 자연은 결합되어 있다. 관찰자가 인식의 어떤 모델과 방법을 취하느냐에 따라 관찰의 결과가 달라진다. 관찰 대상은 관찰자에 따라 다르게 인식된다. 관찰자와 관찰 방법과 관찰 대상이 결합되어 있다. 따라서 관찰 대상에 대한 관찰자의 인식은 관찰 대상에서 분리된 것이 아니라 관찰자가 그의 관찰 방법을 통해 관찰 대상에 참여하는 인식이라는 사실이 드러난다.

따라서 자연의 대상을 보다 더 적절하게 인식하는 길은 그 대상을 나에 대한 대상으로 대상화시키고, 다른 사물들로부터 분리하고, 개체화하고, 최소의 단위에 이르기까지 분석하고 환원시키는 것이 아니라 그 대상에 참여하고 모든 관계와 상호작용 속에서 그것을 총체적으로 이해하는 데 있다. 관찰자 자신이 관찰 대상의 삶에 참여하며 전체성 속에서 그것을 파악하는 데 있다. 내가 다른 사람에 의해 대상화되고, 개체화되고, 최소의 단위체로 분석되고 환원되기를 원하지 않듯이, 자연의 사물들도 우리 인간에 의해 그렇게 되기를 원하지 않으리라는 점을 우리는 유의할 필요가 있다. 이 같은 설명도 많은 사람에게 현실성 없는 꿈같은 이야기로 들릴 것이다. 그러나 이 얘기를 지키느냐 지키지 않느냐에 따라 자연과 우리 인간 자신의 운명이 결정될 것이다.

6. 여기서 우리는 양자이론의 사회적, 정치적, 생태학적 의미를 볼 수 있다. 세계의 모든 것이 유기체적 관계 속에서 연결되어 있고 상호작용 속에서 서로 의존한다면 "어떠한 계급주의적 세계관도" 인정될 수 없다(김덕기 2003, 166). 어떠한 인종차별주의도, 성차별주의도 허용될 수 없다. 세계의 모든 사람은 민족과 인종과 성별을 초월하여 서로 연결되어 있고 상호작용하는 형제자매요 친족이다. 주체-객체, 지배자-피지배자의 구도는 여기서 깨어진다. 그들은 상부상조하며 상생해야 한다. 세계는 그 자체 속에서 완성되어 있고 단지 외적으로만 연결되는 최소 단위체들로 구성되어 있는 것이 아니라 하나로 결합되어 서로 안에 침투하며 삶을 함께하는 에너지 장들로 구성되어 있기 때문이다. 땅 위의 모든 생물은 오직 상호 간의 관계

와 전체로의 참여를 통해 존재한다. 비록 그들이 의식하지 못할지라도 서로 의존하며 다른 생명의 생존을 가능케 해주는 상호협동과 상호보완 속에서 실존한다.

인류는 아직도 자기중심적, 개체주의적 사고와 지역 이기주의에 사로잡혀 있다. 이웃이 어떻게 되든지 나만 부유하면 행복하게 살아갈 수 있으리라고 생각한다. 그래서 이웃에게 해가 되는 갖가지 범행을 저지르면서 부를 축적하고자 한다. 다른 나라의 자연이 파괴되어도 자기 나라의 자연이 보존되면 평화롭게 살 수 있다고 생각한다. 그래서 자기 나라의 삼림을 보호하면서 다른 나라의 삼림을 벌목하여 경제성장을 꾀하며 각종 쓰레기를 가난한 나라에 수출한다. 그러나 수출업자들은 운송 비용을 줄이기 위해 쓰레기를 바다에 쏟아버린다. 바다에 점점 더 많은 쓰레기가 쌓이고 바다 바닥의 사막화 현상으로 산호초가 사라지고 바다 생물들이 감소한다.

양자이론은 이 같은 자기중심적 사고와 지역 이기주의를 거부하고 상부상조하며 상생할 것을 시사한다. 이것을 대표적으로 보여주는 것은, 하이젠베르크의 대화 형식의 자서전 『부분과 전체』(*Der Teil und das Ganze*)이다. 인간을 비롯한 세계의 모든 사물은 전체를 구성하는 부분이다. 전체를 떠난 부분은 존재하지 않는다. 한 부분에게 일어나는 것은 전체 속에 있는 모든 부분에 파급되며 전체의 운명에 영향을 미친다. 이웃에게 불의한 일을 행하면 그 피해는 불의를 행한 사람 자신에게 돌아오며 공동체 전체에 영향을 준다. 거꾸로 전체가 부분들에 영향을 주기도 한다. 어느 국가가 다른 국가에 불의를 행할 때 그 불의로 인한 폐해는 불의를 행한 국가 자신에게 돌아오기 마련이다. 세계의 모든 것이 유기체적으로 결합되어 있기 때문이다. 그동안 산업 국가들이 행한 해악이 오늘날 그들 자신에게 돌아가는 것을 우리는 지금 눈으로 보고 있다. 그러므로 양자이론은 자기중심적, 개체주의적 사고와 지역 이기주의를 버리고 공동체적 의식과 삶의 방식을 취할 것을 시사한다. 이와 연관하여 "기쁨이든지 슬픔이든지, 다른 사물들에 일어나는 것은 바로 나에게 일어나는 것이다"라는 마이스터 에크하르트(Meister Eckhart)의 말을 기억할 필요가 있다.

7. 카오스 이론의 "나비효과"는 지역 이기주의와 자기중심적 사고를 거부하고 땅 위의 모든 생명과 자연 전체의 유기체적 관계성을 다시 한번 시사한다. 자연의 모든 사물이 상호작용의 "흐름" 혹은 "그물" 속에 있기 때문에 지구의 어느 특정 지역의 자연파괴와 자연 재앙은 지구 위에 있는 모든 피조물에 "피드백"의 효과를 일으킨다. 한 지역에서 일어나는 일은 지구 전체에 영향을 준다. 한 종류의 생명이 멸종되면 생명계 전체가 타격을 받게 된다. 한 가지 실례를 든다면, 1958년 중국의 마오쩌둥은 참새 떼들이 논에 있는 벼의 쌀을 쪼아 먹는 것을 보고 중국 전역에 "참새 박멸 운동"을 일으켰다. 더 많은 쌀을 수확하기 위함이었다. 그러나 참새가 사라지자 해충이 창궐하여 쌀 수확이 감소하였다. 그리하여 3,000만 명의 중국인이 사망하였다고 한다.

인간이 자연의 운명을 결정하는 것처럼 보이지만 사실상 인간은 자연에 의존한다. 자연 없이 그는 생존할 수 없다. 최소한 자연의 공기와 물 없이 생존할 수 있는 인간은 한 명도 없다. 따라서 자연을 오염시키는 것은 결국 인간 자신의 생명을 오염시키는 결과를 초래하며 자연파괴는 인간 자신의 생명의 기초를 파괴하는 짓이다. 온 자연이 파괴된다면 인간 종(種)도 파멸할 수밖에 없다. 인간이 자기를 자연에서 분리하고 모든 감정이입을 차단할 때 자연도 인간에 대한 감정이입을 차단하고 인간에 대해 냉혹한 태도를 보이게 된다. 인간이 자연을 자기에게서 분리된 대상으로 간주할 때 자연도 인간을 자기에게서 분리된 대상으로 대할 것이다. 인간과 자연은 결합되어 있기 때문이다.

여기서 우리는 카오스 이론을 위시한 양자이론의 세계관의 사회적, 정치적 기능을 다시 한번 볼 수 있다. 그것은 지역주의, 배타적 민족주의를 거부하고 모든 민족과 생태계의 우주적 연대성과 공동체성을 시사한다. 모든 민족의 세계연합 혹은 세계 공동체의 정치적 필연성이 제기된다.

자연에 대해 동정심을 느끼고 자연을 보호하는 것은 자연에 대해 선심을 쓰는 것이라고 우리는 생각하기 쉽다. 그러나 이것은 단지 자연을 위한 것이 아니라 인간 자신의 생명을 보존하기 위한 비상대책이라 말할 수 있다. 먼저 인간 자신의 생명이 죽음의 위협을 당하기 때문에 이제 인간은 자연을 보호하지 않을 수 없다. 자연이 보호되어야 인간 자신의 생명이 보호를 받을 수 있다. 자연이 살아야 인간도 살 수 있다. 인간이 자연에 대해 호의를 베풀면 자연도 인간에게 호의를 베풀 것이다. 자연을 정화할 때 자연도 인간의 몸을 정화해줄 것이다. 인간이 자연을 경외하면 자연도 인간을 경외할 것이다. 미시세계의 안개구름 속에서 자연과 인간은 하나로 결합되어 있기 때문임을 양자이론은 시사한다.

8. 데카르트의 "사유하는 존재"(res cogitans)와 "연장되는 존재"(res extensa), 곧 정신과 물질의 이원론은 근대 세계관에 결정적 영향을 주었다. 세계를 신적 근원을 가진 영원한 정신 혹은 영혼의 영역과 허무한 물질의 영역으로 나누는 형이상학적 세계관이 다시 한번 강화되었다. 이 같은 이원론의 영향 속에서 신학은 인간의 정신 혹은 영혼의 영역과 관계하는 것으로 생각되고 자연과학은 물질과 자연의 영역과 관계하는 것으로 생각되었다. 점차 힘을 얻게 되는 자연과학 앞에서 신학은 자연과 물질의 영역을 자연과학에 내어주고 영적, 정신적 영역, 가치와 윤리의 영역으로 퇴각하였다. 이리하여 신학과 자연과학 사이에 영역의 나눔이 일어났다. 정신 혹은 영

혼과 가치의 영역, 물질과 자연의 객관적 실재의 영역이 나누어졌다. 신학과 자연과학은 서로 간섭해서는 안 될 각자의 영역을 가진 것으로 생각되었다. 이를 통해 신학과 자연과학은 평화를 유지할 수 있게 되었다.

그러나 신학과 자연과학 사이의 평화는 영역 나눔에 근거한 "거짓 평화"(Scheinfriede)였다. 그 까닭은 소우주(mikrokosmos)라 불리는 인간의 몸에서 볼 수 있는 것처럼 정신 혹은 영혼의 영역과 육체 곧 물질의 영역 간에는 서로 분리될 수 없는 상관관계가 있기 때문이다. 그런 사실을 무시하고 일어난 영역 나눔 속에서 신학과 자연과학은 서로 간섭하거나 혼동되어서는 안 될, 전혀 다른 문제 영역과 연구 방법과 과제를 가진 것으로 생각되었다. 이 같은 사고방식이 사실 오늘도 많은 사람의 의식을 지배한다. 신학이나 종교가 인간의 영혼 구원이나 삶의 가치문제에 관한 것이라면 자연과학은 물질과 자연의 객관적 실재에 관한 것이라고 생각한다. 신학 혹은 종교는 객관성이 없는 종교적 신앙을 다루는 한편 자연과학은 객관성이 있는 과학적 사실을 다룬다고 생각한다.

양자이론은 이 같은 상식을 깨뜨린다. 정신 혹은 영혼과 물질의 엄격한 이원론을 부인한다. 양자이론에 따르면 미시세계를 구성하는 것은 정신 혹은 영혼이 없는 물질적 입자가 아니라 에너지장이다. 학자에 따라 그것은 "영적인 것", "관념적인 것", "혼", "형이상학적 실체", "비물질적 포텐셜", "잠재적 의식" 등 다양한 개념으로 정의된다. 앞서 말한 것처럼 어떤 학자는 그것을 한 편의 "시"와 같다고 말한다. 시는 글자로 기록되어 있지만 하나하나의 글자는 아무 의미도 가지지 못한다. 모든 글자가 결합하여 하나의 의미를 전달하는 시가 구성된다. 한 편의 시가 전하고자 하는 것은 글자 자체가 아니라 이 글자들을 통하여 표현되는 "의미"다. 이 의미가 시의 본질이다. 그런데 시의 의미는 손으로 쓸 수 있고 눈으로 볼 수 있는 글자도 아니고 글자 없는 단지 영적, 정신적인 것도 아니다. 그것은 지금 우리가 가진 언어 구조를 가지고 완전하게 묘사할 수 없는 성격의 것이다. 이것이 미시세계의 실재라고 양자이론가들은 말한다. 이를 가리켜 안개 혹은 안개구름과 같다고 말하는 학자도 있다.

세계의 기초에 대한 양자이론의 이 같은 통찰은 세계가 정신 혹은 영혼의 영역과 물질의 영역으로 양분될 수 없다는 사실을 보여준다. 세계의 모든 것이 결합되어 하나를 이룬 세계를 보여준다. 이로써 양자이론은 신학 및 종교와 자연과학이 분리와 무관심으로 특징지어지는 거짓 평화를 극복하고 세계의 구원을 위해 서로 대화하고 그 자신을 보완할 가능성을 열어준다. 닐스 보어의 "상호보완" 개념이 이를 단적으로 보여준다. 그것은 신학과 자연과학의 상호보완을 요구한다. 세계의 현실은 하나이기 때문이다.

하이젠베르크는 자연과학과 종교의 상호보완적 관계를 다음과 같이 말한다. "자연과학은 객관적인 물질의 세계를 다룬다. 그것은 이 객관적 현실에 대해 바르게 진술하고 그것의 관계들을 이해해야 할 과제를 우리에게 부여한다. 그러나 종교는 **가치의 세계**를 다룬다. 여기서 논의되는 것은 존재하는 것에 관한 것이 아니라, 무엇이 존재해야 하며 우리가 무엇을 행해야 하는가에 관한 것이다. 자연과학의 중심 문제는 무엇이 맞고 무엇이 틀리는가(richtig oder falsch)의 문제라면 종교의 중심 문제는 무엇이 가치가 있고 무엇이 가치가 없는가의 문제이다. 자연과학이 기술적으로 합목적적인 행동의 기초라면 종교는 윤리의 기초다"(Heisenberg 1971, 101f.).

영국의 응용수학자요 이론 화학자인 컬슨(C. A. Coulson, 1910-1974)에 따르면 자연과학과 종교는 "하나의 실재에 대한 상호보완적 설명들"이다. 하나의 실재는 다양한 측면에서 관찰되고 묘사될 수 있다. 예를 들어 인간은 육체의 측면에서 묘사될 수도 있고 영혼의 측면에서 묘사될 수도 있다. 일군의 학자들이 말하는 것처럼 육체와 영혼은 두 개의 독립된 실체가 아니라 "인간 존재에 대한 두 가지 형태의 논술에 사용되는 용어들"이다 (Barbour 2000, 137, 225 참조). 따라서 이 두 가지 측면이 서로 보완될 때 인간 이라는 실재를 우리는 보다 더 적절히 묘사할 수 있다. 이와 마찬가지로 자연도 자연과학의 인식과 종교적, 신학적 인식이 서로 보완될 때 보다 더 적절히 묘사될 수 있다는 것이다.

이것을 우리는 인간에 대한 진화론적 관점과 신학적 관점에서도 볼 수 있다. 진화론은 생물학적 관점에서 우리가 부인할 수 없는 인간 존재의 생물학적 사실성을 보여준다. 자연에서 진화된 존재로서의 인간은 자연 생물들의 친족이다. 그는 자연의 다른 생물들과 마찬가지로 먹어야만 생존할 수 있는 존재다. 생존경쟁과 적자생존이란 진화론의 원리는 자기의 생명 유지를 최고의 가치로 간주하는 인간의 부인할 수 없는 생물적 이기성을 정직하게 이야기한다.

이에 반해 기독교는 신학적 관점에서 인간을 자연의 생물들로부터 구별된 존재로 이야기한다. 하나님의 형상으로서의 인간은 그 자체로서 존엄하고 신성하며, 그러므로 어떤 목적을 위한 수단이 될 수 없으며 모든 인간은 성별과 인종과 국적을 초월하여 동등하다고 말한다. 나아가 인간은 하나님이 지으신 세계를 책임져야 할 책임적 존재라고 말한다. 인간에 관한 이 두 가지 설명은 관점을 달리하지만 인간에 관한 중요한 진리를 말한다. 이 두 가지 관점이 서로를 보완할 때 우리는 인간을 좀 더 적절히 파악할 수 있을 것이다.

상호보완의 원리를 말한 닐스 보어는 그의 생애 후기에 철학적 문제에 큰 관심을 가진다. 그는 자연과학적 인식과 신학적, 종교적 인식의 관계에 대해 다음과 같이 말한다. 두 가지 종류의 진리가 있다. 곧 "하찮은 종류의 진리"(truth of tirivial kind)와 "심오한 종류의 진리"(truth of profound kind)가 있다. 하찮은 종류의 진리는 자연과학의 사실적 진리를 가리킨다면 심오한 종류의 진리는 깊은 철학적, 종교적 사색에 기초한 신학적, 종교적 진리를 말한다. 하찮은 종류의 진리는 "명확하게"(clearly) 나타낼 수 있고, 심오한 종류의 진리는 "흐릿하게만"(only cloudily) 나타낼 수 있다. 객관성 없이 "흐릿하게" 보이는 종교적 진리 속에 세계와 인간에 관한 깊은 진리가 숨어 있다고 닐스 보어는 말한다(Polkinghorne 2002, 83). 그는 객관성과 보편타당성을 가졌다고 하는 수학 공식이 인간을 변화시킬 수 없고 세계를 구원할 수 없다는 사실을 보았던 것 같다.

9. 인간학의 차원에서도 양자이론은 하나의 혁명이라 말할 수 있다. 한편으로 양자이론은 인간을 단지 자연에 속한 존재로 보지 않는다. 오히려 새로운 세계 현실을 창출할 수 있는 특별한 존재로 인간을 파악한다. 인간이 그 자신이 만든 실험 장치와 관찰 방법과 인식 방법을 통해 대상 세계의 실재에 접근할 때 실재는 그 자신의 행위 주체성을 통해 새로운 실재로 변화한다. 이 변화는 인간의 개입으로 말미암은 주관적 구성물도 아니고 실재의 행위 주체성으로 말미암은 객관적 구성물도 아니다. 실재의 변화는 인간의 개입과 실재의 행위 주체성 양자의 만남과 상호작용 속에서 일어난다. 이 변화가 어떻게 일어날 것인지 인간은 측정할 수 없다. 여기서 자신의 실험 장치와 관찰 방법을 통해 대상 세계의 실재에 개입하는 인간은 실재의 행위 주체성과의 만남 속에서 새로운 실재를 유발하는 창조적 존재로 나타난다. 이런 점에서 인간은 자연의 특별한 존재라고 말할 수 있다. 그는 주어진 대상 세계에 머리를 숙이고 살아가는 존재가 아니라 대상 세계의 새로운 실재를 유발할 수 있는 존재다. 그는 자연의 "사실들"을 찾아냄으로써 새로운 삶과 문명의 세계를 이룰 수 있다.

이와 동시에 양자이론은 인간을 자연에 속한 자연의 한 부분으로 파악한다. 그것은 인간중심주의를 거부하고 세계에 대한 인간의 겸손을 요구한다. 미시의 영역에서 인간은 세계의 중심도 아니고 정복자나 지배자도 아니다. 그는 자신의 행동 주체성을 가진 안개구름과 같은 미시세계 에너지장의 극히 작은 한 부분이다. 비록 인간이 대상 세계의 인식을 통해 새로운 대상 세계의 현실을 창출한다고 하더라도 그는 안개구름과 같은 미시세계 속에서 미세 플랑크톤보다 더 작은 하나의 부분에 불과하다. 자연의 피조물들처럼 인간도 대자연의 그물망 속에 있다. 아무리 위대한 문명을 창조한다고 할지라도 그는 미시세계의 그물망을 벗어날 수 없다. 이 그물망 없이 그는 생존할 수 없다. 세계의 실재는 인간에 의해 파악되지 않는 신비로 남아 있다.

자연이 개방성의 것이라면 자연의 일부인 인간의 생명도 개방성을 자신의 본성으로 가질 수밖에 없다. 자연과 마찬가지로 인간의 생명도 미래를 향해 개방된 존재다. 자연이 결정되지 않은 것처럼 인간의 생명도 결정되어 있지 않다(unbestimmt). 인간이 어떤 존재가 될 것인지는 인간 자신도 미리 확정할 수 없다. 죽음의 순간까지 인간의 생명은 그 미래가 결정되지 않은 가능성의 존재, 잠재성의 존재이다. 그러므로 인간이 인간의 미래를 확정하는 것은 불가능하다.

여기서 양자이론은 인간의 운명을 예견하는 점성술이나 운명철학을 거부한다. 점성술이나 운명철학은 인과율, 곧 원인과 결과의 법칙을 전제한다. 우주 속에는 인간의 운명을 결정하는 우주적 법칙이 있다. 이 법칙(원인)에 따라 인간은 태어나면서부터 그 운명이 결정되어 있다(결과)는 것이다. 양자이론은 점성술이나 운명철학의 운명론, 결정론을 부인한다. 인간의 운명을 결정하는 이른바 우주적 법칙이란 존재하지 않는다. 인간과 세계는 그 미래를 도저히 확정할 수 없는 개방성의 존재, 무한한 가능성의 존재이기 때문이다.

따라서 자녀의 미래를 부모가 결정하려 하는 것은 타당하지 않다. 그것은 자녀에게 주어져 있는 무한한 가능성을 제한하고 자녀를 부모의 욕망을 채우는 수단으로 만들기 때문이다. 부모들이 원하는 대로 모든 자녀가 의사나 판검사가 된다면 우리 사회는 유지될 수 없을 것이다. 부모는 사회 전체를 생각하면서 자녀 안에 잠재하는 무한한 가능성과 개방성을 존중하는 성숙한 모습을 보여야 할 것이다.

양자이론에도 문제성은 있다. 가장 큰 문제는 미시세계와 거시세계가 어떻게 연결되는지 분명히 해결되지 않았다는 점이다. 우리의 거시적 일상생활 속에서는 여전히 인과율이 지배한다. 인과율이 있기 때문에 우리의 삶이 유지된다. 자동차 브레이크 페달을 밟으면(원인) 자동차 속도가 감소한다(결과)는 법칙을 알기 때문에 우리는 자동차 속도를 줄이고자 할 때 브레이크 페달을 밟게 된다. 이 법칙이 흔들린다면 우리의 일상생활은 대혼란을 겪을 것이다. 또 대상에 대한 인간 정신의 영향이 어떤 방법으로 일어나며 그 영향은 어느 범위에서 일어나는가의 문제도 계속 연구되어야 할 과제로 남아 있다.

문제를 해결할 열쇠는 인간에게 있다

1. 인간은 참으로 신비로운 존재다. 이 책 3부에서 말한 바와 같이 그에게
는 이웃과 더불어 살고자 하는 공동체적 본성이 있는가 하면 혼자 살아남
고자 하는 개체주의적, 이기적 본성이 함께 주어져 있다. 그는 악마보다 더
무서운 악마가 될 수도 있고 하늘의 천사와 같은 존재가 될 수도 있는 양극
단 사이의 밧줄 위에 서 있다.

    이 두 가지 본성은 자연의 생물들에게도 있다. 그런데 자연 생물들의
이기성은 그날 그 시간의 굶주림을 해결하고 자기의 종을 유지하는 일에
제한되어 있지만 인간의 이기성은 한계가 없다. 그것은 무한성을 특징으
로 삼는다. 인간은 가지면 가질수록 더 많이 가지고자 한다. 이 책 제1부에
서 진술한 것처럼 오늘날 생태계 재앙의 가장 깊은 원인은 인간의 이기성
과 이기적 탐욕의 무한성에 있다. 좀 더 구체적으로 말한다면 돈과 힘(권력)
에 대한 무한한 욕심에 있다. 현대세계의 가장 높은 가치는 돈과 힘이다.
돈과 힘의 많고 적음에 따라 인간의 가치도 결정된다. 푸틴이 우크라이나
와 전쟁을 하는 목적도 우크라이나의 자연자원을 통해 더 많은 돈과 정치

적 힘을 얻고자 함에 있다. 수많은 자연과학 연구 프로젝트들이 돈의 획득을 목적으로, 또 돈의 힘을 통해 추진된다. 대학 교수들의 승진에도 연구비 수주액이 중요한 평가 기준이 된다. 유튜브에서도 핵심 문제는 돈이다. "더 인기 있는 초대손님, 더 자극적인 이야기가 나와야 조회수가 폭증하고, 그래야 비싼 광고가 붙는다." "술도, 욕도 규제가 없고 토크에 상한도, 하한도 없다. 모든 건 조회수로 귀결된다." 5000만 원의 출연료를 바라보면서 "얼굴이 빨개질 때까지 술을 먹고 목젖이 다 보이도록" 웃는 연예인도 있다. 욕도 스스럼없이 하고 게걸스럽게 음식을 먹는 촌극도 보인다.

카를 마르크스는 인간에 의한 인간의 소외와 착취가 없고 모든 재산을 공유하는 공산주의 사회를 가리켜 "역사의 해결되지 않은 수수께끼"(das unaufgelöste Rätsel der Geschichte)라고 보았다. 그러나 필자의 생각에는 이보다 더 깊은 "역사의 수수께끼"가 있다. 그것은 밑 빠진 독처럼 아무리 해도 채워지지 않는 인간의 이기성이다. 이 수수께끼를 풀지 못했기 때문에 20세기의 공산주의 실험은 실패로 끝나고 말았다. 오늘의 생태학적 재앙을 초래한 가장 근본적인 원인도 인간의 이기성에 있다. "총체적인 기후 위기 문제의 근본 원인은 (이기성을 벗어나지 못하는) 인간이다"(조영호 2022, 208).

요즘 "효율적 가속주의"(Effective Accelerationism)라는 개념이 실리콘밸리를 휩쓸고 있다고 한다. "E/acc"로 불리기도 하는 이 개념은 AI 기술을 규제해야 할 것인가 아니면 풀어주어야 할 것인가의 문제와 함께 등장했는데, "모든 첨단기술은 세상에 이로우며 기술의 고속 발전을 위해 모든 규제와 안전장치를 없애야 한다"거나, "과학기술은 빈부격차, 지구온난화 등 모든 문제를 해결할 수 있다"는 기술 낙관주의를 말한다. 그러나 아무리 과학기술이 발전한다고 할지라도 인간의 이기성 문제가 해결되지 않는 한 이 땅 위에 구원은 없을 것이다. 루터가 말한 것처럼 인간의 이기성은 인간이 존재하는 한 사라질 수 없는 인간의 본성이기 때문이다. 학자들이 아무리 좋은 얘기를 해도 인간의 이기적 본성이 변화하지 않는 한 인간의 세계는 혼돈을 벗어나지 못할 것이다.

2. 그동안 기독교는 하나님의 구원이 영혼 구원을 의미한다고 가르쳤다. 그러나 오늘날 기독교 신학은 다양한 대안을 제시한다. 인간 생명의 존엄성을 파괴하는 악의 세력에 대한 투쟁, 정치적 억압과 불의에 대한 투쟁, 인간에 의한 인간의 착취와 빈부격차에 대립하는 경제적 정의, 인간에 의한 인간의 소외에 대립하는 사회적 연대성, 폭력과 테러와 전쟁에 대립하는 평화, 절망에 대립하는 희망, 파괴된 자연의 회복, 자연과 인간의 상생을 위한 노력 속에서 하나님의 구원이 구체화되어야 한다고 말한다. 영혼 구원에 대비되는 "몸의 신학", "물(物)의 신학", 민중의 경제적, 사회적, 정치적 권익을 회복하고자 하는 "민중신학", "정치신학", "해방신학"을 주장하기도 한다.

한편에서는 다양한 생태적 대책을 제안하기도 한다. 개인의 생활방식의 생태학적 변화로서 에너지 절약, 재활용품 활용, 경제활동 줄이기, "소박한 삶의 가치를 추구", "인간과 자연의 형평성, 인간과 인간의 형평성, 현세대와 미래 세대의 형평성"(조영호 2022, 222f.), "경쟁이 아닌 '돌봄', 성장이 아닌 '성숙', 진보나 발전이 아닌 '공감'", "인류가 유지해 온 삶의 가치와 규범"의 교체, "인간중심주의 탈피", "인구 억제"(이정배 2022, 154ff.), 만물을 "얽힘"으로 보는 새로운 존재론과 세계관(박일준 2022, 173f.), "하나님의 창조를 중심에 두고 생산하고 소비하는 새로운 방법"(김오성 2022, 395), 지속 가능한 발전, 탄소 중립 사회, 생태학적 정의 등 무수한 대안을 제의한다.

그런데 지식인들이 주의 깊게 다루지 않는 한 가지 사항이 있다. 그것은 인간의 뿌리 깊은 이기적 본성을 극복하는 일이다. 하지만 인간의 이기적 본성이라는 "뿌리를 캐내 버리는"(서해명 2020, 121) 일에 대해서는 깊은 관심을 보이지 않는다. 그러나 문제의 가장 깊은 뿌리가 인간의 무한한 이기적 본성에 있다면 이기적 본성의 문제를 해결하는 데 관심을 집중해야 할 것이다. 도스토옙스키도 이를 통찰하였다. "이 지상을 변화시켜 그것을 새로이 개조하는 데 있어서 가장 필요한 것은 먼저 사람들 자신이 심리적으로 새로운 길로 방향을 바꾸는 것이다"(도스토옙스키 2001, 436f.).

그럼 우리는 어떻게 이기적 본성이라는 "뿌리"를 캐내 버릴 수 있는가? 시인 이해명 선생은 부처의 가르침에 따라 "나 없음의 세계" 곧 무아(無我)의 상태에 들어가는 것을 해결책으로 제시한다(서해명 2020, 120). "나 없음"의 상태에 들어가면 이기적 욕망이 사라질 것이라고 기대한다. "나 없음" 곧 "무아지경"이 구원의 길로 생각된다. 이 생각은 매우 그럴듯하게 보인다. 그러나 인간이 살아 있는 한 "나 없음"에 이른다는 것은 불가능하다. "내가 없다"고 느낄 수 있지만 그것을 느끼는 자아는 여전히 살아 있다. 정말 "나 없음"에 이를 수 있는 길은 내가 죽어 없어지는 것밖에 없다. 내가 죽는 순간까지 먹고 마시고 인식하고 판단하는 "나"가 있을 수밖에 없다. "나"가 존재하는 한 "나"의 이기적 본성이 나를 동반한다. 이기적 본성은 우리가 억제하거나 피할 수 있지만 없앨 수는 없다. 인간의 소유욕과 성욕도 마찬가지다. 그것은 억제하거나 피할 수 있지만 완전히 없애는 것, "뿌리 뽑는 것"은 불가능하다. 이것은 모든 인간이 벗어날 수 없는 한계상황이다.

이 문제를 인간 자신의 힘으로 해결하는 것은 불가능하다고 생각된다. 이기적 본성은 인간의 "존재 자체"(esse ipsum)에 속한 것이기 때문이다. "아, 나는 비참한 사람입니다. 누가 이 죽음의 몸에서 나를 건져 주겠습니까?"라는 바울의 말씀은, 이기성을 벗어나야 함을 알지만, 그것을 벗어날 수 없는 인간 실존의 고뇌를 보여준다(롬 7:24).

이 문제에 대해 예수는 이기적 본성을 "없애라", "캐내 버리라"고 말하지 않는다. 오히려 그는 "회개하라!"고 말한다(막 1:15). "회개"(metanoia)는 삶의 방향을 바꾸는 것, 곧 "새 사람", "새로운 피조물"(엡 4:24; 고후 5:17)로 다시 태어나는 것을 말한다.

"새 사람", "새로운 피조물"은 어떤 사람을 말하는가? 그것은 이기적 본성이 있지만 그 본성을 따르지 않는 사람, 이기성에서 자유로운 사람, "하나님의 성품에 참여하는 사람"을 말한다(벧후 1:4). 악하고 방탕한 길을 버리고 하나님의 계명에 따라 정결하고 의와 자비를 행하는 사람을 말한다. 이런 사람을 가리켜 예수는 "완전한" 사람이라고 말한다. "하늘에 계신 너희 아버지께서 완전하신 것 같이, 너희도 완전하여라"(5:48; 참조. 고후 13:11; 딤후 3:17).

그러나 인간이 하나님처럼 "완전한" 사람이 된다는 것은 불가능하다. "완전"은 하나님에게만 있다. 만일 인간이 완전하다면 그는 하나님일 것이다. 인간은 인간인 한 그의 이기적 본성은 없어지지 않는다. 깊은 사랑의 순간 속에서도 인간은 "나의 것"을 생각한다. 그는 결함 있는 존재일 수밖에 없다. "완전"은 그에게 종말론적 목적일 뿐이다. 그러나 인간은 이기적 본성과 이기적 욕심으로부터 자유로워질 수 있다. 내 그림자가 나를 늘 따라다니지만 그림자를 밟지 않는 것에 비유할 수 있다. 그는 하나님이 될 수 없지만 "하나님의 성품"을 닮을 수 있다. "완전"은 하나님께 있지만 그는 "완전"을 향해 나아갈 수 있다.

기독교 역사에서 많은 사람이 이를 실천하였다. 사도 바울은 로마 시민권을 가진 금수저 출신이었다. 그는 이스라엘의 대학자 가말리엘의 제자요 "바리새파 사람 중에 바리새파 사람"으로 출세가 보장된 지도자였다. 그러나 그리스도의 부르심을 받는 순간 그는 이 모든 것을 "오물"처럼 여기고 "완전함"을 "붙들려고 따라간다"(3:8.12). 톨스토이도 그런 사람 가운데 하나였다. 그는 귀족으로서 상속받은 소유를 가난한 사람들에

게 나누어주고 시골 기차 간이역에서 홀로 죽었다. 그는 러시아 정교회의
장엄한 장례예식, 수많은 귀족의 조문, 수많은 화환과 거액의 조의금 접수
를 거절하였다. 그는 인간의 이기성과 이기적 탐욕의 허무함을 보여주는
많은 작품을 남겼다. 그중에 대표적인 것은 「사람에게는 얼마나 많은 땅이
필요한가?」(1886)라는 단편이다.

오늘도 많은 사람이 이 길을 걷는다. 돈 되는 길을 포기하고 돈 되지
않는 길을 걸어간다. 자기 수입을 털어가며 무대를 지키는 연극배우들, "생
명을 살린다"라는 사명감 하나 때문에 응급수술실에서 밤을 새우는 "의사
중의 의사들", 돈과 권력에 넘어가지 않고 정도(正道)를 지키는 법조인들,
민족의 미래를 책임질 어린 생명을 바르게 기르기 위해 애쓰는 수많은 교
사는 이 세상을 밝히는 빛들이다. 필자의 제자 중에도 세상 명예와 욕심을
버리고 이름 없이 이웃을 섬기며 살아가는 예수의 참 제자들이 있다.

하나님은 무아지경 곧 "나 없음"에 들어가라고 요구하지 않는다. 인간
이 이룰 수 없는 것을 이루라고 말하지 않는다. 그는 인간이 이룰 수 있는
것을 요구한다. 곧 회개하고 새로운 피조물로 변화되어야 한다는 것이다.
무로 들어가기 위해 벽을 향해 가부좌를 튼 채로 몇 시간이고 앉아 있지
말고, 악한 길을 떠나(회개하고) 선과 의를 행하라고 권면한다. "들어라. 내
가 하늘을 닫고 비를 내리지 아니하거나(오늘의 가뭄과 건조 현상), 메뚜기(산
불, 태풍, 홍수 등)를 시켜 땅을 황폐하게 하거나, 나의 백성 가운데 염병(변종
바이러스, 알콜 중독, 마약, 매독 등)이 돌게 할 때, 내 이름으로 일컫는 나의 백
성이 스스로 겸손해져서, 기도하며 나를 찾고, 악한 길을 떠나면, 내가 하
늘에서 듣고 그 죄를 용서하여 주며, 그 땅을 다시 번영시켜 주겠다"(대하
7:13-14). 예수도 "회개하라"고 말하면서 만물이 상생하는 새로운 생명의
세계, 곧 "하나님 나라"를 향한 그의 공적 사역을 시작한다(막 1:15).

곽철환(1995), 『불교 길라잡이』, 시공사.

곽혜원(2008), 『현대세계의 위기와 하나님의 나라』, 한들출판사.

_____(2009), 『삼위일체론 전통과 실천적 삶』, 대한기독교서회.

구경국(2000), 『그리스도교 환경윤리』, 가톨릭대학교 출판부.

권진관(2002), "민중적 영성 시론(時論)", 한국조직신학회 편, 『조직신학 속의 영성』, 한국조직신학회 논총 제7집.

김경재(1974), "최수운(崔水雲)의 神槪念", 한국사상연구회 편, 『崔水雲 硏究』, 한국사상 12권, 원곡문화사.

김균진(1984), 『헤겔철학과 현대신학』, 대한기독교출판사.

_____(2014a), 『기독교신학』, 제1권, 새물결플러스.

_____(2014b), 『기독교신학』, 제2권, 새물결플러스.

_____(2014c), 『현대신학사상』, 새물결플러스.

_____(2018), 『루터의 종교개혁』, 새물결플러스.

_____(2020), 『헤겔의 역사철학』, 새물결플러스.

_____(2023), 『헤겔 좌파 연구』, 새물결플러스.

김기석(2018), 『신학자의 과학 산책: 과학과 신학의 경계를 걷다』, 새물결플러스.

김덕기(2003), "골로새서에서의 생명 개념의 생성과 그 변증법적 특성", 천연자원 편,

한국기독교학회 편,『한국기독교 신학논총』, 제30집.

김도훈(2003), "생태학적 성서해석의 시도", 장로회신학대학교 편,『장신논단』, 제19집.

김명용(1997),『현대의 도전과 오늘의 조직신학』, 장로회신학대학 출판부.

김명자(1995),『동서양의 과학 전통과 환경운동』, 동아출판사.

김민웅(2005), "생명복제, 뚜껑 열린 판도라 상자?",『기독교사상』, 2005년 7월호.

김성곤(2002), "원불교의 자연관", 한국종교인 평화회의 편,『종교와 환경』, 원광대학교 불교사상연구원.

김신영(2022), "기후 위기와 가치의 전환", 고재백, 유미호, 조영호 책임편집,『기후 위기 시대의 도전과 교회의 응답』, 새물결플러스.

김영선(2002), "웨슬리의 신학과 영성", 한국조직신학회 편,『조직신학 속의 영성』, 한국조직신학회 논총 제7집.

_____(2003), "생명의 개념과 본질에 대한 신학적 고찰" 한국기독교학회 편,『한국기독교 신학논총』, 제30집.

김오성(2022), "생태 공명과 생태 영성 훈련", 고재백, 유미호, 조영호 책임편집,『기후 위기 시대의 도전과 교회의 응답』, 새물결플러스.

김용준(1983), "과학과 기술 그리고 사회",『신학사상』, 1983년 가을호.

김은규(2003), "창세기 1장의 생명과 생태사상: 노장사상과 불교적 이해", 한국기독교학회 편,『한국기독교 신학논총』, 제30집.

김은수(2003), "생태적 위기와 선교의 과제", 한국기독교학회 편,『한국기독교 신학논총』, 제50집.

김이곤(1988), "십계명과 그 가르침(II)",「기독교사상」, 1988, 9월호.

김정욱(2022), "총론: 기후 위기 시대의 기독교", 고재백, 유미호, 조영호 책임편집,『기후 위기 시대의 도전과 교회의 응답』, 새물결플러스.

김정한(2000), "21세기 생명관과 기독교 생명문화", 김영한 외 8인,『21세기의 생명문화와 기독교』, 쿰란출판사.

김정형(2020),『창조론: 과학시대 창조신앙』, 새물결플러스.

김지하(1997),『생명과 자치』, 출판사 솔.

김진희(2002), "창조, 생명 그리고 여성: 생태여성신학을 위한 우주 중심적 시각의 창조론", 한국기독교학회 편, 『한국기독교 신학논총』, 제23집.

김찬국(1984), 『성서와 역사의식』, 평민사.

김철영(1992), "창조 보전과 '자연'윤리신학의 한 탐구", 한국기독교학회 편, 『한국기독교 신학논총』, 제9집.

_____(2000), "환경개발에 대한 기독교 생명문화의 대안", 김영한 외 8인, 『21세기의 생명문화와 기독교』, 쿰란출판사.

김홍균(2015), 『국제 환경법』, 제2판, 홍문사.

김흡영(2003), "생명·생태·신학·신·우주·인간(삼태극)의 묘합(도의 신학)", 한국기독교학회 편, 「생명·생태·신학」, 2003년 제32차 정기학술대회 자료집, 38.

나원준(2021), 『별리에 대하여』, 도서출판 예다산.

도스토예프스키(2001), 박호진 옮김, 『카라마조프가 형제』, 상권, 중판, 혜원출판사.

리치스(2019), 애런, 이용중 옮김, "아담의 신비", 윌리엄 T. 카바노프, 제임스 K. A. 스미스 편집, 『인간의 타락과 진화』, 새물결플러스.

민영진(1982), "희년의 의미", NCCK 신학연구위원회 편, 「민중과 한국신학」, 한국신학연구소.

박경리(1994a), 『土地』, 제14권, 1판 4쇄, 솔 출판사.

_____(1994b), 『土地』, 제1권, 1판 2쇄, 솔 출판사.

박만(2023), 『인생의 질문 신앙의 답변: 오늘의 기독교 신앙』, 새물결플러스.

박성철(2022), "기후 위기 시대의 기독교윤리와 공적 신앙", 고재백, 유미호, 조영호 책임편집, 『기후 위기 시대의 도전과 교회의 응답』, 새물결플러스.

박일준(2022), "기후 변화와 생태 위기 시대의 정치 신학", 고재백, 유미호, 조영호 책임편집, 『기후 위기 시대의 도전과 교회의 응답』, 새물결플러스.

박재순(2005), "한국인의 생명체험과 생명이해: 묘합(妙合)과 서로 살림", 『지구화시대의 신학과 대학교육』, 장상 교수 정년퇴임 기념 논문집, 한국신학연구소.

비숍(2023), 로버트 C. 등, 노동래 옮김, 『기원 이론』, 새물결플러스.

롱맨 3세(2023), T., 안영미 역, 『성경과 현대의 공적 이슈』, 새물결플러스.

서성환(2023), 『여기 빛나고 황홀한 – 산상수훈, 그 시적 묵상』, 한국 NCD미디어.

서창원(2003), "창조 교리의 재해석 가능성", 한국조직신학회 편, 『과학과 신학의 대화』, 한국조직신학회 논총 제9집.

서해명(2020), 『텅 빈 가득함』, 올리브나무.

신옥수(2003), "몰트만 신학에 있어서의 만유재신론적인 비전", 한국조직신학회 편, 『현대 신학자들의 동향』, 조직신학회 논총 제8집.

신준호(2001), "양자물리학자 존 폴킹혼의 신학적 종말론", 연세대학교 연합신학대학원 편, 『현대와 신학』, 제26호.

_____(2003), "종말에 관한 자연과학의 절망과 신학적 희망", 한국조직신학회 편, 『과학과 신학의 대화』, 한국조직신학회 논총, 제9집.

안용성(2016), 『로마서와 하나님 나라: 바울신학의 패러다임 전환』, 새물결플러스.

양명수(2005), "악이란 무엇인가?" 『지구화시대의 신학과 대학교육』, 장상 교수 정년퇴임 기념 논문집, 한국신학연구소.

오영석(1987a), "생태계의 신학적 이해 1", 『기독교사상』, 1987년 10월호.

_____(1987b), "생태계의 신학적 이해 2", 『기독교사상』, 1987년 11월호.

옥성득(2020), 『한국 기독교 형성사: 한국 종교와 개신교의 만남 1876-1910』, 새물결플러스.

워즈바(2019), 노먼, 이용중 옮김, "타락한 동시에 번성하는 창조세계를 인식하는 법", 윌리엄 T. 카바노프, 제임스 K. A. 스미스 편집, 『인간의 타락과 진화』, 새물결플러스.

월튼(2021), 존 H., 왕희광 옮김, 『교회를 위한 구약성서 신학』, 새물결플러스.

이경숙(2001), 박재순, 차옥숭, 『한국 생명 사상의 뿌리』, 이화여자대학교 출판부.

이돈화(1983), 『천도교 창건사』, 역사비평사.

이동영(2020), 『신학 레시피: 스토리텔링으로 배우는 신학의 방법과 원리』, 새물결플러스.

이삼열(1997), "생명의 신학과 생명의 윤리", 이삼열 엮음, 『생명의 신학과 윤리』, 기독교와 한국사회 5, 숭실대학교 기독교사회연구소.

이상성(2003), "빅뱅, 수퍼노바 그리고 종말", 한국조직신학회 편, 『과학과 신학의 대화』, 한국조직신학회 논총 제9집.

이은선(2002), "한국 여성신학의 영성", 한국조직신학회 편, 『조직신학 속의 영성』, 한국 조직신학회 논총 제7집.

이은재(2003), "하나님 경험은 세상에 대한 책임이다", 한국기독교학회 편, 『한국기독교 신학논총』, 제30집.

이정배(1989), 『생태학과 신학. 생태학적 정의를 향하여』, 종로서적.

_____(2022), "탈성장 시대의 신학과 교회", 고재백, 유미호, 조영호 책임편집, 『기후 위기 시대의 도전과 교회의 응답』, 새물결플러스.

_____(2003), "폴킹혼의 공명론과 유신론적 자연신학 연구", 한국조직신학회 편, 『과학과 신학의 대화』, 한국조직신학회 논총 제9집.

_____(2005), "기독교 영성의 본질로서 자연은총", 『公共性의 윤리와 평화』, 손규태 교수 정년퇴임 기념논문집, 한국신학연구소.

이현주(2011), "생태적 삶을 추구하는 영성", 장회익 외 지음, 『생태적 삶을 추구하는 영성』, 2011, 내일을 여는 책.

임홍빈(2003), "유전자 조작과 인간복제에 대한 생태신학적 이해", 한국기독교학회 편, 『한국기독교 신학논총』, 제30집.

장도곤(2000), "도시 및 지역계획과 생명문화", 김영한 외 8인, 『21세기의 생명문화와 기독교』, 쿰란출판사.

_____(2002), 『예수 중심의 생태신학, 생태신학 입문』, 대한기독교서회.

장회익(2000), "현대과학과 우주 생명", 장회익 외 지음, 『생태적 삶을 추구하는 영성』, 내일을 여는 책.

전현식(2002a), "에코페미니즘, 군사주의, 악 그리고 생태 정의의 지구 생명 공동체", 한국기독교학회 편, 『한국기독교 신학논총』, 제26집.

_____(2002b), "에코페미니즘 신학의 생태학적 영성", 한국조직신학회 편, 『조직신학 속의 영성』, 조직신학 논총 제7집.

_____(2003), 『에코페미니즘과 신학』, 한들출판사.

정미현(2005), "한국 여신학자로서 나는 바르트 신학을 어떻게 이해하는가?" 『지구화 시대의 신학과 대학교육』, 장상교수 정년퇴임 기념논문집, 한국신학연구소.

_____(2007), 『또 하나의 여성신학 이야기』, 한들출판사.

정용(2003), "환경과 생명: 21세기 환경보전 파라다임", 연세대학교 신과대학, 연합신학대학원 편, 『신학논단』, 제37집.

정재현(1999), 『티끌만도 못한 주제에』, 분도출판사.

정지강(2005), "우리가 망각하지 말아야 할 일", 『기독교사상』, 2005년 7월호.

제원호(2003), "창조의 6일과 우주의 나이", 『좁은 문에 서 있는 젊은이들에게. 서울대 교수 27인의 삶과 학문과 신앙 이야기』, 민영사.

조영호(2022), "기후 위기와 기독교 윤리", 고재백, 유미호, 조영호 책임편집, 『기후 위기 시대의 도전과 교회의 응답』, 새물결플러스.

조용훈(2005), "전통적 생태사상과 기독교 환경윤리", 『公共性의 윤리와 평화』, 손규태 교수 정년퇴임 기념논문집, 한국신학연구소.

조정래(2001), 『한강』, 제1권, 해냄출판사.

_____(2004), 『아리랑』, 제2권, 제2판 17쇄, 해냄.

지승원(2022), 『성스러운 우물』, 누리에듀.

채찬석(1993), 『친구야, 세상이 얼마나 아름다운지 아니』, 이문각.

최대광(2003), "창조영성과 여성에 대한 학문적 연구", 한국조직신학회 편, 『현대 신학자들의 동향』, 조직신학 논총, 제8집.

최창조(1984), 『한국의 풍수사상』, 민음사.

해리슨(2019), 피너, 이용중 옮김, "과학과 종교의 갈등은 항상 나쁜 것인가?", 윌리엄 T. 카바노프, 제임스 K. A. 스미스 편집, 『인간의 타락과 진화』, 새물결플러스.

헨더렌(2018), J. 판, 펠레마, W. H., 신지철 옮김, 『개혁교회 교의학』, 새물결플러스.

현요한(2002), "과학의 영성, 영성의 과학", 한국조직신학회 편, 『조직신학 속의 영성』, 한국조직신학회 논총, 제7집.

현우식(2021), 『과학의 눈으로 본 신학』, 연세대학교 대학출판문화원.

_____(2003), "생명의 신비", 한국조직신학회 엮음, 『과학과 신학의 대화』, 한국조직

신학회 논총, 제9집.

홍명희(1997), 『임꺽정』. 제1권, 3판 7쇄, (주) 사계절출판사.

_____(1999), 『임꺽정』. 제3권, 3판 6쇄, (주) 사계절출판사.

Albertz(1974), R., *Weltschöpfung und Menschenschöpfung, Untersucht bei Deuterojesaja, Hiob und in den Psalmen*, Stuttgart.

Altner(1975), G., "Ist die Ausbeutung der Natur im christlichen Denken begründet?," in: H. D. Engelhardt, *Umweltstrategie. Materialien und Analysen zu einer Umweltethik der Industriegesellschaft*, Gütersloh.

_____(1989), G.(Hrsg.), *Ökologische Theologie. Perspektiven zur Orientierung*, Stuttgart.

_____(2000), G., "Natur im Spiegel biologischer Außenseiter im 20. Jahrhundert," in: G. Altner u. a.(Hrsg.), *Natur erkennen und anerkennen. Über ethikrelevante Wissensgänge zur Natur*, Zug/Schweiz.

Amery(1972), C., *Das Ende der Vorsehung. Die gnadenlosen Folgen des Christentums*, Hamburg.

Auer(1985), A., *Umwelt Ethik, Ein theologischer Beitrag zur ökologischen Diskussion*, Düsseldorf, 2. Aufl., Düsseldorf.

Barbour(1974), I. G., *Myths, Models and Paradigms. A Comparative Study in Science and Religion*, New York.

_____(1993), I. G., *Ethics in an Age of Technology*, New York.

_____(2002), I. G., 이철우 옮김, 『과학이 종교를 만날 때』, 김영사.

_____(2003), I. G., *Wissenschaft und Glaube. Historischer und zeitgenössischer Aspekt*, Göttingen.

Barth(1957), K., *Kirchliche Dogmatik,* III/1, Zürich.

_____(1959), K., *Kirchliche Dogmatik,* IV/3, Zürich.

_____(1978), K., *Das christliche Leben,* Zürich.

Bauer(2006), J., *Prinzip Menschlichkeit. Warum wir von Natur aus kooperieren*, 2. Aufl. Hamburg.

Berger(2006), K., "Der Kosmos ist der heiligste Tempel," in: G. Rau, *Frieden in der Schöpfung*, Bern.

Berry(2000), Th., "Christianity's Role in the Earth Project," in: D. T. Hessel and R. R. Ruether, *Christianity and Ecology, Seeking the Well-Being of Earth and Humans*, Cambridge, Massachusetts.

Birnbacher(2006), D., *Bioethik zwischen Natur und Interesse*, Frankfurt a. M.

Bonhoeffe(1958)r, Dietrich, Eberhard Bethge, *Dein Reich komme. Das Gebet der Gemeinde um Gottes Reich auf Erden*, Hamburg.

Böhme(1997), G., "Leibphilosophie und Naturphilosophie," in: W. Krohn, K. M. Meyer-Abich(Hrsg.), *Einheit der Natur-Entwurf der Geschichte. Begegnungen mit Carl Friedrich von Weizsäcker*, München.

_____(2000), G., "Die Stellung des Menschen in der Natur," in: G. Altner u. a.(Hrsg), *Naturerkennen und anerkennen. Über ethikrelevante Wissenszugänge zur Natur*, Zug/Schweiz.

Born(1949), M., *Natural Philosophy of Cause and Chance*, Oxford.

Bornkamm(1951), G., *Mythos und Evangelium, in: Theologische Existenz heute*, NF, 26, München.

Buck(1993), Pearl S., *Die Gute Erde,* Frankfurt am Main, Berlin.

Bultmann(1949), R., *Das Urchristentum im Rahmen der antiken Religionen*, Tübingen.

_____(1968a), R., *Theologie des Neuen Testaments*, Tübingen.

_____(1968b), R., "Das Verständnis von Welt und Mensch im Neuen Testament und im Griechentum," in: R. Bultmann, *Glauben und Verstehen II*, 5. Aufl., Tübingen.

_____(1979), R., *Geschichte und Eschatologie*, 3. Aufl., Tübingen.

생명생태신학

Burtt(2000), E. A. *Metaphysical Foundations of Modern Physical Science: A Historical and Critical Essays*, London.

Capra(2004), F., 김용정 · 김동광 옮김, 『생명의 그물』, 제2판, (주) 범양사 출판부.

Cardenal(1976), E., *Das Buch der Liebe, Vorwort von Th. Merton*, 4. Aufl., Wuppertal.

Chardin(1964), T. de, *Das Auftreten des Menschen*, Olten und Freiburg.

_____(1970), "Wissenschaft und Christus," in: *Werke von Theologie de Chardin 11*, München.

Cobb(1972), J. B., *Der Preis des Fortschritts. Umweltschutz als Problem der Sozialethik*, München.

_____(2002), Griffin, D. R., 유기종 옮김, 『과정신학』, 황소와 나무.

Conzelmann(1968), H., "Die Rechtfertigung des Paulus: Theologie oder Anthropologie," in: *Zeitschrift Ev. Theologie*, 1968, Bd. 28.

Daecke(1989), S., "Anthropozentrik oder Eigenwert der Natur?" in: G. Altner(Hg.), *Ökologische Theologie*, Stuttgart.

Davies(1992), P., Brown, R.(Hrsg.), *Superstrings: Eine allumfassende Theorie der Natur in der Diskussion*, München.

_____(1995), *Die Unsterblichkeit der Zeit. Die moderne Physik zwischen Rationalität und Gott*, Bern.

_____(2002), "우주는 불합리한가?" T. Peters 엮음, 김흡영, 배국원, 윤원철, 윤철호 신재식, 김윤성 옮김, 『과학과 종교』, 2002, 대한기독교서회.

Dawkins(1993), R., 홍영남 옮김, 『이기적 유전자』, 을유문화사.

_____(1995), *River out of Eden: A Darwinian View of Life*, New York.

_____(2017), R., 이용철 옮김, 『눈먼 시계공』, 사이언스북스.

Descartes(1960), R., *Meditationen über die Grundlagen der Philosophie*, PhB 271, Hamburg.

Drewermann(1981), E., *Der tödliche Fortschritt. Von der Zerstörung der Erde und des Menschen im Erbe des Christentums*, Regensburg.

_____(1985), E., *Tiefenpsychologie und Exegese*, Bd. II, *Die Wahrheit der Werke und der Worte, Wunder, Vision, Weisagung, Apokalypse, Geschichte, Gleichnis*, Ostfildern.

Duchrow(1989), U., "Gerechtigkeit, Frieden und Befreiung der Schöpfung," in: G. Altner(Hg.), *Ökologie und Theologie*, Stuttgart.

Dubos(1972), R., *A God within*, New York.

Dürr(1997), H. P. 외, 이상훈 옮김, 『신, 인간 그리고 과학』, 도서출판 시유시.

_____(2003), *Das Netz des Physikers, Naturwissenschaftliche Erkenntnis in der Verantwortung*, 2. Aufl., München.

_____(2004), *Auch die Wissenschaft spricht nur in Gleichnissen. Die neue Beziehung zwischen Religion und Naturwissenschaften*, Herder.

Dyson(1988), F., *Infinite in All Directions*, New York.

Ebach(1989), J., "Schöpfung in der hebräischen Bibel," in: G. Altner(Hg.), *Ökologische Theologie*, Stuttgart.

Einstein(1934), A., *Mein Weltbild*, Berlin.

Feuerbach(1959), L., *Sämtliche Werke*, VIII, neu hrsg. von W. Bolin u. F. Jodl,, 2, Aufl. Stuttgart-Bad Cannstatt.

_____(1976), *Das Wesen des Christentums*, Theorie Werkausgabe, Bd. 5, Frankfurt a. M.

Fischer(2008), E. P., *Schrödingers Katze auf dem Mandelbrotbaum. Durch die Hintertür zur Wissenschaft*, 2. Aufl., München.

Flew(1961), A., *Hume's Philosophy of Belief. A Study of his first Inquiry*, London.

Fox(1983), M., *Original Blessing. A Primer in Creation Spirituality*, Rochester.

Fox, M., Sheldrake(1999), R., 이정배 옮김, 『창조, 어둠, 그리고 영혼에 관한 대화』, 동명사.

Friedrich(1982), G., *Ökologie und Bibel*, Stuttgart, Köln, Mainz.

_____(2000), "Selbstdarstellung als Ausdruck der Natur: Die Bedeutung der

생명생태신학

Gestaltwahrnehmung in der menschlichen Naturbeziehung," in: G. Altner u. a.(Hrsg.), *Naturerkennen und anerkennen. Über ethikrelevante Wissenszugänge zur Natur*, Zur/Schweiz.

Frost, M, Rice(2020), Chr., 송일, 옮김, 『일주일 내내 교회로 살아가기』, 새물결플러스.

Gnilka(1971), J., *Der Epheserbrief* (Herders Theol. Kommentar zum Neuen Testament X/2), Freiburg, Basel, Wien.

Hall(2009), S., 『닥터 홀의 조선화상』(개정판), 좋은씨앗.

Hattrup(2004), D., Carl Frieidrich von Weizsäcker, *Physiker und Philosoph*, Darmstadt.

Hawking(1988), S., 현정준 옮김, 『시간의 역사』, 삼성출판사.

Giancoli(1986), D. C., *Ideas of Physics*, San Diego, CA.

Gilkey(1975), L "The Future of Science," in: T. C. I. Robinson (ed.), *The Future of Science*, New York.

Habermas(2001), J., *Die Zukunft der menschlichen Natur. Auf dem Weg zu einer liberalen Eugenik?* Frankfurt a. M.

Heim(1976), K., Weltschöpfung und Weltende, *Der evangelische Glaube und das Denken der Gegenwart*, Bd. VI, 4, Aufl,. Göttingen.

Heisenberg(1980), E., *Das politische Leben eines Unpolitischen. Erinnerungen an Werner Heisenberg*, München.

Heisenberg(1927), W., "Über den anschaulichen Inhalt der quantentheoretischen Kinematik und Mechanik." in: *Zeitschrift für Physik* 43.

_____(1967), "Die Goethesche und die Newtonsche Farbenlehre im Licht der modernen Physik," in: H. Mayer(Hrsg.), *Goethe im XX. Jahrhundert. Spiegelungen und Deutungen*, Hamburg.

_____(1971), *Der Teil und das Ganze. Gespräche im Umkreis der Atomphysik*, München.

Herder(1959), J. G., *Über den Ursprung der Sprache*, Berlin.

_____(1978), *Gesamtausgabe, Bd. III*, hrsg. *von den Nationalen Forschungs- und Gedenkstätten der klassischen deutschen Literatur in Weimar*, Weimar.

_____(1987), *Werke*, Bd. II: *Herder und die Anthropologie der Aufklärung*, hrsg. von W. Proß, München.

Heyerdahl(1973), T., "해양의 취약성", in: *Who speaks for Earth?*, ed. by B. Ward etc., Oslo.

Hinrichs(1954), C., *Leopold von Ranke und die Geschichtstheologie der Goethezeit*, Göttingen.

Hodgson(1994), P. C., 손원영, 손호현, 김영선 옮김, 『기독교 구성신학』, 은성출판사.

Hollenweger(1988), W. J., *Geist und Materie. Intellektuelle Theologie III*, München.

Huber(1982), J., *Die verlorene Unschuld der Ökologie. New Technologie und superindustrielle Enwicklung*, Frankfurt a. M.

Hume(1989), D., *Ein Traktat über die menschliche Natur*, übersetzt von Th. Lipps, hrsg. von R. Brandt, Hamburg.

Ingensiep(2006), H. W., "Expandierender Humanismus, Holismus und Evolution," in: K. Köchy, M. Norwig(Hrsg.), *Umwelt-Handeln. Zum Zusammenhang von Naturphilosophie und Umweltethik*, Freiburg, München.

Jacob(1998), M. C. "기독교와 뉴턴적 세계관", D. C. Lindberg & R. L. Numbers (Editors), 이정배 외 옮김, 『神과 자연. 기독교와 과학, 그 만남의 역사』, 상권, 이화여자대학교 출판부.

Jonas(1984), H., *Das Prinzip Verantwortung. Versuch einer Ethik für die technologische Zivilisation*, Frankfurt a. M.

Jüngel(1975), E., *Der gottentsprechende Mensch*, in: *Neue Anthropologie*, Bd. 6, München.

Kade(1971), G., "Ökumenische und gesellschaftspolitische Aspekte des Umweltschutzes," in: *Gewerkschaftliche Monatschrifte*, Bd. 5.

Kant(1956), I., *Kritik der reinen Vernunft*, hrsg. von W. Weischedel, Frankfurt a. M.

____(1957), *Prolegomena zu einer jeden künftigen Metaphysik, die als Wissenschaft wird auftreten können,* hrsg. von W. Weischedel, Darmstadt.

____(1961), *Grundlegung zur Metaphysik der Sitten,* hrsg. von W. Weischedel, Darmstadt.

Karafyllis(2006), N. C., "Die Physis und ihre Repräsentationen als Konzepte für Umwelthandeln," in: K. Köchy, M. Norwig(Hrsg.), *Umwelt-Handeln. Zum Zusammenhang von Naturphilosophie und Umweltethik,* Freiburg, München.

Käsemann(1968), E., *Gottesgerechtigkeit bei Paulus,* EVB II, 3. Aufl., Göttingen.

_____(1972), "Zur paulinischen Anthropologie," in: E. Käsemann, *Paulinische Perspektiven,* 2. Aufl., Tübingen.

_____(1973), *An die Römer,* Tübingen.

Kaufman(1993), S. *The Origins of Order: Self-Organization and Selection in Evolution,* London.

Kern(1967), W., "Die Schöpfung als Voraussetzung des Bundes im Alten Testament," in: *Mysterium Salutis, Grudriss heilsgeschichtlicher Dogmatik* III/1, Zürich, Köln.

Klimawandel(2004), *Eine Herausforderung für Tuvalu, Germanwatch,* Büro Bonn, E-Mail: info,germanwatch,org.

Kropotkin(2005), P. A., 김영범 옮김, 『만물은 서로 돕는다』, 르네상스.

Krötke(1985), W., "Der christliche Glaube an den Schöpfer," in: W. Krötke, *Die Universalität des offenbarenden Gottes,* Berlin.

Küng(1982), H., *Ewiges Leben?* 2. Aufl., München.

Lee(2003), Sang-Sung, "Life Beyond Organism: A Critical Evaluation of the Concept of Life in Process Theology," 연세대학교 신과대학 편, 『생명신학과 한국기독교』, 제1권.

Leibniz(1969), G. W., *Vernunftprinzipien der Natur und der Gnade, Monadologie,* PhB 253, Hamburg.

Lewontin(2001), R. C., 김동광 옮김, 『DNA 독트린』, 궁리출판.

Liedke(1981), G., "Im Bauch des Fisches. Ökologische Theologie," in: Ph. Schmidtz(Hg.), *Macht euch die Erde untertan? Schöpfungsglaube und Umweltkrise,* Würzburg.

Lightman(1990), A., R. Brawer, *Origins: The Lives and Worlds of Modern Cosmologists,* Cambridge.

Lindberg(1998), D. C., R. L. Numbers (Editors), 이정배 외 옮김, 『神과 자연. 기독교와 과학, 그 만남의 역사』, 상권, 이화여자대학교 출판부.

Lohfink(1974), N., "Macht die Erde untertan?" Stuttgart.

_____(1977), *Unsere großen Wörter. Das Alte Testament zu Themen dieser Jahre,* Freiburg.

Lochman(1982), J. M., *Das Glaubensbekenntnis,* Gütersloh.

_____(1984), 오영석 옮김, 『사도신경 해설』, 대한기독교서회.

Lohse(1974), E., *Umwelt des Neuen Testaments,* NTD Ergänzungsreihe 1, 2. Aufl., Göttingen.

Lorenz(1983), K., *Er redete mit dem Vieh, den Vögeln und den Fischen,* München.

Luhmann(1990), N., *Ökologische Kommunikation. Kann die moderne Gesellschaft auf ökologische Gefährdungen einstellen?* 3. Aufl., Opladen.

Lukas(1971), J., "Quantum Mechanics and the End of Scientism," in: R. Olsen (Ed.), *The Historical Role of Scientific Theories in Forming Western Culture,* Belmont.

Lüpsen(1961), F.(Hrsg.), *New Delhi Dokument. Berichte und Reden auf der Weltkirchenkonferenz in New Delhi,* Witten.

Marx(1953, 2004), K., *Frühschriften,* hrsg. von S. Landshut, Stuttgart.

_____(1971), K., "Kritik der Hegelschen Dialektik und Philosophie überhaupt," in: *Marx-Engels I,* hrsg. von I. Fetscher, Fischer Taschenbuch 6059, Frankfurt.

Mayer(1987), H.(Hrsg.), *Goethe im XX. Jahrhundert,* 1987, Berlin.

McFague(1993), S., *The Body of God, An Ecological Theology*, London.

_____(2001), 정애성 옮김, 『은유신학. 종교언어와 하느님 모델』, 다산글방.

Meyer-Abich(1984), K. M., *Wege zum Frieden mit der Natur. Praktische Philosophie für die Umweltpolitik*, München.

_____(1989), "Eigenwert der natürlichen Mitwelt und Rechtsgemeinschaft," in: G. Altner (Hrsg.), *Ökologische Theologie. Perspektiven zur Orientierung*, Stuttgart

_____(1997), *Praktische Naturphilosophie. Erinnerung an einen vergessenen Traum*, München.

_____(2006), "Physiozentrisch lebt sich's gesünder. Begründung der Umweltethik aus der Praktischen Naturphilosophie," in: K. Köchy u. M. M. Norwig(Hrsg.), *Umwelt-Handeln. Zum Zusammenhang von Naturphilosophie und Umweltethik*, Freiburg, München.

Mieth(2002), D., *Was wollen wir k;nnen? Ethik im Zeitalter der Biotechnik*, Freiburg, Basel, Wien.

Moltmann(1968), J., "Exegese und Eschatologie der Geschichte," in: J. Moltmann, *Perspektiven der Theologie, Gesammelte Aufsätze*, München.

_____(1969), *Theologie der Hoffnung*, 8. Aufl., München.

_____(1976), *Im Gespräch mit Ernst Bloch*, Kaiser Traktate 18, München.

_____(1985), *Gott in der Schöpfung. Ökologische Schöpfungslehre*, München.

_____(1989), *Gerechtigkeit schafft Zukunft. Friedenspolitik und Schöpfungsethik in einer bedrohten Welt*, München.

_____(1995), *Das Kommen Gottes, Christliche Eschatologie*, Gütersloh.

_____(1997), *Gott im Projekt der modernen Welt. Beitrag zur öffentlichen Relevanz der Theologie*, Gütersloh.

_____(2002), *Wissenschaft und Weisheit, Zum Gespräch zwischen Naturwissenschaft und Theologie*, Gütersloh.

_____(2010), *Ethik der Hoffnung*, Gütersloh.

_____(2019), *Christliche Erneuerungen in schwierigen Zeiten*, München.

_____(2023), *Weisheit in der Klimakrise. Perspektiven einer Theologie des Lebens*, Gütersloh.

Monod(1970), J., *Zufall und Notwendigkeit. Philosophische Fragen der modernen Biologie*, München.

_____(1972), J., *Chance and Necessity, An Essay on the Natural Philosophy of Modern Biology*, New York.

Murphy(2002), N., "신학, 우주론, 윤리학", in: T. Peters (ed.), 김흡영, 배국원, 윤원철, 윤철호, 신재식, 김윤성 옮김, 『과학과 종교』, 대한기독교서회.

Mutschler(2006), H.-D., "Gibt es Werte in der Natur?" in: K. Köchy, M. Norwig(Hrsg.), *Umwelt-Handeln. Zum Zusmmenhang von Naturphilosophie und Umweltethik*, Freiburg, München.

Nash(1997), J. A., 이문균 옮김, 『기독교 생태윤리. 생태계의 보전과 기독교의 책임』, 한국장로교 출판사.

Newton(1952), I. *Optics*, New York .

_____(1969), *Mathematical Principle of Natural Philosophy*, trans. F. Cajori, New York.

_____(1988), *Mathematische Prinzipien der Naturphilosophie, Scholium*, hrsg. von G. Böhme, Frankfurt a. M.

Nietzsche(1964), F., *Der Wille zur Macht*, Stuttgart.

_____(1975), *Also sprach Zarathustra*, Kröner Taschenausgabe 75, Stuttgart.

Pannenberg(1991), W., *Systematische Theologie*, Bd. 2, Göttingen.

_____(1993), *Toward a Theology of Nature*, Louiseville.

Pauen(2007), M., *Was ist der Mensch? Die Entdeckung der Natur des Geistes*, München.

Peacocke(1993), A., *Theology for a Scientific Age: Being and Becoming – Natural, Divine and Human*, Minneapolis.

Peters(2002), T. ed., 김흡영, 배국원, 윤원철, 윤철호 신재식, 김윤성 옮김, 『과학과 종교』, 대한기독교서회.

Polkinghorne(2001), J., *Theologie und Naturwissenschaft, Eine Einführung,* Gütersloh

_____(2002), *Quantum Theory. A Very Short Introduction,* Oxford.

Portmann(1971), A., *Naturschutz wird Menschenschutz,* Zürich.

_____(1974), *An den Grenzen des Wissens,* 2. Aufl., Wien, Düsseldorf.

Prigogine(1990), I. & Stengers, I., *Dialog mit der Natur. Neue Wege naturwissenschaftlichen Denkens,* 6. Aufl., München.

Rad(1938), G., *Das formgeschichtliche Problem des Hexateuch,* Gesammelte Studien zum Alten Testament, Stuttgart.

_____(1957), *Theologie des Alten Testaments,* Bd. I, Gütersloh.

_____(1968), *Theologie des Alten Testaments,* Bd. II, Gütersloh.

_____(1972), *Das erste Buch Mose Genesis,* ATD 2-4, 9. Aufl., Göttingen.

_____(1971), *Gesammelte Studien zum Alten Testament,* ThB 8, 4. Aufl., München.

Rendtorff(1987), R., Wo warst du, als ich die Erde gründete? in: G. Rau u. a.(Hg.), *Frieden in der Schöpfung. Das Naturverständnis protestantischer Theologie,* Gütersloh.

Ridley(2001), M., 신좌섭 옮김, 『이타적 유전자』, 사이언스북스.

Rosenzweig(1954), R., *Der Stern der Erlösung,* Heidelberg.

Ruether(1996), R. R., "Christliche Anthropologie und Geschlecht," in: C. Krieg u. a.(Hrsg.), *Die Theologie auf dem Weg in das dritte Jahrtausend. Festschrift für Jürgen Moltmann zum 70. Geburtstag,* Gütersloh.

_____(2001), 전현식 옮김, 『가이아와 하느님: 지구치유를 위한 생태여성신학』, 이화여자대학교 출판사.

Ruh(1987), H., "Zur Frage nach der Begrpndung des Naturschutzes," in: *Zeitschrift für Evangelische Theologie,* Vol. 31.

Russell(2002), R. J., "'행위하는 신'은 진정 자연 안에서 활동하는가?" T. Peters 엮음,

김흡영, 배국원, 윤원철, 윤철호 신재식, 김윤성 옮김, 『과학과 종교』, 2002, 대한기독교서회.

Scheler(1947), M., *Die Stellung des Menschen im Kosmos*, München.

Schipperges(1976), H., *Die Welt der Hildegard von Bingen*, Freiburg.

Schleiermacher(1960), Fr., *Der christliche Glaube*, Bd. I, Berlin.

_____(1968), "Über die Religion," in: *Schleiermacher-Auswahl*, ST 113/114, Gütersloh.

_____(1970), *Über die Religion*, PhB 255, Hamburg.

Schmidt(1962), A., *Der Begriff der Natur in der Lehre von Marx*, Frankfurt a. M.

Schmidt(1967), W. H., *Die Schöpfungsgeschichte*, 2. Aufl., Neukirchen.

Schmied-Kowarzyk(2006), "Prozeß und Vollendung. Wir und die unabschlossene Ganzheit der Natur," in: K. Köchy u. M. Norwig(Hrsg.), *Umwelt-Handeln. Zum Zusammenhang von Naturphilosophie und Umweltethik*, Freiburg, München.

Schnackenburg(1970), R., "Christologie des Neuen Testaments," in: *Mysterium Salutis III/1*, Einsiedeln, Zürich, Köln.

Schneider(1961), G., *Neuschöpfung oder Wiederkehr? Eine Untersuchung zur Geschichte der Bibel*, Düsseldorf.

Schnurr(1999), G., "Und lieben lernt' ich unter den Blumen, Zur Naturentfremdung neuzeitlicher Philosophie und Theologie," in: G. Rau u. a.(Hg.), *Frieden in der Schöpfung*, Gütersloh.

Schottroff(1989), L., "Schöpfung im Neuen Testament," in: G. Altner(Hg.), *Ökologie und Theologie*, 1989, Stuttgart.

Schrödinger(2007), E., 서인석, 황상익 옮김, 『생명이란 무엇인가. 물리학자의 관점에서 본 생명현상』, 중판 7쇄, 도서출판 한울.

Schulz(1957), R., "Blochs Philosophie der Hoffnung im Lichte des historischen Materialismus," in: J. A. Horn u. a., *Ernst Blochs Revision des Marxismus*,

Berlin.

Schwarz(2002), H., *Creation*, Grand Rapids.

Schweitzer(1974a), A., *Kultur und Ethik*, Gesammelte Werke 2, München.

_____ (1974b), *Die Entstehung der Lehre der Ehrfurcht vor dem Leben und ihre Bedeutung für unsere Kultur*, Gesammelte Werke 5, München.

Schweitzer(2000), A., "Höheres Wissen vom Leben," in: H. W. Barankke u. a.(Hrsg.), *Leben, Töten, Essen. Anthropologische Dimensionen*, Stuttgart.

Shea(1998), W. R., "갈릴레이와 교회", in: D. C. Lindberg & R. L. Numbers (Eds), 이정배 외 옮김, 『神과 자연. 기독교와 과학, 그 만남의 역사』, 상권, 이화여자대학교 출판부.

Spinoza(1976), *Die Ethik, Schriften, Briefe, Kröners Taschenausgabe 24*, Stuttgart.

Spülbeck(1959), O., *Der Christ und das Weltbild der modernen Naturwissenschaft. Sieben Vorträge über Grenzfragen aus Physik und Biologie*, 5. Aufl. Berlin.

Staniloae, D., *Orthodoxe Dogmatik*, Gütersloh.

Stock(1971), K., *Annihilatio mundi. Johann Gerhards Eschatologie der Welt*, München.

Strom(1987), Th., *Protestantische Ethik und der Unfried in der Schöpfung. Defizite und Aufgaben der evangelischen Ethik*, Gütersloh.

Thomae(1963), H., "Psychologie," in: *Wege zu einer pädagogischen Anthropologie*, in: Pädagogische Forschungen, Bd. 23, ed. A. Filtner, Paderborn.

Tipler(2001), F. J., *Die Physik der Unsterblichkeit. Moderne Kosmologie, Gott und die Auferstehung der Toten*, München.

_____ (2004), "Ein Designer-Universum," in: T. D. Wabbel(Hrsg.), *Im Anfang war kein Gott, Naturwissenschaftliche und theologische Perspektiven*, Düsseldorf.

Vogt(1971), C., "Köhlerglaube und Wissenschaft," in: D. Wittich(Hrsg.), *Schriften zum kleinbürgerlichen Materialismus in Deutschland*, Berlin.

Vögtle(1970), A., *Das Neue Testament und die Zukunft des Kosmos*, Düsseldorf.

WCED(1994), 조형준, 홍성태 옮김,『우리 공동의 미래』, 새물결.

Weinberg(1992), S., *Dreams of a Final Theory. The Scientist's Search for the Ultimate Laws of Nature*, New York.

Weischedel(1971), W., *Der Gott der Philosophen*, Bd. I, München.

Weizsäcker(1943), C. F. von, *Zum Weltbild der Physik*, Leipzig.

_____(1977), *Der Garten des Menschlichen. Beiträge zur geschichtlichen Anthropologie*, München.

_____(1980), "Bemerkungen zum Gespräch zwischen Naturwissenschaft und Theologie," in: H. Dietyfelbinger u. L. Mohaupt(Hrsg.), *Gott-Geist-Materie. Naturwissenschaft und Theologie im Gespräch*, Hamburg.

_____(1981), "Die philosophische Interpretation der modernen Physik," in: Joachim Hermann(Hrsg.), *Nova Acta Leopoldina: Abhandlungen der Deutschen Akademie der Naturforscher Leopoldina*, Neue Folge, Nr. 207, Bd. 37/2, 7. Aufl., Halle.

_____(1991), *Der Mensch in seiner Geschichte*, München, Wien.

_____(1992), *Die Geschichte der Natur. Zwölf Vorlesungen*, 9. Aufl., Göttingen.

Welker(1992a), M., 신준호 옮김,『하나님의 영』, 대한기독교서회.

_____(1992b), *Gottes Geist, Theologie des Heiligen Geistes*, Neukirchen-Vluyn.

Westermann(1971), C., *Schöpfung. Themen der Theologie 12*, Stuttgart.

_____(1974), "Bebauen und Bewahren," in: H. Aichelin u. G. Liedke, *Naturwissenschaft und Theologie*, Neukirchen.

_____(1984), *Genesis 1-11, A Commentary*, trans. by J. J. Scullion, London.

White(1967), L., "The historical Roots of the Ecology Crisis," in: *Science*, vol. 155.

Whitehead(1938), A. N., *Modes of Thought*, New York.

Williams(1971), D. D., "Philosophical and Theological Concepts of Nature," in: D. C. Stone(ed.), *A New Ethic for a New Earth*, New York .

Wilson(2000), E. O., 이한음 옮김,『인간 본성에 대하여』, 사이언스북스.

_____(2005), 최재천, 장대익 옮김, 『통섭: 지식의 대통합』, 사이언스북스.

Wilson(1984), R. McL., "Gnosis/Gnostizismus, II. Neues Testament, Judentum, Alte Kirche," in: *Theol. Realenzyklopädie*, Bd. XIII, Berlin.

Windelband(1957), W., *Lehrbuch der Geschichte der Philosophie,* 15. durchgesehene u. ergänzte Auflage, Tübingen.

Wolff(1974), H. W., *Anthropologie des Alten Testaments*, 2. Aufl., München.

Worster(1979), D., *Nature's Economy: The Roots of Ecology,* Cambridge.

김균진 저작 전집
12

생명생태신학
만물의 상생을 향한 21세기의 도전

Copyright ⓒ 김균진 2025

1쇄 발행 2025년 2월 21일

지은이 김균진
펴낸이 김요한
펴낸곳 새물결플러스

편 집 왕희광 정인철 노재현 이형일 나유영 노동래
디자인 황진주 김은경
마케팅 박성민
총 무 김명화 이성순
영 상 최정호
아카데미 차상희

홈페이지 www.holywaveplus.com
이메일 hwpbooks@hwpbooks.com
출판등록 2008년 8월 21일 제2008-24호
주 소 (우) 04114 서울시 마포구 신촌로28가길 29
전 화 02) 2652-3161
팩 스 02) 2652-3191

ISBN 979-11-6129-295-3 93230

책값은 뒤표지에 있습니다.